QUANZHOU YEARBOOK

泉州年鉴2016

2015年泉州每一天

泉州日记

泉州市地方志编纂委员会 编

方志出版社
Publishing House of Local Records

图书在版编目（CIP）数据

泉州年鉴. 2016. 泉州日记 / 泉州市地方志编纂委员会编. -- 北京：方志出版社，2016.11

ISBN 978-7-5144-2195-8

I.①泉… II.①泉… III.①泉州-2016-年鉴 IV.①Z525.73

中国版本图书馆CIP数据核字（2016）第282063号

泉州年鉴（2016）·泉州日记

编　　者：泉州市地方志编纂委员会

责任编辑：刘方圆

出 版 人：冀祥德

出 版 者：方志出版社

地址 北京市朝阳区潘家园东里9号（国家方志馆4层）

邮编 100021

网址 http://www.fzph.org

发　　行：方志出版社发行中心

电话（010）67110500

经　　销：各地新华书店

印　　刷：福州远榕印刷有限公司

开　　本：889×1194　1/16

印　　张：23.5

字　　数：1049千字

版　　次：2016年11月第1版　2016年11月第1次印刷

印　　数：0001～1500册

ISBN 978-7-5144-2195-8　定价：280.00元

ISBN 978-7-5144-2195-8

泉州市地方志编纂委员会
暨《泉州年鉴》编辑委员会

主　　任	康　涛							
副 主 任	林万明	吴友才	苏汉庭	廖国文	张惠评	林龙海	许晓松	
委　　员	郑建清	刘曙庆	庄玉海	陈伟平	周文心	李元巍	王松柏	杨国昕
	蔡文良	蒋启林	黄万成	吴达平	侯小莹	夏丽清	陈少华	林建春
	黄春淮	魏山国	林炯泉	黄雄彪	苏进发	吕　刚	黄国富	郑文伟
	颜志煌	胡晓泉	刘尔钊	蒋耕霆	胡晓玲	郑建辉	李健康	邱银富
	赖开族	钟文成	黄世清	王天祥	黄建奇	刘志平	曾焕楷	林华伟
	张一申	陈文堃	刘明亮	张镇国	蔡丽静	王家声	黄振奋	蔡思红
	李跃民	郑志忠	施国宾	张锡坤	李　铭	李卫平	李建芳	陈向荣
	洪顺昌	林庆扬	庄鸿卿	李德志	陈慧瑛	樊美清	赖畅水	林培新
	梁玉华	陈海涛	陈严辉	陈永宝	许旭明	吴少锋	吕安娜	林　荣
	林　滇	黄小平	陈开基	林耀平	吴建生	阮玉盼	汪其臻	王统志
	黄阳春	许文贵	朱启平	吴礼源	张贻山	刘文儒	王春金	洪于权
	高向荣	蔡萌芽	欧阳秋虹	叶一帆	李永远			

《泉州日记》总编室

主　　编	张惠评		
副 主 编	林龙海	许晓松	
执行主编	许晓松		
责任编辑	谢晓艺	陈建强	刘楷彬
编　　辑	吴远鹏	吴寿民	

协编单位

鲤城区方志委	丰泽区方志办	洛江区方志办	泉港区方志办	石狮市方志办
晋江市方志办	南安市方志委	惠安县方志委	安溪县方志办	永春县方志办
德化县方志办	泉州开发区方志办	泉州台商投资区方志办		

『目录』

CONTENTS

2015

每日记事

1月1日

星期四
农历甲午年十一月十一
温度：8℃—15℃
晴

●中国“海丝”九城联合撞钟祈福活动举行。

●郑新聪走访重大项目重点企业。

●《泉州市专利奖评奖规定》正式实施。

●泉州市新一代气象雷达站正式运行。

●泉州首趟出省动车——泉州始发至深圳动车开行。

●由泉州晚报社和市公安局交巡警支队主办的首届“德伦·苹果公园杯”公益骑行举行。

●“第三届泉州cosplay盛典”在市区西街大麦仓文化空间举行。

●1—3日，传统戏剧“元旦演出季”在梨园古典剧院举行。

●由泉州海交馆主办的“海洋之心——小探险家中国沿海九城市丝绸之路寻宝成长记”活动举行。

●石狮市数字城管开始试点运行。

●石狮渔民建海峡渔文化博物馆。

●南安市公安局组织全市公安机关886名党员、997名民警集中开展重温入党入警宣誓活动。

●第二届“淮山文化节”在德化县龙浔镇英山村举行。

郑新聪走访重大项目重点企业

市长郑新聪带队走访重大项目、重点企业，看望坚守岗位的企业员工。在泉州湾跨海大桥，郑新聪要求后续工作要更加精益求精，在抓进度的同时，要更加重质量、保安全，确保大桥顺利建成通车。在中化乙烯回填项目现场，郑新聪要求要在加快建设进度的同时，加强统筹协调、监督管理，确保安全有序。在达利集团，郑新聪希望企业发挥龙头带动作用，引领本土产业发展，特别是利用技术、品牌和渠道优势，探索海洋食品的加工与开发。调研中，郑新聪指出，泉州新一年发展目标和工作大盘已定，各级各相关部门要迅速落实各项工作。其中，重大项目和重点企业是重中之重。务必要抓早，把握发展主动权，及早深入企业、基层和项目建设现场，及时有力地排解难题；抓住建设黄金期，加快项目建设进度；保持良好精神状态，形成比学赶超、争先跨越的氛围。务必要抓实，一方面要加大投资、加快前期、加强招商，发挥重大项目带动作用；另一方面发挥重点企业的引领作用，面对“新常态”的发展阶段，龙头、骨干企业要带动广大企业逆势而进、抢抓机遇、抱团发展。务必要抓主动，推行一线工作法，靠前谋划、靠前调度、靠前服务，营造良好发展环境。

中国“海丝”九城联合撞钟祈福活动举行

零时，由东南早报发起的中国海丝九城联合撞钟祈福活动举行。为推进“东亚文化之都”建设发展，服务国家“一带一路”战略，泉州于2014年11月25日—12月5日举办海上丝绸之路国际艺术节。艺术节上，泉州、福州、漳州、蓬莱、南京、扬州、宁波、广州和北海等“海丝”九城签署《联合推动“海上丝绸之路”文化遗产列入〈世界遗产名录〉——泉州共识》，标志“海丝”联合申遗机制向前迈进一大步。会议期间，由东南早报策划的“中国海丝九城联合撞钟祈福”，得到其余八城响应。主办方最终确定各城撞钟地点和形式，分别为泉州—清源山南台岩、福州—开元寺、漳州—海澄城隍庙、宁波—雪窦山资圣禅寺、南京—栖霞寺、扬州—大明寺、蓬莱—蓬莱阁合海亭、北海—普度寺、广州—南海神庙。活动中同时揭晓2014泉州年度汉字——“海”。

撞钟祈福活动现场

活动中揭晓2014泉州年度汉字——“海”
（图/高泽漳）

泉州首趟出省动车开行

泉州首趟出省动车——泉州始发至深圳动车开行。今后，每天将有三趟动车从泉州动车站始发至深圳。图为泉州动车站　（图/陈晓东）

石狮渔民建海峡渔文化博物馆

2014年，石狮市鸿山镇东埔三村渔民自发筹建石狮海峡渔文化博物馆，并免费开放。2015年元旦，村里举行新年交流座谈会共谋博物馆发展之路
（图/泉州晚报社）

2015年全市造林绿化任务下达

市政府办下达2015年全市造林绿化和森林经营任务。2015年泉州市计划造林绿化11.69万亩，森林抚育13万亩，封山育林18万亩。其中4.95万亩计划建设绿色屏障，即“三沿一环”等重点区位的造林绿化。“三沿一环”是指全市沿路、沿江、沿海、环城。将重点抓好沿海防护林提升（包括红树林种植）工程，和低效低产林改造、水源涵养林保护改造提升工程；建设森林公园项目，每个配套建设2千米以上闭合石质游步道和适宜的休憩点。此外，绿色城市建设主要围绕国家级森林城市创建，增加绿量，提升品位；绿色村镇建设将开展建设乡村风景林、珍贵树种进城入村、全民义务植树等活动；绿色通道建设将重点抓好莆永、南惠高速公路两侧森林生态景观通道建设；人工造林更新4万多亩，主要抓好不炼山造林、珍贵用材树种造林、退耕还茶还林工程和山脚田边生物防火林带建设。

民盟泉州市第十四届五次全委（扩大）会召开

民盟泉州市第十四届五次全委（扩大）会召开。会议学习贯彻中共十八大及十八届四中全会精神和习近平在福建讲话精神；审议通过民盟泉州市委常委会2014年工作报告；宣读表彰一批民盟泉州市委2012年至2014年“先进基层组织”和“优秀盟员”。一年来，民盟泉州市委会围绕民盟中央“基层组织建设年”活动和中共泉州市委、市政府的中心工作，履行好参政党职能，加强推进自身建设，助力“东亚文化之都”宣传推广，不断扩展社会服务。

中心市区四家医院投入使用

元旦前后，泉州市中医联合医院、福医大附二院东海院区、市第三医院新院、市儿童医院门诊病房综合楼（原建设大厦）四家医院先后投入使用。泉州市中医联合医院选址鲤城区江南新区笋江路与池峰路路口东北侧，占地面积11.53公顷。项目分两期建设，首期于2012年2月17日开工，建设1000张床位，建设地下1层，地上医疗主楼17层、门诊医技裙楼4层，具体包括门诊医技楼、病房楼、高压养舱和能源中心、制剂中心等，总建筑面积11.2万平方米，总投资6亿元。福医大附二院东海院区选址东海组团，占地9.51公顷，总投资4.67亿元，规划建设1000张床位和近800个停车位，建筑面积11.29万平方米。一期投资2.99亿元，建设门急诊医技楼、专科病房楼，以及锅炉房、洗衣房、高压氧舱、气体站等项目，建筑面积7.3万平方米，建设床位300张，开放停车位500个。市第三医院新院区位于泉州台商投资区，将增设老年精神科、精神康复科、心理科病房、儿童心理训练中心（包括儿童孤独症、抑郁症等），成为功能齐全的精神卫生中心。市儿童医院针对泉州市实际情况，重点扶持几个薄弱学科和亚专业的建设。新增“小儿耳鼻喉”“小儿整形”“小儿消化”“小儿呼吸”四个病区，并大量投入相关的专业设备，以满足临床诊疗的需求。新增加的350张儿科床位，极大缓解市儿童医院床位紧张问题，提高医院的综合服务能力。

市儿童医院门诊病房综合楼内部设施更方便病人就医（图/林劲峰）

泉州中医联合医院投用 （图/李芸生）

1月2日

星期五
农历甲午年十一月十二
温度：9℃—17℃
晴

●2015年全市造林绿化任务下达。

●民盟泉州市第十四届五次全委（扩大）会召开，学习贯彻中共十八大及十八届四中全会精神和习近平在福建讲话精神等。

●元旦前后，泉州市中医联合医院、福医大附二院东海院区、市第三医院新院、市儿童医院门诊病房综合楼（原建设大厦）四家医院先后投入使用。

●由183ART、厦门牛庄文创园主办的“MD 未来之光”闽南COSPLAY新年狂欢季祭泉州站在市区菲友体育馆举行。

●来自泉州圆梦义工的18名爱心人士带着食用油、米、牛奶、棉被等生活用品，自发从泉州市区驱车到安溪县大坪乡前洋村慰问8户贫困户。

1月3日

星期六
农历甲午年十一月十三
温度：10℃—20℃
晴转多云

●新华社主办的《新华每日电讯》头版头条刊发通讯《泉州重塑“海丝”辉煌》，介绍泉州发掘保护传承“海丝”文化，推进“21世纪海上丝绸之路先行区”建设的重要举措和宏伟目标。

●2015年度省重点项目名单公布，吉永泉铁路（福建段）位列133个预备项目第一位。

●泉州慧聚人文TA60爱心公益团队到安溪县城厢镇南坪小学，为该校捐建一栋新教学楼，并向安溪、永春、南安等地6所小学捐赠60余万元物资。

●市自行车旅游协会组织开展亲子骑行，并在途中对不卫生、不文明行为进行取证。

《新华每日电讯》刊发通讯《泉州重塑“海丝”辉煌》

新华社主办的《新华每日电讯》头版头条刊发通讯《泉州重塑“海丝”辉煌》，介绍泉州发掘保护传承“海丝”文化，推进“21世纪海上丝绸之路先行区”建设的重要举措和宏伟目标。文中指出，借助“一带一路”战略春风，泉州这座古代东方大港正着力推进21世纪海上丝绸之路先行区建设，重新谱写“涨海声中万国商”的壮美诗篇。洞箫声声、海船浮沉，大型舞剧《丝海梦寻》描述了一家两代水手逐浪“海丝”的动人故事；韩国现代舞《亚洲之光》给人以心灵震撼；日本的尺八演奏，探寻与大唐盛世的千年文化渊源。福建泉州日前举行的“海上丝绸之路艺术节”，吸引了土耳其、伊朗、意大利等多个“海丝”沿线国家和地区的艺术家参与展演。泉州古称刺桐城，宋元时期因“海上丝绸之路”繁盛而被誉为“东方第一大港”；曾与一百多个国家和地区友好往来，融汇了中原文化、古闽越文化、华侨文化、宗教文化、海洋文化等多元文化精华。这里有全国现存最古老的伊斯兰教寺庙“清净寺”、全国仅存的摩尼教遗迹“草庵”、全国最大的道教石雕“老君岩”。当前，泉州正通过设立“海丝”文化遗产保护专项资金、扶持“海丝”专题研究机构发展等途径，加大对“海丝”文化资源的发掘、传承和开发力度。凭借深厚的历史积淀，2013年泉州与韩国光州、日本横滨一起当选首批“东亚文化之都”。伴随“一带一路”战略的推进，刺桐城正在重塑往昔“潮涨万国商、市井十洲人”的盛景。“中国和斯里兰卡都是茶的国度，希望通过‘海丝’交流，让更多中国人喜欢上我们的茶叶。”来自斯里兰卡的锡兰茶叶私人有限公司总经理马基纳阿罗奇说。以“新丝路、新合作、新融合”为主题的“国际品牌博览会”，吸引了31个国家和地区的380多家企业，共觅“海丝”商机。塞浦路斯世贸中心市场发展部主管基奥格基斯表示，“塞浦路斯世贸中心作为一个对接平台，可为中国企业提供投资咨询、法律咨询等一系列服务；希望通过本次博览会的推介，为中塞企业创造更多合作机会。”泉州是我国东南沿海重要的制造业基地和品牌之都，拥有120多个中国驰名商标。“海丝”战略的深入推进，也吸引了众多泉州本土企业的目光。泉州企业九牧卫浴公司近年来加快“走出去”步伐，产品远销东南亚、西亚等地区。公司国际事业部经理高孙锵表示，“在国家战略推动下，‘海丝’沿线国家将更好地了解与接受‘中国制造’。”2014年11月29日举行的“21世纪海上丝绸之路商务合作圆桌会”上，来自新加坡、斯里兰卡、尼泊尔等12个国家和地区的商会、使领馆、贸易促进机构代表，共同发布了“泉州倡议书”。倡议内容包括：建立常态经贸合作交流机制；努力营造良好的营商环境，促进贸易投资便利化；扩大多元文化交流；组建“21世纪海上丝绸之路商务合作机制”联络机构。福建省贸促会会长张秋表示，经济全球化的今天，区域经济发展和融合赋予了海上丝绸之路新的内容；贸易畅通是“一带一路”沿线国家和地区的共同愿景和目标。作为联合国教科文组织认定的“海上丝绸之路起点城市”，泉州与“海丝”沿线的经贸交流正焕发出蓬勃生机。2014年1—10月，泉州外贸进出口总值达1584亿元，其中与“21世纪海上丝绸之路”沿线国家贸易值达694.5亿元，占全市进出口总值的43.8%。泉州市委书记黄少萍表示，作为历史上东西方文化的聚集地、交汇点，泉州将把以文化促交流、促合作主题延伸下去，积极建设“21世纪海上丝绸之路先行区”。

海上丝绸之路国际艺术节　（图/吴寿民）

2015

每日记事

1月1日

星期四
农历甲午年十一月十一
温度：8℃—15℃
晴

●中国“海丝”九城联合撞钟祈福活动举行。

●郑新聪走访重大项目重点企业。

●《泉州市专利奖评奖规定》正式实施。

●泉州市新一代气象雷达站正式运行。

●泉州首趟出省动车——泉州始发至深圳动车开行。

●由泉州晚报社和市公安局交巡警支队主办的首届“德伦·苹果公园杯”公益骑行举行。

●“第三届泉州cosplay盛典”在市区西街大麦仓文化空间举行。

●1—3日，传统戏剧“元旦演出季”在梨园古典剧院举行。

●由泉州海交馆主办的“海洋之心——小探险家中国沿海九城市丝绸之路寻宝成长记”活动举行。

●石狮市数字城管开始试点运行。

●石狮渔民建海峡渔文化博物馆。

●南安市公安局组织全市公安机关886名党员、997名民警集中开展重温入党入警宣誓活动。

●第二届“淮山文化节”在德化县龙浔镇英山村举行。

郑新聪走访重大项目重点企业

市长郑新聪带队走访重大项目、重点企业，看望坚守岗位的企业员工。在泉州湾跨海大桥，郑新聪要求后续工作要更加精益求精，在抓进度的同时，要更加重质量、保安全，确保大桥顺利建成通车。在中化乙烯回填项目现场，郑新聪要求要在加快建设进度的同时，加强统筹协调、监督管理，确保安全有序。在达利集团，郑新聪希望企业发挥龙头带动作用，引领本土产业发展，特别是利用技术、品牌和渠道优势，探索海洋食品的加工与开发。调研中，郑新聪指出，泉州新一年发展目标和工作大盘已定，各级各相关部门要迅速落实各项工作。其中，重大项目和重点企业是重中之重。务必要抓早，把握发展主动权，及早深入企业、基层和项目建设现场，及时有力地排解难题；抓住建设黄金期，加快项目建设进度；保持良好精神状态，形成比学赶超、争先跨越的氛围。务必要抓实，一方面要加大投资、加快前期、加强招商，发挥重大项目带动作用；另一方面发挥重点企业的引领作用，面对“新常态”的发展阶段，龙头、骨干企业要带动广大企业逆势而进、抢抓机遇、抱团发展。务必要抓主动，推行一线工作法，靠前谋划、靠前调度、靠前服务，营造良好发展环境。

中国“海丝”九城联合撞钟祈福活动举行

零时，由东南早报发起的中国海丝九城联合撞钟祈福活动举行。为推进“东亚文化之都”建设发展，服务国家“一带一路”战略，泉州于2014年11月25日—12月5日举办海上丝绸之路国际艺术节。艺术节上，泉州、福州、漳州、蓬莱、南京、扬州、宁波、广州和北海等“海丝”九城签署《联合推动“海上丝绸之路”文化遗产列入〈世界遗产名录〉——泉州共识》，标志“海丝”联合申遗机制向前迈进一大步。会议期间，由东南早报策划的“中国海丝九城联合撞钟祈福”，得到其余八城响应。主办方最终确定各城撞钟地点和形式，分别为泉州—清源山南台岩、福州—开元寺、漳州—海澄城隍庙、宁波—雪窦山资圣禅寺、南京—栖霞寺、扬州—大明寺、蓬莱—蓬莱阁合海亭、北海—普度寺、广州—南海神庙。活动中同时揭晓2014泉州年度汉字——“海”。

撞钟祈福活动现场

活动中揭晓2014泉州年度汉字——“海”

（图/高泽漳）

泉州首趟出省动车开行

泉州首趟出省动车——泉州始发至深圳动车开行。今后，每天将有三趟动车从泉州动车站始发至深圳。图为泉州动车站 （图/陈晓东）

石狮渔民建海峡渔文化博物馆

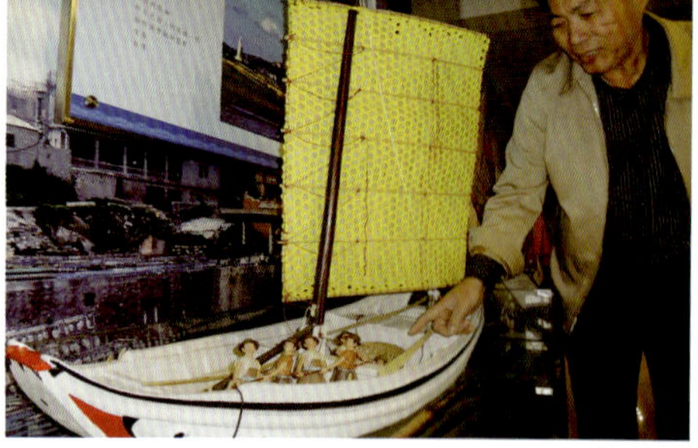

2014年，石狮市鸿山镇东埔三村渔民自发筹建石狮海峡渔文化博物馆，并免费开放。2015年元旦，村里举行新年交流座谈会共谋博物馆发展之路

（图/泉州晚报社）

市总工会调查结果发布—— 七成职工力挺泉州

在国内外宏观经济形势仍不乐观的背景下，泉州市企业职工普遍对泉州用工环境满意。市总工会的调查统计数据显示，七成企业职工不想离开泉州。当前，泉州市企业职工队伍稳定性较好，在泉州工作时间达3至5年的职工占54.79%，表示“不想离开泉州另谋职业”的职工比例高达70.86%。在一些大中型企业中，“父子职工”“夫妻职工”占企业职工总数的两成，是泉州市职工队伍稳定的主体。近年来，泉州市企业职工生活条件不断改善，不少企业除在职工住房、食堂等生活设施方面加大投入外，还通过建立电脑室、建设职工书屋等方式，改善职工文体生活条件，满足职工精神文化需求。调查统计数据显示，认为“生活条件有改善”的职工比例达77.48%，79.92%的职工对泉州的用工环境表示满意，位居前三的因素分别是“企业工作岗位适合自己”“企业管理好”和“住宿条件好”。截至2014年底，全市共建成市级示范劳模创新工作室101家，其中省级示范劳模创新工作室28家，覆盖各类高技能人才400多人。全市劳模创新工作室申报确立创新课题513项，申报发明专利232项，创新成果转化196项，创造经济效益12.6亿元。泉州市职工发明成果在国际竞技舞台上亮点频现。在第113届巴黎国际发明展览会和第4届伊朗阿扎德国际发明展览会上共获得金奖5项、银奖6项、铜奖5项，并获得三项列宾竞赛单项奖。在泉州，维护企业职工合法权益的各项工作日益完善。全市建会企业职代会和厂务公开建制率分别达95%和98%。全市10257家企业单独签订工资专项集体合同，分别签订区域性工资专项合同、行业性工资专项集体合同273份和27份，覆盖企业47990家，建制率始终保持在99%左右。

“福建晋江木偶艺术文化传播交流中心”在香港揭牌

由晋江市掌中木偶艺术保护传承中心和香港偶影艺术中心联合打造的“福建晋江木偶艺术文化传播交流中心”揭牌仪式在香港举行。系内地首个艺术院团在香港设立交流中心。该项目得到国家文化部支持，入选文化部2014年十项“对港澳重点项目”之一。福建晋江木偶艺术文化传播交流中心成立后，将依托香港偶影艺术中心为基地，利用两地的艺术资源，创新文化工作思路，拓展两地的文化交流与合作，弘扬与传播中华民族传统文化艺术。以及中外游客的欢迎。

揭牌仪式　（图/陈智勇）

华侨大学“阳光爱心基金”和泉州师院“成功寒窗奖学金”颁发仪式举行

由旅港乡贤庄先生捐资设立的华侨大学首届“阳光爱心基金”和泉州师范学院第十一届“成功寒窗奖学金”颁发仪式举行。中国侨联副主席、中国华侨公益基金会副会长、省侨联主席王亚君出席仪式。“阳光爱心基金”主要用于帮助、缓解华侨大学学生因重大疾病、突发事件等原因而导致的阶段性困难，每年出资50万元，连续出资6年，合计300万元。首位接受资助的同学为华侨大学罹患白血病的杨同学，受助金额为2万元。同时，省侨联、市侨联分别资助2万元和1万元，帮助杨同学渡过难关。“成功寒窗奖学金”是2004年庄先生捐资100万元在中国华侨经济文化基金会下设立的专项基金，以每年利息长期资助泉州师范学院优秀贫困学生，此次奖励25位学生每人2000元。

泉州师范学院颁发仪式　（图/市侨联）

1月4日

星期日
农历甲午年十一月十四
温度：12℃—21℃
多云转阴

- 市总工会调查结果发布—— 七成职工力挺泉州。
- 泉州市新增165件知名商标。
- “福建晋江木偶艺术文化传播交流中心”在香港揭牌。
- 华侨大学首届“阳光爱心基金”和泉州师范学院第十一届“成功寒窗奖学金”颁发仪式举行。
- “书香福建”捐赠助读公益活动暨南安市芸美小学“心天地多媒体互动阅读教室”捐赠仪式在南安市举行。
- 由中国文联和中国书法家协会主办的第五届中国书法兰亭奖佳作奖公布，泉州书法家曾锦溪获二等奖。
- 由社区志愿服务全国联络总站、中国社区志愿服务总站、中国社区网主办，晋江市委文明办和晋江市梅岭街道党工委、办事处承办的“全国社区网络春晚2015年晋江梅岭专场”举行。

1月5日

星期一
农历甲午年十一月十五
温度：15℃—22℃
阴

●郑新聪到南安市调研石材水暖行业。

●周银芳、李建辉调研中心市区石结构房屋改造工作。

●《关于开展小微企业贷款保证保险试点的实施意见》出台。

●由东南早报、爱心公益协会和太平洋人寿保险股份有限公司泉州中心支公司主办的东南公益“暖冬行动5（第五季）·关爱环卫工”爱心行动启动。

●“农家民俗馆”收藏千件农家用品。

●5—9日，由市文联和永春县文联主办的“我的价值观——泉州市书法家作品巡回展”在永春县文庙举行。

郑新聪到南安市调研石材水暖行业

市长郑新聪到南安市调研石材、水暖行业和水头新型城镇化试点工作。副市长陈灿辉参加调研。郑新聪要求，政府部门要掌握行业实时情况和趋势，制定行业和个别龙头骨干企业发展和解困的应对措施，树立明确的行业发展导向，推广企业创新成果和经验；与行业协会联手，引导企业抱团、分工、守诚信、拓市场、解决担保链、增加信用度；创造宜商、留才的社会环境，及时解决现有企业遇到的困难和问题。行业协会要组织引导企业在科技、产品、商业模式和管理等方面不断创新，及时分析并通报行业发展趋势和形势，供政府决策和业内企业参考、互鉴；特别要注重生态环保和行业的可持续发展，加强企业间的互信和行业自律；引导企业收缩“战线”，做好适宜自己的主业或与主业上下游特别相关联的产业；加强以“机器换人”为标志的行业“数控一代”工程的推广应用；联手组织原材料国际采购、市场建设和产品市场开拓，联手解决部分融资“过桥”和担保的问题；联手打击不守信经营等不法行为。金融服务方面，要落实不随意抽贷、不随意压贷、不提高续贷门槛等“五不”要求，及时办理续贷手续，减少企业“过桥”负担；支持企业技改和产品开发等创新，以共进退的理念，合力解决企业资金链风险；创新金融产品，为企业提供便利及时的金融服务，合力打造优质金融环境。新型城镇化方面，郑新聪指出，要以产城联动的理念推动南安“沿海三镇”小城市发展，完善小城市发展规划，先“拼图”、再优化、促提升，以良好的城市支撑做优做强石材加工、粮食贸易等产业；提升港口服务能力，加强城市发展的联动效应，提升现代化城市管理水平；增强各级领导班子的担当意识和驾驭能力，营造宜业宜商环境。

周银芳李建辉调研中心市区石结构房屋改造工作

市委副书记周银芳、副市长李建辉在中心市区调研石结构房屋改造工作。周银芳强调，要盯紧目标，按照五年计划制定路线图，按序时推进改造工作，确保2015年完成20%的目标任务；要完善规划，围绕城市建设总体规划，完善基础设施与公共配套建设，保护传统建筑留住“乡愁记忆”；要加快进度，提升审批进度，能快则快，力争早见成效；要突破难点，用好用活政策利好，推进土地、房屋确权工作，结合“两违”整治有序推进改造，调动社会资源多渠道筹措资金；要加强领导，树立为民意识，强化责任，完善运行机制，推进联动实施，积极发动群众，加大典型推动和督查力度，及时总结经验、通报典型。

《关于开展小微企业贷款保证保险试点的实施意见》出台

市政府日前出台《关于开展小微企业贷款保证保险试点的实施意见》。泉州市将按照“先行试点 逐步推开”的原则，在小微企业信贷风险补偿共担资金已到位的县（市、区），开展小微企业“小贷险”试点。“小贷险”是指为满足泉州市符合条件，未办理抵押或担保的各类小微企业生产经营的融资需求，由小微企业向保险公司投保以银行为受益人的贷款保证保险，银行以此保险作为主要担保方式向小微企业发放流动资金单款，并在小微企业未按借款合同履行还款义务时，由保险公司按照保险合同约定承担银行贷款损失赔偿责任。

“农家民俗馆”收藏千件农家用品

为记录民俗、工农业等方面的时代变迁，惠安县山霞镇山霞村75岁的陈木春近日自费整修自家祖厝，从惠安各地收集近千件民俗、农具、生活用品，建立供人免费参观的“农家民俗馆”。

（图/泉州晚报社）

郑新聪调研泉州软件园

市长郑新聪带队调研泉州软件园。市委常委、常务副市长林伯前，副市长陈灿辉，市政府秘书长吴友才参加调研。在座谈会上，郑新聪指出，下一步，泉州软件园要从五方面加以提升。要理顺体制机制，泉州软件园开发建设领导小组要调整充实各项职能，做好规划政策研究、入园企业把关，牵头组织招商；园区管委会下设招商办公室，配强实干能干的干部；同时，要成立建设发展公司，作为运作平台。要完善内外配套，园区周边要科学布局学校、公共交通、商业设施、公寓等配套设施，园区内部要根据软件业弹性工作制的特点，完善24小时餐饮、购物等服务。要制定更优政策，向先进城市的软件园、软件企业取经，出台优惠力度更大、更具差异化竞争优势和吸引力的扶持政策。要突出专业招商，瞄准国内龙头企业和知名园区，加强联系沟通，针对性、精细化地开展招商。要用心做好服务，园区管委会要组建专职队伍，设身处地了解入驻企业和入驻人才的需求，尽量提供各种便利。

市政府“一号文件”力挺纺织鞋服业

市政府2015年“一号文件”《关于促进纺织鞋服行业健康发展若干措施的通知》下发。2015年市政府“一号文件”整合各项惠企政策，针对行业共性问题，调整优化扶持重点。主要内容包括：政银企守望相助，强化行业资金保障，提升行业信用环境。各银行业金融机构须确保2015年对纺织鞋服行业的信贷投放不低于2014年同期水平，对企业申请增贷、续贷的，实行限时办结。企业“两证”办理和抵押融资将享受更多便利。市、县两级政府及行业协会或龙头企业还将共同出资成立纺织鞋服行业融资担保公司。支持企业创新发展、拓展发展空间、集聚创新人才。企业进行智能化改造、“快时尚”商业模式创新、创建名牌等均有补助。其中建设自动化生产线或自动化车间，最高可获200万元的资金支持。鼓励企业赴“一带一路”沿线“淘金”，鼓励发展外贸电商、赴境外参展、收购国际品牌。对在泉州市企业工作且取得国家职业资格一级、二级的技术人员，每人每月给予2000元、500元的生活补贴。优化产业组织结构，减轻企业负担。深化“万家企业手拉手”行动，对市域内携手合作的龙头企业和为其协作配套的中小企业，在现行补助标准基础上再增20%额度，单家企业最高补助120万元。

省督察组到泉州考评安全生产责任制落实情况

以省煤监局副局长戴文鹏为组长的省政府督查组到泉州开展2014年度安全生产目标责任制考评工作，副市长林万明参加汇报会。督查组对下阶段安全生产工作提出几点意见：一要严格责任落实，建立健全“党政同责、一岗双责、齐抓共管”的安全生产责任体系；二要强化督查指导，深化重点行业领域和人员密集场所安全专项整治，突出抓好道路交通、建筑施工安全工作；三要狠抓本质安全，做好企业安全生产标准化建设提升工程三年行动，确保完成年度达标任务；四要立足超前防范，及时制定预案和对策，强化应急联动和信息发布工作。

泉州清源山景区门票价格听证会举行

泉州清源山景区门票价格听证会在市行政服务中心举行。社会各界30余名代表参与听证会，包括面向社会公开征集并确定的9名消费者代表，其中有大学讲师、记者、律师、护士及企业单位干部等，以及经营者代表、与定价听证项目有关的其他利益相关方代表，及相关专家学者、政府部门人员、社会组织成员和其他人员。会上提出3种调价方案，其中不仅涉及清源山主景区门票价格在现行55元/人的基础上，均上调13元或15元，还新核定九日山景区和灵山景区门票价格。多数听证代表支持景区门票涨价，但同时希望景区能出台优惠措施，对本地人降价或者免费。听证结果上报省物价部门审核。

清源山　　（图/吴寿民）

1月6日

星期二

农历甲午年十一月十六

温度：14℃—17℃

小雨转多云

●郑新聪调研泉州软件园。

●全国、全省安全生产工作视频会议后，泉州市随即召开第一季度防范重特大安全生产事故会议，对全市安全生产工作作部署。

●市政府《关于促进纺织鞋服行业健康发展若干措施的通知》下发。

●省政府督查组到泉州开展2014年度安全生产目标责任制考评工作。

●泉州清源山景区门票价格听证会在市行政服务中心举行。

●泉港区青年商会成立大会暨第一次理事会举行。

1月7日

星期三
农历甲午年十一月十七
温度：10℃—16℃
多云

●中共泉州市委十一届八次全会召开。全会的主要任务是，贯彻习近平到福建考察的讲话精神、中共十八届四中全会精神，落实省委九届十二次全会部署，研究泉州市加快科学发展跨越发展、推进依法治市和加强党的建设工作。

●周银芳到永春县调研创建全国农村改革试验区工作。

●泉州信息工程学院与西藏林芝地区职业技术学校对口援助协议签订。

●鲤城区慈善会泉州崇福寺妙月慈善基金设立暨捐赠仪式在市区崇福寺举行。

中共泉州市委十一届八次全会召开

中共泉州市委十一届八次全会召开。市委常委，市委委员、候补委员，市人大常委会、市政府、市政协领导，市中级人民法院、市检察院领导等参加会议。全会的主要任务是，贯彻习近平到福建考察的讲话精神、中共十八届四中全会精神，落实省委九届十二次全会部署，研究泉州市加快科学发展跨越发展、推进依法治市和加强党的建设工作。会议讨论市委常委会2014年工作报告和市委书记黄少萍所作的报告，听取市委副书记、市长郑新聪就落实相关文件的部署，讨论《中共泉州市委、泉州市人民政府关于深入贯彻落实习近平总书记来闽考察重要讲话精神的意见》稿和《中共泉州市委关于全面推进法治泉州建设的实施意见》稿，审议通过《中共泉州市第十一届委员会第八次全体会议决议》。全会要求，把握海丝机遇，立足早期收获，赢得发展主动，全市各级各部门要做好五方面工作。一要着眼城市国际化，坚持文化引领与经贸交流“两带动”，打响“海上丝路”文化交流中心品牌，提升国际经贸交流合作水平，以更高定位促进产业转型、港口建设、城市功能优化，促进改革深化、干部理念提升。二要着眼结构高端化，坚持全方位创新与三次产业“两升级”，加快“做优一产、加重二产、壮大三产”，探索建立集种养加、产供销、内外贸、农科教为一体的农业产业化经营体制，引导扶持传统产业就地升级、根植发展，加快引进和落地重大产业龙头项目，促进服务业与城市规模、开放水平同步提升。三要着眼功能外向化，坚持港口建设与城市服务“两提升”，实施港口复兴行动计划、古城复兴计划，构建海铁陆空无缝衔接交通网，加快推进集行政服务、商务办公、经贸会展、国际交流等多功能为一体的现代城市新区，提升泉州城市对外经贸文化交流的综合承载能力。四要着眼营商环境便利化，坚持深化改革与扩大开放“两促进”，营造好“四个环境”，同步对接全省自贸区体制创新，用足用好国家级“金改区”“民综改革试点”政策利好，加快推动贸易自由化、投资便利化，形成更具竞争力的对外开放环境。五要着眼政策效应最大化，坚持项目落地和策划争取“两手抓”，突出以规划带项目，突出“戴帽性”项目落地和政策拓展延伸，推动一批互联互通、经贸合作、人文交流实体项目率先突破。全会指出，中共十八届四中全会明确了全面推进依法治国的指导思想和总体要求，阐明了法治建设的重大理论和实践问题，为建设社会主义法治国家提供了根本遵循和行动指南。全市要结合省委部署，落实好泉州市实施意见，全面推进依法治市。要突出法治理念引领，推动各级党组织依法执政，各级政府依法行政，各级领导干部带头遵守法律，带头依法办事；突出维护公平正义，提升司法公信力，打造“五个过硬”执法司法队伍，始终让执法、司法权在制度笼子里运行；突出重点领域探索，做好行使立法权限各项准备工作，深化行政执法体制改革，完善违法失信行为惩戒机制，健全依法维权和化解纠纷机制，以良好的法治环境优化市场、开放、社会和生态“四个环境”；突出全面普法教育，加大普法宣传力度，引导公民自觉以法定分止争，强化道德对法治文化的支撑作用；突出党的领导，健全党领导依法治市的制度和工作机制，提高党领导依法治市的能力，增强各级干部法治观念和依法办事水平。全会强调，贯彻加快科学发展跨越发展的重大决策部署，落实全面推进依法治市的各项任务，必须加强党的领导、改进党的建设。各级党组织要强化主业意识，落实从严治党政治责任，把党的政治优势和组织优势转化为推动各项事业进步的动力。要落实从严治党第一责任，把抓好党建工作作为最大政绩，明确抓党建的责任清单，健全完善党委（党组）书记述职考评和工作问责机制；落实党对经济工作的领导职责，立足当前、着眼“十三五”发展，重视战略决策研究、政策机遇转化、重大生产力布局、经济形势研判、正面舆论引导；落实党风廉政建设主体责任，保持正风反腐高压态势，加强责任和压力传导，加大问责力度，严查快处发生在重点领域、关键环节和群众身边的腐败案件，让干部习惯在群众、舆论、社会监督下工作和生活；落实从严管理干部责任，在领导干部中开展“三严三实”专题教育，持续深入落实“八项规定”、整治“四风”，提高干部能力素质，引导干部与新常态同频共振；落实抓基层党建工作责任，加强基层服务型党组织建设，争当全国非公企业党建先锋榜样，抓好村级组织换届工作。

会议现场　　（图/吴寿民）

陈荣凯到泉州调研养老救孤和社会救助等工作

副省长陈荣凯带队到泉州调研养老、救孤、社会救助等工作。副市长陈荣洲参加慰问。陈荣凯到晋江市罗山街道苏内社区老复员军人曾招挺和安海镇前埔村伤残军人许海港家中，关心了解生活情况。陈荣凯参观晋江市育婴院的育婴室、宿舍、教学课堂、娱乐室、脑瘫康复训练室等，对育婴院干部职工一直以来为孤残人员付出的心血和汗水表示感谢。陈荣凯还察看晋江市龙湖镇尚善养老院，在了解院里老人的生活起居、护理保障等情况后表示，养老工作需要全社会共同关注，各级各部门要加大对养老事业的支持和投入，让老年人舒心生活。

郑新聪调研重点企业

市长郑新聪带队调研重点企业，市政府秘书长吴友才参加调研。郑新聪指出，泉州已进入广阔的新业态发展空间，发达制造业带来巨大市场潜力，金改区建设着力先行先试，企业和企业家善于接受新生事物，党委、政府高度重视，量身订制多项个性化政策。泉州新业态发展态势很好，电商、物流、互联网金融、供应链金融、文化产业多点开花，企业信用评级等服务逐步完善，金融机构也十分看好、积极参与。可以预见，未来泉州新业态的发展将呈几何级数增长。当此之时，更要大力引导、扶持，特别要扶持产业龙头、加强行业管理、积极争取上级政策、优化提升政府服务。新业态的企业也要适应新形势，把握新机遇，通过提升顶层设计、配强人才队伍、完善协作配套、注重诚信规范经营练好内功，同时抓住高速成长期迅速做大，抢占市场，成为未来的行业标准制定者和领跑力量。

纺织鞋服产业转型升级报告会暨纺织鞋服企业转型升级座谈会举行

由市科技部门主办的纺织鞋服产业转型升级报告会暨纺织鞋服企业转型升级座谈会举行。中国科学院软件研究所教授韩永生作题为《在信息技术与工业制造深度融合下实现企业转型与升级》的报告，泉州华中科技大学智能制造研究院院长李世其作题为《智能制造推进泉州纺织鞋服行业转型升级》的报告。就经济新常态下纺织鞋服产业发展有何新思路，如何从根源上推动企业长远发展，如何转变至“快速响应”商业模式等问题，部分与会者与专家学者进行了深度探讨。韩永生教授团队带来的《改善案例分享及企业调研简介》引起业内人士的关注，大家纷纷表示，将深度对接科技创新、转型升级的各项发展成果，一同推动纺织鞋服产业做强做优。

泉州市青年社会组织服务中心揭牌

泉州市青年社会组织服务中心揭牌。该中心致力于联系、服务青年社会组织，推动和引导其参与社会管理和公共服务，形成以共青团、青年联合会为核心圈，以市青商会、市青年志愿者协会、市青年书法家协会等发展较成熟、管理较完善的市属青年社团为紧密圈，广泛联系、培育发展多个民间青年自组织，构建“同心共圆”的架构，为青年社会组织的健康发展提供保障。

安溪官桥龙门石材矿区一期治理工程竣工

泉州市矿山生态治理工作取得重要进展，安溪官桥——龙门石材矿区地质环境示范治理工程一期治理工程已竣工。一期治理工程2.28平方千米已竣工，正准备验收。二期治理工程正有序推进，治理面积5.78平方千米，概算总投资30295万元；已完成铁峰岩寺片区土地复垦项目，完成隆德果林场迁建项目，平整土地300多亩，植树3万余株，完成废弃石渣清理利用77万立方米，开垦茶园500亩，建成5座养殖场及普济寺等配套项目。

安溪官桥龙门石材矿区一期治理工程竣工

（图/章财根）

1月8日

星期四

农历甲午年十一月十八

温度：9℃—16℃

多云

●陈荣凯到泉州调研养老、救孤和社会救助等工作。

●郑新聪调研重点企业。

●纺织鞋服产业转型升级报告会暨纺织鞋服企业转型升级座谈会举行。

●泉州市青年社会组织服务中心在泉州市青年大厦揭牌。

●解放军某部“激扬军乐进校园”巡回演出在泉州医学高等专科学校举行。

●洛江区西环路坛顶隧道全线贯通。

●石狮法院将石狮市逸斯美服装有限公司两宗千万元厂房和宿舍楼进行网上竞拍，全部发还工人被拖欠的工资。

●晋江市第二批优秀人才保障住房选房签约举行。

●7—8日，国家教育督导检查组到安溪县检查。

●矿山生态治理让青山不再挂白。

1月9日

星期五
农历甲午年十一月十九
温度：10℃—16℃
多云

●8—9日，于伟国到泉州调研并主持召开从严治党座谈会。

●杨俊峰到党的群众路线教育实践活动联系点洛江区河市镇，检查“四风”问题整改和“回头看”工作，了解民生工程建设进展。

●民进泉州市五届七次全委（扩大）会议召开。

●9—11日，泉州市2015年中等职业学校职业英语技能大赛在泉州华侨职业中专学校举行。

●“中国梦·五中情”新年交响音乐会在泉州影剧院举行。

●鲤城区“网格化”三级巡逻防控工作启动仪式暨“110，守护您的平安”宣传活动在市工人文化宫举行。

●鲤城区首届教师主题辩论赛在泉州七中闭幕。

●石狮市鸿山镇东埔三村邱氏宗亲将珍藏三百多年的“四世一品”圣旨捐赠给中国闽台缘博物馆。

●安溪县通过“义务教育发展基本均衡县”国家认定。

●由龙岩市检察院提起公诉的泉州市委原常委、南安市委原书记骆国清涉嫌受贿案，法院一审判处被告人骆国清有期徒刑15年，并处没收个人财产200万元。

于伟国到泉州调研并主持召开从严治党座谈会

8—9日，省委副书记于伟国带领省直有关部门负责人到泉州调研。市领导郑新聪、周银芳、陈沈阳、沈耀钦、翁祖根，市政府秘书长吴友才参加调研、座谈。于伟国到泉港区、安溪县、丰泽区和晋江市的企业、产业园区和农村乡镇基层，考察泉港石化工业园区、中国国际信息技术（福建）产业园、八马生态茶园、弘桥智谷电商产业园、海西国家广告产业园区泉州园、南威软件公司和晋江国际鞋纺城项目，了解企业生产经营、项目建设进展等情况。于伟国肯定泉州市应对经济下行所采取的措施和取得的成效，指出泉州发展面临的困难和矛盾很多，但是各级党员干部和群众应对措施办法更多，取得的创新突破也更多；特别是一手抓传统产业提升、一手抓新兴产业发展，一手抓政府服务、一手抓市场开拓，以创新促进经济转型升级取得明显成效。于伟国还主持召开从严治党调研座谈会，围绕履行党建主体责任、软弱涣散基层党组织整顿转化、加强非公党建等问题，与市、县、乡、村四级党务干部交流探讨。于伟国强调，各级党组织要学习贯彻习近平关于全面从严治党讲话精神，抓主体责任、抓从严从实、抓经常长期、抓改革创新、抓制度建设、抓促进发展、抓服务群众，提高从严治党的思想认识和能力水平，将基层党建工作中的鲜活创造以制度形式固定下来、推广开来，一心一意谋发展、聚精会神抓党建，为建设机制活、产业优、百姓富、生态美的新福建提供坚强保证。调研期间，于伟国代表省委、省政府看望慰问五老人员和困难群众。

杨俊峰到洛江区河市镇
检查“四风”问题整改和“回头看”工作

市政协主席杨俊峰到党的群众路线教育实践活动联系点洛江区河市镇，检查“四风”问题整改和“回头看”工作，了解民生工程建设进展。市政协秘书长洪川夫参加调研。杨俊峰走访河市镇梧宅村安置楼、洛江西环路坛顶隧道、河市网格化辅警中心警务室等教育实践活动中确定的整改项目，以及河市镇河市村新农村建设示范村帮扶项目。杨俊峰肯定该镇党政班子抓整改成效，要求基层党组织树立作风建设永远在路上意识，从严治党，铆足干劲，做好年终岁首各项工作，改善民生和加强自身建设。

民进泉州市五届七次全委（扩大）会议召开

民进泉州市五届七次全委（扩大）会议召开。会议回顾民进泉州市委会2014年的工作。过去的一年，民进泉州市委员会围绕中共泉州市委的中心工作，各项工作取得优异成绩，首次获民进中央委员会表彰的民进全国先进地方组织奖，并作为民进全国十大先进地方组织获奖代表进京领奖；在各级两会提交并被正式立案的人大代表建议和政协提案、大会发言总数达150件；积极参加社会公益事业，全年捐款逾587万元。会议还对2015年的工作做部署。新的一年，民进泉州市委员会将围绕泉州经济社会发展的热点、难点问题开展调研，建言献策，计划完成省、市级调研课题报告30篇，市级党派提案25件；计划组织骨干会员与新会员读书班、基层组织负责人培训班和专委会负责人培训班；争取在2015年顺利组建永春、泉港、惠安支部；助推南安五星中学早日评上一级达标中学；计划捐赠贵州省毕节市教育局2500册图书。

安溪县通过
“义务教育发展基本均衡县”国家认定

国家教育督导检查组在福州就福建省第三批“义务教育发展基本均衡县”督导检查情况向省政府反馈，安溪县“义务教育发展基本均衡县”通过国家督导评估认定，成为继鲤城、丰泽、洛江、泉港、泉州开发区和晋江、石狮后泉州市第8个通过国家检查认定的县（市、区）。7—8日在安溪县检查期间，国家教育督导检查组通过查阅有关数据材料、随机抽查部分中小学和教学点、召开各类代表座谈会、开展问卷调查等，对安溪县“义务教育发展基本均衡”创建工作进行全面检查，对安溪县全面落实政府责任和卓有成效的做法给予肯定。

市公安局“110与您携手共创平安”主题系列活动举行

第29个全国“110宣传日”，市公安局“110与您携手共创平安”主题系列活动举行，其中全市将免费发放挪车卡的举措特别引人注目。因随意停车堵塞交通引发挪车的报警次数不少，2014年达65565起，平均每日179起，其中引起纠纷或破坏车辆的警情达4362起，出警达8724人次，造成110警力资源极大浪费。在活动现场，市委文明办、市公安局、市交通委、市110联动办等部门举行发放挪车提醒卡仪式，准备在全市免费发放挪车卡，希望为市民解决车辆被其他车辆堵住的问题。挪车卡上可以填写车主的手机号码，如果其他车主需要挪车，可以直接打手机联系，不必再报警，也不需要由警方通知车主甚至出警处置。

泉州市高层次人才沙龙启动

泉州市高层次人才沙龙活动在市区领SHOW天地启动。首期沙龙活动主题为“文创人才的泉州梦”，近百名来自全市各地的文化创意产业人才就文创产业相关扶持政策等展开互动交流。举办高层次人才沙龙活动，是泉州市优化人才服务环境的一项新尝试。高层次人才沙龙活动计划每月举办1期，旨在搭建联系人才的新桥梁、服务人才的新平台、凝聚人才的新载体。通过人才沙龙，让各行各业的人才精英一起交流经验、分享心得，凝聚泉州经济社会科学发展、高端发展的智慧和力量。

中国文艺展示活动泉州赛区总评选举行

10—11日，“德艺双馨”中国文艺展示活动泉州赛区总评选在南音艺苑和梨园古典剧院举行。该活动以“德为先、艺为本、学前辈、奔双馨”为主题，展现孩子们热爱祖国、活泼向上的精神风貌。图为表演现场。（图/戴涵琦 曾聪虹）

匹克集团董事长获评“亚洲国际化影响力人物”

亚洲财富论坛第五届年会在北京国家会议中心举行，匹克集团董事长许景南受邀出席，围绕“经济新常态、亚洲新机遇”主题同亚洲各领域的领导者展开探讨，并凭借在推动匹克品牌及市场国际化方面的表现，获评“亚洲国际化影响力人物”。亚洲财富论坛2008年创立，是以“碰撞财富思想，传扬财富文明，共享财富商机”为主旨的国际财经盛会。据匹克公布的2014年上半年财报显示，其品牌国际市场收入同比2013年上半年增长68%，达2.9亿元，已经占到总营收的22.6%。按照经济学界的定义，匹克已成为一家真正意义上的全球化企业。

惠安县中国石雕艺术大师获“中国石雕十大年度艺术家”称号

由中国经济网主办，全国工商联民间文物艺术品商会、中国博物馆协会民办博物馆专业委员会和国粹苑艺术品交易中心协办的“2014中国美术总评榜”评选活动颁奖典礼在北京国粹苑国粹美术馆举行，惠安县的中国石雕艺术大师王经民获“2014年度中国石雕十大年度艺术家”称号。该评选活动是中国美术界的年度大盘点，共有1000多件一线画家的国画作品，500多件中国工艺美术大师及省级大师的玉雕、石雕、玛瑙、翡翠、陶瓷、紫砂等工艺美术作品参评。王经民选送的作品有《望月抒怀》苏东坡雕像和《自在如意》观音雕像以及平时创作的一些艺术作品。

1月10日

星期六
农历甲午年十一月二十
温度：12℃—19℃
多云转阴

●第29个全国“110宣传日”，市公安局“110与您携手共创平安”主题系列活动举行。

●泉州市高层次人才沙龙活动在市区领SHOW天地启动。

●10—11日，“德艺双馨”中国文艺展示活动泉州赛区总评选在南音艺苑和梨园古典剧院举行。

●匹克集团董事长许景南获评“亚洲国际化影响力人物”。

●惠安县的中国石雕艺术大师王经民获“2014年度中国石雕十大年度艺术家”称号。

●晋江市公安局“粉丝进警营 携手平安行”公益宣传活动在晋江一中举行。

●南安市公安局“创人民满意警队、做群众喜爱警察”暨“110与您携手共创平安”主题活动在南安市人民会堂广场举行。

●惠安县“青商同行·青春不再孤单”活动启动。

1月11日

星期日
农历甲午年十一月廿一
温度：13℃—16℃
阴

●《关于进一步加强重要流域保护管理切实保障水安全的若干意见》出台。

●泉州市2015年起调整企业排污费征收标准。

●由市委宣传部和市文广新局主办、市艺术馆承办的泉州市第六届少儿普通话朗诵艺术大赛决赛在市艺术馆举行。

●由泉州市委宣传部、泉州市体育局和共青团泉州市委等主办的“东亚文化之都系列活动——中国梦·海丝情全民健身骑行活动”晋江站在晋江市八仙山公园举行。

●柬埔寨驻华大使馆向泉州画家致感谢信。

●9—11日，泉州市2015年中等职业学校职业英语技能大赛举行。

《关于进一步加强重要流域保护管理切实保障水安全的若干意见》出台

市政府近日出台《关于进一步加强重要流域保护管理切实保障水安全的若干意见》，在源头防控方面制定一系列铁腕治污措施。泉州市将禁止在饮用水水源准保护区和粮食蔬菜主产区新、扩建制革、电镀、化工、冶炼和产生有毒有害物质的建设项目，已建项目要加快搬迁拆除；禁止在重金属国、省控重点区域新、扩建增加所控制类型的污染物排放量的项目；禁止在水环境质量不能稳定达标的区域内建设新增相应不达标污染物指标的排放量的工业项目；晋江、洛阳江上游不再审批化工、电镀、制革、染料、农药、印染、酿造、蓄电池、造纸等可能影响晋江、洛阳江饮用水源水质安全的建设项目。全市不再审批新建使用含苯胶水制鞋和制革、造纸、电镀、漂染等重污染项目，晋江、洛阳江流域严格实行“四不批”政策。工业园区必须建设污水集中治理设施，实行排污自动监控；未经规划环评、未建设污水集中治理设施的工业园区，一律不得批准升格。加快转移化工企业、涉重金属企业进入集控区；所有化工园区、涉重金属工业园区内企业污水接管率必须达到100%，未达标的须于本月底前完成整改，逾期仍未完成的，园区及区内企业一律停产整改。所有化工园区、涉重金属工业园区必须规范配套应急池，建设企业、园区和周边水系三级环境风险防控工程，确保有效拦截、降污和导流；受园区排污影响的周边水系应建设应急闸门，防止泄漏物和消防水等排入外环境；园区内所有化工、涉重金属企业排放口及园区内雨水、污水外排口，一律于本底前完成规范化整改，实现特征化学污染物、重金属污染物自动监测及视频监控，并与市环保部门联网。加强农业面源污染防治，全市生猪年出栏总量控制在250万头内。2016年底前全面拆除流域禁养区和饮用水源保护区内违建畜禽养殖场，完成出栏万头以上规模生猪养殖场的零排放或达标排放改造；整合“小而散”畜禽养殖场（户），扶持发展生态养殖模式。

泉州市调整企业排污费征收标准

根据全省统一要求，泉州市2015年起调整企业排污费征收标准，并实行差别化收费政策。废气中的二氧化硫和氮氧化物排污费征收标准，由0.60元/污染当量调整到1.20元/污染当量；污水中的化学需氧量、氨氮和五项主要重金属（铅、汞、铬、镉、类金属砷）污染物排污费征收标准，由0.70元/污染当量调整到1.40元/污染当量。在每一污水排放口，对五项主要重金属污染物均须征收排污费；其他污染物按污染当量数从多到少排序，对最多不超过3项污染物征收排污费。

柬埔寨驻华大使馆向泉州画家致感谢信

柬埔寨驻华大使馆近日向泉州画家戴毅强发出感谢信。2014年6月在柬埔寨发行的《柬埔寨王国与中华人民共和国建交五十五周年》纪念邮票中，采用了戴毅强所画的泉州开元寺和柬埔寨金边的塔山寺画作，因此，柬埔寨驻华大使凯西索达特别发出感谢信。信中称，邮票采用《开元寺》和《塔山寺》作为图案，表达了中国人民与柬埔寨人民间的友好情谊。

戴毅强收到柬埔寨驻华大使馆感谢信　（图/陈起拓）

泉州市2015年中等职业学校职业英语技能大赛举行

9—11日，由市教育局主办，泉州市职教中心、泉州华侨职业中专学校承办的泉州市2015年中等职业学校职业英语技能大赛在泉州华侨职业中专学校举行。竞赛分服务类和其他类两大专业组，两个专业组各设能力在线竞赛、情境交流竞赛、职场应用竞赛和职业风采竞赛四个比赛环节。能力在线竞赛考察的是学生在日常职场中的综合英语素质，其单项成绩占总成绩的20%。情境交流和职场应用环节则是比赛的关键环节，两个环节各占总成绩的30%。这一环节考验的是选手的口语表达能力以及现场反应能力。

1月12日

星期一
农历甲午年十一月廿二
温度：12℃—14℃
小雨转中雨

●工信部公布第二批国家信息消费试点城市名单，泉州市成为36个入围市（县、区）之一。

●农业部公布2014年全国农民合作社加工示范单位名单，泉州市英山珍贵淮山农民合作社和山格淮山专业合作社入选。

●市中级人民法院在全国首创“跨域·连锁·直通”式诉讼服务平台。

●反腐倡廉题材闽剧《兰花赋》在泉州影剧院上演。

●2014年“美丽乡村”各县（市、区）环境卫生考评综合得分出炉。

●鲤城区“我心中的社会主义核心价值观”幼儿童谣比赛在市青少年宫举行。

泉州入选国家信息消费试点城市

工信部公布第二批国家信息消费试点城市名单，泉州市成为36个入围市（县、区）之一。试点内容为：以地方政府、行业、企业、社区为主体，围绕建设宽带和TD-LTE等信息基础设施、开发智能信息产品、培育新型信息消费示范项目、整合政府公共服务云平台、拓展中小企业电子商务服务平台、引导信息消费体验等开展试点示范。这标志2015年泉州市在重大信息项目建设上，将得到国家相关政策、融资、贷款等方面的倾斜和扶持，有利于提升激活信息消费潜力，加快促进城市信息消费升级，带动信息产业及其他新兴产业的跨越发展。

市中级人民法院在全国首创“跨域·连锁·直通”式诉讼服务平台

市中级人民法院在全国首创的“跨域·连锁·直通”式诉讼服务平台启动。该平台的特点是在泉州整个区域内建立“跨域司法服务连锁”，群众不管案件由哪个法院管辖，都可以在距自己家门口最近的法院（或法庭）享受到全流程、无差别、标准化的司法服务。泉州地域面积辽阔，人口众多，人员往来流动频繁，由此产生的异地纠纷较多。不少当事人是第一次到法院打官司，对法律规定不清楚、案件审判流程不熟悉，加上诉讼程序环节多，当事人参与诉讼要多次到法院“一站一站跑”，费神费时又费力。久而久之，形成“立案难”“诉讼难”“执行难”印象。市中级法院以全市12个法院（包括中级人民法院）、42个人民法庭为点，运用网络、电信等科技手段，网、电、点结合，构建涵盖诉前、立案、审判、执行阶段的“跨域·连锁·直通”式诉讼服务平台，为群众提供“家门口”“一站式”“标准化”“全域通”的司法服务。

廉政题材闽剧《兰花赋》在泉州上演

反腐倡廉题材闽剧《兰花赋》在泉州影剧院上演。近千名市直机关、纪检监察系统党员观看演出。《兰花赋》根据闽剧《斩浦霖》重新创作，讲述了一个反贪的故事：在古代福建长泰，因贪官污吏擅自加征捐税，农户不堪重负，奋起抗争，惨遭镇压。官府上下贪赃受贿，互相勾结，层层包庇，使血案沉冤难雪。受皇帝赐匾嘉奖“守正如兰”的福建巡抚严子轩获悉案情，重审此案，经过种种曲折，终于平反冤案，惩办贪官。该剧曾获中国第七届戏剧节曹禺奖优秀剧目奖及九个单项金奖。

《兰花赋》演出现场　（图/殷斯麒 戴涵琦）

2014年“美丽乡村”各县（市、区）环境卫生考评综合得分出炉

2014年“美丽乡村”各县（市、区）环境卫生考评综合得分出炉。各地依序排名为：永春县第一名，台商投资区第二名，石狮市第三名，洛江区第四名，惠安县第五名，南安市第六名，德化县第七名，晋江市第八名，安溪县第九名，泉港区第十名。各县（市、区）“美丽乡村”环境卫生一整年的排名，是从该地每个月每个村考评得分综合而来。根据《泉州市建设“美丽乡村”五年行动计划》的部署，2014年的美丽乡村环境卫生考评涉及全市150个乡镇（街道）的村居环境卫生，全年抽评4043个村次、1091段次道路。考评标准除看各村有没有实现“一清一保一机制”（村庄环境卫生清洁、公共场所专业保洁、农村长效保洁机制基本建立），还包括“美丽乡村”环境整治高层级的“三清两整一绿”（清理卫生死角、清理河塘沟渠、清除露天粪厕，整治乱堆乱放、整治生活污水和村庄绿化），建筑垃圾及生活污水整治情况率先被纳入考评范围。

1月13日

星期二
农历甲午年十一月廿三
温度：10℃—18℃
小雨转多云

●全省农村生活垃圾治理工作视频会议后，泉州市随即召开视频会议，研究部署新一轮农村生活垃圾治理工作。

●郑新聪到泉州台商投资区调研。

●第四届泉州市道德模范评选活动结果揭晓。

●第四届中国旅游产业发展年会在江西南昌举行，泉州市旅游局入选中国旅游“创新发展榜”和2014中国旅游宣传影响力机构前十名。

●13—15日，2015年泉州市艺术创作会议在泉州海外交通史博物馆召开。

●市气象部门在洛江虹山、南安后桥、永春五一、安溪蓝田等地及相关水库进行人工增雨作业。

●2014年度全国政法微声音榜单公布，石狮法院列“十大法院微信传播力排行榜”第四位，是福建省三级法院系统唯一上榜法院。

●晋江市与长汀县签订2014—2016年山海协作对口帮扶协议。

●晋江市政府与中信证券股份有限公司签订战略协议。

●南安市全民健身运动会暨2014年南安市男子篮球等级联赛在南安市体育馆闭幕。

●永春县慈善总会“暖冬慈善情”系列活动举行，向东关、外山等五个乡镇特困群众和儿童赠送由永春三家企业提供的价值十多万元的御寒衣物和学习用品。

全市农村生活垃圾治理工作视频会议召开

全省农村生活垃圾治理工作视频会议后，泉州市随即召开视频会议，研究部署新一轮农村生活垃圾治理工作。市长郑新聪、副市长李建辉参加会议。郑新聪指出，全市要结合正在开展的美丽乡村建设、农村人居环境建设，以早于全省进度的要求来安排各级目标责任，确保新一轮农村生活垃圾治理工作顺利推进。郑新聪要求，要抓紧目标任务分解落实，做到分级负责、上下联动，逐年推进、项目运作，重在提升、突出长效。要加强资金、队伍和设施保障，县（市、区）要落实主体责任、乡镇要落实环卫管理职责、村民委员会要发挥好自治作用，有效整合各方面资金资源，强化“投入、设施、队伍”三保障，建立健全村庄环卫保洁工作“六个一”机制。要强化考评、巡查和整改，建立完善农村垃圾治理分级巡查督察制度；将农村生活垃圾治理列入环保责任书，狠抓工作督促落实。要推动工作探索与创新，立足农村和农民实际，推进农村垃圾处理城乡一体化，坚持政府引导和市场主导相结合，探索产业化垃圾处理模式。要抓示范引领、宣传引导，系统总结不同地域类型的垃圾处理模式，树立一批先进典型，加大宣传引导，营造浓厚的舆论氛围。要开展年终岁首城乡环境大整治，组织一批“短、平、快”的绿化、美化、亮化、净化项目。要确保生产安全和环保安全，强化垃圾处理设施安全监管，采用新型绿色低碳技术，确保安全生产，防止二次污染。

郑新聪到泉州台商投资区调研

市长郑新聪带领市直有关部门负责人到泉州台商投资区调研，召开泉港区、台商投资区企业调研座谈会。郑新聪指出，在经济下行压力下，企业发展面临的困难和挑战尤为突出。为此，市委、市政府高度重视、灵敏应对，出台一系列减轻企业负担、促进企业发展、支持企业创新行业转型的扶持措施；不少企业勇闯新路，从夹缝里寻找机会，不断创新，不断提升，保持良好发展态势。各级政府部门和企业都要增强时间观念和机遇意识，抓紧落实2015年各项工作安排，及早明确中长期发展规划，做到措施早制定、要素早筹备、问题早解决。要增强自信心和应变能力，把准当前面临的困难和后续趋势，坚定信心，果断应变，紧抓市场开拓、技术创新、资金保障，及早谋划用工及人才储备，引导企业专注主业，走专业化、精细化发展之路。要增强政府服务企业发展的能力和水平，与企业保持良性互动，了解企业所急所需，帮助企业解困；重视经济运行趋势的研究，指导企业积极应变；有针对性地出台阶段性措施，营造良好外部环境，引导和推动企业健康发展。

第四届泉州市道德模范评选揭晓

在市文明委领导下，市委宣传部、市委文明办、泉州军分区政治部、市总工会、团市委、市妇联组织开展的第四届泉州市道德模范评选活动结果揭晓，王东育等25人获评第四届泉州市道德模范称号。包括助人为乐模范5名：王东育、孙炳章、林锦聪、连于妹、曾仁山；见义勇为模范5名：许文典、许民忠、林培山、黄尧舜、黄昆芳；诚实守信模范4名：江祖争、许阳阳、苏进全、陈加贫；敬业奉献模范5名：付心知、刘德贵、吴一心、郑文忠、蔡立忠；孝老爱亲模范6名：王建华、吴梅珠、林秫、罗永秀、黄宝兰、谢慧英。

泉州市旅游局上榜中国旅游“创新发展榜”

第四届中国旅游产业发展年会在江西南昌举行，泉州市旅游局入选中国旅游“创新发展榜”和2014中国旅游宣传影响力机构前十名。近年来，泉州市旅游局着力构建面向全球客源的旅游大宣传格局，构建泉州旅游政务网、商务网、资讯网和官方微信、微博、APP等自主发布平台，并通过央视、卫视和泉州晚报在内的各级媒体，形成全方位、立体式的宣传网络。

石狮法院列全国“十大法院微信传播力排行榜”第四位

2014年度全国政法微声音榜单公布，石狮法院列“十大法院微信传播力排行榜”第四位，是福建省三级法院系统唯一上榜法院。2014年，石狮法院加强政务网、微博、微信“一网二微”的建设与运用，开辟司法公开、诉讼服务、与群众沟通的新渠道，实现诉讼咨询、立案登记、联系法官、查询案件、电子送达、举报被执行人下落或财产、举报投诉等司法服务“一指通”。

郑新聪到南安市新农村建设挂钩联系点现场办公

市长郑新聪带领市直有关部门负责人到挂钩联系的新农村建设试点示范村——南安市诗山镇声东村现场办公，市政府秘书长吴友才参加活动。郑新聪指出，要继续运用好侨的资源、在外乡贤的力量，调动群众积极性，推动新农村建设。要立足本地优势，发展农村特色经济，通过成立专业合作社等方式引导村民提升产品质量、联手拓展市场；加快土地流转，发展设施农业，挖掘整合生态、文化资源，发展乡村旅游业。要打造清新家园，保护生态，提升村容村貌，培养村民良好的卫生和生活习惯，改善污水、垃圾处理设施，建立长效保洁机制；加强平安建设，运用科技手段，发挥老人协会等村民组织的作用，营造和谐淳朴的村风、民风；坚持民生优先，从群众最关切的教育、供水、交通等方面做起，量力而行、尽力而为，逐年逐步完善农村基础设施；突出文化传承，保护好古厝、文物，为子孙后代留住历史文脉、乡愁记忆。要加强镇村班子建设，提升战斗力和凝聚力，落实好各种惠农政策，推进农村改革，激活农村经济社会发展的活力，建设好社会主义新农村。

九三学社泉州市委召开全委（扩大）会召开

九三学社泉州市委五届五次全委（扩大）会议召开。过去一年，九三学社立足本职，发挥优势，倾情服务社会，据不完全统计，全年来共举办义诊20次、讲座10次、咨询10场、展览4场，施赠药品3万余元，捐献现金40余万元、物品价值7万余元、图书500余册。2014年，九三学社泉州市委获九三学社中央授予的2014年度“组织建设先进集体”“第25届国际科学与和平周活动突出贡献奖”等。新的一年，九三学社将围绕深化改革、法治建设、加快发展等重大问题以及群众普遍关心的现实问题、热点问题开展调研，积极建言献策。在社会服务方面，将开展“海西（桐江）春雨行动”“四联建”等活动，依托市统一战线专家服务团，丰富活动内容，引导社员在扶贫济困、助学奖教等社会公益事业上尽心出力。

泉州481所学校列入福建省编制全面改善薄弱校规划

省教育厅编制福建省全面改善贫困地区义务教育薄弱学校基本办学条件项目规划(2014—2018年)，立足改善薄弱学校基本办学条件。该规划项目实行“中央补助、省级统筹、县级实施”的管理方式。到2018年底，凡列入规划的项目须全部完成。届时，全省所有义务教育学校的校舍、内部装备、配套设施应满足基本教育教学需要；寄宿制学校的生活设施应满足基本需要，留守儿童学习和寄宿需要将得到基本满足。县镇超大班额现象也将基本消除，逐步做到小学班额不超过45人、初中班额不超过50人。乡镇及以下农村中小学网络宽带全部接入且带宽达到10M及以上，基本完成校园网等网络教学环境建设，实现优质数字教育资源全覆盖。全省三类残疾儿童少年义务教育入学率达95%以上，特教学校基本实现办学标准化。2012年，泉州市在全省率先启动义务教育薄弱校改造工程，截至2014年底共完成4批省下达的义务教育薄弱校改造计划项目，投入资金2.47亿元，竣工交付使用的项目共有166个，改扩新建校舍面积14.98万平方米，改善一大批薄弱学校的基本办学条件。2014年底，泉州市上报省教育厅和省财政厅审批计划改造农村义务教育薄弱学校481所，改造项目涉及市直和各县（区、泉州台商投资区）相关学校。薄弱学校改造项目已确定，并列入省全面改善薄弱校规划，计划投入资金1.72亿多元，改扩新建校舍面积3万平方米，改善项目包括教学及辅助用房、生活用房、运动场所、信息化装备、教学实验仪器、音体美器材、生活设备等。

清濛长途汽车站送服务进工厂

是日起，为方便外来务工人员购买春运车票，清濛长途汽车站送服务进工厂，在工厂里直接售票。图为泉州开发区一家企业员工在厂内排队购买车票。（图/陈小阳 陈敏霞）

1月14日

星期三
农历甲午年十一月廿四
温度：8℃—17℃
多云

●郑新聪带领市直有关部门负责人到挂钩联系的新农村建设试点示范村——南安市诗山镇声东村现场办公。

●九三学社泉州市委五届五次全委（扩大）会议召开。

●省教育厅编制福建省全面改善贫困地区义务教育薄弱学校基本办学条件项目规划(2014—2018年)，立足改善薄弱学校基本办学条件。泉州市上报省教育厅和省财政厅审批计划改造农村义务教育薄弱学校481所，改造项目涉及市直和各县（区、泉州台商投资区）相关学校。

●是日起，为方便外来务工人员购买春运车票，清濛长途汽车站送服务进工厂，在工厂里直接售票。

1月15日

星期四
农历甲午年十一月廿五
温度：10℃—17℃
晴转多云

●郑新聪到市信访局接访群众。

●陈海基到教育实践活动联系点惠安县东岭镇，检查“四风”问题整改和“回头看”工作。

●《捍卫中国——习近平总体国家安全观解读》国防教育讲座在泉州举行。

●民革泉州市委十三届六次全体（扩大）会议召开。

●泉州市排污权有偿使用和交易首场交易会举行。

●“知识产权进民企”公益系列活动启动。

●泉州市“银团合作”工作推进会暨泉州市“乡村好青年”发布会举行。

●纪念音乐家李焕之诞辰96周年音乐会在晋江市池店镇举行。

《习近平总体国家安全观解读》国防教育讲座在泉州举行

中国人民解放军国防大学教授、解放军报社《国防参考》总编室主任李兵，在泉州作题为《捍卫中国——习近平总体国家安全观解读》的国防教育讲座，市双拥工作小组成员代表等聆听讲座。李兵从基本内容、基本特征、理论意义、时代背景和实践要求五方面对国家安全观进行解读，从微观到宏观，从理论到实例，阐释国防建设的重要性。

全市首场企业排污权交易举行

由市环保局、海峡股权泉州交易中心主办的泉州市排污权有偿使用和交易首场交易会举行。泉州是全省第一个设立排污权交易平台的设区市。该次参与交易出让的包括，华润雪花啤酒（福建）有限公司竞价出让20吨二氧化硫及33吨氮氧化物排污权，晋江市环保局竞价出让9吨二氧化硫及28吨氮氧化物排污权。交易会共举行四场交易竞价，来自泉港、晋江、惠安、安溪等地16家泉州本土企业和4家省内外地企业参加竞买，15家企业买到二氧化硫，成交总金额95.865万元；18家企业买到氮氧化物，成交总金额139.93万元。同时，晋江市环保局出让化学需氧量1.56吨、氨氮(NH3−N)0.255吨，总金额11.62万元。

“知识产权进民企”公益系列活动启动

由民盟泉州市委、市工商联和市知识产权局等主办的“知识产权进民企”公益系列活动启动，首场活动走进洛江区亚伦（中国）有限公司。活动将在一年时间里走进企业开展知识产权培训活动。活动指导单位为市委统战部，协办单位为省劲翔知识产权代理有限责任公司、泉州商报。根据计划，每月在泉州选择一家创新型民企举办活动，2015年度共12期。培训师资力量均由省内资深的知识产权专家组成。活动将通过讲座等培训方式，推进服务社会工作，加强知识产权运用和保护，倡导泉州民企重视、加强、健全知识产权保护。

泉州市“银团合作”工作推进会
暨泉州市“乡村好青年”发布会举行

泉州市“银团合作”工作推进会暨泉州市“乡村好青年”发布会举行。会上，银行方面与团市委签订支持泉州“银团合作”的意向书。各县（市、区）被授予“乡村好青年”的10位青年获银行颁发的50万元贷款预授信证书，他们今后可直接到银行办理贷款。

相关链接：“银团合作”项目依托银行小额贷款、个人商务贷款、小企业法人贷款等业务，重点解决由县域及以下地区青年致富带头人领办或创办的电子商务小微企业、农民合作社、家庭农场等新型农业经营主体，以及涉农龙头企业和上下游小企业的资金需求。

纪念音乐家李焕之诞辰96周年音乐会在晋江市举行

纪念音乐家李焕之诞辰96周年音乐会在晋江市池店镇举行。音乐会开始前，与会人员参观李焕之纪念馆。纪念馆分为“情系桑梓”“奔赴延安”“献身音乐”“音乐之家”等十多个部分。参观者通过图文并茂的资料和现场讲解员的讲解，系统了解李焕之的一生。

相关链接：李焕之是中国当代著名作曲家、音乐理论家、合唱指挥家和音乐活动家，曾担任中国音乐家协会主席。1919年，李焕之出生在香港，父亲是晋江池店人，母亲是台北人。16岁时，李焕之为郭沫若的诗作《牧羊哀歌》谱曲，由此开始长达65年的音乐创作生涯。新中国成立后，李焕之为中华人民共和国国歌编配的管弦乐总谱，成为现今在全世界通用的法定版本。李焕之一生创作歌曲500余首，歌剧、交响乐、管弦乐、电影音乐多部，音乐评论200多篇。2000年，李焕之在北京病逝，享年81岁。

晋江合唱团演唱李焕之作品《春节序曲》
（图/戴涵琦）

全市民政、老龄、残联工作电视电话会议召开

全市民政、老龄、残联工作电视电话会议召开，副市长陈荣洲参加会议。过去一年，泉州市城乡低保标准和补助水平不断提高，补助标准走在全省前列，为13.6万低保对象发放低保金2.86亿元。全市各类养老服务机构增至203家，养老床位数超2.1万张，养老床位率由2011年底的每千人8.2床增至每千人25.55床，进一步改善养老床位紧张的局面；省、市、县三级财政投入资金1.22亿元用于发展泉州市残疾人事业，实施助残项目42个，直接受益残疾人达30多万人次。2015年，泉州市将继续加大民生保障力度，重点改造提升200个自然灾害避灾点，新建100个农村居家养老服务中心，提升200个城市社区居家养老服务中心，建设343户低保家庭安居房，筹集150万元开展"救急难"，支持培育10个老区特色产业发展项目，为2000名特困重度失能老人提供购买服务等项目。

泉州市涉侨维权工作联席会议构建"大调解"工作格局

市中级人民法院和市侨联第二次涉侨维权工作联席会议召开。双方互相通报工作情况，介绍经验做法，并就维护侨益新思路、新举措和促进法院、侨联工作等进行交流探讨。为贯彻最高法院《关于建立健全诉讼与非诉讼相衔接的矛盾纠纷解决机制的若干意见》，构建"大调解"工作格局，依法维护侨益，会议决定特聘陈小钢等九人为市中级人民法院"涉侨案件特邀调解员"。他们中有老侨联工作者、老归侨，有海归创业人才、侨商代表，有人大代表、政协委员等，熟悉侨务工作，调解经验丰富，可有效维护侨益。

联席会议现场　　（图/市侨联）

泉州晚报社与闽北日报社战略合作签约仪式举行

泉州晚报社与闽北日报社战略合作签约仪式举行，正式结为战略合作媒体联盟。此系两地党报首次跨区域协作互动，秉持"优势互补、精诚协作、相互促进、共同发展"的原则，今后双方将发挥作为泉州、南平两地主流媒体的优势与影响力，通过合作，实现双方资源共享、品牌共享，为地方形象宣传、品牌推广、产品推介等搭建更便捷、更有效的平台，在两地山海协作中彰显党报功能，促进双方共同发展。作为两家媒体达成的诸多共识之　，双方将通过争取政府支持、组织企业到对方所在地举办展会，宣传推介所在地区特色产品和旅游等资源，促成两地开展更紧密的经贸合作。

石狮市档案馆晋升国家一级档案馆

以沈阳市档案局局长荆绍福为组长的国家测评组一行6人，对石狮市档案馆创建国家一级档案馆工作进行测评。石狮市档案馆最终以95.2分的高分，被国家档案局授予"国家一级档案馆"称号。石狮市档案局开展创建国家一级馆工作得到石狮市的重视，通过半年多努力，2014年11月以99.2分的成绩，通过省档案局组成的验收组的初步验收。验收组认为，石狮市档案各项指标已达到国家一级馆的标准，随即报请国家业务测评专家开展正式验收。国家测评组通过听取汇报、实地检查、查验材料、研讨打分等办法，严格考评。

井盖涂画活动在市区东湖公园举行

由市市政公用事业局、市公园管理中心和华侨大学美术学院主办的第2期井盖涂画活动在市区东湖公园南围墙步行路举行，35位华侨大学美术学院的学生对现场的29个井盖进行涂画。市公园管理中心办公室表示，此次涂鸦的内容，是由大学生们先做出样画，公园管理中心再从中选出29个图案让学生们涂画。图案以羊年元素、东亚文化之都和泉州特色元素为主题，有惠安女、京剧花旦、闽台缘博物馆，还有包含羊年元素的羊图案等。主办方希望以此传播"井盖正能量"，传承积极阳光、健康向上的精神，并提醒市民关注井盖安全。

1月16日

星期五
农历甲午年十一月廿六
温度：10℃—15℃
多云

●全市民政、老龄、残联工作电视电话会议召开。

●市中级人民法院和市侨联第二次涉侨维权工作联席会议召开。

●泉州晚报社与闽北日报社战略合作签约仪式举行。

●由市市政公用事业局、市公园管理中心和华侨大学美术学院主办的井盖涂画活动在市区东湖公园举行。

●由泉州市希望工程办公室、泉州市青年志愿者协会和泉州市读书援助协会主办的"捐书助学献爱心携手共圆中国梦"专场捐赠仪式在南安市罗东镇竞新小学举行，向罗东镇9所小学捐赠"希望书库"，并向600名家庭困难、品学兼优的学生赠送读书礼包。

●"如是我心——林坚璋书法艺术展"在市区真武庙广场博奕斋开幕。

●石狮市档案馆被国家档案局授予"国家一级档案馆"称号。

●晋江市多部门在青阳崇德小学开展防暴防恐演练。

1月17日

星期六
农历甲午年十一月廿七
温度：9℃—17℃
多云

●《关于加快发展养老服务业的实施意见》下发。

●冯志农到泉州会见美国南加州福建同乡会会长杨式耻和副会长杨秋育、杨式辉。

●“大武夷农特产品泉州展销推介会”在泉州晚报大厦举行。

●2015年福建省第六届新年合唱音乐会在泉州音乐厅举行。

●泉州山美水库管理处购进的全市第一艘全自动化水库垃圾清淤船下水运行。

●由刺桐里文化平台和泉州师院美术与设计学院主办的2014“刺桐里”大学生原创美术作品大赛启动。

●“2015海丝·涂岭美丽乡村休闲汇”第五届涂岭猪脚美食文化节暨小坝草地音乐节在泉港区涂岭镇小坝村举行。

《关于加快发展养老服务业的实施意见》下发

市政府近日下发《关于加快发展养老服务业的实施意见》（以下简称《意见》）。今后，养老服务业发展将纳入经济和社会发展规划，列为泉州市服务业重点发展领域。到2020年，城市社区居家养老服务设施在全覆盖基础上实现提标升档，90%以上乡镇和60%以上的建制村完成养老服务设施建设；每千名老人拥有养老床位数35张以上，护理型床位占养老服务机构总床位比例达30%以上。届时，市本级和各县（市、区）还应全面建成1所以上护理型养老服务机构。《意见》明确，新建小区要按照人均用地面积不低于0.1平方米、不低于每百户20平方米建筑面积的标准，配建社区居家养老服务用房。社区级老年服务中心建筑面积应大于200平方米并设置大于150平方米的活动场地。泉州市还鼓励和支持社会力量重点发展养医结合，以收养失能、半失能、失智老年人为主，并提供长期照护服务（含临终关怀型）的护理型养老机构。泉州市将更注重农村养老服务业发展。一方面，支持敬老院改善设施条件并向社会开放，通过合理收费，接纳周边村镇散居老人；另一方面，今后五年，泉州市每年将建200个农村幸福院，这些农村幸福院将获省、市、县三级补助。今后，泉州市也将提升养老机构医疗服务能力和医疗机构为老服务能力，鼓励卫生技术人员到养老机构工作。为促进养老服务业加快发展，《意见》还明确多重保障措施。如保障用地方面，每年安排一定数量的储备土地用于养老服务项目建设或养老招商项目；实行优惠地价等。税费优惠方面，在营业税、用电、用水、用气、电话初装费、卫生费、有线电视费等多种税费上给予相应减免。同时泉州市加大公共财政投入与保障，对已建成的城市社区居家养老服务中心（站），给予每个每年不低于2万元的运营补贴；对农村社区居家养老服务中心（站）给予每个每年不低于5000元的运营补贴。给予非营利性民办养老服务机构一次性开办补助和床位运营补贴。2014年起，一次性开办补助为：用房属自建且核定床位50张及以上的，每张床位一次性补助1万元；用房属租房（租用期限5年以上）且核定床位50张及以上的，每张床位补助5000元，分5年拨付。床位运营按年平均实际入住床位数给予每年每床不低于2000元补贴。泉州市还将设立护理型养老机构财政奖补资金，重点扶持护理型养老机构。同时，建立贫困家庭养老服务补贴制度，对低收入、失能、失独、高龄、残疾等特殊困难老人，采取政府补贴或购买服务的方式，为其接受养老服务提供支持。泉州市还将建立养老护理员最低工资保障制度，实施护理员特殊岗位补贴制度，对民办养老机构中取得“养老护理员职业资格证书”并从事养老护理岗位的从业人员，按技师、高级、中级、初级不同等级，分别给予每人每月200元、150元、100元和50元的补贴；通过职业技能鉴定，取得国家养老护理资格技师、高级、中级、初级等级证书，在民办养老机构从业一年并从事养老护理岗位的从业人员，分别给予每人一次性4000元、3000元、2000元和1000元补贴。

冯志农在泉州会见美国南加州侨领

省方志委主任冯志农到泉州会见美国南加州福建同乡会会长杨式耻、副会长杨秋育、杨式辉一行，双方就流失海外的福建地方文献和华人华侨史料征集相关事宜进行协商探讨，达成共识。图为冯志农、市方志委常务副主任张惠评与杨式耻一行在晋江五店市文化街区风雅颂书局阅览室。

福建省第六届新年合唱音乐会在泉州举行

2015年福建省第六届新年合唱音乐会在泉州音乐厅举行。本次新年合唱音乐会以“海丝起点涌歌潮”为主题，泉州、厦门和宁德三市的六支合唱团参加演出。图为演出现场。

（图/林劲峰）

泉州市继续开展“为特困失能老人提供政府购买服务”项目

2015年，泉州市继续开展“为特困失能老人提供政府购买服务”项目，并且服务对象由2014年的1800名增至2000名。泉州市从2010年起就通过开展社区居家养老和农村老人互助，重点关注、重点帮扶特困失能老人。2013年起，先后两年把救助特困失能老人纳入市委、市政府为民办实事项目。在全省首创，由政府出资，为全市1800名特困失能老人购买每人每月300元的服务，依托家属、亲友、社区居家养老服务站、老人协会和社会中介服务组织等，帮扶照料特困失能老人，缓解特困失能老人生活照料问题。

多部门联合开展工资支付专项检查

市政府办近日下发通知，要求进一步做好预防和解决企业工资拖欠工作。通知要求，要继续实行解决欠薪问题县级政府“一把手”负总责制度。发挥市县两级解决企业工资拖欠问题联席会议制度，即日起至春节前，每旬召开一次会议。各级各相关部门进行分工协作，其中，对欠薪企业经营者一律取消评优评先资格，对恶意欠薪、卷款逃匿、涉嫌拒不支付劳动报酬的企业，公安部门提前介入调查，并与人社部门实行行政司法联动，组织开展违法犯罪侦查，对构成犯罪的，依法追究刑事责任。司法部门把解决拖欠工资问题列入法律援助重点内容。人民银行做好工资保证金账户专户的开户核准工作，将人社部门通报的发生工资拖欠记录的企业录入企业征信系统。全市各级人社部门将会同相关部门，开展工资支付专项检查，重点针对高速公路、铁路、房建、市政、水利等重点建设项目农民工工资以及中小企业工资支付情况进行检查。同时，乡镇（街道）、村（社区）干部于本月对所联系的企业进行至少2次的拉网式走访巡查，列出重点监控企业，加强对企业工资支付情况的动态监控，重点关注租赁经营企业、无照经营作坊、重点项目建设施工企业、外地入泉施工企业和有欠薪不良记录的企业。

泉州市公路养护管理获评全省第一

省公路局近日印发《关于表彰2014年度公路养护管理先进单位的决定》，泉州市公路局、厦门市公路局、福州市公路局分获第一名、第二名、第三名。2014年，泉州公路工程养护、安全管理、路政管理等方面工作齐头推进，亮点颇多。在工程养护上，市公路局各分局及时做好小修养护和日常保洁工作，公路养护管理全面到位，路面保洁到位，路容路貌得到新的提升。如，石狮公路分局管养的公路在全市美丽乡村环境卫生考评中，连续9个月名列全市美丽乡村主干道环境卫生项目前三名，直属公路分局在全市城区市容和环境卫生考评中，多次获得第一名。路政管理方面，各分局落实公路监督检查制度，加大路政巡查纠违力度，加强与交通综合行政执法大队的协同协作，及时协同制止和查处各类违法行为。德化、安溪、南安、直属、石狮等公路分局实现联合巡查与整治经常化，惠安公路分局2014年度维护路产路权有力，收取占用费240多万元，列各分局之首。

春节前三部门定期赴职工服务站接访

为更好地服务职工，市总工会、人社局、经信委组成5个工作组，分赴各县（市、区）基层职工服务站开展慰问接访服务。三部门联合慰问接访持续到春节前。活动的目的，一是慰问一线职工、困难职工（农民工）、劳模，倾听企业心声，二是联合受理职工的欠薪举报以及其他方面的诉求，变职工上访为部门下访，更全面、更直接地把矛盾化解在基层，问题解决在一线，维护职工权益，促进职工队伍和谐稳定。

“大武夷农特产品泉州展销推介会”在泉州举行

17—18日，由南平市政府主办，南平市农业局、闽北日报社和泉州晚报社承办的“大武夷农特产品泉州展销推介会”在泉州晚报大厦举行。推介会吸引南平市10个县（市、区）的40多家企业参加，展销产品包括畜禽、酒类、茶叶、笋制品、油茶、果蔬、粮食等上百个品种，其中包括有机山茶油、闽北蛇酒、麻沙淮山、闽北白莲、光泽野生铁皮石斛、闽北红菇、浦城灵芝、建瓯锥栗、武夷酸枣糕等知名农特产品，不少企业还在现场开设免费品尝体验窗口。

1月18日

星期日
农历甲午年十一月廿八
温度：9℃—18℃
多云转晴

●泉州市继续开展“为特困失能老人提供政府购买服务”项目。

●多部门联合开展工资支付专项检查。

●泉州市公路养护管理获评全省第一。

●春节前三部门定期赴职工服务站接访。

●由泉州大开元寺扶贫赦灾公益协会和市第一医院主办的百村义诊活动在蒙古族聚居地泉港区涂岭镇小坝村举行。

●由泉州少林寺和泉州市多家医院、律师事务所以及市书法家协会主办的“2015第一福音公益行第一站”新春暖冬慈善扶贫下乡活动在洛江区河市镇河市村举行。

●泉州理工学院2015年校地共建晚会举行。

●厦门大学管理学院EDP泉州校友会“谊者善行”活动举行，筹集139099元善款捐赠给泉州市老龄志愿者协会和泉州市社会福利院。

1月19日

星期一
农历甲午年十一月廿九
温度：9℃—18℃
晴转多云

●泉州市全面推行养老机构责任保险。

●全市旅游部门开展出境市场文明旅游专项整治。

●由市直统战系统党委、市疾病预防控制中心、泉州市眼科医院和泉州市宁德商会党支部主办的“关爱学生保护视力”公益助学捐赠仪式在泉州五中举行。

●19—23日，“百态观音·慈航普渡”德化瓷艺大师暨全国书画名家作品展在南安市体育馆举行。

●19—21日，永春公路分局和永春县交通综合行政执法大队开展公路集中清障活动。

泉州市全面推行养老机构责任保险

市民政局、财政局、老龄办、人保财险泉州分公司近日出台《关于推行养老机构责任保险的实施意见》，在全市范围内推行养老机构责任保险。据市老龄办相关负责人介绍，养老机构责任保险的推行，将有效化解养老机构意外责任的风险，为养老机构健康可持续发展提供风险保障。根据意见，凡经养老机构设立许可、并依法登记的养老服务机构，包括社会福利中心、敬老院、光荣院、养老院、老年公寓、爱心护理院等，均可作为被保险人，应将其入住的老人全部参保；城乡社区养老服务机构，包括居家养老服务站、村级敬老院、幸福园等，可参照实施投保。保险责任赔偿范围包括人身伤亡责任、法律费用和第三者责任。该保险责任限额每次事故最高可达100万元，每年累计责任限额最高达500万元。此次养老机构首次投保，从2014年11月至2015年10月，由市民政局统一与人保财险泉州分公司签订协议，全额负责。其后由各养老机构逐年与所在地保险公司签订。从2015年11月起，养老机构入住对象为政府救助供养对象（含低保、五保、三无、优抚、五老等）的保费由当地财政安排，其他老人的保费由养老机构承担。未来，泉州市还将探索建立养老机构综合责任保险补贴制度，鼓励各类养老机构和入住老年人个人积极投保，投保资金实行属地管理。例如，除政府供养老人保费由同级财政全额负担外，入住公办养老机构的其他社会老人投保费用由同级财政负担30%、养老机构负担70%，民办非营利性和公建民营的养老机构参照实施；民办营利性养老机构保费由机构与个人共同负担。各地还可根据实际情况为老年人购买长期护理、重大疾病、补充养老等保险产品。

全市旅游部门开展出境市场文明旅游专项整治

为规范出境旅游市场秩序，加强出境旅游团队的文明旅游宣传引导工作，即日起至春节前，全市旅游部门开展出境市场文明旅游专项整治。2014年12月11日，国内出境游游客曾在亚洲航空曼谷—南京航班上发生严重不文明的行为，该事件在说明文明旅游工作艰巨持久性的同时，也暴露出旅行社在经营、领队履责中存在严重问题。旅游部门表示，文明旅游工作涉及全社会和游客，但旅行社作为出境团队组织者，作用与责任也不可替代。按照要求，此次面向旅行社的专项整治，将主要查找三类问题，加强出境旅游团队的文明旅游宣传引导工作。一查审核培训责任到位。通过全面加强对所辖组团社的监管，确保旅行社做好申请领队证人员的资格审查和业务培训，强化组团社与领队执业行为的连带责任。二查行前说明会到位。确保旅行社组织好出境旅游团的行前说明会，将文明旅游要求作为行前说明会的重要内容，明确告诫游客在境外游览时不得违反出境旅游目的地的有关规定。三查领队履行职责到位。检查领队在旅游行程中履行业务工作与文明督导的“一岗双责”落实情况，随团领队人员要自觉监督当地“地接社”和导游不得向游客介绍、推荐违法旅游活动，对游客不文明行为要坚决予以劝阻。同时，旅游部门还将加强领队资质审核，对已取得出境旅游领队证的人员进行一次普遍检查，进行认真清理，确保人证相符，并依法查处未取得领队证从事领队业务、伪造、涂改、出借或转让领队证、未依法为出境旅游团队安排领队等违法违规行为。在把好“组团关”“落地关”“行程关”的基础上，出境游市场文明旅游综合整治也将同步加强，特别是在游客方面，将协调有关部门依法处置不文明旅游者，依法制定对不文明旅游者的追责制度。

“百态观音·慈航普渡”德化瓷艺大师暨全国书画名家作品展在南安市举行

19—23日，由101尊瓷塑观音和百幅“慈航普渡”书法组成的“百态观音·慈航普渡”德化瓷艺大师暨全国书画名家作品展在南安市体育馆举行。该作品展从策划至今，历时近5年。101尊“瓷塑观音”以“中国梦·德化瓷”为主题，包括已故中国陶瓷艺术大师杨剑民创作的“慈航普渡”观音1尊、其他20位德化当代瓷艺大师各创作5尊，形成百态观音；百幅“慈航普渡”书画作品，由百位书画名家、社会名人及高僧大德挥毫。该展览是“百态观音·慈航普渡”全国巡回展第四站，旨在彰显德化陶瓷文化和中华传统书画的艺术魅力，同时加强南安和德化两地之间的文化交流，促进共同发展，为泉州市建设“东亚文化之都”做出贡献。

2014年为民办实事项目圆满完成

经过全市共同努力，2014年市委、市政府为民办实事33个项目顺利完成，项目总投资约35.44亿元，其中市级财政投入近2.17亿元，比2013年增加3669万元。2014年为民办实事项目的实施兼顾城市和农村。一年来，环湾城市更加宜居，通过加密和延长8条公交线路的服务时间，购置80部新能源公交车等举措，提升公交服务水平；通过完善垃圾收转运设施，改造老旧社区、公厕、集贸市场、排洪、排水沟等，提升中心市区卫生基础设施；通过实施内沟河栏杆加高加固、江滨南路侧进式雨水口等一系列改造，中心市区内涝积水得到整治。同时，农村也更加美丽。2014年泉州市深化“美丽乡村”六大工程，实施市级美丽乡村重点示范线、示范乡镇、示范村示范建设项目253个，提升打造162个县级美丽乡村示范村（社区）。全市扶持培育10个老区特色产业示范项目，扶持40家市级农民专业合作示范社，解决规划内23万人的饮水安全问题，完成农村公路安保工程590千米、提级改造工程120千米，改造75座农村公路危（病）桥，为农民带来实实在在的出行、生活便利。2014年为民办实事项目主要围绕民生保障工作重点，以及解决人民群众反映较为集中和人大代表、政协委员较为关注的热点、难点问题来筛选，在项目选择上体现普惠性与特殊性相结合。在普惠性项目方面，让全市老年人拥有幸福充实的晚年生活，是市委、市政府关注的焦点之一。2014年泉州市建设了250个城乡居家养老服务中心（站），其中50个农村居家养老服务站新增500张日间照料床位，为农村老年人提供生活照料、文化娱乐等服务；在完善提升200个城市社区居家养老服务站的同时，泉州市还为中心市区7000名特定老年人提供居家养老信息呼叫服务。此外，还建成20个农村老年体育活动中心，为农村老人休闲娱乐创造良好条件。让孩子们更加健康快乐成长也是市委、市政府着力抓好的民生事项。2014年泉州市新建20所公办幼儿园，新增学位1万个；扩容城镇中小学校2.2万个学位，建设20个青少年社会教育活动中心。此外，新建40条市区全民健身路径，开展130场千名医师百场义诊活动，完成覆盖全市2059个行政村2340个村卫生所的信息化建设任务等项目的完成，也让最大范围内的群众收获到实在的福利。在特殊关爱方面，2014年为全市1800名特困失能老人提供政府购买服务，为336户农村低保家庭建设安居房，为300名贫困残疾儿童开展康复救助、“关爱女孩”五项工程、“计生特殊家庭”关爱行动等持续开展。一系列文化领域的项目也圆满收官。20个闽南文化生态保护区整体性保护重点区域（首期）项目中，各重点区域已成立文化生态保护工作领导小组和专家委员会等机构，完成《泉州市闽南文化生态保护实验区整体性保护重点区域概况》及其分册编撰等工作，全面了解和掌握了文化遗产和自然遗产资源的种类、数量、分布状况、生存状况及存在问题。

晋江市星级文明诚信商户挂牌

晋江市区塘岸街至阳光路的213家商户挂上诚信星级牌和信用信息二维码，市民只要扫描二维码就能了解商家的信誉情况。为加强市场信用管理，提高市场竞争力，晋江市在塘岸街至阳光路路段设立开展星级诚信商户评比试点区域，并从该区域内评出五星商户10户、四星商户20户、三星商户145户。评比主要围绕主体资格、经营行为、企业自律、消费维权等方面进行，包括商家证照齐全、店堂卫生、没有相关的税收违法记录、保证产品质量、没有假冒伪劣、建立好消费维权的投诉机制等。

永春大羽村入选全国宜居示范村

由住建部评选的“2014年全国建设宜居小镇、宜居村庄示范”名单出炉，全国61个村庄入选，永春县五里街镇大羽村是全省两个入围的村庄之一。大羽村把优美的自然生态和独特的白鹤拳文化结合起来，以美丽乡村建设带动旅游业发展。图为游客在美景前自拍。

（图/陈小阳　林铭珊　姚德纯）

1月20日

星期二
农历甲午年十二月初一
温度：10℃—23℃
多云转晴

●2014年市委、市政府为民办实事33个项目顺利完成，项目总投资约35.44亿元，其中市级财政投入近2.17亿元，比2013年增加3669万元。

●全市集中开展打击道路客运违法经营行为、维护旅客合法权益的“春雷一号”行动。

●晋江市区塘岸街至阳光路的213家商户挂上诚信星级牌和信用信息二维码，市民只要扫描二维码就能了解商家的信誉情况。

●“由住建部评选的“2014年全国建设宜居小镇、宜居村庄示范”名单出炉，全国61个村庄入选，永春县五里街镇大羽村成为全省两个入围的村庄之一。

1月21日

星期三
农历甲午年十二月初二
温度：9℃—19℃
晴

●县（市、区）党委书记、台商投资区党工委书记抓基层党建工作述职评议会议召开。

●市委扩大会议召开，通报市四套班子党的群众路线教育实践活动整改落实情况，部署下阶段工作。

●市石改办“石结构房屋改造政策培训班”举办。

●“党旗飘扬 情暖万家”邮政便民服务进社区专项活动启动。

●彬达香文化创意园职工综合技能竞赛在永春县中国香都文化创意产业园区举行。

●“泉州老街巷”摄影作品展在泉州科技中学举行。

市委召开县（市、区）党委书记抓基层党建工作述职评议会议

市委召开县（市、区）党委书记、台商投资区党工委书记抓基层党建工作述职评议会议。省委第四督导组组长李德仁出席会议并讲话，副组长郑恢先、省委组织部有关人员参加会议；市领导黄少萍、郑新聪、周银芳、陈沈阳、沈耀钦、许昆贞、翁祖根、陈庆宗、林伯前、林俊其等参加会议，市委副书记、市长郑新聪主持会议。市委书记黄少萍指出，下阶段，各级党委要突出强化主业意识，更加重视抓基层、打基础，加强总体谋划，经常研究部署，定期督促检查；各级党委书记要履行好第一责任人责任，县级以上党员领导干部要抓好分管领域党建工作，深入乡镇（街道）、村（社区）、企业指导推动工作，形成一级抓一级、层层抓落实的工作格局。要树立大抓基层导向，加强农村、社区和非公企业等领域基层服务型党组织建设，更好地贴近群众、引导群众，发挥好坚强政治堡垒作用。要聚焦尤权指出的“不想抓、不会抓、无力抓”三类突出问题，下大力气抓好薄弱环节整改。特别是以2015年村级组织换届选举工作为契机，选好配强村级班子，整顿转化软弱涣散党组织，提升干部队伍能力素质，持之以恒改进作风，更好地推动农村发展稳定、促进社区和谐文明。要把握内在规律特点，创新组织设置、服务方式、制度机制，推进工作方式方法与时俱进。要强化人财物保障，从经费支持和待遇保证等方面，为基层党组织开展工作创造条件，注重为基层减负减压，激发基层干部队伍活力。李德仁指出，泉州要进一步落实管党治党责任，推动基层党建走前列。要履行抓基层党建责任，各级党委要落实主体责任，坚持党建工作和中心工作一起谋划、部署、考核，党委书记要履行第一责任人责任，持续务实地抓好党建工作。要把从严治党落到实处，拓展党的组织和工作的覆盖面，严格党员教育管理，落实党内激励关怀帮扶；严肃党内生活，落实好“三会一课”、领导干部双重组织生活会等制度；严明党的纪律，强化制度执行力；坚持重心下移，健全完善持续推动人、财、物向基层倾斜的科学机制。要持续用力抓好整改落实，将此次述职评议会中提到的整改措施融入教育实践活动整改工作中去，切实解决问题、兑现承诺。

市委扩大会议通报市四套班子教育实践活动整改落实情况

市委扩大会议召开，通报市四套班子党的群众路线教育实践活动整改落实情况，部署下阶段工作。省委第四督导组组长李德仁，副组长郑恢先；市领导郑新聪、陈海基、杨俊峰、周银芳等参加会议。市委副书记、市委教育实践活动领导小组副组长周银芳主持会议。受市委书记、市委教育实践活动领导小组组长黄少萍委托，市委副书记、市长、市委教育实践活动领导小组副组长郑新聪通报指出，群众路线教育实践活动开展以来，泉州市级领导班子贯彻中央和省委部署要求，在省委第四督导组指导下，坚持“一把手”带头抓整改，聚焦“四风”抓整改，上下联动抓整改，标本兼治抓整改，强化监督抓整改，推动40个边学边改项目、5个专项行动、26个专项整治项目、136个“为民办实事好事”重点整改项目取得实效，市四套班子、市级党员领导干部整改清单确定的项目基本整改到位，让群众看到了活动带来的变化。下阶段，泉州将贯彻习近平在十八届中央纪委五次全会上的讲话精神，按照《关于深化“四风”整治、巩固和拓展党的群众路线教育实践活动成果的实施意见》，深化学习教育，抓实抓细“回头看”，推进联动整改，抓好建章立制，弘扬“四下基层”“马上就办”“滴水穿石”等优良作风，把抓好后续整改落实与做好各项工作结合起来，横下一条心纠正“四风”，做到既勤又廉、既干净又干事，巩固扩大作风建设成果，全力以赴保稳求进攻坚，在全省跨越发展大局中勇担当、打头阵、走前列。就下阶段工作，省委第四督导组要求，一要强化理论武装，学习贯彻习近平讲话精神，持续用力、久久为功，推进作风建设取得新成效；二要切实兑现承诺，持续抓好教育实践活动整改落实工作，对新出现的特别是“隐形”“变种”问题，要纳入整改范围，确保一件一件抓出成效，一项一项落到实处；三要强化源头治理，构建反对“四风”转变作风的长效机制，同时强化制度执行力，坚持以“零容忍”态度发现一起、查处一起、追责一起，形成作风建设新常态，在更高起点上加快推进泉州科学发展跨越发展，为建设机制活、产业优、百姓富、生态美的新福建做出更大贡献。

全市安全生产工作视频会议召开

全省安全生产工作视频会召开后，泉州市随即召开安全生产工作视频会议，贯彻落实全省会议精神，部署新一年特别是年关的安全生产工作。市长郑新聪、副市长林万明参加会议。郑新聪强调，要多层面推进检查，防止走过场，务求取得实效。市级层面，要以政府为主，改变检查方式，加强对重点企业的随机抽查，来倒查地方政府、行业部门的履职情况。综合监管层面，要以安办为主，分析各地区和各行业安全生产情况，完善分级分类监管和常态化执法监督制度，落实抽查、追查和责任倒逼机制。行业监管层面，要以各行业主管部门为主，更加突出重点地区、重点企业，以及事故易发的重点场所、要害部位、关键环节，确保防范措施落实到位。地方层面，要以专业检查为主，发挥专业机构和专家作用，深入车间、班组、岗位，在执法处罚上动真碰硬。企业层面，要细化企业内部岗位责任，建立完善安全隐患检查整改制度，按期上报自查整改情况。

全市第一次党内法规工作会议召开

全市第一次党内法规工作会议召开，部署泉州市法规备案工作。按照相关要求，2015年起，各县（市、区）党委、市委各部门出台的规范性文件必须在30天内报市委备案。为规范备案工作，泉州市出台《泉州市党内规范性文件备案实施办法》，明确经审查符合备案条件的党内规范性文件，由市委办公室法规工作机构存档备查，并及时将备案情况通报报送机构，同时公布已备案的党内规范性文件目录。泉州市还将建立备案工作考核评价制度，对备案工作成绩突出的单位和个人予以表扬，对备案审查中发现存在突出问题的将在一定范围内通报。会议要求，各报送单位要“严”字当头，做到科学制定、民主制定，上要与中央精神、上位法规相衔接，下要与实际需要、群众期盼相结合；备案审查单位要按照“有件必备、有备必查、有错必纠”的备案原则，加强对报备文件合法性、合规性的审查。

第三届海峡两岸关帝文化节通淮关岳庙关帝神尊台湾巡游回銮

第三届海峡两岸关帝文化节、通淮关岳庙关帝神尊台湾巡游回銮。在舞龙舞狮的簇拥下，关帝神尊从文庙广场巡游回到泉州通淮关岳庙。此前泉州曾两次举办关帝文化节，首届关帝文化节于2010年举办。此次关帝文化节系首次在台湾举办，在前两届基础上，让台湾民众亲睹关帝神尊，推动两岸关帝庙宇和信众的互动往来。自2014年12月10日起，关帝神尊巡游台中、新竹、高雄、台南等20多个地区、159间宫庙，参与的宫庙人员、阵头队伍等约6万人次，参拜信众达120万人次以上，为历史上巡游时间最长、规模最大、区域最广的一次关帝神尊赴台巡游活动。其间，举行文化踩街嘉年华、“海峡两岸关帝文化节摄影大赛获奖作品展”、“海峡两岸关帝文化节全国征联百联书法作品展”以及海峡两岸第一首歌颂关帝精神的闽南语歌曲《关圣帝君》首发式等活动。

关帝神尊巡游回到通淮关岳庙　（图/张九强）

泉州市首批“因战因公伤残人员证”发放

市民政局、市见义勇为协会向首批参加评残取得新评定的伤残等级的26名见义勇为人员发放“因战因公伤残人员证”（以下简称“伤残证”）。为进一步做好见义勇为人员权益保护工作，解决见义勇为伤残人员的实际困难，2014年，省公安厅、省民政厅、省见义勇为基金会组织对全省历年见义勇为伤残人员进行伤残评定。泉州市首批27人通过伤情鉴定，符合评定条件，评定率90%。除1人因病去世未能继续办理外，其余26人已评定完毕。其中，获评伤残等级因公一级的1人，二级的1人，三级2人，四级1人，五级2人，六级1人，七级3人，八级3人，九级3人，十级9人。他们于2014年7月1日起，享受伤残抚恤待遇，最低因公十级每年可领取伤残抚恤金3万多元，最高的因公一级每年可领取护理费及伤残抚恤金计6万余元。

1月22日

星期四
农历甲午年十二月初三
温度：9℃—17℃
晴转多云

●全省安全生产工作视频会召开后，泉州市随即召开安全生产工作视频会议，贯彻落实全省会议精神，部署新一年特别是年关的安全生产工作。

●全国、全省春运电视电话会议召开后，泉州市随即召开2015年春运工作部署会议，动员部署春运各项工作。

●全市第一次党内法规工作会议召开，部署泉州市法规备案工作。

●全市经济和信息化工作会议召开。

●2014泉州经济年会活动启动。

●省保障农民工工资支付工作督查组到泉州督查，并听取泉州市保障农民工工资支付情况汇报。

●第三届海峡两岸关帝文化节、通淮关岳庙关帝神尊台湾巡游回銮。

●市民政局、市见义勇为协会向首批参加评残取得新评定的伤残等级的26名见义勇为人员发放“因战因公伤残人员证”。

●由市教育局主办、安溪县教育局协办的泉州市普通高中特色办学多样化发展现场推进会在安溪县沼涛中学举行，会上公布15所泉州市普通高中特色办学多样化发展实验学校名单。

1月23日

星期五
农历甲午年十二月初四
温度：9℃—19℃
多云

●香港特区政府代表团访问泉州。

●全市农村工作视频会议召开，学习习近平系列讲话和到福建考察讲话精神，贯彻中央、省委对“三农”工作作出的重大战略，研究部署泉州市2015年“三农”工作。

●市市政公用事业局聘任35名住建、规划、财政、发改、交通等相关部门的专家，成立专家咨询委员会，以及时处理市政公用事业项目规划、建设及管理中遇到的重大技术问题。

●泉州武术代表到日本冲绳县浦添市出席2015年探索琉球空手道起源国际研讨会，并进行武术交流活动。

●第九届“党报送祝福 春联抒真情”活动启动。

●中建海峡和昌贸易中心项目部举办“冬日暖阳送祝福，爱心车票递平安”为民工兄弟传递返乡祝福活动，向130多名工人赠送春节返乡车票。

●台北高氏宗亲会副理事长高振荣、新北市高氏宗亲会理事长高清辉、基隆市高氏宗亲会理事长高振刚等40多人，到晋江市安海镇高氏宗祠祭祖。

香港特别行政区政府代表团访问泉州

到福建参加闽港合作会议第一次会议的香港特别行政区政府政务司司长林郑月娥，带领香港特区政府代表团访问泉州。市领导郑新聪、周银芳、翁祖根、陈荣洲等与代表团座谈。市长郑新聪指出，近年来，泉州与香港的经贸合作日益密切，与香港贸发局等部门和机构的交流合作持续深化，使泉州进一步融入国际市场。郑新聪邀请代表团参加11月在泉州举办的第十四届亚洲艺术节，希望常来泉州走走看看，密切交流，深化感情，拓展和推动两地各领域合作。

全市农村工作视频会议召开

全市农村工作视频会议召开，学习习近平系列讲话和到福建考察讲话精神，贯彻中央、省委对“三农”工作作出的重大战略，研究部署泉州市2015年“三农”工作。市领导周银芳、陈万里、林万明、吴共湖参加会议。市委副书记周银芳指出，各级各部门要深刻领会、全面贯彻中央、省委有关精神，再创“三农”工作新局面。要以“五新”等更高目标引领“三农”工作，确保全市农林牧渔业总产值与2014年持平，农村居民可支配收入增长9.5%。要以务实举措推进“三农”工作，持续深化农村改革，着重推进农村产权制度改革、探索扶贫开发新模式、发挥新型城镇化辐射带动作用；加快特色现代农业发展，重点发展设施农业、培育新型经营主体、加强基础设施建设；加强农村文明建设，抓好农业生产污染治理、国家级森林城市创建、水土流失综合治理和农村民主法治建设。要以有力的领导落实“三农”工作，做到责任到位、指导到位、落实到位、保障到位。

泉州武术代表到日本出席琉球空手道起源国际研讨会

泉州武术代表到日本冲绳县浦添市出席2015年探索琉球空手道起源国际研讨会，并进行武术交流活动。中国非物质文化遗产五祖拳国家级代表性传承人、第十届国际南少林五祖拳联谊总会主席周焜民带领泉州武术代表队应邀赴会，其论文《冲绳空手道与泉州南少林拳术渊源管窥》被定为大会基调演讲。周焜民新颖的研究角度和缜密的论述，受到中日两国武术专家赞赏。该论文也填补了福建省在中日武术渊源方面专题研究的空白。

第九届“党报送祝福 春联抒真情”活动启动

由泉州晚报社、市书法家协会、泉州老年大学、市老年书画研究会、福建广电网络集团泉州分公司和泉州晚报社书画研究院主办的第九届“党报送祝福 春联抒真情”活动启动。图为德化县群众领取免费春联。 （图/泉州晚报社）

市区一工地为工人免费购买春节返乡车票

中建海峡和昌贸易中心项目部举办“冬日暖阳送祝福，爱心车票递平安”为民工兄弟传递返乡祝福活动，向工地130多名工人赠送春节返乡车票。该工地有约500名工人，其中大部分将于1月底停工回家过年，还有130多名工人需要工作到2月中旬。了解到这些工人担心买不到返乡车票的情况后，项目部立即让工作人员帮工人上网抢票，还派人到福州火车站买票，最终为130多名工人买到回家的车票。此次送车票活动，项目部共花费近10万元。

工人喜领免费车票 （图/陈小阳）

泉州市出台突发环境事件应急预案

泉州市近日出台突发环境事件应急预案（以下简称“新预案”）。该预案根据国家相关法律法规，对2006年版的旧预案进行修订，在突发环境事件分级标准和信息报告方法等方面作了重大调整。按照突发事件严重性和紧急程度，泉州市突发环境事件分为特别重大（I级）、重大（II级）、较大（III级）和一般（IV级）四级。发生突发环境事件后，按照属地管理、分级响应的原则启动相应级别的应急预案进行处置。事发地政府对初步认定为较大（III级）及以上突发环境事件的，县级政府报市级政府不得超过15分钟，县级、市级政府报省政府不得超过30分钟。按照突发事件严重性、紧急程度和可能波及的范围，泉州市突发环境事件的预警分为四级，预警级别由高到低分为四级，依次用红色、橙色、黄色、蓝色表示。根据事态的发展情况和采取措施的效果，预警级别可以升级、降级或解除。红色（Ⅰ级）预警表示情况为危急，可能发生或引发特别重大突发环境事件；或事件已经发生，可能进一步扩大影响范围，造成特别重大危害。橙色（Ⅱ级）预警表示情况为紧急，可能发生重大突发环境事件；或事件已经发生，可能进一步扩大影响范围，造成重大危害。红色（Ⅰ级）、橙色（Ⅱ级）预警由市级以上政府负责制作并按预警级别分级发布。黄色（Ⅲ级）预警由事发地地市级政府发布，并报省政府和省环保厅备案，表示情况比较紧急，可能发生或引发较大突发环境事件；或事件已经发生，可能进一步扩大影响范围，造成较大危害。蓝色（Ⅳ级）预警由事发地县级政府发布，并报市政府和市环保局备案，表示存在重大环境安全隐患，可能发生或引发突发环境事件；或事件已经发生，可能进一步扩大影响范围，造成公共危害。泉州市突发环境事件的应急响应按突发环境事件的可控性、严重程度和影响范围，相应分为特别重大（Ⅰ级响应）、重大（Ⅱ级响应）、较大（Ⅲ级响应）、一般（Ⅳ级响应）四级。

泉州市第二届兰花创意文化节暨海峡两岸兰花文化交流论坛开幕

由市台办、市创意产业协会、市花卉协会、泉州民间交流协会等主办的泉州市第二届兰花创意文化节暨海峡两岸兰花文化交流论坛在南安市霞美镇泉州花卉产业园西山片区万年青兰花创意文化产业园开幕。本届兰花创意文化节以“自然天为，上善若兰”为主题，持续至2月23日。文化节期间，开展一系列兰花创意文化活动，包括茶道、香道、古琴演绎、泉州传统乐器表演、兰花舞蹈和书法鉴赏创作等。

领SHOW天地AAA级景区授牌

领SHOW天地AAA级景区授牌仪式在市区领SHOW天地创意产业园举行，成为全省首个AAA级文创景区。名为“100YOUNG”的百只羊雕艺术联席创作同时发布，刚创作完成并亮相的两尊羊雕分别以泉州文化和韩国文化为主要创作元素。该系列作品既是羊年新春贺岁作品，也是丰泽区政府、市旅游局与领SHOW天地向将在泉州举办的14届亚洲艺术节的献礼作品。“100YOUNG”是一个艺术联席创作计划，未来一段时间，将邀请国内外多位新锐艺术家，以彩绘、服饰设计等形式在100只羊雕身上进行不同主题的系列艺术作品跨界创作，献礼亚洲艺术节。

领SHOW天地AAA景区授牌仪式 （图/泉州晚报社）

海西模特大赛暨海西少儿模特才艺大赛全省总决赛在泉州举行

海西模特大赛、海西少儿模特才艺大赛全省总决赛及颁奖典礼在泉州举行。其中，海西模特大赛（成人）评选出三个冠军选手，T台男女模冠军分别由王山海和徐婷获得，平面组冠军由王燕获得。海西少儿模特才艺大赛也评选出三个冠军选手，福州赛区孙子绚获模特少儿组冠军，厦门赛区郭晋铭获模特幼儿组冠军，泉州赛区舞蹈组合黄泓钰轩和赵熠航获才艺组冠军。

1月24日

星期六
农历甲午年十二月初五
温度：13℃—20℃
阴转阵雨

●泉州市出台突发环境事件应急预案。

●泉州市第二届兰花创意文化节暨海峡两岸兰花文化交流论坛在南安市霞美镇泉州花卉产业园西山片区万年青兰花创意文化产业园开幕。

●领SHOW天地AAA级景区授牌仪式在市区领SHOW天地创意产业园举行。

●海西模特大赛、海西少儿模特才艺大赛全省总决赛及颁奖典礼在泉州大麦仓艺术中心举行。

●泉州市汽车运输总公司站务分公司在市区南环路一家企业开展春运流动售票服务。

●华侨大学EDP2014级工商管理总裁班师生到永春县桂洋镇文太村开展“迎新春·筑爱心”活，向10户困难户赠送粮油、被服、电器等家庭常用物资及春节慰问金，并为文太村“综合老年活动中心”捐款5万元。

1月25日

星期日
农历甲午年十二月初六
温度：14℃—20℃
阵雨

●泉州市全面推进公共法律服务体系建设。

●泉州首届亲子年代秀活动在泉州晚报社举行。

●鲤城区2015年春运汽车票大型订购会在该区常泰街道职工服务中心举行。

●鲤城公安文体联书画分会成立仪式暨“书画名家进警营 共绘和谐平安图”迎新春书画笔会举行。

●丰泽区委宣传部、文明办和丰泽区部分文创企业负责人到清源街道清源社区，看望生活在“爱心妈妈之家”的孩子，并赠送1万元爱心捐款和鞋服、儿童玩具、米油等慰问品。

●晋江建成光伏电站，使用清洁能源发电。

泉州市全面推进公共法律服务体系建设

为贯彻落实中共十八届四中全会关于“推进覆盖城乡居民的公共法律服务体系建设”的要求，泉州市近日出台《加快推进公共法律服务体系建设实施方案》（以下简称《方案》）。2015年，全市全面推进公共法律服务体系建设。其中，丰泽区、石狮市、晋江市在上半年先行开展试点工作。到2020年底，全市基本建成覆盖城乡、优质均等的公共法律服务体系，让城乡居民能够方便快捷获得优质高效的公共法律服务。《方案》提出，泉州市将通过政府购买等方式，推动律师进村（社区）担任法律顾问。2015年，市级以上民主法治示范村（社区）将率先实现“一村（社区）一法律顾问”，全市“一村（社区）一法律顾问”覆盖率将达30%。到2020年，全市律师总数将达1800人以上，每万人口拥有律师、公证、司法鉴定、基层法律服务等专业法律服务人员3.5名以上，逐步实现全市“一村（社区）一法律顾问”。此外，泉州市将扩大公证工作覆盖面，建立公证辐射乡镇（街道）、社区的服务网络，在网络节点设立公证信息员。到2020年，全市将至少拥有2家综合考评位居全省前列的优秀公证处。司法鉴定管理体制也将进一步健全，为重大项目建设、知识产权保护、矛盾纠纷化解、弱势群体维权等提供司法鉴定专家咨询服务。到2020年，全市将建成2至3家综合性司法鉴定中心，司法鉴定人总数达120人以上，形成能基本满足社会各界需求的司法鉴定体系。按照《方案》，泉州市将把更多困难群众纳入法律援助范围，将与民生问题紧密相关的事项纳入法律援助补充事项范围，逐步扩大法律援助覆盖面，实现法律援助应援必援、应援优援。为此，全市将推进法律援助工作站建设以及村（社区）联络点建设，建成覆盖全市、纵横交错的法律援助组织网络体系。打造“城市半小时、农村一小时”法律援助服务圈，实现群众就地就近申请法律援助。到2020年，各法律援助机构在一层、临街场所或行政服务中心设立便民服务窗口比例达到100%。法律服务体系的关爱也覆盖到特殊群体。泉州市将建立社区矫正、安置帮教工作队伍。通过加大政府购买服务力度，按照15：1的比例配备社区矫正、安置帮教司法协理员，对“两类人员”全部建立档案，建立“一对一”“多帮一”矫正帮教小组。符合政策条件的“两类人员”，将全部纳入低保，多途径拓宽就业渠道，刑满释放人员安置率将达到95%以上。此外，泉州市还将加快推进县（市、区）社区矫正中心（场所）建设，年底全面完成建设任务。发挥市、县两级“中途之家”作用，扩大县级“中途之家”覆盖面和辐射半径，重点为无家可归、无亲可投、无业可就的“两类人员”，提供食宿、教育、培训、救助等帮扶服务。

鲤城区2015年春运汽车票大型订购会举行

由鲤城区总工会、市汽车运输总公司站务分公司主办的鲤城区2015年春运汽车票大型订购会在该区常泰街道职工服务中心举行。市汽车运输总公司在常泰街道职工服务中心开设临时售票点，向鲤城区职工售票，免收手续费和服务费。鲤城区总工会还在现场开展“面对面，心贴心，实打实服务职工在基层”活动，宣传工会法、劳动法、职工医疗互助、工会会员服务卡等内容，并开设法律援助和信访接待，保障民工合法权益，让他们学会拒绝各种私人非法黑票点、无证黑车、擅自拉客的行为，提高警惕，谨防受骗。当天共有一百余人参加活动，发放法律宣传册200多份，并售出近百张车票。

晋江建成光伏电站 使用清洁能源发电

随着光伏电站的建成，晋江燃气电厂成为全省唯一的集气电、风电和太阳能发电于一体的清洁能源发电企业。该电厂年发电量可达60亿千瓦时，一年可减排二氧化碳188万吨，无灰渣排放；光伏发电项目接入厂用电系统，全部自发自用。

（图/张九强）

《泉州市工艺美术大师评审认定规定》出台

《泉州市工艺美术大师评审认定规定》出台，评审从四年一次改为三年一次，该规定实施至2019年12月31日。该规定的评审申报范围覆盖泉州市从事艺术陶瓷、石雕工艺、木雕工艺、根雕工艺、金属工艺、树脂工艺、藤铁工艺、花画工艺、珠宝首饰、编织工艺、民间工艺、漆艺及其他工艺的工艺美术者。规定要求，申报人须从事工艺美术设计制作12年以上（含），如果户籍不在泉州的，须在泉州工作5年以上（含），并在泉州设立工作室或创办企业。此外，还要具有工艺美术中级及以上专业技术职称（包括社会化评审和非公评审），或具有工艺美术类国家二级及以上职业资格，或获设区市及以上非物质文化遗产项目代表性传承人称号。未能完全达到此项条件者，只要满足要求条件，也予以破格申报。市工艺美术主管部门将组建泉州市工艺美术大师评选专家库。评选时，将提出3套评委名单，随机抽取一套组成当届评审委员会，按工艺类别对评审对象进行打分，提出候选名单并向社会公示。

泉州市严密监控企业工资支付动态

随着春节临近，农民工工资发放问题成为社会普遍关注的焦点。在前期开展拉网式走访检查的基础上，新一轮拉网式检查陆续开展。泉州市集中市、县、乡三级政府职能部门及村（居）委会等力量，严密监控经营困难企业的工资支付动态。同时，全面落实基层干部挂钩联系企业制度，组织乡镇（街道）、村（社区）干部于本月上旬前，对所联系的企业进行拉网式走访巡查，重点关注租赁经营企业、小作坊和小加工点、重点建设项目施工企业、外地入泉施工企业和有欠薪不良记录的企业，及时掌握企业的经营状况和工资发放情况。

泉州位列全省旅游过夜人气城市排名第一

省旅游局和省移动公司发布《2014年度福建省旅游人气城市排行榜》。该榜单包括到达人气城市（不含本市）、到达人气城市（不含本省）、过夜人气城市（不含本市）、过夜人气城市（不含本省）四个单项排名。其中，泉州在过夜人气城市（不含本省）单项中排名全省第一，其他三个单项则分别位居全省第二、第三和第二。

相关链接：2014年，全市新增A级景区10家，A级景区总数由21家增至31家；新增星级饭店4家，其中五星级1家、四星级2家、三星级1家，星级酒店总数增至98家；新设立237块旅游景区道路标识牌，新上线泉州旅游APP。

游客在开元寺游玩　　（图/陈晓东）

石狮市实施三年计划推动民营经济发展

石狮市近日出台《石狮市民营经济综合改革试点三年实施计划》。石狮将建立产业转型升级引导机制。制定产业转型升级行动计划，编制产业发展项目库，确定招商重点项目，同时推动产业上下游配套、精细化成本管控、供应链并购重组；重点推进纺织服装发展基地、蚶江西裤基地等项目建设；开展“万家企业手拉手”三年行动，引导龙头企业主辅分离。此外，石狮将加快“信息消费试点市”建设，构建“一个中心，四大体系”，加快甲骨文纺织服装产业发展云的推广应用。引导高新技术产业开发区率先开展“两化融合”改革试点；并发展混合所有制经济，启动实施水务集团的组建，创新产业园区发展机制，建立健全工业园区管理体制。石狮将推进民营企业管理创新，推行卓越绩效评价管理模式、SA8000标准认证和企业社会责任报告制度，推动民营企业导入精益管理模式。鼓励民营企业技术创新，每年培育10家以上拥有核心技术的“科技小巨人”企业。推动民营企业品牌创新，组建石狮企业品牌战略联盟，提升“石狮制造”的知名度和市场占有率。引导民营企业商业模式创新，推动规模以上工业企业应用O2O等电子商务新模式；建立商业云服务平台，为企业提供“产品+服务”一体化解决方案。

1月26日

星期一
农历甲午年十二月初七
温度：13℃—17℃
阴转阵雨

●《泉州市工艺美术大师评审认定规定》出台，评审从四年一次改为三年一次，该规定实施至2019年12月31日。

●随着春节临近，农民工工资发放问题成为社会普遍关注的焦点。在前期开展拉网式走访检查的基础上，新一轮拉网式检查陆续开展。泉州市集中市、县、乡三级政府职能部门及村（居）委会等力量，严密监控经营困难企业的工资支付动态。

●省旅游局和省移动公司发布《2014年度福建省旅游人气城市排行榜》。泉州在过夜人气城市（不含本省）单项中排名全省第一。

●石狮市+出台《石狮市民营经济综合改革试点三年实施计划》。

1月27日

星期二
农历甲午年十二月初八
温度：11℃—14℃
阴

●参加省十二届人大三次会议的泉州代表团举行全体会议。

●《泉州海洋环境监测预报中心共建协议》签订。

●丰泽洛江片区企业调研座谈会召开。

●市公安局设立民警职业安全互助金。

●全市首座孙中山纪念铜像落户市区中山公园。

●东南早报记者和泉州大开元寺扶贫救灾公益协会的义工带着特意准备的爱心年货和慰问款，看望泉港区清源庵和清明庵的孩子。

●农历腊月初八，市区承天寺、少林寺在寺内施放腊八粥，并邀请书法家现场写春联，赠送给市民、信众。

●晋江市法院成功执结一起劳动纠纷案，为在晋江一家企业务工的8名江西籍农民工讨回被拖欠的工资10.44万元。

《泉州海洋环境监测预报中心共建协议》签订

国家海洋局东海分局、省海洋与渔业厅、泉州市政府、惠安县政府（以下简称“四方”）在省海洋与渔业厅签订《泉州海洋环境监测预报中心共建协议》，标志四方共建泉州海洋环境监测预报中心（以下简称“预报中心”）事宜取得实质性进展。国家、省、市、县四级共建区域海洋环境监测预报机构在全国尚属首次。根据共建协议，预报中心的主要职责为负责编制并组织实施泉州市管辖海域的海洋观测、监测、预报系统建设规划和年度计划；承担泉州市海洋环境监测，组织开展海洋环境突发事件（含海洋灾害）的应急监视、监测工作；负责开展泉州海域海洋环境预报、海洋灾害警报工作，发布常规预报、海洋灾害警报、专题保障预报等。预报中心依托在国家海洋局崇武海洋环境监测站（以下简称“崇武海洋站”）开展工作，人员组成以崇武海洋站人员为主，不足部分采取劳务派遣的形式予以解决。预报中心的行政管理以国家海洋局东海分局为主，共建的其他三方为辅；业务管理由共建的四方共同管理。该中心2015年计划投资1488万元，其中国家海洋局拨付998万元，省海洋与渔业厅拨付290万元，市政府出资200万元，在泉州开展海洋环境观测、监测和预警报能力建设。

丰泽洛江片区企业调研座谈会召开

市委副书记周银芳带领市直有关部门负责人到洛江区，召开丰泽、洛江片区企业调研座谈会，听取企业的意见和建议，研究解决企业的实际困难和问题，15位企业家代表参加座谈。周银芳强调，省委对泉州的发展寄予厚望，对泉州企业家也寄予厚望，各级各部门、企业家要提振精气神，弘扬敢拼会赢的精神，加强学习，研判形势，吃透政策，主动适应经济发展新常态，坚定发展信心。要紧盯目标任务，围绕2015年市委、市政府确定的一揽子发展目标，坚持保稳求进攻坚，加强各项主要指标的跟踪监测、督促推进，确保完成全年任务；企业家要志存高远，合理确定企业发展的目标。要加快转型升级，在技术提升、管理模式、人才引进、抱团发展、商业模式创新等方面积极探索，提升企业整体实力。要全力帮扶引导，各级各部门要树立服务意识，主动服务企业，做好政策宣传引导，落实“马上就办”，帮助企业解决用工、土地、融资等方面的难题，为企业发展营造良好氛围，推动泉州科学发展跨越发展。

市公安局设立民警职业安全互助金

市公安局民警职业安全互助金成立仪式举行。市财政核拨互助金的启动资金，并纳入财政预算每年予以保障。互助金主要用于市公安局局属各单位和各分局在职公安民警、文职人员、正式职工在发生因公牺牲、伤残、重大疾病等情形时，除享受医疗补助、医疗保险及有关部门各种抚恤、救助外给予的经济补助和慰问。除财政拨款，市公安局发动民警自愿捐款，形成“无事我帮人，有事人帮我”的良好运作模式。在成立仪式上，确定57名特困、患重病民警作为首批互助金发放慰问对象。

全市首座孙中山纪念铜像落户市区中山公园

全市首座孙中山纪念铜像落户市区中山公园，铜像被安放在公园东侧入口，供市民观瞻。2014年1月2日，市公园管理中心与香港孙中山文教福利基金会签订捐建泉州中山公园孙中山纪念铜像的有关协议。铜像采用铸造铜质空芯体铜雕像技术，总高度约2.56米，重1吨。铜像为站立造像，塑造了孙中山一手拄着拐杖、一手紧握书卷的形象。

相关链接：中山公园位于市区北门街西侧、威远楼北面，原址为清代督署，民国时期辟建为公园，20世纪50年代园内广场辟为足球场，纪念石碑及亭俱废。1957年建有围墙，1960年建灯光球场，1986年改为人民体育场。2000年市委、市政府和鲤城区委、区政府决定在原有基础上作出修建性调整，将以往单一专类性质的体育公园，改变为集休闲、健身、文化于一体的综合性公园，作为为民办实事项目。公园占地6.8公顷，分为四个区：东片绿化文化购物区、南片健身活动区、西片球类活动区、北片榕荫幽居区。

泉州GDP连续16年领跑全省

省十二届人大三次会议开幕，省政府工作报告公布：初步统计，2014年全省生产总值实现增长9.9%，达到24055.76亿元。其中，泉州全市生产总值达5733.36亿元，贡献近1/4份额，连续16年居全省首位；工业增加值突破3000亿元，连续23年居全省首位。作为全省经济总量最大的城市，泉州以优异成绩为全省发展大局做出贡献。来自市统计局的数据，全市生产总值增长10.1%；全社会固定资产投资2940.25亿元，增长17.5%；城镇居民人均可支配收入和农民人均可支配收入分别达34820元和14586元。实际利用外资（验资口径）14.9亿美元，增长7.1%，出口商品总值181.81亿美元，增长10.4%，增速均高于全省平均水平；产值超亿元工业企业达2062家。与此同时，泉州市积极建设“21世纪海上丝绸之路先行区”，举办“东亚文化之都”系列活动，推进国家级金改区、综改建设，全面铺开新型城镇化建设；开展“支持企业全方位创新”专项行动，320个在建重点项目完成投资930亿元，超额完成年度投资计划。

周银芳到福州慰问驻闽部队

市委副书记周银芳带领福建省春节拥军优属总团泉州分团到福州，慰问驻闽空军和海军某部。副市长陈荣洲、泉州军分区政委郑健参加慰问。周银芳指出，新的一年，泉州将致力推进“海上丝绸之路先行区”建设，加快实施打造泉州经济升级版、改革创新示范区、生态宜居幸福城“三大战略”，努力在建设“机制活、产业优、百姓富、生态美”的新福建中勇担当、打头阵、走前列。泉州将继续弘扬军爱民、民拥军的良好风尚，完善科技拥军、文化拥军、司法拥军、教育拥军等成功经验，一如既往地支持部队建设，巩固发展军政军民团结的良好局面，实现全国双拥模范城市“八连冠”目标。

全市组织部长会议召开

全市组织部长会议召开，传达学习全国、全省组织部长会议精神，总结2014年组织工作，部署2015年组织工作任务。市委常委、组织部部长陈沈阳出席会议并讲话。会议指出，要落实从严要求，以全面从严治党为主线，以加强思想理论武装、持续推进作风建设、从严选好用好管好干部、强化基层基础工作、提升人才集聚效应、深化党的建设制度改革、落实管党治党责任为重点，把最讲认真的精神贯彻到领导班子和干部队伍、基层党组织和党员队伍、人才队伍建设各个方面，为开启“21世纪海上丝绸之路先行区”建设、深入实施“三大战略”、加快泉州科学发展跨越发展提供坚强组织保证。会议要求，全市各级组织部门要担负起管党治党的职责使命，强化政治意识、担当精神、专业能力、清正廉洁，以最严格的标准推进模范部门建设。

泉州市交响协会专场音乐会举行

由市文广新局主办，市交响乐协会和市青少年宫承办的泉州市交响协会专场音乐会在泉州音乐厅举行。音乐会由泉州交响乐团献演。由中国交响乐团联盟主席、中国音乐家协会交响乐爱好者学会副会长卞祖善指挥。演出由《春节序曲》拉开序幕，该乐曲由著名作曲家泉州籍李焕之创作，是中国当代民族交响乐里程碑式的经典之作。接着《瑶族舞曲》《紫竹调》《春天的芭蕾》等轮番上演，特别值得一提的是《南音交响》等具有本地特色的节目为该场音乐会增添光彩，最后由一曲《蓝蓝泉州湾》掀起高潮。

绿化服务进社区

由丰泽区东湖街道少林社区和丰泽区农林水局主办的“绿化服务进社区 万盆花卉进家庭”活动举行，向居民赠送花叶假连翘、鸭脚木、朱槿、非洲茉莉、发财树、海棠、长寿花、仙客来等各类花卉，培养社区居民爱绿养绿的兴趣。

（图/戴涵琦）

1月28日

星期三
农历甲午年十二月初九
温度：10℃—18℃
多云

●泉州GDP连续16年领跑全省。

●周银芳到福州慰问驻闽部队。

●全市组织部长会议召开，传达学习全国、全省组织部长会议精神，总结2014年组织工作，部署2015年组织工作任务。

●市国资监管企业工作会议召开，总结2014年国资监管工作和国企改革发展情况，部署2015年创新体制机制、盘活存量资产、加强制度建设等工作。

●全市交通运输、环保工作视频会议召开。

●省、市两级见义勇为人员奖励和保护工作委员会举行元旦、春节慰问座谈会，慰问见义勇为牺牲人员家庭和受伤、致残以及生活困难的见义勇为英雄模范（先进个人）。

●市交响乐协会成立。

●由市文广新局主办，市交响乐协会和市青少年宫承办的市交响协会专场音乐会在泉州音乐厅举行。

●丰泽区“绿化服务进社区 万盆花卉进家庭”活动举行。

●日本长崎县和平户市友好访问团到南安市参观考察。

●南安市2015年文化科技卫生“三下乡”集中服务首场演出宣传活动在柳城街道露江村举行。

1月29日

星期四
农历甲午年十二月初十
温度：12℃—16℃
多云转阴

●于伟国参加省十二届人大三次会议泉州代表团审议。

●周银芳、李建辉检查市区“城市建设管理小战役”活动进展情况。

●全市商务工作会议召开。

●全市食品药品监管和食品安全工作视频会议召开。

●国家标准馆泉州技术服务中心成立。

●位于晋江南岸滨江商务区的泉州第一高楼泉州世贸中心封顶。

●泉州市“最美养路工”评选活动颁奖仪式在市广播电视台举行。

●1月29日—2月8日，由中国高科技产业化研究会主办、中航高科（北京）展览有限公司承办的“飞向太空——中国航天科普全国巡展”在南安市福建成功国际会展中心举行。

●高甲戏版《范进中举》在泉州市高甲戏剧团群众戏院首演。

●中国交响乐团联盟主席、中国音乐家协会交响乐爱好者学会副会长卞祖善在泉州南音艺苑举办交响乐艺术讲座。

于伟国参加省十二届人大三次会议泉州代表团审议

省委副书记于伟国到参加省十二届人大三次会议的泉州代表团听取审议。于伟国指出，过去一年，泉州GDP连续16年领跑全省，经济社会发展取得喜人成绩：稳中求进取得突出成效，面对经济下行压力加大的困难，泉州政企合力应对，经济保持稳定增长；转变发展方式取得突出成效，一、二、三产发展更加协调，现代物流、电子商务等新业态、新商业模式风生水起，“数控一代”工程加快制造业转型升级，经济结构日趋优化；深化改革取得突出成效，各项改革向全方位、深层次拓展，从经济体制改革，到生态文明建设、社会治理创新，泉州在多个领域为全省乃至全国创造了新经验；改善民生取得突出成效，人民群众不断从改革发展中得到实惠。泉州是福建经济总量最大的城市，经济占比最高、分量最重。新一年里，希望泉州再接再厉，继续在全省发展大局中打头阵、走前列，在建设“机制活、产业优、百姓富、生态美”的新福建中，发挥更大作用。

于伟国参加泉州代表团审议　（图/王虎文）

周银芳李建辉检查市区“城市建设管理小战役”活动进展情况

市委副书记周银芳、副市长李建辉带队检查中心市区“城市建设管理小战役”活动进展情况。周银芳指出，“城市建设管理小战役”活动事关群众的切身利益，事关城市的宜居水平。相关部门要高度重视、精心组织，整体规划、分步实施。对涉及范围广的项目，要有步骤、有计划、分重点、按片区逐步实施建设；对与百姓日常生活密切相关的项目，要加强巡查、及时处理，为群众营造宜居的城市环境。

国家标准馆泉州技术服务中心成立

国家标准馆泉州技术服务中心成立。该中心是国家标准馆在福建省内设立的首个地级市服务点，也是泉州市搭建技术标准公共服务平台的一个重要举措。企业可通过该平台查询、跟踪、分析相关标准，为企业生产提供可靠依据和技术保障。该中心可对企业所使用的标准进行检验和证明，并向用户提供权威的标准有效性确认报告，为企业的认证、质量评定及日常标准的使用提供技术保障；对相关标准新颖性、时效性进行分析、审验、确认并做出结论；代理购买国外出版的标准文献；提供英、德、法、日、俄等20多种语言和汉语的标准互译服务；帮助用户掌握所关注的标准文献的更替情况，及时使用现行有效的标准；根据企业提供委托的标准号和关键词，提供标准号、名称、简介、文摘等信息，但不进行分析和评价；围绕用户的标准信息需求，开展基于标准文献的情报跟踪、信息集成、情报挖掘、内容分析、系统化管理、可视化展示等模块化的制定产品服务。

“飞向太空——中国航天科普全国巡展”在南安市举行

1月29日—2月8日，由中国高科技产业化研究会主办、中航高科（北京）展览有限公司承办的“飞向太空——中国航天科普全国巡展”在南安市福建成功国际会展中心举行。除展出神舟四号返回舱外，现场还展出一大批返回式卫星（中国已发射22颗，收回21颗）、天宫一号、玉兔月球车、长征火箭、东方红一号、嫦娥一号等航天器和卫星模型，观众还能乘坐三维滚环体验航天员的魔鬼训练。

飞向太空——中国航天科普全国巡展
（图/泉州晚报社）

省派泉州、市派驻村扶贫工作座谈会召开

省派泉州、市派驻村扶贫工作座谈会召开，总结部署相关工作。市委副书记周银芳在会上讲话，市委常委、组织部部长陈沈阳主持会议，副市长林万明布置具体工作。周银芳肯定省、市驻村扶贫工作取得的成效后指出，做好驻村扶贫工作，要深化认识，弄清扶贫为什么，全面建成小康社会，让农民过上幸福美满的好日子，一个都不能少，一户都不能落，进一步强化责任，落实各项扶贫措施，造福百姓。要明确目标，弄清扶贫做什么，围绕当年帮扶对象85%以上脱贫解困、完成5万人脱贫任务的目标，做到扶贫到村与扶贫到户并重、加大基础设施建设与扶持产业发展并重、加强村级组织建设与壮大村集体经济并重，促进农民增收，壮大农村集体收入，增强村级班子战斗力。要提高素质，弄清扶贫需要什么样的干部，驻村干部要心系基层，真正沉下去、融进去，做到特为群众、特重学习、特敢担当、特讲奉献、特守纪律、特能作为，深受当地老百姓欢迎。要关心关爱，弄清各级对驻村干部帮什么，既要严格要求、加强管理，又要在工作上支持、生活上关心、政治上关爱、事迹上宣传，为驻村干部开展工作、锻炼成长创造更好条件，促进贫困地区加快脱贫致富奔小康。会上，第四批省派泉州驻村扶贫工作队领队汇报工作，5位驻村干部代表发言。

2015年泉州市中等职业技术学校财经技能大赛举行

1月30日—2月1日，由市教育局主办，市职教中心、泉州财贸职业技术学校承办的2015年泉州市中等职业技术学校财经技能大赛举行。比赛设会计电算化、会计手工、企业经营沙盘模拟三个项目。近年来，以赛促练的教学理念在中职学校财会教学中逐渐展示其积极作用。选手们在比赛中展示技能、交流经验、切磋技艺，推动了泉州市职业教育的发展。

晋江市检察院驻市看守所检察室获评“一级规范化检察室”

在最高检察院组织开展的第四届派驻监管场所规范化等级考核评定工作中，晋江市检察院驻市看守所检察室被评为“一级规范化检察室”。晋江市看守所是全省关押量最大的县级看守所，年关押量约占泉州市的1/4，常年处于超负荷运行状态。近年来，晋江市检察院加大驻所检察室硬件建设力度，专门设置独立监控设施用房、会议室、休息室，配备电脑、打印机、数码相机、摄影机和执法车辆，改善驻所检察工作环境和条件。特别是2014年争取晋江市政府专项经费，建设驻所检察室与看守所联网并独立存储系统，实现驻所检察室监督信息化，硬件设施达到一级规范化检察室标准。驻所检察室制定《驻所检察工作流程》《留所服刑检察工作流程》等30个驻所检察工作流程，将执法分类、执法程序、工作时限等列表上墙，明确工作步骤、监管要求，确保各项派驻检察工作规范有序进行。监所检察人员坚持“四查工作法”，即“每日一检查，每周一抽查，每月一普查，节假日全面查”，每月驻所检察时间不少于24日，每日3人以上驻所，把行之有效的做法转化为长效机制。同时，经常性地到在押人员生活、就医、学习三大现场，了解第一手情况，及时发现问题和隐患，定期与看守所、驻所武警中队召开联席会议，共同排除潜在不安全因素，保证监管秩序的安全稳定。新刑诉法实施后，羁押必要性审查工作是监所检察部门强化诉讼法律监督新增的一项重要职能，晋江市驻所检察室勇于探索、大胆创新，率先在全省基层院出台羁押必要性审查工作制度，通过综合考量羁押风险、办案风险及社会效果，适时有针对性地提出变更强制性措施建议，使羁押必要性审查工作规范化、制度化。新刑诉法施行以来，共为在押人员提供法律帮助80余人次、心理咨询1100余人次，建议看守所安排留所服刑人员拨打亲情电话及视频会见90余人次。

2015中国大学生CUBA篮球冬令营暨裁判员培训班在华侨大学开营

由中国大学生体育协会篮球分会主办，华侨大学等承办的2015中国大学生CUBA篮球冬令营暨裁判员培训班在华侨大学开营。来自北京大学、中国人民大学、上海交通大学、华侨大学等近30所高校的24支男篮、8支女篮代表队以及200多位裁判员参加为期10天的集训。CUBA篮球冬令营2003年创办，已成为各高校参赛球队备战新赛季和相互学习交流的重要平台。

1月30日

星期五
农历甲午年十二月十一
温度：10℃—13℃
阴

●省派泉州、市派驻村扶贫工作座谈会召开。

●2015年泉州市中等职业技术学校财经技能大赛举行。

●晋江市检察院驻市看守所检察室获评“一级规范化检察室”。

●由泉州世界贸易中心协会、泉州品牌发展中心、世界泉州青年联谊会等主办的“关爱留守儿童，迎新春送温暖”公益行动在德化县盖德中心小学举行，向留守儿童赠送新年礼物。

●2015中国大学生CUBA篮球冬令营暨裁判员培训班在华侨大学开营。

1月31日

星期六
农历甲午年十二月十二
温度：8℃—14℃
多云

●泉州籍省人大代表建议关注新常态下新机遇。

●产学研协同创新“燎原计划”启动。

●泉州市公司法务研究会成立。

●“感恩2014，同绘青年创业梦”公益活动在泉州市青年社会组织服务中心举行。

●全市首个自行车运动驿站在泉州沿海大通道台商投资区月亮湾路段设立。

●“心系海丝情 相约中国梦”2015年新春亲子嘉年华游园活动在市青少年宫举行。

●由中国海西艺术网和人民美术网福建艺术中心主办、泉州桑莲居艺术馆承办的“刘天源大师紫砂精品展”开幕。

●晋江一中校友总会首届助学金颁发仪式在晋江一中举行。

泉州籍省人大代表建议关注新常态下新机遇

连日来，来自泉州各县（市、区）和各行业的省人大代表纷纷聚焦海丝先行区建设、产业、金融等领域发展议题，建言如何在新常态下把握新机遇。陈万里代表提出，泉州“金改区”建设总体方案中明确提出，要研究制定民间融资管理办法。但泉州作为地级市没有相应立法权限，目前的暂行规定不能满足民间融资监管的需求，特别是对P2P、众筹等新兴金融业态的监管。建议由省人大常委会制定《泉州市民间融资管理条例》，对民间融资的性质、资质、利率、备案、风险防范、法律责任和权益保障等作出明确规定。刘文儒代表认为，近年来，各级先后出台支持企业创新政策措施，但大多是事后奖励，部分企业面临着研发资金紧缺的问题，建议采取省市县分担机制，设立企业研发创新阶段性引导基金，对新技术、新工艺、新产品项目，按照“不参与分红、不承担风险”原则，提供最高期限两年的注资支持。吕刚代表提出，希望省里在建设海丝核心区的方案中，更加突出泉州元素，体现泉州海丝先行区的地位和作用；将泉州海丝先行区发展规划一道上报，争取获得国家批准；支持泉州一系列重大项目和交流平台建设，如在泉州设立侨商银行，支持泉州推进古城文化复兴计划、古港转型升级行动，规划建设“一馆多区”的中国海上丝绸之路国际文化交流展示中心，举办海丝旅游博览会，支持泉州民营企业发起设立海上丝绸之路民商银行等。

产学研协同创新“燎原计划”启动

市科技局近日启动产学研协同创新“燎原计划”，即日起，面向国内各高校、科研院所公开征集产业转型升级重大关键技术解决方案，对接生成高质量科技项目，通过竞争性立项择优纳入财政科技资金支持，最高资助资金100万元。“燎原计划”将围绕泉州产业当前急需攻关的重大关键共性技术问题，重点支持11个领域。市科技局组织专家对征集到的技术解决方案进行咨询，确定一批入围方案，并向社会公布，同时组织泉州市相关产业龙头骨干企业、产业技术创新战略联盟、行业协会进行对接，生成可实施的项目，联合组成科研团队，签订合作协议。协议应明确双方的权利义务、任务分工、成果和知识产权归属、资金投入等，并确保方案提出单位至少能够享受项目资助经费的40%以上。对接生成的项目由泉州市企业按2015年泉州市科技计划备选项目申报要求进行申报。项目按科技计划项目管理要求进行评审、研究，同等条件优先立项支持。

相关链接：重点支持领域包括：数控装备控制技术与集成技术开发；高端数控机床和成套装备、数控系统和智能系统；基于制造物联或制造服务的工艺技术、制造与服务的综合制造服务系统；面向行业或产业的数字化装备、系统的专用数控系统和集成系统；纺织产业用新型功能性纤维材料及关键技术；纺织染整、石材加工等重点产业清洁生产关键技术；行业用数字无线通信系统及关键技术；基于北斗卫星应用的新型通信系统及关键技术；用于智能安防、智能家居、生产过程及物流管理的物联网系统及关键技术；食品生物技术与农副产品精深加工；功能陶瓷材料、新型建筑材料及制备关键技术。

“感恩2014，同绘青年创业梦”公益活动举行

由市青年联合会主办，市青年创业促进会承办，市青年书法家协会、青年美术家协会协办的“感恩2014，同绘青年创业梦”公益活动在泉州市青年社会组织服务中心举行。活动中，由青年创业导师进行感恩分享和爱心义拍、义卖，筹得的款项用于服务、扶持青年创业。

全市首个自行车运动驿站设立

全市首个自行车运动驿站在泉州沿海大通道台商投资区月亮湾路段设立，为骑行爱好者提供充气、检修、医疗和休息等服务。 （图/张九强）

省十二届人大三次会泉州代表团提交建议108件

省十二届人大三次会议闭幕。泉州代表团累计提交建议108件、议案2件。这些建议将由省人大常委会分别交省人民政府、省高级人民法院、省人民检察院及其他机关和组织研究办理，并在交办之日起三个月内负责答复代表。泉州代表们充分肯定了一年来省人大常委会和“一府两院”的工作，并围绕主动适应经济新常态、打造21世纪海上丝绸之路核心区、深化金改区建设、推动产业创新转型、加快新型城镇化建设、保障和改善民生、加强生态环境建设等话题踊跃发言，提出了许多有益建议。省委副书记于伟国，副省长徐钢、郑晓松，全国人大法律委员会委员倪英达，省老领导刘德章，市领导郑新聪、陈海基、陈万里、陈全顺、陈益等以代表身份参加审议。部分省直部门负责人先后来到泉州代表团听取审议，回应代表提出的意见建议。

泉州首创直通式诉讼服务平台

全市42个人民法庭开始陆续实现所有诉讼服务措施一体派送，达到“诉讼服务跨域连锁直通”，此项工作在全国尚属首创。泉州市中级人民法院为破解“立案难”“诉讼难”“执行难”，在司法服务领域打破行政区划限制，拓展连接法院和法庭的职能，以全市12个法院（11基层法院和市中级人民法院）、42个人民法庭为点，充分运用网络、电信等科技手段，构建涵盖诉前、立案、审判、执行阶段的“跨域·连锁·直通”式诉讼服务平台，为泉州人提供家门口、一站式、标准化、全（泉）域通的司法服务。当事人只需就近选择任何一个法庭（或法院），就能享受全流程、无差别的司法服务。而且，一些原来需要群众多次跑的事，也通过全市各法院（法庭）间相互沟通协作自行解决。这一诉讼服务平台的内容与功能是开放式、兼容式的，将在平台实际运作过程中不断创新完善，丰富发展服务措施与服务内涵。

《泉州地情丛书》（第二辑）出版

为配合“东亚文化之都”和“古城文化复兴计划”的宣传，市方志委全面、系统地挖掘和梳理泉州人文地理、风土人情、传统技艺等方面的资料，辑录成《泉州地情丛书》第二辑。该《泉州地情丛书》共有6本分册，包括《泉州宰相录》《泉州进士录》《泉州状元录》《泉州古城铺镜神》《泉州漆艺》和《泉州名街名巷名居》。

泉州首部本土功夫电影启动

电影《五祖拳》项目启动会暨演员海选启动仪式举行。该片将聚焦闽南地区武术文化的精髓五祖拳，旨在诠释它的魅力以及泉州地方武术文化特色。作为泉州第一部本土功夫电影，《五祖拳》将在闽南民俗文化的环境及南少林博大精深的武术背景中，展现具有地域特色的传统中国功夫。影片计划在2015年4月底前完成剧组筹建，确立导演演员团队，10月开拍，年底上线。《五祖拳》是一部取材于泉州的电影。五祖拳是一种很特殊的拳法，它一门五拳，因此群众基础很广。它历史悠久，其中的太祖拳是很多其他拳种的来源。

相关链接：五祖拳起源于泉州，是闽南武术文化的代表。五祖拳是太祖拳、罗汉拳、达尊拳、猴拳、白鹤拳五种拳法的总称，属典型的外家功力型拳术，威猛激烈，刚柔相济，包涵内家拳的很多技击法和内功修炼法，是泉州南少林武术中最具代表性的拳种，入选国家级非物质文化遗产名录。随着“海上丝绸之路”的传播，现已在东南亚、香港、台湾及华人华侨中产生深远的影响。五祖拳继承了泉州人爱拼敢赢、爱国爱家的精神，是泉州的一张极有分量的城市名片。

“记得住乡愁·昔日知青点”摄影展举行

由德化县委宣传部、德化县文体新局主办的“记得住乡愁·昔日知青点”专题摄影展在德化举行，来自全市各地的100多名知青一起忆往昔叙情谊。摄影展自上年4月起开拍，历时2个多月，由陈世哲等一批摄影爱好者完成。他们寻访昔日知青点，展出的100多幅作品中，既有讲述上世纪六七十年代知识青年在德化各地上山下乡故事的老照片，也有展现昔日知青点如今新面貌的新照片。相关资料显示，从1969年至1978年，德化全县共有城镇知青936人上山下乡，还接待过泉州等地知青2985人。

2月1日

星期日
农历甲午年十二月十三
温度：10℃—17℃
阴转多云

●省十二届人大三次会议闭幕。泉州代表团累计提交建议108件、议案2件。

●泉州首创直通式诉讼服务平台。

●开元寺举行简单的仪式，宣布10元门票彻底取消，以后游客可自由出入寺院。

●市方志委全面、系统地挖掘和梳理泉州人文地理、风土人情、传统技艺等方面的资料，辑录成《泉州地情丛书》第二辑。

●由泉州晚报社、泉州市书法家协会、泉州市老年书画研究会、泉州晚报社书画研究院、福建广电网络集团泉州分公司联合举办的第九届“党报送祝福 春联抒真情”第十场活动，在泉州洛江区马甲镇新民村村部举行。书法家们现场挥毫，为市民送上300多副对联。

●电影《五祖拳》项目启动会暨演员海选启动仪式举行。

●由德化县委宣传部、德化县文体新局主办的“记得住乡愁·昔日知青点”专题摄影展在德化举行，来自泉州各地的100多名知青一起忆往昔叙情谊。

●全市出租车开始实行错时错峰限号交接班制度，按照冬夏时令和车牌尾数单双号错时错峰交接，以缓解高峰时段（17：30—18：30）打车难问题。

2月2日

星期一
农历甲午年十二月十四
温度：13℃—17℃
阴

●市人大常委会机关召开会议，传达学习省十二届人大三次会议精神。

●市政府第六十三次常务会议专题研究地方志工作。

●2—3日，周银芳带领市直有关部门负责人先后到南安市慰问特困归侨、台胞和台属，到石狮市慰问困难党员、重点优抚对象、计生二女户、道德模范、劳动模范和优秀人才。

●海峡股权泉州交易中心与深圳证券信息有限公司、泉州股权投融资服务中心联合在深圳举办海峡股权交易中心挂牌企业投资者交流会。

●市交巡警支队透露，2014年各级全市公安交管部门共查处涉酒驾驶15318起，其中醉酒驾驶5225起，酒后驾驶10093起。其中，7名驾驶员因酒后或醉酒驾驶造成重大事故，被判处终身禁驾。

●泉州市参加首届“海峡杯”闽台少儿歌手大奖赛的获奖小歌手赴台湾参加闽台少儿歌手音乐交流演唱会。

●由泉州晚报社、泉州市书法家协会、泉州老年大学、泉州市老年书画研究会、福建广电网络集团股份有限公司泉州分公司、泉州晚报社书画研究院联合举办的第九届“党报送祝福 春联抒真情”第十一场活动，在南安广播电视中心大楼举行。10位书法家现场挥毫，为市民送上400副春联。

市人大常委会传达学习省十二届人大三次会议精神

市人大常委会机关召开会议，传达学习省十二届人大三次会议精神。市人大常委会主任陈海基，副主任陈万里、洪泽生、陈全顺、吕竞、张建生，秘书长吴春林和机关科级以上干部参加会议。陈海基指出，对大会精神的学习和领会要做到“三个把握”。首先，要把握好会议精神，全面了解当前发展形势。面对改革进入深水区、反腐倡廉不断推进、民生保障得到加强和改善的发展态势，要通过学习大会工作报告和领导讲话，把会议精神传达学习贯彻好，进一步明确我省发展方向，主动适应经济发展新常态。其次，要把握好2015年福建省经济社会发展的总布局，尤其要主动对接与泉州发展息息相关的“海丝先行区”“数控一代”“金改区”“综改区”等政策，趁势而上，推动泉州科学发展跨越发展。第三，要把握好2015年人大常委会工作的总要求，结合泉州市省人大代表在大会上所提的议案、建议，将大会精神融入市人大常委会2014年工作报告中，做好2015年监督计划和工作要点的修改完善。当前，还要做好春节前的各项慰问工作，严格遵守执行中央八项规定要求，反腐倡廉，抓好廉政建设，以实际行动贯彻省十二届人大三次会议精神。

市政府第六十三次常务会议专题研究地方志工作

市长郑新聪主持召开第六十三次常务会议，传达学习全国全省地方志工作会议精神，听取市方志委工作汇报。会议指出，近年来，泉州地方志工作者发扬默默无闻的奉献精神，正确把握方向，编修大量史志、地情书籍，许多工作走在全省前列，在推动地方志事业发展的同时，有为服务地方经济社会发展，应当给予肯定和表扬。会议要求，要认真贯彻全国、全省地方志工作会议精神，突出修用结合，在存史资政、传承文化和服务发展方面发挥更大作用。会议明确以下意见：加强依法修志工作，将地方志工作纳入全市国民经济社会发展规划、文化事业发展规划和各级政府年度工作任务，请副市长刘忠主持召开会议进行部署，尤其是要认真研究加快二轮修志的具体措施，并对市直各部门、各县（市、区）提出明确要求；将二轮修志完成情况纳入各县（市、区）、市直部门年度绩效考核内容，请市政府办、效能办抓好落实；原则同意在新建的市图书馆内专设方志馆，并加挂方志馆牌子，方志馆由市方志委提出方案，纳入市图书馆统一建设、统一管理，方志委派人指导和配合并协助管理；地方志工作必要的经费，各级财政要给予保障，同时，积极探索市场化运作的方式，做好部分经费的筹措工作。

周银芳到南安石狮开展走访慰问活动

2—3日，市委副书记周银芳率市直有关部门负责人到南安市慰问特困归侨、台胞和台属，到石狮市慰问困难党员、重点优抚对象、计生二女户、道德模范、劳动模范和优秀人才，向他们致以新春的问候，送去党和政府的关怀和温暖。每到一处，周银芳都细致询问群众的家庭和生活状况，认真了解社情民意，让困难群众倍感温暖。周银芳强调，各级各有关部门特别是县、镇、村干部平时要多走访困难群众，关心关注他们的生活、工作情况，落实好各项帮扶政策，及时帮助解决实际困难，让他们日子过得更好一些。周银芳要求，要进一步营造尊重人才、爱护人才的良好氛围，积极构筑人才干事创业平台，为优秀人才创造更好环境。要充分发挥道德模范的示范带动作用，弘扬优秀传统美德和时代精神，积极传播正能量，引导和树立正确的价值导向。要发扬劳模精神，宣传劳模事迹，激发全市人民爱岗敬业、争创一流，不断谱写泉州科学发展跨越发展的新篇章。

泉州少儿歌手赴台交流

泉州市参加首届“海峡杯”闽台少儿歌手大奖赛的获奖小歌手赴台湾参加闽台少儿歌手音乐交流演唱会。该赛事由福建省文化厅主办，福建省闽台文化交流中心、福建省艺术馆和福建省人民剧场联合承办，来自福州、厦门、泉州等10个分赛区及台湾地区赛区的211名小选手参赛，泉州选手战绩不俗。2—8日，泉州小歌手在台北、新竹、屏东举办了3场“福建省文化宝岛行—首届‘海峡杯’闽台少儿歌手大奖赛两岸获奖歌手音乐交流会演唱会”，闽台小歌手同台演唱《外婆的澎湖湾》《鸽子与少年》《小鸟与梅花鹿》等歌曲。

郑新聪到江南老年颐乐园现场办公

市长郑新聪带领市直有关部门负责人前往泉州江南老年颐乐园现场办公，实地了解园区建设情况，协调推进园区建设和运营工作。副市长陈荣洲，市政府秘书长吴友才参加现场办公。该园是泉州市首个智能化养老小区，也是全省规模最大、规格最高的养老院。郑新聪指出，市委、市政府长期高度重视老年人工作，连续多年将老龄事业纳入为民办实事项目，多措并举完善养老软硬件设施，大力推动养老服务业加快发展，着力为全市老年人营造安度晚年的良好环境。他要求，要加快建设进度，确保一季度前完成工程扫尾验收工作，推动园区尽早投入运营；要组建专业运营管理团队，借鉴先进地区社会化、市场化运作模式，谋划好园区长远运营管理的模式机制；要做好园区健康保健和医疗保障工作，建立日常护理和突发应对机制，为老年人营造良好生活环境；要按照程序、规范运作，在建设和运营过程中确保安全第一；政府各相关部门要主动服务，精心指导，大力支持，推动园区各项工作顺利开展。

全市经济运行分析暨行动方案督查落实专题会召开

市政府召开2015年全市经济运行分析暨“行动方案”督查落实第一次专题会议，分析全市经济运行情况，督查推进重点项目落实、生态环境保护和机关效能建设等具体工作，协调解决发展中存在的困难和问题。市长郑新聪主持会议，市委常委、常务副市长林伯前，副市长陈荣洲、周真平、卢炳椿、李建辉、陈灿辉、林万明、刘忠，市政府秘书长吴友才等参加会议。郑新聪指出，各级各部门要认真贯彻省委省政府部署，聚焦问题、集中整改、真抓实干，确保2015年各项工作开好局、起好步。一要突出抓作风建设，坚强有力地推进跨越发展。二要突出抓经济调度，确保持续稳定增长。三要突出抓重大项目，做强做实基础后劲。四要突出抓政策落实，切实抓住和用好机遇。五要突出抓环境整治，有效破除顽症和障碍。

市政协党组传达学习省两会精神

市政协党组召开扩大会议，传达学习省政协十一届三次会议和省十二届人大三次会议精神。市政协主席杨俊峰，副主席苏小青、李冀平、王瑞强，秘书长洪川夫参加会议。市政协副主席骆沙鸣应邀列席会议。杨俊峰指出，全市各级政协组织和广大政协委员要深刻学习领会省两会精神，牢牢把握发展新机遇，提高履职能力。当前，要做好市政协十一届四次会议各项筹备工作，市政协各专委会要及时把省两会精神传达给广大委员，组织委员围绕牵动全局、服务全局、推动全局的重大问题，深入基层一线开展专题调研，提出有价值、有分量的提案；精心抓好大会发言各个环节准备工作，政协委员要立足泉州新一轮改革发展实际，选择牵动全局、事关全面深化改革、事关民生的热点难点问题，撰写发言材料，力求为党委政府提供更多有益参考；周密细致做好会务保障工作。要认真谋划2015年泉州市政协工作，各专委会要围绕省市决策部署，就全面深化改革、经济转型升级、促进民生改善、坚持依法治市、推动社会和谐稳定等方面，结合政协实际，进一步细化工作项目，制订好全年工作计划。

2015泉台农业精品展销会举办

3—15日，由泉州市政府指导，泉州泉台民间交流协会主办的2015泉台农业精品展销会在泉州丰泽区元泰商场举行。副市长林万明，市人大常委会原主任、泉台民间交流协会会长傅圆圆，市人大常委会原副主任、泉台民间交流协会副会长陈家富等领导及嘉宾出席启动仪式。此次展销会汇集了来自台湾和泉州两地60多种名优农产精品，还举行“泉州十件宝”颁奖仪式、“魅力文都·和谐泉州”送春联活动、万年青迎春兰花艺术展等丰富多彩的系列惠民活动，为广大市民送上节日文化大餐。

泉台农业精品展　（图/吴寿民）

2月3日

星期二
农历甲午年十二月十五
温度：13℃—17℃
阴转多云

●郑新聪带领市直有关部门负责人到泉州江南老年颐乐园现场办公。

●市政府召开2015年全市经济运行分析暨“行动方案”督查落实第一次专题会议，分析全市经济运行情况，督查推进重点项目落实、生态环境保护和机关效能建设等工作，协调解决发展中存在的困难和问题。

●市政协党组召开扩大会议，传达学习省政协十一届三次会议和省十二届人大三次会议精神。

●许昆贞带队到丰泽区四克公司、后亭社区、浔美工业区和东湖社区，慰问重点优抚对象、低保户、计生困难户、道德模范和困难人才。

●全市海洋与渔业工作会议召开。2014年，泉州市实现全市海洋生产总值1605亿元，同同比增长13.5%，约占全市地区生产总值的27.9%

●泉州市2015年科技文化卫生“三下乡”启动仪式暨春节慰问演出在德化县浔中镇瓷都广场拉开序幕。

●泉州举行2015年水上交通“春运”工作启动仪式。

●《2015星河湾胡润全球富豪榜》发布，泉籍许荣茂、陈发树、施文博、许连捷进入前500名榜单。

●武警泉州支队召开党委二届十九次全体（扩大）会议。

2月4日

星期三
农历甲午年十二月十六
温度：10℃—15℃
阴转多云

●2014年度全国创新型产业集群试点单位工作座谈会在泉州召开。

●2015年全市金改工作推进会召开。

●全市安全生产工作情况汇报会召开，回顾2014年全市安全生产工作完成情况，部署下阶段工作。

●中国舞剧《丝海梦寻》在纽约联合国总部大会厅上演。

●郑新聪先后到南安市省新镇、金淘镇和泉州市区看望、慰问困难群众，刘忠、吴友才等参加慰问。

●温惠榕、周真平带队前往安溪县慰问。

●陈荣洲到德化县走访慰问计生困难户、优抚对象、低保对象、道德模范、省级劳模、五老人员等。

●福厦高铁惠安站正式运营，系全市第三个动车站。

●市交通委召开全市交通运输行业“创文明、强管理、重服务、提水平”持续深化年活动动员视频会议。

●泉州市2015年春运启动活动在中心市区客运中心站举行，全市26个春运服务站开启春运严管模式。

●汕头市博物馆藏扇画面精品展在中国闽台缘博物馆举行。

●4—6日，晋江市分别在经济开发区创鑫广场、安海镇桐林村、龙湖镇南浔村举行2015年春节期间“三下乡”活动。

全国创新型产业集群试点工作经验交流会在泉州召开

2014年度全国创新型产业集群试点单位工作座谈会在泉州召开。科技部火炬高技术产业开发中心、省科技厅、市政府分管领导和市科技部门负责人，集群工作专家组和来自全国22个地区第二批集群试点建设单位的150多名科技部门、高新区负责人、专家和泉州数字微波通信产业（全国）技术创新战略联盟的企业代表参加会议。

与会人员和专家代表在现场参观了福建光微（雷克微波）公司、泉州微波技术研究院、海西电子信息产业育成基地及联拓电子公司后，并于下午举行会议，交流创新型产业集群试点工作经验。会上，泉州和辽宁鞍山、江苏昆山等三个单位作典型发言，科技部火炬高技术产业开发中心、省科技厅领导对泉州市《动员大众创业力量，激发万众创新热情，全面推进微波通信（数字对讲机）产业集群创新发展》的经验做法给予充分肯定。

全市金改工作推进会召开

2015年全市金改工作推进会召开，总结部署全市金融改革工作，进一步理清思路，明确方向，凝聚合力，推动泉州金改区建设取得更大成效、更多突破。

受市委书记黄少萍委托，市长郑新聪代表市委、市政府，感谢全市金融系统干部职工为泉州金改付出的辛勤奉献。他指出，泉州启动国家级金融改革以来，紧扣金融服务实体经济，突出政银企合力共为，实施了一系列有针对性、前瞻性的改革。当前，要全面梳理金改工作进展，推动下一步改革：一问“上级政策用得怎样”，对政策落实情况开展“回头看”和督查问责。二问“改革是否达到阶段性预期目标”，看到差距和提升的空间。三问“当前主要瓶颈有哪些”，想方设法突破创新、人才、政策权限等瓶颈。

郑新聪指出，要千方百计用好用足国家级金改区牌子。当前全国各地竞相推动金融改革，泉州要有时间、时机意识，切实增强紧迫感、责任感，大胆探索，闯出新路。要用足已争取下来的政策，大力争取上级部门和上级银行支持，同时借鉴对接其他地区改革的探索和创新举措。

要牢牢把握金融服务实体经济的本质要求。进一步开拓思路，撬动更多社会资本参与重大项目建设，保障项目融资；将政府已经或即将出台的纺织鞋服、石材、水暖行业专门措施落实到位，保障产业融资；从“过桥”、“担保”、应急处置、直接融资等方面，为企业排忧解困，保障企业融资；深入开展“金融服务提升年”活动，大力推进信贷业务标准化，改进金融服务。

要先行先试抓好重点领域改革突破。拓展对外金融，争取泉台、泉港金融合作取得突破；鼓励新型金融业态，打造互联网金融产业生态链；深耕小微金融，用好中小微企业信用信息交换共享平台，完善重点小微企业融资项目库，开展小微企业贷款保证保险试点；积极探索农村金融，落实好《关于推进农村产权抵押融资的实施意见》。

要协同协作营造良好金融环境。进一步深化政银互动，政府要做好增信服务、风险防控、协调调度、舆论引导等工作，为银行和企业减负，同时加大打击非法金融活动的力度；金融机构要善于找准服务地方与自身发展的结合点，与政企同舟共济、合力共为。

会上，副市长陈灿辉总结部署全市金改工作；副市长刘忠宣读对银行业金融机构的奖励表彰决定。

舞剧《丝海梦寻》在联合国总部交流

大型舞剧《丝海梦寻》在联合国总部大会厅上演，联合国秘书长潘基文观看了演出。这部由福建歌舞剧院编排的舞剧讲述了800年前中国泉州港一家两代水手远航西亚的感人故事，以艺术形式生动再现了古代海上丝绸之路商船竞发、东西方文明交流融合的盛景。上年11月27日，这部取材于泉州的舞剧首度在泉州上演，获得泉州观众的广泛赞誉。6日晚，央视《新闻联播》报道了《丝海梦寻》在联合国总部演出的盛况。

舞剧《丝海梦寻》联合国总部演出（图/泉州晚报社）

郑新聪看望慰问困难群众

4—5日，市长郑新聪先后到南安市省新镇、金淘镇和泉州市区看望、慰问困难群众，送上党委、政府的问候和关怀。副市长刘忠、市政府秘书长吴友才等参加慰问。郑新聪一行先后慰问了南安市省新镇的道德模范王忠威、金淘镇的计生二女户傅亚四、市直困难职工洪明达等。郑新聪一行每到一户，都送去党委、政府的亲切关怀，让困难群众备感温暖。郑新聪强调，各级各有关部门要建立畅通的联系渠道，及时了解困难群众的现实需求，认真研究解决他们的吃、住、穿、医等问题，确保困难群众都能过上欢乐祥和的新春佳节。要认真贯彻市委、市政府扶贫攻坚的各项部署和政策措施，引导困难群众立足自身，自强自立，结合实际制定个性化的帮扶措施，帮助这部分群众早日脱贫致富。

福厦铁路惠安站开通运营

4日上午，伴随着一声汽笛长鸣，从福州开往厦门的D6201次“和谐号”动车抵达福厦铁路惠安站。该站系泉州地区第三个动车站，建筑采用燕尾脊、红砖屋顶，站房外墙装饰大型石材浮雕，内墙镶嵌惠安影雕，充分体现了闽南特色。福厦铁路惠安站的正式运营，将给惠安乃至全市居民带来更多出行选择，并推动泉州北翼的发展。据铁路部门消息，惠安站运营首日共迎来送往旅客79名，其中从福州开往厦门的D6201次列车在该站上车57人，下车2人；从龙岩开往福州的D6432次列车停靠该站上车13人，下车7人。

动车驶入惠安站　（图/李芸生）

考虑到今后福厦铁路惠安站的客流变化，惠安县交通局将适时加密9路公交车的班次。同时，配套开通崇武至惠安站的农村客运班车，建设县道310线辋川至紫山段，春节后还将考虑开通惠安站至崇武、泉州台商投资区和泉港的公交线路。

崇武至惠安站的农村客运班车全程38公里，每20分钟一班；预计13日左右运营，票价15元。县道310线辋川至紫山段，起点位于国道324惠安辋川路口，经螺城镇梅山村、紫山镇坝下村，最后进入高铁连接线，全长8.8公里，通车后将极大方便辋川东桥片区群众出行。

尽管惠安站每日停靠的只有2趟动车，但春节后将有更多动车停靠惠安站。随着将来惠安站进出动车车次的增多，它带来的不仅是群众出行方式的改变，还有更多城市、交通、产业发展的变化。

——乘动车上下班有望实现

从惠安站乘坐动车到福厦铁路泉州站只需9分钟，二等座和无座票价5.5元。如果从惠安乘坐班车、公交车或开车到泉州，至少需要30分钟。考虑到动车的便捷性，未来群众乘坐动车在惠安和泉州市区间上下班也有可能实现。

——促进惠安各组团协调发展

《泉州城市总体规划（2008—2030）》将惠安县纳入“北翼”范围，是泉州北部门户。惠安站运营后，北翼与中心市区的联系除了公路，还有铁路，密切了区域间的联系。同时，惠西组团将通过高铁连接线、县道310线辋川至紫山段得到更多发展机会。“交通进一步便利化，为惠安向西部发展提供条件，能促进惠安各个组团间的协调发展。”惠安县发改局工作人员介绍道。

——逐步分担交通压力

惠安站运营后，惠安县构筑了公路、铁路和水路的立体交通网，其服务范围覆盖台商投资区、泉港区和惠安县。据惠安县发改局相关工作人员介绍，三个县（市、区）的人口分别是20多万、40多万和70多万，加上外来人口，大约达到150万人。尤其就惠安县而言，该县常年在外工作、经商、求学的人口达到二三十万之多，2014年日均客运量在7万人左右，这些人逢年过节回家都是对交通运输的一次考验。有了惠安站，今后就可逐步分担这150万人的出行压力。

——旅游、物流业发展迎来新机遇

此前，惠安站所在的黄塘镇赤土村，因交通闭塞，经济发展落后。惠安站动工建设后，当地配套建设高铁连接线，打通大岭头隧道，为惠安县紫山镇、黄塘镇的旅游、物流产业带来机遇。旅游方面，惠安站附近有笔架山、葵花农业休闲观光园，自古出过多位文人，当地还有余甘、红茶、蜂蜜、土鸡土鸭等农副产品，再与沿海的崇武古城互动，可带动惠安旅游业发展。

此外，惠安站距离福厦高速黄塘入口不到1公里，物流业发展条件得天独厚。据悉，吉永泉铁路将在黄塘镇设综合货运站，距离惠安站仅两三公里，给物流业发展提供了便捷条件。

福厦铁路惠安站　（图/李芸生）

2月5日

星期四
农历甲午年十二月十七
温度：7℃—14℃
多云

●5—6日，受黄少萍委托，市委秘书长翁祖根到晋江等地慰问部分低保户、计生困难户、劳动模范和困难职工。

●市质监局发布“第三届泉州市政府质量奖”的组织申报有关事项通知。

●以泉州永春籍中国工程院院士、解放军少将林俊德为原型的电视剧《马兰谣》、电影《生命之于马兰》完成最终摄制，已经杀青。

●中国交响乐团联盟主席、中国音乐家协会交响乐爱好者学会副会长卞祖善在泉州南音艺苑举办交响乐艺术讲座。

●市委老干部局在百源干休所开展敬老活动。

●晋江市制定出台《晋江市流动人口积分优待对象子女入学实施方案》。

●第九届“党报送祝福 春联抒真情”第十四场活动在永春县通贤路广电营业厅举行。9位书法家现场挥毫，为市民送上400余副春联。

市政府质量奖开始申报

市质监局发布“第三届泉州市政府质量奖”的组织申报有关事项通知。符合申报条件的企业可在4月30日之前，向所在地县（市、区）质量技术监督局、直属分局申报。申报市政府质量奖的条件包括：在泉州市行政区域内登记注册并设立总部，具有独立法人资格，从事合法生产经营五年以上的企业；建立并实施卓越绩效的质量管理经营模式，质量管理体系健全，通过质量管理体系、环境管理体系和职业健康安全管理体系认证，质量管理成效显著；主导产品或服务质量优于国家（行业）标准要求；在国家、省级质量监督抽查中连续三年合格；出口产品的企业，三年内未因质量问题被进口国通报；各项节能减排指标达到国内先进水平；销售额和税收居全市同行业前列（上年度销售额5亿元以上且在泉州缴纳入库税额两千万元以上的企业）；连续三年无重大质量、安全、环保事故；依法纳税，三年内无税收违法行为发生。获奖企业可一次性获得市政府给予的50万元奖励，并可在企业产品、宣传广告等有关方面使用“泉州市政府质量奖”荣誉称号，但须注明获奖时间。此外，获奖企业还将优先被推荐参加福建省政府质量奖的评选。已获得省、市政府质量奖称号的企业不再重复参评泉州市政府质量奖。

反映泉州籍少将林俊德事迹电视剧《马兰谣》杀青

以泉州永春籍中国工程院院士、解放军少将林俊德为原型的电视剧《马兰谣》、电影《生命之于马兰》完成最终摄制，已经杀青。该剧由解放军总政治部歌剧团电视剧部、解放军总装备部电视艺术中心等联合摄制。

相关链接：林俊德（1938—2012）男，泉州永春人，1960年毕业于浙江大学机械系。1993年晋升为少将军衔。生前系解放军总装备部某基地研究员，中国工程院院士，中国爆炸力学和核试验工程领域的著名专家。他扎根边疆53年，长期从事核爆炸力学研究，参加了中国全部核试验任务，把青春和生命融入大漠戈壁，把全部心血和智慧奉献给国防事业，曾获国家、军队科技进步奖和发明奖30多项，为国防和军队现代化建设做出了卓越贡献。2012年5月，他在身患绝症将不久于人世时，为了不影响工作，毅然放弃了所有治疗，以超常的毅力工作到生命的最后一刻，用生命最后8天的壮举，诠释了伟大的“两弹一星”精神和“苦干惊天动地事，甘做隐姓埋名人”的马兰精神。2013年1月17日，习近平主席签署命令，追授林俊德同志“献身国防技事业杰出科学家”荣誉称号；2013年3月，林院士高票当选“感动中国2012年度人物”榜首；2013年9月26日，他被评为第四届全国道德模范。

卞祖善到泉州作交响乐艺术讲座

中国交响乐团联盟主席、中国音乐家协会交响乐爱好者学会副会长卞祖善在泉州南音艺苑举办交响乐艺术讲座，用三个小时为乐迷们普及交响乐知识，赏析进行曲、序曲、前奏曲、间奏曲等不同分类中的优秀作品。讲座中，卞祖善以南音为例，谈到中国本土音乐与西洋交响乐的结合问题。虽然在以往的创作中，例如京剧艺术中，已经出现交响乐与京胡等器乐一起为演唱者伴奏的形式，但交响乐器并未发挥优势与特长，而是成为不敢放声演绎的伴奏。他希望能将二者“化”为一体，不仅是合作，还是真正融为一体，像俄罗斯作曲家柴可夫斯基一样，对俄罗斯民歌进行提炼和改编，最后达到让民族的成为世界的这一目标。他说，在近期比赛中，出现南音乐器与交响乐器的合作，这是非常好的现象。

相关链接：卞祖善是中国著名指挥家，40余年来指挥演出《红色娘子军》《天鹅湖》《罗密欧与朱丽叶》《鱼美人》和《杨贵妃》等中外芭蕾舞剧。他对泉州的交响乐提出很多建议和新思路，并希望可以按照交响音乐会的规制做一场演出。

晋江市出台流动人口积分优待对象子女入学实施方案

晋江市制定出台《晋江市流动人口积分优待对象子女入学实施方案》，实行入学优待政策，安排1000个公办学校起始年级学位（起始年级学位指幼儿园小班、小学一年级、初中一年级），作为积分优待措施供“积分优待对象”申请入学，让来晋务工人员在“有学上”的基础上逐步实现“上好学”。根据上年出台的《晋江市流动人口市民化积分优待管理办法》，晋江从“融入程度、综合素质、发展贡献、社会奉献、杰出表现、行为控制”六个方面设置指标，对流动人口实行积分管理。

市委召开巡视整改工作专题部署会议

市委召开专题会议，部署省委巡视五组对泉州市巡视情况反馈意见的整改落实工作。

市委书记黄少萍指出，省委巡视五组对泉州的反馈意见，是对市四套班子及全市党风廉政建设的一次全面“健康体检”，充分体现省委对泉州工作的信任和支持，体现对市级领导班子和全市广大党员干部的爱护。全市各级党组织和广大党员领导干部要充分认识抓好巡视整改工作，是对我们政治品质、领导能力、工作水平的重要考验，是当前和今后一个时期的重大政治任务，必须坚决、彻底、全面地落实到位。

黄少萍指出，整改工作时间紧、任务重、要求高、责任大。全市各级党组织要认真落实市委制定的《整改任务与分解方案》，明确责任和任务、计划和时限，逐条细化整改措施，把责任扛起来，把任务落实下去。

黄少萍强调，巡视整改工作是一场必须打赢的攻坚战役。下阶段，各级党组织要把整改落实工作摆在突出位置，强化组织领导，狠抓任务落实，确保巡视反馈意见整改落实到位，真正让干部群众看到新气象、新变化、新作风。要落实责任，做到守土有责。各级党委（党组）要切实负起抓整改的主体责任，主要负责人要当好“第一责任人”，班子成员要认真履行“一岗双责”。要抓好调度，加强上下联动。市委有关负责人要密切关注整改事项进展情况，协调解决存在问题，部门之间、县（市、区）之间、部门和县（市、区）之间要积极协调对接，齐心协力抓好整改落实工作。

市委副书记周银芳在会上作工作部署；市委常委、组织部长陈沈阳参加会议；市委常委、市纪委书记温惠榕主持会议。

泉州举行老干部新春通报会

市委、市政府在泉州影剧院举行老干部新春通报会，向全市老领导、老干部通报工作并致以节日问候。市领导郑新聪、陈沈阳、陈荣洲参加通报会，陈沈阳主持通报会。

受市委书记黄少萍委托，市长郑新聪向全市广大老干部致以新春祝福。郑新聪指出，过去一年，在省委、省政府的坚强领导下，全市上下认真实施“三大战略”，全力保稳求进攻坚，经济社会平稳健康发展。广大干部群众抢抓战略机遇、谋划推动跨越发展，坚持多措并举、全力稳住经济大盘，注重创新转型、加快产业升级步伐，发挥文都效应、积极推动海丝先行，致力深化改革、加快释放发展红利，统筹城乡发展、打造生态宜居城市，突出为民惠民、促进社会和谐进步，坚持问题导向、扎实开展党的群众路线教育实践活动，各项工作都取得了新成绩、新进展。

2015年是全面完成“十二五”规划的收官之年，也是全面深化改革的关键之年。郑新聪介绍，2015年泉州市将主动适应经济新常态，坚持保稳求进攻坚，深入实施“三大战略”，加快推进全方位创新，加快建设“21世纪海上丝绸之路先行区”，致力在全省跨越大局中发挥产业升级、体制机制创新、干部作风转变方面的带头作用，致力在建设“机制活、产业优、百姓富、生态美”的新福建中勇担当、打头阵、走前列。具体将重点抓好稳增长、调结构、强支撑、促改革、惠民生、转作风六方面工作，全力冲刺“十二五”，积极谋划“十三五”。

郑新聪强调，泉州的发展离不开老领导、老同志长期以来的关心、理解和支持。他希望老干部多指导、多帮助，一如既往地关心支持市委、市政府的工作，关心支持泉州的发展建设。各级各相关部门也将以更高的政治觉悟推进老干部工作，全面落实好老干部的政治待遇、生活待遇，真正从政治上尊重老干部，思想上关心老干部，生活上照顾老干部，让大家老有所乐、老有所为。

陈海基到惠安等地走访慰问群众

市人大常委会主任陈海基带领市直有关部门人，到惠安县和市区看望慰问计生“二女”低保户、困难党员、困难职工、优秀人才和劳动模范，送上新春问候和祝福，传递温暖和关怀。市人大常委会秘书长吴春林参加慰问。困难群众的生活过得怎样，陈海基十分关注。每到一户困难群众家中，陈海基都详细询问他们的身体状况及子女就学、经济保障等情况，嘘寒问暖，勉励他们保重身体，过好新春佳节。陈海基再三叮嘱有关部门要关心困难群众生活，不断完善城乡社会保障体系，采取有效措施帮助困难群众解决生活困难和问题，让他们过一个欢乐祥和的春节；要重视人才、关心人才，建立并落实人才帮扶机制，营造人才发展的良好氛围，充分发挥人才在泉州市科学发展跨越发展中的作用；要提倡“劳动最光荣”的社会风尚，弘扬劳模事迹和精神，激发全市干部群众拼搏创新的热情。

2月6日

星期五
农历甲午年十二月十八
温度：7℃—18℃
多云

●市委召开专题会议，部署省委巡视五组对泉州市巡视情况反馈意见的整改落实工作。

●市委、市政府在泉州影剧院举行老干部新春通报会，向全市老领导、老干部通报工作并致以节日问候。

●陈海基带队到惠安县和市区看望慰问计生“二女”低保户、困难党员、困难职工、优秀人才和劳动模范。

●翁祖根带队来到市区丰泽新村，慰问困难职工唐兴如。

●林伯前带队到泉州台商投资区慰问低保户、计生困难户。

●2015年全市工商行政管理工作视频会议召开，回顾2014年的工作情况，研究部署2015年相关工作。

●全市社会治安防控体系建设工作现场推进会召开。

●泉州市召开城乡建设工作会议，要求高水平推进城乡建设管理，全力打造生态宜居幸福城。

●市总工会十五届五次全委（扩大）会召开，听取十五届常委会工作报告，审议并通过相关决议，增、替补市总工会十五届委员会委员、经审会委员。

●市侨联七届三次全委会召开，传达中国侨联九届二次全委会、省侨联九届五次全委会会议精神，听取并审议市侨联2014年工作报告。

●泉州旅游协会旅游饭店专业委员会成立，全市118家旅游饭店入会。

2月7日

星期六
农历甲午年十二月十九
温度：11℃—15℃
阴转多云

●市农业局、市林业局、泉州晚报社联合主办的泉州名优农林产品年货节举办，系泉州市首个由政府和媒体联合主办的年货节。

●安溪入选第三批国家现代农业示范区。

●首届永春旅游文化特产节举办。

●福建达利集团第六届达利爱心敬老金发放仪式在惠安县举行，共为全县8000多名60岁以上的老年人发放爱心敬老金800万元。

泉州举办名优农林产品年货节

7—9日，由泉州市农业局、泉州市林业局和泉州晚报社联合主办的泉州名优农林产品年货节在泉州晚报大厦举办。此次年货节以“乐购新春淘最泉州”为主题，以“健康、独特”的产品为核心，方便市民购买到更有品质保障的本地特色农林产品。参展企业、农户也通过展销会主动融入市场，捕捉市场信息，收获了更高的品牌关注度。各方希望，将年货节办成每年持续的活动。

泉州名优农林产品资源丰富，仅“三品一标”（无公害农产品、绿色食品、有机食品和农产品地理标志）农产品项目就有近500个，花卉产品涌现出蝴蝶兰、红掌、国兰、观赏植物等盆栽花卉和铁皮石斛、金线莲等药用花卉，以及观赏性绿化大苗等特色产品。展销期间，市民以更优惠的价格、更便捷的方式购齐“泉州味道”年货。

安溪入选国家现代农业示范区

从泉州市农业局获悉，经过长达半年时间的申请考察，第三批国家现代农业示范区申报进入公示阶段，农业部发展计划司对入选第三批国家现代农业示范区的157个市、县进行公示。此次榜单福建共有5个区域入选，包括建瓯市、福安市、安溪县、尤溪县、漳州市。其中，安溪县的示范主题为茶叶全产业链现代化建设。安溪县是泉州唯一一个入选的示范区。国家现代农业示范区以创建现代农业生产与新型农业产业培育的样板区、农业科技成果和现代农业装备应用的展示区、农业功能拓展的先行区和农民接受新知识新技术的培训基地为主要任务。创建现代农业示范区是在有条件的地方率先实现农业现代化、梯度推进中国现代农业发展的重要举措。

相关链接：安溪全县茶园总面积60万亩，茶叶总产量6.8万吨，涉茶总产值115亿元。创下县级茶园总面积、年茶叶总产量、涉茶总产值、茶叶从业人员、受益人口、农民从茶叶中获得的收入比例等多项全国第一。根据计划，示范区将推动标准化生态茶园建设，完善茶叶标准化生产农业设施，增强水土保持能力；扶持和鼓励企业开展国际质量管理体系、环保管理体系、良好农业规范（GAP）、食品安全管理体系、无公害农产品、绿色食品、有机绿色食品认证等各类认证，新增各类认证10个以上，完善茶叶质量可追溯体系建设；培训茶农9万人次；建设10—15个具有良好展示生态、旅游茶业之路的茶庄园建设，示范带动县内其他企业开展茶庄园建设，茶庄园突出生态观光、标准化生产、茶文化旅游等主题特色，发挥品牌优势，建立茶叶质量可追溯体系，构建以庄园建设带动产业发展的新模式。

安溪茶园　（图/林百兰）

首届永春旅游文化特产节举办

7—14日，首届永春旅游文化特产节举办。活动开幕两天，就有超过5000名游客参与了旅游文化节活动。活动布置了美食大街，约有200米长，永春香、永春麻粩、永春榜舍龟、永春老醋、一都红酒等当地特产应有尽有。主做榜舍龟的企业还在现场为游客表演榜舍龟的制作流程。而在美食大街的右侧，还有台湾大肠包小肠、蜜汁鸡排、烤鱿鱼、鱼丸汤、椰汁等供游客品尝。此次活动吸引到台湾餐饮从业人士组队参加，一方面是要让永春人尝到地道的台湾风味，另一方面考察将台湾美食引入永春的可行性。

达利集团发放800万元敬老金

福建达利集团第六届达利爱心敬老金发放仪式在惠安县举行，共为全县8000多名60岁以上的老年人发放爱心敬老金800万元。此次敬老金发放覆盖惠安县螺城镇全镇14个社区（村），紫山镇林口村、石马村，黄塘镇接待村。该活动由福建达利集团和惠安县慈善总会主办。自2010年至2015年，达利集团共捐赠3670万元，在每年春节之前，为螺城、紫山、黄塘等3个乡镇共约4万多人次的老年人发放爱心敬老金，大力弘扬孝道，为广大老年人送上新春祝福。

泉州出台措施扶持建筑石材和水暖厨卫行业

泉州市出台《关于促进建筑石材和水暖厨卫行业稳健发展十条措施的通知》，为行业发展添柴加薪。改善企业融资环境，完善企业增信体系，支持土地登记分割办理。将研究设立建筑石材和水暖厨卫行业融资担保公司。支持开展建立应急增信工作机制试点工作。引导抱团组建采购联盟，鼓励企业实行产销分离，推动企业兼并重组。企业在市域内设立独立法人资格的总部营销中心，最高可获50万元补助。推动企业开展节能降耗，鼓励企业延伸产业链条，支持公共服务平台建设。企业单独或联合设立、收购建筑装饰施工企业（机构），最高可获50万元补助。

泉州台商投资区民企总裁到台湾培训学习

泉州台商投资区第三期民营企业总裁班到台湾培训学习。这是泉州地区首次以民营企业总裁班的方式到台湾开展培训学习活动。此次总裁班在原有基础上做了突破和改变，组织学员们赴台参加培训，听取文创产业发展与突破、企业品牌经营、企业行销等方面的课程，实地参观华山文创园区、松山文创园区、台艺大文创园区等地，增强企业家对台经济工作的了解，促进泉台企业交流合作。培训采取集中授课与参观考察园区、走访企业相结合的方式，课程内容针对性强、实用性高，涉及企业的品牌经营、行销及文化创意的结合等内容，参观台湾最早、最大的科学园区。先进前沿的企业经营管理模式，让学员们对企业如何创新和突破、如何用文化来增加企业产品的附加值和市场的独特性等方面有了新的认识，更加坚定走抱团发展、品牌化战略之路。

石狮出台政策推动创新创意产业发展

石狮通过《石狮狮城青年创新创业孵化中心管理办法》，用以推动该市创新、创意产业及国家重点支持高新技术和战略性新兴产业的发展。办法指的入驻对象为：拥有符合创新、创意以及国家重点支持高新技术和战略性新兴产业创业项目的青年创业者（含大学毕业生创业者）；与石狮企业有产学研合作关系的科研机构或研究人员、具备硕士以上学历的高层次创业领军人才、支持孵化企业发展的风险投资机构、为孵化企业服务的社会中介机构（须石狮稀缺类型）；在重点院校有成熟项目、需要寻找创业合作对象的研究人员，获得国家和省级创新创业大赛奖项的创业项目等。

晋江完成新一轮政府机构改革暨市直镇（街道）人事调配

晋江正式完成新一轮政府机构改革暨市直、镇（街道）人事调配。此次改革与省、泉州市政府机构改革相衔接，重点整合加强卫生和计划生育、市场监督管理、人力资源社会保障和公务员管理、工业和信息化、投资和贸易管理、海洋渔业管理和教育管理等，同时推进其他领域机构和职责的整合。该次晋江启动新一轮政府机构改革的主题是简政放权、放开搞活，出发点是提高政府行政效能，创造体制机制新优势，要求全市领导干部要从全局出发，准确站位，积极投入改革大潮。改革后，晋江市政府设置工作部门29个。在人事调整方面，晋江运用和兑现干部考核结果，坚持在一线使用干部，在干部选任上向基层倾斜。根据调配，2014年1月提拔的89人中，有48名在组团（片区）、重点项目一线贡献较为突出，26名在镇街一线表现较为优秀的干部。晋江市委大胆提拔、使用一批素质好、有冲劲、有潜力的年轻干部，从班子成员看，政府工作部门班子成员平均年龄从49.2岁降低到46.9岁，配备女性干部的领导班子达50%。

泉州市新闻摄影学会成立

泉州市新闻摄影学会第一次会员代表大会在泉州晚报大厦举行。会议从第一批91位泉州市新闻摄影学会理事中选举产生34位常务理事和会长、副会长。泉州市新闻摄影学会是由泉州各新闻单位的摄影记者、编辑和新闻摄影工作者、业余爱好者及相关单位自愿组成的地方性、学术性、非营利性社会组织。学会将团结广大新闻摄影工作者和爱好者，围绕市委、市政府中心工作，以摄影记者独到的眼光，用手中的镜头创作出“准确、鲜明、生动”的新闻摄影作品，为展示东亚文化之都、海丝先行区改革开放的新形象做出更多贡献。

2月8日

星期日
农历甲午年十二月二十
温度：7℃—13℃
多云

●泉州市出台《关于促进建筑石材和水暖厨卫行业稳健发展十条措施的通知》。

●泉州台商投资区第三期民营企业总裁班到台湾培训学习。

●石狮通过《石狮狮城青年创新创业孵化中心管理办法》，用以推动该市创新、创意产业及国家重点支持高新技术和战略性新兴产业的发展。

●晋江正式完成新一轮政府机构改革暨市直、镇（街道）人事调配。

●泉州市新闻摄影学会第一次会员代表大会在泉州晚报大厦举行。

●位于城厢镇光德村的安溪汽车总站正式启用，运行20多年的龙湖车站和恒兴汽车站停止运行。

●德化中小学组织学生志愿者探望退休老教师和困难教师，开展以“福娃过大年”为主题的孝心爱老慰问活动。

2月9日

星期一
农历甲午年十二月廿一
温度：7℃—13℃
多云

●国务院、省政府相继召开廉政工作电视电话会议。泉州市随即召开会议，部署今年政府系统廉政建设工作任务。

●市十五届人大常委会第三十七次主任会议召开。

●2月9日起至3月6日，市城市管理行政执法部门开展净空安全整治工作。

●泉州市组织检查组到洛江区检查惠女水库周边畜禽养殖污染专项整治工作。

●陈沈阳带队慰问市区百源、泉秀、金山干休所老干部，以及部分住院老干部、老干部遗属。

●新华社刊发通讯《映照千年的福建“海丝”基因》，报道泉州“海丝”源流。

●由中国国际经济技术交流中心和泉州市政府共同主办的“海陆丝绸之路城市联盟”筹备会议暨联合国海陆丝绸之路项目说明会在泉州召开。

●“泉州十大网络品牌”评选网络投票结束，中闽弘泰、古由卡、言艺、甲馨、金贝勒、迈途、大黑狼、欧伦堡、大宝山、格男仕成为网络人气前十的网络品牌。

●经泉州检验检疫局检验合格，一批由晋江某食品公司生产的重量12.88吨、货值3.09万美元的高温火腿肠出口柬埔寨，成功实现泉州肉制品出口零的突破。

海陆丝绸之路城市联盟筹备会在泉州召开

由中国国际经济技术交流中心和泉州市政府共同主办的“海陆丝绸之路城市联盟”筹备会议暨联合国海陆丝绸之路项目说明会在泉州召开。中国国际经济技术交流中心主任姚申洪，泉州市领导郑新聪、陈荣洲、刘忠、许连捷、李冀平，联合国开发计划署、南南合作办公室、工业发展组织、教科文组织和联合国世界旅游组织等相关机构负责人，国家有关部委和省直有关部门负责人，福州、郑州、厦门、漳州、连云港、营口等海陆丝绸之路沿线城市代表参加会议。

会上，与会海陆丝绸之路沿线城市与联合国相关机构达成共同推动“海陆丝绸之路城市联盟”筹备工作的共识；市政协副主席、市工商联主席、恒安集团CEO许连捷提出建设“海陆丝绸之路城市联盟”工商理事会的建议；通过“海陆丝绸之路城市联盟”泉州共识。联合国相关机构负责人、部分海陆丝绸之路沿线城市代表在会上发言和推介项目。来自海陆丝绸之路城市的代表和关注推动海陆丝绸之路经济繁荣发展的机构代表，在弘扬“和平合作、开放包容、互学互鉴、互利共赢”的丝路精神倡导下，在泉州共同参与发起成立“海陆丝绸之路城市联盟”的筹备事项，并一致同意发表《泉州共识》。

市十五届人大常委会第三十七次主任会议召开

市十五届人大常委会第三十七次主任会议召开。市人大常委会主任陈海基，副主任陈万里、洪泽生、陈全顺、吕竞、王远东、张建生，秘书长吴春林参加会议。会议讨论市人大常委会关于召开泉州市第十五届人民代表大会第五次会议的决定（草案），讨论泉州市人大常委会工作报告稿。会议确定市十五届人大常委会第二十一次会议召开日期和建议议题。

市政府廉政工作视频会议召开

国务院、省政府相继召开廉政工作电视电话会议。泉州市随即召开会议，部署2015年政府系统廉政建设工作任务。市领导郑新聪、温惠榕、林伯前、周真平、卢炳椿、李建辉、陈灿辉、林万明，市政府秘书长吴友才参加会议。

市长郑新聪强调，要强化党委（党组）的主体责任，带头严格遵守廉洁从政各项规定。要加快转变政府职能。依法行政，在法治轨道上行使权力、开展工作，加强对政府职能部门依法行政和履行职责情况的监督；简政放权，从清权、放权、效率、监管、中介五个环节入手抓好落实；提升服务，推进四级行政服务标准化无缝对接、上下联动和乡镇全覆盖，推广应用电子证照。要深化“四风”问题整治。严格落实“八项规定”，深入开展纠风整治，坚决执行“约法三章”，严控“三公”经费和会议费，扎实推进公务用车制度改革；对照“三严三实”，扎实开展专题教育，逐项落实好教育实践活动需长期坚持的整改项目和近期省委巡视五组反馈意见中涉及政府系统的整改任务。要深入推进反腐倡廉，做到严查案件、源头防范、强化监督。加大对群众身边腐败问题的查处力度，完善公共资源市场化配置、全口径预算管理等制度，主动接受人大及其常委会的法律监督、政协的民主监督、社会公众监督和舆论监督，自觉支持和配合监察、审计等专门监督机关开展工作。

泉州开展净空安全整治工作

2月9日起至3月6日，市城市管理行政执法部门开展净空安全整治工作，活动旨在春节至元宵节期间，加强机场净空保护工作，确保人民群众生命财产安全，各地突出对重点区域的整治，加强巡查督查；全市各大广场、公园管理部门将在元宵节晚间加强对重点区域的检查巡查工作，及时制止施放风筝、气球的违法行为。对于屡禁不止者，将联合公安机关采取强制措施予以制止和处罚。整治内容包括禁止施放孔明灯、空飘气球；清理各广场公园等人员密集场所销售孔明灯、气球、烟花爆竹流动摊点。整治范围包括：以泉州晋江国际机场跑道中心线为基准，两侧各15千米、跑道两端各21.4千米区域，主要涵盖泉州市以下区域：鲤城区、丰泽区、开发区、泉州台商投资区、晋江市全境；洛江区万安、双阳；石狮市湖滨、凤里、灵秀、宝盖、蚶江、祥芝、鸿山；南安市水头、官桥、丰州等。重点区域为鲤城区的中山公园、笋江公园、府文庙、新门街；丰泽区的泉州森林公园、江滨公园、沃尔玛（江滨北路）、东湖公园、西湖公园、中国闽台缘博物馆、泉州商城广场、清源山；晋江市的世纪公园、敏月公园、安海公园、书展公园、阳光广场等；石狮市的人民广场、鸳鸯池公园、龟湖公园、黄金海岸等。

十一届市政协第二十一次主席会议召开

十一届市政协第二十一次主席会议召开。市政协主席杨俊峰，副主席吴共湖、苏小青、骆沙鸣、陈铭福、王祖耀、李冀平、王瑞强、陈益，秘书长洪川夫出席会议。会议建议政协第十一届泉州市委员会第四次会议于2015年3月16日至19日在泉州市区召开，决定将相关文件草案提交十一届市政协常委会第十八次会议审议。会议还协商表彰十一届市政协一次会议以来优秀提案、提案办理先进单位和先进工作者的有关事项。会议要求，市政协各参加单位、广大政协委员和政协机关要按照中共泉州市委的要求，以饱满的政治热情，扎实有效的筹备工作，保障十一届市政协四次会议如期顺利召开。

市纪委十一届六次全会召开

市纪委十一届六次全会召开，会议深入学习贯彻十八届中央纪委五次全会、省纪委九届六次全会精神，总结部署党风廉政建设和反腐败工作。会议讨论市委书记黄少萍所作的讲话，听取市委副书记、市长郑新聪对十八届中央纪委五次全会和省纪委九届六次全会精神的传达。市领导陈海基、周银芳、杨俊峰、陈沈阳、许昆贞、翁祖根、温惠榕、陈庆宗、林伯前参加会议，省纪委纪检监察六室领导到会指导。市委常委、市纪委书记温惠榕主持会议，并代表市纪委常委会作工作报告。

黄少萍指出，过去一年，市委严格落实党要管党、从严治党的要求，带头履行党风廉政建设主体责任，各级纪检监察机关聚焦主责主业，严格执纪监督，全市党风廉政建设和反腐败工作取得了新成效。但我们对取得的成效不可高估，要把思想和行动统一到中央、省委的精神上来，认真落实“四个切实”要求，坚守阵地、巩固成果、深化拓展，努力构筑良好政治生态。

黄少萍强调，要强化问责，加大“一案双查”力度，倒逼主体责任落实，督促党委（党组）一把手做到“四个亲自”，引导广大领导干部正确处理与企业家、家人亲情、职位、金钱等关系；巩固扩大教育实践活动成果，整治“为官不为”等“四风”变种问题；以零容忍态度惩治腐败，办理省委巡视组移交的问题线索，查处发生在群众身边的违纪违法案件；坚持“破”、“立”并举建章立制，抓好党内监督、选人用人管人、行政审批、国有企业监管四方面制度建设，做到持续加压发力，多管齐下综合治理。

黄少萍强调，各级党委要积极稳妥地推进纪检体制改革，推动纪委双重领导机制落到实处；各级纪检监察机关要协助党委加强党风建设和组织协调反腐败工作，以更大决心和勇气加强自身建设，打造忠诚、干净、担当的纪检监察队伍。

全会还进行了分组讨论，召开市纪委常委会议，对各县（市、区）、泉州开发区、泉州台商投资区党（工）委书记述廉述责报告进行测评。

泉州曲艺名家到南安官桥演出

泉州市曲艺名家走进南安官桥，为基层百姓献上一场高水准的曲艺盛宴，吸引两千多名观众到场观看。这场演出是新春佳节来临之际，泉州市曲艺界为宣传贯彻习近平总书记在文艺工作座谈会上的重要讲话精神，走基层为乡村百姓送文艺精品的一场演出。晚会由市文联和南安市官桥镇政府联合主办，泉州市曲艺家协会承办，不仅有各项非物质文化遗产剧种的演出，还包括闽南讲古、闽南五色话、南安官桥什音等曲艺品种，涵盖各种具有泉州艺术特色的文艺活动。

石狮未成年人帮教中心启用

石狮市未成年人帮教中心启动仪式在石狮市玉湖社区举行。帮教中心由石狮市检察院联合石狮市综治办、石狮市关工委、石狮市法院、石狮市公安局、石狮市司法局等15个单位共同创建，主要针对在刑事诉讼过程中被取保候审、监视居住，被检察院宣布不起诉决定，被法院判决宣告缓刑、在缓刑考验期内，余刑在石狮市看守所执行、刑满释放后的涉罪未成年人。该中心由石狮市检察院负责具体运作，组建帮教小组、法律宣讲团、心理辅导队、志愿服务队、爱心企业（技校）库、“阳光太太”、狮城社工等，形成以帮教中心为指挥部，以帮教基地（村居、企业、学校）为平台，辐射全社会的未成年人立体帮教网络。帮教中心内设有接待区、办公区、展板展区及心理辅导室。该中心帮教课程丰富多样，包括法制教育课、感恩教育课、文化教育课、心理辅导课、自救自护课、社会实践课。此外，石狮市检察院还依托社区、企业、学校，为涉罪未成年人提供工作岗位和技能培训。

2月10日

星期二
农历甲午年十二月廿二
温度：7℃—18℃
多云

●十一届市政协第二十一次主席会议召开。

●市纪委十一届六次全会召开，会议深入学习贯彻十八届中央纪委五次全会、省纪委九届六次全会精神，总结部署党风廉政建设和反腐败工作。

●卢炳椿带队慰问计生困难户、生活困难的道德模范、低保户、重点优抚对象、困难女职工。

●泉州曲艺名家到南安官桥演出。

●石狮市未成年人帮教中心启动仪式在石狮市玉湖社区举行。

●在市老龄办、市老龄服务志愿者协会、厦门大学EPD管理中心联合组织下，泉州约百名空巢孤寡老年人度过了一个难忘的新春祝寿团拜会。

2月11日

星期三
农历甲午年十二月廿三
温度：7℃—18℃
多云

●11—12日，21世纪海上丝绸之路国际研讨会在泉州举行。

●尤权在泉州调研并主持召开企业家和金融界座谈会。

●王伟光在泉州调研地方志工作。

●陈灿辉带队前往永春县达埔镇慰问困难群众、优抚对象和计生“二女户”。

●在市总工会等单位的组织下，630名到泉务工人员搭乘2015年“魅力文都·情暖职工”农民工平安返乡专列回乡。

21世纪海上丝绸之路国际研讨会在泉州举行

11—12日，21世纪海上丝绸之路国际研讨会在泉州举行。研讨会由国务院新闻办公室主办，新华社、中国社科院、中国外文局、福建社会科学院共同承办。11日上午9时许，开幕式正式开始。国务院新闻办公室主任蒋建国、福建省委书记尤权、新华通讯社社长蔡名照、中国社会科学院院长王伟光、中国外文出版发行事业局局长周明伟、福建社会科学院院长张帆在一小时内分别上台发表致辞和演讲。

12日，中共中央政治局委员、中央书记处书记、中宣部部长刘奇葆出席在泉州召开的21世纪海上丝绸之路国际研讨会，发表《扬帆海上丝路 实现共赢发展》的主旨演讲。福建省委书记尤权、省长苏树林出席研讨会。

国家发改委副主任何立峰，美国库恩集团主席库恩博士，埃及前驻华大使穆罕默德·贾拉尔博士，外交部原部长李肇星，商务部副部长高燕，国务院发展研究中心副主任张军扩，新加坡工商联合总会主席张松声，土耳其马尔马拉基金会主席阿坎苏威尔博士，缅甸战略与国际问题研究所秘书长钦貌林在论坛上作了演讲。

与会人士认为，中国经济新常态赋予21世纪海上丝绸之路新的时代内涵。当今世界正发生复杂深刻的变化，国际金融危机深层次影响继续显现，世界经济复苏乏力、发展分化，国际投资贸易格局和多边投资贸易规则酝酿深刻调整，各国面临的发展问题依然严峻。中国经济进入新常态，经济发展动力正寻求新的增长点。建设海上丝绸之路将带动中国与东南亚、南亚、中亚、非洲、阿拉伯、拉丁美洲国家的经济伙伴关系升级，并增进人文交流，推动亚太区域一体化，具有广泛的积极意义。

开幕式现场　　（图/陈英杰　陈起拓）

尤权到泉州调研并召开座谈会

省委书记尤权深入泉州调研并主持召开企业家和金融界座谈会。省领导叶双瑜、潘征，泉州市领导陈海基、周银芳、翁祖根、刘忠参加调研。尤权到特步公司，察看“数控一代”示范生产线，详细了解企业生产经营、技术创新等有关情况，对企业通过改造传统制鞋工艺流程，有效提升制鞋产业自动化水平的做法表示肯定；在泉州“数控一代”科技创新中心，尤权实地察看“数控一代”产品展示，深入了解产品的应用、发展现状以及技术需求。

泉州股权投融资服务中心是泉州金改的重要平台之一。尤权走进中心大厅，听取中心运营概况及入驻机构情况介绍，并与部分金融企业负责人进行座谈，听取大家对深化泉州金改的意见建议。他指出，泉州金改要聚焦服务实体经济。各类服务中小微企业的金融机构要明确自己的功能定位，把主业做精、做细，把优势和特色做足。要加快信用体系建设，创造良好的金融环境，有效防范金融风险。

在品尚电子商务公司，尤权召集部分泉州电子商务企业负责人，重点围绕电子商务、互联网金融发展等话题，与大家进行广泛深入的交流。“电商将来的发展趋势如何？”“电商发展将对实体经济产生什么影响？”“线上的发展会多大程度取代线下？”“传统的商业环节将来还存不存在？”“电商与金融结合后又将带来什么变化？”尤权向企业家们提出了一连串问题。在认真听取大家的发言后，尤权指出，近年来，电子商务发展迅猛，对企业的生产方式、营销模式和人们的生活方式等都产生很大影响。特别是在我国经济发展进入新常态后，发展电子商务成为一个新的重要增长点。各级各部门要加强扶持和引导，为电商企业发展营造更加有利的环境；电商企业也要加强行业自律。希望大家把事关电商发展的问题研究得更深一些、更透一点，促进电商行业健康有序发展。

王伟光在泉州调研地方志工作

中国社会科学院院长、中国地方志指导小组组长王伟光在泉州出席“21世纪海上丝绸之路国际研讨会”期间，在福建省方志委主任冯志农、福建社会科学院党组书记陈祥健、省委宣传部部务会成员肖贵新、泉州市政协副主席李冀平、福建省方志委副巡视员林浩、泉州市方志委常务副主任张惠评等的陪同下，到泉州市、晋江市调研地方志工作。王伟光一行亲切看望慰问修志人员，察看办公环境，了解地方志工作进展情况。

调研组实地走访中国社会科学院文化研究中心闽南文化研究基地、泉州市方志书库、泉州海外交通史博物馆、晋江市方志文献中心和晋江五店市传统文化街区，并听取有关汇报。

王伟光听取张惠评介绍泉州方志书库情况　（图/滕元明）

在泉州市方志委，王伟光看望和慰问全体修志人员，并与大家座谈。在听取泉州市方志委常务副主任张惠评关于泉州地方志工作汇报后，王伟光作了重要讲话。泉州抢救地方文献遗存、开发利用地方志资源、动员社会力量“众手成志”和志书、年鉴、月报、日记“四位一体”的记录地情资料机制等工作亮点纷呈，“四位一体”成为方志工作的泉州经验，在福建省得以全面推广。王伟光对泉州地方志工作成绩给予了充分的肯定。他说，泉州市地方志工作环境好，修志人员精神面貌也好，工作做得很有成效、很有特色、很有经验。比如泉州市方志委提出的“把日常工作做好，把基础工作做实，把特色工作做靓”三句话总结得好，还有日记、月报、年鉴、志书“四位一体”的工作机制，以及调动一切力量修志这些有特色经验，都值得很好地加以总结，并在全国推广。王伟光要求，要认真学习总书记习近平、总理李克强和副总理刘延东关于地方志工作的重要讲话和批示精神，贯彻落实好全国第五次地方志工作会议精神，做到把地方志工作纳入地方经济社会发展规划之中，做到认识到位、领导到位、机构到位、编制到位、经费到位、设施到位、规划到位、工作到位；要进一步提高马克思主义理论水平，始终坚持用马克思主义的世界观和方法论观察分析、研究解决地方志实际问题，用历史唯物主义和辩证唯物主义指导修志工作；要坚持依法开展地方志工作，推动建立与法律规章相配套的制度体系，出台具有泉州特色的管理办法，推动建立各级政府依法履行领导责任、各级地方志工作机构依法履行组织实施和管理职责、社会各界依法参与和提供支持的法治化工作格局。

下午，王伟光在福建省和泉州市、晋江市领导的陪同下，到晋江调研海丝文化和地方志工作，参观了晋江方志文献中心，并欣然题词“修志立史”。王伟光肯定晋江市地方志工作取得的成绩。一是领导重视，“一纳入，八到位”落实得很好，方志办编制、人、物、经费都有保证，而且有自己独立的办公场所。二是晋江市的地方志工作体现了地方侨乡特色，抓住族谱和姓氏等最能体现晋江特色的方面，从族谱、姓氏的入手开展地方志工作，可以获知很多海外华人及台湾等家族根都在晋江，通过寻根问祖、族谱文化等的两岸的频繁交流，对祖国的统一大业起到积极作用。三是对下阶段的方志工作部署很满意，并同意向晋江倾斜一个全国方志系统先进工作者候选人的名额，请省里及时做好上报工作。王伟光最后提出两点希望：一是希望晋江市政府进一步重视地方志工作，按照“一纳入，八到位”的要求，继续给予大力的指导和支持；二是希望晋江市方志办要按照全国地方志工作会议的精神，认真履职，干出成绩来，干出政绩来，干出经验来，真正做到“修志立史”。

泉州市地方志工作汇报会现场　（图/吴寿民）

来泉农民工返乡专列启程

搭乘2015年“魅力文都·情暖职工”农民工平安返乡专列的630名员工踏上归乡旅途。自2004年以来，国内首趟从泉州开往湖北武汉的农民工专列开出以来，每年的春运，帮助企业员工平安顺利返乡成为市总工会、市交通委等多部门的“分内事”。2015年是“平安返乡”活动举行的第11个年头，活动主办单位经与南昌铁路局漳州车务段沟通，腾出2月11日泉州至南昌动车的630张车票，供企业员工订购。除此趟专列外，主办单位还协助500多名重庆籍农民工购买2月11日至13日泉州至重庆的动车票，帮助他们顺利返乡。与此同时，市、县（市、区）、乡镇（街道）三级职工服务中心（站）在春运中为辖区农民工办理团体购票、包车等事宜，让更多员工无购票难、乘车难的后顾之忧。

2月12日

星期四
农历甲午年十二月廿四
温度：7℃—18℃
多云

●刘奇葆在21世纪海上丝绸之路国际研讨会发表《扬帆海上丝路　实现共赢发展》的主旨演讲。

●国家发改委副主任何立峰在泉听取泉州建设21世纪海上丝绸之路先行区的情况汇报。

●省妇联副主席王秋梅到惠安黄塘镇尾园村、碧玲村慰问市十佳好妻子赵春兰和贫困妇干陈丽玉。

●市教育局出台《2015年秋季中心市区小学招生工作的意见》，招生对象为户籍关系在鲤城区、丰泽区及暂住在市区符合政策要求的年满6周岁的适龄儿童。两区将严格控制学校班生规模，原则上一年级新生每班生额45人。

●由贵州省妇联与贵州金沙酒业集团主办、泉州贵州商会协办的“金沙回沙 接老乡回家”公益活动在石狮举行，100多名贵州到泉务工人员免费搭乘2辆“爱心号”大巴返乡过年。

●鲤城海滨街道笋浯社区的流动人口聚在一起，共享社区为他们准备的家常美食。鲤城区800名环卫工人也齐聚一堂，同吃温暖年夜饭。

刘奇葆在21世纪海上丝绸之路国际研讨会发表主旨演讲

中共中央政治局委员、中央书记处书记、中宣部部长刘奇葆出席在泉州召开的21世纪海上丝绸之路国际研讨会，发表《扬帆海上丝路实现共赢发展》的主旨演讲。福建省委书记尤权出席研讨会。

刘奇葆指出，当今世界，经济全球化、区域一体化深入发展，各国相互依存、相互联系更加紧密。顺应这样的时代潮流，习近平主席提出共同建设丝绸之路经济带和21世纪海上丝绸之路的合作倡议。共建“一带一路”战略，知古鉴今、面向未来，相融相近、相辅相成，洋溢着创新进取的时代精神，为沿线各国共谋发展、共同繁荣提供了新的重大契机，得到了国际社会特别是沿线各国的积极回应。

刘奇葆指出，福建泉州是联合国教科文组织认定的海上丝绸之路重要起点。千百年来，泉州港“吞吐四海云帆，鼓荡八面来风”，海上丝绸之路在这里流溢着奇光异彩，展现出蓬勃生机。泉州也是中华文明走向世界的重要出发站，是沿线各国多元文化交汇交融之地，镌刻着中华民族和沿线各国人民友好交往的永恒记忆。古老海上丝绸之路兴盛发展的历程说明，辽阔的海洋可以成为连接彼此的纽带，文化的交流可以促进生产力的发展，和平的环境可以创造共同繁荣的机遇。海上丝绸之路是沿线各国人民共同走出来的，凝结着“和平合作、开放包容、互学互鉴、互利共赢”的丝路精神，是人类社会的共同财富，值得我们倍加珍惜。今天，在这里举办21世纪海上丝绸之路国际研讨会，共商复兴海上丝绸之路大计，具有特别意义。

刘奇葆指出，当前，中国进入经济发展新常态，全面深化改革蹄疾步稳，政府和市场“双引擎”动力强劲，经济结构不断优化，传统产业加快升级，新兴产业加快成长，保持中高速增长、迈向中高端水平成为中国经济发展的主旋律。在新常态下，中国经济的“列车”不仅不会掉挡失速，反而会跑得更加稳健有力，这既为中国发展带来新机遇，也为世界发展提供新动力。欢迎世界各国搭乘中国经济发展的快车。建设“一带一路”，为沿线各国分享中国发展红利创造了条件。建设21世纪海上丝绸之路，要坚持和弘扬丝路精神，树立开放发展、合作发展、共赢发展的理念，向前展望、凝心聚力，构筑沿线各国经贸和文化交流的大通道。

刘奇葆强调，21世纪海上丝绸之路沿线各国，是你中有我、我中有你的命运共同体。要共同建设开放包容的互信之路，相互支持、求同存异，维护地区发展稳定大局。要共同建设互利合作的共赢之路，深化贸易投资合作，推进互联互通建设，发展好海洋合作伙伴关系。要共同建设和谐共处的和平之路，坚持以和平方式、外交手段解决争端，共谋和平、共护和平、共享和平。要共同建设文明互鉴的友谊之路，加强治国理政理念和实践经验交流，推进科技、教育、文化、体育等领域合作。要共同建设对接梦想的圆梦之路，把中国梦与沿线各国人民的美好梦想对接起来，一起追逐梦想、实现梦想。

相关链接：21世纪海上丝绸之路国际研讨会设三个圆桌会议，议题分别为“海上丝绸之路：价值理念与时代内涵”“共同建设、共同发展、共同繁荣”“抓住发展新机遇，拓展合作新空间”。来自中国、俄罗斯、日本、韩国、印度、泰国、巴基斯坦、新加坡、印度尼西亚、澳大利亚、埃及、土耳其、英国、美国等30个国家的280余名专家学者，围绕上述议题展开广泛对话、深入交流。在第一个圆桌会议中，与会专家学者围绕“海上丝绸之路：价值理念与时代内涵”议题

圆桌会议现场　（图/陈晓东）

展开深入交流研讨，或立足全球视角畅想“海丝”未来，或针对国家、区域特色提出意见建议，或剖析利弊提出犀利见解，在一次次思想火花的碰撞中，有关21世纪海上丝绸之路建设的真知灼见也不断迸发。第二个圆桌会议议题为“共同建设、共同发展、共同繁荣”，近30名国内外专家学者就如何用好建设21世纪海上丝绸之路的契机，发表各自看法。与会代表认为，必须以开放包容的心态，推动共同发展，促进互联互通，达到21世纪海上丝绸之路沿线国家的共赢，进一步推进21世纪海上丝绸之路向更深和更广的维度发展。第三个圆桌会议为议题为“抓住发展新机遇，拓展合作新空间”，来自国内外各领域的30位嘉宾热议“一带一路”为全球社会共享中国经济发展的果实，推动沿线各国在政治、经济、文化等各领域的交流与合作带来前所未有的机遇。

与会嘉宾取阅资料　（图/陈起拓）

何立峰在泉州听取建设21世纪海丝先行区情况汇报

国家发改委副主任何立峰在泉听取了泉州建设21世纪海上丝绸之路先行区的情况汇报。国家发改委西部司副司长欧晓理，省发改委副主任余军，市领导林伯前、周真平、刘忠、李冀平参加汇报会。国家“一带一路”战略构想提出后，作为古代海上丝绸之路重要起点城市，泉州市委市政府高度重视、快速响应，立足在国家“一带一路”战略和福建海丝核心区建设中凸显先行作为，积极开展先行区战略规划研究，以文化引领、经贸合作、互联互通、互惠互利为主线，以推进与海丝沿线国家和地区间政策沟通、道（航）路联通、贸易畅通、货币流通、民心相通为重点，制订实施方案，推出“十大行动计划”，加快建设21世纪海上丝绸之路先行区和国家开放门户。

听取汇报后，何立峰指出，泉州作为21世纪海上丝绸之路的战略支点城市和先行区，响应国家战略行动迅速，体现了泉州的主动性、积极性，制订的方案和计划具有先行性和创造性。在推动21世纪海上丝绸之路建设中，泉州具备突出的优势，要借助历史符号做现代事情，充分发挥华人华侨和台港澳同胞这两大突出优势，以历史文化渊源为纽带，发挥文化资源的独特作用，以民心相通先行来推动政策沟通、道（航）路联通、贸易畅通、货币流通。要立足实际、扬长避短，鼓励民营企业走出去，建立经贸合作园区，推动优势产业、产能、装备、技术等输出，实现互惠双赢；突出重点、循序渐进，将现有政策融会贯通，做好高水平引进来，推动项目洽谈、启动、在建的有效衔接，不断滚动生成一批带动力强的合作项目。他指出，“一带一路”战略决策极具前瞻性，“一带一路”建设任重道远，泉州应扎实推进，突出重点，先易后难，久久为功；讲究策略方法，用好国家政策，积极探索创新，做深做细工作，才能积小胜为大胜。

省市妇联开展新春走访慰问活动

省妇联副主席王秋梅和市妇联相关负责人到惠安黄塘镇尾园村、碧玲村慰问市十佳好妻子赵春兰和贫困妇干陈丽玉，询问她们的近况，了解她们的难处，为她们送上新春慰问和祝福。2015年元旦春节期间，泉州市各级妇联深入开展“下基层、送温暖”走访慰问活动，共慰问以女性为主体的城乡受灾特困家庭、特困残疾人家庭、特困下岗女职工家庭、见义勇为烈士家庭、五老人员，泉州市“十佳美德家庭”、“美德家庭人物”、妇联系统生活困难的干部职工、离退休老同志、基层老妇干、“两癌”贫困患者、贫困母亲、留守流动儿童、贫困女大学生、市直机关各系统妇委会困难职工1300余人，发放慰问品、慰问金71万余元，其中市妇联、市女企业家联谊会联合慰问200多人，慰问金、物品近13万元，将党和政府的关怀和“娘家人”的关爱传递给广大妇女群众。

市教育局出台2015年中心市区小学幼儿园招生工作意见

市教育局出台2015年中心市区（指鲤城区、丰泽区）小学、幼儿园招生工作的意见，对小学、幼儿园招生对象、招生办法、招生程序、招生时间等作出明确规定，力促中心市区小学、幼儿园招生统一规范、透明运作。

2015年中心市区小学、幼儿园招生工作有三大变化：一是规定鲤城区、丰泽区教育局要统一提早在3月20日前制定本区小学、幼儿园具体的招生办法，做到早发文、早宣传，让群众早知道。二是进城务工人员随迁子女小学入学条件有变化。进城务工人员具有“三证”（暂住证、婚育证、务工证），其随迁子女可在当地申请入读该区公办小学，其中“暂住证、婚育证”仍延续往年政策，须持有半年以上，但务工证变更为须持有一年以上。规定两区在8月1日前公布进城务工人员随迁适龄子女资格审核与录取结果并及时分发录取通知书。三是关爱残疾儿童，要求普通小学都应优先接受片区内具有接受普通教育能力的残疾儿童入学，特别要做好轻度智障儿童的随班就读工作，不得歧视或拒收；各幼儿园都应优先接受片区内具有参加集体生活和学习活动能力的残疾幼儿入学。

2015年鲤城区、丰泽区教育局要按“就近入学”原则，科学合理划定本区各小学、幼儿园的招生服务片区。招生工作继续坚持“三统一”“五公开”。“三统一”，即统一公布小学、幼儿园服务区域、招生程序和时间，统一小学招收进城务工人员子女入学条件，统一民办幼儿园招生资格；“五公开”，即向社会公开招生时间、招生计划、招生服务区域范围、招生办法和招生结果。严禁收取与入学挂钩的“借读费”“捐资助学费”“赞助费”等。

2月13日

星期五
农历甲午年十二月廿五
温度：11℃—21℃
多云

●泉州市政府与马来西亚宝腾集团、广东金星重工共同签署莲花汽车项目合作协议。

●市第十五届人大常委会召开第二十一次会议。

●2015年全市旅游工作会议召开，总结回顾成绩，明确提出2015年旅游发展主要目标——力争实现接待境内外游客5300万人次，实现旅游收入640亿元。

●到泉州参加21世纪海上丝绸之路国际研讨会的30多名外宾，走进泉州知名企业了解泉州产业经济发展，并来到九日山、泉州海外交通史博物馆，寻觅海上丝路遗存。

●泉州市外事侨务办和泉州市文化宫南音社举办年底答谢会，近两百名海内外弦友齐聚一堂，共赏南音，共叙乡情，共迎羊年新春。

●泉州道路运输迎来春运以来首波客流高峰。截至18时，市汽车运输总公司站务分公司共发送旅客2.9万人次。

莲花汽车生产基地落户泉州

省委书记尤权、省长苏树林会见了马来西亚前总理、宝腾集团董事长、莲花集团董事长马哈蒂尔博士一行，见证泉州市政府与马来西亚宝腾集团、广东金星重工共同签署莲花汽车项目合作协议。莲花汽车项目包括建设莲花汽车生产基地和研发中心两个部分，主要研发生产英国莲花品牌汽车整车和发动机等。马来西亚驻广州总领事木山利，省领导叶双瑜、郑栅洁，市领导郑新聪、林伯前，宝腾集团总裁拿督·阿布杜·哈里斯，莲花集团总裁让·马克参加会见。

会见中，尤权、苏树林和马哈蒂尔博士高度评价莲花汽车生产基地在中国泉州晋江落户，赞誉该项目对促进中马两国的经贸交流合作、对促进泉州以及福建的发展具有重大意义。尤权代表省委、省政府对马哈蒂尔博士的到来表示欢迎。他说，马哈蒂尔博士是中国人民的老朋友，多年来为提升中马关系、促进两国经贸等全方位交流合作做出了积极贡献。您主导创立的宝腾集团发展迅速，现已成为马来西亚最大的汽车公司。我们对此表示钦佩和赞赏。

在简要介绍福建经济社会发展情况后，尤权指出，福建与马来西亚历史渊源深厚。长期以来，双方积极推动经贸、文化、教育和旅游等各领域友好合作，取得了良好成效。建设21世纪海上丝绸之路，福建是核心区，必将为包括马来西亚在内的海丝沿线国家带来更多的发展机遇、提供广阔的合作前景。希望马哈蒂尔博士为加强福建与马来西亚的交流合作多提意见建议，促进双方合作向更高水平、更宽领域迈进。我们也欢迎更多的马来西亚企业家到福建投资兴业，寻找商机，实现互利共赢。

马哈蒂尔感谢福建和泉州的热情接待。他说，马来西亚与福建关系源远流长，双方有着密切的交流往来和良好的合作基础。他表示，福建战略地位十分重要，发展势头良好。马来西亚高度重视与福建的关系，希望莲花汽车项目落户泉州成为一个良好开端，推动双方进一步加强在经贸、文化、旅游等各领域交流合作，扩大投资和贸易往来，推动合作结出更多硕果。

市长郑新聪表示，泉州与马来西亚之间有着悠久的传统友谊。莲花汽车项目的签约落地，对泉州产业结构的优化调整具有历史性意义，也将进一步促进泉州与马来西亚交流合作。泉州将按照协议约定，抓紧做好项目前期工作，全力支持和服务好项目建设。

市第十五届人大常委会第二十一次会议召开

市第十五届人大常委会召开第二十一次会议。市人大常委会主任陈海基，副主任陈万里、洪泽生、陈全顺、吕竟、王远东、张建生，秘书长吴春林参加会议。副市长刘忠，市中级人民法院和市人民检察院相关负责人列席会议。会议决定于3月17日至21日召开泉州市第十五届人民代表大会第五次会议。会议听取和审议市政府关于市十五届人大四次会议代表建议、批评和意见办理工作的报告和市人大常委会视察组有关视察报告，书面听取市中级人民法院关于市十五届人大四次会议代表建议、批评和意见办理工作情况。会议审议认为，“一府两院”对人大代表建议办理组织有力，注重探索，不断完善办理机制，提高办理质量，推进成果转化。会议提出，对代表就同一问题连续多年提出的建议要进行专项督办，加强分析梳理，努力推动问题解决；对代表提出的建议，不能满足于一时的办理答复，要持续进行跟踪、督办，提高实效，取信于民。会议听取市中级人民法院关于人民陪审员工作情况的审议意见办理情况的报告，并对审议意见办理情况进行满意度测评，结果为基本满意。会议还通过泉州市人大常委会工作报告稿，审议人事免职事项。

2015年全市旅游工作会议召开

2015年全市旅游工作会议召开，会议总结回顾成绩，明确提出2015年旅游发展主要目标——力争实现接待境内外游客5300万人次，实现旅游收入640亿元。2014年，全市旅游部门围绕建设“东亚文化之都·泉州”和“21世纪海上丝绸之路先行区”目标，以打造“海丝起点·古韵泉州”旅游品牌为主线，积极推进产业融合，创新旅游新业态，取得良好成绩。2014年全市接待游客4428.26万人次，实现旅游总收入528.65亿元，同比分别增长18.74%和18.28%。2015年，泉州市将力争接待游客总量和旅游总收入这两项主要指标继续保持20%左右的高位增长。为此，旅游部门将围绕海丝文化旅游、乡村生态旅游、滨海旅游等特色旅游资源，努力以旅游的转型升级、提质增效，带动其他行业发展，贡献全市发展大局。

市领导走访慰问部队并现场办公

市领导郑新聪、陈海基、杨俊峰、周银芳、林俊其、陈荣洲和泉州军分区政委郑健带领市直有关部门负责人，分别走访慰问31集团军、泉州军分区、73311、73141、73146、94921、73653部队，代表全市人民向部队指战员送去新春祝福，并在驻泉师旅部队开展科技文化拥军现场办公，推动部队科技强军、文化强军。

每到一处，市领导都与部队官兵亲切座谈，军地双方相互通报一年来各自取得的新成绩。市领导对部队积极参与和支援地方建设，为泉州经济社会发展贡献力量表示感谢；对部队一年来所取得的可喜成绩表示祝贺。希望军地双方携手合力，创新双拥活动方式，共同构建军地双拥共建、融合发展的良好局面，力争实现全国双拥模范城“八连冠”目标。市委、市政府将一如既往地为部队办实事、解难题，推动实现地方生产力和部队战斗力同步提升。

部队首长感谢泉州人民长期以来对部队的支持和关爱。他们表示，广大官兵将充分发挥人民军队生力军、突击队和排头兵作用，努力提高部队战斗力和服务地方经济建设的能力，力争为驻地经济社会各项事业发展做出新贡献。

莲花汽车生产基地奠基仪式在晋江金井举行

莲花汽车生产基地奠基仪式在泉州晋江金井举行。莲花汽车生产基地项目，是广东金星重工与马来西亚前总理马哈蒂尔控股的宝腾集团的合作项目，计划引进世界三大跑车公司之一的英国莲花汽车公司，并在装备制造业基地金井园区生产汽车整车。项目一期计划总投资100亿元。建筑面积初步预计48万平方米，将形成年产13万辆莲花品牌各档次SUV汽车的生产能力。全部投产后，预计可实现年销售收入640亿元，年纳税费30亿元。 马来西亚前总理、宝腾集团董事长、莲花集团董事长马哈蒂尔表示，莲花汽车项目落户泉州，不仅对宝腾集团的发展具有重要意义，也将促进中国汽车工业的发展，对中国和马来西亚的经贸合作关系也将起到重要推动作用。

石狮年度GDP首破600亿元大关

《石狮市2014年经济运行通报》数据显示，石狮市2014年完成生产总值638.3675亿元，增长11.2%，完成公共财政总收入（不含基金）60.4451亿元，年度GDP首次突破600亿元大关。根据《石狮统计年鉴（2014）》，石狮市常住人口（2013年末）66.3万人，人均GDP为9.6274万元，超过《石狮市国民经济和社会发展第十二个五年规划纲要》提出的“十二五”末实现人均GDP达到9.5万元的目标，比2014年全国人均GDP（4.6531万元）水平高出一倍，提前一年实现石狮市“十二五”人均GDP达9.5万元的目标。按照2014年人民币对美元平均汇率中间价6.1428（同比升值0.82%）计算，石狮市2014年人均GDP为1.5672万美元，在全国处于上游水平。2014年全国人均GDP约为7500美元（2013年为6767美元），石狮市人均GDP比全国平均水平高出一倍。人均GDP反映人民的生活水平和富裕程度，根据世界银行标准，人均GDP达到1.2616万美元的国家或地区就属于高收入国家或地区。按照这一标准，石狮市已经进入发达城市行列。

21个收费景点春节期间向来泉务工人员免费开放

确定参加“魅力文都·情暖职工”2015年免费游泉州活动的市、县（市、区）两级21个收费景点，向到泉州务工人员免费开放。活动时间为2月14日（农历十二月二十六）至3月6日（农历正月十六）。“魅力文都·情暖职工”2015年免费游泉州活动，由市总工会、旅游局、住建局、市政公用事业管理局、文广新局和民宗局联合开展。活动期间，泉州市各用人单位可依托工会集体组织到泉务工人员（非泉州籍）开展“免费游”活动，也可由到泉务工人员自由组合，凭本人身份证和工会会员证或工会会员卡、工会介绍信到旅游景点免费游览。

21个“免费游”景点为：市区的清源山风景名胜区、伊斯兰教圣墓、清净寺、洛江泉州仙公山风景区；南安雪峰旅游区、叶飞将军故居旅游区、凤山旅游区、郑成功陵园、郑成功纪念馆、九日山海丝文化旅游区、天心洞旅游区；惠安崇武古城风景旅游区；安溪清水岩风景旅游区、凤山风景旅游区（东岳寺城隍庙、茶叶大观园）、洪恩岩风景旅游区、尚卿尤俊农耕文化园、志闽生态旅游园；德化石牛山景区、九仙山景区、云龙谷景区、桃花岛景区。

2月14日

星期六
农历甲午年十二月廿六
温度：15℃—20℃
阵雨转中雨

●市领导郑新聪、陈海基、杨俊峰、周银芳、林俊其、陈荣洲和泉州军分区政委郑健带领市直有关部门负责人，分别走访慰问31集团军、泉州军分区、73311、73141、73146、94921、73653部队，代表全市人民向部队指战员送去新春祝福，并在驻泉师旅部队开展科技文化拥军现场办公，推动部队科技强军、文化强军。

●莲花汽车生产基地奠基仪式在晋江金井举行。

●《石狮市2014年经济运行通报》数据显示，石狮市2014年完成生产总值638.3675亿元，增长11.2%，完成公共财政总收入60.4451亿元，年度GDP首次突破600亿元大关。

●参加“魅力文都·情暖职工”2015年免费游泉州活动的21个收费景点向到泉务工人员免费开放，活动持续至3月6日。

●安溪志愿者开展鲜花义卖助学活动，大约卖出3000朵玫瑰花，义卖所得扣除成本之后，将全部用于春季助学和帮助特困家庭。

2月15日

星期日
农历甲午年十二月廿七
温度：16℃—24℃
阵雨转多云

●市委市政府举行2015年新春团拜会，畅叙情谊、共话发展。

●郑新聪带队到市信访局接访群众，许昆贞、吴友才参加接访。

●国道324线丰洛段（即北迎宾大道一期）拓改工程主车道实现全线通行。

●惠安县首部本土警察贺岁微电影《警·乡·情》正式杀青，并发布预告片。

●清华大学总裁班泉州11班举行迎新春爱心慰问活动。近20名泉州企业家走访慰问惠安辋川镇下江村18个贫困户，送去春联、米、油等年货和慰问金。

●截至2月15日，泉州市中心血站血液库存3129单位（红细胞），其中A型924单位、B型779单位、O型1263单位、AB型163单位，基本可以满足春节期间医疗临床用血需要。

市委市政府举行2015年新春团拜会

市委市政府举行2015年新春团拜会，畅叙情谊、共话发展。郑新聪、陈海基、杨俊峰、周银芳等市四套班子领导，泉州军分区主要领导，市中级人民法院、市检察院领导，原任地市级老领导，在泉高校负责人，市直机关、各民主党派、人民团体、驻泉省部属有关单位主要负责人，驻泉部队主要领导，中心城区和泉州开发区、泉州台商投资区主要领导，以及社会各界代表等出席团拜会。陈海基主持团拜会。

受市委书记黄少萍委托，市委副书记、市长郑新聪代表市四套班子，向全市广大市民、离退休老同志，向驻泉部队、武警官兵，向所有关心支持泉州发展的海内外朋友们致以新春的祝福和诚挚的问候。

郑新聪指出，一年来，在市委正确领导和市委书记黄少萍的带领下，全市上下深入贯彻习近平总书记系列重要讲话特别是来闽考察重要讲话精神，扎实开展党的群众路线教育实践活动，认真实施“三大战略”，积极谋划推动科学发展、跨越发展，改革开放和现代化建设迈出新步伐。

这一年，经济继续保持稳中有进，实现生产总值5733.4亿元，经济总量连续16年居全省首位；精心抓好全国“数控一代”和“中国制造2025”试点，转方式、调结构注入新动力。

这一年，文化软实力大大增强，成功举办或承办“东亚文化之都”、海上丝绸之路国际艺术节、21世纪海上丝绸之路国际研讨会等系列活动，切实履行文化外交使命，践行“艺术盛会 人民节日”庄严承诺，城市形象和知名度大幅提升。

这一年，跨越发展后劲更加夯实，启动实施“54321”计划，建成投产中化炼油等90个大项目，成功引进莲花汽车等一批重特大项目，为新一轮发展提供强有力支撑。

这一年，全面深化改革开放取得突破，泉州“海丝”先行区建设列入国家“一带一路”战略，全市民营经济综合改革和晋江新型城镇化工作成为全国性试点，改革红利加快释放。

这一年，生态宜居幸福城建设协同推进，全市财政民生支出占公共财政预算支出74%，环湾建成区面积达197.6平方公里，“美丽乡村”内涵特色更加鲜明，获得全国文明城市称号，通过国家级生态市技术评估、园林城市复查。

郑新聪表示，新一年，泉州将认真落实省委尤权书记关于泉州要“三个带头”的要求，深入实施“三大战略”，加快建设“21世纪海上丝绸之路先行区”，努力实现“机制活、产业优、百姓富、生态美”的美好蓝图；将把人民的期待变成行动，满腔热情做好民生工作，着力用法治维护公平正义、促进改革发展，凝心聚力建设美丽泉州、幸福泉州。

郑新聪到市信访局接访群众

市长郑新聪带队到市信访局接访群众。郑新聪强调，时值年终岁首，各级领导干部要深入基层，关心了解包括欠薪和基本生活保障在内的群众所需所盼，主动有效地化解矛盾纠纷，主动有效地维护人民群众合法权益，主动有效地确保群众过一个欢乐祥和的新春佳节。市委常委、政法委书记许昆贞，市政府秘书长吴友才参加接访。

惠安县首部本土警察贺岁微电影《警·乡·情》杀青

惠安县首部本土警察贺岁微电影《警·乡·情》正式杀青。《警·乡·情》由惠安县公安局、紫山派出所、惠安县电视台出品，时长约15分钟。电影讲述辖区民警在日常走访时，发现一位年迈阿婆年年盼着儿子回家团聚，决定为阿婆实现心愿。最终，在民警的努力下，阿婆在外漂泊多年的儿子返乡，并且愿意将自己的事业扎根于故乡。影片的剧组人员来自惠安县各行各业，他们自编、自导、自演，先后在紫山镇油园村、动车惠安站等地取景。经过一周的拍摄，演职人员克服拍摄时间紧、设备不足、拍摄环境复杂等困难，终于顺利杀青。

春节期间泉州医疗用血库存充足

截至2月15日，泉州市中心血站血液库存3129单位，其中A型924单位、B型779单位、O型1263单位、AB型163单位，基本可以满足春节期间医疗临床用血需要。春节期间是医疗临床用血比较紧张的时段，市卫计委直属各医疗卫生单位、福医大附属二院、一八O医院等医疗卫生单位，组织动员广大适龄医务人员参加献血，至2月15日，卫计委直属及驻泉医疗卫生单位1369人参加献血，献血量2094单位，超额完成预期目标。全市献血工作扎实开展，至2月15日，全市组织6773人参加献血，与上年同期相比，献血量增加4378单位。

市领导慰问坚守岗位职工

市领导郑新聪、陈海基、杨俊峰、许昆贞、林伯前、周真平、卢炳椿、李建辉等慰问坚守岗位的部分职工代表。

市长郑新聪前往涂门垃圾中转站，慰问坚守岗位的环卫工人，希望他们在新的一年里，继续发扬爱岗敬业精神，让日常保洁工作更及时到位，把文明城市管理的长效机制建立起来，提升泉州城市卫生水平；前往工人文化宫公交始末站，慰问公交公司员工，勉励他们不断提升技能，确保安全行驶，更好地服务市民。他要求相关部门要不断改善环卫工人和公交司机的工作、生活条件，给予他们更多关心关爱，多为他们排忧解难。

市人大常委会主任陈海基、副市长周真平前往福厦铁路泉州站和泉州客运中心站，看望慰问坚守在一线的员工。市政协主席杨俊峰前往市行政执法局110联动值班室、市政工程处、自来水公司，看望慰问坚守岗位的一线员工。市委常委、政法委书记许昆贞，副市长、市公安局长卢炳椿慰问泉州东海武警中队、鲤城公安分局临江派出所、市公安局网安支队、丰泽公安分局清源派出所、消防泉州支队东海中队的广大公安、武警、消防干警。市委常委、常务副市长林伯前前往中化泉州石化有限公司、福建联合石油化工有限公司慰问春节期间坚守岗位的职工。副市长李建辉前往泉州北迎宾大道拓宽改造（一期）工程工地现场，慰问坚守岗位的工程建设一线职工。

连日来，市领导走访慰问春节期间坚守工作岗位的干部职工。市委副书记周银芳、副市长陈灿辉带领市直有关部门负责人前往邮政局、电业局、电信公司、移动公司和联通公司，看望慰问一线职工。市委常委、组织部长陈沈阳，副市长陈荣洲一行前往南安石井，慰问泉金航线边防干警，以及口岸、海关、边检、检验检疫、海事等部门的工作人员。市委常委、市纪委书记温惠榕带队前往市看守所、市司法强制隔离戒毒所、市拘留所、市收容教育所、泉州监狱、市戒毒所，慰问坚守岗位的监所干警。市委常委、宣传部长、教育工委书记陈庆宗一行到泉州晚报社、泉州广播电视台、福建广电网络集团泉州分公司，慰问坚守岗位的干部职工和媒体工作者。市委常委、常务副市长林伯前到泉州市儿童医院、泉州市第一医院、福建医科大学附属第二医院、泉州市中医院、泉州市急救指挥中心等医疗卫生单位慰问春节期间坚守一线岗位的干部职工。

郑新聪带队检查节前安全生产和市场供应工作

市长郑新聪带队检查安全生产、春运和市场供应、食品安全等工作。副市长陈荣洲、李建辉、林万明，市政府秘书长吴友才参加检查。在沈海高速泉州出入口，满载回乡旅客的客车正在“春运交通安全监督服务岗”接受例行检查。郑新聪和执法人员一同上车，叮嘱司机和乘客们扣紧安全带，严格遵守交通规则。在泉州动车站消防控制室，全站108个监控探头收集来的实时数据在这里汇总，郑新聪要求做好设备检测、危险品检查、路患排查、反恐防暴等各项工作。在中石化滨江加油站，郑新聪仔细查看现场各项消防设施。在中闽百汇新华商场和东街菜市场内，郑新聪查看肉品的产地、出场时间、检验检疫结果等信息；前往菜市场内的农副产品检测工作室，查看各类商品抽样检测结果。他强调，春节将至，要做好各个环节的监督检验工作，确保食品质量安全；要加强重要商品价格监测预警工作，确保市场价格保持稳定；要强化市场监管工作，维护正常经营秩序；要合理发放价格补贴，为低收入群体提供基本保障，让全市人民度过欢乐祥和的新年。

鲤城率先完成县级政府机构改革

鲤城区政府职能转变和机构改革工作会议召开。该区在全市率先完成县（市、区）级政府改革。改革后，鲤城区政府工作部门减至20个。鲤城区政府机构改革包括八方面：组建区卫生和计划生育局。不再保留区卫生局、区人口和计划生育局；将区人力资源和社会保障局、区公务员局的职责整合，重新组建区人力资源和社会保障局，加挂区公务员局牌子；将区经济贸易局与区发展和改革局的职责整合，组建区经济和信息化局，不再保留区经济贸易局；组建市商务局，加挂区粮食局牌子；将区组建区交通和市政公用事业管理局，加挂区交通战备办公室牌子，不再保留区交通局；将区发展和改革局的发展改革等职责与区物价局职责整合，重新组建发展和改革局，加挂区物价局牌子；将区教育局、区委教育工作委员会的职责整合，重新组建区教育局；将区科学技术局更名为区科技和知识产权局。

2月16日

星期一

农历甲午年十二月廿八

温度：14℃—20℃

多云转阴

●市领导慰问坚守岗位职工。

●郑新聪带队检查安全生产、春运和市场供应、食品安全等工作，陈荣洲、李建辉、林万明、吴友才参加检查。

●即日起，泉金航线海洋预报正式发布，预报内容包括风速、风向、浪高和周期，于每天6时、12时、18时发布。

●鲤城区政府职能转变和机构改革工作会议召开，该区在全市率先完成县（市、区）级政府改革，区政府工作部门减至20个。

●泉州台商投资区举行2015年全区新春团拜会，台商区领导、干部与各界代表欢聚一堂，共贺新春、共叙佳绩、展望未来。

2月17日

星期二
农历甲午年十二月廿九
温度：12℃—17℃
阴

●林伯前到泉州市儿童医院、泉州市第一医院、福建医科大学附属第二医院、泉州市中医院、泉州市急救指挥中心等医疗卫生单位慰问春节期间坚守一线岗位的干部职工。

●2015年度泉州市科学技术奖和泉州市政府企业创新奖申报工作启动。

●泉州市开展绿化花化进社区阳台活动。

●华侨大学中外师生2015迎新年团圆聚会分别在泉州校区和厦门校区举行，400余名中外师生欢聚一堂，共迎新春。

●石狮祥芝边防派出所开展“清港清湾”海上治安专项整治统一行动，出动警力35余人，发放宣传材料600余份，检查各类船舶56艘、渔船民240人。

●泉州市青年书法家协会组织书法艺术家到惠安县小岞边防派出所，为节日值班坚守岗位的边防官兵书写春联，并赠送一批的书画作品。

●南安首推“明厨亮灶”改造工程。

●匹克集团与丰泽区工会联合举办大型“年夜饭”，该集团董事长与丰泽区工会负责人一道，与不回家过春节的500多位员工和200多位员工的孩子同吃年夜饭。

林伯前慰问坚守岗位医务人员

市委常委、常务副市长林伯前到泉州市儿童医院、泉州市第一医院、福建医科大学附属第二医院、泉州市中医院、泉州市急救指挥中心等医疗卫生单位慰问春节期间坚守一线岗位的干部职工。每到一处，林伯前都详细询问节日期间工作安排，以及医务人员的工作环境和工作状态，感谢他们为保障全市人民的生命健康所作出的巨大贡献，并送上新春祝福。慰问期间，市领导还深入病房看望住院病患，仔细询问患者的治疗情况和康复状态。在泉州市急救指挥中心，市领导深入指挥调度室，与调度员亲切交谈，详细了解急救调度系统的运作，在得知急救指挥中心每年需接警15万次，并本着“就急、就近、专业”的原则，兼顾患者意愿充分做好急救调度后，市领导感谢他们不辞辛劳，为病患考虑周到。

市科学技术奖市政府企业创新奖申报启动

2015年度泉州市科学技术奖和泉州市政府企业创新奖申报工作启动。2015年是泉州市实行科技奖奖励新规定的第一年，不仅升级奖项数量和奖励“红包”，还将首度评出自然科学奖。泉州市从2013年起开始评选市政府企业创新奖，2015年各项评选细则不变。市科技奖则较以往有较大变化，除原有的科技重大贡献奖、科技创业奖、科技进步奖之外，还将增设自然科学奖。其中，科技重大贡献奖拟评出1项，授予在科技活动中，促进泉州市经济、社会发展做出重大贡献的组织、个人，奖金增加到80万元；科技创业奖授予研发、引进、应用新技术新产品，取得显著经济效益的组织，授奖数不超过3个；科技进步奖授予在泉州市应用推广先进科学技术成果，完成重要科学技术工程、计划、项目等方面，做出突出贡献的组织、个人，设一、二、三等奖，最高授奖数60个，项目成果必须正式投入应用一年以上。

新设立的自然科学奖备受关注。该奖项不授予组织，而是授予泉州市在软科学研究领域取得突破性进展的个人，授奖数不超过20个。具体条件为：在数学、物理学、化学、天文学、地球科学和生命科学等基础研究中，或在信息、材料和工程技术等领域的应用基础研究中，阐明自然现象特征和规律，作出突破性进展，被学术界公认并广泛引用，能推动学科发展，或对经济社会发展产生重大影响，有重大发现的中国公民。

泉州开展绿化花化进社区阳台活动

泉州市开展绿化花化进社区阳台活动，既为市民送去芬芳，也为古城增添绿色。全市以立体绿化、居家阳台绿化为重点，在鲤城、丰泽、洛江、泉港、晋江、安溪、永春、德化等县（市、区）开展绿化花化进社区阳台活动，主要选取各地集中连片、立面协调的主干道沿街建筑阳台或居住小区的阳台，实施花化、彩化、香化、果化等立体绿化，构建藤本、木本、草本植物相结合的生态景观。在鲤城区的活动启动现场，100多盆花卉分发给新门街沿街居民。鲤城区初步选择新门街临漳门至芳草园一段沿街建筑阳台作为活动试点。新门街正在打造“泉州市文化旅游街区”，沿街建筑具有“红砖白墙燕脊尾”泉州传统建筑特色，拥有半封闭式、开放式、屋顶平台、窗台等不同结构、不同朝向的阳台，此次栽种的植物主要是三角梅、扶桑、含笑、桂花、炮仗花、迎春花等花期长、好管护的本土花卉。这些花卉由政府出资购买，赠送居民，并由居民负责管护。林业部门将组织相关讲座，普及花卉种养知识，引导市民积极参与城市绿化建设。

南安首推“明厨亮灶”改造工程

春节将至，许多市民携家带口到酒店、饭店聚餐，节日的餐桌安全成为社会普遍关注的热点问题。南安市为全面加强各领域的食品安全监督，创新监管新方式，推出“明厨亮灶”改造工程，将餐饮服务单位的后厨改造成可视、可感、可知的“透明厨房”。根据餐饮服务单位的规模和操作间实际情况，有关部门要求餐饮服务单位通过几种形式“明厨亮灶”，如采取透明玻璃窗展示、采取显示屏展示、采取透明玻璃窗和显示屏相结合的方式展示。相关部门规定，对于不具备玻璃窗直接展示条件的餐饮服务单位，可以利用高清摄像头和显示屏将操作间、凉菜间、消毒间（区域）、主食库、副食库、面点间等关键部位进行展示。同时，在店堂显著位置或显示屏上方张贴“明厨亮灶，诚信经营”标志。到拥有“透明厨房”的饭店用餐时，能看到饭店后厨热火朝天烹饪的场面，厨房里的蔬菜、餐具、烹饪方式，顾客一边等菜一边监督，一目了然。

黄少萍发表《新春致辞》

市委书记黄少萍在《泉州晚报》发表《新春致辞》，衷心祝愿全市人民、海内外乡亲和各界朋友新春快乐、身体健康、阖家幸福、万事如意。《新春致辞》全文如下：

乡亲们、朋友们：

春风送暖，福瑞盈门。在这喜气洋洋、阖家团圆的吉庆时刻，我谨代表泉州市委、市政府，向全市人民拜年！向驻泉解放军指战员、武警官兵和公安民警，向各行各业坚守岗位的工作者表示亲切的慰问！向所有关心、支持泉州发展的港澳台同胞、海外侨胞和各界朋友致以美好祝愿！

蛮拼的一年过去了，泉州有太多的难忘和精彩。这一年，跨越发展步履坚实、足音铿锵。我们深入贯彻习近平总书记来闽考察重要讲话精神，抓住“一带一路”历史机遇，全力打响“东亚文化之都”品牌，乘势推进“21世纪海上丝绸之路先行区”建设，凝心聚力实施打造“泉州经济升级版、改革创新示范区、生态宜居幸福城”三大战略，各项事业取得了新进步。2014年，全市GDP5733亿元、增长10.1%，公共财政总收入723亿元、增长11.3%，经济总量连续16年居福建省首位。这一年，“文都”建设精彩纷呈、反响热烈。3000多万本土、海外、海峡对岸、异地泉州人倾情参与，300多场“东亚文化之都”嘉年华接力上演，泉州代表中华文明向世界展示了多元文化的魅力与风采。作为古代“海上丝路”重要起点城市、中华文明走向世界的重要出发站，我们满怀自信和憧憬，举办了“海上丝路”国际研讨会、国际艺术节、中阿城市论坛等文明交流互鉴活动，为促进国家、地区和城市间的民心相通、友谊合作积极努力，表达了建设“海上丝路”文化交流中心、国际化开放城市的担当和愿景。这一年，改革创新多点突破、再开新局。国家“金改区”、“民综改革试点”、新型城镇化、“海上丝路”先行区四方面先行先试，有力带动了改革全面深化；技术、产品、组织、商业模式和市场“全方位创新”形成氛围，中国科学院、工程院等国内外知名科研院所加盟，企业家爱拼敢赢、同频共振，“数控一代”示范工程和“中国制造2025”国家试点顺利开展，民营经济、泉州制造在适应新常态中显示出韧劲、加快了转型。这一年，城乡建设同步升级、惠及万家。环泉州湾中心城市、县域大城关、重点小城镇、“美丽乡村”建设更加注重“以人为核心”，更好地留住乡愁记忆。33个为民办实事项目全面兑现，城镇教育医疗、养老服务资源全面扩容，234万务工创业人员共享市民化待遇；泉州荣膺全国文明城市称号，顺利通过国家级生态市技术评估、园林城市复查。我们的城市天更蓝、水更绿、景观更靓了，广大市民的生活更好了。

岁序更替，一元复始，而今迈步从头越。我们将认真落实“机制活、产业优、百姓富、生态美”美好蓝图，加快建设“21世纪海上丝绸之路先行区”，致力扩大与“海上丝路”沿线国家、城市的双向贸易投资，承接好丝路文明的历史辉煌。我们将把人民的期待变成行动，在这片充满文化底蕴、创业生机、幸福向往的热土上勤勉耕耘、砥砺奋进，续写新时期泉州精彩故事！今年11月，我们还将举办第十四届亚洲艺术节，热忱欢迎大家分享精彩、多多点赞！

衷心祝愿全市人民、海内外乡亲和各界朋友新春快乐、身体健康、阖家幸福、万事如意！

黄少萍发表新春致辞　（图/泉州晚报社）

2月18日

星期三
农历甲午年十二月三十
温度：12℃—17℃
多云

●黄少萍在《泉州晚报》发表《新春致辞》，衷心祝愿全市人民、海内外乡亲和各界朋友新春快乐、身体健康、阖家幸福、万事如意。

●市政府下发通知，要求即日起至元宵期间，各相关单位进一步做好中心市区禁止燃放烟花爆竹及放飞孔明灯等升空物体的工作。

●2015中国国际服装服饰博览会在上海举办，石狮服装参展面积达8000平方米。

●石狮市第十四届“四海一家，欢度除夕”迎春影视通宵联欢晚会在石狮市职工活动中心举行，400多名到泉务工人员欢聚一堂，一起迎接羊年春节的到来。

2月19日

星期四
农历乙未年正月初一
温度：12℃—20℃
多云

●在中心市区，街头处处张灯结彩，散发着浓浓的年味，人们喜气洋洋迎接新春佳节。

●安溪县东坑村举办群众性文化系列活动。

●惠安螺阳下埔村一年一度的乡村运动会举行。

●永春大学生春节返乡办“村晚”。

●据泉州高速交警支队、福厦动车泉州站、泉州晋江国际机场、泉金航线消息，全市交通平稳有序，流量变化不大。

●大年初一。在中心市区西街、泉州开元寺、泉州天后宫等景点，以及东湖公园、西湖公园内，不少市民或结伴或举家出行。

泉州张灯结彩迎春节

在中心市区，街头处处张灯结彩，散发着浓浓的年味，人们喜气洋洋迎接新春佳节。在市区刺桐路领show天地，一整条通道被装扮一新，火红的灯笼高高挂起。在刺桐路靠近东湖街和宝洲街的两端，路两侧也布置着一串串喜庆的红灯笼。而在涂门街和东街的步行走廊上，每隔几米就挂着一个大红灯笼。临漳门、朝天门的四周鲜花锦簇，灯笼高挂，喜气洋。临漳门装饰200多个灯笼，城楼四周还摆放2万余盆矮牵牛、孔雀草、三色等鲜花。另外一座城门楼朝天门的城门楼上尽是喜庆的大红灯笼。此外，中心市区各大广场也张灯结彩，悬挂起中国结式的彩灯。店家和社区也装扮一新，居民则忙着贴春联挂灯笼，把自己的家装扮得喜气洋洋。

泉州海陆空交通平稳有序

正月初一，全国收费公路免收小型客车通行费的第二天，泉州各汽车站、福厦动车泉州站、泉州晋江国际机场、泉金航线交通流量变化不大。高速路上车辆并不多，基本是小轿车。在泉州动车站，在候车厅等车的人很少，整个大厅空荡荡的，动车上面的座位大多数是空的。全天乘坐动车出行的客流为6000多人次。在泉州客运中心站，只有一些零零散散的旅客在购票，开放的购票窗口仅有三个。泉金航线方面，全天4个航班，运载旅客300多人次，比除夕的旅客多一些。从晋江机场进出的航班68个，比除夕进出的航班增加21个。

安溪县东坑村举办群众性文化系列活动

安溪县祥华乡东坑村以“乡邻一家亲，新春七天乐”为主题，在正月初一至初七日举办“乡村七天乐”群众性文化系列活动。正月初一，在村干部的带领下，张氏宗亲理事会部分代表、合作社茶商代表及部分大、中、小学生代表爬坡来到位于半山腰的83岁张聪明家里，向行走不便的老人送上问候金。东坑村80岁以上的老人有38人，代表们步行到这些老人家中，带去新春祝福。从正月初一开始，村里的赛乒乓、猜灯谜、打篮球、猜谜语、攻炮城陆续举行，广大群众积极参与，既可增进宗亲之间的情谊，丰富村民的文化生活。

惠安下埔村乡村运动会举行

惠安螺阳下埔村一年一度的乡村运动会举行。在村民活动中心篮球场，全村共组成4支球队参加篮球比赛。运球、传球、起跳、投篮，每个动作都吸引着村民的眼球。上午10时，球赛中场休息时间，一群中老年阿姨头戴黄斗笠，包着大花巾，身穿喜庆的服装闪亮登场。她们拿着木棒，跟着节奏一边敲打着别在腰间的小腰鼓，一边迈着轻盈的舞步，摆出喜庆的造型。上午11时，越来越多的村民来到小广场，在裁判的主持下，在场的青年妇女们分成8组，上演一场别开生面的拔河大赛。

永春大学生春节返乡办“村晚”

一场由返乡大学生自导自演的春节联欢晚会在永春县玉斗镇炉地村上演，周边村子的群众纷纷赶来。虽然设备简陋，一座能容纳几百人的旧会场里座无虚席，镇里的干部、派出所民警也来为观众提供服务、维持秩序。由于受地理位置等诸多因素的制约，村民平时难得有机会现场体验文艺表演等文化活动，过年时主要是做些祭奉活动、走家串户、喝酒、放烟花。2012年春节，同村的大学生自编自导第一届“村晚”，得到了乡亲们的一致好评。之后，村里很多年轻人、外出工作人员的子女纷纷加入演出队伍，为乡亲展示才艺。当天晚会形式多样、内容丰富，涵盖歌舞、小品、哑剧、歌仔戏、诗歌朗诵、服装秀等。

大年初一众多市民结伴或举家出行

大年初一，回升的气温伴着暖和的阳光让人感受到春天的气息。在中心市区西街、泉州开元寺、泉州天后宫等景点，以及东湖公园、西湖公园内，不少市民或结伴或举家出行。泉州西街不少商家都已经开店，迎接新年的第一批顾客。一些商家也早早地摆出元宵圆供市民挑选，密集的人流和车流一度让人寸步难行。当天，不少市民选择举家逛公园，来度过农历新年的第一天。在市区东湖公园、西湖公园内，人们三三两两，有的抱着小孩，有的扶着老人，慢慢地沿着公园湖边的道路散步，享受着新春的气息。

2014年全市完成全口径电网投资28.99亿元

从国网泉州供电公司获悉，2014年泉州市完成全口径电网投资28.99亿元，全口径售电量386.47亿千瓦时，全社会用电量426.65亿千瓦时，全网最大负荷682.9万千瓦。自1995年以来，泉州售电量和用电量均连续20年居全省首位。从大数据分析看，泉州平均每天可用掉1亿度电，其中大部分为工业用电。2014年，得益于中央“一带一路”战略、福建省新型城镇化建设和泉州市打造泉州经济升级版、改革创新示范区、生态宜居幸福城“三大战略”等一系列利好、灵活政策的相继出台，泉州经济增长进一步受到刺激，为电网发展提供更广阔的空间。从全社会用电数据来看，泉州市工业、农业、商业、服务业用电和城镇居民用电对比往年均有较大幅度的增长。从各县市工业用电量情况来看，晋江全年工业用电量99.62亿千瓦时，用电最多；惠安全年工业用电量同同比增长长35.09%，增长最快。

石狮开展纺织鞋服产业升级三年跨越行动

石狮市出台《关于支持纺织鞋服产业转型升级跨越发展的若干意见》，意见指出，石狮将成立纺织鞋服产业升级工作领导小组，编制《石狮市纺织鞋服产业升级三年跨越行动方案》，力争到2017年全市纺织鞋服产业产值突破1000亿元。为此，将全力推进石狮市纺织服装发展基地、星期YI服饰创意博览园、甲骨文纺织服装创新发展云、国家纺织面料馆、海西电商园区等公共平台建设，支持石狮服装城、国际轻纺城、石狮辅料城等专业市场发展壮大。

支持企业建立智能化生产标准车间，服装制鞋企业购置智能化设备总额100万元以上的，经申报认定，按设备购置额的30%予以补助，单家企业最高不超过300万元。服装制鞋规上企业实施技术改造，当年度购置（改造）设备总额200万元以上的、纺织印染规上企业当年度购置（改造）设备总额400万元以上的，经申报认定，按设备购置额的4%予以补助，最高不超过100万元。

对企业标准直接提升为国际标准的予以50万元奖励，对国家标准制修订第一起草单位予以30万元奖励。每年组织评选10家入驻国际轻纺城的国家级面料设计研发优秀企业，按20万元/家的标准予以奖励。支持构建“品牌企业+加工企业+面辅料企业”协作平台，对由龙头企业或行业协会牵头、中小企业参与、联盟企业数量超过20家的产业联盟，按1万元/家的标准予以奖励，单个联盟最高奖励不超过100万元。支持纺织鞋服企业实施“新前店后厂”等快速反应生产模式，每年重点培育20家快速反应生产模式企业，按20万元/家的标准予以奖励。

每年重点支持20家优秀商业模式创新示范企业，按20万元/家的标准予以奖励。支持开展新兴外贸业务，对新建生产性自营出口公司并开展业务的，按10万元/家的标准予以补助。支持抱团拓展市场，对参与政府组团、在统一展区内参加国内重要展会的参展企业，按展位费的50%予以补助；境外按2万元/标准展位的标准予以补助。

对新落户石狮的“中国时装设计金顶奖”和“中国十佳服装设计师”工作室，分别予以50万元、20万元的奖励。对落户在石狮的设计师工作室成功对接本市10家以上纺织鞋服企业、合作协议交易总额在100万元以上的，按合作协议交易额的5%予以奖励，最高不超过50万元。对在企业生产经营一线的设计师、面料辅料采购师、时尚买手等实用人才，年收入30万元以上的，经申报认定，按其年收入的6%予以奖励。

鼓励行业协会建立展览展示、信息咨询、技术推进、科技孵化、产品研发、检验检测、管理培训等公共服务平台，经申报评估，按业务开展经费的20%予以奖励，最高不超过50万元。行业协会公共服务平台获得国家级、省级认定的，经申报认定，分别按50万元、20万元予以奖励。

泉港新增一批信用镇村

泉港区举办“信用镇”“信用村”授牌仪式，授予峰尾镇“信用镇”称号，另有上西村、柯厝村等16个村被授予“信用村”称号，并由泉州农商银行泉港支行筹集1.6亿多元资金，以农户联保、小额信用贷款等形式，对峰尾镇“信用镇”和16个“信用村”的1633户“信用户”进行授信扶持。为拓宽农村农户创业融资渠道，培育“美丽乡村”“诚信乡镇”，泉港于2012年年底启动首批“信用村、镇”创建活动，按照“先建档、后评级、再授信”的工作思路，建立健全农户信息档案，推广农户小额信用贷款。截至目前，为全区71089户农户建立农户信息档案，评定“信用户”3372户，信用户实现贷款额1.29亿元，共有惠屿村、上西村两个“金牌信用村”和柯厝村等22个“信用村”，全区信用村覆盖面25.5%，信用户评定实现村村全覆盖。

2月20日

星期五
农历乙未年正月初二
温度：14℃—21℃
阴转小雨

●2014年全市完成全口径电网投资28.99亿元。

●石狮市政府出台《关于支持纺织鞋服产业转型升级跨越发展的若干意见》，意见指出，石狮将成立纺织鞋服产业升级工作领导小组，编制《石狮市纺织鞋服产业升级三年跨越行动方案》，力争到2017年全市纺织鞋服产业产值突破1000亿元。

●泉港区举办“信用镇”“信用村”授牌仪式，授予峰尾镇“信用镇”称号，另有上西村、柯厝村等16个村被授予“信用村”称号。

●全市各大旅游景点人流量大增。

●泉州高速公路、动车、汽运、泉金航线和飞机等客流量均有所提升，高速公路迎来车流小高峰。

2月21日

星期六
农历乙未年正月初三
温度：15℃—20℃
中雨转小雨

●21—23日，第十一届中国（南安）国际水暖泵阀交易会在南安成功国际会展中心举行。

●泉州渔业互保保费突破5000万元。

●从泉州银监分局获悉，至2014年末，全市银行业涉农贷款余额2928亿元，比年初增加381亿元，同同比增长长15.44%，高于各项贷款增速0.47个百分点。

●从中国社区网获悉，泉港山腰街道锦祥社区选送的北管节目——《采莲歌》《美人相思》，入选第四届全国社区网络春晚节目并在网上展播。

●全市短途旅客出行增多，汽车运输、铁路运输客流呈回升趋势。

●各大景点游人如织的热闹景象，亦有众多外地游客慕名而来。

●惠安县紫山镇美仁村举行南音演唱、广场舞表演、拔河比赛、篮球赛等系列活动。春节期间，惠安县“一村一品”（即一个村创建一个以上的文化品牌）迎新春活动在全县各镇21个乡村举行。

●永春县千年古镇岵山镇举行古老的舞龙灯民俗活动，5条30多米长的龙灯沿镇区多个主要村落舞动前行。

●正月初三，在泉州市区南俊路一间红砖小店内，店主陈建国正在和他资助的4名在校大学生话家常。

第十一届中国（南安）国际水暖泵阀交易会举办

21—23日，第十一届中国（南安）国际水暖泵阀交易会在南安成功国际会展中心举办。此届展会设立了6个展区，展出面积2.8万平方米，展位总数1018个，同时增加特装展会数，共计132家，面积约5500平方米，展品包括泵类、阀门、管材管件、厨房卫浴、水暖卫浴等。此次展会系首次从南安市仑苍镇中国水暖城迁址南安市中心的成功国际会展中心。该会展中心办展规模扩大，场地专业化，赢得不少客商赞誉。

泉州渔业互保保费突破5000万元

从省渔业互保协会泉州市办事处获悉，2014年，泉州渔业互保保费突破5000万元，达5194.11万元，位列全省第一，约占全省保费的三分之一。5000万元的总保费，为渔民带来的是高达105亿元的高保障。2014年，全市雇主责任险互保金额在每人25万元的基础上，惠安县小岞镇增加附加人身平安互保5万元；泉港区增加附加人身平安互保5万元及附加意外伤害医疗互保3.5万元。石狮市、晋江市分别继续追加附加人身平安互保5万元、10万元，享受市（县）财补50%的比例，同时继续增加医疗责任互保8.5万元。丰泽区继续追加附加人身平安互保15万元。惠安县政府、台商投资区管委会继续把60马力以下小型渔船纳入政策性渔船保险范围，县财政按40%标准补贴。

2014年，泉州市办事处更将互保险种延伸到德化县内陆渔工中。全市办理渔船抵押贷款558笔，总额8.9亿元，有效化解渔民融资难的问题，也为渔民解决鱼汛期间生产资金困难提供支持。各地的附加险种及渔船抵押贷款，受到渔民群众的普遍欢迎。为了方便渔民办理互保，办事处将承保业务受理点从县（市、区）下移到沿海镇、滨海村，及时为渔民群众答疑解惑、排忧解难。

农村基础金融服务实现“村村通”

从泉州银监分局获悉，至2014年末，全市银行业涉农贷款余额2928亿元，比年初增加381亿元，同同比增长长15.44%，高于各项贷款增速0.47个百分点。2014年，泉州市印发《2014年泉州银行业加强农村金融服务工作意见》，提出加大涉农信贷资金投放、完善农村普惠金融服务网络、加强普惠金融服务机制建设、深入推进“三大工程”建设等11条工作意见。泉州市全面建设农村金融服务体系，实现“三个全覆盖”，即金融网点乡镇全覆盖、阳光信贷标准化网点全覆盖和目标农户建档、评级全覆盖。至2014年末，全市农村中小金融机构累计布放自助存取款机具1414台、POS机12860台，在无金融网点的农村区域内布设小额支付便民点1881个，基本实现农村基础金融服务“村村通”，打通农村基础金融服务“最后一公里”，农村金融服务便利度明显提升。

泉港北管亮相全国社区网络春晚

从中国社区网获悉，泉港山腰街道锦祥社区选送的北管节目——《采莲歌》《美人相思》，入选第四届全国社区网络春晚节目并在网上展播。北管音乐简称“北管”，亦称“北音、曲仔、北曲”，表演形式多样，分为吟唱调、谣曲、时调。泉港充分发挥地方戏曲人才队伍的优势，探索出一条“以戏剧促北管，以戏剧产业养北管事业”的发展思路，传承和保护非物质文化遗产，着力打造全省特色文艺泉港北管示范基地。

泉州受助大学生春节拜访助学恩人

正月初三，在泉州市区南俊路一间红砖小店内，店主陈建国正在和他资助的4名在校大学生话家常。陈建国是地道的泉州人，其先祖是老范志神粬创始人吴亦飞。近几年，通过由市慈善总会与泉州晚报社主办的“共同托起他们的理想”助学活动，陈建国陆续资助黄艺荣、林仁镇、汪启成、张建福等贫困学子。陈建国和他们约定，每年正月初三，他们来陈建国店里，聊聊过去一年的学习生活。2012年是“共同托起他们的理想”助学活动的第十个年头，当年40多名优秀的贫困学子在社会各界的帮助下，如愿走进大学校门，黄艺荣便是其一。他到东南大学上学之后，和资助人陈建国一直保持着联系，把陈建国当父亲一样看待。在福州大学读大三的林仁镇每次从福州坐车回到泉州，总会先来陈建国店里看看后再回家，他也是这些孩子当中，最经常与陈建国见面的人。

2014年全市保障性安居工程完成投资83.24亿元

从市住房和城乡建设局获悉，2014年全市保障性安居工程开工3.53万套、开工率138.5%，完成投资83.24亿元、完成投资率146.35%，新增配租配售1.12万套、配租配售率97.59%，开工套数和基本建成套数居全省第一。

泉州新增马德里商标国际注册数125件

根据市工商局的最新数据，2014年，泉州新增马德里商标国际注册数125件，同同比增长长近22%。至2014年年底，泉州各类企业完成马德里商标国际注册数695件，占全省48%，总量位居全国地市级第三位。泉州是出口大市，泉州品牌享誉海外，名牌商标被国外企业抢注的现象屡见不鲜，越来越多泉企选择注册涉外商标寻求保护。涉外商标注册主要有两种形式，一种是马德里商标注册，一种则是单一国家商标注册。由于马德里商标注册费用低、时间短且程序简单，一次注册就可在92国享有商标保护，成为泉企普遍采用的注册类型。为了帮助泉企减少损失，泉州扶持政策先行：“对单个商标新通过马德里商标国际注册的企业，按每件商标注册规费的80%给予奖励”，“依据马德里协定申请商标国际注册的，每一国注册成功即给予2000元奖励”，全市已经累计奖励马德里国际注册企业88万元。

2014年泉州快递业务总量2.6亿件

从市邮政管理局获悉，至2014年年底，泉州市2014年全年快递业务量2.6亿件，快递业务收入26亿元，两项指标均居全省首位，同时在全国地级市排名中，快递业务量与快递业务收入均提升一个位次，分别居全国第十一位和全国第十三位。2014年在总体经济下行压力较大的背景下，泉州快递业务量增幅66.33%，快递业务收入增幅45.7%，其中快递业务量占全省1/3。近年来，泉州市政府对快递服务业重视程度高、扶持政策较多，行业实力不断壮大，其增幅居各行业之首，已成为泉州第三产业发展的新亮点。15个主要品牌快递企业在泉州设立省级快件分拨中心或行政管理中心，枢纽地位进一步凸显。

泉州首座闽南“侨批”展览馆免费对外开放

从泉州市档案馆获悉，泉州首座闽南“侨批”展览馆免费对外开放，馆内珍藏的3214封侨批原件可供观阅。“侨批档案”展馆分为“侨批渊源”“侨批运营”“侨批价值”和“侨批开发”四个部分，以图文并茂加实物展示的形式，展现“侨批档案”这一反映海内外政治、经济、文化以及社会生活、风土人情的民间文献。展馆现场展出40封侨批原件，最早的一封是1907年，最晚的一封为1992年，侨批原件将定期更换，争取让广大市民欣赏到馆内珍藏的不同风格的“侨批档案”，了解闽南地区百年来一代又一代华侨漂洋过海的史实。

相关链接：闽南语称信为“批”，“侨批”指近代东南亚华侨华人(主要来自福建、广东)通过民间渠道以及后来的金融邮政机构寄回国内的家书及汇款的凭证，是一种“信款合一”的家书。2013年，包括福建(闽南)侨批和广东侨批在内的“侨批档案”成功入选《世界记忆遗产名录》。

永春岵山镇塘溪村举行舞龙灯闹新春活动

永春岵山镇举行由该镇塘溪村西陵宫管委会组织的已有500年历史的舞龙灯民俗活动。5条30多米长的龙灯沿镇区多个主要村落舞动前行，沿途经过30多个摆“敬桌”点，接受敬奉。西陵宫为供奉吴公祖师而建。传吴公祖师俗名吴昭应，宋神宗熙宁五年（1072年）出生于塘溪村，儿时就聪慧过人，尊敬长辈，处事灵活，常有惊世骇俗之举，加以奉母至孝，传说于宋徽宗大观三年（1109年）三十六岁时在舟山坐化成佛。舟山惠山岩和尚为其塑造金身，佛号吴公祖师。后于明嘉靖年间恭迎回祖籍岵山塘溪村吴坂，始创西陵宫。西陵宫建成后，当地群众就通过舞龙灯的形式驱虫避害、消灾灭邪，并祈求来年能够风调雨顺、五谷丰登、健康平安，至今有500多年的历史。外出的乡邻在回乡过节时能够参与这一活动，聚在一起，在喜庆的氛围里进一步加强交流，增添友谊，同时，又能让这一传统习俗得以传承。

2月22日

星期日
农历乙未年正月初四
温度：14℃—18℃
阴转小雨

●2014年全市保障性安居工程完成投资83.24亿元。

●2014年，泉州新增马德里商标国际注册数125件，同比增长长近22%。

●2014年泉州快递业务总量2.6亿件。

●泉州首座闽南“侨批”展览馆免费对外开放。

●永春岵山镇举行舞龙灯民俗活动。

●泉州辖区高速公路车流平稳略增。泉金航线客流平稳余票充足

●泉金航线八个航次正常开航，共运送旅客376人次。

●下午6时，泉州新车站与客运中心站两站共发送旅客19118人次。

2月23日

星期一
农历乙未年正月初五
温度：13℃—20℃
小雨转阵雨

●中央电视台一套新闻联播讲述泉州南安“潘家义诊成家规、仁心仁术传家风”的事迹。

●省政府同意启用福建省港口口岸开放范围内新增的6个外贸作业点，其中，泉州占2个，分别是福建东港石油化工实业有限公司化工码头3万吨及两千吨泊位、泉州港肖厝作业区11#泊位。

●据《石狮统计月报（2014年12月）》数据显示，截至2014年年底，石狮市年工业产值超亿元企业183家，在2013年度工业产值超亿元的155家工业企业基础上新增28家。

●2014年，安溪县各产业电商交易额超33亿元。

●全市返程客流猛增。

●旅游高峰期到来，泉州大部分景区人气火爆。

央视“新闻联播”播出南安潘家医生为村民义诊事迹

中央电视台一套“新闻联播”一开始，就为全国人民讲述泉州南安“潘家义诊成家规、仁心仁术传家风”的故事。新闻时长约5分钟，画面从2月20日潘家的医生在家乡义诊的场景切入，进而从对患者家属、潘明继的妻子、儿女、侄子、侄女、村民的采访中，讲述潘家义诊家规的由来和历程。报道中，故事这样展开：潘家的医生大年初二回乡义诊，这是潘明继生前定下的家规。潘明继是国内著名的肿瘤治疗专家，1931年出生在南安湖内村，5岁那年，他的生母、养母及几个兄弟姐妹都因肺结核病相继去世，这让潘明继从小就立志从医。潘明继的妻子施增英也是一位医生。1958年春节，他俩新婚回老家，刚进家门，就有人抬着病人来求医。那个春节，夫妻俩一直在接诊病人。即使搭便车离开村庄，仍有人在路边求诊。以后每年春节，他们都回去为乡亲们免费看病，这也成潘家的家规。在那个缺医少药的年代，在省城大医院工作的潘明继夫妻是乡亲们最大的信赖。很多外乡人听说之后，也会赶上几十公里的山路前来求诊。为了不让病人白跑，潘明继把义诊时间约定在每年的大年初二。在潘明继的影响下，他的儿女和侄子侄女中有许多人也当了医生。

潘家一共有30多名医生，义诊一天，病人最多的时候有上千人。潘明继对待病人耐心、真诚的态度，潜移默化地影响着后辈子弟，他的名字也渐渐被潘家义诊所替代。虽然后继有人，但50多年里，潘明继老人从来没有缺席过一次义诊，一直到2012年去世前的那个春节。在生命弥留之际，他仍然惦记着义诊的事儿。现在，潘家的第三代有16个人是学医的。潘明继的儿女们也像当年的父亲一样，把潘家的家规、家风传递给家里的第三代。

泉州 2个港口口岸外贸作业点获批启用

从有关部门获悉，省政府同意启用福建省港口口岸开放范围内新增的6个外贸作业点，其中，泉州占2个，分别是福建东港石油化工实业有限公司化工码头3万吨及两千吨泊位、泉州港肖厝作业区11#泊位。2014年底，省口岸办会同有关口岸查验主管单位，对泉州口岸开放范围内新增外贸作业点进行验收。新增外贸作业点以及扩大口岸开放，这对促进泉州港口核心竞争力以及外向型经济的发展，意义重大。2014年，泉州市港口完成货物吞吐量11200.70万吨，同比增长3.67%，完成年度计划的101.82%。其中，外贸货物吞吐量3100.41万吨，同比增长29.80%；集装箱完成188.45万TEU、同比增长10.81%，完成年度计划的101.87%。

石狮年产值超亿元工业企业183家

据《石狮统计月报（2014年12月）》数据显示，截至2014年年底，石狮市年工业产值超亿元企业183家，在2013年的基础上新增28家。2014年，石狮市工业半数以上规模工业企业年产值超亿元，50家小型企业实现超亿元目标。经济稳中提质、稳中增效、稳中向好。年产值段超过10亿元的工业企业12家，10家大型工业企业于年初的前两个月进入超亿元产值行列；年产值段在5亿元—10亿元之间的工业企业有23家，年产值段在2亿元—5亿元之间的工业企业有73家，年产值段1亿元—2亿元之间的工业企业有75家，全市123家中型工业企业于第三季度全部实现了工业产值超亿元的目标；上年全市217家规模以上小型工业企业中，有50家小型工业企业在第三季度和第四季度，分别迈进产值超亿元行列。石狮市规模以上大、中、小型工业企业共350家，产值超亿元的工业企业超过了一半，达183家，占比为52%。还有97家小型工业企业的年产值段在5000万元—1亿元之间，这些企业的总产值与上年同期相比，增长27.3%。

安溪茶叶电商交易额超20亿元

从安溪相关部门获悉，2014年，安溪县各产业电商交易额超33亿元，其中，仅茶叶电商交易额就超20亿元，再创历史新高；安溪现有从事电子商务行业的专业人员7万多人，其中，电商企业3000多家，电商个体35000多人，产品涉及茶叶、工艺品、食品包装、广告传媒、物流、仓储、网络营销、第三方服务、教育培训等行业。近年来，安溪县委县政府高度重视电商行业发展，专门出台《安溪县加快电子商务发展实施意见》等政策，设立专项资金、实施财税优惠、强化服务和监督、创新金融服务模式等措施，举办“京东POP开放平台招商大会”“安溪铁观音·京东秋茶节”等活动，引导扶持电商发展。

春节长假全市实现旅游收入12.57亿元

春节长假最后一天，外地游客陆续离开泉州，本地游依然火爆，特别是宗教朝圣游客众多。从泉州市旅游产业发展领导小组办公室获悉，春节七天假日泉州市接待境内外游客150.12万人次，同同比增长长20%；实现旅游收入12.57亿元，同同比增长长21.3%；旅游住宿设施客房平均出租率为88.7%，过夜游客平均停留天数为2.1天。伴随着文都影响力的不断提升，泉州市旅游业取得“安全、秩序、质量、效益”四统一的预期目标。抽样调查表明，春节期间泉州市接待的国内游客分别来自全国31个省（市、自治区、直辖市），其中来自长三角、珠三角的游客约占外省游客的58%，来自华北和东北地区的游客也有所增加，其中不少是以家庭、朋友自助游的形式出游，西部省份的游客大多以旅游团队的形式出现，其中重庆、四川的游客占较大比重；境外游客主要来自东南亚、韩国、日本等国家，还有港澳台地区游客，以返乡探亲过节和寻觅文都魅力为主。

春节期间，由于泉州市气候适宜、空气清新，不少回家过年的泉商纷纷利用新春佳节邀请来自全国各地的合作伙伴前来泉州旅游观光，呼吸新鲜的空气，品位悠久的历史。同时，泉州市多年来不断加大对外宣传力度，举办多场大型旅游推介展示活动，有效地扩大泉州的知名度和美誉度，吸引了不少慕名而来的游客。通过清源山老君岩景区的团队抽样调查显示，老君岩7天接待来自全国27个省市的182个团队，约有3000多名长线游客。

宗教旅游历来是泉州市春节旅游业的一个重要组成部分，每年这个时候，都有成千上万的人到宗教场所朝拜，祈福家乡亲人平安幸福、来年一帆风顺。据统计，春节期间，泉州开元寺、安溪清水岩和洛江仙公山接待游客53.59万人次，占九个重点统计景区接待量的58.1%。市区的天后宫、承天寺、少林寺、惠安净峰寺、南安的凤山寺、灵应寺等众多宗教寺庙也迎来成千上万的游客。

相比上年春节黄金周，受节假日时间调整影响，2015年春节黄金周前两天出游的游客不多。从正月初二开始，泉州市逐渐迎来了长假的旅游高峰，特别是天气晴好的初三至初五这3天，各景区（点）游客如织，基本处于高位运行。

随着泉州市美丽乡村建设和乡村旅游品牌建设的持续深入，乡村旅游受到游客的热捧。德化云龙谷、永春北溪、安溪志闽生态旅游区、南安蔡氏古民居、泉港红星生态园和绿笛山庄等较为成熟的乡村旅游经营单位，高峰期每天均会迎来上千名游客。据统计，游客中一日游游客133.01万人次，占游客总数的88.6%，比上年同期增长21.58%。

春节期间，为进一步弘扬泉州“海丝”文化，丰富外来工的节日生活，泉州继续开展以“魅力文都·情暖职工”为主题的外来务工人员免费游泉州活动。活动期间，在泉务工的非泉州籍人员凭本人身份证和工会会员证（工会会员卡、泉州市各级工会介绍信也可），享受免费游览待遇。节日7天内泉州各景区约免费接待20多万人次外来务工人员。

泉州开元寺取消门票，各地游客畅览古寺（图/吴寿民）

2014年144种鸟类逗留泉州湾

泉州湾河口湿地自然保护区管理处联合福建师范大学专家，采用样点和样线观测法，对保护区范围内的鸟类资源进行监测。全年观测到鸟类144种，有监测记录的鸟类种类累计达193种。与2012年上一次统计相比，多出23种，印证泉州生态环境的日益改善。面积7000多公顷的泉州湾河口湿地自然保护区，是全球水鸟迁徙的重要歇脚地和繁殖地，被国际鸟盟列为中国重点鸟区。观测到的144种鸟类中，受《中日候鸟保护协定》保护的有85种，占保护协定保护总数的33%；受《中澳候鸟保护协定》保护的有47种，占保护协定保护总数的58%。保护区内有监测记录的鸟类有国家二级保护鸟类21种，省重点保护鸟类21种。国家二级保护鸟类有角䴙䴘、白颈黑鹭、青头潜鸭等，其中青头潜鸭全球数量仅几百只。

2月24日

星期二
农历乙未年正月初六
温度：14℃—23℃
阴转多云

●春节长假全市接待游客150万人次，实现旅游收入12.57亿元。

●2014年144种鸟类逗留泉州湾。

●春节长假最后一天，泉州兴起家庭（家族）性团拜聚会活动。

●泉州高速公路、福厦动车泉州站、泉州晋江国际机场等均迎来返程高峰。高速公路车流量激增，动车票紧张。

2月25日

星期三
农历乙未年正月初七
温度：15℃—24℃
多云

●春节长假后上班首日，郑新聪到泉州市行政服务中心看望慰问工作人员，对他们在行政审批改革和便民利民服务方面所作出的努力表示感谢，并提出要求。

●2014年泉州对外贸易总额首次突破300亿美元。

●市春运办透露，春节七天（除夕至初六），泉州海陆空累计完成发送客运量达116.8286万人次。

●春节期间110接处有效警情14777起。

●春节期间，全市拆除“两违”建筑31宗。

●泉州木偶剧院为市民献上传统经典木偶戏节目《小沙弥下山》《钟馗醉酒》与新创木偶小品《青春梦》《命运傀儡》。

郑新聪到市行政服务中心看望慰问窗口工作人员

节后上班第一天，市长郑新聪到泉州市行政服务中心，看望慰问中心窗口服务的工作人员，对行政服务中心全体工作人员在行政审批改革和便民利民服务方面所作出的努力表示感谢。郑新聪要求包括各级行政服务中心在内的各级政府及其部门的公务人员，要按照市委的要求，思想上从节日休息的状态中立即转换到工作状态，坚守岗位、尽心尽责、服务企业、服务群众，各项工作抓早、抓实，认真完成好各项目标任务，促进泉州科学发展、跨越发展。

2014年泉州对外贸易总额首次突破300亿美元

从市商务部门获悉，2014年泉州市对外贸易总额首次突破300亿美元大关达到308.6亿美元，同比增长5.9%。其中，出口181.8亿美元，同比增长10.4%，连续四年保持两位数增长。近几年，出口超亿美元企业增速较快，2010年底，泉州市出口超亿美元的大型外贸企业仅有2家，分别为石狮龙整进出口贸易有限公司和晋江进出口有限公司，然而到2011年底，这个数字增加到8家，2014年则增加到19家。重点企业对出口的拉动作用日益明显。数据显示，2014年全市出口前100位重点企业出口84.07亿美元，增幅高达13.8%，占全市总量的46.2%，拉动全市出口增长6.2个百分点。此外，出口货源回流渐成趋势。企业自营出口积极性提高，2014年新增出口备案企业902家，同比增长24.6%，新增开展出口业务的外贸企业385家，净增出口8.4亿美元，拉动全市出口增长5.1个百分点。除积极培育大型外贸企业外，2014年泉州市开始积极优化外贸发展结构，大力实施品牌战略，68个品牌入选“省重点培育和发展的国际知名品牌”，占全省总量的34%，5家企业入选“省文化出口重点培育企业”。通过实施品牌战略，品牌企业在出口中的优势愈发明显。具有自主品牌、技术和高端服务的出口商品比重大有提升，从广交会成交情况来看，每家品牌企业平均获得的订单数是非品牌企业的3倍，平均成交额是非品牌企业的6.2倍，创新产品多、设计研发能力强的企业成交情况明显好于其他企业。

春节长假全市发送旅客116万人次

市春运办透露，春节七天（除夕至初六），泉州海陆空累计完成发送客运量达116.8286万人次。元宵前后，全市海陆空还将迎来一波返程客流高峰。春节七天，道路运输累计完成客运量101.6468万人次，水路运输累计完成客运量0.3565万人次，晋江机场累计完成客运量3.099万人次，铁路（泉州、晋江、惠安三个高铁站）累计完成客运量11.7263万人次。2015年春节期间，整体旅客量下降1%，主要是由于自驾车增多。由于大中专院校开学时间未到，出行方面客流则相对平稳。元宵前后，将迎来学生流、务工流的返程高峰。在泉金航线上，从正月初七开始，台商就陆续回泉，元宵过后将迎来台商返泉高峰期。

春节期间110接处有效警情14777起

从市公安局获悉，春节期间，泉州市社会治安实现“四无”目标，没有发生危害国家政治安全的重大敏感事件，没有发生重大群体性突发事件，没有发生暴恐案件和重大恶性刑事案件，没有发生重大治安灾害事故。2月18日至24日，全市110报警服务台接处警40948起，有效警情14777起。在警方的严打态势下，节日期间路面“两抢”、入室盗窃、盗窃摩托车和盗窃电动车等影响群众安全感的刑事犯罪大幅下降，同比分别下降36.1%、14.5%、25.3%和23.4%。破获各类刑事案件53起，抓获违法犯罪嫌疑人42名。交巡警部门查纠各类交通安全违法行为5000多起，全市交通畅通、秩序良好；消防部门检查单位场所2000多家，督促整改火灾隐患300多处，下发责令整改通知书200多份。

春节期间全市拆除31宗“两违”建筑

从市治违办获悉，春节期间，全市拆除“两违”建筑31宗。为全力遏制春节假期“两违”的产生和反弹，针对个别群众利用节假日突击抢建，全市城市管理行政执法部门加大值班力度，科学合理安排工作时间，坚持巡查管理不放松、重点监控不断时、群众举报不断线，切实做到“人员不减、力度不变、假日不休”，对“两违”做到发现一起、查处一起。

泉州全面放开落户限制

省政府出台《关于进一步推进户籍制度改革的意见》。意见提出，除福州、平潭、厦门三地外，包括泉州在内的其他地区，将全面放开落户限制，与户口相配套的改革也将一同跟进。居住在城区，有合法稳定住所（含租赁），与居住地用人单位依法签订劳动（聘用）合同或者依法持有工商营业执照的人员及其共同居住生活的配偶、未达法定婚龄子女、父母，均可将户口迁入居住地。城市综合承载能力压力小的地方，可以参照县（市）城区和建制镇标准，进一步放宽落户条件。居住在县（市）城区和建制镇，有合法稳定住所（含租赁）的人员及其共同居住生活的配偶、未达法定婚龄子女、父母，均可将户口迁入居住地。各地还将根据实际调整积分落户分值比重或放宽落户条件，鼓励各类优秀人才在就业居住地落户。

全市油气等管道安全隐患专项整治会议召开

泉州市召开新春第一场全市油气等管道安全隐患专项整治会，明确2015年将整改的4项油气管道占压隐患及3项危险化学品输送管道安全隐患，协调解决相关问题，全力抓好隐患整改，从根本上遏制各类事故的发生。泉州市辖区境内油气管道296千米，其中天然气管道156千米、成品油管道140千米。另外还有城镇燃气有高压、次高压管线80千米，中、低压管网1600千米。油气等管线输送具有高能高压、易燃易爆、有毒有害、链长面广、环境复杂、隐蔽性强等特点，一旦发生事故危害性极大。

会议明确关于隐患整改的责任主体，属隐患外部问题的由属地政府负责解决；属隐患内部问题的，由企业负责解决，属地政府同步监管；属隐患内外部交叉问题的，由属地政府牵头处理问题。泉州市将加强和管道企业的沟通协调，落实整改措施、责任、资金、时限和预案，采取进度倒逼方式，全力整治管道隐患；广泛宣传油气管道保护和应急防护知识，教育引导各企业和群众，增强做好管道保护工作的主动性和自觉性。各管道企业将加大安全投入、技术投入，加强管道风险评估和检验检测，保证所属管道本质安全；在隐患整改完成前，配备应急抢险物资，加强周边巡查，防患于未然。

2015年新春泉州人才招聘会开幕

2015年新春泉州人才招聘会在泉州人才市场拉开序幕。首场招聘会吸引约120家企业参加，现场提供岗位近2000个。除市区外，南安、晋江、永春、德化、泉港同期举办人才招聘会。2月26日至3月7日，全市将组织35场公益人才招聘会，为高校毕业生和各类人才提供2.6万个就业岗位。其中，中国海峡人才市场、泉州市人力资源和社会保障局将在泉州人才市场连续举办10场新春公益人才招聘大会，岗位涵盖电子商务、计算机、金融、会计、法律、建筑、新材料、自动化等16类32个专业。即日起，泉州人才市场每周六举办公益人才招聘会，免费为企业和求职者提供招聘服务。同时，市人才人事公共服务中心免费为高校毕业生办理人事代理、档案寄存等服务；市劳动就业服务中心免费提供就业登记、就业推荐、失业登记、养老保险等服务。

福厦铁路泉州站前大道鲤城段主车道全线贯通

作为2014年省、市重点项目的站前大道鲤城段建设项目道路工程基本完成，实现主车道通车。站前大道鲤城段位于鲤城区江南新区，是该区路网规划中南北主干道之一，为城市I级主干道。北经黄龙大桥与福厦铁路泉州站衔接，南与南环路（省道308线）相接，沿线与繁荣大道、泉南公路（县道301线）交叉。工程全长3.472千米，主道为双向六车道，并配有双向六车道的辅道供非机动车、公交车行驶，设计时速为60千米。

第六届北溪桃花文化旅游节开幕

中国（永春）第六届北溪桃花文化旅游节在永春县岵山镇北溪文苑旅游风景区开幕。当天还举行徐寒艺术馆揭牌暨青山不老——锦丰艺术馆百年名家书画收藏展开幕式，著名学者、书画艺术家、北京大学教授徐寒作《醉卧桃花笑春风——中国酒文化漫谈》主题讲座。北溪文苑生态旅游区是国家AAA级生态旅游区，建有北溪书院、北溪讲堂、北溪文苑经楼、北溪体育会馆，先后获“中国最有魅力休闲乡村”“四星级乡村旅游经营单位”“福建省最美乡村”“全国农业示范点”“福建省级园林式村庄”等称号。

2月26日

星期四

农历乙未年正月初八

温度：13℃—18℃

阴转多云

●省政府出台《关于进一步推进户籍制度改革的意见》，泉州开始全面放开落户限制，与户口相配套的改革也将一同跟进。

●泉州市召开新春第一场全市油气等管道安全隐患专项整治会，明确2015年将整改的4项油气管道占压隐患及3项危险化学品输送管道安全隐患，从根本上遏制各类事故的发生。

●2015年新春泉州人才招聘会在泉州人才市场拉开序幕。首场招聘会吸引约120家企业参加，现场提供岗位近2000个。

●站前大道鲤城段主车道全线贯通。

●中国（永春）第六届北溪桃花文化旅游节在永春县岵山镇北溪文苑旅游风景区举行。

●福建省姓氏源流研究会施氏委员会第三届会员大会暨理事就职典礼在石狮举行，来自海内外的1000多名施氏乡亲参加。

2月27日

星期五
农历乙未年正月初九
温度：12℃—20℃
阴

●泉州新设九个行政服务中心分中心。

●“春日暄和——梁披云潘受书法精品贺岁展”在市区桑莲居艺术馆开幕。这是泉籍书法泰斗梁披云和潘受书法精品首次在家乡联展，共展出这两位书法大家佳作近50幅，展览至3月10结束。

●一场泉州美景手绘画展在中心市区西街肃清门广场举办。该画展为期三天，共展出60多幅作品，吸引了许多市民驻足欣赏。

●2014年全市117人被终身禁驾。

●南安英都举办一年一度的国家非物质文化遗产拔拔灯民俗活动，近万名当地民众和来自各地的游客参与其中，共赏24条数百米长的灯阵如火龙般游遍整个镇区。

泉州新设九个行政服务中心分中心

市府办下发通知，泉州市公安局交巡警支队车辆管理所服务大厅等九个办事大厅，将按标准化要求建设为行政服务中心分中心，并受当地行政服务中心统一管理。这些分中心分别涉及车辆管理、出入境、住房公积金管理、医疗保险管理、社会劳动保险管理、自来水、国地税办税、供电等领域。除了统一场所名称之外，分中心将与本级行政服务中心在网上审批、电子监察、人员考察等方面实现政务系统对接；行政审批和公共服务事项相关信息，须纳入政府信息公开平台及时更新，向企业和群众提供政策咨询、信息查询、投诉举报、意见建议等信息服务；清理规范行政审批前置条件，精简申报材料，窗口即办件当场办理、当日办结，承诺件在承诺时限内办结；标准化建设纳入行政服务中心标准建设范畴；畅通投诉渠道，开展群众满意度评价，公布投诉监督电话，接受同级行政服务中心、效能建设工作机构和社会监督；建立健全岗位责任制、办事公开制、服务承诺制、首问责任制、一次性告知制、否定报备制、限时办结制、责任追究制等制度。

相关链接：具体变更名单，泉州市公安局交巡警支队车辆管理所服务大厅变更为泉州市行政服务中心车辆管理分中心；泉州市公安出入境办证大厅变更为泉州市行政服务中心公安局出入境分中心；泉州市住房公积金管理中心办事大厅变更为泉州市行政服务中心住房公积金分中心；泉州市医疗保险管理中心办事大厅变更为泉州市行政服务中心医保分中心；泉州市社会劳动保险管理中心办事大厅变更为泉州市行政服务中心社会劳动保险分中心；泉州市自来水公司办事大厅变更为泉州市行政服务中心自来水分中心；泉州市地方税务局办税服务厅变更为泉州市行政服务中心地税局分中心；泉州市国税局办税大厅变更为泉州市行政服务中心国税局分中心；国网福建省电力有限公司泉州供电公司办事大厅变更为泉州市行政服务中心供电分中心。

梁披云潘受书法精品联展开幕

“春日暄和——梁披云潘受书法精品贺岁展”在市区桑莲居艺术馆拉开序幕，展览至3月10结束。这是泉籍书法泰斗梁披云和潘受书法精品首次在家乡联展，共展出这两位书法大家佳作近50幅，较全面地展示了他们的书风。梁披云和潘受均是在海内外有广泛影响的著名诗人和书法家。此次联展共展出他们铭心佳构近50幅，年代跨度较大，涵盖了两位书法家不同时期的创作特点，其中有多幅作品系首展。主办方表示，举办此次展览是对两位先贤书法造诣的追思，更是对其广袤胸怀的致敬。

相关链接：梁披云，学名梁龙光，又名梁雪予，1907年生于泉州市永春县，长期居住澳门，是著名诗人、国学家、书法家、教育家、社会活动家。其书法自成一体，曾任书法界著名杂志香港《书谱》杂志社社长多年。精于书法篆刻理论，主编出版《中国书法大辞典》和《中国篆刻大辞典》等。梁披云创办泉州黎明大学，他在学校成立宣言中表明其办学宗旨：“夜在崩溃，冬在崩溃，黎明在到来，春天在到来，我们要迎着黎明的光辉，把春天的种子播遍全世界。”

潘受，原名潘国渠，泉州南安人，生于1911年1月26日，是著名诗人、书法家，早年曾任陈嘉庚的私人秘书，1930年南渡新加坡，1953年参与筹办南洋大学。潘受在新加坡和东南亚享有很高声誉，被誉为新加坡“国宝”。他毕生致力于弘扬中华文化，与中国文化界有密切的联系。其书法及古体诗造诣极高，书迹遍及泉州、东南亚等地，“泉州华侨历史博物馆”牌匾系其题写。

2014年全市117人被终身禁驾

从交警部门获悉，2014年全市117人被终身禁驾，1.3万人因违反交通规则被记满12分。在2014年做出的裁决中，全市117人被终身禁驾，其中因逃逸致终身禁驾的有94人，因酒驾致终身禁驾的有23人。终身禁驾的违法犯罪行为有两种：一是造成交通事故后逃逸构成犯罪的；二是饮酒后或者醉酒驾驶机动车发生重大交通事故构成犯罪的。上述两种情形都是严重、恶性的违法行为，对公共安全危害大，导致人员死亡或财产损失后果严重，需要追究刑事责任，因此，规定终身不得再申请驾驶证。

相关链接：至2014年年底，泉州机动车保有量汽车90.9万辆（新增13.75万辆），摩托车96万辆（新增11.9万辆）。而中心市区的汽车为19.2万辆（新增2.5万辆），电动自行车22.9万辆（新增3.2万辆）。在驾驶人员方面，2014年新增驾驶人员10.56万人。2014年，全市共有13005人被记满12分，多数因酒驾、超速及闯信号灯等被扣分。

泉州市获全国文明城市称号

中央文明委召开全国精神文明建设工作表彰暨学雷锋志愿服务大会，表彰第四届全国文明城市（区）、文明村镇、文明单位。泉州市获全国文明城市称号，该称号是中国城市综合类评比中的最高荣誉。市委书记黄少萍指出，二十年创城，荣誉来之不易，是全市上下共同努力的结晶。要倍加珍惜荣誉，建立常态化创建机制，巩固提升创建成效，真正做到名副其实。市长郑新聪到北京参加会议并接受“全国文明城市”牌匾。

长期以来，市委、市政府高度重视精神文明建设和全国文明城市创建工作，持续推进，坚持不懈。特别是2012年以来，泉州市创文明城工作紧紧围绕“培育和践行社会主义核心价值观”这一主线，着力在深化思想道德内涵上、在贯穿结合融入上、在创新载体拓展上下功夫，通过加强组织领导、科学制订方案、严格管理考核、营造浓厚氛围，有效落实了各项工作任务。在强化环境秩序管理方面，注重优化生态环境、市场环境、人文环境、公共秩序、公共环境和政务法治环境，推动城市品位逐步提升；在突出思想道德内涵方面，广泛组织主题教育活动，大力选树先进典型，不断深化文明行业创建，持续开展文明县城（城区、城市）创建，推动基层基础创建扎实开展；在优化未成年人成长环境方面，继续加强乡村（城市）学校少年宫建设，积极营造关心关爱未成年人良好社会氛围，推动工作形成合力；在加强组织协调方面，广泛开展志愿服务主题活动，大力推动志愿服务、文明旅游和诚信建设制度化、法制化。通过一系列工作的共同推动，全市城市文明程度和市民文明素质持续提升。

2015年是新一轮文明城市创建初始之年。在获得全国文明城市称号的基础上，泉州市还将出台《泉州市推动文明城市创建机制化常态化实施意见》，在持续提升市民素质、建设优美公共环境、打造良好公共秩序、构建和谐公共关系、夯实牢创建基础、加强未成年人思想道德建设等方面下功夫，做实全国文明城市创建这个民生工程，促进泉州城市文明建设再上新台阶，努力成为培育和践行社会主义核心价值观的排头兵。

相关链接：全国文明城市，是指在全面建成小康社会、推进社会主义现代化建设的新的发展阶段，坚持科学发展观，经济和社会各项事业全面进步，物质文明、政治文明、生态文明与精神文明建设协调发展，精神文明建设取得显著成就，市民整体素质和城市文明程度较高的城市。能够获得这一荣誉，不仅是一座城市的荣耀，也是每一位市民的骄傲。

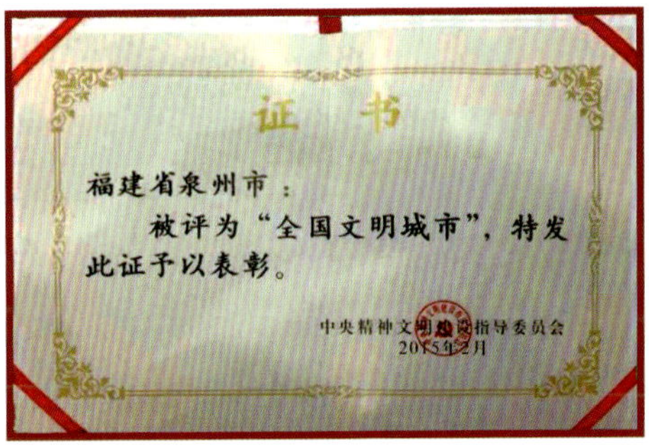

“全国文明城市”证书

石狮晋江首发“三证合一”营业执照

福建省通亿供应链管理有限公司、石狮市顺灿贸易有限公司在石狮市行政服务中心领到“三证合一”营业执照。这是泉州市颁发的首批“三证合一”营业执照，也是全省首批由县级市颁发的“三证合一”营业执照。2014年工商登记制度改革启动时，石狮就在全省率先着手试行“三证合办”制度，将原本需要到工商、质监、国税、地税等部门分别办理的三证整合到一个综合窗口，实现“一窗受理、一表登记、三证同发”，取得阶段性成效。在实施“三证合一”之前，综合窗口已办理“三证合办”登记627件，取得良好的社会反响。2015年，石狮市工商局率先启动“三证合一”工作，与质检、国税、地税等部门通力合作，依托“三证合办”并联审批平台，在原有申请“一表通”、审核“一次清”、证照“一窗办”的基础上，再次创新，在工商营业执照上同时载入营业执照号、税务登记证号、组织机构代码证号，正式将三本证照合并成一本。原来办好“三证合办”登记需要5个工作日，提交17份材料，如今“三证合一”只需1个工作日，提交12份材料。随着“三证合一”的实施，石狮成为全国审批事项最少、审批效率最高、服务质量最优的县市之一。同日，晋江市行政审批服务中心工商登记窗口发出全省首批“三证合一”营业执照。即日起，晋江还对企业登记注册时办理公章予以免费，企业公章与营业执照同时发出。

2月28日

星期六
农历乙未年正月初十
温度：13℃—16℃
阴

●中央文明委召开全国精神文明建设工作表彰暨学雷锋志愿服务大会，泉州市被授予全国文明城市称号。

●石狮、晋江市行政审批服务中心工商登记窗口发出全省首批“三证合一”营业执照，在工商营业执照上同时载入营业执照号、税务登记证号、组织机构代码证号。

●安溪县举行县镇村三级干部会议，企业代表、乡镇和村级代表、县领导围绕如何适应新常态，乘势海丝建设新机遇，实现安溪赶超跨越的主题进行研讨。

3月1日

星期日
农历乙未年正月十一
温度：11℃—16℃
阴转多云

●《泉州市2015年就业服务系列活动工作方案》出台。

●2015年全市治理“餐桌污染”实施“食品放心工程”工作方案下发。

●泉州晋江大桥北立交慢行系统全部完工并投入使用。

●中华全国妇女联合会在北京人民大会堂表彰全国“三八红旗手”，晋江市女企业家联谊会会长张秀惠接受表彰，她是泉州市唯一获此殊荣的代表。

●泉州市青少年宫2014年“丝路春晚”文艺会演在泉州音乐厅举行。

●外国人评上白鹤拳段位。

●丰泽新村百家宴厨艺展示活动举行。

《泉州市2015年就业服务系列活动工作方案》出台

泉州市2015年就业服务系列活动工作方案》下发。根据方案，全市计划全年城镇新增就业15万人，下岗失业人员实现再就业2500人，城镇登记失业率控制在2%以内，新增农村劳动力转移就业6万人。根据企业用工需求，各级人社部门将陆续与重点劳务协作城市举办各类劳务对接活动，一方面，带企业进市场，开展用工环境推介，扩大泉州影响力；组织企业进驻省外人力资源市场招聘，深入省外乡镇、村建立村企合作平台，举办专场招聘活动，帮助企业招用一线生产工人，开辟更多、更稳定的人力资源输入渠道。另一方面，带企业进校园，推广“一校多企”“一企多校”校企劳务合作模式，组织品牌企业走进校园招聘，与内地职业院校开展校企对接和订单式培训，拓展稳定的人力资源储备基地。同时，结合企业转型升级的要求，通过政策扶持，帮助企业与各类大中专职业院校搭建对接平台，更多引进技能型人力资源。全市计划组织200家以上企业，赴30个以上省内外劳务输出重点地区开展劳务合作，力争新引进3万名以上劳动力；计划组织100家以上规模企业，与省内外100家以上职业院校实现对接，建立健全校企合作长效机制，达成毕业生就业意向1万人以上。计划举办200场以上各类专场招聘会，提供15万个以上就业岗位，成功介绍就业3万人以上，并将通过信息化途径为求职者提供5万个以上的就业岗位，同时充分利用市人力资源网、人才网、厦漳泉人力资源网等网络平台，与现场招聘会相结合，形成有效互补，为企业用工和各类劳动者提供便捷高效的就业服务。

全市治理“餐桌污染”实施“食品放心工程”工作方案下发

2015年全市治理“餐桌污染”实施“食品放心工程”工作方案下发。全市实施7项食品安全专项整治，七项专项整治包括：小作坊专项整治、餐厨废弃物及地沟油专项整治、集体食堂专项整治、饮用水专项整治、病死猪专项整治、农村食品市场专项整治、食品非法添加和滥用食品添加剂专项整治。方案要求各县（市、区）、泉州开发区、泉州台商投资区将食品安全工作纳入为民办实事项目，每年专项资金不少于60万元。

方案明确，对公众发现食品安全隐患进行举报，提供有效线索、经查证属实的，将及时兑现奖金，并严格执行举报保密制度，依法严惩对举报人打击报复行为，对违法生产经营单位内部举报人员，奖金在按照标准计算的基础上再增50%。110接警服务电话接受群众食品安全案件举报线索，并对举报有功者予以奖励。

泉州晋江大桥北立交慢行系统投入使用

泉州晋江大桥北立交慢行系统全部完工并投入使用。工程建设规模为两座天桥及1.1千米慢行道。其中1号人行天桥位于泉秀东街原赖氨酸厂处，跨径长62.72米，桥面宽4米；2号人行天桥位于东海大街中山医院处，桥跨径长58.72米，桥宽4米；慢行道长1130米，人行道宽2.5米，非机动车道宽3米，同时在迎宾馆入口处附近，设置下穿掉头匝道和人行通道，解决宝秀小区和生态路往返台商区方向的左转，以及迎宾馆车辆往台商区方向的掉头转向问题。在新建两座人行天桥之间、下穿掉头匝道处围合路段，利用绿化带，新建慢行道。

泉州晋江大桥　　（图/吴寿民）

泉州获评“全省计生工作先进市”

2014年度全省计生目标管理责任制落实情况考核结果公布，泉州市综合得分在全省各设区市中排名第三，获“2014年度计划生育工作先进市”称号。鲤城区获得“2014年度人口计生工作先进县（市、区）综合奖”一等奖，石狮市、丰泽区、晋江市获得二等奖，德化县、洛江区获得三等奖，晋江市获得县（市、区）创新奖。

省级试点镇考评泉州获佳绩

经省政府同意，省住建厅等3部门联合通报2013—2014年度全省小城镇建设综合考评成绩，泉州市省级试点镇连续三次获得“满堂红”的好成绩，其中水头镇、龙门镇获一等奖，黄塘镇、金井镇获二等奖，东石镇、湖头镇获三等奖。泉州市突出分类指导，将试点镇分为“小城市型、新市镇型、生态旅游型”统筹推进；突出融入融合，推进外来人口在城镇落户；突出同城同步，推进就近就地城镇化；突出品位品质，推动城镇现代化建设；突出互联互动，强化城镇产业支撑；突出根脉文脉，注重传承城镇历史文化，取得显著成绩。16个镇入选新一批全国重点镇，全省数量第二；晋江金井镇、德化水口镇、永春五里街镇大羽村分别入选第二批全国宜居小镇（村）示范，全省数量第一；全市绿色乡镇数量76个，全省数量最多；泉港后龙镇土坑村等4个村入选第三批中国传统村落名录，全市中国传统村落数量10个。

全国宜居小镇——水口镇　（图/陈志明）

首届“赞家庭美德，扬和谐新风”获奖楹联书法作品展开幕

泉州市首届“赞家庭美德，扬和谐新风”获奖楹联书法作品展在泉州华侨历史博物馆开幕。展出的60多幅获奖楹联书法作品，是由何锦龙、周焜民、王乃钦、林坚璋、尤慎、林剑仆、林汉宗、李德谦、洪光辉、蔡宗伟等20多位泉州著名书法家精心创作。他们既师古不泥古，精于笔墨技法而游刃有余，又能出新意于法度之中，寄妙理于豪放之外，把获奖作品形象生动、立体地展示出来，融思想性、艺术性、教育性为一体，呈现出一种别开生面的文化新气象。

展览现场　（图/吴寿民）

石狮微电影《营救》获公安部表彰

公安部“我奉献·我快乐”公安民警微信、微博、微电影大赛获奖结果揭晓。石狮市公安局选送的原创微电影《营救》在全国各地公安机关选送的400余部微电影中脱颖而出，获“三微”的微电影类三等奖，是泉州地区唯一获奖的作品。《营救》根据泉州市公安局警察公共关系处林金荣的剧本《最佳搭档》改编拍摄，是泉州首部公安题材微电影。该片通过讲述石狮湖滨派出所民警林少钧及其同事忙于工作，尽心尽力尽职打击犯罪，追踪持刀抢劫情侣案的犯罪嫌疑人，却冷落交往多年的女友，甚至差点失去女友的故事，真实体现基层民警工作和生活的现状。影片以短小精悍的篇幅真实还原公安民警的生活和工作状况，细致展现公安民警在打击犯罪、为民除害过程中的危险和艰辛，以新锐的艺术表现形式展示石狮警察风采。

3月2日

星期一
农历乙未年正月十二
温度：12℃—19℃
阴转小雨

●2014年度全省计生目标管理责任制落实情况考核结果公布，泉州市综合得分在全省各设区市中排名第三，获“2014年度计划生育工作先进市”称号。

●经省政府同意，省住建厅等3部门联合通报2013—2014年度全省小城镇建设综合考评成绩，泉州市省级试点镇连续三次获得“满堂红”的好成绩，其中水头镇、龙门镇获一等奖，黄塘镇、金井镇获二等奖，东石镇、湖头镇获三等奖。

●岵山镇茂霞村成功入选首届福建十大醉美村落。

●泉州市首届“赞家庭美德，扬和谐新风”获奖楹联书法作品展在泉州华侨历史博物馆开幕。

●泉港区开展优秀人才认定联审，认定通过78名优秀人才，并颁发泉港区优秀人才证书。

●石狮微电影《营救》获公安部表彰。

●泉州市各中小学春季开学2015年上课。

●石狮市华侨中学灯谜代表队在中央电视台一套节目《中国谜语大会》首场亮相。

3月3日

星期二
农历乙未年正月十三
温度：12℃—16℃
小雨

●市人口计生领导小组组长会议召开，会议传达全省卫生计生工作会议精神，听取2014年度计生工作有关情况汇报，研究相关事项。

●泉州市“聚青春力量·助海丝先行”青年发展论坛举行。

●永春举行“招商亲商安商”大会，永春本土企业家、异地商会、在外乡贤、意向投资者及该县相关部门200多人参加大会。

●泉州市区元宵灯展四大展区的700多盏花灯齐亮，拉开2015年元宵灯展大幕。

●南安市丰州镇桃源村举办攻炮城闹元宵活动。

泉州市人口计生领导小组组长会议召开

市人口计生领导小组组长会议召开，会议传达全省卫生计生工作会议精神，听取2014年度计生工作有关情况汇报，研究相关事项。会议指出，2014年度泉州市人口计生工作成效显著，被评为计生工作先进市，考评成绩全省第三名，但作为人口大市，当前计生工作仍然面临一些困难和问题。会议强调了“五要”：要高度重视，强化责任；要积极应对，破解难题；要控好指标，夯实基础；要注重服务，打造品牌；要加强管理，严肃查处。

泉州青年发展论坛举行

由团市委、市青年联合会主办，泉州市政府发展研究中心、泉州市青年企业家协会、市青年商会协办的“聚青春力量·助海丝先行”青年发展论坛举行。此次论坛以“‘21世纪海上丝绸之路’战略构想的实质内涵及政策解读，福建以及泉州在政策实质推进过程中该如何打造建设‘海上丝绸之路’核心区、先行区，如何利用好政策、寻找发展机遇和对外经贸交流的合作空间”等为主题，邀请国家发改委对外经济研究所研究员、国际经济合作室主任张建平，福建省政府发展研究中心副主任黄端等专家学者做主旨演讲。论坛上，张建平从国家“一带一路”战略背景分析入手，阐述中国的亚太战略，并深入解读“一带一路”的特征、性质和内涵。黄端则从文化、历史、经济等方面，就福建在国家21世纪海上丝绸之路建设中的特殊地位和独特作用、构想和相关对策等进行深入分析。与会专家、学者、泉籍在外青联委员代表、青年企业家代表还就如何深入领会国家关于“一带一路”的战略构想、如何挖掘和寻找“一带一路”蕴含的商机等进行交流。

泉州元宵四大展区灯展亮灯

泉州市区元宵灯展四大展区的700多盏花灯齐亮，拉开2015年泉州元宵灯展的大幕。本次灯展为期4天，四大展区分别为中山路（北至钟楼、南至涂门街口）、新门街西段（西至江滨北路、东至南音艺苑）、泉州商城广场和锦绣庄民间艺术园。鲤城区的两个展区集中展示闽南传统花灯和少儿创意花灯，百盏从鲤城区部分小学、幼儿园选送的少儿花灯造型各异、创意十足，成为灯展现场一道亮丽的风景线。而丰泽区的两个展区则主要突出“海丝”元素，一些做工精致的“大师”造型灯成为市民争相拍照留念的“主角”。四个展区共有300多盏“非遗”传承人的作品展出。近年来，泉州元宵灯展的花灯数量连年攀升2015年灯展的花灯总数创历史新高。花灯题材各异，表现泉州人文、自然景观、时代主题的花灯层出不穷。特别是展现时代主题的造型灯，如写有“中国梦”的柱形花灯、寓意“反腐倡廉”的《青莲》花灯等，这些花灯的出现，为泉州元宵的传统灯展赋予更多的时代气息。

泉州花灯　（图/吴寿民）

南安市桃源村举办攻炮城闹元宵活动

南安市丰州镇桃源村举办攻炮城闹元宵活动。现场“攻城”的村民轮番上阵，热闹非凡。“炮城”距地面约有4层楼高，借助一根长竹竿，有个长方形的红盒子被挂在半空中，“炮城”的四个面都留有一个圆形孔洞，当作“城门”，里面放着一大串炮芯极长的爆竹。若谁能将红色爆竹扔进“城门”，引燃里面的爆竹，就算是“攻城”成功。桃源元宵灯会习俗已有1000多年历史，攻炮城是最受人欢迎的闹元宵项目。据说，当年郑成功在闽南操练水师，部将洪旭创作这一游戏，让士兵抛掷、锻炼瞄准技巧，提高作战能力。郑成功收复台湾后，该游戏在闽南、台湾流传开来。早前，桃源村几乎年年元宵都举办攻炮城活动，吸引周边村庄的人来参与。后来改为五年一次。同日，桃源村还举办别具特色的蛇脱壳古阵法活动，武术爱好者们激情表演，为观众奉上一道视觉盛宴。

骆沙鸣在全国政协会议联组会建议完善台胞国民待遇

中共中央总书记、国家主席、中央军委主席习近平看望参加全国政协十二届三次会议的民革、台盟、台联委员，并参加联组会，听取委员们意见和建议。全国政协委员、台盟中央常委、泉州市政协副主席骆沙鸣参加是日下午的联组会，并在会上发言。骆沙鸣以《细化完善台胞国民待遇，促进两岸一家亲理念深入人心》为主题进行发言，提出加强两岸青少年交流、两岸共同保护和弘扬"海丝文化"等七项建议。习近平总书记听得十分专注，频频点头。

泉州经济年会年度峰会举行

以"新常态·新跨越"为主题的泉州经济年会年度峰会在泉州举行。经投票与审核，公证处全程公证，年度经济人物、年度最具成长力科技小巨人、年度优秀泉属异地商会、年度新"海上丝路"十大出口品牌企业、年度十佳网络品牌、年度十佳最具成长性商业模式、年度工业设计十佳创新型企业及年度泉州工业设计十佳精英人物获奖榜单公布。此外，峰会现场发布以工业设计为主题的《2014年度泉州民营经济蓝皮书》。结合当下泉州传统产业转型升级需要，本届经济年会年度峰会特别邀请"接地气"、与泉州经济共命运的多位本土实业家大佬、创意行业先行者，讲述他们的创造、创新、创意之路，如何带领着传统企业与互联网发生奇妙的"化学反应"，为传统企业转型带来有益的思考、借鉴。年会峰会现场特别设置主题为《跨界&变革——传统企业与互联网思维》的精彩对话，邀请万贯五金机电城CEO傅森林、中骏置业泉州区域公司总经理陈开杰、溪石股份有限公司董事长王伯瑶、拍鞋网（福建）网络科技有限公司董事长汪建聪、功夫动漫（中国）有限公司董事长李竹兵共同探讨。

经济年会现场　　（图/吴寿民）

泉州市纪念"三八"妇女节活动举行

市妇联举行"美丽家庭·幸福生活"自办园所亲子趣味灯会、"扬巾帼美德·树和谐家风"泉州市纪念"三八"国际妇女节105周年等系列活动。上午，在泉州市直机关金山幼儿园内，几十名大班小朋友和家长一起，利用红包、废纸等环保材料动手制作花灯。为了营造节日气氛，园方还在走廊悬挂许多已经制作好的花灯和灯谜，引得家长和孩子们开动脑筋猜谜。下午，"扬巾帼美德·树和谐家风"泉州市纪念"三八"国际妇女节105周年活动在泉州广播电视台演播厅举行。活动表彰一批"三八"红旗手（集体）、"巾帼建功"先进集体、和谐家庭"微剧本、微电影、楹联、微博"等三项征集活动的获奖者。活动中举行"春蕾"助学捐赠仪式，王国珍、张秀慧两位热心女企业家现场捐赠10万元。

表彰现场　　（图/市妇联）

《寻根——康耀仁书画新作展》举办

由中国书法家协会展览部主办，泉州市旅游局、福州大学厦门工艺美术学院、福建省书法家协会、泉州市文联承办，泉州晚报社和中国书法院、中华书画家、中国美术等多家单位协办的"耀仁艺术馆"揭牌暨"寻根——康耀仁书画新作展"在惠安榕溪园举办，同时举行《康耀仁画山水》和《康耀仁山水新作》新书首发式，并举办"康耀仁书画艺术研讨会"。书画界、收藏界、媒体界等嘉宾近400人参加活动。书画展展出康耀仁近年的山水新作70件、书法50件，将全面展现康耀仁传承古法与表现个性的创作新思维，以及其在学术方面的最新成果和思路。

3月4日
星期三
农历乙未年正月十四
温度：9℃—15℃
小雨转阴

●骆沙鸣在全国政协十二届三次会议联组会上发言。

●以"新常态·新跨越"为主题的泉州经济年会年度峰会举行。

●泉州市召开"弘扬雷锋精神·展现文都风采"主题活动会。

●共青团惠安县委、惠安县青年商会举行青商助孤行动倡议仪式。活动期间举行慈善爱心拍卖，启动相关公益基金。

●市妇联举行"美丽家庭·幸福生活"自办园所亲子趣味灯会、"扬巾帼美德·树和谐家风"泉州市纪念"三八"国际妇女节105周年等系列活动。

●"耀仁艺术馆"揭牌暨"寻根——康耀仁书画新作展"在惠安榕溪园举办。

●全国室内田径锦标赛首站收官，泉州市南安籍运动员王乌品获得一银一铜。

3月5日

星期四
农历乙未年正月十五
温度：9℃—15℃
小雨转阴

●泉州市民与来自台湾澎湖的友人齐聚泉州天后宫，一同为两地联合举办的“乞龟”民俗活动揭彩，为历年来最大的米龟点睛。

●团市委十六届三次全体（扩大）会议召开。

●泉州历史文化中心首批丛书正式发行。

●2015元宵泉州灯会“优秀花灯榜”揭晓。

●国家级非物质文化遗产——闽台东石灯俗活动举行，来自台湾的50名台胞带着12盏花灯到晋江东石镇嘉应庙，与乡亲们一同“数宫灯”庆元宵。

●鲤城区举办“正月十五闹元宵及三八妇女节”暨《五祖拳》演员海选活动，现场举行太极拳、跆拳道、乐器、南音、提线木偶以及五祖拳及各路拳术组合表演等民俗文化表演。

●南安市丰州镇举办元宵踩街活动。

●全国“学雷锋日”。福建泉州边防支队浮山边防派出所官兵，到张坂镇玉霞村内的将军希望小学开展“学雷锋见行动”活动。

泉台两地举办“乞龟”民俗活动

泉州市民与来自台湾澎湖的友人齐聚泉州天后宫，一同为两地联合举办的“乞龟”民俗活动揭彩，为历年来最大的米龟点睛。仪式结束后，在“摸龟头盖大楼，摸龟嘴大富贵，摸龟身大翻身，摸龟脚吃不干，摸龟尾吃到有头有尾”的闽南民谣中，民众一个紧接一个，从头到尾摸遍米龟各个部位，祈求新的一年国泰民安、风调雨顺、家庭幸福、事业兴旺。3名来自波兰国家公共电视台的媒体人，也用专业设备记录下这一热闹的民俗活动。从2007年起，泉州、澎湖两地天后宫开始联合举行“乞龟祈福”民俗活动，寓意来年幸福安康，2015年已是第九个年头。2015年制作的大米龟重2.644万千克，由泉州和澎湖两地制龟师傅共同制作，为历年来最大。正月十七“乞龟”活动结束后，大部分“平安米”会分发给信众带回家分食，隐喻“呷（吃）平安”。此外，天后宫还拿出5000千克左右的大米，联合市慈善总会、市总工会，分发给福利机构及困难群众。

团市委十六届三次全体（扩大）会议召开

团市委十六届三次全体（扩大）会议召开，市委常委、组织部长陈沈阳参加会议。2015年，团市委以深化“六大青春战役”为工作主线，开创新常态下泉州共青团工作的新局面。通过深化“青春领航”战役，开展“青春雷锋”等主题宣传教育活动，推进网络新媒体建设，强化青少年思想政治引领；深化“青春创业”和“青春建功”战役，实施“千名青商全方位创新素质提升”计划，助推“三大战略”，开展“见习助就业·牵手毕业生”等活动，服务青年就业创业，举办第二届“海峡两岸高校大学生记者挑战赛”等，拓展对外交流平台；深化“青春和谐”和“青春家园”战役，参与社会管理和创新，服务青少年健康成长，助推法治泉州建设，繁荣青年文化；深化“青春活力”战役，全面激活基层团组织活力，强化团干部队伍作风建设，坚持全团带队，提升团属阵地建设水平。

“3·5”学雷锋日志愿服务活动现场　（图/王盼阳）

泉州历史文化中心首批丛书发行

泉州历史文化中心首批丛书正式发行，该套丛书共由五册组成，其中，《温陵探古录》《月是故乡明》《泉州民间传说》为再次点校后出版；新出版的两册图书分别为由泉州历史文化中心主编的《高山仰止——纪念弘一法师圆寂七十周年》和本土青年人文作家颜瑛瑛撰著的《字游闽南》。

首发式　（图/洪　旭）

闽台东石灯俗活动举行

国家级非物质文化遗产——闽台东石灯俗活动举行，来自台湾的50名台胞带着12盏花灯到晋江东石镇嘉应庙，与乡亲们一同“数宫灯”，热闹庆元宵。“数宫灯”是两岸东石宗亲的共同习俗。每年元宵，东石镇上一年结婚的新人从家中把新娘陪嫁的宫灯挂到嘉应庙中，以求婚姻幸福，早生贵子。嘉应庙春祭仪式盛大举行，庙内供桌上摆放着丰富的供品，两岸东石宗亲身着长袍，头戴礼帽，按照古礼进行春祭仪式。1个多小时后，仪式结束，宗亲们一起抬头“数宫灯”，向挂灯祈福的35对新婚夫妇传递祝福。除了“数宫灯”，东石镇还举行民俗踩街、族谱对接、两岸乡亲座谈等活动。

《泉州市村庄环境整治指南》印发

市住房和城乡建设局编印《泉州市村庄环境整治指南》，以指导各县（市、区）村庄环境整治改造。按要求，2015年泉州市要完成11个美丽乡村示范村、132个环境整治村庄、3条美丽乡村景观带的建设任务。指南提出“七好”目标：村庄规划好、建筑风貌好、环境卫生好、配套设施好、绿化美化好、自然生态好、管理机制好。整治重点包括：整治生活垃圾、整治生活污水、整治旧房外观、整治乱堆放乱拉线、整治农业废弃物。晒场、打谷场、堆场等农民生产生活作业场地、公共设施和活动场地，应做到生活区和养殖区分离、居住区与工业区分离。每个村落或依山或傍水，可建设单排式、双排式、院落式、台地式、综合式等住宅组合模式，建房要结合实际自然环境条件，必须保护河流生态，沿山脚平地的布局要注重高差、风向。对古村的保护要注重开发文化及旅游资源，围头村、西昌村等具有传统特色的村庄，要打造成民俗特色乡村。旅游资源丰富的特色村庄，可以借鉴永春大羽村的发展模式，搞活乡村旅游。山区村庄和坡地村庄都有不错的自然风光，要因地制宜保留田园风貌，让田居紧密结合，形成“村在林间”的格局。

泉州成立全省首个“家事审判庭”

市中级人民法院在全省率先成立首个“家事审判庭”，开启家事审判纠纷的专业化之路。家事审判庭是专门负责审理婚姻家庭纠纷、继承纠纷的专门审判机构。不仅有固定的“家事审判庭”“家事调解室”，还配备具备丰富家事纠纷审判经验、社会阅历和人生经验的合议庭成员，并根据案件需要，从妇联、未成年人教育机构或类似处理家事纠纷的陪审员中选任家事案件陪审员。另外，还有家事调查员、家事特邀调解员以及心理咨询师等人员参与家事审判庭工作。家事审判庭本着调解、保密、保护弱势群体的原则审理相关案件，并建立诉讼引导指导制度、调查取证制度、反家暴制度、巡回审判工作制度、家事纠纷大调解工作制度等相关案件审理、调解制度。

央视到安溪拍摄清水岩专题片

央视7套《乡土》栏目摄制组到安溪清水岩，围绕清水祖师信俗文化和安溪县独有的人文景观，开机拍摄“美丽中国清水佑民”专题片。摄制组到清水岩、蓬莱镇的顶庵堂、中庵堂、下庵堂、佛头厝等地，以清水祖师信俗文化为主线，通过拍摄信众朝拜、祈福等过程，记录清水祖师信俗这一国家级非物质文化遗产的博大精深，同时也从文化的视角展示蓬莱镇一方水土的人文风貌和风俗传统。

泉州木偶剧团春祭活动举行

泉州木偶剧团在剧团的嘉礼馆八卦棚舞台举行古礼祭拜“相公爷”仪式。和泉州大部分民间祭祀相仿，嘉礼馆内正中间供奉主角——戏神“相公爷”的神像；门口和室内分三处摆放丰盛的贡品，分别敬奉天公、土地公和“相公爷”；木偶剧团的全体演职人员身着正式演出服分列两旁。八卦棚舞台上，整个仪式按照请神踏棚——演戏镇台——辞神三大环节有序进行，持续时长约100分钟。作为联合国非遗项目“泉州提线木偶”的重要组成部分，拜“相公爷”仪式与提线木偶戏同步传承，在泉州地面上延续1000多年，这也是泉州现有各大剧团中唯一的常态性拜戏神仪式。根据传统，这一仪式一年中有春祭和秋祭两次，分别安排在农历正月十六和八月十六。在当下，祭拜“相公爷”更多的是木偶戏艺人致敬先辈，同时激励自己传承发展这一宝贵非遗文化的郑重举动。

“家庭服务让生活更美好”启动仪式举行

由市妇联主办的“家庭服务让生活更美好”活动启动仪式暨“美丽家庭”巧主妇广场舞比赛在市区侨乡体育中心举行。活动邀请多家巾帼企业现场展示家政服务和家居用品，并联合劳动部门开展“巾帼创新业·共建新生活”招聘会，部分家政公司与家政服务员还现场签订用工合同，现场为妇女劳动者解决就业问题。活动中，18支来自市直机关单位和不同街道的妇女代表队在广场舞比赛中同台竞技，用充满活力的舞姿展现出新时代女性的风采。

3月6日

星期五
农历乙未年正月十六
温度：11℃—18℃
阴转多云

●《泉州市村庄环境整治指南》印发。

●市中级人民法院在全省率先成立首个“家事审判庭”。

●央视到安溪拍摄清水岩专题片。

●由市妇联主办的“家庭服务让生活更美好”活动启动仪式暨“美丽家庭”巧主妇广场舞比赛在市区侨乡体育中心举行。

●泉州木偶剧团在剧团的嘉礼馆八卦棚舞台举行古礼祭拜“相公爷”仪式。

●福建医科大学附属第二医院东海院区住院部投入使用，开放7个病区300张床位。

●泉籍青年作家蔡崇达携首部非虚构文学作品集《皮囊》在三坊七巷安民巷八闽书院内与广大读者零距离交流。

●泉州台商投资区张坂镇浮山村举行妈祖巡香活动。

●2015年福建省高职招考各科类本科录取控制分数线及专科保底线公布。

3月7日

星期六
农历乙未年正月十七
温度：12℃—20℃
阴

●市统计局公布《泉州市第三次全国经济普查主要数据公报》。

●福建省新闻摄影学会年会在永春举行。

●“乙未年海内外五店市人文笔会”启动仪式暨采风活动在晋江五店市传统街区举行，来自海内外的百余位知名文艺家参加采风活动。

●7—8日，由泉州市体育总会、泉州市足协等主办的2015年泉州市元宵节“保欣杯”国际足球邀请赛在泉州培元中学举行，8支海内外足球队参赛。

《泉州市第三次全国经济普查主要数据公报》公布

市统计局公布《泉州市第三次全国经济普查主要数据公报》。通过这次普查，摸清自2008年第二次全国经济普查以来，全市第二产业和第三产业发展的总体规模及布局，反映出全市产业组织、结构、技术等的变化和升级，查实全市服务业、小微企业、高技术产业（制造业）等的发展现状。公报显示，5年来，泉州从事第二、第三产业活动的法人单位持续增加，增幅高于全省平均水平。泉州的法人单位数量、法人单位从业人员数量均位居全省第一。全市产业结构不断优化，第二产业法人单位和从业人员占比有所下降，第三产业则有所提升。工业大盘运行稳固，企业积极开展研发活动，规模以上工业企业法人单位研发经费支出、全年专利申请量和发明专利申请量同比增长均高于全省平均水平。

福建省新闻摄影学会年会在永春举行

采风活动　　（图/陈起拓）

福建省新闻摄影学会年会在永春举办，来自八闽大地各大媒体的代表深入基层，到桃溪流域综合治理桃城东平示范段、永春美丽乡村桃城镇丰山村、永春老醋厂和中国香都兴隆香业等地实地拍摄采访，聚焦香文化，近距离观看永春白鹤拳，参观美丽乡村建设和老醋酿造区。

“乙未年海内外五店市人文笔会”举办

“乙未年海内外五店市人文笔会”（“正月笔会”）启动仪式暨采风活动在晋江五店市传统街区举行，来自海内外的百余位知名文艺家参加采风活动。主办方通过组织采风活动，邀请文艺家们聚焦五店市，通过丰富的艺术样式、独特的审美视角，进一步宣传、打造五店市这一“闽南文化新街口”的文化品牌，使它成为海内外闽南人认同的精神家园。“正月笔会”是晋江市自2012年开始着手打造的一个新的文化活动品牌项目，成为晋江实施“文化回归工程”的有效载体。

笔会现场　　（图/泉州晚报社）

泉州市“保欣杯”国际足球邀请赛举行

7—8日，由泉州市体育总会、泉州市足协等主办的2015年泉州市元宵节“保欣杯”国际足球邀请赛在泉州培元中学举行，8支海内外足球队参赛。元宵节足球赛是泉州足坛的一项传统赛事，受邀到泉州参赛的球队有菲律宾青狮元老队、温州元老队、泉州培元中学校友队、福建霞浦元老队、福州元老队、厦门元老队、泉州元老队、厦门英华元老队等。此次参赛的大部分球队的球员是上世纪七八十年代活跃在福建省足坛的名将，这些球员多数还曾代表福建省参加过全国足球甲级和乙级联赛。

相关链接：“保欣杯”国际足球邀请赛于2007年由泉州培元中学发起，此后每年举办，影响渐渐扩大。培元中学是省足球传统校、省体育特色校，在省传统校足球赛、全市中小学生足球赛等各项足球比赛中名列前茅。在东校区投入使用后，各种体育、艺术场馆更趋完善，培元中学在已有初高中男子足球队的基础上，又成立学生女子足球队、教工足球队，加上培元中学校友足球俱乐部，已形成完整的足球训练体系。

德化与敦煌缔结为友好市县

德化县与甘肃省敦煌市缔结友好市县签约仪式在敦煌举行，标志着陆上丝绸之路“第一枢纽”敦煌市与海上丝绸之路起点门户德化县在文化、旅游和经贸等领域牵手合作。按照合作共识，敦煌市和德化县两座历史文化名城缔结为友好市县后，在党务、教育、旅游、文化、农业、经贸等多领域进行长期、深层次的交流与合作，促进敦煌旅游文化与德化陶瓷文化的深入交流融合。

相关链接：德化与敦煌缔结为友好市县，此事的最初“促成者”是一位已经故去100多年名叫苏履吉的清朝人。苏履吉出生于德化县春美乡双翰村，曾于清道光年间（1824—1831年）到敦煌任县令，史载其“七载四至、三知敦煌”。在任期间，苏履吉亲民爱民、评析冤狱、重修书院、乐育人才、创修县志、诗咏敦煌，被敦煌民众尊为“神君”“生佛”，享有“官德流芳”之美誉。德化地处“海上丝绸之路”起点城市泉州的最北端，是中国陶瓷文化发祥地；敦煌位于“陆上丝绸之路”河西走廊段的最西端，以石窟、壁画、彩塑等享誉全球。这两座间隔千山万水的城市，几十年来都在不断梳理与苏履吉有关的文献资料，在此过程中，加深彼此的友谊，最终促成这桩美事。

南安至赣州南昌货物快运列车首发式举行

南安—赣州、南安—南昌货物快运列车首发仪式举行，南安的货物可通过该专列快速直达江西赣州、南昌等主要集散地，吸引周边县市货运向南安集聚。货物快运列车每天一趟，首发货物量16车厢，约320吨货物，货物来自南安及周边县市上百家企业，包含消防器材、水暖卫浴以及鞋服等货品。此前，南安的货物以汽车运输为主，火车货运为辅，普通货物列车要两日才能到达目的地，汽车要18—20小时，速度相对快点，但成本较高，每吨货物是280—300元，南安—赣州、南安—南昌货物快运列车大约是250元/吨，整体成本降低10%。

从泉州出发的货运专列　　（图/朱晨辉）

泉州市春季高考志愿填报咨询会举行

由泉州晚报社主办的2015年泉州市春季高考志愿填报咨询会在泉州信息学院举行，近70所院校招生办人员在现场为考生和家长提出的预估分数、热门专业、就业前景、学校办学条件等“热点问题”解疑释惑。近万名考生和家长到场咨询。　　（图/林劲峰）

2014年泉州接受海外侨胞和港澳同胞捐赠5.24亿元

从省侨办获悉，2014年全省接受海外侨胞、港澳同胞捐赠7.82亿元，其中泉州5.24亿元，占全省的2/3，数额居设市区之首。2014年全省捐赠资金用于教育事业5.06亿元，占64.7%；卫生事业2241万元，占2.9%；文体事业6982万元，占8.9%；生产生活设施建设6529万元，占8.4%；社会事业1.17亿元，占15%；救灾100万元，占0.1%。广大泉籍侨亲捐赠兴办公益事业，惠及教育、医疗卫生、交通、文化体育、社会福利等多个领域，助推泉州经济社会的发展。其中大部分侨捐投向文化教育领域，共计3.64亿元，占侨捐支出的69%。此外，社会事业捐助共计0.86亿元，占支出比为16%，内容涉及捐建养老院、孤儿院、聋哑学校等以及用于敬老、慰问、救济困难群体等。据不完全统计，改革开放至2014年年底，海外侨胞、港澳同胞为福建省公益事业累计捐赠超过249.61亿元，其中泉州市接受侨捐总额超过103亿元。

3月8日

星期日
农历乙未年正月十八
温度：14℃—18℃
小雨转阴

●人民网首页头条刊发人民网记者专访全国人大代表、中共泉州市委书记黄少萍的长篇报道《泉州如何推进“21世纪海上丝绸之路先行区”建设》。

●德化县与甘肃省敦煌市缔结友好市县签约仪式在敦煌举行。

●南安—赣州、南安—南昌货物快运列车首发式举行。

●从省侨办获悉，2014年全省接受海外侨胞、港澳同胞捐赠7.82亿元，其中泉州5.24亿元，占全省的2/3，数额居设市区之首。

●由泉州晚报社主办的2015年泉州市春季高考志愿填报咨询会在泉州信息工程学院举行，上万名考生和家长到会咨询。

●泉州市出租车有限公司的10位的哥自发组织庆“三八”妇女节公益活动，免费让广大女性乘坐出租车。

●市区新门菜市场300多名女摊贩们聚在一起，自编自导一场文艺演出，庆祝“三八”国际妇女节。

●泉州市冬泳协会100多名女冬泳爱好者齐聚该协会新步社区游泳点，通过畅游晋江的方式，庆祝属于她们的节日。

3月9日

星期一
农历乙未年正月十九
温度：11℃—14℃
多云

●9—11日，陈荣凯到泉州开展“推进农户承包地经营权有序流转 发展农业适度规模经营”专题调研，并赴安溪、永春、德化进行考察。

●9—11日，由市文联主办的“2015年古韵文都县域南音会唱”在源和1916创意产业园米兰厅举行。

●晋江安海镇庵前村、佳坂村与星塔村50多名村民代表，在安海龙山寺举行、仪式，宣布废除庵前、佳坂两村与星塔村存在近百年的互不通婚陋习。

●由市文联和泉州晚报社主办的泉籍电影艺术家陈剑雨文集出版座谈会举行。

●9—14日，由市文联主办、市作协承办的泉州市作家作品展在华侨历史博物馆举办。

陈荣凯到泉州调研农村土地流转及农业发展情况

9—11日，副省长、省政协副主席陈荣凯到泉州开展“推进农户承包地经营权有序流转 发展农业适度规模经营”专题调研，听取有关汇报，并赴安溪、永春、德化进行相关考察。市领导杨俊峰、林伯前、林万明、吴共湖参加相关活动。陈荣凯肯定泉州市在农村土地流转及农业适度规模经营取得的显著成效。他要求，要依法维护农民土地承包经营权，大力培育专业大户、家庭农场、专业合作社等新型农业经营主体；要坚持和完善农村基本经营制度，鼓励发展多种形式规模经营，全面激发新型农业产业活力；要提供更多专业化的人才、科技和金融服务平台，帮助增加科技、资本等生产要素投入，提高集约化、专业化水平；要完善和稳定土地承包关系，进一步明确农村土地的确权颁证，建立惠及农民的利益连接机制；要加强宣传引导，进一步明确土地所有权与使用权之间的关系，规范土地流转行为和流转期限。

相关链接：近年来，泉州市通过完善土地承包制度，建立乡镇土地流转服务平台或林权管理机构，规范土地和林地流转程序，建立土地流转激励机制，有效规范和推进农村产权交易行为的实施，优化产业结构，促进了农业规模经营发展、加快以设施农业为重点的现代农业发展、加快农村劳动力向非农产业转移，实现农民、村集体和经营者的合作共赢。

泉州市2015年古韵文都县域南音会唱举行

9—11日，由市文联主办的“2015年古韵文都县域南音会唱”在源和1916创意产业园米兰厅举行。来自台湾、广东和省内厦门、漳州、三明、泉州等地的33个南音团体同台献艺，携手传唱千年雅乐。33个南音社团分6个场次进行交流演唱，每场有5至6个团队、每队有12名南音弦友登台献唱。本届会唱活动首次邀请由部分海外返乡探亲的乡贤、中央音乐学院教授、研究生和省文联、福州、南平、龙岩等地音乐家和文艺界代表组成的嘉宾观摩组，共同感受世遗南音的艺术魅力。会唱期间，主办方精心组织南音表演唱《中国梦·南音情》、相声《谁有才》、南词清唱《蝶恋花·答李淑一》、口技表演《树叶声声》和梨园戏折子戏《陈三五娘·睇灯》等精彩曲艺节目到场祝贺演出。国家一级演员、南词国家级代表性传承人卢丽萍等知名曲艺演员到场献演，让两岸南音弦友大饱眼福。

晋江安海三个村废除互不通婚陋习

晋江安海镇庵前村、佳坂村与星塔村50多名村民代表，在安海龙山寺举行一场简单的仪式，由此宣布废除庵前、佳坂两村与星塔村存在近百年的互不通婚陋习，为村民们解开困扰许久的精神包袱。活动仪式上，象征着村民之间心结的彩球被拉开，从此彼此之间恋爱、婚姻自由，村民相信。随后各村民代表之间一一握手道别，将破除陈规的公告带回各村，向村民广而告之。此次移风易俗之后，各村的村情更加密切，村与村之间更加团结，有利于共同创造和谐的邻里关系，推动各村经济和社会各项事业的全面发展。

相关链接：安海镇庵前村与佳坂村都属于庵前行政村，星塔村则是安东村的一个自然村，星塔村与这两个村相邻。双方的恩怨，也正是百年前为争夺这些农田水利设施引发，最终演变成械斗。当时的先人因此立下誓言，定下庵前村、佳坂村与星塔村互不通婚的规矩。甚至在20世纪60年代，几个村之间也曾因为加固溪岸的问题没协商好，发生冲突，所幸没有人员伤亡。

陈剑雨文集出版座谈会举行

由市文联和泉州晚报社主办的泉籍电影艺术家陈剑雨文集出版座谈会举行。陈剑雨，福建泉州人，生于1938年9月28日，先后任《人民电影》《电影艺术》编辑，中国影协电影艺术理论研究部副主任、主任，研究员。曾任中国电影评论学会理事、秘书长，福建电影制片厂厂长。2008年6月3日因病去世。在座谈会上，泉州众多文艺名家和文化界人士等纷纷发言，缅怀这位从泉州走出去的电影艺术家。《陈剑雨文集》选编他创作、改编的电影剧本7部，电影理论、影评文章47篇，这些是他艺术人生的重要成果，也反映中国电影新时期以来发展的真实履痕。陈剑雨入行电影三十余年，见证中国电影新时期的发展历程，撰写大量有影响力的电影理论与评论文章，创作改编许多优秀的影视剧作，他被同行们称为著名的电影理论家、评论家、剧作家、制片人，“新时期中国电影事业大繁荣中艺术理论方面的领军人物之一”、“富有热情的电影活动家”、一个“爱电影，胜过生命”的人。

省人大常委会调研组到泉州开展立法调研

10—11日，省人大常委会调研组到泉州开展《福建省禁毒条例（修订草案）》立法调研。该草案于2014年9月份经省政府第28次常务会议审议通过。调研中，市县两级有关单位对条例修订草案的规定逐条对照、逐条分析，结合实际工作情况，提出相应的修改意见建议。

泉州市政府考察团赴贵阳考察工业发展情况

泉州市政府考察团赴贵阳经济技术开发区考察当地工业发展情况，增进交流，拓展合作项目与空间。贵阳经济技术开发区是贵阳市传统的老工业基地，以航空、航天两大军工基地为依托，聚集一批优强企业。考察团一行实地考察贵州航天电器股份有限公司、贵阳广航铸造有限公司、中航工业红林外贸事业部等企业，并举行座谈。考察团详细了解贵阳经济技术开发区的发展情况与各企业的核心技术、优势产品，积极推介泉州"智造"产品，谋划合作机会。考察团表示，当地装备制造业、机电行业基础好，而泉州是"中国制造2025"唯一的地方样板和实践范例，相关产业集群化程度高、市场大，两地合作前景广阔，希望增进两地人力资源、产业技术合作，推动两地制造业长远发展。贵阳经济技术开发区相关负责人表示，两地制造业互补性强，希望进一步增强两地企业间的交流合作，推动产业市场与技术的互动，促进两地共同发展。

十一届市政协常委会第十八次会议召开

十一届市政协常委会第十八次会议召开。市政协主席杨俊峰，副主席许连捷、吴共湖、苏小青、陈铭福、王祖耀、王瑞强、陈益，秘书长洪川夫参加。会议协商讨论《十一届市政协常委会工作报告（讨论稿）》和《提案工作报告（讨论稿）》，协商通过市政协十一届四次会议相关事项，决定会议于本月16—19日举行。杨俊峰指出，市政协十一届四次会议是学习贯彻中共中央关于"四个全面"战略布局，加快泉州市科学发展、跨越发展的新形势下召开的重要会议。他强调，要增强做好政协工作的责任感和使命感。全市政协组织和广大政协委员要认真贯彻中共中央关于加强协商民主建设的精神，积极提升履职能力，提高协商民主实效；加强理论学习，围绕泉州发展和群众关心的热点难点问题，深入调查研究，积极建言献策。要认真做好四次全会各项筹备工作。市政协机关和大会各筹备工作小组要精心组织，周密考虑，确保各项工作有序推进、高质高效。广大委员要以高度的政治责任感，认真履职，开好大会；政协常委要率先垂范，带头参加各项活动，共同把全会开成务实建言、凝心聚力、勤俭节约的大会，确保四次全会取得圆满成功。

市妇联十三届四次执委（扩大）会议召开

市妇联十三届四次执委（扩大）会议召开，会议总结2014年工作，部署2015年工作任务。市委常委、组织部长陈沈阳参加会议。2014年，全市各级妇联以"巾帼建新功、共筑中国梦"为主题，以"争六好、创特色"为主线，多层面推进"和谐家庭文化"创建活动，培育示范点13个；新增省、市级"巾帼示范基地"20个，新增市级以上"巾帼文明岗"77个，发动全市218个巾帼文明岗、妇委会与乡村或个人结对帮扶；关注帮扶妇女弱势群体，发放慰问、帮扶金额超40万元，筹集母亲健康"1+1"善款近55万元。2015年，全市妇女工作继续以"争六好、创特色"活动提升年为主线，以全面推进家庭工作为重点促进社会和谐，全面实施"家庭美德、家庭教育、家庭服务"三项工程九项任务；以实施"巾帼建功"等四项行动为抓手，促进妇女全面发展；同时，继续依托市女企业家联谊会等平台，为全市广大妇女提供更全面的公益服务。

斯里兰卡旅游推介会在泉州举办

斯里兰卡旅游推介会首次在泉州举办。由斯里兰卡旅游推广局和斯里兰卡驻华大使馆领衔，近20家斯里兰卡地接社以及斯里兰卡航空公司数十人联袂到泉州推介。通过斯里兰卡驻华大使兰杰特·乌杨高达的描述和大屏幕上的画面，被誉为"印度洋上的珍珠"的斯里兰卡在泉州被全面推介。

3月10日

星期二
农历乙未年正月二十
温度：10℃—13℃
阴转小雨

●省人大常委会调研组到泉州开展《福建省禁毒条例（修订草案）》立法调研。

●市政府考察团赴贵阳经济技术开发区考察当地工业发展情况。

●十一届市政协常委会第十八次会议召开，协商讨论《十一届市政协常委会工作报告（讨论稿）》和《提案工作报告（讨论稿）》，协商通过市政协十一届四次会议相关事项。

●市妇联十三届四次执委（扩大）会议召开。

●斯里兰卡旅游推介会在泉州举办。

3月11日

星期三
农历乙未年正月廿一
温度：9℃—14℃
小雨转阵雨

●市十五届人大常委会第二十二次会议召开。

●泉州市出台《关于进一步加强农村村民住宅用地管理的通知》。通知明确农村村民住宅用地申请范围。除现有法律法规政策规定的城市、县城和小城镇所在地的城镇规划区内禁止批准个人建单家独院住宅的用地申请外，各县（市、区）均不得擅自暂停或停止审批在城市、县城和小城镇所在地的城镇规划区外的镇乡、村庄的农村村民住宅用地申请（包括农村集体土地上村民新建、扩建、改建个人住宅申请）。

●由泉州动漫企业集结全球动漫资源，历时一年全力打造的品质动画片《梦想总动员》首映礼在湖南长沙举行。

市十五届人大常委会第二十二次会议召开

市十五届人大常委会第二十二次会议召开。市人大常委会主任陈海基，副主任陈万里、洪泽生、吕竟、王远东、张建生，秘书长吴春林参加会议。副市长刘忠，市人民检察院检察长欧秀珠，市中级人民法院负责人等列席会议。会议听取市人民检察院关于《泉州市人大常委会关于市人民检察院开展反贪污贿赂工作情况的审议意见》办理情况的报告，并对办理情况进行满意度测评，测评结果为满意。会议指出，市人民检察院认真落实审议意见，采取有效措施，加强和改进反贪污贿赂工作，取得较好成效。市人民检察院要继续贯彻深入开展反腐败斗争的决策部署，全面落实依法治国的战略决策，强化法律监督能力，提高查办和预防职务犯罪水平，不断开创反贪污贿赂工作新局面。会议审议市十五届人大五次会议的日程安排（草案）及各项建议名单，决定于17—20日召开大会，为期4天。会议听取和审议市人大常委会代表资格审查委员会关于个别代表的代表资格的审查报告。会议审议人事任免事项。会议书面听取市人大常委会内司委2014年度规范性文件备案审查情况的报告。市人大常委会内司委2014年共备案登记96件规范性文件，审查纠正10余项公共服务事项。

泉州出台农村住宅用地管理相关规定

泉州市出台《关于进一步加强农村村民住宅用地管理的通知》。通知明确农村村民住宅用地申请范围。除现有法律法规政策规定的城市、县城和小城镇所在地的城镇规划区内禁止批准个人建单家独院住宅的用地申请外，各县（市、区）均不得擅自暂停或停止审批在城市、县城和小城镇所在地的城镇规划区外的镇乡、村庄的农村村民住宅用地申请（包括农村集体土地上村民新建、扩建、改建个人住宅申请）。

通知要求，要合理保障农村村民住房建设需求。在城镇规划区内，各县（市、区）应将符合条件的农村村民住宅纳入危旧房改造、石结构房屋改造计划，有序实施成片改造，集中安置；对于短期内（5年内）未能纳入成片改造的农村村民住宅，不得以属于镇区规划范围或列入拆迁计划等为由，简单搞“一刀切”，限制农村村民翻建自有住房，对符合申请条件的居住困难户，可以批准就地翻建。在城镇规划区外，在符合镇乡、村庄规划和土地利用总体规划且满足“一户一宅”的前提下，对符合申请条件的农村村民住房申请应统筹安排，采取有效措施，积极引导村民向中心村、集镇或小城镇聚集，统一规划集中建设住宅小区。

通知要求，要严格执行“一户一宅”政策，农村村民申请新建住宅的，必须签订旧宅基地退出合同，承诺在新房建成使用后，退出原使用的住宅用地并交由村民委员会或村民小组重新安排使用，未按约定按时腾退将承担违约责任并暂缓办理新宅基地的土地使用权证。各地要建立台账并采取有效措施，防止农村村民以分户名义多次、多处申请住宅建设用地。严格执行农村宅基地面积限额，对农村领取独生子女父母光荣证或者生育两个女孩并绝育的家庭，在划分宅基地时，增加一人份额。禁止对农村村民未批先建的住宅采取以罚款或者变相收费代替审批的办法予以补办用地手续。禁止城镇居民到农村购买宅基地。

通知明确要求，农村村民建房应当优先利用旧宅基地、空闲地和其他未利用地，严格控制使用农用地，特别是耕地和生态公益林地。确需使用农用地的，应按规定办理审批手续。市政府每年从省预下达的年度农用地转用指标中单列5%，专项作为农村村民住房用地指标。

通知要求，要切实减轻村民建房用地负担。村民住宅用地申请审批除按规定缴纳土地证书和房屋产权证书工本费，不得收取其他行政事业性收费。村民经批准使用集体土地建设住宅的，只需按照规定向农村集体经济组织或村委会缴纳土地补偿费用，属于原址翻建或新建住宅后退出原有旧宅的，不缴纳土地补偿费用。

通知要求，各县（市、区）要研究制定旧宅基地退出补偿安置办法，对村民退出的旧宅基地可按建房成本给予适当补偿，采用货币补偿退出宅基地的，补偿标准可参照国有土地上房屋拆迁或重点项目、片区改造征迁项目的征迁补偿标准确定；采用产权置换方式退出宅基地的，由当地政府在规划集中居住区内建设安置房，申请人可参照当地同期征地房屋拆迁安置条件进行置换。

市四套班子领导参加全民义务植树活动

为纪念中国第37个植树节，市四套班子领导到泉州医学高等专科学校，与机关干部及驻泉部队官兵一起参与全民义务植树活动。陈海基、杨俊峰、周银芳、陈沈阳、许昆贞、翁祖根、林伯前、林俊其等市领导和泉州军分区领导参加植树活动。经过一个多小时的努力，含笑、凤凰木、秋枫、洋紫荆、大花紫薇、黄花槐、流苏相思等绿化树种300余棵栽种完毕。

相关链接：2015年“义务植树活动月”，泉州市设立义务植树基地（植树点）15个，种植面积824亩，30种美化、香化、彩化、花化的树种在泉州城乡各地落户。

全市涉老组织第十八次联席会议召开

全市涉老组织第十八次联席会议召开。市领导陈沈阳、陈荣洲参加会议。会议要求，要用心用情做好涉老工作，更好地服务老干部、凝聚老干部。2014年，市老龄办等部门全力推动社会养老服务体系及老年医疗卫生体系建设；市关工委积极作为，“大手牵小手、共筑中国梦”社会实践活动得到上级领导的批示肯定；市老年大学扎实推进和提升老年教育工作，市老体协在推进广场文化体育、开展全民健身活动等方面取得新成效，市老科协、扶贫协会、老促会、老年学会在科技咨询服务、特色产业扶持、项目扶贫、老年学术研究等方面献智献力。2015年，全市各级涉老组织将充分发挥阵地作用，深化老年人的思想政治建设；提升服务保障水平，推出更多利老、便老的具体措施；探索发挥作用途径，鼓励和引导有条件的老同志发挥余热，为泉州改革发展贡献智慧和力量；增强工作责任感，形成齐抓共管合力，共同推动议定事项和职能工作的全面落实。

中国帆船帆板训练基地落户泉州青山湾

中国帆船帆板协会高水平后备人才基地授牌仪式在泉州惠安青山湾举行，这标志着惠安第一个国家级竞技体育项目人才培训基地正式诞生。青山湾训练基地由泉州市体育局与福建省帆船帆板运动管理中心、惠安县政府共建。帆船帆板是奥运会竞赛项目，也是福建省、泉州市在全国处于领先地位的运动项目。多年来，泉州市为省帆船帆板队输送不少优秀后备人才，并且在各级各类比赛中取得优异的成绩，为省帆船帆板运动的发展做出重要的贡献。泉州市体育局、惠安县政府和泉州体校将以青山湾训练基地的设立作为起点，在政策引导和资金投入方面予以倾斜支持，力求培养和造就出更多高水平的后备人才，把基地打造成为福建省乃至全国的一流基地。

青山湾　　（图/吴寿民）

“共青团与人大代表、政协委员面对面”座谈会举办

围绕“社会化服务体系构建中的外来务工人员子女心理融入问题研究”主题，团市委举办“共青团与人大代表、政协委员面对面”座谈会，部分市人大代表、政协委员、共青团及相关单位干部和青少年代表座谈，共同探讨相关问题。与会代表、委员建议，要建立社会各方力量协同联动机制，完善健全外来工的社会保障体系，协调政府相关职能部门，切实保障外来工子女享受与市民同等受教育权等。同时加强学校与学校的结对互助，积极推动学校、家庭、社区形成有效的“三位一体”工作格局，进一步营造良好的外来工子女心理融入制度环境。此外，还可以整合工会、共青团、妇联等群团组织优势和资源，做好外来工子女的思想引导，服务外来工子女家庭和谐等，不断加强维权平台建设，发挥青少年心理咨询体验中心、青年志愿者协会、青少年社工等平台和队伍作用，为外来工子女心理融入、文化融入提供有效帮助，创造良好的环境和氛围。代表、委员们表示，今后将就相关主题形成建议或提案提交市两会。

3月12日

星期四
农历乙未年正月廿二
温度：9℃—22℃
多云转晴

●为纪念中国第37个植树节，市四套班子领导到泉州医学高等专科学校，与机关干部及驻泉部队官兵一起参与全民义务植树活动。

●全市涉老组织第十八次联席会议召开。

●12—13日，山东日照市市委书记、市人大常委会主任杨军率日照市党政代表团到泉州考察。

●中国帆船帆板协会高水平后备人才基地授牌仪式在惠安青山湾举行，标志着惠安县第一个国家级竞技体育项目人才培训基地诞生。

●围绕“社会化服务体系构建中的外来务工人员子女心理融入问题研究”主题，团市委举办“共青团与人大代表、政协委员面对面”座谈会。

●《中共石狮市委关于全面推进法治石狮建设的实施意见》出台。

●泉州邮政进出境邮包分拣中心项目入驻泉州出口加工区。该项目推动泉州出口加工区跨境电子商务运营中心的发展，并为区内跨境电子商务运营商提供更加优良的综合物流配套服务。

3月13日

星期五
农历乙未年正月廿三
温度：12℃—24℃
晴转多云

●《光明日报》刊发全国人大代表、市委书记黄少萍的专访报道《不遗余力弘扬闽南文化》。

●从市文广新局获悉，2014年全市文化产业增加值309亿元，同同比增长长15%，突破300亿元大关，连续3年居全省首位。

●在泉州市中级人民法院协调下，晋江法院与南安法院首次实现庭审远程对接，在线审理泉州市第一起跨域庭审案件。

●由泉州市文联主办，市音协和泉州师院音乐与舞蹈学院承办的福建省第三届“金钟花奖”声乐比赛泉州地区选拔赛举办。

●由中共泉州市委宣传部、泉州晚报社等单位主办的泉州首届公益文化节系列活动之“义诊进社区 相约健康行”走进市区东涂社区福乐书屋开展义诊活动。

●新加坡泉州籍指画大师吴在炎遗作捐赠仪式在泉州华侨历史博物馆举行，吴在炎遗孀颜秀绵及其家人参加捐赠仪式。

泉州市召开会议研究经济运行情况

市委、市政府召开会议研究经济运行情况。市委书记黄少萍主持会议，市领导周银芳、翁祖根、林伯前、陈灿辉在会上与各经济部门负责人共同分析情况、提出建议。黄少萍指出，作为经济大市、人口大市，发展始终是泉州的第一要务，只有不断做大发展“蛋糕”，才能满足群众对幸福生活的期盼。各级各有关部门要把主要经济指标达到或高于全省平均水平作为“底线”，树立强烈的保稳求进攻坚意识，对照差距，查找薄弱环节，加强工作力量；坚持政企互动，落实帮扶企业举措，助推企业加快创新转型、转变提升。对做好近期经济工作，黄少萍提出四点要求，一要盯紧考核目标，督促序时进度落实。“以旬保月、以月保季、以季保年”，层层传递压力，着力培育新型业态和生财行业，涵养财源税源。二要摸清企业情况，密切跟踪经济运行。落实领导挂钩联系企业制度、开好春季片区企业座谈会，了解重点企业生产、销售、资金链情况，梳理解决企业生产经营问题。三要坚持有诺必践，不断升级帮扶企业措施。要强化服务意识，落实兑现好“1+7”政策体系、去库存等政策，让这些措施尽快成为企业的“及时雨”；支持企业技术改造和市场开拓，研究推动企业创新转型的新抓手、新突破口，推广“数控一代”技术应用，推动更多企业加快生产经营数字化、网络化、智能化。四要强化项目协调调度，发挥投资关键作用。坚持一手抓项目建设，加速已签约项目的落地转化，做好土地、资金等要素的保障；一手抓后续项目储备，持续“大招商、招大商”，积累更大发展后劲。此外，当前，春耕备耕工作要密切关注“倒春寒”“五月寒”等重大天气变化，抓好农资调运、春播生产，确保完成粮食播种任务。

2014年全市文化产业增加值309亿元

从市文广新局获悉，2014年全市文化产业增加值309亿元，同同比增长长15%，突破300亿元大关，连续3年居全省首位。2014年，市文广新局先后征集文化产业项目44个，总金额近470亿元。推动出版印刷业转型升级、产业集聚和对台合作，引导32家企业入驻中国包装印刷产业（晋江）基地和石狮印刷产业园区，印刷业总产值超165亿元，连续多年保持全省第一。同时，加快电影业发展，新增影院9家、银幕43块，电影票房总收入1.62亿元，跻身全国地级市十强行列。

晋江法院首次实现跨域远程视频庭审

在泉州市中级人民法院协调下，晋江法院与南安法院首次实现庭审远程对接，在线审理泉州市第一起跨域庭审案件。晋江法院在实现与全市其他法院异地立案的基础上，进一步丰富诉讼服务项目，首次实现跨域远程视频庭审。原告、原告律师出现在南安法院的科技法庭原告席，法官、书记员与被告出现在晋江法院的科技法庭，双方借助顺畅的网络及清晰的语音、视频，实现在线辩论、举证、质证等。最终，双方当事人在法官的庭前调解下，达成被告赔偿原告22314.5元的协议，并通过传真设备完成当下核对笔录环节。

泉籍指画大师吴在炎遗作捐赠泉州

新加坡泉籍指画大师吴在炎遗作捐赠仪式在泉州华侨历史博物馆举行，吴在炎遗孀颜秀绵及其家人参加捐赠仪式。此次捐赠的吴在炎遗作将作为泉州华侨历史博物馆的固定陈列展览，让更多人了解认识这位誉满世界的指画大师，并从其作品中感受其不朽的艺术成就。

“金钟花奖”声乐比赛泉州地区选拔赛举办

由泉州市文联主办，市音协和泉州师院音乐与舞蹈学院承办的福建省第三届“金钟花奖”声乐比赛泉州地区选拔赛举办。活动旨在全面地选拔和储备泉州市近年来涌现出的优秀青年声乐人才。选拔赛上，来自全市各县（区、市）文联、音乐家协会、泉州歌舞剧团的25位优秀青年歌手参加民族、美声、流行三个组别的比赛。经过激烈角逐，有六位选手脱颖而出，获得一等奖，其中民族3名、美声1名、流行2名。

《泉州贯彻〈法治福建建设纲要〉的意见》出台

市委、市政府制定出台《泉州市贯彻〈法治福建建设纲要（2014—2020年）〉的意见》。意见提出，用6年时间，积极稳妥推进法治泉州建设。至2020年，基本实现泉州市经济、政治、文化、社会和生态文明建设法治化，依法治国基本方略得到全面落实，法治泉州建设取得阶段性成果。

意见提出，泉州市将通过推动适应经济社会发展的法律体系建设、进一步改善民营经济发展环境、推动完善现代企业管理制度、依法监管规范市场经济秩序、建立健全社会信用体系，推进经济建设法治化；通过提高依法执政水平、推动落实地方立法、加快建设法治政府、坚持公正司法切实维护公平正义等，推进政治建设法治化；通过推进和保障文化强市建设、建立健全文化服务体系、规范文化市场秩序、依法加强网络信息安全监管，推进文化建设法治化；通过全面提升“平安泉州”建设法治化水平、健全完善社会治理格局、发展和规范社会组织等，推进社会建设法治化。同时，还将加强生态文明制度建设、加大资源保护和管理力度、加大环境执法力度、大力弘扬生态文化，推进生态文明建设法治化。

至2020年，泉州法治建设的具体目标:公共权力行使得到有效规范和制约，全社会的法治意识和法律素质普遍提高，公民权利得到有效保障，安全诚信规范的经济社会秩序基本建立。市依法治市领导小组将强化组织保障机制、考评激励机制、公众参与机制和督查落实机制，确保法治泉州目标的实现。

市政府发文力促纺织鞋服行业健康发展

市政府出台“一号文件”《关于促进纺织鞋服行业健康发展若干措施的通知》。其中，支持企业创新，鼓励技术创新和技术改造成为政府促进纺织鞋服产业健康发展的重要举措。对采购工业机器人整机或成套设备和生产线局部智能化改造，符合认定标准的单个企业给予100万元以内补助；对于企业建成的生产研发企业优先给予市级科技重大专项支持，并给予200万元以内资金支持；通过融资租赁引进先进设备的，相关费用视同固定资产投资，给予高新企业15%的所得税优惠等。在人才环境上，泉州市组织邀请国内外相关领域专家组成“数控一代”专家委员会，设立常驻专家组，建立项目导师挂钩联系制度，形成由高校、科研院所、专业技术培训公司、应用推广中心、区域（行业）示范、实施效果评价等全方位多层次服务体系。

泉州21个科技项目入选2014年度福建省科学技术奖

省政府公布《关于2014年度福建省科学技术奖励的决定》，泉州21个科技项目进入2014年度福建省科学技术奖行列。其中华侨大学研究的两个课题为“金属结合剂牢固把持金刚石磨粒的关键技术及应用”“杂多酸基新型光催化纳米材料”分别获省技术发明奖一等奖和省自然科学奖二等奖。由信和新材料股份有限公司与厦门大学联合完成的“海洋船舶重防腐涂料的研发与产业化应用”获省科技进步奖一等奖。

市政府办出台《关于建立病死畜禽无害化处理机制的通知》

市政府办出台《关于建立病死畜禽无害化处理机制的通知》。文件明确，从事畜禽饲养、屠宰、经营、运输的单位和个人作为第一责任人，负有对病死畜禽及时进行无害化处理并向当地乡镇政府（街道办事处）和畜牧兽医部门报告的义务。对于违法抛弃、销售、屠宰病死畜禽和加工、制售、经营病死畜禽产品的企业，将其列入“黑名单”并公开曝光。所有规模养殖场、养殖专业合作社、定点屠宰厂（场）都必须建设与养殖或屠宰规模相适应的病死畜禽无害化处理设施；2016年底前，生猪调出大县、禽年饲养量5000万羽以上的县（市、区）必须建设病死畜禽无害化专业处理厂（场）。畜禽养殖重点乡镇以及晋江、洛阳江、九十九溪主干流流经的乡镇政府（街道办事处）必须建设病死畜禽无害化集中处理公共设施。养殖村要创造条件设立病死畜禽收集点、暂存设施，安排专人负责收集，并配备必要的设施设备，形成“村设站点、农户送交，流动收集、集中处理”模式；有条件的地方可探索利用现有医疗垃圾处理厂、垃圾焚烧发电厂等对病死畜禽进行集中无害化处理。

3月14日

星期六
农历乙未年正月廿四
温度：15℃—24℃
多云转阴

●市委、市政府制定出台《泉州市贯彻〈法治福建建设纲要（2014—2020年）〉的意见》。该意见提出，用6年时间，积极稳妥推进法治泉州建设。至2020年，基本实现泉州市经济、政治、文化、社会和生态文明建设法治化，依法治国基本方略得到全面落实，法治泉州建设取得阶段性成果。

●市政府出台“一号文件”《关于促进纺织鞋服行业健康发展若干措施的通知》。

●泉州21个科技项目入选2014年度福建省科学技术奖。

●市府办下发《关于建立病死畜禽无害化处理机制的通知》，各地应于2015年5月底前，制定本行政区域内病死畜禽无害化设施建设规划，确保2016年底前基本实现本辖区病死畜禽无害化处理。

3月15日

星期日
农历乙未年正月廿五
温度：18℃—26℃
阴

●市治违办确定2015年全市第二批“六先拆”的“两违”名单123宗，面积52961平方米；其中顶风突击的新违建39宗，面积10312平方米。

●春运期间泉州海陆空运送旅客899万人次。

●省政府批复《南安沿海三镇（水头镇、官桥镇、石井镇）产城融合培育小城市综合试点方案》。

●“南安信使”电子邮箱宣传交流平台项目启动。

●惠安县第二届“最美乡村人家”评选结果出炉，96户农村家庭获评“最美乡村人家”。

全市第二批“六先拆”的“两违”名单公布

市治违办确定2015年全市第二批“六先拆”的“两违”名单并对外进行公布。公布的“两违”名单共有123宗，面积52961平方米；其中顶风突击的新违建39宗，面积10312平方米。其中鲤城区10宗，面积1892平方米；丰泽区10宗，面积1930平方米；洛江区10宗，面积1485平方米；泉港区10宗，面积3107平方米；石狮市10宗，面积7335平方米；晋江市10宗，面积12950平方米；南安市10宗，面积10131平方米；惠安县10宗，面积1716平方米；安溪县10宗，面积6263平方米；永春县11宗，面积1791平方米；德化县9宗，面积1777平方米；泉州经济技术开发区2宗，面积440平方米；泉州台商投资区11宗，面积2144平方米。这些“两违”中，党员干部的违建1宗，面积200平方米；安全隐患大的违建13宗，面积2909平方米；影响“三边三节点”整治的违建24宗，面积10311平方米；顶风突击的新违建39宗，面积10312平方米；妨碍重点项目建设的违建24宗，面积16893平方米；社会影响恶劣的违建9宗，面积2447平方米；其他类型的违建13宗，面积9889平方米。

春运期间泉州海陆空运送旅客899万人次

市春运办统计数据显示，从2月4日至3月15日，长达40天的春运，全市的海陆空运送旅客897.9585万人次，与上年同期相比下降10.72%。全市每天平均发送旅客量22.4489万人次。动车和飞机分担部分客流，但在全市发送旅客量中，道路运输占总发送旅客量的87.7%。春运期间，泉州火车站发送旅客53.86万人次，到达47.03万人次，同比增长16.6%；晋江火车站发送旅客23.68万人次，到达旅客15.77万人次，同比增长6.2%；惠安站2015年春运首次开办，共计发送旅客4398人次，到达旅客1496人次。春运期间，泉金客运航线迎来两岸旅游探亲客流高峰，虽因大雾停航过数次，但总体运营情况良好，共计安全营运282航次，运送两岸旅客14404人次，同比增长13.3%。泉州晋江国际机场完成春运保障工作，完成航班量3260架次，同比增长11%；旅客吞吐量38.7万人次，同比增长18.8%；货邮吞吐量3200公斤，同比增长19.4%。

省政府批复《南安沿海三镇产城融合培育小城市综合试点方案》

福建省政府正式批复同意《南安沿海三镇（水头镇、官桥镇、石井镇）产城融合培育小城市综合试点方案》，南安成为福建省第一批开展“小城市”试点（县）市之一。根据方案，南安将以“三镇一城、产城融合”为目标，争取到2015年年底，形成沿海三镇全域一城的空间发展格局，城镇化率65%，石材产业集群产值达700亿元。至2018年，沿海三镇产城融合规模效应不断突显，城镇化率70%，石材产业集群产值突破1000亿元。至2020年，形成统筹沿海三镇城乡发展的制度体系，城镇化率75%，石材产业集群产值突破1200亿元。

“南安信使”交流平台启动

“南安信使”电子邮箱宣传交流平台项目启动，该项目将打造成海内外南安人交流互动、宣传推介南安城市形象的重要渠道，成为省内率先通过电子邮箱连接港、澳、台、侨及异地乡亲的电子邮箱交流平台。“南安信使”交流平台依托网易电子邮箱技术优势，旨在通过广泛征集港、澳、台、侨及异地南安籍乡亲的电子邮箱信息资料，分门别类建立通讯录，适时发送传递南安经济、社会、文化各领域发展成就、政策信息、招商引资信息及对外交流信息，打造“一个点发布信息、一条线传递信息、一整面接受信息”的“点、线、面”宣传模式。

惠安“最美乡村人家”评选揭晓

惠安县第二届“最美乡村人家”评选结果出炉，96户农村家庭获评“最美乡村人家”。按照“住房建设规范美、房前屋后整洁美、家邻团结和谐美、乡风文明身心美、增收致富生活美”等五大方面10项标准，经过推荐申报、初步审核、考评验收、对外公示等评选过程。此次评选，工作人员还进村入户，现场走访调查，对违反计生、综治、住房建设规定等相关管理条例的，实行一票否决。与上年不同的是，年初选户还获赠春联。获得“最美乡村人家”称号的农户，将由惠安县美丽乡村建设总指挥部进行命名表彰，并给予授牌奖励。

市政协十一届四次会议召开

杨俊峰作市政协工作报告

16—19日，中国人民政治协商会议第十一届泉州市委员会第四次会议在泉州影剧院召开。市政协主席杨俊峰，副主席许连捷、吴共湖、苏小青、骆沙鸣、陈铭福、王祖耀、李冀平、王瑞强、陈益，秘书长洪川夫在主席台前排就座。受泉州市政协第十一届常委会的委托，杨俊峰向大会作工作报告。报告从五个方面阐述2014年十一届市政协常委会的工作特色和显著业绩：一、服务深化改革，积极为科学发展跨越发展建言献策；二、创新履职形式，推进协商民主广泛多层制度化发展；三、积极关注民生，协力营造和谐有序的良好社会环境；四、突出团结民主，广泛汇聚促进经济社会发展正能量；五、加强机关建设，着力锤炼求真务实高效的良好作风。骆沙鸣向大会作政协第十一届泉州市委员会常务委员会关于十一届三次会议以来提案工作情况的报告，各专门委员会向大会提交书面工作报告。

会议听取市政协十一届四次会议提案初审情况报告，审议通过《中国人民政治协商会议第十一届泉州市委员会第四次会议决议》，大会表彰《关于进一步加强晋江、洛阳江下游河道环境整治修复，保护泉州湾河口湿地生态环境的提案》等48件提案为2012—2014年度优秀提案，市委宣传部等20个单位为提案办理先进单位，王绍旭等35名同志为提案工作先进工作者。

会议现场　　（图/吴寿民）

市委党校举行春季开学典礼

中共泉州市委党校举行2015年春季开学典礼，第58期县处级领导干部进修班、第67期科级干部进修班开班，140人参加培训。本期学习，除了强化学员的理论素养与专业知识外，还着重强化学员的责任担当，落实习近平总书记就作风建设发表的重要讲话中提出的“三严三实”要求。教育学员做到严以修身、严以用权、严于律己，谋事要实、创业要实、做人要实，要求学员把“三严三实”作为修身之本，常补精神之“钙”，恪守品德，心怀敬畏；强化学员作风养成，坚守为政之道，要讲规矩守纪律，坚持秉公用权，绝不能“有权就任性”，应做到任何时候都不搞特权、不以权谋私；培养求真务实的工作态度，尽职尽责，勇于承担急难险重任务，在攻坚克难中施展才华，在应对考验中提升本领，在破解发展难题中干事创业。

开学典礼　　（图/苏展辉）

3月16日

星期一
农历乙未年正月廿六
温度：17℃—25℃
多云

●16—19日，泉州市政协十一届四次会议召开。

●16—19日，郑新聪到市人代会丰泽、泉港、石狮、晋江、南安、惠安、安溪、永春、德化代表团和市政协工商联（二）组，认真听取代表、委员的意见建议，一起审议或讨论市政府工作报告及其他报告。

●杨俊峰到鲤城、经济、特邀（二）及工商联（二）等小组，与政协委员们一起讨论政协常委会工作报告和提案工作报告。

●泉州市第十五届人民代表大会第五次会议在泉州影剧院举行预备会。

●市十五届人大五次会议主席团举行第一次会议。

●十一届市政协第二十三次主席会议和常委会第十九次会议召开。

●中共泉州市委党校举行2015年春季开学典礼，第58期县处级领导干部进修班、第67期科级干部进修班开班，140人参加培训。

3月17日

星期二
农历乙未年正月廿七
温度：18℃—28℃
多云

●17—21日，泉州市十五届人大五次会议召开。

●陈海基与所在的惠安代表团共同审议政府工作和计划、预算三个报告。

●市领导郑新聪，陈庆宗到泉州晚报社两会访谈室、泉州广播电视台两会直播室，看望慰问参与两会报道的媒体工作者，了解代表、委员和市民们关注的热点话题。

●市政协十一届四次会议第二次全体会议召开。

●市政协十一届四次会议第三次全体会议召开，听取市中级人民法院和市人民检察院工作情况通报。

●出席市十五届人大五次会议的代表分组审议市政府工作报告、泉州市2014年国民经济和社会发展计划执行情况及2015年国民经济和社会发展计划草案的报告、泉州市2014年预算执行情况及2015年预算草案报告。

●晋江市公安局举行劝阻诈骗转账奖金发放仪式，向2014年以来成功劝阻受害人诈骗转账的该市8名银行职员发放奖励金共1万元。在这8名职员的热心帮助下，多名储户及时地挽回损失共205万元。

市十五届人大五次会议召开

17—21日，泉州市第十五届人民代表大会第五次会议在泉州影剧院召开。

市长郑新聪代表市政府向大会作工作报告。报告分为三个部分：一是2014年工作回顾；二是扎实做好2015年工作；三是全面提升法治政府和服务型政府建设水平。回顾过去的一年，郑新聪指出，主要工作成效有八个方面：一、突出多措并举，经济增长平稳健康；二、突出创新引领，产业升级步伐加快；三、突出先行先试，改革开放扎实推进；四、突出文化弘扬，名城效应日益凸显；五、突出城乡统筹，区域发展更加协调；六、突出标本兼治，环境保护成效明显；七、突出民生优先，保障水平稳步提高；八、突出作风整肃，政务效能不断提升。为确保各项目标任务的完成，郑新聪强调要重点抓好七个方面工作：一、大力推进创新转型，进一步培育新的经济增长点；二、大力推进农业现代化，进一步激发农村发展活力；三、大力推进新型城镇化，进一步推动环湾向湾同城发展；四、大力推进改革开放，进一步加快建设“海丝”先行区；五、大力推进文化繁荣，进一步打造共同精神家园；六、大力推进绿色发展，进一步创建生态文明示范区；七、大力推进社会和谐，进一步构建民生保障安全网。

市人大常委会主任陈海基作市人大常委会工作报告，市中级人民法院代理院长欧岩峰作市中级人民法院工作报告，市人民检察院检察长欧秀珠作市人民检察院工作报告。陈海基在报告时指出，2014年，市人大常委会先后召开常委会会议8次，主任会议15次，听取和审议市政府、市法院、市检察院工作报告12项，开展执法检查、专题询问各2次，进行满意度测评4次，组织视察、专题调研25次，顺利完成市十五届人大四次会议确定的各项任务。会议逐一表决通过《关于泉州市人民政府工作报告的决议》《关于泉州市2014年国民经济和社会发展计划执行情况及2015年国民经济和社会发展计划的决议》《关于泉州市2014年预算执行情况及2015年预算的决议》《关于泉州市人大常委会工作报告的决议》《关于泉州市中级人民法院工作报告的决议》以及《关于泉州市人民检察院工作报告的决议》。截至会议结束，大会收到市人大代表对各方面工作的建议、批评和意见362件，连同10件议案转为建议，加上闭会期间提出4件，本次会议收到代表的建议、批评和意见376件。

依照法律行使职权，以无记名投票方式，补选陈万里为泉州市第十五届人大常委会主任，朱团能、曾巍为市第十五届人大常委会副主任，张翼翔、姚晓明为市第十五届人大常委会委员；补选欧岩峰为泉州市中级人民法院院长，高扬捷为泉州市人民检察院检察长。

会议现场 （图/吴寿民）

郑新聪看望参与两会报道的媒体工作者

市长郑新聪，市委常委、宣传部部长、教育工委书记陈庆宗到泉州晚报社两会访谈室、泉州广播电视台两会直播室，看望慰问参与两会报道的媒体工作者，了解代表、委员和市民们关注的热点话题。在泉州晚报社两会访谈室，郑新聪询问报社全媒体运作方式和两会新闻报道情况，对报社坚持传播先进文化、不断提升办报质量、积极拓展发展空间表示肯定。郑新聪希望全市媒体工作者要继续围绕中心、服务大局，创新报道内容和传播方式，及时传播党和政府的方针政策，积极展示社会主流文化，着力聚焦改革创新成果，为泉州改革发展鼓与呼。两会期间，要深刻领会会议精神，及时传递会议情况；要把更多镜头对准群众，对准基层代表和委员，传达基层呼声，反映民生诉求，助推会场内外深入互动，在党委政府和社情民意之间架起连心桥，为泉州发展提供强有力的精神动力和舆论支持。

港澳委员特邀委员异地商会委员座谈会召开

市委、市政府召开港澳委员、特邀委员、异地商会委员座谈会。市领导郑新聪、杨俊峰、周银芳、翁祖根、林伯前、陈万里、吕竞、陈荣洲、许连捷、吴共湖、苏小青、陈铭福等参加座谈。市委副书记周银芳主持会议。会上，近百名港澳委员、特邀委员、异地商会委员共商发展大计。发言中，委员们对市政府工作报告给予高度评价，肯定一年来市委、市政府迎难而上、有为应对，积极谋划推动科学发展跨越发展的各项工作，并就抢抓海丝机遇、发展实体经济、弘扬闽南文化、强化政企互动、优化侨务工作、推进两岸合作等方面积极建言献策。受市委书记黄少萍委托，市长郑新聪指出，中央明确提出支持泉州建立“21世纪海上丝绸之路先行区”，并将泉州列为国内14个海上战略支点城市之一。市委、市政府作出建设“21世纪海上丝绸之路先行区”决策部署，大力推进“十大行动计划”和“十大重点工程”。泉州将借助历史符号做现在的事情，争取“海丝”先行区早期收获项目取得突破；泉州也将充分发挥闽南文化核心区作用，在弘扬传承中更好地维系海内外乡亲的情感记忆。郑新聪表示，泉州将高度重视、认真梳理委员们提出的意见和建议，始终坚持为海内外乡亲做好服务，加强与异地商会、泉商网络的联系协作，强化新生代对祖籍文化的认同，为“回归创业”提供主动、贴心、高效、周到的服务。希望广大乡贤在泉州改革发展中寻找更多合作机会，带动更多资金、项目、人才等资源要素在泉州聚集，共同开辟“21世纪海上丝绸之路先行区”美好未来。

座谈会现场　（图/吴寿民）

市十五届人大五次会议主席团第二次会议召开

市十五届人大五次会议主席团第二次会议召开。郑新聪、陈海基、周银芳等主席团成员共73人出席会议。主席团常务主席、市人大常委会副主任吕竞主持会议。市中级人民法院、市人民检察院、市政府办公室、市发展和改革委员会、市财政局主要领导列席会议。会议听取各代表团汇报审议市政府工作和计划、预算3个报告情况；听取各代表团汇报审议关于接受有关领导人员辞职请求的决定草案情况，决定将上述决定草案提交全体会议表决；听取各代表团汇报审议选举办法草案情况，决定将选举办法草案提交全体会议表决。代表们在审议中普遍认为，三个报告求真务实，提出的2015年经济社会发展目标任务重点突出、举措有力，具有很强的前瞻性、针对性、指导性和可操作性，反映全市人民的共同心声。政府工作报告深入贯彻中共十八大和十八届三中、四中全会精神，紧紧围绕“四个全面”战略布局，坚持稳中求进、改革创新、民生优先，为打造机制活、产业优、百姓富、生态美的现代化泉州提供行动指南。

市政协十一届四次会议第四次全体会议召开

市政协十一届四次会议第四次全体会议召开，就泉州市经济转型、城镇建设、生态保护、农村发展、民生改善等问题建言献策。会上，15位市政协委员结合泉州实际，就“海丝”先行区建设、发挥传统产业优势、加快培育新兴产业、新型城镇化建设、公立医院改革、生态环境保护等进行重点发言。认真听取大会发言后，市长郑新聪对市政协、各参加单位和各界委员们对泉州经济社会发展的支持表示感谢。他指出，委员们经过用心选题，深入调研，提出大量涵盖泉州当前各领域重点和群众关注热点的建议，发言内容实、质量高，听了很受启发。市政府将认真梳理会议期间的提案、发言和讨论，并逐一分解到各相关部门进行研究吸纳，抓好转化落实；同时进一步完善市政府和市政协重大事项事前协商制度，重大决策事项更多听取、吸收政协委员们的真知灼见。希望市政协和各参加单位充分发挥联系广泛、人才聚集的优势，围绕中心、服务大局、认真履职、积极建言，为政府科学决策提供依据和参考，共同推进泉州科学发展跨越发展。会前，各民主党派、工商联、各县（市、区）政协和市政协委员活动组认真选题，深入调研，精心准备，向大会提交发言材料共48篇，经过反复审阅确定选用40篇，涉及泉州市经济社会发展各个方面，体现广大政协委员积极参政议政、调查研究的成果。

3月18日

星期三
农历乙未年正月廿八
温度：18℃—28℃
晴转多云

●市委、市政府召开港澳委员、特邀委员、异地商会委员座谈会。

●市十五届人大五次会议主席团第二次会议召开。

●市政协十一届四次会议第四次全体会议召开，就泉州市经济转型、城镇建设、生态保护、农村发展、民生改善等问题建言献策。

●泉州市区清源山齐云山公路水流坑段，5车碰撞燃烧起火，事故造成其中1名司机腿部受伤。

●晋江市西园街道流动人口办联合综治办、工会、司法所、劳务所及社区卫生服务中心等单位开展流动人口“均等化服务”下基层活动。

3月19日

星期四
农历乙未年正月廿九
温度：18℃—25℃
多云转阴

●叶双瑜到泉州开展2014年度落实党风廉政建设责任制情况检查。

●泉州市政协十一届四次会议闭幕。

●《人民日报》头版头条刊发《福建构筑海上丝路桥头堡》，详细介绍泉州九日山等海丝史迹和建设21世纪海上丝绸之路先行区等有关情况。

●市十五届人大五次会议主席团第三次会议召开。

●十一届市政协第二十五次主席会议和常委会第二十一次会议召开。

●出席市十五届人大五次会议的代表们，分组审议市人大常委会工作报告和市中级人民法院工作报告、市人民检察院工作报告。

●澎湖县议会议长刘陈昭玲率澎湖议会参访团到泉州访问。

●由中国书法家协会主办的国展大讲堂在惠安举办。

叶双瑜到泉州开展落实党风廉政建设责任制情况检查

省委常委、秘书长叶双瑜到泉州开展2014年度落实党风廉政建设责任制情况检查。受市委书记黄少萍委托，市委副书记、市长郑新聪作全市落实党风廉政建设责任制情况汇报。省监察厅副厅长、检查组组长薛云官；市领导周银芳、陈沈阳、许昆贞、翁祖根、温惠榕、陈庆宗、林伯前参加汇报会。省委检查组通过多种形式，对泉州市落实党委主体责任、纪委监督责任和落实中央八项规定精神、纠正“四风”情况进行具体检查，并对2014年检查中发现问题的整改情况进行核查。叶双瑜指出，泉州是全省改革开放最早、经济总量最大的设区市，为全省发展大局做出重要贡献，同时也在党风廉政建设方面创造过许多经验。泉州市抓好党风廉政建设工作、落实好党风廉政建设责任制，对全省具有特别重要的意义。从检查和汇报来看，泉州市落实“两个责任”总体情况较好，抓党风廉政建设力度不断加大，但工作中也存在着一些问题和不足，需要进一步加以研究解决。

就下阶段工作，叶双瑜强调三点意见。一是落实“两个责任”要把思想统一到中央和省委的要求上来。二是落实“两个责任”要坚持问题导向。三是落实“两个责任”要突出整改和问责。郑新聪表示，泉州将深入贯彻落实“四个全面”重大战略布局以及习近平总书记关于狠抓反腐倡廉的新思想、新部署，严格按照3月16日省委常委（扩大）会议要求，坚持科学发展跨越发展和全面从严治党“两手抓两手硬”，着力净化政治生态，营造廉洁从政良好氛围。切实抓好“两个责任”落实，全市各级党委将把从严治党主体责任记在心中、扛在肩上，各级纪委将认真履行监督责任，确保压力层层传导延伸；抓好党风廉政建设各项工作的落实，逐条逐项专题研究上级要求和存在问题，确定整改措施、期限、责任领导、责任单位和具体责任人，努力以实效取信于民、推动发展、对组织负责。

十一届市政协第二十五次主席会议和常委会第二十一次会议召开

十一届市政协召开第二十五次主席会议和常委会第二十一次会议。市政协主席杨俊峰，副主席许连捷、吴共湖、苏小青、骆沙鸣、陈铭福、王祖耀、李冀平、王瑞强、陈益，秘书长洪川夫出席会议。十一届市政协第二十五次主席会议听取各组召集人汇报各小组讨论十一届市政协四次会议决议（草案）的情况。常委会第二十一次会议审议通过十一届市政协四次会议决议（草案），决定将决议（草案）提请市政协十一届四次会议闭幕大会进行表决。

澎湖议会参访团到泉州访问

19—21日，澎湖县议会议长刘陈昭玲率澎湖议会参访团到泉州访问。市政协主席杨俊峰，副主席吴共湖、苏小青，秘书长洪川夫参加有关活动。杨俊峰对澎湖议会参访团的到来表示欢迎，并介绍泉州市经济社会发展情况。希望以此次来访为契机，双方进一步增进共识，常来常往，加大经贸、文化、旅游等领域的交流、合作，促使两地携手发展。刘陈昭玲表示，澎湖与泉州系属同源，2002年和2006年澎湖议会参访团就曾两次访问泉州。近年来，海峡两岸交流日益频繁，澎湖愿意继续加大与泉州的交流、合作，加深两地情谊。在泉州期间，澎湖议会参访团参观泉州天后宫、李贽故居；到泉州台商投资区浮山边防派出所，感谢泉州有关方面在2015年1月1日澎湖乡亲船难事件中所提供的帮助。

书法国展大讲堂在惠安举办

由中国书法家协会主办的国展大讲堂在惠安举办，来自全省各地的骨干书法家代表参加，备战即将举行的第十一届全国书法篆刻展览。此次国展大讲堂由中国书法家协会专家从文俊、刘文华分别主讲，结合当前书法国展作品投稿要求、创作形式、书写内容、展览评审等，从用笔、章法、墨法乃至作品纸张的选取等诸多方面进行专业指导。活动期间还举行备战国展书法作品观摩会，专家对全省书法作者报送的100多件作品进行现场点评，鼓励书法家精心创作。据悉，举办国展大讲堂是惠安县创建泉州市首个“中国书法之乡”的重要举措，“中国书法之乡”创建工作进入迎接考察验收阶段，此次国展大讲堂的举办将更加促进当代惠安书法的高度繁荣。

市政府第一次全体会议召开

市政府第一次全体会议召开，会议深入贯彻全国两会和省委常委（扩大）会议、省政府第一次全体会议精神，动员各级政府各部门紧紧围绕“四个全面”战略布局，在市委领导下，只争朝夕抓落实，不遗余力促发展，确保完成全年各项目标任务。市领导郑新聪、林伯前、陈荣洲、周真平、卢炳椿、李建辉、陈灿辉、林万明、刘忠，泉州军分区政委郑健，市政府秘书长吴友才参加会议。市长郑新聪指出，市《政府工作报告》是“政府承诺”“法定作业”，必须全力落实好、完成好，以实际行动落实两会精神，以实际成效兑现政府承诺。首先要抓紧，加快推进市《政府工作报告》确定的一系列目标任务，抓紧梳理、督促办理人大代表、政协委员提交的建议和提案，迅速启动实施为民办实事项目。其次要抓实，把市委的决策部署和人大的决定，转化为具体的实施方案、推进措施和实际成效，加强市机关效能建设，开展“三比一看”活动，做到责任要落实、措施要扎实、督查要盯牢。第三要抓当前，保持清醒认识，迅速行动起来，做到精准应对，抓好工业生产，大力开拓市场，强力促进投资，促进房地产平稳发展，有效解决企业融资问题，力促经济增速逐月回升。郑新聪要求，各级政府各部门要按照上级要求，加快建立简政放权、转变职能的有力推进机制，给企业松绑，为创业提供便利，营造公平的竞争环境。一要清晰权力边界，对内要抓清权，对上要抓衔接，对下要抓放权，从基础和源头入手，着力规范权力运作和政府行为。二要促进服务优化，大力改进审批、中介两项服务，做到态度更好、措施更实、效率更高。三要强化监督管理，做到法定职责必须为，强化全网络、全过程监管，完善执法联动协作机制，使市场环境更加规范有序，用政府权力的“减法”，换取市场活力的“乘法”。郑新聪强调，经济发展进入新常态，精神面貌更要有新状态。要解放思想，转变思维、服务、运作方式；要敢于担当，敢于负责，敢于攻坚，敢于碰硬；要是依法行政，把政府工作全面纳入法治轨道，注重运用法治思维和法治方式妥善解决矛盾问题；要正风肃纪，强化党风廉政建设主体责任，切实履行好“一岗双责”，突出整治“庸官懒政”，扎扎实实工作，力争在更高起点上实现新的跨越。会议还对安全生产和社会稳定工作作部署。

泉州市跨境电商系列活动举行

由市商务局主办的泉州市跨境电商系列活动的首站“亚马逊跨境电商项目推介会”在华侨大厦举行。来自亚马逊、微软必应、出口易等多位全球知名跨境平台华南地区负责人，WorldFirst、宜信、邮政速递等跨境电商服务商代表，泉州市商务局相关负责任人及近300家泉州企业的相关负责人参加会议。推荐会上，亚马逊中国华南区总监康平列出2011—2016年全球跨境B2C电商营业额，可以看出跨境B2C发展增速逐年增长。康平表示，在2013年全球B2C电子商务市场中，位居第一的北美市场有4200亿美元的份额，第二名的亚太市场有3800亿美元的份额，其中，亚太地区是增长速度最快的跨境电子商务市场。2013年以来，泉州外贸电商企业数量每年以30%以上的数量在增长，泉州跨境电子商务交易总额占全省一半以上。

电影《失孤》频现泉州元素

刘德华和井柏然主演的“打拐”题材电影《失孤》在全国公映，该影片曾在泉州的西街、驿馆七号、少林寺等地取景拍摄，影片频现泉州元素。影片讲述一个农村老父亲雷泽宽（刘德华饰演），辗转全国15年寻找丢失孩子的感人故事。这部曾经在泉州取景拍摄的影片，一上映就引起泉州影迷的热烈反响。“雷泽宽骑着摩托车，走上一条曲折的山路，之后是连续的弯路，雷泽宽不断地拐弯，迎面一辆超宽超载的农用车几乎霸占了整条道路，雷泽宽避闪不及，左右摇晃，最终被农用车挤下了山路……”这条山路正是位于泉州境内的乌关村，从这个镜头开始，泉州元素出现在影片中。随后，泉州朝天门、西街钟楼、东海镇石狮村、东海隧道、晋江大桥、少林寺等接连出现，不断引起现场观众的欢呼。《失孤》虽然跨越福建、江西、湖北、重庆及成都等五省市十五地，深入到乡村山区进行拍摄，但是泉州元素出现的频率最高。由于刘德华在拍摄中与泉州的摩托兄弟结缘，开始关注摩托车返乡团这一特殊春运群体。春节前夕，影片剧组通过《东南早报》向从泉州骑摩托车返乡的新泉州人发放250件冲锋衣。

3月20日

星期五
农历乙未年二月初一
温度：16℃—21℃
阴

●泉州市十五届人大五次会议闭幕。

●市十五届人大五次会议主席团第四次会议召开。

●市政府第一次全体会议召开。

●市民政局召开会议部署清明工作，以确保清明祭扫安全、文明、有序进行。

●由市商务局主办的泉州市跨境电商系列活动的首站“亚马逊跨境电商项目推介会”在华侨大厦举行。

●在全市中职、中小学和幼儿园开展以“拒绝违法交通安全从我做起”为主题的校园交通安全宣传活动。

●20—22日，全军关节镜微创技术下基层巡讲（泉州站）会议在180医院举行。

●刘德华和井柏然主演的“打拐”题材电影《失孤》在全国公映，该影片曾在泉州的西街、驿馆七号、少林寺等地取景拍摄，影片频现泉州元素。

3月21日

星期六
农历乙未年二月初二
温度：15℃—18℃
阴

●《泉州市大气污染防治行动计划实施情况考核办法（试行）》及考核细则出台。

●据市检察院通报，泉州市检察机关立案侦查贪污贿赂案件177件212人，立案件数、人数同比均上升22%。其中大案144件，大案率81.4 %；严肃查办发生在领导机关和领导干部中的贪污贿赂案件，立案侦查处级干部6人、科级干部58人。

●首届泉港公安机关“十佳警嫂”评选活动结果揭晓。

●21—23日，以“香江缘·永春情”为主题的世界永春社团联谊会第十一届会员代表大会暨理事就职典礼在永春举行，来自17个国家和地区的海外永春人齐聚一堂，为永春发展出谋献策。

泉州首次考核各县（市、区）大气污染防治实施情况

《泉州市大气污染防治行动计划实施情况考核办法（试行）》及考核细则出台。从2015年起，市政府将对各县（市、区）人民政府、泉州开发区和泉州台商投资区管委会《大气污染防治行动计划实施方案》实施情况进行年度和终期考核，进一步推动泉州市各地落实大气污染防治工作责任，加快改善空气质量。

考核指标包括空气质量改善目标完成情况和大气污染防治重点任务完成情况两个方面。空气质量改善目标完成情况以各地可吸入颗粒物（PM10）年均浓度下降比例作为考核指标。大气污染防治重点任务完成情况包括产业结构调整优化、清洁生产、煤炭管理与油品供应、燃煤小锅炉整治、工业大气污染治理、城市扬尘污染控制、机动车污染防治、建筑节能、大气污染防治资金投入、大气环境管理等10项指标。两个考核指标满分均为100分，综合考核结果分为优秀、良好、合格、不合格四个等级。

考核工作由市环保局、发改委、经信委等部门负责，考核结果于每年5月底前报市政府，经市政府审定后向社会公开。综合考核结果将作为各地县（市、区）长环保目标责任书、政府绩效以及各地区领导班子考核评价等相关依据。市直相关部门将考核结果作为对重点区域、重点治理项目按治理成效实施“以奖代补”的重要依据，对考核结果优秀的将加大支持力度，不合格的将予以适当扣减。

全市立案侦查贪污贿赂案件177件212人

从泉州市人民检察院获悉，2014年以来，泉州市检察机关立案侦查贪污贿赂案件177件212人，立案件数、人数同比均上升22%。其中大案144件，大案率81.4 %；严肃查办发生在领导机关和领导干部中的贪污贿赂案件，立案侦查处级干部6人、科级干部58人。泉州市检察机关抓住行贿犯罪易发多发的重点领域、重点部位和重点环节，突出查办行贿手段恶劣、后果严重，使国家利益遭受重大损失、严重损害群众切身利益的行贿犯罪嫌疑人12人。同时，抓住全国检察机关开展职务犯罪国际追逃追赃专项行动的契机，加强组织协调，密切与纪委、公安、边防、电信、金融、海关等相关部门的协作配合，加大追逃追赃力度。全面清理排查在逃职务犯罪案件，劝返或抓获在逃职务犯罪嫌疑人15人，其中成功敦促2名在逃境外职务犯罪嫌疑人回国投案自首，在逃人员潜逃时间最长达14年，总涉案金额1036万元，追逃追赃工作取得明显成效。

泉港首届“十佳警嫂”评选揭晓

首届泉港公安机关“十佳警嫂”评选活动结果揭晓。该区刑侦大队教导员王发红的妻子王春芳等10人获得首届泉港“十佳警嫂”，并由区妇联授予泉港区“三八”红旗手称号，颁发证书及奖杯。此次“十佳警嫂”评选活动历时三个多月，评选范围涉及泉港公安、边防、消防等各警种部门基层一线干警爱人，经全区公安机关民主推荐、审核把关、社会公示、网络投票、考核走访和组委会集体评议后，最终从各警种部门推选的16名候选对象中评出“十佳警嫂”。

第十一届世界永春社团联谊会召开

21—23日，以“香江缘·永春情”为主题的世界永春社团联谊会第十一届会员代表大会暨理事就职典礼在永春举行，来自17个国家和地区的海外永春人齐聚一堂，为永春发展出谋献策。就职典礼上，还举行海外华侨、港澳台同胞捐赠公益事业表彰仪式，省市有关单位、永春县政府还与“世永联”互赠纪念品。大会期间，举行世永联大厦奠基仪式，组织与会人员参观考察永春港永幼儿园、桃溪流域综合治理示范段、岵山古镇、达埔香城等，举办世界永春社团联谊会“福万通杯”乒乓球邀请赛。

相关链接：永春县是著名侨乡，120多万海外永春人分布在世界五大洲的47个国家和地区，在世界各地先后成立110多个宗乡社团。1993年11月18日，由马来西亚永春联合会发起筹组的世界永春社团联谊会在永春成立，形成以马来西亚永春联合会、新加坡永春会馆、台北市永春同乡会、菲律宾永春同乡会、香港永春同乡会等社团为团体会员并轮值“世永联”，其他国家和地区的永春代表为个人会员的世界永春社团联谊会。

市政府出台举措力促提升现代茶产业发展水平

市政府下发《关于提升现代茶产业发展水平若干措施的通知》，从2015至2018年，市级财政将安排2000万元专项资金扶持茶产业发展。通过政策扶持，到2018年，在全市茶园面积稳定在78万亩、毛茶产量8万吨的基础上，显著提升茶产业的综合竞争力，并实现年产值200亿元的目标。文件鼓励，依托茶业龙头企业、专业合作社带动农户建设标准化生态茶园，着力推广生态茶园建设技术，加强病虫害绿色综合防控，完善茶园路网及排灌工程等基础设施配置，建设防护林隔离带，形成“头戴帽、腰束带、脚穿靴”的良好茶园生态系统。推动茶叶精深加工和产业转型升级，也是政策关注的重点。此次出台的政策对茶叶生产加工的机械化与自动化也将进行重点扶持。根据计划，到2018年全市将建成20条茶叶初制加工不落地机械化自动化生产线，在省级财政补助基础上，市级财政每年安排专项资金给予补助。文件认同“安溪县农资监管与物流追踪平台”模式，对进入市场的每个农药产品从生产厂家到经销商到农户的全程、双向、即时追溯管理；鼓励推广“德盛茶叶农残安全控制体系”模式，建立以户建档、配方用药、统防统治控制体系，达到安全可控、节约成本、增产增效。文件要求加大茶产业品牌的培育与保护，引导更多的经营主体申请茶产业地理标志商标注册，扶持农业合作社申请茶产业集体商标，对新注册的茶产业地理标志商标每件给予10万元奖励。此外，大力挖掘、保护、利用茶文化，积极开展茶事、茶艺活动，支持茶产业与旅游业整合发展，抓住安溪铁观音茶文化系统入选第二批中国重要农业文化遗产的有利契机，注入创意元素，开发推广茶园生态观光游和茶文化体验游，把本区域内较大规模的“休闲茶叶庄园”集群成带，打造“休闲茶叶庄园”旅游新型业态，市级财政对获得市级休闲农业示范点的休闲茶叶庄园给予补助。

安溪茶园　　（图/刘伯怡）

《泉州民间信俗文化志》出版发行

由泉州市方志委编纂的《泉州民间信俗文化志》正式出版发行。《泉州民间信俗文化志》一书由中国文史出版社出版，主要记述泉州历史延续、社会发展及生活内涵之宗教信仰、民间信俗、祖先崇拜为主的地方习俗，记述泉州各地的重要寺庙庵堂、宫观岩洞、文物古迹、信仰习俗、姓氏宗祠等历史文化及传播。全志上、下两卷，共3篇15章56节，另加附录以及索引部分，图文并茂，共194万字,共收录记载宫观岩洞458座、寺庙庵堂324座、清真寺9座、教堂会所42座，宗教人物230人，民间神祇40多尊，节俗活动65项，祭祀专祠72个，泉州姓氏78个，宗族名祠207处，泉州古墓131处。

晋江成立全省首个县级邮政管理机构

全省首个县级邮政管理机构——晋江市邮政管理局揭牌成立，这是全国第四个县级邮政管理机构。晋江是福建省邮政快递市场最活跃、业务规模最大的县市，辖区内有22处邮政普遍服务的营业场所、25个法人快递企业、300多个快递网点（揽投站）、12个全国性快递品牌的省级分拨中心（企业总部）。2014年，晋江市邮政企业和规模以上快递服务企业业务总量累计完成20亿元，占全市比重的36.11%，业务规模位居全市各县市区第一。其中，规模以上快递服务企业业务量（含EMS）累计完成8500万件，业务收入累计完成8.33亿元，拉动网络零售近140亿元,邮政快递业发展优势和未来潜力巨大。

3月22日

星期日
农历乙未年二月初三
温度：14℃—17℃
阴转小雨

●市政府下发《关于提升现代茶产业发展水平若干措施的通知》。

●由市方志委编纂的《泉州民间信俗文化志》正式出版发行。

●香港泉州同乡会在香港会展中心举行成立二十六周年暨第十三届理监事就职典礼。

●全省首个县级邮政管理机构——晋江市邮政管理局揭牌成立。

●“宝珊杯”2015国际网联女子巡回赛·泉州站比赛在泉州宝珊花园网球中心开赛。

●泉州市青年发展促进会读书俱乐部沙龙100期回顾分享会举行。

●大型旅游歌舞《古厝娶亲》在市区新门街南音艺苑进行文化惠民工程演出，该剧目是泉州市政府力推，由泉州歌舞剧团领衔主演，是继《光明之城》后的又一传统文化创新力作。

●“‘中国最美’梨花邀您共赏”小记者专场举行，泉州市学生记者团25个小记者家庭到德化县上涌镇辉阳村400多亩花期正旺的梨花园观赏梨花。

3月23日

星期一
农历乙未年二月初四
温度：11℃—17℃
多云转阴

●全市国土资源暨卫片执法检查工作会议召开，贯彻全国、全省国土资源管理工作会议精神，总结部署全市国土资源暨卫片执法检查工作。

●由泉州海交馆与文莱海洋博物馆举办的“碧海丝路东方之舟——泉州‘海上丝绸之路’展览”在文莱首都斯里巴加湾开幕。

●首届“东亚文化之都”姐妹城市——韩国光州市代表团抵达泉州，开启为期三天的城市推介活动。

●中国福建晋江木偶剧团参加在克罗地亚东部城市武科瓦尔举行的第20届武科瓦尔国际木偶节。

●2015年全国路拳道锦标赛在安徽黄山开幕，泉州市体工队运动员罗剑斌喜获男子54公斤级金牌，成为2015年泉州市第一个获得全国冠军的选手。

全市国土资源暨卫片执法检查工作会议召开

全市国土资源暨卫片执法检查工作会议召开，贯彻全国、全省国土资源管理工作会议精神，总结部署全市国土资源暨卫片执法检查工作。市长郑新聪、副市长陈灿辉等参加会议。郑新聪颁发2015年度县（市、区）政府耕地保护和矿山生态恢复治理目标责任书。陈灿辉通报2014年耕地保护目标责任落实完成情况。省国土资源厅相关领导参加会议并讲话。郑新聪强调，做好新时期国土资源管理工作，要适应新常态、解决新问题，务实高效地保障发展需要。要更加注重耕地占补平衡，提前落实下达的补充耕地任务，确保建设项目“先补后占”需要；切实提高补充耕地质量，确保耕地开发项目资金足额到位；认真开展卫片执法检查，坚决查处违法占地，对违法占用耕地施以重典。要更加注重节约集约用地，着力保障合理发展用地需求，优先保障重点项目；强力清理处置批而未用土地；大力推进城乡低效用地开发，把历史遗留损毁的矿山用地复垦纳入旧村复垦。要更加注重依法依规运作，全面规范土地出让行为，加快整改，促进规范，严格实行网上公开；稳步推进宅基地和集体建设用地确权登记发证，稳妥开展农村宅基地制度改革试点。要更加注重矿山开发保护。严格规范矿山开采秩序，继续严控新设采矿权，落实矿山监管责任；用好增减挂钩扩围政策，加强矿山生态恢复治理；加大绿色矿山推广力度。要更加注重维护群众权益，为民惠民，落实土地征迁、地质灾害防治和库区移民后期扶持等工作；还权于民，保障群众依法享有的土地权益；让利于民，将城乡建设用地增减挂钩指标收益向群众倾斜；廉洁为民，坚决不碰损害群众利益、违法违规用地这两条国土工作“高压线”。

泉州“海上丝绸之路”展览在文莱举行

由泉州海交馆与文莱海洋博物馆举办的“碧海丝路东方之舟——泉州‘海上丝绸之路’展览”在文莱首都斯里巴加湾举行。开幕式当天，文莱王储穆赫塔迪·比拉在中国驻文莱大使杨健的陪同下参观泉州“海丝”展览，泉州海交馆工作人员向王储一行进行详细讲解。参观过程中，王储多次提问，对中国与文莱自西汉以来所建立的长期友好关系十分感兴趣，并非常赞赏泉州德化白瓷制作工艺。此次展览的展品涉及船模、瓷器、茶叶、碑石拓片、航海仪器、古籍、出土铜钱和象棋子等实物以及诸多图片。而文莱方面也提供近20件当地出土的中国瓷器充实到展览中，验证两国之间深厚的“海丝”渊源。

相关链接：文莱古称“渤泥”。6世纪到9世纪中期，泉州港就与包括渤泥在内的加里曼半岛诸国广泛发生贸易关系。到了北宋神宗元丰五年（1082年），渤泥国派遣使节来中国贡方物，其使者要求从泉州乘海舶归国。在当时，外国使节的往来，一般须经由已设市舶司的广、杭、明三港口进出。而渤泥使者之请，得到朝廷的批准，却是例外。这也是泉州与南海地区贸易地位日显重要使然。

韩国光州市代表团到泉州访问推介

首届“东亚文化之都”姐妹城市——韩国光州市代表团抵达泉州，开启为期三天的城市推介活动。光州市代表团组成人员除了政府官员和文化业界人士外，还有部分艺术团体。根据安排，代表团分别在泉州酒店和浦西万达广场，与泉州旅行社开展双向的城市推介。到访表演的两个青年艺术团体，带来包括《甜蜜蜜》《月亮代表我的心》《江南style》《大长今主题曲呼唤》等中韩两国人民耳熟能详的经典歌曲，同时还呈现令人耳目一新的自由式街舞，此次演出每场次的演出时间约为70分钟，其中光州方演出时长40分钟，泉州也呈上约半小时的精彩演出。24日，泉州—光州旅游业界论坛暨光州亚洲文化中心城市建设推介论坛在泉州举行。第三次率团访泉的韩国前文化部长、光州东亚文化之都促进委员会委员长郑东采在论坛上向泉州市民发出“光之邀约”。

演出现场　（图/戴涵琦）

市政府第65次常务会议召开

市政府第65次常务会议召开，研究《政府工作报告》任务分解事项，听取市级行政权力清理工作汇报。市长郑新聪主持会议。市委常委、常务副市长林伯前，副市长陈荣洲、周真平、卢炳椿、李建辉、陈灿辉、刘忠等参加会议。市人大常委会副主任王远东、市政协副主席吴共湖列席会议。市政府把《政府工作报告》目标任务分解为215项具体工作，逐一明确责任单位。郑新聪指出，各级政府各部门要认真贯彻市两会和市政府第一次全体会议的要求，对照责任分解表，及早行动，以扎实有效的工作完成《政府工作报告》这项“法定作业”，全面兑现政府承诺。他强调，当前，经济下行压力加大，民营企业发展遭遇困境，各级各部门务必统一思想，同舟共济，确保经济不滑坡。要进一步拓展提升“晋江经验”，把握精髓，大力营造有利于大众创业、万众创新的政策环境和社会氛围。要想方设法推动政策落实，特别是年初市县针对纺织鞋服、建筑石材、水暖厨卫等行业出台的扶持政策，要逐项落实；要开展“三比一看”活动，党政领导要深入挂钩县（市、区），全力抓项目、抓企业、抓发展；要抓紧召开春季片区企业座谈会，协调解决企业遇到的困难和问题，牵头组织企业向外抱团开拓市场，力促经济持续平稳健康发展。泉州市级行政权力清理工作初见成效，“权力清单”即将发布。接下来，还要加大简政放权力度，把该放的权力放彻底、放到位，真正让市场主体和群众感到政府服务更快捷、更方便。要建立动态调整机制，抓好向上衔接和向下交接、培训；尽早公布清单，督促各部门严格按清单履行职能，促进审批提速、服务优化、阳光运作；抓好后续工作，确保6月底前编制好权力运行流程图，效能办、督查室等部门要加强联合督查。

《2014泉州民营经济蓝皮书》发布

《2014泉州民营经济蓝皮书》发布，全书以数据、图表、具体案例分析、相关政策解读等形式对泉州工业设计的现状、发展阶段、存在问题、未来走向等方面进行抽丝剥茧式分析研究，透彻地铺展泉州工业设计行业发展的全貌。泉州初步形成行业门类比较齐全的工业设计产业体系，泉州市工业设计类企业超过500家，泉州从事工业设计的人员约有10万人，设计师近万余人。泉州工业设计产业应用领域不断拓展。一方面，工业设计涉及的产业领域不断拓展；另一方面，泉州工业设计产业链不断完善，工业设计服务更加细化和深入。随着泉州工业设计产业的逐步发展，以工业设计园区、工业设计平台、工业设计协会、工业设计研究院等为代表的产业支撑体系不断完善。

2014年泉州148项产品获评福建名牌产品

从省质监局获悉，省政府批准发布2014年度福建名牌产品名单，全省804项产品获评，泉州产品148项，占全省总数的18.4%。至此，有效期内的福建名牌产品累计1395项，泉州拥有274项，占全省总数的19.6%，数量居全省第一。泉州实施品牌带动和品牌提升战略，制定省名牌三年滚动计划，通过网上公告、电话、QQ群、与经贸等相关主管部门联合发文等各种形式，积极鼓励辖区内符合申报条件的企业申报。全市174项产品申报参评2014年度福建名牌产品。同时，泉州积极改变观念注重品牌创建的质量，提高泉州市福建名牌产品的含金量。有关部门积极帮助指导企业提升质量管理水平，并严把审查关，对企业管理方面存在问题的，坚决要求企业整改后再予以推荐上报。全市推荐156项产品参与2014年福建名牌产品评选。

泉港实现联村党总支全覆盖

泉港区涂岭镇前欧村联村党总支举行第一次党员代表大会暨党总支成立仪式，标志泉港区联村党总支实现乡镇全覆盖。泉港有9个联村党总支挂牌成立，覆盖全区24个村居。泉港试水推行的“联村党总支”模式，是按照村级行政区域不变、村民自治主体不变、村级财务管理体制不变、村级目标考核奖惩不变、村干部职数配置和经济待遇不变“5个不变”的原则设立，对下辖村的事务不参与直接管理和实施。前欧联村党总支是由前欧村、小坝村和樟脚村3个村党支部组成，成立后将统筹研究解决下辖村村庄规划、经济发展、产业布局、管理服务等问题，助力泉港区涂岭镇旅游产业的发展。

3月24日

星期二
农历乙未年二月初五
温度：12℃—16℃
阴

●市政府第65次常务会议召开，研究《政府工作报告》任务分解事项，听取市级行政权力清理工作汇报。

●《2014泉州民营经济蓝皮书》发布。

●2014年泉州148项产品获评福建名牌产品。

●泉州市老干部工作会议召开，会议传达贯彻全国离退休干部“双先”表彰会和全国、全省老干部局长会议精神，总结2014年工作，部署2015年工作任务。

●澳门闽台总商会赴福建经济考察交流团一行到泉州就深化拓展两地合作展开考察访问。

●泉州—光州旅游业界论坛暨光州亚洲文化中心城市建设推介论坛在泉州举行。

●从有关部门获悉，全市现有从事社会工作人员7500人，持证人员804人，其中助理社工师577人、社工师227人，现有民办社工机构18家。

●泉港区涂岭镇前欧村联村党总支举行第一次党员代表大会暨党总支成立仪式，标志泉港区联村党总支实现乡镇全覆盖。

●永春县社区居家养老服务平台启动仪式举行。

●泉州电商发展论坛暨泉州台商投资区电子商务协会成立大会在泉州华光职业学院举行。

3月25日

星期三
农历乙未年二月初六
温度：13℃—18℃
小雨

●全市基层党建工作经验交流会召开，泉州市确定12个项目作为2015年度基层党建重点项目。

●“陶瓷制品·福建德化”入选国家新型工业化产业示范基地名单。

●泉州市举办金融知识专题讲座，市政府金融顾问何佳作题为《互联网金融的发展现状、趋势与实践》的专题讲座。

●由泉州市人社局、市总工会、市经信局、市工商联、市企业家联合会组成的协调劳动关系三方会议成员与鲤城区协调劳动关系三方会议成员到鲤城区常泰街道职工服务中心开展联合接访和劳动法律法规宣传咨询活动。

●德化县政府与县法院首次召开依法行政与行政审判良性互动联席会议。

●南安市出台《2015年跨境流域水环境污染整治方案》。

●永春县美丽乡村云平台启动仪式在五里街镇大羽村举行。

●丰泽区成立全市首支大型商超学雷锋志愿服务队。

泉州确定12项年度基层党建重点项目

全市基层党建工作经验交流会召开，泉州市确定12个项目作为2015年度基层党建重点项目。这12个项目包括：落实基层党建工作责任制、加强基层党组织服务平台建设、抓好村级组织换届选举工作、持续抓好软弱涣散基层党组织整顿转化工作、开展“红色力量·助推发展”专项行动、探索非公有制企业党务工作者分类管理激励办法、组织实施发展党员“培源提质”工程、推进党员教育管理工作信息化、探索疏通党员队伍出口工作机制、开好以践行“三严三实”为主题的民主生活会、开展基层党务干部培训活动、强化基层党建工作保障。

“陶瓷制品·福建德化”入选国家新型工业化产业示范基地名单

国家工信部公布第六批“国家新型工业化产业示范基地”名单，全国34个产业集聚区上榜，其中，福建省经济和信息化委员会上报的“陶瓷制品·福建德化”和“电子信息（物联网）·福州经济技术开发区”入选第六批34个国家新型工业化产业示范基地名单。至此，泉州拥有4家国家级新型工业化产业示范基地，此前3家分别是“纺织服装·福建泉州经济开发区”“电子信息（专用通信设备）·福建泉州丰泽区”“五金制品（水暖厨卫）·福建南安经济开发区”。“陶瓷制品·福建德化”，该基地现有企业1400家，2014年实现工业总产值255亿元，其中陶瓷产值177亿元。基地计划至2020年，实现总产值340亿元，其中日用陶瓷产值90亿元、工艺美术及创意陶瓷产值190亿元、高技术陶瓷产值60亿元，万元工业总产值能耗年均下降3.5%以上。

德化陶瓷街　（图/吴寿民）

泉州市举办互联网金融知识专题讲座

泉州市举办金融知识专题讲座，市政府金融顾问何佳作题为《互联网金融的发展现状、趋势与实践》的专题讲座。何佳从“互联网+”、互联网金融的认识，“互联网+”的重大意义，互联网金融对传统金融机构的冲击，互联网金融的作用，中国对互联网金融的期盼，互联网金融的新机遇，中国特色互联网金融创新的驱动力，互联网金融的主要形式、未来发展趋势等多个角度，通过特色案例，结合翔实的讲解，为到场人员带来一场精彩的讲座。

泉州市举行劳动法律法规宣传现场咨询活动

由泉州市人社局、市总工会、市经信局、市工商联、市企业家联合会组成的协调劳动关系三方会议成员与鲤城区协调劳动关系三方会议成员到鲤城区常泰街道职工服务中心开展联合接访和劳动法律法规宣传咨询活动。活动现场，各部门的工作人员答疑解惑，并递上《劳动政策法规选编》《中华人民共和国劳动合同法》等使用性高、贴切工人们切身利益的法律宣传读本，同时开展律师咨询、医疗互助、工会组建、会员入会、劳动合同和集体合同的签订等咨询活动。

永春县美丽乡村云平台启动仪式举行

永春县美丽乡村云平台启动仪式在五里街镇大羽村举行。永春县的党员群众只需在家里打开电视，就能通过美丽乡村云平台了解党务村务公开情况、农产品价格等资讯。美丽乡村云平台是永春县为提高农村公共服务水平、打造“智慧党建+”的一项举措。除了群众关心的村务、财务及强农惠农政策全部在云平台的“阳光在线”上线外，云平台还通过设置党员之家、老年教育和农民课堂等三个栏目开展党员远程教育，方便党员、群众在家里随时点播、重播自己想看的节目。云平台开通学时统计功能，实现党员在家学、随时学、互动学，增强党员教育实效。而作为“智慧党建+”这一“+”，增加最多的就是便民服务。

全市城乡石结构房屋改造经验交流会召开

泉州市召开全市城乡石结构房屋改造经验交流会，交流探讨推进石结构房屋改造的经验做法，安排部署2015年改造工作。市委副书记周银芳在会上讲话，副市长李建辉部署工作，副市长林万明主持会议。2015年全市将全力推进成片改造项目，广泛铺开各个乡村的石改工作，争取完成全市城乡石结构房屋改造工作总量的20%（约3200万平方米）。为推动石结构房屋改造工作顺利开展，在审批服务方面，各地将绘制简单易懂的审批流程图，公布各乡镇（街道）石改申请受理单位、审批流程、审批时限、服务电话等信息。建立石结构房屋改造的审批绿色通道，推行“一站式”服务，方便群众。此外，全全将全面启动农村石结构房屋土地证、农村石结构房屋房产证登记发证工作。在保障质量方面，各地将组织技术人员对村镇建筑工匠进行培训，在翻建过程中加强技术指导，确保工程质量，不形成新的危房。针对农民的自建房屋，住建、行政执法等部门将从施工质量、过程管控、竣工验收等各个环节从严把关。与此同时，《石结构房屋修缮加固技术规程》正在编制，争取出台地方标准。

周银芳强调，石结构房屋改造事关全面建成小康社会，事关实施市委“三大战略”，是造福、民生、安居、德政工程。各级各有关部门要深化认识，克服畏难情绪和等、靠、拖、慢心态，以科学发展观和正确的政绩观做好改造工作；要明确目标，以目标任务为导向抓好各项工作落实；要全力推进，围绕目标有计划、按进度、全方位加快改造工作，做到每旬有进展、每月有通报、每季有检查；要突破难点，不断创新工作方法，解决好拓宽融资渠道、保护传统建筑、推动整体提升、改造重点片区、帮扶困难群众、加快规划审批、发动群众参与等难点问题；要示范带动，既要发挥现有典型的作用，又要进一步探索发现新的有效做法，推动改造工作；要强化责任，完善机制，加强督查，严格问责，确保改造工作顺利推进。

全市首个安全生产宣传教育体验馆开放

全市首个安全生产宣传教育体验馆在鲤城开馆，这是鲤城区2014年为民办实事项目，占地面积400多平方米，投入巨资建设的一家互动体验式安全教育培训基地。体验馆有7个分场馆，涵盖消防安全、交通安全、卫生健康、校园安全、生产生活安全、危险化学品安全、建筑安全等各方面，采用数字多媒体、仿真等多种高科技技术，综合运用了多媒体演示、情景体验、动画视频、虚拟仿真、互动游戏等表现形式，融合声、光、电效果，具有宣传、教育、培训、体验、展示等多种功能，让市民在参与过程中体验不同的场景。比起生硬的文字教材，互动体验式安全生产教育培训基地体验馆的建成，改变以往纸上谈兵的安全教育模式，可以通过让不同年龄层的市民参与各类寓教于乐的安全教育体验，让安全意识和安全知识真正扎根心中，提升市民面对灾害和突发事故的综合应急能力，达到“一次体验、终身受用”的学习效果。

“泉州科普讲堂”第一讲举办

由泉州市科学技术协会主办，泉州市科技馆、丰泽区科学技术协会、泉州市科普作家协会承办的“泉州科普讲堂”第一讲在泉州科技馆圆满举办。福建医科大学附属第二医院中医科主任崔闽鲁以幻灯片的形式，用幽默有趣的举例和提问方式，让大家深刻体会到科学养生的重要性和如何拥有健康的养生方式。形式新颖、内容丰富的科普讲堂得到了市民的一致欢迎。

德化组团参加中国陶瓷艺术大展

26—29日，中国陶瓷艺术大展暨首届湖南（醴陵）陶瓷博览会在醴陵世界陶瓷艺术城举行，德化县组团赴醴陵参加以陶瓷文化为核心的艺术盛会。此次瓷博会，德化县有参评作品120件，参展企业14家，展品涵盖现代陶艺、传统瓷雕和日用陶瓷三大类。展品琳琅满目，丰富多样，吸引众多客商驻足。该县组织参展本次瓷博会，旨在借这一集评选、展览、商贸、交流与合作于一体的国际性陶瓷盛会，弘扬陶瓷文化，传承陶瓷技艺，促进经贸合作，发展陶瓷产业。

3月26日

星期四
农历乙未年二月初七
温度：13℃—20℃
阵雨转阴

●全市城乡石结构房屋改造经验交流会召开，交流探讨推进石结构房屋改造的经验做法，安排部署2015年改造工作。

●全市首个安全生产宣传教育体验馆在鲤城开馆。

●由泉州市科学技术协会主办的“泉州科普讲堂”第一讲在泉州科技馆举办。

●26—29日，中国陶瓷艺术大展暨首届湖南（醴陵）陶瓷博览会在醴陵世界陶瓷艺术城举行，德化县组团赴醴陵参加以陶瓷文化为核心的艺术盛会。

●为有效缓解旱情，助推春耕春种、植树造林等工作，气象部门择机发射66枚人工增雨火箭弹。

●由永春县公安局主办的“永春警方乡村大讲堂”首场防骗知识讲座在桃城镇老年大学会堂举行。

3月27日

星期五
农历乙未年二月初八
温度：15℃—23℃
多云

●洪捷序带队到泉州调研泉州装备制造研究所建设情况，到晋江和泉州台商投资区，了解项目进展，察看机器人及智能装备示范线。

●十一届市政协第二十六次主席会议召开。

●泉州市召开做好迎接国家安全发展示范城市考评会议，就迎评工作进行部署。

●27—29日，由福建省台联和海峡两岸中小企业联合促进会联合主办的首期海峡两岸中青年电商创业培训班在泉港举行。

●厦门银行泉州石狮支行举行开业仪式。

洪捷序到泉州调研泉州装备制造研究所建设情况

副省长洪捷序带队到泉州调研泉州装备制造研究所建设情况，先后到晋江和泉州台商投资区，了解项目进展，察看机器人及智能装备示范线，要求泉州加快建设进度，确保工程尽早投用，同时，持续引进高端人才、对接科研成果、引进世界先进机器人制造商，推动泉州制造加快转型升级。副市长陈灿辉参加调研。

十一届市政协第二十六次主席会议召开

十一届市政协第二十六次主席会议召开，市政协主席杨俊峰，副主席吴共湖、苏小青、骆沙鸣、陈铭福、李冀平、王瑞强、陈益，秘书长洪川夫参加会议。会议协商《十一届市政协常委会第二十二次会议建议方案》；研究确定市政协十一届四次会议重点提案；协商《泉州市政协常委会2015年工作要点（讨论稿）》和《泉州市政协2015年协商工作计划（讨论稿）》，并决定提交第二十二次常委会议审议。市政协十一届四次会议收到委员提案586件，经审查立案544件。此次主席会从中遴选八个重点提案，决定提交市政府、市政协领导领衔联合督办。这些提案选题精心、贴近民生、可行性强，涉及农村污水处理、老旧小区天然气管道改造、青少年传统文化教育、古城建设与保护、养老服务产业发展、职业教育发展、电梯安全管理、公共自行车系统建设等方面。

泉州市召开做好迎接国家安全发展示范城市考评会议

泉州市召开做好迎接国家安全发展示范城市考评会议，就迎评工作进行部署。创建国家安全发展示范城市，要求城市安全生产形势持续稳定好转、企业安全生产、人民群众安居乐业。根据这一要求，各县（市、区）及市直相关部门将按照国家考评标准和市政府职责分工，自查各项创建目标任务完成情况，抓紧做好补缺补漏和巩固完善提升工作。全面收集近三年来开展创建活动的相关内业资料，同时按照考评的内容和顺序进行分类规范整理。会议要求各县（市、区）及市直部门要对2013年以来开展创建活动情况进行全面分析和总结，归纳、提炼有特色和亮点的经验、做法，形成一份比较有质量的汇报材料。同时组织对本地区、本系统的单位进行全方位的考评验收，及早发现问题，留足整改提升时间。

相关链接：国家安全发展示范城市考核指标体系由九部分组成。一是安全发展理念树立指数，旨在考评市、区两级党委、政府领导干部对树立安全发展理念的认知度、对实施安全发展战略的支持度。二是产业安全发展指数，旨在考评城市产业结构的优化度、产业布局的合理度、产业发展的安全度。三是企业本质安全化指数，旨在考评企业构建全员、全过程、全方位、全天候安全管理体系的进展情况及本质化安全水平。四是行业安全发展指数，旨在考评高危行业（领域）安全、协调、可持续发展态势。五是城乡安全发展指数，旨在考评城乡一体化安全发展程度及安全生产公共服务的均等化程度。六是安全监管指数，旨在考评安全生产监管部门体制机制的有效性、监管执法的能力与水平。七是安全发展保障指数，旨在考评科技、应急、投入等方面的支撑保障能力与水平。八是安全文化发展繁荣指数，旨在考评民众的安全知识知晓程度，以及全社会“关爱生命、关注安全”的舆论氛围形成情况。九是风险防范指数，旨在考评城市风险受控状况，以及安全发展的示范与引领作用。

海峡两岸电商创业培训班在泉港举行

27—29日，由福建省台联和海峡两岸中小企业联合促进会联合主办的首期海峡两岸中青年电商创业培训班在泉港举行，活动旨在为两岸中青年电商创业者开拓新的视野，增进对福建投资、创业环境的认识与了解，促进两岸青年的交流，从而促进台湾创业青年的大陆创业梦。来自海峡两岸的42名学员参加培训，其中20名学员来自台湾，7名学员来自就读福建高校的台生、15名学员来自福建各地的台胞和慕名而来的台胞。按照课程计划，培训期间所有培训课程以培训电商实战操作为主题，所有学员可以学习到店铺申请、产品发布、纠纷处理以及推广技巧、产品图片美化等一系列关于电商的实战操作课程。

开班仪式　　（图/泉州晚报社）

泉州市2014年度“海纳百川”高端人才聚集计划16个项目入选名单公布

来自市委组织部的消息，2014年度泉州市“海纳百川”高端人才聚集计划16个人才项目入选名单公布。其中，石狮市纺织服饰产业人才聚集基地等2个产业人才聚集基地入选“泉州市产业人才聚集基地”，九牧厨卫股份有限公司等5个单位入选“泉州市企事业单位人才高地”，马华祥等10人入选“泉州市哲学社会科学领军人才”，丁聪辉等9人入选“泉州市文化名家”，庄鸿义等7人入选“泉州市文化产业优秀人才”，丁晓栋等8人创业项目入选“泉州市留学人员优秀创业项目”，丁芳妹等20人入选“泉州市企业经营管理领军人才”，王华安等10人入选“泉州市科技创业领军人才”，王坚等10人入选“泉州市科技创新领军人才”，王春芬等5人入选“泉州市优秀社会工作专业人才”，王振泉等10人入选“泉州市技能大师”，丁晓波等32人入选“泉州市引进高层次创业创新人才”，王辉荣等10人入选“泉州市优秀农村实用人才”，李言涛等8人（单位）入选“泉州市高端海洋人才引进资助项目”，王良通等10人入选“泉州市优秀健康卫士”，马盛敏等8人入选“泉州市金融领军人才”，方文伟等19人入选“泉州市金融骨干人才”，卢长宝等16人（单位）获金融项目资助，丁思恩等10人入选“泉州市优秀青年拔尖人才”。

第三批“泉州美丽乡村”出炉

经过严格考评评定和公示，泉州市第三批“泉州美丽乡村”和“泉州美丽乡村入围村”名单确定。第三批“泉州美丽乡村”（10个）：石狮市祥芝镇前山村、洛江区虹山乡虹山村、永春县桃城镇洛阳村、安溪县蓬莱镇彭格村、泉港区涂岭镇樟脚村、南安市梅山镇鼎诚村、晋江市英林镇东埔村、台商投资区张坂镇山内村、永春县一都镇三岭村、泉港区南埔镇惠屿村。第三批“泉州美丽乡村入围村”（10个）：安溪县福口乡场前村、永春县岵山镇茂霞村、南安市康美镇兰田村、石狮市永宁镇后杆柄村、惠安县净峰镇五群村、永春县蓬壶镇仙岭村、泉港区后龙镇峰前村、晋江市磁灶镇东山村、石狮市蚶江镇厝仔村、德化县水口镇村场村。

石狮“阳光太太”入选“好人365”榜单

从泉州市委文明办获悉，曾登上“中国好人榜”的石狮市阳光太太志愿者协会，入选中国文明网“好人365”人物榜单。石狮市阳光太太志愿者协会拥有200多位成员，既有全职太太，也有企业老板、村居干部。她们以尊老助幼为服务宗旨，经常出现在福利院或老人院里，帮助困难群体解决生活实际问题。

相关链接：“中国好人榜”由中央文明办等单位于2008年5月联合发布，至今全国有6000多人上榜。“好人365”榜单则由中国文明网于2014年9月5日率先推出，每天从“中国好人榜”里精选发布一期“好人”报道专题。从上年10月27日起，人民网、新华网、光明网、中国网络电视台加入，“五网联盟”同步聚焦“来自老百姓身边，在本职工作以外做了让人称道的好事，并且始终坚持的人”。

第二届南安市市长质量奖揭晓

第二届南安市市长质量奖名单出炉，福建森源股份有限公司、万隆石业（福建）有限公司、福建群峰机械有限公司、福建南安市顺昌鞋业有限公司、中天（中国）工业有限公司等5家企业获奖，各获奖励30万元。2012年4月，南安出台《南安市人民政府关于南安市市长质量奖评选管理的实施意见》，率先在省内县（市）级设立“市长质量奖”。这是南安市政府设立的最高荣誉奖项，授予该市经济领域中实施卓越绩效管理、经济效益和社会效益显著的企业。该奖项每两年评选一次，每次获奖企业不超过5家，每家企业获30万元奖励。申报企业需在南安市行政区域内登记注册并设立总部，具有独立法人资格，从事合法生产经营5年以上；建立并实施卓越绩效管理经营模式，通过质量管理体系、环境管理体系和职业健康安全管理体系认证；主导产品须严于国家(行业)标准要求；各项节能减排指标达到国内先进水平；产值和税收居全市同行业前列；连续三年无较大以上重大质量、安全生产、环保事故，无税收违法行为。

3月28日

星期六
农历乙未年二月初九
温度：16℃—24℃
多云

●来自市委组织部的消息，2014年度泉州市“海纳百川”高端人才聚集计划16个人才项目入选名单公布。

●经过严格考评评定和公示，泉州市第三批“泉州美丽乡村”和“泉州美丽乡村入围村”名单确定。

●从泉州市委文明办获悉，曾登上“中国好人榜”的石狮市阳光太太志愿者协会，入选中国文明网“好人365”人物榜单。

●第二届南安市市长质量奖揭晓。

●位于中心市区新门街的“打车候车站”投入使用。

●东南公益“百童爱心午餐”在安溪县祥华乡聪明学校举行，100名贫困留守儿童与爱心人士共进“爱心午餐”。

●晋江SM举行熄灯活动，同时启动太阳能发电项目，助力“地球一小时”活动。

3月29日

星期日
农历乙未年二月初十
温度：17℃—25℃
阴转阵雨

●泉州晋江国际机场开通泉州至兰州航班，该航班由厦门航空执行，首航搭乘110人顺利起航。

●泉州参加东亚文化之都·中国青岛活动年开幕式。

●泉州晚报社、泉州市市政公用事业管理局与读者代表在市区滨海公园举行纪念《泉州晚报》创刊30周年“晚报林”植树活动，种下刺桐树82株、黄金宝树46株、芳香樟238株。

●石狮市十大“文明新风”行动启动仪式在石狮市人民广场举行，石狮社会各界3000多人参加活动。

●晋江评选“十大不文明行为”。

●开闽三王入闽1130周年暨春祭庆典活动在市区承天寺檀越王公祠举行，海内外近千名王氏裔孙及社会各界人士参加活动。

●安溪铁观音发源地西坪镇发现一份写于清嘉庆年间的“阄书”（契约）。

泉州至兰州航班开通

泉州晋江国际机场开通泉州至兰州航班，该航班由厦门航空执行，首航搭乘110人顺利起航。泉州—兰州航班班期为每日一班，去程航班号为MF8215，14时15分泉州起飞（经停长沙），18时40分到达兰州中川机场；返程航班号为MF8216，19时25分兰州起飞（经停长沙），23时40分到达泉州晋江国际机场。此次开通泉州至兰州航班，据于泉州与兰州同为“一带一路”战略中重要的支点城市。泉州是“海上丝绸之路”的起点，兰州是“陆上丝绸之路”的枢纽，是促进东西部交通和内陆地区向西开放的桥梁和纽带。航线的开通为两地民众架设起经贸、文化、旅游的“空中桥梁”。

泉州—兰州首航航班　（图/廖平和）

泉州参加东亚文化之都·中国青岛活动年开幕式

2015东亚文化之都·中国青岛活动年开幕式暨文艺演出举行，中国青岛、韩国清州、日本新潟贯穿全年系列文化交流活动的序幕开启。文化部领导，青岛、清州、新潟以及首届东亚文化之都——泉州、光州、横滨的市领导出席开幕式。开幕式后，举行“东方韵”主题文艺演出，来自中韩日三国的艺术家和文艺工作者同台献艺，展现各自国家和城市的特色文化与民俗。

晋江评选“十大不文明行为”

晋江“十大不文明行为”评选结果出炉，“高空抛物”以10090票高居“十大不文明行为”之首。在此次评选活动中，12万多人次通过网络、微信参与投票，评出的“十大不文明行为”包括：高空抛物；车窗抛物；行人不走人行道、闯红灯；随地吐痰；公共场所吸烟；生活垃圾乱扔乱排；市区滥用远光灯；摩托车不按规范行驶(横冲直撞)，不戴安全帽；出口成“脏”；阻塞楼道等。

石狮十大“文明新风”行动启动

石狮市十大“文明新风”行动启动仪式在石狮市人民广场举行，石狮社会各界3000多人参加这场“文明新风”大型宣传活动。仪式上，与会者将一篇题为《我承诺，我助力，让文明之风开满时尚狮城》的文章转发至朋友圈，并以此承诺，对石狮市委市政府倡导的十大“文明新风”身体力行。随后，代表着十大“文明新风”的十个方阵启动大型踩街，路线从石狮市人民广场起，至石狮鸳鸯池公园。此次启动的十大“文明新风”行动包括价值引领、书香狮城、文明出行、垃圾不落地、莫炫嫁妆、厚养薄葬、光盘行动打包有奖、美在旅途、小城大爱、诚信无价等。此前，石狮市委、市政府开展文明创建的调研、取经、论证，梳理出反响较为突出、群众最为关切的“十大问题”，并出台这十项“文明新风”行动。十项“文明新风”行动的开展，集中体现石狮通过创新创城工作，提升市民素质，全面增强城市软实力，进而提升城市文化内涵的美好期望。

安溪一份两百年“阄书”面世

安溪铁观音发源地西坪镇发现一份写于清嘉庆年间的“阄书”（契约）。“阄书”历经沧桑但保存完好，记载着200多年前，西坪雾山林氏十一世祖林燕愈北上武夷山开垦茶园，为古代安溪茶文化的对外传播提供重要史料依据。“阄书”是古代民间分家的一种契约，即先将家产均分成数份载入文契，诸子再以拈阄的方式，确定各自继承的那份产业。该“阄书”由西源村茶商林水田保管，写于清嘉庆六年（1801年）。

市政府出台《关于促进当前泉州经济发展若干措施的通知》

市政府出台《关于促进当前泉州经济发展若干措施的通知》，从行政服务、金融、税费、用地、用工、创新等方面提出十个方面的具体扶持措施。这些措施除了指向帮促企业发展，更指向提升政府服务，也指向营造一个让市场更好发挥作用的政策环境。在提升行政服务水平方面，通知既延续政企片区座谈会等现有的好做法，也对行政审批时限作了再提升。通知提出市政府将统筹安排3000万元，专项用于鼓励制造业企业开拓国内外市场。通知提出加快兑现落实惠企扶持资金。通知对科研开发、高新技术企业、“数控一代”重点领域技术成果转化、科技平台建设等奖励政策作了再宣传和再推广。通知对用地、用工等企业发展基本保障也提出相应的扶持措施。

市政府与厦门航空签订战略合作框架协议

泉州市政府与厦门航空有限公司签署战略合作框架协议，共商促进泉州民航市场发展，共筑空中新丝路。市长郑新聪，市委常委、常务副市长林伯前，市政府秘书长吴友才，厦航董事长车尚轮等参加签约仪式。郑新聪在致辞中表示，泉州与厦航签署战略合作框架协议，必将进一步深化双方交流合作，为泉州民航事业发展和厦航拓展泉州市场发挥积极作用。泉州将认真履行协议，积极为厦航在泉发展营造良好环境。希望厦航尽快研究成立泉州分公司，加大运力投入，开通更多热点城市航线航班，为推动泉州新一轮跨越发展做出更大贡献。车尚轮表示，厦航将继续在泉州加大运力投入，拓展航线网络，并设立分公司，将泉州打造成往来东南亚、东北亚的航空枢纽。

签约仪式　（图/廖平和）

中国著名作家采风团到泉州采风

由中国散文学会会长王巨才为团长的2015中国著名作家“海上丝绸之路”采风团，到泉州海上丝绸之路景点考察，为“21世纪海上丝绸之路核心区”建设建议献策。此次到泉州的采风团中，有阿来、叶梅、关仁山、肖克凡、陈应松、邱华栋、张楚、潘向黎、杨少衡等近20位著名作家。此次采风活动由福建省文联、人民文学杂志社主办，福建省文学院和海峡文艺网承办，福建日报理论文艺部、福建文学杂志社和泉州市文联协办。在泉州期间，采风团先后到开元寺、清净寺、泉州海外交通史博物馆、清源山老君岩、马可·波罗出航处和虫寻埔蚵壳厝等地采风，感受泉州千年海上丝绸之路灿烂文化，同时助力泉州文学发展。

采风现场　（图/张九强）

晋江启动第五届“悦”读节

晋江启动五届“悦”读节暨青少年阅读推广活动，邀请当代著名作家周国平及50家国家一级出版社共同参与图书与数字出版专场活动。晋江围绕“品读经典，致远人生”主题开展青少年阅读推广活动，就是希望孩子们从小养成爱读书的好习惯，多读经典书籍，从传统文化中汲取营养；多读科学、地理等各种图书，增长见识、陶冶情操，在书香中浸润人生，在阅读中放飞梦想。晋江市图书馆专门举办针对大中专院校、公共图书馆及中小学图书馆、广大市民的图书采购、图书与数字出版的现场交流活动，两万多种新版优质图书以及最新形式的数字阅读形态吸引广大读者品鉴。同时，该市还面向广大市民举办“你选书，我买单”活动，将市民挑选、借阅的好书纳入晋江市图书馆馆藏。

3月30日

星期一
农历乙未年二月十一
温度：18℃—27℃
阵雨转多云

●市政府出台《关于促进当前泉州经济发展若干措施的通知》。

●泉州市政府与厦门航空有限公司签署战略合作框架协议。

●由中国散文学会会长王巨才为团长的2015中国著名作家“海上丝绸之路”采风团，到泉州海上丝绸之路景点考察，为“21世纪海上丝绸之路核心区”建设建议献策。

●晋江启动五届“悦”读节暨青少年阅读推广活动，邀请当代著名作家周国平及50家国家一级出版社共同参与图书与数字出版专场活动。

●晋级2015国际旅游小姐中国·海峡赛区总决赛的近四十位佳丽在南安亮相，选手来自港澳地区、泉州赛区、福州赛区、厦门赛区等十几所高校。赛区总决赛由中共泉州市委宣传部、泉州市旅游局主办。

●晋江市传统文化促进会在俞大猷陵园举行周制祭礼形式的祭祀活动。

3月31日

星期二
农历乙未年二月十二
温度：21℃—30℃
多云

●3月31日起至4月10日，泉州市开展“促进项目落地，帮扶企业发展”活动周。期间，市委、市政府领导用5个工作日时间，分赴各自挂钩联系的县（市、区），抓项目、抓企业、促发展。

●郑新聪带队到鲤城区，深入企业一线，走访项目现场，实地了解情况，帮助解决问题，促进经济稳定增长。

●市十五届人大常委会第三十九次主任会议召开。

●十一届市政协常委会第二十二次会议召开。

●市政府出台《关于稳定住房消费支持刚性住房需求的实施意见》，该实施意见提出十条意见。

●泉州市关工委全委（扩大）会议召开。

●由泉州市企联和泉州市经信委主办的“改革创新，扬帆‘海丝’——纪念‘3·24’企业家活动日书画展”在泉州海外交通史博物馆开幕。

●福建省著名音乐家到泉州采风。

●由中国工艺美术大师卢思立创作的德化白瓷作品《大地》在国际文化金融交易所联盟进行挂牌路演，卢思立成为登陆这一平台的第一位福建籍的艺术家。

郑新聪到鲤城区调研

市长郑新聪带队到鲤城区，深入企业一线，走访项目现场，实地了解情况，帮助解决问题，促进经济稳定增长。郑新聪听取企业生产经营情况和企业家对当前经济形势的判断，详细询问他们对政府工作的要求和建议，并就企业提出的融资、员工子女就学、公共交通、对外投资等困难和问题，一一当场解决或指定相关部门研究解决。鲤城区公共卫生服务中心项目综合楼主体建筑已经封顶，正在加快装修扫尾工作。继幼儿园投入使用后，江南学园内的小学项目正在进行内外装修，中学项目有望年底开工。郑新聪要求相关部门和项目业主要在保障质量安全的前提下加快项目建设进度，力促项目及早投入使用，提升城乡面貌，造福百姓民生。郑新聪对企业转型升级和项目加快建设的态势表示肯定。他强调，发展是解决一切问题的关键，促转型、调结构归根结底都要依靠发展。在推动发展的过程中，干部要下到一线，深入企业生产车间，走进项目建设工地，了解实情，做好服务；问题要协调解决，各级各相关部门要加强协调，及时为企业发展和项目建设排忧解难；政策要及早兑现，加大力度宣传好、兑现好中央、省里一系列稳增长政策和泉州市出台的帮扶企业发展的政策措施，让政策利好转化为推动发展的实际成效；企业要增强信心，在用足用好各级扶持政策的基础上，从自身实际出发，加快技术改造、大力拓展市场、创新商业模式，通过全方位转型升级不断提升市场竞争力，政企携手共促经济发展企稳回升。

泉州市开展“促进项目落地　帮扶企业发展”活动周

3月31日至4月10日，泉州市开展“促进项目落地，帮扶企业发展”活动周。期间，市委、市政府领导用5个工作日时间，分赴各自挂钩联系的县（市、区），抓项目、抓企业、促发展。活动周旨在贯彻中央、省相关会议精神，落实省委、省政府在全省开展“三比一看”活动的要求，推进“跨越发展行动”，针对2015年以来全市经济下行压力加大的严峻形势，以项目和企业为抓手，力促经济企稳回升。活动周内，市县两级党政班子领导分别带队深入各地的项目现场、企业一线、行政服务中心等，通过实地调研、工作汇报、企业家（或项目业主）座谈会、现场协调会等方式，开展活动，全面推动2015各级列入盘子的重点项目建设，特别是推动列入省市盘子的90个计划开工项目全部开工建设、90个计划竣工项目全部竣工投产；在春季片区企业座谈会的基础上，深入了解企业生产经营中遇到的困难和问题，及时帮助协调解决。具体活动内容分为四个方面：一是推动预备（前期）项目加快前期工作，尽快完备各项手续，及早开工建设；推动在建项目加大投资力度、加快施工进度，形成实物工作量；推动拟竣工项目抓紧工程扫尾，尽快建成投产，形成新增长点。二是指导、协调、督促项目的前期对接、洽谈、报批、资金筹措、规划论证，用地、用林、用海、用电、用水、环保、火工品等要素保障及征地搬迁安置工作，督促各相关责任单位落实重大项目调度会议定事项和重要节点，协调解决项目建设中存在的困难和问题。三是深入调研了解企业运行情况，督促各级惠企政策、扶持资金的兑现落实，帮助企业协调解决生产经营中遇到的具体困难和问题。四是了解各级各有关部门“大招商、招大商”活动安排，指导其持续开展，充实项目储备，深化“三维”对接。活动结束后5个工作日内，各队将分工范围内的重点项目建设进展、帮扶企业发展情况、已帮助协调解决的问题、仍需帮助协调解决的问题，及工作的意见建议，汇总至市委、市政府督查室。督查部门将会同市效能办及时分解立项，明确责任单位，限期办理反馈，并做好跟踪督促。

纪念“3·24”企业家活动日书画展开幕

由泉州市企联和泉州市经信委主办的“改革创新，扬帆‘海丝’——纪念‘3·24’企业家活动日书画展”在泉州海外交通史博物馆开幕。画展活动旨在弘扬泉州企业家爱拼敢赢、勇于改革、善于创新的精神，传承中华民族优秀传统文化，促进企业文化建设与书画艺术的有机结合，推动企业改革创新，共筑“机制活、产业优、百姓富、生态美”的幸福家园。书画展开幕式吸引一百多位泉州政企学各界精英到场观赏精美书画作品。展会展出120多副作品，其中多数作品由泉州市企业家以及企业员工创作。

相关链接：1984年3月24日，福建省55位厂长（经理）为冲破旧的管理体制束缚，争取企业经营自主权，联合向福建省委、省政府发出了“松绑”放权的呼吁，从而拉开了企业改革的序幕，由此催生“3·24”企业家活动日。

市领导分赴全市各县（市、区）开展“促进项目落地 帮扶企业发展”活动

1—2日，按照市委、市政府关于开展“促进项目落地 帮扶企业发展”活动的部署，市领导分赴全市各县（市、区）调研走访。

市长郑新聪到南安市询问企业和项目业主有哪些困难和问题需要政府帮助，当场协调解决或指定相关部门对接。郑新聪指出，要正确看待发展新常态、新形势、新问题，密切政企良性互动，增强发展的自信心和应变力，抢抓机遇、共渡难关、共克时艰、坚定发展。企业方面，要突出主业、强化创新、加强管理，找准转型升级的重点和突破口，致力推动以“机器换工”，提高产业数字化、智能化水平；建立协同创新机制，强化产学研合作；顺应“互联网+”发展潮流，推进互联网与产业全面融合。政府方面，要强化责任意识和担当意识，提高帮扶企业的实效和时效，加快项目的落地和建设，营造有利于“大众创业、万众创新”的环境，共同推动新一轮发展。

市委副书记周银芳到石狮市部分重点项目现场和重点帮扶企业，协调解决项目推进和企业发展遇到的困难和问题。周银芳指出，市直相关部门要迅速提出有关意见，进一步研究帮扶之策。特别是要抓住国家级“金改区”的机遇，先行先试建立主体多元、充满活力的金融体系，探索金融服务实体经济的有效途径，尽心尽力帮助企业健康发展。泉州和石狮两级及相关部门要落实相关帮扶政策，为企业发展、项目建设排忧解难。各级领导干部要做好表率，落实领导挂钩联系制度，推行现场办公、“一线工作法”；干部要落实“马上就办”，为企业发展和项目建设提供“月嫂式”服务，为泉州科学发展跨越发展做贡献。

市委常委、组织部部长陈沈阳带队到惠安县，走访企业一线和项目现场，了解企业运营与项目进展情况，帮助解决困难问题。陈沈阳调研黄塘雕艺市场项目、惠安雕艺文创园玉雕创意基地和共荣石业，指出企业转型升级思路清晰、步伐有力，为整体产业转型提升起到良好的带动示范效应。陈沈阳走访福建达利集团、匹克集团和好邻居食品，了解企业经营、员工待遇及项目进展等情况，针对企业提出的加快审批进度、加大扶持力度等需求，要求各级各相关部门提前介入，充分协调，加紧办理，及时为企业发展和项目建设解决具体问题，保证项目按期投产，让企业顺利运营。调研中，陈沈阳还走访虎都大酒店项目、华辉科技（中国）有限公司、起步儿童用品有限公司、回头客食品（福建）有限公司等。

市委常委、政法委书记许昆贞带队到丰泽区，走访部分重点项目和企业，协调解决项目建设和企业生产经营中遇到的困难和问题。在丰泽区高新技术企业孵化基地，许昆贞了解孵化基地今后发展的所急所需，要求市、区两级要尽快落实相关优惠扶持政策，鼓励更多采购、使用泉州自主研发的先进科技产品，助力对讲机“模转数”产业开拓市场。在走访北峰—丰州组团滨江片区和城东的南埔山片区时，许昆贞指出，要做好片区改造的各项前期工作，坚持规划先行，实事求是、因地制宜地设计好总体规划方案，整片研究，分期实施，滚动开发。市、区两级相关部门要主动靠前服务，及时做好改造规划方案评审、项目用地保障等工作，力促项目加快进度，早日建成投用，造福周边群众。调研中，许昆贞还走访复星集团泉州城东商贸中心、海西国家广告产业园区、泉州歌舞剧院等项目。

副市长陈灿辉带队到永春县，走访企业一线和项目现场，了解企业运营与项目进展情况，并召开座谈会，协调解决企业发展遇到的突出难题。会议指出，要进行智能化改造，全面提升产品的科技含量和智能化水平，进而提高产品质量和品牌效应，推动企业良性发展；要加强政府引导，创新商业模式，帮助企业引入专业团队，提高运营管理效率；要强化部门协调，各级各部门要主动靠前、积极服务，保证项目全面投产，企业顺利运营。

副市长刘忠到泉州开发区调研部分重点企业、重点项目，并召开多场座谈，协调解决企业发展遇到的突出困难。刘忠要求相关市（区）及部门，一方面要加快相关手续办理；一方面要帮助企业盘活闲置和低效利用厂房、土地，挖潜盘活资源，为企业创新发展赢得新空间。在调研官桥园区起步区及美人桥、嘉森木业项目后，刘忠表示，官桥园区的建设是泉州开发区与南安市的双赢之举。相关市（区）、部门要做好配合工作，列好项目推进时间表，加快推进园区南北大道、进区大道等区内主干道建设步伐，加快土地平整、给排水工程与污水处理设施建设，解决征地难题，树立园区新形象，为招大商打好基础。调研中，刘忠鼓励企业要增强信心，鼓足劲头，勇于创新，在转型升级中闯出新局面。

4月1日

星期三
农历乙未年二月十三
温度：20℃—29℃
多云

●1—2日，郑新聪到南安市开展“促进项目落地 帮扶企业发展”活动。

●周银芳到石狮市开展“促进项目落地 帮扶企业发展”活动。

●陈沈阳到惠安县走访企业一线和项目现场。

●许昆贞到丰泽区走访重点项目和企业。

●陈灿辉到永春县走访企业一线和项目现场。

●1—2日，刘忠到泉州开发区调研部分重点企业和项目。

●首届中国电子商务园区峰会在河南洛阳召开，阿里研究院在会上发布《中国电子商务园区发展报告（2014—2015）》，报告显示：截至3月，泉州市电子商务园区数量达到10个，位居全国地级市前十。

●泉州市地税系统税收宣传月启动仪式在泉港区举行。

●泉州市工业设计双十佳颁奖仪式举行。

●泉州市交通系统工会举行“交通女职工职业装风采展”活动。

●是日起，石狮市正式推行企业登记“三证合一”制度，在不改变工商行政管理、质量技术监督、国税、地税等部门审批职能，不改变原有证号编码规则的前提下，将组织机构代码证、税务登记证与工商营业执照“三证合一”，向企业颁发加载组织机构代码、税务登记证号的营业执照。

4月2日

星期四
农历乙未年二月十四
温度：21℃—30℃
多云

●省政府节能工作检查组到泉州开展节能目标责任评价考核实地检查。

●周银芳、林万明到南安市开展春季农业生产检查。

●周银芳会见泉籍旅港著名实业家苏千墅。

●林俊其、李建辉到泉港区开展“促进项目落地 帮扶企业发展”活动。

●泉州入选2014年度中国电商经营百强城市。

●2—5日，“清明祭英烈 共铸中华魂”主题宣传教育活动举行。

●国家艺术资金资助项目、福建省古老剧种（梨园戏、莆仙戏、泉州提线木偶戏）表演人才培训班在泉州开班。

●由市总工会、发改委、经信委、人社局、住建局和泉州晚报社等主办的百万职工技能大提升行动启动仪式暨全市服装行业职工技能竞赛活动在匹克集团举行。

●泉州市区职业学校校园安全联动工作会议在福建经贸学校举行。

●福建泉州边检、海警官兵和泉州师范学院学生在泉州海域开展“海上祭英烈 复兴中国梦”活动。

●由鲤城区爱心儿童培训学校、鲤城区残联、区妇联、区团委、立成小学及麦田志愿者等发起的关爱自闭症儿童活动，在市区涂门街清净寺前举行。

省检查组到泉州开展节能目标责任评价考核实地检查

省政府节能工作检查组到泉州开展节能目标责任评价考核实地检查，市长郑新聪、副市长陈灿辉参加节能工作情况汇报反馈会。检查组要求，泉州市要挖潜存量，紧盯重点企业，持续好的做法，发挥多个国家级循环经济示范试点园区、县区的引领示范作用，在节能方面立标杆、对能效，力促节能工作基础更牢、水平更高；要严控增量，优选新项目，加大节能降耗投入，强化节能监察能力建设，尽最大努力，为全省节能降耗做贡献。郑新聪表示，市政府将按照检查组提出的要求，细化落实各项节能政策措施，尽全力挖潜存量、严控增量。各级各相关部门要抓好工业、建筑、交通、公共机构等重点领域的节能工作，强化节能管理，运用合同能源管理等市场机制深挖潜力；要把好新项目“准入关”，在简化手续、减轻项目业主负担的前提下，做好新项目的环评和能耗评价，鼓励引导项目业主掌握和运用最新的行业节能技术，尽量把能耗控制在最低范围内。在泉州期间，检查组检查了中化泉州石化公司和福海粮油有限公司。

周银芳林万明到南安市开展春季农业生产检查

市委副书记周银芳、副市长林万明到南安市开展春季农业生产检查。市领导到溪美街道莲塘水稻集中育秧场、美林街道供销社农资仓库、安雪蔬菜合作社、春季动物防疫现场和洪濑镇绿滢生态农林发展公司，了解春耕备耕、农资储备、家禽防疫、设施农业发展等情况。周银芳指出，春耕生产关系全年粮食生产和农民收入的提高。要抓好春季农业生产田间管理，推广优质高产品种，加强技术指导，实现良种良法配套；要抓好农资供应服务工作，做好市场分析预测，加大农药、种子、化肥等农资的调配力度，加大有机肥的推广和储备，确保农资供应充足、质量安全；要发挥农民专业合作社示范作用，加强农业技术培训，发展现代农业、绿色农业、生态农业；要抓好春季动物防疫防控工作，促进禽畜养殖业健康发展和公共卫生安全；要推进适度规模经营，加快土地流转，鼓励发展家庭农场，提高农业生产效益。

林俊其李建辉带队到泉港区开展帮扶企业发展

市领导林俊其、李建辉带队到泉港区开展“促进项目落地 帮扶企业发展”活动。市领导指出，当前泉州市致力推动机械装备“泉州制造”向“泉州智造”“泉州服务”转型，建议市、区两级相关部门协助机械企业对接《泉州市加快机械装备产业发展行动计划（2014—2018）》，用好用活扶持政策。调研中，参加座谈会的泉港区重点企业和项目负责人踊跃发言，提出包括征地、信贷、政策扶持等多方面的问题。随行的市直相关部门逐一对接发言，共谋良策。市领导要求各级各部门梳理现有的各项扶持措施，针对企业实际需求落实到位，同时学习借鉴其他省市经验、方法，帮助企业降低成本、排忧解难。

泉州入选2014年度中国电商经营百强城市

由中国商业联合会、中华全国商业信息中心主办的2015中国消费市场发展年会发布《2014中国网络零售发展白皮书》，泉州进入中国电子商务经营百强城市名单，排名第十一位。雄厚的制造业和产业集群优势，是泉州培育和发展电商产业的主要根基，同时泉州出台多项举措，扶持电子商务发展，设立电子商务专项基金，建成电商园区10个，投入使用面积近45万平方米，入驻企业超千家，全市超过85%的规模以上企业涉足电商，村镇一级的电子商务也蓬勃发展，全市有17个村被阿里巴巴认定为“淘宝村”。据统计，2014年，泉州全市电商交易总额1420亿元，同比增长33.7%，其中，网络零售额212.53亿元，占全市社会零售总额的10.3%。泉州已成为全国网商集聚区之一，全省最大的网络零售聚集区和网货供应地，是全国四大电商产业基地之一。

晋江洪山文创园区内一家电商企业工作人员在检查产品质量 （图/张九强）

郑新聪到泉州市数控一代科技创新中心现场办公

市长郑新聪带队到泉州市数控一代科技创新中心现场办公，研究启动实施“泉州制造2025”，加快推进“数控一代”技术推广应用。副市长陈灿辉参加调研。郑新聪强调，要把“泉州制造2025”作为推动制造业创新转型的重中之重，细化纲要和三大行动计划，分解目标任务；集聚科技创新平台，优化人才服务；制定引导政策，落实既定措施，研究新政策；推开试点示范工作，为泉州新一轮科学发展、跨越发展注入生机和动力，为全国创新战略探路。

全市防汛抗旱工作视频会召开

全市防汛抗旱工作视频会召开，全面动员和部署防汛抗旱工作。会议要求，目前，泉州市已进入插秧期，春播蓄水量将急剧增多。防汛、水利、农业、气象等部门要加强旱情监测、预报，科学调度，加大农业灌溉保障，并适时开展人工增雨作业，确保春耕春播用水需求，不误农时。防汛方面，将进一步做好防汛备汛工作、抓好工程安全度汛以及危险区域人员排查等工作。泉州市将以市级防汛物资仓库和永春县级仓库物联管理系统建设为试点，推行专业化与社会化相结合的防汛抗旱应急抢险救援管理模式，同时更新补充防汛抗旱物资器材，满足抢险救灾需要。

泉州市发布整治海漂垃圾三年行动方案

市政府办公室近日印发《泉州市海漂垃圾治理三年行动方案》。为进一步加强泉州市海域海漂垃圾治理工作，打造环境整洁景观优美的海岸带，市政府决定在全市开展为期3年的海漂垃圾治理专项行动。治理范围包括泉州市近岸海域，海岸线向陆一侧200米的海岸带，以及晋江入海口至金鸡拦河闸上游100米的晋江流域。专项行动的目标是：至2017年，在泉州市沿海陆域建立有效的垃圾收集、中转、处置机制，实现垃圾不入河、不下海；海上建立有效的垃圾监控管理机制，有效管控海上船舶、施工作业、滨海旅游、海水养殖产生的垃圾，做到海漂垃圾海上收集、岸上处置，达到消除海漂垃圾污染的治理目标。2015年起，泉州市从多个方面围堵海漂垃圾，不让垃圾侵占海岸线。沿海县（市、区）、泉州台商投资区需加强巡查监管，全面清理治理范围内的各类垃圾。市海洋与渔业局加强海上倾倒活动监管，及时查处海上非法倾倒行为。对于漂入海、河流、沟渠的垃圾，泉州市建立水上垃圾清运队伍，配备打捞设备、船只和转运车辆，及时清理。专项行动打响后，违法倾倒垃圾的行为，将依法查处。在经费保障上，2015—2017年，市级财政每年统筹安排海漂垃圾治理专项资金500万元，用于海漂治理奖补等。沿海各县（市、区）、泉州台商投资区按照非经营性大陆岸线5万元/千米·年（含转运费用）的标准，每年将辖区海漂垃圾治理日常经费纳入本级财政一般预算。

全球25强船运公司在围头港新辟东南亚直航航线

全球集装箱运量25强的新海丰船公司在晋江市围头港开辟的华南至菲律宾的直达航线开通，并首次挂靠菲律宾宿务港，首个航班装载81TEU，其中6TEU经中国香港中转到越南海防港。此次航线调整后，新海丰将在原来基础上新增泉州、深圳、香港至宿务的直航服务，同时利用新海丰超强的东南亚航线网络，承接经过中国香港中转出口到东南亚各港（胡志明、海防、岘港、曼谷、林查班、西哈努克、金边、雅加达、八打雁、民都鲁等）的货物。

石狮法院在全省率先推行立案登记制

石狮法院近日出台《关于实行立案登记制的若干规定（试行）》（简称《规定》），在全省率先全面推行立案登记制，对属于该院依法应当受理的案件做到有诉必理、有案必立，进一步畅通立案渠道，依法保障当事人诉讼权利。该《规定》共15条，包含登记范围、登记条件、审查要求、不予登记的条件及负面清单等内容，其中，负面清单还详细列举不属于法院受案范围的情形。《规定》指出，登记法官只对原告提交的起诉状、申请材料和初步证据进行形式上的核对，对符合立案条件的，一律当场登记立案。同时《规定》还就泉州中院推出的“跨域—连锁—直通”式诉讼服务——泉州范围内的一审民事案件异地登记立案制度予以规定，明确受理法院不得拒绝当事人“就近起诉”要求，做到全域内法院代立案登记不分“分内分外”。

4月3日

星期五
农历乙未年二月十五
温度：21℃—31℃
多云转晴

●郑新聪到泉州市数控一代科技创新中心现场办公。

●全市防汛抗旱工作视频会召开，全面动员和部署防汛抗旱工作。

●泉州市用三年的时间综合整治海漂垃圾。

●全球集装箱运量25强的新海丰船公司在晋江市围头港开辟的华南至菲律宾的直达航线开通。

●石狮法院在全省率先推行立案登记制。

●晋江中航城邀请知名财经作家吴晓波到晋江市，对话百位企业家，探讨晋江转型之路。

●泉州市委党校组织第58期处级干部进修班全体学员到泉州市革命烈士陵园开展“缅怀先烈事迹 重温入党誓词”现场教学活动。

4月4日

星期六
农历乙未年二月十六
温度：22℃—31℃
晴

●全市打击走私综合治理工作会议召开。

●51个节能循环经济项目获奖励。

●泉州法院首创行政审判"专家会审"机制。

●2015年防汛抗旱责任人公布。

●4—6日，南安市石井口岸迎来台胞往返祭祖高峰，共有404人次台胞经泉金航线往返。为确保台胞通行便利，石井口岸开通"台胞清明返乡绿色通道"。

●复活妙奇嘉年华之旅活动在市区领SHOW天地举行。

全市打击走私综合治理工作会议召开

全市打击走私综合治理工作会议近日召开，副市长、市公安局长卢炳椿参加会议。会议透露，2014年全市查获走贩私案件614起，案值超10257万元。2014年，泉州市继续保持打击走私的高压态势，部署开展"泉海风暴"等打击走私专项行动，查获涉私类案件399起，总案值约3260万元。在开展打私专项斗争的同时，泉州市破获部督"4·6"特大涉台走私毒品案件等多起案件。针对成品油、非涉税及违禁危险品走私问题，泉州市各级各部门积极形成缉私合力，在高速交警配合下查获无合法手续成品油案件42起超1400吨。2015年，泉州市将继续构建"点上堵、线上查、面上控、全面防"的立体防范打击工作格局，持续抓好反走私工作责任制的落实，突出重点，全力推进泉州市反走私诚信体系建设工作深入开展，持续保持反走私工作常态高压，助推经济社会发展。

51个节能循环经济项目获省市奖励

2014年泉州市共组织实施103个市级以上节能（循环经济）项目，其中有51个项目获得省、市2014年节能循环经济专项奖励资金1325.4万元。2014年，泉州市推进集中供热工程，启动推进印染行业热定型机中温中压蒸汽项目；推进建陶行业清洁能源替代，全市LNG工业用气量达10.9亿方，同比增长21.1%；德化产业园区、福建海西"城市矿产"基地、石狮循环经济示范城市等国家级循环经济示范试点园区、县区建设获得持续推进，泉港石化园区申报2014年国家园区循环化改造示范试点成功获批，可获国家补助资金2.523亿元。重点领域节能管理，工业方面，完成省下达泉州市的"5家企业19条落后生产线"淘汰任务；建筑方面，制定出台实施《泉州市绿色建筑行动实施方案》，2014年全市新材产量达11.3亿标块，全市新材应用比例78%；交通方面，推进天然气汽车在道路运输、城市公交和出租汽车中应用，开展城市公交智能调度和出租车电召服务，试点东海大街6座公交电子站牌，完成1400部出租汽车电召终端安装工作。此外，泉州市还扶持培育一批专业化节能服务公司，2014年新增4家省级备案节能服务公司，全市共有38家通过国家或省备案的节能服务公司。2015年，全市力争组织实施50个以上的节能重点项目，尤其抓好燃煤锅炉节能环保提升工程；推进可再生能源建筑应用示范项目建设，力争年底前基本完成示范城市建设任务。

泉州法院首创行政审判"专家会审"机制

市中级人民法院一审的行政诉讼案件，2013年是19件，2014年是56件。针对行政诉讼案件数量持续增长的趋势，市中级人民法院近日创新建立行政审判"专家会审"机制，邀请专家以独立第三方的地位，对政府行政执法行为和法院行政审判工作进行"会审"，以从源头上减少行政争议，同时提高法院行政审判公信力。此举为全国首创。行政诉讼，俗称"民告官"，面临着立案难、诉讼难、执行难等诸多难题。"解决行政争议"是2014年11月新修改、2015年5月1日实施的新《中华人民共和国行政诉讼法》的亮点之一，也是市中级人民法院推出行政审判"专家会审"机制的出发点。该机制赋予专家提供法律意见、评价执法审判、协助化解争议等职能，能够发挥专家在预防和化解行政争议方面的作用。行政阶段邀请专家提供法律意见，可以帮助行政机关破解行政执法上存在的难题，提高依法行政水平，从源头上减少行政诉讼。行政机关执法或重大行政决策遇到相关法律问题，由专家利用其专业优势和第三方地位作出的专家意见，行政机关或行政相对人更加容易接受，同时可避免法院因提前介入行政过程而影响司法公正、公信。诉讼阶段，专家将发挥评价执法审判、协助化解争议的作用。即由行政机关以及行政诉讼当事人，在诉前从法院公开的行政执法与行政审判专家库中自愿选择专家，由专家以独立第三方的地位，开展诉前协调、提供专业意见、答疑解惑。

2015年防汛抗旱责任人公布

为落实防汛抗旱责任，市防指近日公布2015年全市各县（市、区）防汛抗旱责任人和3座重要江堤海堤水闸防汛责任人、21座重要小（一）型以上水库防汛责任人。市防指要求，各级防汛行政责任人要履行防汛抗旱职责，迅速上岗到位，熟悉预案内容和工程情况，督促各项防汛抗旱措施的落实，保障防汛安全和供水安全，维护社会的安定、稳定。

泉州城建系统开展促项目落地活动

为促进项目落地和经济发展，泉州市城建系统决定在4月开展“为企业服务、促政策增效”活动。该活动全面推动2015年列入盘子的重点项目、城建项目和房地产项目建设，加强协调和主动服务当前项目推进和企业面临的困难和问题，及时为项目建设和企业发展排忧解难。在为期一个月的活动中，城建系统各单位主要领导采取“一线工作法”，每周安排至少2个工作日的时间，推动预备（前期）项目加快前期工作，尽快完备各项规划建设审批手续，及早开工建设；推动在建项目加快施工进度，形成实物工作量；推动拟竣工项目抓紧工程扫尾，尽快建成投产，形成新增长点。指导、协调、督促项目的前期对接，强化项目手续报批、规划设计、施工许可等要素保障，采取容缺预审，开辟绿色通道，简化审批流程，提高工作效率，督促各相关责任单位落实市委、市政府议定事项和重要节点，协调解决项目建设中存在的实际困难和复杂问题。同时，加快推进宜居环境建设、环湾城市规划建设、新型城镇化、棚户区改造、石结构房屋改造、城乡基础设施建设、“两违”综合治理、“三旧”改造等既定工作，带动投资消费和经济增长。加大力度兑现好中央、省、市促进建筑业发展壮大及房地产健康发展一系列政策措施，重点做好2015年190个房地产项目的跟踪服务工作，发挥住房公积金住房保障作用，满足个人合理购房需求，让政策利好转化为推动发展的实际成效。

“清明祭英烈 共铸中华魂”主题宣传教育活动举行

2—5日，由团市委、市互联网信息办主办的“清明祭英烈 共铸中华魂”主题宣传教育活动举行。3日，团市委机关及下属单位工作人员，市直少先队员、辅导员代表，市青联、学联代表及部分市直单位青年和团干近200人到泉州市革命烈士陵园开展祭扫烈士墓活动。此次主题活动包括线上和线下两种形式，线上活动包括“清明祭英烈 共铸中华魂”网页献花留言，“清明祭英烈”微博、微信以及讲述红色故事、网络文化产品编创推广5项内容。线下纪念活动包括祭扫烈士陵园、革命历史讲座、英烈事迹展览、烈士诗抄朗诵、主题团队会、入团入队仪式等。泉州市团员青年和网民可在“中国青年网”开设的活动专题网页上为英烈献花、留言，并通过活动页面学习英烈事迹和革命历史，也可参与新浪、腾讯微博平台上发起的#清明祭英烈#话题讨论。

丰泽区东湖幼儿园组织到泉州烈士陵园缅怀先烈
（图/林劲峰）

共青团南安市委组织开展祭扫山城革命烈士纪念碑活动
（图/赵炎红）

泉州籍香港著名人士吕振万逝世

泉州乡贤、著名侨领吕振万在香港逝世，享年91岁。吕振万，1924年2月19日出生，又名吕辛，泉州市南安水头镇人。1946年毕业于中国朝阳学院（系中国人民大学前身）经济系。1951年春到中国香港、日本、新加坡等地经商。定居香港，为香港建南财务有限公司董事长、香港厦门联谊总会永远名誉会长。任香港安全货仓有限公司（上市公司）主席兼常务董事、香港建南财务有限公司主席兼常务董事、香港蟠龙实业有限公司主席、香港闽信集团有限公司（上市公司）董事等职。先后在福建省创办数十家“南”字号的现代化企业工厂。1991年回家乡斥巨资开发建设蟠龙工业综合开发区。10多年来，先后捐资1.65亿多港币用于发展教育和其他公益事业，仅在南安就捐资兴建教学楼110多座、教室1400多间，捐助的覆盖面达16个乡镇、100多个村落。此外，还在中国人民大学、武汉大学、北京师范大学附属实验中学、厦门一中、漳州一中、泉州培元中学等设立奖教奖学金。

4月5日

星期日
农历乙未年二月十七
温度：23℃—31℃
晴转多云

●为促进项目落地和经济发展，泉州市城建系统决定在4月开展“为企业服务、促政策增效”活动。该活动全面推动2015年列入盘子的重点项目、城建项目和房地产项目建设，加强协调和主动服务当前项目推进和企业面临的困难和问题，及时为项目建设和企业发展排忧解难。

●泉州乡贤、著名侨领吕振万在香港逝世，享年91岁。10多年来，吕振万先后捐资1.65亿多港币用于发展教育和其他公益事业，仅在南安就捐资兴建教学楼110多座、教室1400多间，捐助的覆盖面达16个乡镇、100多个村落。

●2—5日，由团市委、市互联网信息办主办的“清明祭英烈 共铸中华魂”主题宣传教育活动举行。

4月6日

星期一
农历乙未年二月十八
温度：16℃—22℃
中雨

●市政府办印发《推进中小城市和城镇改革重点任务分工方案》，提出将推进南安市水头镇、晋江市金井镇、安海镇和安溪县龙门镇、湖头镇等省级“小城市”培育试点，条件具备的可以设立“镇级小城市”。

●6—9日，漳州古雷PX项目爆燃事故发生后，泉州消防支队即接到总队的增援命令，迅速调集特勤大队一中队、二中队、石狮大队湖滨中队、惠安大队螺城中队、晋江大队青阳中队、战保大队及支队全勤指挥部，共17部消防车、93名官兵和福联专职队29人到现场增援。

●石狮市交通管理在全省首创“以奖促管”。

●6—9日，2015年全国皮划艇激流回旋春季冠军赛在河南宜阳举行，泉州选手陈芳佳获男子单人划艇冠军。

《推进中小城市和城镇改革重点任务分工方案》出台

市政府办近日印发《推进中小城市和城镇改革重点任务分工方案》（以下简称《方案》），提出将推进南安市水头镇、晋江市金井镇、安海镇和安溪县龙门镇、湖头镇等省级“小城市”培育试点，条件具备的可以设立“镇级小城市”。根据《方案》，“镇级小城市”将允许在核定的编制总数内和不膨胀机构的前提下，优化机构设置和人员配备，探索建立行政成本降低的设市模式，扩大管理权限。同时强化财政职能，建立镇级财政金库，土地出让纯收入实行全留，财政收入采取确定基数、超收按比例留成的办法。《方案》提出，将全面推行居住证制度，建立以居住证为依据的基本公共服务提供机制。有序推进就地城市化，市域内农村人口转为城镇户口后，允许在一定时期内保留土地承包经营权、宅基地使用权和集体用地收益权，享受农村计划生育政策，允许自主选择城镇居民医疗保险或新农合。探索通过农村土地转化为股份、房产转化为资产，以承包地换股、换租、换保障，以宅基地换钱、换房、换地方等方式，引导农村人口向城镇、中心村集中。《方案》提出，要推进“两重环湾”快速通道及向湾主干道、中心市区两重环城“田”字形快速通道建设。加快环湾区域重要联系通道和跨江跨海通道工程建设。推进新一轮国、省干线建设和县乡公路提级改造，加快规划布点乡村道路建设。《方案》还提出，推进泉州港区全部纳入国家一类口岸对外开放范围，推进电子口岸建设，全面提升港口现代综合功能。支持泉州晋江国际机场开辟国际航线，推进吉永泉铁路及相关场站建设，完善以港口为取向的集疏运体系。主动对接海西城镇群城际轨道交通规划，适时启动城市轨道交通项目。同时要落实公交优先发展战略，加大财政投入，构建“轨道交通+快速公交+常规公交+定制公交+出租车+公共自行车”的城市公共交通体系。《方案》提出，要建立城镇用地规模结构调控机制，探索实行城镇建设用地增加规模与吸纳农业转移人口落户数量挂钩政策，推进旧村复垦和城乡建设用地增减挂钩，引导建设用地供给向集约用地程度高、发展潜力大、吸纳人口多的卫星城、中小城市和县城适当倾斜。同时，探索“三旧改造”多元发展模式。改革国有建设用地有偿使用机制，扩大国有土地有偿使用范围，逐步对经营性基础设施和社会事业用地实行有偿使用。建立城乡统一的建设用地市场，在符合规划和用途管制的前提下，探索农村集体经营性建设用地出让、租赁、入股，实行与国有土地同权同价入市，保障农民土地增值收益。

漳州古雷发生爆燃事故　泉州消防紧急增援

18时58分，漳州古雷PX项目爆燃事故发生后，泉州消防支队即接到总队的增援命令，迅速调集特勤大队一中队、二中队、石狮大队湖滨中队、惠安大队螺城中队、晋江大队青阳中队、战保大队及支队全勤指挥部，共17部消防车、93名官兵和福联专职队29人到现场增援。古雷PX项目爆燃发生当天，是清明小长假最后一天。小长假期间，泉州民众扫墓引发山火32起，各县（市、区）的消防战士忙着救火，接到增援古雷的命令时，还在山上灭火。在行动中，泉州消防战士根据总队命令，由石狮湖滨中队和市特勤中队负责在着火的610罐体、附近的609罐体架设移动水炮。市特勤二中队队长带领战士在距离罐体不足10米的地方架设水炮。另一项主要任务是搬运泡沫液。现场需要大量泡沫液，但运载泡沫液的挂车只能开到距离现场约500米的地方，所有泡沫液得靠人力运送。一桶泡沫液200公斤，战士们两人一组往火场运送。8日2时30分，着火罐区3个储罐复燃，出现流淌火；11时05分，在高温烘烤下，储存1500立方米轻石脑油的609罐被引燃，火势猛烈，战士们全力以赴冷却罐体，控制火势。9日1时10分，607罐明火完全被扑灭；3时10分，609罐基本扑灭。战士们继续对罐体进行冷却，严防死守，直至现场真正安全。

石狮市交通管理在全省首创“以奖促管”

石狮交通管理在全省首推“以奖促管”活动。所谓“以奖促管”，就是对全年无交通违法记录的车主进行表彰和奖励。在石狮市，全年无交通违法记录的车主，可参与抽奖赢得万元礼包，即便没有中奖，也能获得优先加油、免费办理年检、免费看电影、享受保险折扣、银行VIP服务和部门绿色通道等便利。

泉州远洋渔业实力居全省第二位

一支由9艘千吨级渔船组成的远洋捕捞船队近日驶离石狮石湖港区奔赴西太平洋，成为春节后泉州市首个起航的远洋捕捞船队。受到国家扶持远洋渔业政策的影响，泉州远洋渔业日渐兴盛，已开赴公海生产的有16艘，2014年产量近2万吨，泉州远洋渔业实力居全省第二位。图为泉州市一远洋捕捞船队正准备开赴国际海域进行远洋捕捞。（图/吕斯达）

晋江市工商企业界千人大会召开

晋江市工商企业界千人大会召开，对以“新引擎、新动力”来发展“晋江经验”进行探讨，强化政企互动，动员企业加快创新转型步伐，推动产业优化升级。受中共泉州市委书记黄少萍委托，市长郑新聪出席会议。郑新聪指出，晋江企业家是改革开放最敢拼的先行者，创业创新最智慧的开拓者，市场经济最靠前的引领者，“晋江经验”最直接的创造者。希望晋江企业家在新的历史时期，发挥聪明才智和过人胆识，在打造民营经济升级版中带好头、领好路。要坚定信心，政企携手快速应变，抢抓机遇。要坚守实业，做好最核心、最擅长的事，推动主业转型、升级、前进、做强；有保有压、有取有舍，集中力量经营好、发展好优势主业或上下游有特别关联的产业。要快快创新，以“机器换工”为核心，提高产业的数字化、智能化水平；主动对接《泉州制造2025》，建立协同创新机制，推动产业集群做大做强；把握“互联网+”发展潮流，促进传统产业转型升级和提质增效，通过融合发展培育新的业态，深化“全方位创新行动”形成新的竞争优势。要紧紧抱团，依托行业，协同共进；立足本土，扎根发展；放眼全球，结盟致胜。要诚信为“天”，始终以诚为本、以信服人，对伙伴、员工和社会负责。“晋江经验”既是历史的，更是当代的，还是未来的；既是晋江的，又是泉州的，还是全国的。今后泉州将拓展提升“晋江经验”，营造有利于大众创业、万众创新的政策环境和社会氛围。

全市双拥工作领导小组第24次全体（扩大）会议召开

全市双拥工作领导小组第24次全体（扩大）会议召开，总结2014年工作，部署创建全国双拥模范城“八连冠”和2015年工作任务。市领导周银芳、陈庆宗、陈荣洲，泉州军分区政委郑健、政治部主任姚晓明出席会议。市委副书记周银芳指出，要深化思想认识，以更高站位做好双拥工作。从实施“四个全面”战略布局、推动科学发展跨越发展、促进祖国统一大业和强军卫国的高度，以更加主动、更加昂扬的状态抓好各项工作。要着力巩固提高，争创全国双拥模范城“八连冠”。进一步明确目标，对标找差，固强补弱，推进各项迎检工作。特别是要强化典型带动，注重挖掘亮点，以点带面总结推广。要强化联动互动，推进军民融合深度发展。把军民融合工作落实到具体项目、实现强军目标、推动发展上，通盘考虑、统筹安排、统一部署，推动国防建设和经济建设良性互动。要积极引导促动，开展“双拥在基层”主题活动。宣扬一批双拥模范，开展军地互学共建，打造侨乡双拥特色。要加强组织领导，推动双拥工作落到实处。进一步明确职责，健全机制，强化督查，推进双拥工作常态化，确保工作落实到位，推动军地各项事业再上新台阶。

永春纸织画获评国家地理标志保护产品

国家质检总局发布公告，批准对永春纸织画实施地理标志产品保护。至此，永春县已拥有国家地理标志产品6个，居全市第一、全省前列。永春纸织画是永春县的民间传统工艺，源于隋末唐初宫廷艺术与民间编织的结合，已有1400多年历史。其织工精细、画面朦胧、设色鲜明、风格独特，独特的艺术魅力在古今中外都获得赞誉。与杭州丝织书、苏州缂丝画、四川竹帘画并称为中国四大家织。

4月7日

星期二
农历乙未年二月十九
温度：13℃—17℃
小雨

●晋江市工商企业界千人大会召开。

●郑新聪到晋江市开展“促进项目落地、帮扶企业发展”活动。

●全市双拥工作领导小组第24次全体（扩大）会议召开，总结2014年工作，部署创建全国双拥模范城“八连冠”和2015年工作任务。

●泉州远洋渔业实力居全省第二位。

●国家质检总局发布公告，批准对永春纸织画实施地理标志产品保护。

●7—10日，省总工会“聚焦一线 体验劳动”采风团到德化县采风，采访一批常年坚持工作生活在戴云山深处的各行各业劳动者。

4月8日

星期三
农历乙未年二月二十
温度：12℃—17℃
阵雨

●全市第二季度防范重特大生产安全事故暨市安委会全体成员（扩大）会议召开。

●泉州市国家园林城市工作汇报会召开，向复查专家组汇报泉州市巩固国家园林城市建设工作成效。

●“行进中国·建设新福建·泉州精彩故事”大型主题采访在泉州启动。

●周银芳会见澳门晋江同乡会访问团。

●全市对台工作会议召开，传达贯彻全省对台工作会议精神，回顾总结2014年工作情况，部署安排下阶段工作。

●泉州海关关区全面启动区域通关改革。

●国家海洋局“美丽海岛”评选活动网络投票工作启动，泉州惠屿岛入选“美丽海岛”候选岛屿。

●省纪委网站发布消息，南安市委书记黄南康涉嫌严重违纪，正接受组织调查。

●厦门泉州（安溪）经济合作区湖里园首批入驻企业签约仪式在安溪县官桥镇举行。

●安溪铁观音首次位列中国茶叶区域公用品牌价值十强榜首。

全市第二季度防范重特大生产安全事故暨市安委会全体成员（扩大）会议召开

全市第二季度防范重特大生产安全事故暨市安委会全体成员（扩大）会议召开，听取一季度全市安全生产工作情况汇报，研究部署下阶段工作。会议传达市委书记黄少萍对全市安全生产工作作出的批示：近日，漳州古雷PX石化项目发生爆炸事故，造成巨大损失，社会影响强烈，教训十分深刻。泉州市各级各部门各单位都要引以为戒，警钟长鸣，始终绷紧安全这根弦，以更加强烈的责任感、紧迫感，强化安全生产责任制和各项措施，更加扎实有效地抓好安全生产，切实保障人民群众生命财产安全。黄少萍要求市安办立即牵头组织开展全市安全生产大检查，特别是对石化项目、危险化学品、油气管道、烟花爆竹、工业粉尘、矿山等涉及易燃易爆、有毒有害的重点行业领域，进行全面排查，及时消除隐患，严防事故发生。市长郑新聪指出，各级各部门要按照黄少萍批示要求，强化红线意识，增强做好安全生产的思想自觉和行动自觉。要强化责任落实，健全安全生产责任体系。按照“党政同责、一岗双责、齐抓共管”的要求，加强横向沟通协调，纵向推进市、县、镇、村、企业“五级五覆盖”，健全联络员会议等一系列工作制度，加大安全生产责任目标考核力度。要强化治本攻坚，推进安全生产标准化提升工程。加强标准化建设督促检查，提升企事业单位自创能力，发挥安全生产标准化创建中市场的推动力量。要强化重点领域，将道路交通安全、燃气安全、建筑施工、消防安全、电梯安全整治和危险化学品整治作为第二季度专项整治的重点，专业检查，细致排查，从严执法，提高专项整治实效。要强化基层基础，提高安全生产保障能力。推进安全发展示范城市创建工作，建立“智慧安监”信息平台，建立安全生产隐患排查治理常态化体系，探索建立企业安全生产诚信体系，组织开展好第14个“安全生产月”集中宣传活动。

“行进中国·建设新福建·泉州精彩故事”大型主题采访在泉州启动

福建日报社总编梁建平带领“行进中国·建设新福建·泉州精彩故事”大型主题采访组到泉州采访，与相关部门和县（市、区）委宣传部负责人互动，聚焦新常态下的泉州发展。市长郑新聪，市委常委、宣传部部长、教育工委书记陈庆宗参加相关活动。郑新聪表示，省委、省政府对泉州发展寄予厚望，要求泉州在建设新福建中“勇担当、打头阵、走前列”。泉州市委、市政府深感责任重大，围绕这一要求，进行一系列谋划、部署：既抓近期，又抓长远，既抓硬实力提升，又抓软实力建设，推动产业创新转型，拓展提升“晋江经验”，营造有利于大众创业、万众创新的政策环境和社会氛围。早在两年前，泉州已感受到新常态的压力。政企加强互动，联手快速应变。党委、政府适时施策，不少企业也闯出新路。如今，面对新常态下的困难与挑战，泉州紧紧抓项目、帮企业，积蓄发展后劲，各方面改革有力有序推进。希望采访组多走走看看，继续为泉州发展鼓与呼；多提宝贵意见，帮助泉州理清思路、补齐短板，在建设新福建中发挥更大作用。采访组表示，“行进中国·建设新福建”大型采访活动由省委宣传部统一部署，既呼应全国新闻战线“走转改”大型主题采访活动，也呼应福建现阶段发展需求。当前，中央支持福建加快发展，福建必须有新作为，需要媒体加油鼓劲、营造氛围。同时，新常态下机遇何在，如何攻坚克难，也需要媒体深度聚焦，献计出力。在建设新福建中，泉州举足轻重。赴泉采访组将深入各地，问计发展第一线，看亮点、采典型、探精神，为泉州攻坚克难鼓与呼，为建设新福建提供更多好经验。采访活动将持续到年底。赴泉采访组由新华社、光明日报、中国日报、科技日报、法制日报、中新社等中央驻闽媒体和多家省内媒体20多位新闻记者组成。

活动现场　（图/郭冰德）

市十五届人大代表第三期履职培训班举办

9—10日，市十五届人大代表第三期履职培训班举办，市人大常委会主任陈万里、副主任朱团能以及120余名市人大代表参加培训。陈万里指出，希望人大代表要深化认识，增强自觉，认识到学习是坚持和完善人大制度的必然要求，是加强和改进人大工作的现实需要，是人大代表履行职责的内在要求；要立足履职，加强学习，重点加强理论、法律知识、人大制度和区域情况四个方面的学习研究；要集中精力，积极参与，各位代表要珍惜学习机会，集中精力潜心听课，加强交流深入思考，坚持做到学以致用。培训班邀请专家教授分别就宪法、监督法、地方组织法、代表法进行专题辅导讲座和泉州经济社会发展情况报告。

培训班现场　　（图/陈意鸣）

全市计划生育工作会议召开

全市计划生育工作会议召开，市领导周银芳、陈沈阳、林伯前、张建生、吴共湖，市计生协会会长尤垂镇参加会议。市委副书记周银芳强调，要抓好新常态下人口计生工作，增强自觉性和主动性，树立抓计划生育有利于科学发展、有利于民生、有利于稳定的意识，坚持计生基本国策不变、党政一把手负总责不变、一票否决制不变的原则，稳妥落实“单独两孩”政策，应对户籍制度改革，加快推进卫生计生机构整合，适应考核新规；要提升人口计生工作水平，重基层打基础、抓重点破难题、优服务保民生、转后进促平衡、树典型创特色，实现人口数量、质量、结构协调发展；要抓好人口计生工作目标责任落实，强化计生“一把手”职责，加强部门协调配合，发挥计生协会作用，加强督查，兑现奖惩，力争稳定生育不超生、综合治理不偏性、计生家庭不贫困、依法行政不违规、计生队伍不损形。

泉州建材产品中国行首站启动

由市政府主办，县（市、区）政府、市经信委、市住建局、市工商联、泉州晚报社、泉州广播电视台承办的泉州建材产品中国行首站在泉州晚报大厦启动。九牧、中宇、辉煌、溪石、东升、协进陶瓷、雅泰橱柜等59家泉州本土建材产品龙头企业，房地产、建筑、装修、经销及设计单位220多家参会，1500多人参与洽谈、对接。在活动现场，省陶瓷行业协会会长陈建新、省石材行业协会会长王伯瑶、省水暖卫浴阀门协会会长王建业，分别代表本行业在推介会上发布行业信息，介绍泉州产业的发展现状、面临机遇以及中长远规划。不少慕名而来的建筑企业工程商、装饰公司、经销商、相关装修装饰设计单位在现场与参展企业进行洽谈，了解产品性能，现场达成初步意向126对，初步意向金额6.52亿元。主办方介绍，此次参展的企业有两大特点：一是辐射面广，既有来自建陶、石材、水暖厨卫、石雕、钢铁、水泥、铝材、建材机械、消防设备、安防设备、新型墙材等领域的建材相关企业，也有涂料、木地板、家具、藤铁等家居装修产品生产企业，几乎涵盖建筑、建材产业链的所有环节。二是参展的大型企业、知名品牌多，在行业内处于国内领先水平的企业就有20多家，其中有的是2010年上海世博会的材料供应商，有的为国家体育场提供过建筑材料，有的参与过人民大会堂的建设，拥有过硬的品质和良好的口碑，不少企业还能提供水暖卫浴、家居装饰、安防等一体化服务，引领行业发展新趋势。首站活动内容包括：行业协会（商会）及行业专家、龙头（重点）企业发布信息；企业进行产品介绍和性能展示；企业间就产品性能指标、应用范围和供需要求进行洽谈对接；运用多媒体对企业产品进行滚动式宣传推广等。

活动现场　　（图/张九强）

4月9日

星期四

农历乙未年二月廿一

温度：13℃—17℃

阵雨

●9—10日，市十五届人大代表第三期履职培训班举办，市人大常委会主任陈万里、副主任朱团能以及120余名市人大代表参加培训。培训班邀请专家教授分别就宪法、监督法、地方组织法、代表法进行专题辅导讲座和泉州经济社会发展情况报告。

●全市计划生育工作会议召开。

●2015年全省高校毕业生就业工作视频会后，泉州市随即召开会议部署2015年高校毕业生就业工作。

●由市政府主办，县（市、区）政府、市经信委、市住建局、市工商联、泉州晚报社、泉州广播电视台承办的泉州建材产品中国行首站在泉州晚报大厦启动。九牧、中宇、辉煌、溪石、东升、协进陶瓷、雅泰橱柜等59家泉州本土建材产品龙头企业，房地产、建筑、装修、经销及设计单位220多家参会，1500多人参与洽谈、对接。

4月10日

星期五
农历乙未年二月廿二
温度：14℃—16℃
小雨

●全市政法工作会议召开，学习贯彻习近平指示和中央、省委政法工作会议精神，总结2014年政法工作，研究部署2015年和今后一个时期的政法工作。

●市领导到德化县调研部分重点项目及企业。

●三款泉州造产品入选中国工程机械年度产品TOP50。

●市领导组织有关部门开展防汛备汛检查工作，检查组察看南安市石壁水库、溪美街道迅捷抗旱服务队培训中心、晋江防洪工程安溪墩坂段，了解了水库除险加固工程及防汛措施责任制落实、物资储备等情况。

●"海丝梦·晋江情"交响音乐会在晋江市举行。

●惠安县首次免费公益花坛葬集中安葬仪式在该县万安陵园举行。

●清水祖师巡境盛事专题节目《安溪盛事》是日起在中央电视套七套《乡土》栏目播出，央视网、三农网同步播出。

全市政法工作会议召开

全市政法工作会议召开，学习贯彻习近平指示和中央、省委政法工作会议精神，总结2014年政法工作，研究部署2015年和今后一个时期的政法工作。市委书记黄少萍在会上讲话。受黄少萍委托，市委副书记、市长郑新聪与全市各地党政主要领导签订2015年度综治责任书。市领导许昆贞、洪泽生、朱团能、卢炳椿、王瑞强，市中级人民法院、市检察院负责人等参加会议。黄少萍要求，要学习贯彻"四个全面"战略布局，按照习近平系列讲话和指示精神，全面落实省委关于依法治省决策部署，认识当前泉州市政法工作面临的任务和挑战，把握新形势下政法工作的新任务新要求。要坚持依法治理、综合施策，维护国家安全，高度重视各类敏感事件的应急处置，毫不放松抓好社会矛盾化解工作，推进立体化治安防控体系建设，维护社会大局稳定。要推进严格执法、文明执法、公正司法，抓住领导干部这个"关键少数"，坚定不移深化司法体制改革，加强对执法司法权的监督，在法治建设中发挥更大作用。要加强和改善党对政法工作的领导，坚持党对政法工作的领导，狠抓从严建警、从严治警，落实从优待警有关规定，打造过硬政法队伍，为推动泉州科学发展、跨越发展创造和谐稳定的社会环境和公平正义的法治环境。郑新聪要求，要不折不扣落实好政法工作部署；毫不松懈抓好维稳工作，做好群体性事件预防处置和信访化解工作，解决影响群众安全感满意度的突出治安问题，依法维护正常市场秩序、服务经济发展；要坚强有力做好政法维稳工作保障，抓好责任落实、组织落实和保障落实，为泉州发展营造安定稳定的社会环境。

会议现场　　（图/洪　泓）

市领导到德化县调研部分重点项目及企业

按照市委、市政府关于开展"促进项目落地、帮扶企业发展"活动的部署，市委常委、宣传部部长、教育工委书记陈庆宗和副市长陈荣洲带队到德化县调研部分重点项目及重点企业，走访项目现场和企业一线，了解项目进展与企业生产经营情况，协调解决企业发展遇到的突出困难,对落不了地的项目，帮忙落地，已经落地的项目，帮忙促进做得更好。调研中，陈庆宗指出，要帮助工业性项目生成、落地，促进德化经济结构和陶瓷产业结构调整；资源性开发项目，要帮助景区在开发过程中保护好原生态景观，利用投资将景区的效益扩大化，以人为本，结合自然条件开展群众喜闻乐见的文化活动；要做好招商亲商等工作宣传，营造投资创业舆论氛围。陈荣洲指出，政企要同心联手，鼓励企业借助政府的优惠政策来发展，指导企业申报国家高新科技企业项目等，要创新商业模式，引入现代互联网技术，构筑产、供、销及售后服务一体化的网络，做到可持续发展。

三款泉州造产品入选中国工程机械年度产品TOP50

"中国工程机械年度产品TOP50（2015）"评选结果出炉，福建南方路面机械有限公司、福建铁拓机械有限公司、福建晋工机械有限公司等三家泉州工程机械企业的三款产品入选。"中国工程机械年度产品TOP50"评选是工程机械行业内以企业产品技术创新性、市场领先性和应用贡献性为评选原则，以通过技术创新对提高市场竞争能力的作用、产品销售量及市场占有率、产品在重大工程中的应用等评选标准，评选出行业内前50名的产品。

"海丝梦·晋江情"交响音乐会在晋江市举行

"海丝梦·晋江情"交响音乐会在晋江市举行。福建交响乐团给现场观众带来10余首经典的交响乐。在音乐会下半场，年仅15岁的晋江小伙蔡宏博联合福建交响乐团给观众们带来被誉为拉赫玛尼诺夫最成熟的作品之一的《C小调第二钢琴协奏曲》。蔡宏博是上海音乐学院附中初三年级学生，师从著名青年钢琴演奏家周挺教授。

《泉州市大学生创业引领计划实施意见》出台

市人力资源和社会保障局等十部门近日研究制定《泉州市大学生创业引领计划实施意见》，计划2014—2017年，全市引领3000名大学生实现创业，在各县（市、区）和高校重点扶持建设15个创业孵化基地(创业园)，每年评选资助10—20个优质大学生创业项目。市财政每年安排500万元，用于高校毕业生创业孵化基地建设、创业项目扶持及创业培训等。在泉州市2013年出台的鼓励和扶持高校毕业生自主创业优惠政策基础上，意见将高校毕业生自主创业享受优惠政策的年限从原来的毕业后三年内放宽到毕业后五年内。意味着普通高校毕业年度内的在校大学生及毕业后五年内的高校毕业生，在泉州辖区内独资或从事个体经营，或者合资、合伙创办企业并担任法定代表人，且高校毕业生创业团队核心成员出资总额不低于注册资本的30%，均可享受到创业优惠政策。在普及创业教育方面，要求各高校面向全体学生广泛、系统、分类开展创业教育教学。本科高校的每位本科学生要完成不低于32学时、不低于2学分的创业课程。允许在校大学生休学创业，大学生在学期间创业可向学校申请保留学籍2年。自主创业的高校毕业生在工商注册、税收、银行开户等方面，还可享受到“绿色通道”等优惠便利。对符合条件的自主创业高校毕业生从事个体经营的，在3年内依次扣减其当年实际应缴纳的营业税、城市维护建设税、教育费附加、地方教育附加和个人所得税，扣减限额标准为每户每年9600元。对高校毕业生创办的小型微利企业减低税率和减半征收企业所得税，月销售额和营业额不超过3万元的暂免征收增值税和营业税。高校毕业生首次创业，领取工商营业执照或其他经营资质，且正常纳税经营6个月以上的，由创业所在地给予一次性开业补贴。补贴标准为其自主创业注册资本总额的20%，最高限额每户不超过1万元。

泉州人口老龄化状态加深

市老龄办近日公布2014年度泉州老年人口与老龄事业发展统计公报，2014年，全市老年人口数量继续保持较快的增长速度，人口老龄化状态不断加深，全市60岁及以上本地户籍老人88.6万，其中1/4为空巢老人。根据2014年度老龄事业统计数字显示，全市60岁及以上本地户籍老年人口88.6万人，占全市户籍人口总数的12.37%。老年人口数比上年增加4.7万人，同比增长5.6%，人口老龄化比例比上年提高0.52个百分点。其中，女性老年人口47万人，占比53%。老年人口中，80岁以上老年人口12.79万人，比上年同期增加0.49万人。全市共有百岁及以上老人265人，与上年同期持平。从城乡分布看，农村老年人口64.5万人，占比73%；城镇老年人口占比27%。与子女同住的老年人64万人，占老年人口总数的72%；空巢家庭老年人数20万人，占老年人口总数的25%，比例提高3个百分点；其他居住形式占比3%。

海内外孙氏宗亲到泉州中山公园拜谒孙中山铜像

为纪念孙中山逝世90周年，近200名海内外孙氏宗亲到泉州市区中山公园拜谒孙中山铜像。

（图/廖培煌　彭坚林）

2015年国际旅游小姐中国·海峡赛区总决赛在泉州举行

由市委宣传部、市旅游局主办的2015年国际旅游小姐中国·海峡赛区总决赛暨颁奖典礼在泉州举行。评委通过对选手的五官与身材比例、仪态与气质、语言组织表达能力、舞台综合表现能力以及才艺表演五个项目的表现进行评分，结合自我介绍与旅游推介、泳装展示、才艺表演与晚装展示四个环节层层角逐，来自北京的23号选手肖雪表现突出，脱颖而出获得冠军，来自永春的8号选手郭茹楠和来自德华的16号选手许文婷获得亚军，来自温州的19号选手雷丽丽和来自安徽的37号选手刘欢、来自西安的51号选手付丽获得季军，获得前3名的选手同时获得通往4月28日在重庆举行的全国总决赛的门票及国际赛事巡游。

4月11日

星期六
农历乙未年二月廿三
温度：12℃—22℃
小雨转多云

●市人力资源和社会保障局等十部门研究制定《泉州市大学生创业引领计划实施意见》，计划2014—2017年，全市引领3000名大学生实现创业，在各县（市、区）和高校重点扶持建设15个创业孵化基地(创业园)，每年评选资助10—20个优质大学生创业项目。

●市老龄办公布2014年度泉州老年人口与老龄事业发展统计公报，2014年，全市老年人口数量继续保持较快的增长速度，人口老龄化状态不断加深，全市60岁及以上本地户籍老人88.6万，其中1/4为空巢老人。

●由市委宣传部、市旅游局主办的2015年国际旅游小姐中国·海峡赛区总决赛暨颁奖典礼在泉州举行。

●为纪念孙中山逝世90周年，近200名海内外孙氏宗亲到泉州市区中山公园拜谒孙中山铜像。

4月12日

星期日
农历乙未年二月廿四
温度：13℃—22℃
晴

●香港国际文博会（泉州）战略合作暨《品牌泉州》系列微电影启动仪式在市区源和1916创意产业园举行。

●2015年国际泳联跳水大奖赛第三站在加拿大卡蒂诺举行，泉州选手丁雅尝和队友合作夺得一枚金牌。

●泉港区2015年“清美杯”首届文明好司机评选活动颁奖典礼举行。

●美国加利福尼亚州安大略市市长保罗·里奥到晋江市访问。

●11对在泉州务工的新疆阿合奇县柯尔克孜族务工青年在晋江市陈埭镇361°（福建）鞋塑科技有限公司厂区参加集体婚礼。

●惠安县出台《“乐游风情惠安”旅游经营点资金管理办法》。

香港国际文博会（泉州）战略合作暨《品牌泉州》系列微电影启动仪式举行

香港国际文博会（泉州）战略合作暨《品牌泉州》系列微电影启动仪式在市区源和1916创意产业园举行。《品牌泉州》系列微电影旨在进一步深耕闽南文化，挖掘泉州深厚的历史文化底蕴，讲述泉州品牌故事，传承泉州品牌精神。通过微电影形式向外输出泉州文化，让更多人了解泉州经济、历史、旅游、人文风俗等内容，从而激发文化创意活力，增加城市魅力。

美国安大略市市长到晋江市访问

美国加利福尼亚州安大略市市长保罗·里奥到晋江市访问。访问团参观晋江城市展馆和五店市传统街区。在城市展馆，保罗·里奥看到晋江城市改造后的新旧照片对比，以及了解到晋江市“全市一城”的总体规划后，对晋江推进城镇化建设的做法表示赞赏。在五店市传统街区，看到保存完好的古建筑。保罗·里奥表示，晋江把传统和现代相互结合在一起，是一座充满活力和魅力的城市。

11对新疆柯尔克孜族新人晋江完婚

11对在泉州务工的新疆阿合奇县柯尔克孜族务工青年在晋江市陈埭镇361°（福建）鞋塑科技有限公司厂区参加集体婚礼。新疆阿合奇县第五届疆外柯尔克孜族诺肉孜节庆典活动同时举行。与会的阿合奇县副县长木塔力甫表示，该县人口基本为柯尔克孜族，近几年通过劳务输出办公室、带队干部及援疆干部的沟通搭桥联系到晋江企业，向晋江输出劳动力。大约有440多名柯尔克孜族人在泉州务工，全部都在晋江的企业，其中330多名在361°（福建）鞋塑科技有限公司。希望这些在泉州务工的柯尔克孜族人能在晋江学习生产工艺、经营理念，提高市场认识，转化观念，日后为阿合奇县经济发展做贡献。

相关链接：居住在新疆天山南北和帕米尔高原的柯尔克孜族，是一个具有悠久历史、灿烂文化的古老民族。柯尔克孜族是吉尔吉斯斯坦的主体民族，是中亚民族中最先创立文字的民族，国外同源民族被汉译称作“吉尔吉斯”。“柯尔克孜”一般解释为“山里游牧人”。绝大部分柯尔克孜族使用自己的语言，属于阿尔泰语系突厥语族。柯尔克孜族主要分布在新疆西部地区，绝大部分在克孜勒苏柯尔克孜自治州。根据2000年第五次全国人口普查统计，柯尔克孜族人口数为160823。柯尔克孜族以从事畜牧业生产为主，兼营农业和手工业；饮食以牛、羊、马、骆驼、牦牛肉和奶制品为主，忌食猪肉和自死牲畜肉，马肉马肠为冬季最佳食品。

集体婚礼现场　（图/黄祖祥　陈起拓）

惠安县出台《“乐游风情惠安”旅游经营点资金管理办法》

惠安县近日出台《“乐游风情惠安”旅游经营点资金管理办法》（以下简称《办法》），在旅游发展专项资金的使用范围和补助方式、项目申报和审批等方面做出明确规定，并对旅游经营点进行等级划分，按等级进行奖励。《办法》奖励扶持对象为剔除A级旅游景区、星级旅游饭店、A级旅行社等旅游经营单位，侧重扶持乡村旅游开发、旅游新业态项目、旅游商品研发、特色民宿、地方美食制作、自驾车露营地建设6个方面。财政每年安排不少于300万元专项资金用于奖励“乐游风情惠安”六条旅游精品路线上各旅游经营点的建设和提升。奖励采取资金和荣誉相结合的形式实行，经等级评定后将统一授牌；并根据当年资金安排情况及考评点经营发展实况确定年度扶持项目和金额。对评定为一至五级的旅游经营点分别给予不同级别奖励扶持。其中，最低一级奖励为2万元，最高级别奖励可达30万元。同一类别旅游经营点可对照不同类别项目重复申报奖励，并且不与省、市级相关等级评定及奖励冲突，从而最大限度提高民众参与旅游建设热情。

尤权在泉州与企业家和基层干部座谈

13—14日，省委书记尤权分别在莆田和泉州主持召开四场座谈会，与部分企业家、金融机构负责人和市县（区）领导等共同分析当前经济走势，了解企业发展面临的困难和问题，研究推进稳增长调结构、强创新促转型相关工作。省领导叶双瑜、潘征、洪捷序参加座谈。泉州市领导郑新聪、周银芳、翁祖根、林伯前、刘忠参加泉州座谈会。在莆田和泉州召开的企业家座谈会上，27位来自不同行业的企业家踊跃发言，从各自实际出发，谈了对当前经济形势的看法和发展面临的困难，并就下一步发展提出建议。尤权指出，当前，经济下行压力依然较大，在压力和困难面前，绝大多数企业家能够顶住压力、迎难而上，强化创新意识，采取有效举措，实现较好发展，但一些企业在生产经营中也遇到不少困难。希望企业家更加关注宏观经济走势，更加关注国内国际市场变化，主动适应经济发展新常态，及时调整发展思路和策略；强化创新驱动，认识创新是提高竞争力、抢占市场的关键，加快推进技术创新、产品创新、经营模式创新等，推动企业转型升级；强化企业管理，注意分析财务状况，更多掌握金融、法律、管理等各方面知识，提高现代企业管理水平。希望大家认识和顺应新常态下经济发展的规律，进一步坚定信心，发扬敢拼会赢精神，克服困难、渡过难关，赢得更大发展。在与泉州部分金融机构负责人座谈时，尤权围绕优化金融生态环境、支持实体经济发展、加快金融改革创新、加强信用体系建设等与金融机构负责人进行交流。尤权指出，经济下行压力下，各金融机构要适应经济发展新常态，认识金融发展与企业发展是一荣俱荣、一损俱损的关系，相互间要多增加一点“容忍度”。要以改革创新的思路举措，扩大融资规模，分类处置信贷资产，提升服务实体经济实效。要创新金融产品和服务，创造更多适合中小企业信贷的金融产品，降低企业融资成本，与企业共克时艰、共渡难关。各级政府要改善金融生态环境，加快信用体系建设，完善不良贷款处置会商机制，引导企业诚信经营，依法打击恶意逃废债等行为，防控金融风险。

全市宣传部长会议召开

全市宣传部长会议召开，学习贯彻习近平系列讲话精神和全国、全省宣传部长会议精神，安排部署2015年宣传工作。针对2015年宣传工作重点，会议提出具体要求：要适应新常态，加强意识形态工作的传播能力建设；在理论社科工作方面，要坚持虚功实做，发挥思想理论的支撑引领作用；要抓住城市国际化契机，增强文化创造活力和竞争力，深化文化改革发展；在文明道德建设方面，要立足常态化、长效化，提升城市的现代公共文明程度；要加强统筹协调、支持基层创新，协同推进各项工作，夯实宣传思想文化工作基础。

省市两级联合颁发2014—2015学年见义勇为助学金

省、市两级见义勇为基金会（协会）联合颁发2014—2015学年见义勇为助学金。分别在大专院校、中小学校求学的53名泉州见义勇为勇士子女分别领到一笔数额不等的助学金。这53名受助的在校学生的父母，或勇斗歹徒，或救人于危难，有的英勇牺牲，有的不同程度受伤。在全省167名见义勇为助学对象中，泉州市共有20人，其中获省见义勇为基金会助学的有17人，获中国人寿保险公司福建分公司助学的有3人，共获助学金5.75万元。为让更多的见义勇为勇士及其子女享受助学待遇，市见义勇为协会将受助对象由2014年的8名增加至33名，助学率提高4倍，发放助学金4.65万元。

泉州市玩具企业产品热销欧美

泉州市玩具企业不断加大研发投入，以产品创新吸引更多海外客户，产品热销欧盟、美国、澳大利亚等30多个国家和地区。图为泉州嘉利儿童用品有限公司工人们正在组装一批由德国奔驰汽车公司授权的儿童玩具车，它们不久后将销往海外。

（图/陈晓东）

4月13日

星期一
农历乙未年二月廿五
温度：11℃—23℃
晴

●13—14日，尤权在莆田、泉州与企业家和基层干部座谈。

●2014年度落实党风廉政建设责任制检查发现问题整改工作专题部署会议召开，部署省委落实党风廉政建设责任制检查组移交问题的整改工作。

●全市宣传部长会议召开，学习贯彻习近平系列讲话精神和全国、全省宣传部长会议精神，安排部署2015年宣传工作。

●省、市两级见义勇为基金会（协会）联合颁发2014—2015学年见义勇为助学金。

●广东潮州市市长卢淳杰带领考察团到泉州考察城市规划建设管理及产业集聚发展情况。

●江苏镇江市在泉州举行旅游推介会。

●泉州市玩具企业产品热销欧美。

●13—21日，第13届全国老年保龄球联谊赛在河南郑州举行，代表福建二队参赛的泉州选手陈向阳获男子甲组冠军。

4月14日

星期二
农历乙未年二月廿六
温度：13℃—26℃
多云

●全市教育系统党的建设暨党风廉政建设工作会议召开。

●全市首起引入专家会审的“民告官”案在丰泽法院开庭审理。

●全市首票跨境电商出口货物通关。

●由市计生协会、市妇联、泉州晚报社和中国人寿保险股份有限公司泉州分公司主办的“阳光母亲 携手同行”系列活动启动。

●省旅游局和中国移动通信集团福建有限公司发布《2015年第一季度福建省旅游人气城市排行榜》，泉州列过夜人气城市（不含本市游客）和过夜人气城市（不含本省游客）两个排行榜首位。

●英国伦敦大学考古学研究院人类学系教授Mike Rowlands在泉州海外交通史博物馆为泉州博物馆从业人士和博物馆爱好者作《数字化技术与文化复归》讲座。

全市教育系统党的建设暨党风廉政建设工作会议召开

全市教育系统党的建设暨党风廉政建设工作会议召开，市委常委、宣传部部长、教育工委书记陈庆宗参加会议。会议指出，要创新工作机制，改进方式方法，推进服务型党组织建设，发挥学校党组织在固本强基、凝心聚力、创先争优、创安维稳等方面的战斗堡垒作用。要集聚高层次人才，发挥名师、名校长在教学、科研和管理中的示范带动作用，提升办学治校能力。要坚持从严治党，推进从严治教，深化权力运行制约和监督，营造风清气正的育人环境。随着中国经济发展进入新常态，全面深化改革进入关键期，对学校思想政治工作提出新要求。全市教育系统应抓好大学生思想政治工作和未成年人德育工作，主动占领网络阵地，注重推进“易班”与校园传统媒体以及微信、微视等新媒体的深度融合，增强学校宣传思想工作的实效性，保证社会主义办学方向，办好人民满意的教育。

全市首起引入专家会审的“民告官”案开庭

全市首起引入专家会审的“民告官”案在丰泽法院开庭审理。为解决行政审判中遇到的疑难复杂问题，提高行政审判的公信力，发挥行政审判专家在预防和化解行政争议方面的作用，泉州中级法院在全国首创行政审判“专家会审”机制。考虑到“民告官”案争议较大，政策性、敏感性强，具有普遍性和指导意义，丰泽法院启动“专家会审”机制。开庭前，该院邀请相应的省、市级行政机关业务骨干、高校学者专家对该案进行会审，并提前将案情报告及主要证据材料提供给专家。专家认真进行会审前的资料查阅及准备工作。在“专家会审”庭审现场，合议庭法官首先介绍案情及相关法律规定、政策背景。到会专家利用专业知识，从该案行政处罚是否合法，过、罚是否得当，法律适用是否正确等方面，发表对该案的中立性、专业性的意见，供合议庭参考。

全省一季度旅游泉州过夜人气最旺

省旅游局和中国移动通信集团福建有限公司发布《2015年第一季度福建省旅游人气城市排行榜》，泉州列过夜人气城市（不含本市游客）和过夜人气城市（不含本省游客）两个排行榜首位。该排行榜是根据福建省移动公司提供的手机用户入境、入闽及省内漫游统计数据资料，对2015年第一季度福建省各个设区市到达客流量和过夜客流量情况进行全面分析得出。其中，从手机漫游用户到闽过夜的情况来看，春节、元宵节期间，受返乡潮及系列民俗文化活动影响，经济繁荣、经商队伍庞大的闽南城市泉州过夜游客最为活跃。市旅游局有关负责人介绍，第一季度，泉州市旅游部门整合资源，针对日益兴起的自驾游、自助游等活动精心编排多条“东亚文化之都”旅游精品线路、“海上丝绸之路”旅游线路，再加上春节、元宵节期间泉州市气温适宜、空气清新，引来国内外游客追捧。

全市首票跨境电商出口货物通关

由福建省新时颖服饰工贸有限公司发往美国的28箱共2537件、总值达24580美元的服装在晋江陆地港国际快件监管中心，经过单据交接、货物同步查验等流程后通关，全程仅耗时半小时，成为全市首票跨境电商出口货物和全省首票以国际快递公司作为物流主体申报的跨境货物。跨境电商企业成为此次跨境电商通关的最大受益者。以往，泉州的跨境电商企业都是通过邮政小包的形式出口，游离在监管之外，虽然不用纳税，也无法享受出口退税。通过正规的报关手续出口虽然会增加一定的工作量，但是从长远看，有利于企业的规模化发展。此外，出口退税也能增加企业的利润。这也是泉州电商企业首次通过入驻晋江陆地港的跨境电商综合服务平台“嘉易通”，以“清单核放”的方式申报出口的货物。通过“清单核放”的方式，企业不需要每一单都报关，一个月后，这些“清单”将以国别分类进行“汇总报关”，企业凭汇总的月度出口报关单，即可办理退税、结汇手续。

相关链接：3月，以晋江陆地港为运营主体的《泉州跨境贸易电子商务通关服务平台建设方案》通过海关总署审批，意味着泉州也能享受到国家正在大力倡导的跨境电商通关政策，也就是原本只能通过邮包或商业快件出去的零售货物在跨境电商通关服务平台上可以像一般贸易的货物去享受退税、结汇，但又能比一般贸易货物通关更便利，手续更简单。

4月15日

星期三
农历乙未年二月廿七
温度：16℃—29℃
晴

●15—16日，全国工商联副主席庄聪生带队到泉州开展民营企业“走出去”综合调研，了解泉州市民营企业“走出去”以及参与“一带一路”建设情况。

●郑新聪到市信访局接访群众。

●香港特别行政区原任全国人大代表到泉州考察。

●全市水库安全度汛视频会召开。会议透露，进入汛期以来，泉州市各大中小型水库均已进入安全度汛警备状态。

●呼伦贝尔鄂伦春、鄂温克、达斡尔民族民俗展览在泉州海外交通史博物馆开幕。

庄聪生到泉州开展民营企业“走出去”综合调研

15—16日，全国工商联副主席庄聪生带队到泉州开展民营企业“走出去”综合调研，了解泉州市民营企业“走出去”以及参与“一带一路”建设情况。全国工商联联络部部长马君，省工商联主席王光远、秘书长陈飚，市领导翁祖根、林伯前、许连捷参加调研。庄聪生指出，泉州民营经济发达，是对外开放最活跃的地区之一，自中央提出“一带一路”战略以来，泉州积极把机遇转化为发展动力，推动泉州海丝先行区建设，取得一定成效。下一步，从政府层面着眼，要把握海丝先行区及相关政策机遇，加大权威信息发布力度，帮助企业了解分析各国的经济、政治、法律、文化、市场等各种环境情况，加强对企业融资、保险方面的服务，审慎决策，安全有效地推动企业“走出去”；民营企业方面，要注重培养高水平的跨国经营人才和团队，加强对他国市场的调查和了解，与本国同行业企业、上下游企业形成良性合作，做到互惠共赢、抱团协作；各级工商联要多掌握企业优秀案例，开展赴外考察与经验交流活动，引导企业信息共享、互补多赢，帮助企业增强防范和风险意识，减少企业跨国经营的阻力。

郑新聪到市信访局接访群众

市长郑新聪到市信访局接访群众。市委常委、政法委书记许昆贞，市政府秘书长吴友才参加接访。郑新聪强调，各级各部门要加强基层基础，把矛盾化解在基层、初始阶段；落实干部层层定期接访制度，尤其要加强县（市、区）和乡镇一级领导干部接访的实效性，让老百姓少跑路、少花精力；重视解决历史遗留的、合理合法的、影响群众切身利益的信访诉求，建立责任制、不扯皮推诿，历史地合理地看待问题，寻求解决的办法和途径；积极主动引导包括涉法涉诉信访问题在内的信访积案，走依法解决的路径。

香港特别行政区原任全国人大代表到泉州考察

香港特别行政区原任全国人大代表到泉州考察，市人大常委会主任陈万里、副主任曾巍参加相关活动。考察团参观中国闽台缘博物馆、泉州海外交通史博物馆、开元寺等。（图/陈意鸣）

全市水库安全度汛视频会召开

全市水库安全度汛视频会召开。会议透露，进入汛期以来，泉州市各大中小型水库均已进入安全度汛警备状态。彭村、八峰、双溪三座在建的中小型水库和石壁、笋塔、泗洲3座中型水库是2015年全市水库安全度汛的重点保护对象。泉州市在汛前已基本落实2015年大中小型水库安全度汛行政责任人、主管部门负责人和管理单位负责人，明确其工作职责，并向社会公示。各水库管理单位建立和完善水库山围塘巡视检查管理制度、安全管理工作机制，强化巡查检查，落实24小时值班制，随时掌握和报告水库大坝、电站运行状况，发现异常情况将立刻上报，并采取果断措施，排除险情。正值春耕、春播用水高峰，各级水利部门、水库管理单位采取调水、配水和集中供水的方式，优化调度、精细调控，保障农田灌溉用水需要；水库做好蓄水保水，一旦出现降雨过程，农民可尽量利用天然水来灌溉以减少水库放水量，以利下阶段的抗旱工作。

呼伦贝尔鄂伦春、鄂温克、达斡尔民族民俗展览在泉州举行

呼伦贝尔鄂伦春、鄂温克、达斡尔民族民俗展览在泉州海外交通史博物馆举行。展览为期两个月，分为地域鲜明的生产方式、独具特色的生活习俗、多姿多彩的文化娱乐和神秘的宗教信仰四个单元，以300多件展品，全面展现三个少数民族的谋生之道、风俗之奇、娱乐之酣和宗教之纯粹。

4月16日

星期四
农历乙未年二月廿八
温度：20℃—27℃
多云

●泉州市与台湾“三三会”参访团交流座谈会在福州举行。

●泉州市政府与台湾海峡两岸医事交流协会在福州签订医疗健康产业项目合作框架协议。

●全市统战工作任务交办会召开。

●泉州出口加工区现场正式启动“两单一审”业务。当日，驻区海关为6家区内企业，涉及12票报关单采用该模式办理进出区报关手续，业务运行首日通关顺畅。

●惠安建筑业协会与华侨大学土木工程学院合作设立华侨大学研究生惠安工作站。

泉州市与台湾“三三会”参访团交流座谈会在福州举行

泉州市与“三三会”参访团交流座谈会在福州举行。泉州市市委副书记周银芳、副市长陈荣洲，市直有关部门及泉州拟对接项目负责人等与参访团的60多名台湾产业界人士座谈交流。海基会原董事长、台湾三三企业交流会会长江丙坤表示，近年来，许多台商投资福建，两地经贸合作不断拓展。新时期，福建被确定为自由贸易试验区、“海丝核心区”，也成为台企转型升级的重点关注地区，未来商机无限。此次参访实地感受到福建发展的良好态势，希望以此为契机，推动闽台、泉台产业对接，共促福建发展。周银芳表示，泉州是充满活力的投资热土，期待“三三会”继续为两岸经贸交流牵线搭桥，带动更多企业到泉州投资兴业，泉州将以最大诚意、尽最大努力，打造“最开放、最优惠、最高效”的投资区域，与大家携手共促两岸产业合作深度融合发展。会上，泉州准备了20多个对接项目。双方还就电子信息、文化创意等产业合作展开交流。

市政府与台湾海峡两岸医事交流协会签订医疗健康产业项目合作框架协议

泉州市政府与台湾海峡两岸医事交流协会在福州签订医疗健康产业项目合作框架协议。省委副书记于伟国，海基会原董事长、台湾三三企业交流会会长江丙坤，泉州市市委副书记周银芳、副市长陈荣洲，台湾海峡两岸医事交流协会理事长黄松雄等参加签约仪式。签约项目包括四个子项目，即在泉州台商投资区新建一家三甲综合医院、一个综合性健康养生养老村（健康养生养老文创园区），与一家泉州市区医院达成合作，并争取申办一所医科大学。其中，三甲综合医院将率先启动建设，总投资超3亿美元，规划用地约28.67公顷，床位3000张，建设心脏医学中心、脑中风中心、癌症治疗中心、健康管理中心、医学培训中心以及内镜微创培训基地等。在三甲医院的基础上，还将建设健康养老养生村，通过“医养结合”，实现医疗资源和养老资源的最大化利用。该园区总投资超5亿美元，包括银发养生寓所、社区医疗服务中心、老人大学、国学文化交流中心、两岸传统艺术文创中心、运动馆所、幼稚园、三甲医院医护人员公寓及相关商业配套设施等。

全市统战工作任务交办会召开

全市统战工作任务交办会召开。市领导翁祖根、陈铭福、王祖耀、陈益参加会议。会议指出，新的一年，全市统战系统要学习领会中央、省委新部署、新要求，发挥独特优势，为泉州“21世纪海上丝绸之路”先行区建设凝心聚力。要抓好协商民主文件的贯彻落实，推动协商民主广泛多层制度化发展；服务推动民企抱团“走出去”“回归创业”等，促进更多海内外泉商、异地商会回乡投资兴业；支持少数民族乡村经济社会发展，做好外来少数民族群众服务工作；依法加强宗教事务管理，引导宗教与社会主义社会相适应；凝聚侨心侨力，搭建“南洋华裔族群寻根谒祖”等服务平台，做好新生代工作；加强党外代表人士队伍建设，推进“党外代表人士实践锻炼基地”建设。

泉州出口加工区启动“两单一审”业务

泉州出口加工区现场正式启动“两单一审”业务。当日，驻区海关为6家区内企业，涉及12票报关单采用该模式办理进出区报关手续，业务运行首日通关顺畅。“两单一审”主要指进出海关特殊监管区域实行双报关模式的二线货物，海关对其两次申报且相互关联的报关单证，采取一次性统一审核验放的模式。区内企业先申报进出境备案清单，待备案清单审结后，区外企业再申报进出口报关单，并将相对应的备案清单号填入报关单相关栏目。“两单一审”备案清单不需要现场交单，海关仅对报关单一次性审核验放，经过H2010系统比对后同步放行备案清单。该模式通过合并报关、系统自动比对，在简化通关流程的同时也减缓了通关压力，提高了通关效率。

陈绍军到泉州调研高职教育发展情况

省政协副主席陈绍军带领调研组到泉州开展“推动高等职业教育发展”专题调研。市领导杨俊峰、周真平、许连捷、李冀平陪同调研或参加相关活动。调研组指出，要结合当地经济社会发展需要，制定职业教育专项发展规划，优化院校专业结构，促进专业设置科学合理。要做到改革教材，使教材紧扣岗位需求；创新教法，提升教学质量；实训达标，按照“校内保基本、校间搞协作、校外来补足”原则，重视实训基地建设与资源共享，并探索政府购买服务等新模式。要研究出台支持民办高等职校发展政策，加大对特色专业、艰苦专业的扶持力度，健全完善外聘教师、在职教师等聘用制度，以及职业技能考核鉴定体系，加快推进就业准入制度，加强闽台校校合作，提升高等职业教育教学水平。

郑新聪带队检查安全生产工作

市长郑新聪带队开展安全生产专项检查。市领导许昆贞、林万明，市政府秘书长吴友才参加检查。郑新聪指出，各级各部门要守住安全这条发展底线：责任要细化，措施要落实，落实“党政同责、一岗双责、主体责任”，推进市、县、乡、村全覆盖；制订实际管用的措施，强化责任落实。预防要到位，检查要细致，加强安全设施软硬件投入，督促企业完善内部安全管理，提升全社会安全意识。各级主管单位要按照“四不两直”，做好例行专项检查，健全安全责任倒查机制；提升各类应急救援队伍专业化水平，整合资源、统一调度，打造一支“招之即来、来之能战”的队伍。整治要系统，整改动真格，要建立专项整治专家库，针对区域、行业特色和薄弱环节制订专项整治方案，做好顶层设计；对检查发现和群众举报的安全隐患要死盯不放，及时根治。依法依“标”治安，提升本质安全水平推进依法行政、联合执法、严格执法，集中区域人力物力，尽快整治历史欠账；扎实有效开展安全标准化建设三年行动，逐家企业、逐个环节抓好落实。

市十五届人大常委会第四十次主任会议召开

市十五届人大常委会第四十次主任会议召开。市人大常委会主任陈万里主持会议，副主任洪泽生、吕竞、王远东、张建生、朱团能、曾巍，秘书长吴春林参加会议。会议讨论市十五届人大五次会议代表建议重点办理件督办安排（草案），确定8件代表建议为2015年市人大常委会重点办理督办件。会议还讨论关于泉州市现代农业发展专项资金使用管理情况的专题调研方案、关于泉州市未成年人刑事检察工作的专题调研方案、关于泉州市社会救助工作的专题调研方案。会议要求，要完善相关制度，努力创新，推进办理，改进方式，强化责任，讲求实效与机制，提高代表和群众的满意度；开展现代农业发展专项资金使用管理情况的专题调研要重点把握专项资金的预算和计划、审批程序和相关规定、资金使用的跟踪和效益评估三个环节，为今后开展同类型监督探索路子、积累经验、提供支持；开展泉州市未成年人刑事检察工作的专题调研要统筹相关法律法规，兼顾社会效果，立足教育挽救，注重教育效果，突出以案释法，体现法律效果；开展泉州市社会救助工作的专题调研要深入研究，推动相关部门转变观念、思路和方式，适应新要求。

会议现场　　（图/陈意鸣）

辣木国家综合标准化研究基地落户安溪县

辣木国家综合标准化研究基地落户安溪县，成为国内唯一专门针对辣木的国家综合标准化研究基地。基地将致力于研究以辣木为原料的食品、药品等深加工辣木产品及附属产业。辣木是一种富含多种微量元素的热带植物，被广泛作为蔬菜、食品，并应用于医药、保健等方面。中国标准化研究院科研人员发现安溪县的土壤、气候条件很适合种植辣木。

4月17日

星期五
农历乙未年二月廿九
温度：19℃—26℃
多云转阵雨

●陈绍军带领调研组到泉州开展“推动高等职业教育发展”专题调研。

●郑新聪突击检查安全生产工作。

●市十五届人大常委会第四十次主任会议召开，讨论市十五届人大五次会议代表建议重点办理件督办安排（草案）等。

●2015年度市人大代表建议和政协提案交办会召开。

●辣木国家综合标准化研究基地落户安溪县，成为国内唯一专门针对辣木的国家综合标准化研究基地。

●17—19日，市老体协聘请柔力球创始人白榕于在永春县举办柔力球辅导员培训班。

4月18日

星期六
农历乙未年二月三十
温度：21℃—28℃
阴转阵雨

●泉州商品博览会暨第十七届中国（晋江）国际鞋业博览会、第十八届海峡两岸纺织服装博览会、2015石狮国际时装周开幕。

●泉州淘汰落后产能工作汇报会召开。

●首列“福建造”地铁列车在泉州上线调试。

●第十三届中国国际人才交流大会在在广东深圳会展中心举行，泉州市委组织部人才办和市人力资源和社会保障局组织18家企事业单位参加活动。

●泉州市2015年技能型人才（技工）大型专场招聘会暨民营企业招聘周活动在泉州侨乡体育馆举行。

●18—22日，由国家体育总局水上运动管理中心、省体育局主办，市体育局和惠安县政府承办的2015年全国OP帆船锦标赛在惠安县崇武镇举行。

●《闽南侨批——重现华侨抗日历史》学术讲座暨“抗战侨批珍品”实物展在泉州华侨历史博物馆举行。

●胡润研究院发布《2015胡润慈善榜》，9位泉州籍企业家上榜。

●由市青少年文化艺术交流协会承办的第十届中国青少年艺术节泉州赛区启动仪式在市区东海湾亲子广场举行。

泉州商品博览会暨第十七届“鞋博会”第十八届“海博会”开幕

泉州商品博览会暨第十七届中国（晋江）国际鞋业博览会、第十八届海峡两岸纺织服装博览会、2015石狮国际时装周开幕。第十七届中国（晋江）国际鞋业博览会共有来自英国、意大利、德国、西班牙、瑞士、芬兰等70多个国家和地区的500多家企业参展。展会首次同时启用1、2号展馆，其中1号馆规划展馆面积50000平方米，设置1700个国际标准展位，设立鞋机、鞋材、鞋类成品馆三大展区，展览范围包括鞋类制成品、鞋材及辅助材料、化工原料、鞋机、皮革机械设备、皮革制品、户外运动装备及相关科研、设计、信息刊物、图书等。2号馆规划展馆面积11200平方米，举办第十三届中国百货业高峰论坛、海峡两岸大学生服装设计作品展等。在延续往年科技成果馆的基础上，2015年整合布设1200平方米科技智能馆，集中展示泉州市鞋业科技成果、企业创新产品、高校和科研院所最新科研成果，还首次引入中国科学院海西研究所、泉州装备制造研究所等专业的鞋服自动化服务高新技术。第十八届海峡两岸纺织服装博览会参展企业471家，展览面积超过5万平方米、市场交易区超过45万平方米，主要理念是展示“海丝”全产业链优势，突出绿色环保、科技创新和功能性新产品，发布纺织服装最新流行趋势。展区包括主展区、分展区。在主展区新设立互联网+展区，分展区除保留机械市场（缝制设备展区）、海西电商园展区（电子商务体验展区），增加星期YI服饰创意博览园展区（制造与服务、时尚创意设计、设计师作品展区）、石狮辅料城（辅料展区）等分展区。法国、意大利、韩国、日本、泰国、菲律宾等纺织服装行业商务人士组团到会，台湾馆进一步扩大，展会建立产业对接平台，邀请“海丝”经济区30多家大中型纺织企业和20多家台湾功能性面辅料企业对接，推动两岸业界合作共赢。

“鞋博会”开幕式

“海博会”台湾馆　　（图/吴寿民）

首列“福建造”地铁列车在泉州上线调试

首列“福建造”福州地铁1号线列车在北车泉州轨道装备有限责任公司上线调试，标志“福建造”轨道装备实现零的突破。图为地铁列车在北车泉州公司内调试。　　（图/戴涵琦）

2015年技能型人才（技工）大型专场招聘会举行

由市人力资源和社会保障局主办的泉州市2015年技能型人才（技工）大型专场招聘会暨民营企业招聘周活动在泉州侨乡体育馆举行。128家市级以上重点企业提供各类岗位约3000个，吸引超2000名求职者到场。图为招聘会现场。

（图/肖晓玲）

泉州小作坊监管机制逐步健全

自2014年7月17日食品生产环节监管职能移交以来，市食品药品监督管理局坚持一手抓整治，一手抓帮扶，引导具备条件的小作坊规范取证，责令整改暂未满足条件的小作坊，查处取缔生产条件恶劣、制售假冒伪劣食品的“黑作坊”“黑窝点”，从而建立健全小作坊监管机制。根据2014年全省治理“餐桌污染”、建设“食品放心工程”工作部署和省食药监局《关于开展食品生产加工小作坊专项治理工作的通知》的部署要求，市食品药品监管局组织各县（市、区）食品药品监管局、各直属分局在2013年小作坊摸底调查基础上，进一步普查摸底，完善小作坊监管档案。截至2014年底，全市摸底确认小作坊1513家。同时，各基层食品药品监管部门分别在社区公告栏、集贸市场、生产加工集聚区等重点区域张贴小作坊专项治理整顿通告，并向食品生产小作坊发放《食品生产加工小作坊监管告知书》，督促其改进和完善生产加工条件，保证所生产的食品质量安全。对于食品小作坊的管理，市食品药品监管局采取“分类监管、区别对待”的办法，重点突出城区、城乡接合部、食品生产集聚区三个区域，组织执法人员结合实际逐步开展分类整顿治理。按照引导帮扶一批具备条件的小作坊规范取证，责令整改一批暂不满足条件的小作坊限期申请办证以及集中查处取缔一批生产条件恶劣、制售假冒伪劣食品的“黑作坊”“黑窝点”等做法分类整治。通过对小作坊实施分类监管的办法，食品药品监管部门有效解决食品加工小作坊监管难的问题，提高食品小作坊的质量管理水平。在加强监管力度的同时，市食品药品监管部门还结合区域实际，对属于各区域生产量大、涉及面广的小作坊食品进行梳理，汇总上报《第二批泉州市食品生产加工小作坊拟定允许生产加工食品目录》（以下简称《目录》）。《目录》增加糕点（豆饼、肉饼、老婆饼、蘇糬、麻糍、寸枣）、蜜饯（金橘蜜饯）、肉制品（肉丸、猪肉粕）、鱼糜制品（鱼丸、鱼签、鱼卷）、粮食加工品（湿面条、面线、白粿）、非发酵性豆制品（豆干、豆签）、调味品（鱼露）、食用植物油（茶油）八大类19个品种。此外，《目录》还根据不同食品品种界定相关的执行标准和实施区域。如金橘蜜饯参照《蜜饯通则》的标准执行，实施区域为永春；猪肉粕参照《熟肉制品卫生标准》执行，实施区域为晋江等。

泉州市推进校园足球工作

近年来，泉州市坚持体教结合方针，加强足球师资力量培养，因地制宜加强场地建设，强化运动安全防范，让校园足球遍地开花。图为在鲤城区东门实验小学足球场上，女子学生足球队的队员正在训练。（图/陈英杰）

中国历代钱币收藏展在惠安县举行

19—27日，由泉州钱币协会、惠安县文联主办的中国历代钱币收藏展在惠安县举行，展出古代、近代及现代三个部分共5000多枚钱币。展览通过向人们展示中国古钱币的起源以及新中国成立后所发行的纸币、金银币、流通纪念币等，以实物形式并配以简明的文字说明，多方位多角度呈现中国的货币历史以及灿烂文化。

崇武鱼卷获准中国地理标志商标注册

惠安崇武鱼卷近日获准中国地理标志商标注册。崇武人制作鱼卷，最早是因为海里捕来的鱼吃不完，而把鱼制成鱼饼、鱼圆，后来制法不断改良，配上当地盛产的地瓜粉、碎肉、葱段等配料，便成了美味可口的鱼卷。随着制作工艺不断改进，崇武鱼卷越来越受当地人乃至外地人欢迎，产品远销海内外。崇武鱼卷从最早家庭主妇制作的民间小吃发展至今已有500多年的历史，先后涌现“中华老字号”瑞芳鱼卷、“泉州十佳名小吃”曼玲鱼卷和客记鱼卷、阿邦鱼卷等一批上规模、上档次的鱼卷生产企业。

4月19日

星期日
农历乙未年三月初一
温度：22℃—25℃
小雨转大雨

●自2014年7月17日食品生产环节监管职能移交以来，市食品药品监督管理局坚持一手抓整治，一手抓帮扶，引导具备条件的小作坊规范取证，责令整改暂未满足条件的小作坊，查处取缔生产条件恶劣、制售假冒伪劣食品的“黑作坊”“黑窝点”，从而建立健全小作坊监管机制。

●由市文联、省楹联学会主办，市楹联学会承办的“海丝”楹联全国大奖赛启动。

●近年来，泉州市坚持体教结合方针，加强足球师资力量培养，因地制宜加强场地建设，强化运动安全防范，让校园足球遍地开花。

●19—27日，由泉州钱币协会、惠安县文联主办的中国历代钱币收藏展在惠安县举行。

●崇武鱼卷获准中国地理标志商标。

4月20日

星期一
农历乙未年三月初二
温度：17℃—22℃
小雨转阴

●全市生猪养殖污染防治工作会议召开。

●第十八届海峡两岸纺织服装博览会闭幕。

●20—26日，“建设知识产权强国、支撑创新驱动发展”知识产权宣传周活动举行。

●全市道路运输“三查三严”安全生产整治行动启动。

●《福布斯》中文版发布2015华人富豪榜，13名泉州籍富豪跻身前100名。

●2015年国际泳联跳水大奖赛第四站在波多黎各举行，泉州选手丁雅莹和队友合作获得女子双人10米跳台冠军。

●泉州慧聚人文TA63爱心团队在市区延福寺举办“大爱延续福满人间”大型公益活动。

●泉港区肖厝边检站官兵带着泉港实验幼儿园小朋友，一起到社区发放环保宣传品，参加“善待地球”签名活动。

●惠安县第十五届老人健身节开幕。

●由惠安县科技馆主办的机器人进校园展示体验活动在惠安实验小学举行。

全市生猪养殖污染防治工作会议召开

全市生猪养殖污染防治工作会议召开，下达目标责任书，打响生猪养殖污染防治攻坚战。副市长林万明参加会议。根据安排，山美水库、龙门滩水库、惠女水库、彭村水库、菱溪水库、陈田水库、泗洲水库、桃源水库、石壁水库和后桥水库10个水库及饮用水水源保护区、晋江和洛阳江流域（干流沿江两岸1000米、支流沿溪两岸500米），以及法律法规规定的风景名胜区、自然保护区的核心区和缓冲区、城镇居民区、文化教育科学研究区等人口集中区域和其他禁止养殖区域内的生猪养殖场（含养殖小区/户），要在2015年底前全面关闭和拆除；非禁养区内未达标生猪养殖场要实施标准化改造，确保粪污得到有效治理，经改造仍无法实现达标排放的养殖场一律关闭、拆除。此外，泉州市还将建立健全病死猪规范化收集、无害化处理机制。2016年底前，全市要基本实现病死猪无害化处理。从2015年起，养殖环节病死猪无害化处理补助政策将实行全覆盖，对养殖者和集中无害化处理者将给予每头猪80元的补贴。

泉州商品博览会暨第十八届“海博会”闭幕

泉州商品博览会暨第十八届海峡两岸纺织服装博览会闭幕。此届“海博会”参展企业达471家，法国、意大利、韩国、日本、泰国、菲律宾等国家的纺织服装行业商务人士组团到会，台湾馆进一步扩大，海西经济区30多家大中型纺织企业和20多家台湾功能性面辅料企业实现对接，两岸业界在面料、纺织机械和市场建设方面合作共赢。

“海博会”盛况

“海博会”台湾馆　　　　（图/吴寿民）

“建设知识产权强国、支撑创新驱动发展”知识产权宣传周活动举行

20—26日，由市知识产权局主办的“建设知识产权强国、支撑创新驱动发展”知识产权宣传周活动举行。活动内容包括联合各县（市、区）科技局对辖区重点市场开展专利执法检查；举办面向全市知识产权试点企业、高新技术企业的知识产权培训；到规模工业企业开展服务，组织企业与市内专利代理服务机构对接，推动企业实现发明专利“清零”和“倍增”；组织相关专家进学校，讲解知识产权法律法规和专利基本知识等。

全市道路运输“三查三严”安全生产整治行动启动

是日起，泉州市道路运输行业开展为期百日的道路运输“三查三严”安全生产整治行动。市、县两级运管机构对辖区内企业行动开展情况等进行检查，敦促落实整改。本次百日安全生产整治行动涉及全市道路客运企业、危货运输企业、普通货物运输企业、三级以上客运站、城市公交企业以及一类二类机动车维修企业、机动车驾驶培训机构。“三查”即查市场准入、查主体责任、查行业监管；“三严”即严隐患排查、严落实整改、严责任追究。

13名泉州人跻身福布斯2015华人富豪榜前100名

《福布斯》中文版发布2015华人富豪榜，13名泉州籍富豪跻身前100名。其中，施至成以142亿美元位列第10名；黄惠忠以90亿美元位列第22名；蔡衍明以89亿美元位列第23名；黄惠祥以87亿美元位列第26名；吴奕辉以58亿美元位列第41名；林堉璘以57亿美元位列第43名；黄祖耀以55亿美元位列第46名；许荣茂以54亿美元位列第47名；吴聪满以48亿美元位列第57名；李深静以46亿美元位列第62名；陈永栽和郑少坚分别以44亿美元并列第64名；林荣三以42亿美元位列第67名。

全省“数控一代”机械产品创新应用示范工程现场会在泉州召开

全省“数控一代”机械产品创新应用示范工程现场会在泉州召开。副省长洪捷序，市长郑新聪、副市长陈灿辉等参加会议。洪捷序指出，发展“数控一代”是福建省传统产业突破重围的战略抉择，是“福建制造”迈向“福建创造”的关键所在。作为全省最大经济体和装备制造业发展的重要城市，泉州是福建最有条件实施“数控一代”示范工程的区域，也是“中国制造2025”首个地方试点。要把泉州的示范工程作为全省实施“数控一代”推广应用的突破口，发挥好示范引领作用；尽快制定《福建省“数控一代”机械产品创新应用示范工程行动计划》，在全省范围内组织实施，扩大产业覆盖面和区域覆盖面，推动传统产业转型升级；要以实施“数控一代”工程为契机，加快培植一批高新企业；要加强政、产、学、研、用、金等方面全方位合作，加快推动“数控一代”的应用；要结合实际，以问题为导向，突出重点，推进“数控一代”推广工作。

杨俊峰到洛江区开展进村入户和企业调研活动

市政协主席杨俊峰带队到洛江区开展进村入户和企业调研活动。市政协副主席骆沙鸣、李冀平，秘书长洪川夫参加相关活动。杨俊峰指出，农田灌溉用水事关群众生产生活，仅靠村民一己之力难以解决，镇村两级要担起责任，加快“山围塘”固坝改造进度，改善农田灌溉用水条件。杨俊峰还到培新机械、德源轴承、伍氏企业等车间，了解企业技术改造、产品销路、用工环境等，听取企业发展情况介绍。

调研现场　　（图/陈　翔）

泉州商品博览会暨第十七届“鞋博会”闭幕

“鞋博会”台湾鞋机展位　　（图/吴寿民）

泉州商品博览会暨第十七届中国(晋江)国际鞋业博览会闭幕。本届“鞋博会”达成意向成交额147.5亿元人民币，同比增长7.8%。与会客商达8.63万人次，同比增长34.4%。“鞋博会”还首次展示智能装备新技术新动态；邀请意大利ARS集团举办“2016春夏国际鞋及鞋材流行趋势”，发布权威潮流时尚信息；中国百货行业高峰论坛首次落户晋江，近400位百货业界人士抱团参会。同时还筹划“鞋文化”摄影大赛、鞋服行业电子商务峰会等配套活动。

大型歌舞剧《丝海梦寻》在巴黎联合国教科文组织总部上演

由中国福建省歌舞剧院创排的大型歌舞剧《丝海梦寻》在位于巴黎的联合国教科文组织总部上演。联合国教科文组织官员、多国驻联合国教科文组织代表以及华侨华人、留学生代表等数百人观看演出。古代海上丝绸之路是中国与世界其他地区进行经济文化交流的海上通道，福建是古代海上丝绸之路的重要起点。为配合国家“一带一路”战略，福建省歌舞剧院创作排演大型歌舞剧《丝海梦寻》，通过展现丝路历史、揭示丝路精神，以艺术形式展现福建融入21世纪海上丝绸之路建设的成果。

大型歌舞剧《丝海梦寻》　　（图/泉州晚报社）

4月21日

星期二
农历乙未年三月初三
温度：15℃—23℃
阴转多云

●全省“数控一代”机械产品创新应用示范工程现场会在泉州召开。

●21—23日，徐谦、刘群英到泉州开展《中华人民共和国科学技术进步法》和《福建省科学技术进步条例》执法检查。

●市政府党组中心组邀请中国监察学会原副会长、北京大学廉政建设研究中心主任、北京大学政府管理学院博士生导师李成言教授作落实党风廉政建设责任制有关问题专题讲座。

●市十五届人大代表完成集中轮训。

●杨俊峰到洛江区开展进村入户和企业调研活动。

●住房城乡建设部、国家文物局公布第一批30个中国历史文化街区，泉州市中山路历史文化街区入选。

●第十七届中国(晋江)国际鞋业博览会闭幕。

●大型歌舞剧《丝海梦寻》在位于巴黎的联合国教科文组织总部上演。

●由洛江区人口计生局、人社局、计生协会等主办的计生育龄妇女育婴员培训在该区罗溪镇举行。

4月22日

星期三
农历乙未年三月初四
温度：16℃—23℃
多云

●“建设21世纪海上丝绸之路”研讨会在泉州召开。

●林万明到惠安县开展安全生产专项检查。

●泉州市第十九届老年人健身节开幕。

●鲤城开元派出所联合刺桐幼儿园开展“防暴恐、防踩踏”应急逃生疏散演练。

●丰泽区“黑马逆袭，互联网+重度垂直”活动在泉州软件园举行。

●第46个“世界地球日”，石狮市蚶江边防派出所联合辖区中小学生开展卫生清洁和环境保护宣传活动。

●南安市首个食品药品监督志愿者工作站在该市洪濑镇成立，系泉州首创。

“建设21世纪海上丝绸之路”研讨会在泉州召开

由“海上丝绸之路联合申遗团”九城民盟发起、民盟泉州市委主办的“建设21世纪海上丝绸之路”研讨会在泉州召开。市委常委、秘书长、统战部部长翁祖根，民盟福建省委专职副主委刘泓，市政协副主席李冀平等出席研讨会。泉州、北海、广州、漳州、福州、宁波、南京、扬州、蓬莱九地民盟组织代表，以及特邀城市青岛、敦煌、厦门、莆田、三明、龙岩、南平、宁德等地的民盟组织代表和专家学者80多人参加研讨会。研讨会以“文化共享 经济共荣”为主题，旨在强化民盟九城“海上丝绸之路”的沟通合作，促进“海上丝绸之路”联合申遗，推动“一带一路”经济发展。研讨会征集论文24篇，并特邀敦煌、青岛及福建省内各市民盟组织参与。

泉州市第十九届老年人健身节开幕

泉州市第十九届老年人健身节开幕式文体展示大会举行。市长郑新聪宣布健身节开幕，市领导陈沈阳、曾巍、周真平、李冀平等参加开幕式。在文体展示大会上，16支老年人代表队表演了健身操、木兰组合舞、太极拳、五祖拳组合表演等项目。

丰泽区举办“黑马逆袭，互联网+重度垂直”交流活动

由丰泽区政府主办的“黑马逆袭，互联网+重度垂直”活动在泉州软件园举行。与会企业家和创业者分享心得、解疑释惑，并围绕论坛主题“当互联网+遇到传统行业”展开探讨。活动现场进行项目路演并接受专家评委点评。其中，参与路演的“拍来吃”项目是为消费者提供原生态、有机生鲜蔬果配送的APP，结合商城模块，该APP还有互动环节“叫个厨子”等，可以预约厨师上门提供食材选购、清洗、烹饪全程服务。而勾勾手电子商务负责人则致力于从母婴行业的服务商转型，希望通过路演进行融资，整合资源打造母婴行业定制化平台。活动旨在把“大众创业 万众创新”的理念传递给更多的创业者和投资人，通过搭建平台，更好地把泉州优秀的创客和投资人结合在一起，在更广范围内营造创业投资的氛围。

南安市成立泉州首个食药监志愿者工作站

南安市首个食品药品监督志愿者工作站在该市洪濑镇成立，系泉州首创。首批志愿者65名，由洪濑镇退休干部、老人协会成员组成，都是热心公益事业、专业知识丰富、品行正派、责任心很强的老同志。工作站志愿者将宣传食品药品安全知识、搜集各类食品药品违法行为，并向监管部门反馈公众的意见和建议。尤其是将利用自己经验多、资历深、阅历广和分布广泛的特点，在城乡结合部和农村地区等易成为食品药品安全死角和盲区的地方，补足监督力量的不足，进行全社会联防联治。

“跨村联带”带出泉港农村新风貌

“跨村联带”是泉港区发挥基层党建优势、推进农村区域化联动发展的一个创新模式。建区以来，泉港区委、区政府采取区镇领导干部挂钩联系、区直涉农部门重点帮扶、后备干部驻村任职等做法，推进薄弱村整顿转化工作，取得一定成效，但问题依然存在。如领导干部挂钩大多停留在给思路、给点子上，实际举措落实乏力；部门帮扶大多以项目、资金输送为载体，受惠面不广；干部驻村帮扶时间有限，无法提供持久助力。2013年6月，泉港区发挥“名村、名书记”带动效应，打破村域界限，将古县、内坑、凤阳3个村党支部充分整合，试水建立“凤阳联村”党总支，谋划3个村产业布局，携手发展。

台湾农技师在大象农业基地指导古县村民种植草莓
（图/庄子瑜）

李克强到泉州考察

22—24日，中共中央政治局常委、国务院总理李克强到福建厦门、泉州、福州考察。

23日，李克强到泉州考察。国务委员兼国务院秘书长杨晶，国务院常务副秘书长肖捷，发展改革委副主任张勇，商务部国际贸易谈判代表钟山，文化部部长雒树刚，侨办主任裘援平，研究室主任宁吉喆，台办主任张志军，发展改革委副主任、能源局局长努尔・白克力，总理办公室主任石刚，中办警卫局副局长曹学芳随同考察。省领导尤权、省长苏树林杨岳、叶双瑜、王蒙徽、潘征、王惠敏、郑栅洁，市领导郑新聪等陪同考察。

在泉州品尚电子商务公司，李克强赞赏他们建立云订单、产能交易、中小企业信用和互联网金融四个网络平台，降低小微企业经营成本。李克强指出，“互联网+”未知远大于已知，未来空间无限。每一点探索积水成渊，势必深刻影响重塑传统产业行业格局。

在福建泉州嘉泰数控机械有限公司，李克强指出，中国经济要长期保持中高速，必须迈向中高端，须加速推进“中国制造2025”。得知泉州已率先制定实施细则，李克强鼓励他们要走在全国前列。

考察中，李克强希望福建按照“四个全面”战略布局要求，发挥沿海近台的区位优势，抓住自贸区建设的历史机遇，在新一轮改革开放中异军突起，推动科学发展，惠及广大人民。

郑新聪做客央广节目《一带一路进行时》

市长郑新聪做客中央人民广播电台《政务直通》栏目主题系列直播《一带一路进行时》。郑新聪介绍了泉州在古代海上丝绸之路上的历史人文和地位作用、在建设“21世纪海上丝绸之路”中的资源优势和先行举措。郑新聪还邀请锡兰王子后裔许世吟娥、泉州港务集团员工吴文海、泉州民营企业家代表许景南作为形象大使，分别讲述泉州对外交流合作的历史和现实，泉州港口建设发展的不凡历程，泉州企业和企业家在“一带一路”背景下的作为和成就。郑新聪还就大家关心的泉州景点、美食等五个问题作答，加深大家对泉州城市的认知。郑新聪表示，泉州是古代海上丝绸之路的重要起点城市，是中华文明走向世界的重要出发站，是沿线各国多元文化交汇交融之地。中央做出“一带一路”战略部署，泉州立足历史优势和现实基础，不等不靠，务实提出建设“21世纪海上丝绸之路先行区”的构想，以“政策沟通、设施联通、贸易畅通、资金融通、民心相通”为主要内容，推动经贸先行、民企先行、侨台先行、文化先行，得到中央的肯定和支持。国家“一带一路”战略明确将泉州列为21世纪海上丝绸之路先行区和战略支点城市。在建设新海丝的当下，泉州挖掘侨台资源，吸引侨亲参与“海丝”先行区建设；发挥港口优势，规划建设“海丝”国际枢纽港；传承弘扬丝路文化，密切与海丝沿线国家地区的经贸合作、文化交流。特别值得一提的是，极具创造力和创新力的泉州本土企业家，创造出一波又一波的发展奇迹，将是增进和扩大与海丝国家和地区双向投资贸易往来的生力军。泉州是一座最能体现“和”的精神、“和”的价值、“和”的文化的城市。当年，以海上丝路为纽带，“和”的精神在泉州落地生根。如今，接续千百年来的文化和友谊输出，泉州争当新海丝建设的桥头堡，“和”的精神将继续从这里走向世界。

纪念第20届“4・23”世界读书日活动举行

由市委宣传部、市文广新局和市教育局主办的纪念第20届“4・23”世界读书日活动在市区中山公园文化广场举行。活动以“阅读点亮中国梦”为主题，旨在推进全民阅读。活动内容包括“纪念世界版权日”宣传活动展、共建“职工书屋”签约仪式、读书沙龙会、“一带一路”主题书展、“纪念反法西斯战争胜利70周年”主题书展。活动中，主办方还向贫困家庭、优秀学生代表捐赠图书。

活动现场　（图/郭冰德）

4月23日
星期四
农历乙未年三月初五
温度：18℃—25℃
多云

●李克强到泉州考察。

●郑新聪做客中央人民广播电台《政务直通》栏目主题系列直播《一带一路进行时》。

●全省基层文化工作座谈会在惠安县潮乐村召开，讨论交流惠安县开展“乡土民风、一村一品”活动中取得的经验和成果。

●市人大常委会邀请省人大常委会委员、研究室主任、法工委副主任徐平到泉州开展地方立法知识专题讲座。

●市政协机关第四次党员大会召开，总结工作经验，部署机关党建工作。

●全市村级组织换届选举工作会议召开，学习贯彻全省村级组织换届选举工作视频会议和市委、市政府有关精神，部署泉州市村级组织换届选举工作。

●省政府春季农业生产工作专项检查泉州迎检汇报会召开。

●省烟草商业系统物流工作会暨精益物流现场会在泉州召开。

●2015年福建省春季・文创论坛在泉州举办。

●纪念第20届“4・23”世界读书日活动在市区中山公园文化广场举行。

●武警福建总队泉州支队在市区西湖公园举行夜间水上搜救演练。

4月24日

星期五
农历乙未年三月初六
温度：19℃—24℃
多云

●2015年全市经济运行分析暨“行动方案”督查落实第二次专题会召开，传达总理李克强到泉州考察指示精神，分析全市经济运行情况，督查推进重点项目落实、生态环境保护和机关效能建设等工作。

●全市领导干部学习贯彻四中全会精神全面推进依法治市专题培训班开班。

●市公安局与仰恩大学启动警察公共关系和平安校园共建活动。

●全国青运会测试赛筹备工作检查组到我市检查泉州赛区测试赛筹备情况。

●泉州空气再获“佳绩”。

●市地税局主办的“美丽青春，税与争锋”大学生辩论赛决赛举行。

●由鲤城区教育局主办的“我心中的社会主义核心价值观”中小学课本剧比赛在泉州七中举行。

2015年全市经济运行分析暨“行动方案”督查落实第二次专题会召开

2015年全市经济运行分析暨“行动方案”督查落实第二次专题会议召开，传达总理李克强到泉州考察指示精神，分析全市经济运行情况，督查推进重点项目落实、生态环境保护和机关效能建设等工作。市长郑新聪主持会议，市委常委、常务副市长林伯前，副市长周真平、卢炳椿、李建辉、陈灿辉、林万明、刘忠，市政府秘书长吴友才等参加会议。郑新聪指出，要下一线、解难题。结合企业分片区座谈会，市县两级每季度开展一次“促进项目落地 帮扶企业发展”活动，党政领导班子成员到基层一线，推动解决企业发展、项目建设过程中存在的困难和问题。同时，要开展“三比一看”活动，抓督促、抓落实，确保活动达到预期效果。要稳大盘、推创新。对接中央、福建各项稳增长政策，指导企业早申报，帮助企业早受益；同时，及早兑现泉州市促进经济发展的各项扶持政策，真正取信于企业。突出做好融资保障，引导和支持企业加快改制上市，鼓励在外上市企业回归；抓紧筹建新型城镇化融资平台，做好泉台跨境人民币贷款、跨境电商结汇等试点。加快转型创新发展，抓好“数控一代”示范工程和“泉州制造2025”，系统研究“互联网+”及新业态发展，支持企业实施技术改造。要盯项目、促投资。推进949个市跨越发展“行动方案”项目，采取PPP、政府购买服务等方式，加快实施城乡基础设施“六项提升工程”；加大“三维”对接，突出抓好中化乙烯、富德新型能源、莲花汽车、集成电路等重特大项目；落实房地产新政，稳定房地产投资。要搞促销、拓市场。抓好国际国内“两个市场”，出台促进外经贸发展的政策措施；深化企业“手拉手”活动，组织企业开展团购团销。发展国内和跨境“两个电商”，鼓励企业开拓网上市场，推动线上线下品牌差异化发展；借鉴先进地区经验，争取在开展跨境电商业务方面取得新突破。要提效能、敢担当。把“干事”作为天职，把“担当”作为使命，做到敢于干事、善于干事，能干好大事。狠抓简政放权，深化工商登记制度改革，推行“三证合一”登记制，争取试点“一照一号”。要治污染、优生态。突出大气污染、水系、跨境流域、集控区等重点领域整治，明确时间计划，逐年实施治理，争取三到五年实现较大改观。要抓安全、保稳定。守住安全生产底线，重视防汛备汛工作，维护社会和谐稳定，营造心无旁骛抓发展、促跨越的氛围。

市公安局与仰恩大学“警校共建”活动启动

市公安局与仰恩大学启动警察公共关系和平安校园共建活动。副市长、市公安局局长卢炳椿和仰恩大学校长朱秀文出席活动，并为受聘市公安局基层警营文化建设顾问人员、受聘仰恩大学大学生安全教育课程首批客座教授民警颁发证书。在启动仪式上，双方同时确定9处基层警务单位为首批市公安局、仰恩大学实践教学基地。活动负责人介绍，警校共建旨在通过双方齐心协作，为学校、学生提供良好的教育实践基地，帮助学校创建和谐稳定的平安校园，最大限度预防和减少师生违法犯罪，保护师生的人身财产安全；同时也发挥高校服务社会的职能，依托高校理论前沿阵地，研讨新常态下警察公共关系建设，提升公安机关文化建设和理论研究水平。为期一年的共建活动，将围绕建好平安阵地、建好法治高地、建好实践基地等方面探索建立长效机制，实现优势资源联享共用。

泉州空气质量再获“佳绩”

一份由国际环保组织“绿色和平”公布的“全国360城一季度PM2.5浓度排名榜”近日在网络热传，榜单分为31个省区市PM2.5均值排名和360座城市PM2.5均值排名，泉州以均值36.7微克/立方米位列城市榜第326位，空气质量名列前茅。图为市民在市区丰海路锻炼。（图/陈晓东）

黄少萍逝世

中共福建省委委员、泉州市委书记黄少萍因病医治无效，在泉州逝世，享年56岁。

相关链接： 黄少萍简历

1976.7—1978.12 福建省泉州市（县级）北峰公社拒洪大队插队知青

1978.12—1980.4 福建省泉州市（县级）北峰公社武装干事

1980.4—1982.6 福建省泉州市（县级）开元街道办事处武装干事

1982.6—1985.5 福建省泉州市（县级）团市委宣传部部长（其间：1983.9—1985.7在省委党校第二期培训班学习）

1985.5—1985.12 福建省泉州市（县级）团市委书记

1985.12—1992.6 福建省泉州市鲤城区委常委、宣传部部长

1992.6—1993.11 福建省泉州团市委书记

1993.11—1995.6 福建省泉州市政府市长助理、团市委书记

1995.6—1996.2 福建省泉州市政府市长助理

1996.2—2001.4 福建省泉州市政府副市长（其间：1997.9—1998.7在中央党校中青年干部培训班学习；1997.9—2000.7参加中央党校在职研究生班科学社会主义专业学习）

2001.4—2003.7 福建省泉州市委常委、宣传部部长

2003.7—2006.7 福建省政府侨务办公室主任、党组书记

2006.7—2008.4 福建省委统战部副部长（正厅长级，负责常务工作）、部务会议成员

2008.4—2011.7 福建省泉州市委副书记（正厅长级）

2011.7—2012.1 福建省泉州市委副书记、副市长、代市长

2012.1—2013.2 福建省泉州市委副书记、市长

2013.2— 福建省泉州市委书记

第十二届全国人大代表，第八届、九届中共福建省委委员

菲律宾航空公司开通马尼拉直飞泉州航线

泉州晋江国际机场举行欢迎仪式，欢迎菲律宾航空公司航班首次进入泉州。由菲律宾马尼拉开往泉州的航线正式开通。菲律宾国家航空公司成立于1941年，系亚洲第一家航空公司。泉州是该公司继北京、上海、厦门、广州、香港、澳门及台湾之后第8个到中国的航点。“马尼拉—泉州”航线开通后，新航线（PR356）将于每周二、周四、周六上午11时离开马尼拉，于下午1时20分抵达泉州晋江国际机场；回程（PR357）于当日下午2时25分由泉州晋江国际机场起飞，并于当日下午4时55分抵达马尼拉。著名旅菲华侨、菲律宾航空公司董事长陈永栽出席首航新闻发布会。陈永栽表示，自己祖籍晋江青阳，选择开通此航线，与桑梓情怀不无关系。菲律宾有一半以上的华侨是泉州人，开通此航线，有利于华侨回乡寻根，加强两国交流。

金门县千人宗教交流团到泉州谒祖进香

由金门县5个乡镇18座宫庙组成的千人宗教交流团到泉州天后宫朝圣进香。进香团由“千里眼”“顺风耳”先行开道，金门南门天后宫、新罗顺济宫、新湖慈銮宫、官澳龙凤宫等宫庙的进香队伍带着各自妈祖神像，先后抵达泉州天后宫。金门县副县长林德恭介绍，金门妈祖进香团到泉州谒祖进香的历史由来已久。泉台宗教文化渊源深厚，金门的妈祖庙几乎都是泉州天后宫的分炉，信众也很多。从2002年开始，金门就陆续有妈祖信众到泉州、莆田等地举行进香活动，规模越来越大，如今不仅成为一种宗教习俗，也成为两岸人民互相了解、增进感情的纽带。

金门县信众抵达泉州天后宫　　（图/林劲峰）

4月25日

星期六
农历乙未年三月初七
温度：18℃—26℃
多云

●中共福建省委委员、泉州市委书记黄少萍因病医治无效，在泉州逝世，享年56岁。

●陈万里会见到泉州进行宗教交流活动的金门县议长洪丽萍、副县长林德恭。

●泉州晋江国际机场举行欢迎仪式，欢迎菲律宾航空公司航班首次进入泉州。由菲律宾马尼拉开往泉州的航线正式开通。

●25—29日，第二届世界泉州青年联谊会组团到上海、山东开展2015年“情系海丝·共筑未来”商务考察活动。

●由金门县5个乡镇18座宫庙组成的千人宗教交流团到泉州天后宫朝圣进香。

●蔡襄主题书法展在泉州青年书法会馆举行。

4月26日

星期日
农历乙未年三月初八
温度：19℃—27℃
多云转阴

●泉州市举行仪式欢送新当选的全国劳模（先进工作者）赴省。12名全国劳模（先进工作者）与省内其他全国劳模（先进工作者）代表一起进京参加全国劳模和先进工作者表彰大会。

●由市委文明办指导，弘德书院、省大孝公益基金和省孝文化发展促进会主办的2015年首届“弘扬中华传统文化 共建文明幸福家园”万姓先祖祭拜大典暨孝道传承公益论坛在泉州举办。

●26—30日，央视大型纪录片《海上丝绸之路》之《安溪茶叶》到安溪县取景录制。该纪录片将纪录安溪县茶叶的采摘、制作、斗茶、交易等过程，把安溪茶文化融入大型纪录片，并在中央电视台和国外多个主流电视频道播出。

●第七届中韩魅力风采国际展演活动暨全国特长生测评认证选拔活动在市区友德大酒店启动。

●洛江区首届枇杷采摘节暨亲子游踏春自驾之旅在该区马甲镇铭楷休闲山庄举行。

全市12名全国劳模（先进工作者）进京接受表彰

泉州市举行仪式欢送新当选的全国劳模（先进工作者）赴省。12名全国劳模（先进工作者）与省内其他全国劳模（先进工作者）代表一起进京参加全国劳模和先进工作者表彰大会。全国劳动模范每五年评选一次，2015年泉州市有9人当选全国劳动模范。分别是：泉州市邮政报刊发行局泉港分局投递员王菊蓉、超越服饰（中国）有限公司职工龙曙东、晋江市磁灶镇大埔村党委书记吴金程、信和新材料股份有限公司工会主席李小平、福建省安溪荣新矿产有限公司总经理杨景队、泉州市城建国有资产投资有限公司党委副书记陈一宇、九牧王（中国）有限公司IE部培训师陈随丽、福建七匹狼集团有限公司工会副主席罗龙祥、福建省德化县博古陶瓷研究所艺术总监赖礼同；3人获评全国先进工作者，分别是：南安市疾病预防控中心医师李云华、泉州市南音传承中心副团长李白燕，泉州市公路局永春分局公路养护工康清洁。

首届万姓先祖祭拜大典暨孝道传承公益论坛在泉州举办

由市委文明办指导，弘德书院、省大孝公益基金和省孝文化发展促进会主办的2015年首届“弘扬中华传统文化 共建文明幸福家园”万姓先祖祭拜大典暨孝道传承公益论坛在泉州举办。古色古香的传统祭祀典礼，吸引一千多名市民到场。在钟鼓声中，身穿汉服的执事、监理官、陪祭官、主祭官等先后登场。遵循传统礼制，主祭官宣读祭文，并完成上香、注酒、恭读祝文、鞠躬等环节。整个过程共有80多个环节，持续一个多小时。

央视纪录片《海上丝绸之路》聚焦泉州

26—30日，央视大型纪录片《海上丝绸之路》之《安溪茶叶》到安溪县取景录制。该纪录片将纪录安溪县茶叶的采摘、制作、斗茶、交易等过程，把安溪茶文化融入大型纪录片，并在中央电视台和国外多个主流电视频道播出。《安溪茶叶》专题采用茶叶家族发展为线索，循着茶叶家族茶文化为点，带出整个安溪茶文化及中国茶文化，全方位诠释茶文化在“海丝”文化中的重要地位。摄制组还到安溪县茶山航拍采茶，拍摄古法炒茶、西坪镇泰山楼民间斗茶、世界各地客商和游客到茶乡品茶鉴茶、茶叶装入集装箱出港等场景，并将沿着“海丝”到东南亚等地拍摄安溪茶叶海外销售场景。另外，日前，在泉港区峰尾镇东岳庙，《海上丝绸之路》摄制组也拍摄了峰尾黄氏造船技艺，以展现“福船”在“海丝”历史上的独特地位。作为“海上丝绸之路”起点城市泉州，峰尾黄氏的“福船”造船技艺，以其“水密隔舱”的先进技术，在中国古代对外贸易中扮演重要角色，成为古代“海上丝绸之路”的重要见证。

相关链接：《海上丝绸之路》是央视打造的大型公益纪录片，将跨越中国、新加坡、埃及、南非等20多个国家进行拍摄，展现“海上丝绸之路”曾经的辉煌与文明，突出当今的风貌和成就。该片以沿线各国民间的经贸往来、文化交流为出发点，以历史为背景，以现实中鲜活的典型案例与人物故事为主体内容，打通历史与现实，交汇本土与国际，从航运、贸易、金融、科技、文化、移民、梦想等多层面、多角度展现建设“21世纪海上丝绸之路”对沿线各国所产生的影响。

摄制组拍摄峰尾黄氏造船技艺　（图/庄国辉）

第七届中韩魅力风采国际展演活动在泉州启动

由中华少年英才工作委员会、韩国江原道原州市政厅、韩国韩中国际友好交流协会、韩国民族艺术协会主办，由中国国际文化艺术交流协会、韩国旅游发展局、泉州市文化传播协会协办的第七届中韩魅力风采国际展演活动暨全国特长生测评认证选拔活动在市区友德大酒店启动。在赛事中脱颖而出的选手，由组委会组织到北京参与全国艺术特长生的测评认证，还有机会到韩国参与中韩魅力风采国际艺术展演。

黄少萍遗体告别仪式举行

中共福建省委委员、泉州市委书记黄少萍遗体告别仪式在市区宏福园举行。省委常委、组织部部长姜信治代表省委、省人大、省政府、省政协参加遗体告别仪式，并慰问家属。市委副书记、市长郑新聪介绍黄少萍生平，市委副书记周银芳主持告别仪式。市领导陈万里等，泉州军分区班子成员，各县（市、区）四套班子主要负责人，泉州开发区和泉州台商投资区党工委、管委会主要负责人，市直各单位主要负责人等；各级领导、老同志、海外侨亲和社团代表，以及黄少萍生前工作过的单位代表和亲朋好友等参加遗体告别仪式。

黄少萍一生对党忠诚，自觉维护党和人民的利益，夙夜在公、殚精竭虑。黄少萍的一生是革命的一生，奋斗的一生，全心全意为人民服务的一生。从小勤奋好学、追求进步，历经省、市、县多岗位锻炼，工作经验丰富，工作思路清晰，组织领导能力强。政治立场坚定，贯彻上级部署坚决有力，在思想上、政治上、行动上与党中央保持高度一致，学习贯彻习近平系列讲话和对福建、对泉州的指示精神。在担任泉州市党政主要领导以来，贯彻省委、省政府科学发展跨越发展部署，主动对接“一带一路”战略，组织全市上下开展“增强忧患意识 谋划长远发展”大讨论，全身心推动“打造泉州经济升级版、改革创新示范区、生态宜居幸福城”三大战略。工作开拓进取、爱拼敢赢，饱含“把家乡建设得更加美好”的深情，珍惜和把握每一丝机会，争取和运作“东亚文化之都”、“21世纪海上丝绸之路先行区”、国家级“金改区”、“民综改革试点”等重大支持，为泉州做了很多打基础、利长远的事；牢记“群众的呼声就是行动的信号”，经常深入基层关心困难群体生活、老龄事业、特殊教育，推动新型城镇化、美丽乡村、扶贫开发、全国文明城市和国家级生态市创建等工作，让家乡人民生活得更好；履行党建工作“第一责任人”责任，自觉抓好班子、带好队伍，落实党风廉政建设主体责任“四个亲自”要求，从严教育管理干部，抓好各领域基层党建工作。坚持工作到最后一刻，在病重住院期间，不仅以顽强意志与病魔作斗争，还时时牵挂着泉州的事业，经常抱病了解工作情况，协调推进相关工作，并勉励班子成员按照职责分工、序时进度推进各项工作。作风民主，善于听取意见建议，不管在哪个工作和领导岗位，都能与同志们很好地相处共事，得到大家一致好评。作风严谨、廉洁自律，自觉践行“三严三实”要求，争当焦裕禄、谷文昌式的好干部，落实中央“八项规定”精神，执行中央和省委关于领导干部廉洁自律的各项规定。在生病期间，谢绝所有干部、同事、下属、企业家探视，没有对组织提出任何要求，展示共产党员的高风亮节。

许多社会各界人士、海内外乡亲在得知黄少萍逝世的消息后，纷纷以各种形式表示悼念；许多市民群众、网友纷纷在网上、微博、微信制作纪念视频、转发纪念博文，还有不少群众自发到告别仪式现场，表达缅怀之情。

数十位市民在市区宝珊花园湖边小广场自发举行烛光祈愿活动，悼念黄少萍。（图/陈起拓）

金星重工制造有限公司与市政府签订莲花汽车项目投资合作补充协议

金星重工制造有限公司代表英国莲花公司和马来西亚宝腾集团，与市政府签订莲花汽车项目投资合作补充协议。市长郑新聪、副市长刘忠参加签约仪式。该项目总投资120亿元，将建设莲花汽车生产基地和研发中心，包括研发生产英国莲花品牌汽车整车和发动机等一系列子项目，不仅投资总量大，而且对泉州经济结构调整和产业转型升级具有重大意义，有望带动汽车上下游产业在泉州市集聚发展。

4月27日

星期一
农历乙未年三月初九
温度：21℃—28℃
阴转阵雨

●黄少萍遗体告别仪式在市区宏福园举行。省委常委、组织部部长姜信治代表省委、省人大、省政府、省政协参加遗体告别仪式，并慰问家属。

●27—28日，陈冬到泉州调研政法综治工作。

●27—28日，市人大常委会组织调研石结构房屋改造工作进展情况。

●全市军转安置工作会议召开。

●市政府与金星重工制造有限公司签订莲花汽车项目投资合作补充协议。

●恒丰银行股份有限公司泉州分行开业。

●27—29日，台湾“卓家泉安堂老铺”院长卓播儒博士在祖籍地南安市石井镇老港村开展中医义诊。

4月28日

星期二
农历乙未年三月初十
温度：23℃—30℃
阵雨

●28—29日，全国无党派人士考察团到泉州开展“‘21世纪海上丝绸之路’助推沿海地区转型升级”调研。

●江西省委书记、省人大常委会主任强卫，省长鹿心社带领江西省党政代表团到泉州考察。

●福建省“数控一代”新产品现场推介会在泉州举行。

●市纪委监督检查组到各县（市、区）基层和酒店、景区等，针对“五一”小长假期间，党政机关、国有企业事业单位公款消费娱乐、公车私用和党员干部大操大办婚丧喜庆事宜借机敛财等问题，进行专项监督检查。

●泉州市结合全省优秀大学生士兵先进典型巡回演讲活动，在仰恩大学召开泉州市大学生征兵宣传动员大会，号召大学生踊跃报名应征。

●由市总工会、东南早报、全芳（福建）食品有限公司、市中医院主办的第十四届“五月风”大型公益活动启动。

陈冬到泉州调研政法综治工作

27—28日，省委常委、政法委书记陈冬到泉州调研政法综治工作，市领导郑新聪、许昆贞、卢炳椿参加相关活动。陈冬强调泉州要在维护全省大局安定稳定上做贡献，防范在前，工作在先，保障社会公共安全。要在服务发展大局上探索新路子，维护市场经济秩序，改善执法方式方法，保障重大项目建设，妥善化解各类风险。要在创新社会治理上走前头，重点是加强城乡社区网格化服务管理工作；完善立体化社会治安防控体系，加大治安重点问题和区域整治力度，哪里薄弱整治哪里，既抓大又管小，提高群众安全感和满意度；完善多元化矛盾纠纷调解机制，发挥乡镇综治维稳中心的牵头作用，建立健全矛盾纠纷排查化解机制，将矛盾化解在萌芽状态。要在依法治市、法治泉州建设中打头阵，政法系统干部要起表率作用，带头学法尊法守法，以司法公开促进司法公正，提升队伍的公信力。

陈冬在泉州调研政法综治工作　（图/洪　泓）

市人大常委会组织调研石结构房屋改造工作进展情况

27—28日，市人大常委会组织调研石结构房屋改造工作进展情况。市人大常委会副主任王远东，副市长李建辉参加调研和座谈。调研组察看晋江市陈埭镇鞋都片区石改示范项目、石狮市灵秀镇灵峰片区石改示范项目、惠安县涂寨镇文峰村农村成片石改示范项目、螺阳镇联群村农村成片石改示范项目和泉港区南埔镇天湖村打厝自然村零星石改示范项目。调研组认为，石结构房屋改造工作既是民心工程也是民安工程，泉州市采取多种有力措施，改造工作取得初步成效，但全市城乡石结构房屋改造工作仍任重道远。调研组建议，要加强宣传引导，发动群众参与；要激发群众改造建设的主动性，发挥群众主体作用；要突出重点，注重科学规划、基础设施配套、传承保护、成片开发、货币化安置、建筑质量等，将改造与新农村建设、新型城镇化建设相结合；要落实一把手责任，形成倒逼推进，接受社会监督。

福建省“数控一代”新产品现场推介会在泉州举行

由省经信委和市政府主办的福建省“数控一代”新产品现场推介会在泉州举行，全省113家“数控一代”生产与运用企业与会。会上，来自中科院海西研究院泉州装备制造研究所、泉州华中科技大学智能制造研究所、国防科技大学的专家为企业界人士讲解机械装备行业的发展趋势和前沿技术，为泉州乃至福建机械装备制造产业转型升级指明方向。微柏、黑金刚等泉州数控生产企业代表介绍各自的数控新产品。现场还有嘉泰数控、日冠纺织机械等企业设置咨询摊点。29日，与会企业代表到泉州13家企业参观，了解“数控一代”产品，寻觅合作机会。

南安德林机械有限公司智能化设备生产车间一角　（图/陈起拓）

市纪委“五一”期间进行专项监督检查

市纪委监督检查组到各县（市、区）针对“五一”期间党政机关、国有企业事业单位公款消费娱乐、公车私用等问题，进行专项监督检查。图为晋江市村干部在该市农村基层党员干部廉洁履职教育馆接受廉洁教育。　（图/魏培全）

全国无党派人士考察团到泉州调研

28—29日，以全国政协常委、经济委员会副主任、全国工商联副主席林毅夫为团长的全国无党派人士考察团，到泉州开展“‘21世纪海上丝绸之路’助推沿海地区转型升级”调研。市委常委、统战部部长翁祖根，市委常委、常务副市长林伯前,市政协副主席李冀平等陪同调研。调研期间，考察团参加两场座谈会。28日，考察团与泉州市各部门召开座谈会，林伯前作关于泉州建设“海丝”先行区的整体构想及泉州通过“海丝”建设助推产业转型升级的思路和做法等内容的报告。石狮、晋江、南安、台商投资区、出口加工区的负责人汇报本区域关于“企业走出去”的一些利好政策，并与考察团进行交流。29日，考察团在海联创业园召开劳动密集型走出去企业家座谈，了解泉州企业近年来在开展“21世纪海上丝绸之路”助推沿海地区转型升级的动态，泉工机械、和成鞋业、嘉利玩具、太阳海制衣、恒诚小额贷款、美福石油等作为企业代表参加会议，与会代表结合企业自身情况进行交流。考察团还到匹克集团和英良石材公司考察，对匹克深耕本地，积极拓展海外市场的国际化布局给予高度肯定；对英良实现产业绿色循环、废料回收、污水零排等赞叹不已。调研期间，考察团肯定泉州在“海丝”建设工作中取得的成绩和做法，希望继续发挥泉州籍华侨众多等优势，促进地方经济社会发展再上新台阶，并建议企业要找准定位，改进思路，不断以科技创新为引导，强化核心竞争力，增强信心，提升市场竞争力，将企业做大做强，抓住“一带一路”的机遇，赢取更大商机，开拓更广市场。

市十五届人大常委会第二十三次会议召开

市十五届人大常委会第二十三次会议召开。市人大常委会主任陈万里，副主任洪泽生、吕竞、王远东、张建生、朱团能，秘书长吴春林参加会议。副市长陈灿辉，市中级人民法院、市检察院负责人列席会议。会议传达学习十二届全国人大三次会议精神。会议听取市政府研究处理《市人大常委会关于加强食品安全监督管理工作审议意见》情况的报告，进行分组审议，并开展审议意见办理情况满意度测评，结果为满意。会议审议提出，全市食品安全总体形势趋稳向好但仍严峻，要宣传并组织实施新修订的《中华人民共和国食品安全法》；督促各监管职能部门落实2015年度食品安全监管工作方案；定期召开专题会议，分析评估泉州市食品安全状况，及时协调解决热点、难点和突出问题；推进、完善县（市、区）食品药品监管体制改革工作，解决实际困难；开展食品安全综合治理和专项整治，打击违法犯罪行为；细化、明确各监管职能部门负责人的责任，确保问题可倒查、责任可追究。会议要求，市人大常委会要加强自身建设，全体组成人员要加强学习，深入开展调研，积极审议发言，坚持民主集中制，严格要求自己，为加快泉州科学发展、跨越发展做出新贡献。

会议现场　　（图/陈意鸣）

市中级人民法院举行劳动者维权法律宣传活动

市中级人民法院在市区万达广场举行劳动者维权法律宣传活动，告知广大劳动者：法院在全市范围内持续开展“司法引领构建和谐劳动关系”活动，已配强配齐审判力量为劳动者维权。2014年以来，市中级人民法院在院本级和每个基层法院都设立固定的劳动争议合议庭。这支自上而下的精干审判力量，为许多劳动者争取了合法权益。劳动争议案件主要涉及拖欠工资、工伤事故、职业病伤害等，其中以拖欠工资为多数。劳动争议合议庭的法官按照“调解优先、全程调解”的工作思路，加强与劳动行政部门、劳动仲裁部门、工会组织、行业协会在调解工作方面的联系和配合，通过协同调解、委托调解、事前介入的方式，尽可能通过沟通协商的方式解决劳动纠纷。

4月29日

星期三
农历乙未年三月十一
温度：21℃—27℃
多云

●市十五届人大常委会第二十三次会议召开，传达学习十二届全国人大三次会议精神等。

●市中级人民法院在市区万达广场举行劳动者维权法律宣传活动，告知广大劳动者：法院在全市范围内持续开展“司法引领构建和谐劳动关系”活动，已配强配齐审判力量为劳动者维权。

●中央人民广播电台“爱在乡村”和中央电视台“文化进万家”活动在晋江市金井镇围头村举行，多名医疗专家、农业专家和艺术家为当地群众开展免费义诊、科技咨询和文艺演出等公益活动。

●泉州开发区首届职工优秀技术创新成果展在该开发区国家级高新技术企业孵化基地举行。

4月30日

星期四
农历乙未年三月十二
温度：20℃—26℃
阴转多云

●全市庆祝“五一”国际劳动节暨表彰先进大会召开。

●泉州市组织收听收看第五届全国道德模范评选表彰活动电视电话会议。

●泉州积极融入“一带一路”战略，通过加大与“海丝”沿线特别是中东国家合作，有效推动港口、石化、化纤、纺织服装等多产业的发展，助推产业转型升级。

●由市总工会、东南早报、全芳（福建）食品有限公司、市中医院主办，市工人文化宫承办的第十四届“中国梦·劳动美”劳动者大型自荐文艺晚会在市工人文化宫举行。

●由晋江市政府和泉州晚报社主办的第十七届泉州国际汽车展在晋江SM国际展览中心开幕。

●水头官桥石井共建小城市。

全市庆祝“五一”国际劳动节暨表彰先进大会召开

全市庆祝“五一”国际劳动节暨表彰先进大会召开。市领导郑新聪、陈万里、杨俊峰、周银芳、陈沈阳、翁祖根、陈灿辉，泉州军分区政委郑健出席表彰大会，并为全市劳动模范和先进工作者颁奖。市委常委、组织部部长陈沈阳主持大会。副市长陈灿辉宣读表彰决定，劳动模范代表宣读倡议书。市委副书记、市长郑新聪指出，全市要贯彻落实习近平在全国劳动模范和先进工作者表彰大会上的讲话精神，乘李克强视察泉州的东风，弘扬劳模精神、劳动精神，发挥劳动者的创新创造作用，力争在新常态下有新作为，在更高起点上实现新跨越。希望全市劳动群众要坚持敬业实干，以泉州改革发展为己任，紧跟时代步伐，争当泉州改革发展的主力军和排头兵；要弘扬劳模精神，争当社会正能量的传播者和践行者，让劳动最光荣、劳动最崇高、劳动最伟大、劳动最美丽蔚然成风。全市要共同维护和发展劳动者权益，争当社会和谐氛围的营造者和促进者。各级各部门要依法保障和维护好职工的各项劳动经济权益，让劳动者实现体面劳动、全面发展；各级工会组织和工会干部要强化服务意识、提高维权能力，做职工群众最可信赖的“娘家人”；劳动群众要正确认识和对待改革发展过程中利益关系和利益格局的调整，增进改革共识，自觉维护社会和谐稳定；各级政府要落实好有关劳模工作政策待遇，让劳模在参与大众创业、万众创新中施展才能、建功立业。会上，全市各地、各行业的113名劳动模范、87名先进工作者受到表彰。

“海丝”牵线助推泉州品牌国际化

泉州积极融入“一带一路”战略，通过加大与“海丝”沿线特别是中东国家合作，有效推动港口、石化、化纤、纺织服装等多产业的发展，助推产业转型升级。其中，重点规划建设“中国—沙特阿拉伯”石化产业合作泉州园区，计划到2020年，年炼油能力达5600万吨，年产乙烯410万吨、芳烃270万吨，年产值达5100亿元以上，打造“油头—化身—轻纺尾”全产业链。同时，泉州还将推动富德新型能源化工项目、莲花汽车项目等重大项目落地，力促广东振戎能源与新加坡吉宝集团共同投资参与泉州船厂整体改建项目，多层次、多领域逐步优化泉州的产业轻重配比。泉州市加快完善基础设施互联互通体系，全力推动吉永泉铁路年底开工建设，这条铁路北起江西吉安，终点至泉州港口，对接中西部和“路上丝绸之路”，将把“一带”和“一路”贯通起来。随着“一带一路”建设的推进，沿线巨大的市场需求以及丰富的资源为泉州对外贸易发展带来广阔的空间。2014年，泉州组织256家企业参加16场“海丝”沿线展会，现场及意向成交额近8000万美元；与“海丝”沿线国家的贸易总额达157.6亿美元，约占全市贸易总量的51%，中东和东盟分别成为泉州市第一和第二大贸易伙伴；中东成为泉州出口增长最快的市场，2014年对中东地区出口的增幅达27.2%。

水头官桥石井共建小城市

经省政府批准，省发改委近日出台《南安沿海三镇产城融合培育小城市综合试点方案》，发挥水头、官桥和石井沿海三镇一体联动、融合发展优势，为福建省第一批15个中心镇开展小城市培育试点探索路径、积累经验、塑造典型。方案提出，以“三镇一城、产城融合”为目标，以加快推进人口集聚、产业集中、功能集成、要素集约为着力点，加大改革创新力度，统筹推进南安沿海三镇产业升级、空间优化、项目建设和体制创新，逐步实现全域基础设施一体化、产城发展集约化、生活环境宜居化和基本公共服务均等化，培育具有区域特色和辐射效应的新型小城市，实现机制活、产业优、百姓富、生态美的有机统一。至2015年，形成沿海三镇全域一城的空间发展格局，城镇建成区面积达60平方千米，人口达50万人，城镇化率达65%，城镇综合服务功能不断增强。产业转型成效明显，石材产业集群产值达700亿元。至2018年，沿海三镇产城融合规模效应不断凸显，城镇建成区面积达70平方千米，人口达60万人，城镇化率达70%。产业优势加快提升，石材产业集群产值突破1000亿元，城镇基础设施和公共服务设施更加配套完善，综合承载能力和竞争力明显增强，建成与厦漳泉大都市区相融合的区域发展框架。至2020年，形成统筹沿海三镇城乡发展的制度体系，城镇建成区面积达81.6平方千米，人口达68万人，城镇化率达75%。产业集群高度聚集，石材产业居国际领军地位，石材产业集群产值达1200亿元以上。

“海丝泉州”亮相美国纽约时代广场

《海上丝路之路起点城市·中国泉州》城市形象宣传片在美国纽约时代广场播出。曼哈顿中城北区时代广场位于百老汇大街、第七大道和42街交汇处，宣传片通过广场1号楼的一块高清全彩LED大屏幕播放。屏幕宽10.6米，高12.2米，有效接触视距1000米，覆盖车流量5.6万辆/日。宣传片时长35秒，视频画面上，分别用红色的中文和英文字样介绍“海上丝路之路”起点城市泉州的景点，展示13个画面，逐一呈现国家AAAAA旅游景区——清源山·老君岩、九日山祈风石刻、晋江草庵摩尼光佛、开元寺——桑莲法界、伊斯兰教古寺——清净寺、音乐活化石——南音、联合国优秀实践项目——提线木偶、德化白瓷——安溪铁观音、闽南红砖建筑——南安蔡氏古民居、崇武古城、惠安女、宋代跨海石桥——洛阳桥、东西塔·古城以及“海丝泉州”LOGO、泉州网二维码等元素。从5月1日至10月28日半年中，这段宣传片将以每天120次的频率在纽约时代广场播出。

泉州城市形象宣传片（画圈处）亮相纽约时代广场（图/曾世彬）

全市首票跨直属关区出口货物通关

海关总署“泛珠”四省（福建、广东、广西、海南）海关区域通关一体化改革启动。泉州市首票跨直属关区出口货物在泉州出口加工区通关。该批出口货物是泉州出口加工区内企业晋江太古势必锐复合材料有限公司出口至香港的“波音”飞机反推器。海关工作人员介绍，改革启动前，企业跨关区出口货物需要在加工区海关申报转关出口，再由海关监管车辆转运至深圳皇岗海关陆路转关中心“二次申报”出境，程序较为烦琐。改革启动后，企业在“泛珠”四省区内的任一海关现场，均可办理货物的进出口通关手续，无须进行“二次申报”，帮助企业节约物流和多次申报带来的成本。

全市劳动者欢度“五一”

鲤城总工会向企业员工赠送生日蛋糕（图/林劲峰）

全市劳动者通过各种活动欢度“五一”劳动节。十多名来自市区丰泽街道源淮社区和黎明大学的志愿者一起清洗公交车，让出行市民乘上洁净的公交车。鲤城区的企业劳动者首次领到区总工会赠送的生日蛋糕。2015年起，鲤城区总工会将为辖区办理工会会员服务卡的企业员工赠送生日蛋糕。市区泉秀街道成洲社区的近百户家庭在社区举行百家宴活动，居民带着自己制作的菜品现场比拼，相互交流。

晋江口岸开通电子自助通关系统

是日起，泉州晋江国际机场出入境口岸入境自助通关系统开通。持有电子普通护照、往来港澳通行证等证件的旅客只需在自助通道“刷卡”“刷脸”“刷指纹”就可以自助通关，所需时间只需5—10秒。泉州晋江国际机场国际航班数连年增多，为方便旅客快速通关，晋江口岸在年初启动自主通关系统安装，耗资10余万元进行系统升级。同步启用该系统的还有福州长乐国际机场。

旅客正在自助通道按压指纹（图/戴涵琦）

5月1日

星期五
农历乙未年三月十三
温度：22℃—26℃
阴转阵雨

●《海上丝路之路起点城市·中国泉州》城市形象宣传片在美国纽约时代广场播出。

●全市首票跨直属关区出口货物在泉州出口加工区通关。

●全市劳动者欢度“五一”。

●晋江市社会治理便民服务中心开通启动仪式举行。

●泉州晋江国际机场出入境口岸入境自助通关系统开通。

●石狮市南音艺术家协会卢厝南音社成立5周年暨第二届理事会理监事就职典礼在该市卢厝村文体活动中心举行，菲律宾、港澳台和石狮市的数百位弦友参加庆典。

●由市书法家协会主办的“碑风书展”在市区威远楼举行。

●泉州师范学院举办“魅力青年知海丝，泉州文化我践行”主题团日活动，组织青年团员探寻泉州海丝古文化。

●1—3日，首届海峡两岸灯谜联谊赛在惠安县崇武镇西华村举行。

5月2日

星期六
农历乙未年三月十四
温度：22℃—29℃
小雨转阵雨

●2—4日，由菲律宾龙威集团公司主席、菲律宾宋庆龄基金会创会会长陈祖昌带领，50多位菲华侨领和乡亲组成的菲律宾宋庆龄基金会文化交流访问团到泉州参访，并为陈祖昌捐建的“祖昌音乐厅”举行揭牌仪式。

●为巩固市委、市政府2014年为民办实事关于加强停车场建设管理的成果，泉州市即日起在中心市区开展调查摸底，清理整顿闲置和违规改变用途的配建、公共停车场，缓解停车难和交通拥堵等问题。

●泉州市开展打击海上非法采砂专项联合执法百日行动。

●第十届中国海峡工艺品博览会暨第八届福建省工艺美术精品“争艳杯”大赛闭幕，泉州获奖数占全省三成多。泉州市方志委许晓松的漆画作品《南音雅韵》获“争艳杯”金奖。

●泉州市第三届高中生社团嘉年华活动启动。

菲律宾宋庆龄基金会文化交流访问团到泉州参访

2—4日，由菲律宾龙威集团公司主席、菲律宾宋庆龄基金会创会会长陈祖昌带领，50多位菲华侨领和乡亲组成的菲律宾宋庆龄基金会文化交流访问团到泉州参访，并为陈祖昌捐建的“祖昌音乐厅”举行揭牌仪式。市领导杨俊峰、翁祖根、陈荣洲会见访问团。陈祖昌祖籍泉州晋江金井镇溜江村，现任中国侨联海外顾问、菲律宾龙威集团公司主席、菲律宾宋庆龄基金会创会会长。陈祖昌多年来不遗余力支持家乡公益事业，涉及教育、卫生、基础设施、文化、体育等多个领域，2011年获市政府授予“泉州市华侨捐赠公益事业功勋奖”。此次举行揭牌仪式的“祖昌音乐厅”是陈祖昌捐建的又一个大众公益项目，音乐厅面积3200平方米，由演奏厅、贵宾室、观众休息厅等附属设施组成。

中心市区清理整顿公共停车场

为巩固市委、市政府2014年为民办实事关于加强停车场建设管理的成果，泉州市即日起在中心市区开展调查摸底，清理整顿闲置和违规改变用途的配建、公共停车场，缓解停车难和交通拥堵等问题。此次调查整顿范围包括机关企事业及其他法人单位配建、公共停车场（含规划审批及业主自设的停车场）和个人自设有对外开放或经营的停车场（泊位10个及以上），着力解决管理职责不清、私自占用挪用停车场、智能化建设落后等问题，清理整顿闲置或改变用途的项目，恢复停车场功能。清理整顿活动坚持“边调查、边整顿、边规范”原则，分三个阶段进行：5月1—30日，各区政府、管委会组织区有关部门和街道办事处，对本辖区配建、公共停车场进行调查，采取“发放调查表、业主填报、部门审核”的方式，逐一摸清配建、公共停车场及停车泊位数；6月1—30日，根据提供的规划审批资料的数据和调查摸底情况，对闲置和违规改变用途的配建、公共停车场进行清理整顿，责令限期整改，恢复停车功能；7月1日—12月31日，对所调查出的配建、公共停车场（停车泊位）实施建档管理。停车场（点）经营者应在服务经营场所入口处或醒目位置设置明码标价公示牌。市城管办还牵头探索建立中心市区配建、公共停车场查询平台，方便市民群众查询应用，最大程度发挥配建、公共停车场功能。

泉州市开展打击海上非法采砂专项联合执法

市海洋与渔业执法支队近日联合沿海各县（市、区）海洋与渔业执法部门、海事、海警开展全市打击海上非法采砂专项联合执法百日行动。此次联合行动从泉州后渚港出发，一路巡航至泉港沙格。对于查获的非法采砂行为，一律依据《福建省海洋环境保护条例》有关规定予以最高幅度10万元罚款处罚；对查获的违法倾废船舶，按照相关规定严厉处理。

第十届中国海峡工艺品博览会泉州获奖数占全省三成多

第十届中国海峡工艺品博览会暨第八届福建省工艺美术精品“争艳杯”大赛闭幕，泉州市获评奖项480件，占全省三分之一多。泉州有330家工艺美术企业、21名省工艺美术大师、37名省工艺美术名人、53名市工艺美术大师和部分优秀技艺人员参展参评，涉及的艺种有陶瓷、石雕、玉雕、木雕、根雕、锡雕、刺绣、彩扎、刻纸、木偶头、戏剧道具、纸织画、通草画、丝绸画、油画、漆画、漆线雕、金银首饰、藤铁工艺等门类，送展作品5000多件，参赛作品943件，获评金奖117件、银奖131件、铜奖115件、优秀奖117件。其中，泉州市方志委许晓松漆画《南音雅韵》获“争艳杯”金奖。此外，泉州市还有6人参加同期举行的第七届“艺鼎杯”中国木雕现场创作大赛，获评银奖、铜奖、优秀奖各1件。据不完全统计，展会期间，泉州展馆直接销售工艺品500多万元。

泉州市第三届高中生社团嘉年华活动启动

由鲤城团区委、市直教育系统团委、源和1916创意产业园主办，泉州七中团委承办的泉州市第三届高中生社团嘉年华活动启动。泉州一中、五中、七中、九中、培元中学、城东中学、现代中学、实验中学、外国语中学、北师大附中10所中学的学生参加活动。活动持续1个月，旨在给高中生搭建一个展示才艺的舞台，促进市区各个高中生社团之间的交流、切磋。

泉州服务业重点项目建设加快

近年来，服务业在全市经济大盘中作用不断加大。2015年，泉州市共安排86个服务业重点项目，总投资2557亿元，年度计划投资342.5亿元，一季度完成投资占年度计划的27.5%，高于全市平均水平。86个服务业重点项目中，包括40个商贸物流项目、13个旅游服务项目、6个信息服务项目、9个城市综合体项目和18个其他项目。商贸物流项目是服务业重点项目的主力军。2015年，40个商贸物流项目看点颇多，其中有菜鸟泉州智能物流东南核心节点晋江项目、中兴海丝电商平台、安溪弘桥智谷（泉州）电商园、洛江美桥宏益奥特莱斯项目、晋江国际鞋纺城、中国海峡国际五金机电交易中心、福建海西建材家居装饰交易中心等23个投资超过10亿元的大项目。这些项目既包括综合物流园区，也有专业市场，涵盖纺织鞋服、五金机电、建材家居、石油化工、再生能源等多个领域。其中，备受关注的菜鸟泉州智能物流东南核心节点晋江项目总投资10亿元，将建设成为基于大数据、网络金融、信息服务、云计算等技术平台的新型物流仓储基地，电子商务、创意设计及相关产业集群的办公设施及配套生活社区。该项目的建成投产，标志着泉州成为"中国智能骨干网"首期布局的8个重要物流基地之一。届时泉州将通过为第三方企业提供优质服务，推动制造业向高附加值领域发展和升级。除菜鸟智能物流外，正在建设中的一批专业市场项目将提升全市产业的集聚发展水平。总投资达80亿元的晋江国际鞋纺城项目一期工程主要建设鞋纺专业市场。此外，南安官桥中国粮食城由现货交易市场、物流仓储设施、大型商场等部分组成；南安市光机电贸展中心将成为光机电贸易的集中展示中心；晋江磁灶企业营销展示中心将建设57栋企业营销中心；福建海西再生资源产业园区将建设交易市场及污水处理厂等市政配套设施；安溪中国茶叶交易中心涵盖茶叶交易和金融服务等功能。除在建项目外，服务业重点项目后劲十足。2015年，全市共有28个服务业预备重点项目，总投资364亿元，年度计划投资8.2亿元。具体包括14个商贸物流项目、6个旅游服务项目、8个其他项目。

泉州出口加工区跨境电商直销中心（图/泉州出口加工区）

安全生产隐患月报实行绿橙红三色管理

泉州市近日出台《实行分类分级监督管理推进安全生产隐患排查治理体系建设的意见》，对生产经营单位自查自报安全生产隐患作出明确规定，建立亮灯警示考核制度，根据相应情况在安全生产综合监管信息平台给予绿色灯、橙色灯和红色灯显示。按照意见，生产经营单位每月按规定时限和要求上报隐患的，给予绿色灯显示；生产经营单位连续2个月（不涉及生产、储存的一般经营办公单位连续3个月）无隐患上报而报平安的，给予橙色灯显示1次；生产经营单位连续3个月（不涉及生产、储存的一般经营办公单位连续6个月）无隐患上报而报平安的，给予红色灯显示1次，并被列为重点检查抽查对象；生产经营单位一年内有2次橙色灯显示的，给予红色灯显示1次，并被列为重点检查抽查对象；生产经营单位一个月不登录企业安全生产信息管理平台上报隐患或报平安的，给予红色灯显示1次，并被列为重点检查抽查对象；上报的隐患未按时整改，且未申请延长整改期限的，给予红色灯显示1次，并被列为重点检查抽查对象。生产经营单位一个季度内不登录企业安全生产信息管理平台上报隐患或报平安的，将直接列入隐患排查治理"黑名单"，并作为重点检查对象，行业监管部门要在一个月内督促其整改上报。

海峡两岸孝文化活动十八周年总结表彰大会举行

泉州国际敬老尊亲会、惠安家庭美德促进会在泉州台商投资区洛阳镇举行海峡两岸孝文化活动十八周年总结表彰大会，表彰15名"孝星""孝子"。敬老尊亲会与家庭美德促进会由泉州台商投资区（原惠安县）社会贤达倡导发起成立，获得海内外知名人士的响应与参与。成立18年来，大力弘扬中华传统美德文化，特别是在宣传与传承孝文化方面另辟蹊径，推广并实施孝文化进校园、进家庭、进企业的活动，取得明显成效，在海内外产生深远影响，赢得广泛好评。

5月3日

星期日
农历乙未年三月十五
温度：22℃—25℃
阴转阵雨

●2015年，泉州市共安排86个服务业重点项目，总投资2557亿元，年度计划投资342.5亿元，一季度完成投资占年度计划的27.5%，高于全市平均水平。

●泉州市出台《实行分类分级监督管理 推进安全生产隐患排查治理体系建设的意见》，对生产经营单位自查自报安全生产隐患作出规定，建立亮灯警示考核制度，根据情况在安全生产综合监管信息平台给予绿色灯、橙色灯和红色灯显示。

●由东南早报和南益地产主办的环宝珊彩色跑在市区宝珊花园举行。

●泉州国际敬老尊亲会、惠安家庭美德促进会在泉州台商投资区洛阳镇举行海峡两岸孝文化活动十八周年总结表彰大会，表彰15名"孝星""孝子"。

5月4日

星期一
农历乙未年三月十六
温度：18℃—22℃
小雨

●年初，泉州市被确定为福建省4个“多规合一”试点地级市之一。泉州市“多规合一”前期工作已启动，并制定初步工作方案。以新型城镇化精神为指引，以“建立统一的空间规划体系，持之以恒加以落实”为目标，推进规划体制改革，由扩张性规划逐步转向限定城市边界、优化空间结构的规划。

●团市委举行纪念“五四”运动96周年“海丝先行区·青年当先行”座谈会。会上开通“海丝先行区文明志愿服务数字地图”，并举行“泉州海丝文化青年志愿服务队”授旗仪式。

●从市旅游局获悉，“五一”小长假期间，全市游客接待量和旅游总收入两项主要指标均呈现高速增长。根据不完全统计，此次“五一”小长假，全市接待境内外游客120.25万人次，比2014年同期增长87%；实现旅游收入6.26亿元，同比增长23.7%。

●仰恩大学第16届五四合唱节决赛举行。

●丰泽区青商会成立大会暨第一届理事会举行。

●泉港区“点亮青春梦想”主题团日活动举行。

●共青团永春县委在该县大羽村开展“青春年华·书韵流香”读书活动。

泉州市“多规合一”试点前期启动

年初，泉州市被确定为福建省4个“多规合一”试点地级市之一。泉州市“多规合一”前期工作已启动，并制定初步工作方案。以新型城镇化精神为指引，以“建立统一的空间规划体系，持之以恒加以落实”为目标，推进规划体制改革，由扩张性规划逐步转向限定城市边界、优化空间结构的规划，在融合国民经济和社会发展规划、城乡总体规划、土地利用总体规划的基础上，衔接生态、人文、环境保护规划，构建建设用地增长边界控制线、产业区块控制线、生态环保控制线、基本农田控制线等管控体系。通过健全规划衔接协调工作机制，建立信息联动平台，从技术规范、规划内容和实施措施方面实现“目标”“指标”和“坐标”三者的协调一致，解决“多规”空间“打架”问题，推动项目无冲突落地，保障生态空间有效管控，提高项目审批效率，实现城乡空间集约、高效、可持续利用目标。

相关链接：2013年12月，习近平在中央城镇化工作会议上指出：在县市通过探索经济社会发展、城乡、土地利用规划的“三规合一”或“多规合一”，形成一个县市一本规划、一张蓝图，持之以恒加以落实。2014年11月，国家发改委、住建部、国土资源部及环保部下发《关于开展市县“多规合一”试点工作的通知》。2015年4月30日，习近平在政治局集体学习时就健全城乡发展一体化体制机制指出，要通盘考虑城乡发展规划编制，一体设计，多规合一，解决规划上城乡脱节、重城市轻农村的问题。

“海丝先行区文明志愿服务数字地图”开通

团市委举行纪念“五四”运动96周年“海丝先行区·青年当先行”座谈会。会上开通“海丝先行区文明志愿服务数字地图”，并举行“泉州海丝文化青年志愿服务队”授旗仪式。市领导陈沈阳、洪泽生、陈荣洲、苏小青参加座谈会。2014年8月以来，团市委发动全市团组织开展共青团员“义务星期六”活动，号召团员、团干加入青年志愿者队伍，倡导“我是共青团员，我是青年志愿者”，利用每周星期六开展540多场文明志愿服务，以实际行动践行社会主义核心价值观。为宣传志愿精神，团市委设计“海丝先行区文明志愿服务数字地图”，只需点击“泉州共青团”网站上的志愿服务数字地图，全市各团组织开展志愿服务的分布情况就可一目了然。为弘扬和普及文都优秀传统文化，引导全市青年参与“21世纪海上丝绸之路先行区”建设，泉州市还成立一支涵盖不同界别优秀青年人才的青年志愿者服务队，致力于宣传泉州海丝文化，加深社会各界对泉州海丝文化认识的深度和广度。

“五一”小长假全市旅游收入逾6亿元

从市旅游局获悉，“五一”小长假期间，全市游客接待量和旅游总收入两项主要指标均呈现高速增长。根据不完全统计，此次“五一”小长假，全市接待境内外游客120.25万人次，比2014年同期增长87%；实现旅游收入6.26亿元，同比增长23.7%。小长假期间，到泉州游客井喷式增长，主要得益于近年来城市旅游品牌的不懈宣传，通过纽约时代广场、央视、动车传媒等全方位、多媒体推介，泉州作为古代海丝起点城市、中国首个“东亚文化之都”、首批国家历史文化名城的形象深入人心，吸引大批国内外游客慕名前来。同时，动车线路的增多加密，以及小长假期间高速公路免收通行费等，也为周边省市游客到泉州提供极大便利。值得一提的还有“泉州人游泉州”。自2013年起，市旅游局和泉州晚报社联合推进“泉州人游泉州”工作，宣传推介景点景区和吃住行游购娱等一系列旅游信息。统计显示，本次小长假期间，泉州市森林公园吸引市民游客将近11万人次，晋江五店市和泉州台商投资区世茂海上世界分别接待市民游客5.8万人次和4.5万人次。此外，晋江围头、安溪志闽等滨海和生态景点景区也创下游客逾万人次的业绩。

外国留学生组团到泉州旅游　（图/陈晓东）

市政府与市中级人民法院2015年良性互动联席会议召开

市政府与市中级人民法院2015年良性互动联席会议暨行政审判专家聘任仪式举行。市领导郑新聪、林伯前、陈荣洲、周真平、卢炳椿、陈灿辉，市中级人民法院院长欧岩峰，市政府秘书长吴友才等参加会议。市委副书记、市长郑新聪指出，要推进依法行政，加快建设法治政府。坚持党的领导，把法治思维和法治方式贯穿政府工作全过程，加强市县政府法制机构和队伍建设；依法全面履行政府职能，抓好“三张清单”、简政放权、依法决策、公正执法和地方立法五项工作；强化对行政权力的制约和监督，全面推进政务公开。要突出信访积案化解，维护群众合法权益。落实信访积案属地责任制和领导包案化解责任制，对久拖不决的问题持续进行督办；实行信访与诉讼分离，完善诉讼、仲裁、行政复议等法定诉求表达方式，支持政法机关依法处理涉法涉诉信访事项；落实领导干部层层定期接访制度，完善信访部门初访分析和首办责任等工作机制和“大调解”工作体系。郑新聪要求，要深化府院良性互动，优化法治环境。拓展互动内涵，实现依法行政与公正司法良性互动。加大互相支持，各部门要支持法院依法受理案件、独立审判，自觉接受法院的司法审判监督，做好应诉工作，支持各级法院建设。也希望泉州中级人民法院加大行政争议化解工作指导力度，强化司法保障，共同为泉州科学发展、跨越发展贡献力量。会上向33位行政审判专家颁发聘书。

郑新聪到永春德化调研企业和项目

5—6日，市委副书记、市长郑新聪带队到永春县和德化县调研企业、项目，进行现场办公。郑新聪指出，当前，经济下行压力进一步加大，各级党委政府、各部门要增强危机感、紧迫感，对企业、项目真帮忙、帮好忙。要急企业所需，以问题为导向出台措施，更有针对性地解决行业共性和企业个性问题，同时注意方式方法，做到不帮倒忙。要完善政企互动机制，及时传递信息、发现问题，形成合力。各级党政干部要提升协调工作的能力，学经济、懂法律、敢担当、善协调，在长远目标指引下，找出各方面重要关联和共同诉求，形成解难题、促发展的共识与合力。要把兑现落实惠企政策、指导推动企业创新作为当前工作的重中之重，既解眼下困难，又推动长远发展。要开展好“三比一看”活动，在全市营造比学赶超氛围。

郑新聪调研永春北环企业总部会所　（图/蒲远宝）

“华大讲堂”第48讲举行

“华大讲堂”第48讲举行。中国科学院院士、国家自然科学基金委员会副主任刘丛强作题为《中国科技发展、创新驱动与基础研究》的报告。市领导陈万里、杨俊峰、陈沈阳、许昆贞、温惠榕等市委学习中心组成员，市直有关部门、在泉各高校、各民主党派负责人，华侨大学校领导和部分师生等参加报告会。刘丛强立足国际背景和国内需求两方面，从创新驱动发展战略出发，结合世界科技创新发展的态势，全面分析中国社会经济发展对科技的需求和基础研究存在的问题。以翔实数据为支撑，介绍中国科学技术发展的现状、机遇与挑战，阐述推进基础研究、推动科技创新、服务国家战略的思路构想，具有现实性和前瞻性的独到见解，为泉州产业转型升级提供有益借鉴、带来丰富启迪。市人大常委会主任陈万里为刘丛强颁发“华大讲堂”主讲嘉宾纪念牌。报告会还设立视频分会场，并通过“华大讲堂”专题网现场直播、新浪微博图文直播。

报告会现场　（图/华侨大学）

5月5日

星期二

农历乙未年三月十七

温度：18℃—25℃

阴

●市政府与市中级人民法院2015年良性互动联席会议暨行政审判专家聘任仪式举行。会上向33位行政审判专家颁发聘书。

●5—6日，郑新聪带队到永春县和德化县调研企业、项目，进行现场办公。

●“华大讲堂”第48讲举行。中国科学院院士、国家自然科学基金委员会副主任刘丛强作题为《中国科技发展、创新驱动与基础研究》的报告。刘丛强立足国际背景和国内需求两方面，从创新驱动发展战略出发，结合世界科技创新发展的态势，全面分析中国社会经济发展对科技的需求和基础研究存在的问题。

5月6日

星期三
农历乙未年三月十八
温度：21℃—26℃
阵雨

●福建省高技能人才先进事迹报告会（泉州专场）举行。

●“闽南传统文化进校园”活动启动。

●台湾自驾游车辆首次到泉州。

●“清风 春风”廉政书画展暨教育系统“廉洁清风伴我行”主题活动在泉州六中启动。

●“我们的根，我们的梦”2015年海外华裔青少年“中国寻根之旅”夏令营福建石狮营暨第22届菲华石狮市青少年夏令营在北京启动。

●市区首家青年志愿服务驿站在西街小广场设立。

●南安市北部电商创业园在梅山竞丰开发区开园。

福建省高技能人才先进事迹报告会（泉州专场）举行

福建省高技能人才先进事迹报告会（泉州专场）举行。来自人社等相关部门、企业和部分职业技术学校的师生聆听报告。报告会上，冯鸿昌等5位宣讲团成员从不同角度和侧面，介绍自己立足本职岗位奋发进取的事迹，展示当代产业工人的风采。其中，泉州市全国技术能手连紫华长于传统陶瓷人物雕塑创作设计，30多件作品获省、部级以上大奖，10多件作品被国家博物馆、英国珍宝博物馆等收藏，为社会培养瓷雕技术人才100多人。泉州市全国技术能手吴志成系国网泉州公司输电运维高级师，扎根生产一线，多次创造性解决电网检修技术难题，曾获6项国家级科技创新奖、8项国家专利，起草10多部技术规程及标准，帮带徒弟20多名。报告会还为泉州市第十二届全国技术能手、首届福建省技能大师、第二届泉州市技能大师获得者颁奖、授牌。

“闽南传统文化进校园”活动启动

由市委宣传部、市教育局、市文广新局、市文联主办，泉州艺术学校承办的“闽南传统文化进校园”活动启动，首站走进泉州七中，该活动以“弘扬传统文化，传承戏曲经典”为主题，将持续开展到年底。图为闽南戏曲表演。（图/黄欣怡）

台湾自驾游车辆首次到泉州

两辆台湾的自驾游车辆首次到泉州，在德化县岱仙瀑布景区游览。这两辆自驾游车辆，参加的是由厦门和台湾自驾旅游协会组织的海峡两岸自驾旅游踩线活动。在四天三夜的自驾行程中，自驾车团队途经厦门、龙岩、泉州三地，于5月7日结束行程返台。（图/张九强 孙灿芬）

2015年海外华裔青少年“中国寻根之旅”夏令营福建石狮营启动

“我们的根，我们的梦”2015年海外华裔青少年“中国寻根之旅”夏令营福建石狮营暨第22届菲华石狮市青少年夏令营在北京启动。活动以“我们的根·我们的梦”为主题，贯穿“首都之恋”“多彩摇篮”“文化泉州”“德化瓷都”“银鹭翱翔”五个分站，让菲律宾华裔青少年在文化古迹与现代建筑中穿梭、追寻圣贤遗迹、探访精神家园，多层面、多角度感受祖籍国丰厚的文化。

夏令营活动现场（图/郭雅霞）

南安市北部电商创业园开园

南安市北部电商创业园在梅山竞丰开发区开园。南安市北部电商创业园位于该市梅山竞丰开发区，创业园规划用地6.67公顷，利用现有空置厂房进行改造，总建筑面积将达3万平方米，主营电子商务经济，拟建成集办公、物流、管理、营销、培训等于一体的新型园区。园区一期项目已投资600多万元，完成改造5000平方米，有近80家企业入驻，范围涉及鞋业、家具、农产品等。园区为入驻网商提供办公场所3年免租、光纤免费、配套仓库和经济型公寓宿舍等多项优惠扶持政策，以吸引更多人加入。

郑新聪调研泉州港口建设并召开务虚会

7—8日，市委副书记、市长郑新聪调研港口建设情况，并召开泉州港港口发展务虚会，要求全市各级各相关部门贯彻李克强到福建考察讲话精神和省委、省政府关于港口建设的决策部署，抢抓机遇，重振千年古港雄风，推进泉州港振兴和发展，打造“21世纪海上丝绸之路先行区”和“海上合作战略支点”，推动泉州在新一轮高水平对外开放中抢占先机、走在最前列。市委常委、常务副市长林伯前，市政府秘书长吴友才参加相关活动。郑新聪察看肖厝、秀涂、锦尚作业区港口建设运营情况。郑新聪指出，港口是泉州科学发展、跨越发展的关键所在，备受海内外泉州人关心关注。但目前泉州市港口发展水平仍不够理想，航线不足，口岸通关环境有待改善，发展形势不容乐观，下一步，要勇于直面差距和挑战，采取有力措施，推动泉州港做大做强。要以更宽的视野抓谋划，站在“一带一路”战略大背景下，将泉州港全域五港区建设放入全国、全省港口发展大局来认真对接、深入谋划，全面推动港口提升。要自觉向国内外先进港口看齐，贯彻省里《关于加快港口发展行动纲要》，实施“海上丝路”港口复兴行动计划，掀起新一轮泉州港开发建设热潮，打造面向世界、连接两岸、服务中西部发展的海上丝绸之路国际枢纽港；立足泉州，推动各港区主动融入全局，找准定位，加强软硬件建设，确保始终与全市发展需求相适应、相协调、相衔接。要以实事求是的态度抓规划功能布局调整。全面清理岸线资源，抓紧做好泉州港口规划修编调整，明确各港区功能定位，坚持全市一盘棋，强化规划衔接，优先保障发展大型化、专业化公用码头。抓住全国、全省沿海港口布局规划修编的时机，争取把泉州港列入全国主要港口名录；做好港口规划与土地、海洋、城市、交通等上下规划的衔接，促进港城联动。推进转型升级，加快古港古城联动发展。同时，下大力气推进既有港口泊位整合。要以更大的力度抓建设，抓紧梳理和推进未来三年计划建设的项目，突破一批港口重大工程，尽快形成科学的港口运输系统布局。港口泊位建设要加快推进，同时下更大功夫开展前期工作，重点抓好肖厝、石湖、石井新港区等一批深水泊位工程，争取秀涂人工岛早日动工；要加大招商引资，多主体参与、多平台运作，推动港口开发建设形成效应、氛围和热潮。集疏运体系建设要重点抓好深水航道、港区铁路、公路网线三个环节。要以更实的措施抓环境。扩大互联互通，推动泉州港与“海丝”沿线主要港口城市开展更多实质性合作；引进国内外大型港航企业，支持本土航运企业整合提升，加快培育有强大影响力的龙头企业，带动区域港口建设运营；支持开辟更多国际航线。要强化政策扶持，主动接受福建自贸区辐射，对接“泛珠”四省海关区域通关一体化改革，优化通关环境。要严格岸线资源管理，加强港后区用地控制，为临港产业发展留足空间。要有效引导企业，兑现奖励政策，推动更多货物就地通关、回归通关。要以更强的合力抓落实，加强统筹指导，及时研究解决港口建设发展中遇到的重大问题；做好跟进服务，各有关部门、查验单位要通力协作，提供就地、及时、优质、高效服务，争取更多通关便利政策；强化对港口建设发展和口岸环境优化等的宣传造势，努力营造良好氛围。

石狮晋江德化入围京东百强县前二十名

京东研究院发布《京东百强县暨中国县域电子商务发展报告》，泉州市的石狮、晋江、德化入围京东百强县前二十名。产业集群在供应链协同、人才集聚、知识联盟、关系网络等方面形成的优势，通过电子商务进一步扩散和增强。入围的大部分县（市）电子商务的发展，都体现出当地特色产业集群的独特优势，如石狮的服装和德化的陶瓷等。

泉州木偶剧演员到印尼参演

7—14日，由国家艺术基金管理中心、联合国教科文组织亚太地区非物质文化遗产国际培训中心、省文化厅、省非遗保护中心和印尼相关单位主办的中国福建木偶戏文化交流活动在印尼与印尼木偶剧团同台上演四场演出，并开展交流活动。泉州木偶剧团和晋江掌中木偶保护传承中心10位演员随团参演，带去《驯猴》《钟馗醉酒》《小沙弥下山》等经典剧目，引发较大反响。

5月7日

星期四
农历乙未年三月十九
温度：21℃—27℃
阵雨

●7—8日，郑新聪调研港口建设情况，并召开泉州港港口发展务虚会，要求全市各级各相关部门贯彻李克强到福建考察讲话精神和省委、省政府关于港口建设的决策部署，抢抓机遇，重振千年古港雄风，推进泉州港振兴和发展，打造“21世纪海上丝绸之路先行区”和“海上合作战略支点”，推动泉州在新一轮高水平对外开放中抢占先机、走在最前列。

●京东研究院发布《京东百强县暨中国县域电子商务发展报告》，泉州市的石狮、晋江、德化入围京东百强县前二十名。

●7—14日，中国福建木偶戏文化交流活动在印尼与印尼木偶剧团同台上演四场演出，并开展交流活动。泉州木偶剧团和晋江掌中木偶保护传承中心10位演员随团参演。

5月8日

星期五
农历乙未年三月二十
温度：21℃—27℃
阵雨

●市直宣传系统党建暨党风廉政建设联席会议召开，总结2014年相关工作情况，部署安排下阶段工作。

●第十一届海峡旅游博览会在厦门会展中心举行，泉州以“海上丝绸之路起点城市”的形象亮相。

●“欢乐泉州 白衣天使”泉州市慰问医护工作者文艺演出在泉州市第一医院举行。

●泉州师范学院57周年校庆奖助学金颁发仪式举行。

●“福建省示范性幼儿园”开放活动在泉州幼师附属幼儿园举行。

●“水月镜花——金上京历史博物馆馆藏铜镜精品展”在中国闽台缘博物馆开幕。

●8—20日，墨艺——旅美咱厝人王岩平书法展在市区万维生艺术馆举行。

●由丰泽区委宣传部、区文体新局、区总工会等主办的丰泽区“三下乡”进园区暨区工会系统庆“五一”表彰先进大会在海西电子信息育成基地举行。

●2015全国纺织产业集群工作会议在浙江桐乡召开，石狮市被中国纺织工业联合会授予“2014年度纺织产业集群创新发展示范地区”称号。

“海丝泉州”亮相“旅博会”

第十一届海峡旅游博览会在厦门会展中心举行，泉州以“海上丝绸之路起点城市”的形象亮相。泉州在此次“旅博会”的精品会展上设立城市旅游主题馆，展馆在形态上综合体现“海丝”文化、闽南文化、红砖厝、燕尾脊、蚵壳厝等泉州元素。与往年相比，本届旅博会上，泉州带来更加丰富的文化和民俗表演，舞狮、舞铙钹、木偶、惠女风情、电音三太子、北管、茶艺、香道等全天候轮番上台表演。为活跃现场氛围，还穿插安排“抛绣球”、掰手腕比赛、“好运对对碰”等有奖互动游戏以及“约惠大奖”抽奖活动。泉州市积极借助“旅博会”平台扩大招商范围。崇武半岛海丝国际旅游度假区、大戴云旅游开发、永春大牛姆林生态度假区等9个项目被纳入“旅博会”组委会编制的《第十一届海峡旅游博览会重点旅游招商项目指南》，总投资265.28亿元。本次旅博会还特别搭建两岸旅游文创产品合作平台，举办“海峡两岸旅游文创产品大赛”。为备战此次文创产品大赛，泉州精心筛选9个县（市、区）36个企业的45件作品参赛。

泉州市慰问医护工作者文艺演出举行

由市委宣传部、市卫计委、市文联主办，泉州市第一医院、泉州市艺术馆承办的“欢乐泉州 白衣天使”泉州市慰问医护工作者文艺演出在泉州市第一医院举行。整场演出由舞蹈《厝边的喜事》拉开序幕，接着《我们的梦，中国梦》《白衣天使，生命的守护神》《花好月圆》等节目接连上演。参演人员有文艺界知名演员，也有第一医院艺术团骨干力量，他们共同献上演出，向辛勤工作的医护工作者以及奋战在全市各个战线的劳动者表达敬意。

泉州师范学院57周年校庆奖助学金颁发仪式举行

泉州师范学院57周年校庆奖助学金颁发仪式举行，广明源奖学金、博智奖学金、金达威奖学金、平安奖学金、泉州浦发印刷助学金、阳光助学金六项奖助学金共为135名学生颁发38万元奖学金。泉州师院关工委还联系泉州市福州商会、上海宾美实业有限公司、石狮市新邑包装有限公司和福建省少林物业公司等，结对帮扶22名家庭经济困难学生，按月资助学习和生活费用。广明源奖学金等六项奖助学金是泉州和厦门的企业家们于2014年在泉州师院设立的，旨在奖励优秀学生，帮助家庭经济暂时困难的学生。是日，泉州师院还分别与天津大学化工学院、天津工业大学纺织学院、晋江市住房和城乡建设局、福建炼油化工有限公司、福建浅水湾建设发展有限公司等21家单位签订校校、校地、校企合作协议，就人才培养、科学研究、服务社会等方面开展合作。

“福建省示范性幼儿园”开放活动在泉州举行

“福建省示范性幼儿园”开放活动在泉州幼师附属幼儿园举行，众多幼儿园园长和省、市幼教专家参加活动，并就落实《幼儿园教育指导纲要》和《3—6岁儿童学习与发展指南》进行研讨交流。在开放活动中，附幼展示了“我运动我做主”户外自选活动。图为“奔跑吧小伙伴们”游戏。

“水月镜花——金上京历史博物馆馆藏铜镜精品展”开幕

由中国闽台缘博物馆、金上京历史博物馆主办的“水月镜花——金上京历史博物馆馆藏铜镜精品展”在中国闽台缘博物馆开幕，展览持续至6月25日。展览由龙纹镜、双鱼镜、人物故事镜、鸾兽葡萄镜、神兽镜、花鸟镜铭文镜、素面镜八个单元组成，展出金上京历史博物馆馆藏辽金铜镜158件/套。展品形制多样、纹饰丰富、铸造工艺粗犷厚重，其中双鲤鱼镜、童子缠枝镜等极具女真民族特色，透过辽金铜镜的形制、纹饰、铸刻手法、题材、验记刻款、铸造工艺等，展现女真民族强健质朴的民族性格与开放进取、善于学习的精神。展览除静态展示外，还特别开辟观众体验区，模拟古代闺阁梳妆场景，供观众直观感受“当窗理云鬓，对镜贴花黄”的意境。主办方还邀请金上京历史博物馆铜镜鉴赏专家作题为《浅析古代铜镜的发展过程暨金代铜镜的特点》的专题讲座。此外，主办方还推出“铜镜带我去穿越”“铜镜花纹描绘”“铜镜寻宝”等系列互动项目，让观众在轻松氛围中，体验古代铜镜的传统艺术魅力，感受铜镜所传承的民族特色、社会风俗和人文内涵。

泉州获省青少年机器人竞赛6项第一

9—11日，第十三届福建省青少年电脑机器人竞赛在福州闽侯一中举行，泉州派出的78支代表队共获一等奖13个（包括机器人创意、足球、FLL项目六个全省第一）、二等奖25个、三等奖27个，一等奖和奖牌总数居全省第二。竞赛分为机器人创意、机器人足球、fll机器人工程挑战赛、机器人综合技能以及vex机器人工程挑战赛五个项目，各种各样的智能机器人在选手们的操控下执行各项比赛任务。全省有362支代表队参赛，经过现场竞技，最终决出一等奖60队（含16项全省第一）、二等奖88队、三等奖148队。

相关链接：近年来，泉州中小学科技竞赛水平不断提升，在市科协推动下，泉州在全国率先推行科技副校长选派制度，年均培训科技教师350名。2012—2014年，泉州市分别在全国、全省机器人大赛中获得14枚和206枚奖牌。

泉州市第四届篮球等级联赛举行

9—18日，2015年福建省全民健身运动会暨泉州市第四届篮球等级联赛举行。比赛设有多个赛区，共24支代表队参赛。经过角逐，晋江梅岭篮球协会、泉州实验篮球健身俱乐部、晋江信诚集团代表队分获A级组、B级组、C级组冠军。比赛以“全民健身、活跃基层篮球”为主题，各县（市、区）均有代表队参赛，为全市最高级别的业余篮球联赛，赛事采取三级联赛和升降级制度（各组别前两名升级、后两名降级，A组前两名参加福建省篮球等级联赛）。

家政达人电视大赛泉州选拔赛举行

由省妇联、福建电视台主办，市妇联、市妇女儿童活动中心承办的家政达人电视大赛泉州选拔赛在泉州浦西万达广场举行。全市5家家政公司40名家政服务达人展示才艺、互拼技能，分别进行月嫂、保洁和老人护理项目的竞技。每个项目最终角逐出各3名优秀选手。

“大漆艺术”闽籍名家漆画展开幕

由泉州市留学人员暨归国创业人员联谊会和晋江市留学人员暨归国创业人员联谊会主办的“大漆艺术”闽籍名家漆画展在泉州市区真武庙广场开幕，集中展示许晓松等8名闽籍漆画名家作品。图为漆画展现场。（图/吴寿民）

石狮市“文明出行·最美母亲”表彰暨“以奖促管”活动标志征集仪式举行

由泉州市公安局、仰恩大学和石狮市委政法委、文明办、团市委、石狮市公安局、石狮市文体旅游广电新闻出版局、石狮市妇联主办的石狮市“文明出行·最美母亲”表彰暨“以奖促管”活动标志征集仪式在石狮市音乐厅举行。石狮市和谐社会促进会、石狮市青年商会授予施丽琼等10人石狮市“文明出行·最美母亲”称号。“以奖促管·文明出行”是石狮市2013年4月首创的交通管理新举措，对在石狮登记注册的、经交警部门核查年度无交通违法记录的车主进行表彰和奖励。全年无交通违法记录的车主，可参与抽奖赢万元礼包，享受免费办理年检、免费看电影、保险打折扣、银行VIP服务绿色通道等。

两岸歌手为永春重症患者爱心接力慈善义演活动在永春县举行

两岸歌手为永春五个重症患者爱心接力慈善义演活动在永春县棣兰体育馆前广场举行。来自台湾的闽南语歌手阿吉仔；祖国大陆知名流行歌曲、闽南音乐制作人，词曲作家兼歌手郑志勇；还有周阿茹、吴狄、越红、周金煌、李春丽、姚颖颖、蔡文埕、陈建加等参加义演。活动吸引社会各界人士参与捐款，义演现场募集善款42623.2元，加上此前通过网络、微信等方式筹集善款108206.14元，共获捐款150829.34元，将送到被救助者手中。

5月9日

星期六
农历乙未年三月廿一
温度：21℃—28℃
小雨转阵雨

●吕振万追思会在南安市南星中学举行。

●9—11日，第十三届福建省青少年电脑机器人竞赛在福州闽侯一中举行，泉州派出的78支代表队共获一等奖13个（包括机器人创意、足球、FLL项目六个全省第一）、二等奖25个、三等奖27个，一等奖和奖牌总数居全省第二。

●9—18日，2015年福建省全民健身运动会暨泉州市第四届篮球等级联赛举行。

●家政达人电视大赛泉州选拔赛在泉州浦西万达广场举行。

●“大漆艺术”闽籍名家漆画展在市区真武庙广场开幕。

●由鲤城区妇联主办的“智慧妈妈故事汇”家教沙龙活动举行。

●石狮市“文明出行·最美母亲”表彰暨“以奖促管”活动标志征集仪式在石狮市音乐厅举行。

●两岸歌手为永春重症患者爱心接力慈善义演活动在永春县举行。

5月10日

星期日
农历乙未年三月廿二
温度：20℃—24℃
阴转多云

●全市各地按照《泉州市贯彻落实省委、省政府〈“比落地、比促销、比服务、看实效”活动实施方案〉的工作计划》，组织开展“比落地、比促销、比服务、看实效”活动。

●作为全国文明城市，泉州市不断改善提升城市卫生环境。2015年泉州市投资1120万元，重点开展旱厕改造、老旧住宅小区提升改造、集贸市场整改提升和主次干道保洁等工作。

●由晋江市政府主办，晋江市文体新局、晋江经济报社、紫帽镇政府等承办的2015年晋江市自行车文化节启动。

●恒安集团首席执行官、晋江市慈善总会会长许连捷代表许书典家族向晋江市慈善总会捐款1000万元。

市委办市政府办发出通知要求组织开展“三比一看”活动

全市各地按照《泉州市贯彻落实省委、省政府〈“比落地、比促销、比服务、看实效”活动实施方案〉的工作计划》，组织开展“比落地、比促销、比服务、看实效”活动。通知要求，在前阶段开展“促进项目落地、帮扶企业发展”活动周的基础上，通过开展“三比一看”活动，贯彻落实中央“四个全面”战略布局、支持福建加快发展的战略决策，实施泉州市“三大战略”，加快建设“海丝”先行区，促进重大项目落地投产，促进重点工作有效落实，促进支持政策用好用足；提振干部群众精气神，激发全市干事创业的热情，调动各方面积极性和创造性，形成比学赶超的氛围，以具体工作进度、指标完成情况、服务水平提升等体现活动实效，确保完成2015年度全市经济和社会发展计划的主要预期目标，力争在全省的“三比一看”活动中创出一流业绩、在全省大局中多做贡献，推动泉州在全省科学发展跨越发展中打头阵、走前列，加快建设机制活、产业优、百姓富、生态美的现代化新泉州。按照省委、省政府关于开展“三比一看”活动的决策部署，结合泉州实际，泉州市分别制订“比落地、看实效”“比促销、看实效”“比服务、看实效”和“谋跨越、促转型、看实效”四个工作计划，明确责任分工，细化活动的主要任务、工作措施和具体指标，确保活动取得预期效果。通知指出，开展“三比一看”活动，一要比落地，加快前期、加快审批、加快建设，优化投资结构，激发民间投资活力，增加有效投资，促进重大项目落地投产，发挥投资在稳增长中的关键作用。推进重大项目，深化“三维项目”对接，促进技改项目尽快投产，加快城乡基础设施建设。二要比促销，开展万家企业“手拉手”活动，发展协作配套，加强供需对接，支持有订单、有市场、有效益的企业发挥产能。激活房地产市场，稳定住房消费。加快培育消费新增长点，引导居民消费，促进消费升级，让消费潜力成为拉动经济增长的动力。开拓国内市场，拓展国际市场，促进房地产市场平稳健康发展，加快发展电子商务。三要比服务，简化审批、创新服务、主动服务，加快建设法治政府和服务型政府，打造“四个环境”。提高政府效能，保障项目建设，深入基层一线，帮扶企业发展。四要看实效，落实中央和省里、市里出台的各项政策措施，坚持稳中求进工作总基调，坚持以提高经济发展质量和效益为中心，落实“三个必须”的要求，深化重点改革，加快创新转型，保护生态环境，更好地完成年度计划的各项目标任务，确保经济社会持续健康发展。通知要求，市直有关责任单位要主动担当，加强横向的配合协作，强化上下沟通衔接，建立健全推进落实机制，抓好活动的组织实施，确保各项工作落实到位。各县（市、区）、泉州开发区、泉州台商投资区要立足本地区实际，制定具体的活动计划，细化责任分工，明确责任主体和责任人，健全工作机制，推动各项工作落实。市委督查室、市政府督查室要将“三比一看”活动作为月度、季度督查机制和年度工作督查的重点内容。市委宣传部要组织主流媒体，利用报纸、广播、电视、网络等传统媒体和新兴媒体，广泛深入报道开展“三比一看”活动的情况，及时宣传推广活动中涌现的好经验、好做法，营造有利于活动开展的社会氛围。

泉州市改善提升城市卫生环境

作为全国文明城市，泉州市不断改善提升城市卫生环境。2015年泉州市投资1120万元，重点开展旱厕改造、老旧住宅小区提升改造、集贸市场整改提升和主次干道保洁等工作。旱厕改造方面，泉州市对未全面完成旱厕改造的鲤城区、泉港区全面实施旱厕改造。其中鲤城（江南片区）改造10座，泉港改造10座，改造完成后免费开放。老旧住宅小区提升方面，鲤城区已选定百源、涂门2个小区，丰泽区已选定东美社区（东美花苑）、华丰社区（泉秀新村），对这四个小区的路面、排水排污、绿化、环卫设施等进行提升改造。集贸市场整改提升方面，鲤城区对东菜市场进行修缮改造。丰泽区选择2个“脏乱差”的集贸市场进行整改提升。为提升城市保洁水平，2015年鲤城区、丰泽区、洛江区主次干道保洁经费按照8元/平方米·年标准执行。鲤城区、丰泽区、洛江区环卫工人工资按1587元/月·人的标准投入，并为其缴交约550元/月·人的“五险一金”，建成区社区按常住人口数4‰配备保洁员，城乡接合部社区按常住人口数3‰配备保洁员。

全市民族工作会议召开

继收听收看全省民族工作会议暨福建省第八次民族团结进步表彰大会后，泉州市随即召开会议，贯彻落实全省会议精神，部署下阶段民族工作。市领导郑新聪、陈万里、杨俊峰、周银芳、翁祖根、周真平参加会议。市委副书记、市长郑新聪指出，泉州是全省民族工作的重点地市，各级党委、政府要把民族工作摆在全市大局的重要位置，学习领会中央、全省民族工作会议精神，落实党的民族政策，做好新形势下的民族工作；要善于团结少数民族群众，加强各民族交往交流交融，形成民族团结和谐氛围，共同为现代化泉州建设贡献力量。郑新聪要求，各级各部门要深化民族团结创建工作，发挥省级3个民族村和3个社区，市级12个乡镇（街道）作为民族团结进步创建活动试点单位的引领作用；推进党的民族政策宣传进机关、进企业、进社区、进乡镇、进学校、进宗教场所；创新方式载体，开展形式多样、深入人心的民族团结教育活动；强化法治思维，引导各族群众以理性合法的方式处理民族事务、表达正当诉求、维护自身权益；繁荣和发展少数民族文化，以文化融合促进民族和谐。要加大对民族乡村的扶持力度，深化挂钩帮扶体制机制，实施“民族乡村特色经济发展扶持增收工程”，引导民族乡村发展特色产业和“一乡一业，一村一品”工程；以5个民族村被国家民族事务委员会遴选为少数民族特色村寨建设项目为契机，推进少数民族特色村寨保护与发展，培育一批特色村寨精品。要更加注重城市民族工作，以丰泽区为全国试点单位，鲤城区、晋江市为市级试点单位为抓手，把城市少数民族流动人口服务管理体系建设工作抓实抓好；对到泉州务工的少数民族群众实行“同城同待遇”，综合运用政策、法律、经济、行政等手段和教育、协商、调解等方法化解涉及民族因素的人民内部矛盾。要提高做好民族工作的能力和水平，各级党委要加强和改进对民族工作的领导，加强民族工作干部队伍建设，加大少数民族干部培养选拔力度；坚持重心下移，改善基层民族工作干部的工作和生活条件；强化民族村党组织建设，推动泉州市民族团结进步事业取得新发展。

泉州市7个县（市）入围2014电商百佳县名单

福建省县域电子商务峰会在福州举行，阿里巴巴发布《2014中国县域电子商务研究报告》《2014电商百佳县名单》，泉州市7个县（市）入围，分别是石狮、德化、晋江、南安、安溪、惠安、永春，占全省入围县的43.75%，比2013年新增3个。其中，石狮市排名全省第一、全国第二，德化县排名全省第二、全国第七。阿里研究院分析了电商百佳县的三个特征，分别是经济基础好、创业者和小企业数量多、互联网在企业和居民中渗透率高。进入前十的石狮和德化，也是“2014大众网购消费最活跃的县”榜单中排名第二和第六的县（市），石狮同时还在“2014年大众电商创业最活跃的县”榜单中排名第三。此外，在《2014年各省县域电商发展指数平均值》排行榜中，福建位居第三，比2013年上升1位。其中，泉州基本撑起福建县域电商半边天，除百佳县数量占全省43.75%外，内贸网商数量占全省60%，零售网商数量占全省65%，淘宝村数量占全省61%。

南安市宝莲中学女子足球国际邀请赛开幕

2015年“中艺杯”南安市宝莲中学女子足球国际邀请赛开幕，宝莲中学女子足球队、马来西亚U14女足队、福建省青少年女足队、广西北海市华侨中学女足共四支队伍参赛。主办方表示，此次邀请赛是发展校园足球的一项交流活动，旨在给当地校园女足队员一个锻炼机会，提高自身水平，今后将会邀请更多外地球队来进行交流，推动南安青少年校园足球运动开展。

宝莲中学女子足球队对战马来西亚U14女足队
（图/陈鑫伟 黄海波）

5月11日

星期一
农历乙未年三月廿三
温度：21℃—28℃
阵雨

●继收听收看全省民族工作会议暨福建省第八次民族团结进步表彰大会后，泉州市随即召开会议，贯彻落实全省会议精神，部署下阶段民族工作。

●市生育关怀行动领导小组成员会召开。

●11—12日，全省“全国老年远程教育实验区”工作推进会在泉州召开。

●福建省县域电子商务峰会在福州举行，阿里巴巴发布《2014中国县域电子商务研究报告》《2014电商百佳县名单》，泉州市7个县（市）入围。

●11—25日，开永妈祖圣像进殿醮典暨首届永春“妈祖乞龟祈福”民俗公益活动举行。

●2015年“中艺杯”南安市宝莲中学女子足球国际邀请赛开幕。

5月12日

星期二
农历乙未年三月廿四
温度：19℃—30℃
晴转多云

●泉州湾大桥通车投用。

●继收听收看国务院、省政府简政放权放管结合职能转变电视电话会议后，泉州市随即召开会议，部署推进相关工作。

●新华社副社长龙新南到泉州调研。

●中国（晋江）新型城镇化高端研讨会暨国家新型城镇化综合试点工作交流会在晋江市召开。

●12—13日，省计划生育综合督查组到泉州督导检查人口计生重大政策落实情况。

●市人大常委会组织调研泉州市未成年人刑事检察工作开展情况。

●市委宣传部、市教育局、市文广新局和市委文明办召开会议推进全市高校实体书店建设。

●由市委宣传部、泉州军分区政治部、市委文明办、市教育局、团市委主办的2015年度市“道德模范、身边好人、美德少年巡讲”启动。

●全市举行防灾减灾活动。

●由泉州晚报社与宝远集团合资创办的泉州晚报新媒体广告有限公司揭牌成立。

●“江西风景独好”抚州（泉州）旅游推介会在泉州举行。

●鲤城区护理技能操作竞赛举行。

全市简政放权放管结合职能转变会议召开

继收听收看国务院、省政府简政放权放管结合职能转变电视电话会议后，泉州市随即召开会议，部署推进相关工作。市领导郑新聪、林伯前、陈荣洲、周真平、李建辉、林万明、刘忠，市政府秘书长吴友才参加会议。市委副书记、市长郑新聪要求，要科学谋划，强力推动，重点抓好以下三个方面：规范行政权力，从基础和源头入手，完善权力清单和公共服务清单，建立动态调整机制，尽快梳理建立“责任清单”，按时完成权力运行流程图编制，并向社会公布，促进政府各项事权规范化、法治化。抓好减放接管，坚持一手抓对上衔接、一手抓对下交接，研究、承接中央和省里下放的审批事项，确保“接得住”“管得好”；贯彻落实中央和省里明确取消的审批事项；对保留的审批事项要继续改进审批方式，提高办事效率；梳理本级现有的行政权力，优先取消和下放一批含金量高、能激发社会创造活力的审批权，同时加强业务指导、培训和技术服务，确保“放得下”“更便利”。强化后续监管，及时制定本部门加强事中事后监管工作的具体实施意见，转变理念，从“严进宽管”调整为“宽进严管”，创新监管模式；明确主体，加强政府监管职责，落实“谁审批、谁监管”“谁主管、谁负责”；突出重点，研究制定投资管理、信用管理、市场秩序等关键领域的事中事后监管办法。

泉州湾大桥通车投用

泉州湾大桥通车投用，标志泉州环城高速闭合成环，中心城市980平方千米经济圈将加快形成，也使得8分钟行车跨越泉州湾首次变为现实。大桥通车前，市委副书记、市长郑新聪，省交通运输厅副厅长陈培健，市委常委、常务副市长林伯前到现场慰问指挥和参建人员代表，参加通车巡视。作为环城高速三期，泉州湾大桥起于晋江市新塘街道南塘村，接泉州环城高速公路（二期）晋江至石狮段，于石狮蚶江跨越泉州湾，经台商投资区秀涂村，止于惠安锦水，接泉州环城高速公路（一期）南惠支线。项目全长26.7千米，其中，跨海大桥长12.45千米，北岸接线长14.25千米。蚶江互通至秀涂互通路段为双向八车道，路基宽度41米，与浙江嘉绍大桥并列为全国跨海桥梁第一宽；其余路段为双向六车道，路基宽度33.5米。设计使用年限100年，设计速度100千米/小时，工程概算总投资约69.23亿元。全线设石狮北（石湖港）、泉州东（秀涂港）和台商区（张坂）等3处收费站。建设泉州湾跨海交通通道，泉州市酝酿已久。2002年，泉州市提出建设泉州湾交通通道设想；2005年开展工程可行性研究；2008年底项目建议书获国家发改委批复；2012年1月10日，大桥开工。从绘制蓝图到变成现实，泉州湾大桥前后历经十数年。

泉州湾大桥　（图/陈英杰　陈晓君）

泉州湾大桥通车　（图/吴寿民）

全市举行防灾减灾活动

防灾减灾日，全市各地举行防灾减灾演练、知识宣传、解答群众疑问等活动，以增强民众防灾减灾意识，掌握避险自救互救技能，提升防灾减灾能力。2015年防灾减灾日的主题是“科学减灾，依法应对”。图为丰泽区丰泽街道源淮社区举行的防灾减灾活动。　（图/张九强）

5月13日

星期三
农历乙未年三月廿五
温度：22℃—29℃
多云

●全市机关党的工作会议召开，研究部署当前机关党的工作。

●泉州少数民族人口数居全省第一。

●泉州市第二期在线科技创新成果对接会节能环保专场暨线下展示推介会在市高新技术企业孵化基地举行。

●全市141家企业被列入重点污染源监控企业“国控名单”。

●石狮市出台新市民积分入保实施细则。

●市红十字会、市教育局在市培元中学举办水上安全和救生知识讲座，讲授游泳安全知识和救生常识。

全市机关党的工作会议召开

全市机关党的工作会议召开，研究部署当前机关党的工作。市委副书记周银芳指出，在市委领导下，2014年以来全市机关各级党组织坚持从严治党，推动机关党的工作取得新进展，有效保证泉州科学发展跨越发展。在完成各项任务中走前头、进前列、作表率，是机关党组织和党员干部的职责所在，做好新形势下机关党的工作要在五个方面走前头。贯彻全面从严治党要求走前头，做到工作标准从严、思想教育从严、组织管理从严、党内政治生活从严、纪律执行从严。服务发展大局走前头，把握发展大局、围绕发展大局、促进发展大局，以服务发展的实际成效检验机关党的工作成效。加强作风建设走前头，巩固群众路线教育实践活动成果，开展“三严三实”专题教育，完善作风建设长效机制。创新党建工作走前头，坚持基础工作抓实、重点工作抓好、特色工作抓亮，通过项目带动、载体推动、品牌促动，打造具有泉州特色的机关党建工作品牌。落实党建责任走前头，通过量化明责、尽心履责、述评考责、从严问责，发挥“一把手”、分管领导和党务干部的作用，保证“一岗双责”落到实处，推动机关党建工作上新水平。

泉州少数民族人口数居全省第一

泉州作为全省民族工作的重点地区，现居住着回、畲、蒙古、满族等53个少数民族，下辖1个民族乡（台商投资区百崎回族乡）、48个民族村（社区），少数民族人口22.9万人，居全省第一。泉州也是少数民族流动人口比较集中的沿海城市，少数民族流动人口约13.4万人，占全市少数民族总人口的58.5%。近年来，泉州市发挥民族乡村的特点和优势，将新农村建设与美丽乡村、少数民族特色村寨以及特色产业建设有机结合。5个民族村被遴选为国家民委组织开展的少数民族特色村寨建设项目。5个少数民族特色村寨均已对整个村庄进行整体科学规划设计，因地制宜，通过打造少数民族特色品牌，发展休闲旅游等产业。

泉州市第二期在线科技创新成果对接会节能环保专场举行

由市科技局主办的泉州市第二期在线科技创新成果对接会节能环保专场暨线下展示推介会在市高新技术企业孵化基地举行。为便于企业灵活参与对接，活动采用线上线下相结合的方式。线下展示推介会，邀请泉州师范学院、北京大学、北京化工大学3所高校的专家，展示推介节能环保、清洁生产、循环经济等方面的先进技术。市科技创新联合会会员代表和相关产业技术创新联盟负责人，以及泉州地区有节能环保技术需求的近100家企业代表参加。同时，企业可通过泉州科技云网上技术交易市场参与在线对接。线上对接会邀请境内外高校、科研机构专家学者、投资机构顾问等参加，在线参会人员达11062人次，展示对接项目203项，完成在线对接157次，产生初步意向112次。

全市141家企业被列入重点污染源监控企业“国控名单”

环保部近日印发下达2015年重点污染源监控企业名单，泉州市有141家企业上榜。其中废水16 家、废气12家、污水处理厂27家、重金属77家、危险废物9家；占总数超一半的重金属污染源企业，集中在晋江市和南安市两地，主要是皮革、电镀、伞业、厨卫等。这些企业将受到更为严格的监督，每季度进行一次强制性的抽检，事前不做任何通知，直接上门抽查。除通过现场观测、抽样检测等确定是否达标排放外，还重点检查污染防治设施是否有运行。

石狮市出台新市民积分入保实施细则

随着石狮市新市民积分制各项积分服务项目的展开，备受新市民关注的《石狮市新市民积分入保实施细则》出台。根据《石狮新市民积分管理办法（试行）》规定，石狮每年提供一定名额，为户籍在省外的新市民在户籍地参加城乡居民养老保险提供资金补助，并根据每年度的具体情况，对相应的名额数、补助标准进行修正。申请对象和补助标准为：户籍在省外的16周岁—50周岁的新市民、持有石狮居住证一年以上、未参加城镇职工基本养老保险、并参加城乡居民保的，可申请参保补助。申请参保补助的，每人每年给予100元参保补助，最多补助15年。首次申请城乡居民保参保补助的新市民，应于每年6月30日前，持本人有效身份证、居住证原件及复印件和上一年度户籍地城乡居民保参保证明，到居住地所在村（社区）填写石狮市新市民城乡居民保参保补助申请表。

5月14日

星期四
农历乙未年三月廿六
温度：23℃—31℃
多云

●全市农村饮水安全工程视频会议召开。

●首届全国青运会组委会医疗卫生部到泉州调研泉州赛区测试赛筹备阶段医疗卫生保障情况。

●全市首个人才工作协会联盟成立。

●海洋化工高端论坛在泉州师范学院举办。

●14—18日，第十一届中国（深圳）国际文化产业博览交易会在广东深圳举行，泉州市10多家文化企业和表演团体参加展览、展演，受到海内外客商欢迎和好评。

●由108名金门香客组成的新头伍德宫“巡香”团到惠安县崇武镇大岞村举行祭祀典礼。

全市首个人才工作协会联盟成立

全市首个人才工作协会联盟成立。经过推荐申报、材料审核、实地走访、综合研究等环节，11家协会成为协会联盟首批成员单位。协会联盟的主要任务是宣传中央、省、市各级人才政策；建立各行业人才信息库，发布人才需求等信息；做好行业人才的联系服务工作，择优推荐参评中央、省、市各级各类人才项目；组织开展行业人才培训、学习考察工作；承接或举办各级行业学术论坛、学术沙龙等，还将探索开展行业人才评价、第三方认证，帮助解决行业人才的困难问题。首批11家成员单位包括：泉州市职业经理人协会、泉州市人力资源管理师协会、泉州市工业设计协会、泉州市工艺美术协会、泉州市装备制造业协会、泉州市预防医学会、泉州市农业产业化龙头企业协会、泉州圆梦义工服务中心、泉州市银行业协会、泉州市建筑职业教育集团、泉州市电子商务行业协会。市委人才办对联盟成员单位工作情况每三年开展一次评估，实行滚动管理。对加入协会联盟的行业协会，将在举办活动、资金等方面给予支持。

海洋化工高端论坛在泉州师院举办

由泉州师范学院和省海洋学会主办的海洋化工高端论坛在泉州师范学院举办。国内外的海洋化工专家和该校师生，就传统海洋氯碱化工、海水淡化技术、海洋新能源、膜分离技术、海洋生物医药、海洋生物抗菌，以及海洋化工内涵及技术进展等内容展开探讨和交流。国家海洋局天津海水淡化与综合利用研究所总工程师阮国岭，福建石化集团公司副总工程师蔡永亮，浙江工业大学海洋学院副院长、泉州师院闽江学者讲座教授张国亮等国内海洋化工领域的8位专家学者在会上做专题报告。市产业技术联盟及部分企业同时开展产学研对接活动。论坛旨在促进中国海洋化工产业的发展，加速海洋化工绿色技术进步，增进政府、高校、科研院所、企业之间的协作，推进区域内海洋化工企业的交流与合作。

泉州企业组团参加深圳“文博会”受瞩目

14—18日，第十一届中国（深圳）国际文化产业博览交易会在广东深圳举行，泉州市10多家文化企业和表演团体参加展览、展演。本届深圳“文博会”，泉州市协办海丝之路福建主展馆。福建馆以海上丝绸之路的重要元素——泉港“大福船”为原型。其中，泉州市组织鲤城大呈布雕、泉港大福古船、永春兴全香业、德化多宝堂、安溪八马茶叶、台商区九龙工艺、惠安丰盈园林古建以及漆线雕等10多家与海丝相关文化企业在主展馆参展。市木偶剧团现场表演《驯猴》《钟馗醉酒》；市歌舞剧团现场表演惠女风情，省级工艺美术大师蒋清兰现场进行影雕技艺展示。此外，泉州市设立“海上丝绸之路起点城市泉州馆”，集中展示泉州形象，宋代古船、漆线雕、木雕、陶瓷等传统文化展品亮相，泉州馆内还循环播放泉州文化产业宣传片，发放泉州市46个文化产业投融资项目招商手册。参展深圳“文博会”的文化创意作品积极参评中国工艺美术文化创意奖，其中大呈丝绸艺术馆陈梦曦创作的丝绸画《秋实》和大福古船创作的金丝楠林《郑和宝船》均获中国工艺美术文化创意奖“铜奖”。

泉州市歌舞剧团现场表演惠女风情　（图/谢　娜）

金门香客到惠安“巡香”

由108名金门香客组成的新头伍德宫“巡香”团到惠安县崇武镇大岞村举行祭祀典礼。在鞭炮和锣鼓声中，两岸信众在大岞村苏王爷庙内举行“仿古祭祀”和换香仪式，行三跪九叩礼，随后献花、献果、献帛、诵祝文，共同祈祷风调雨顺，幸福安康。

5月15日

星期五
农历乙未年三月廿七
温度：24℃—32℃
多云

●郑新聪到市信访局接访群众。

●市十五届人大常委会第四十一次主任会议召开，听取市人大常委会代表资格审查委员会关于个别代表的代表资格的审查报告等。

●市十五届人大常委会第二十四次会议召开，传达贯彻李克强到福建到泉州考察讲话精神及省、市委常委（扩大）会精神。

●中国社会科学院发布2015年城市竞争力蓝皮书《中国城市竞争力报告No.13－巨手：托起城市中国新版图》，发布会上公布2015年中国城市综合竞争力前50名城市，泉州市列第三十二名。

●市市政公用事业管理局、市城市计划用水节约用水办公室在市区举行2015年全国城市节约用水宣传活动，倡导月用水量大于3000吨的企业、单位，及500户以上的居民小区，踊跃参与泉州市节水型企业（单位）和节水型居民小区的创建。

●东亚文化之都主题微电影剧本评选出炉。

●“就业帮扶 真情相助”2015年残疾人就业专场招聘会在市人才大厦举行。

●2015年泉州市粮食科技活动周在永春县启动。

●由鲤城区委、区政府和鲤城公安分局主办，福建省翔腾军警装备公司协办的鲤城区高校反恐应急处突演练活动在泉州经贸职业技术学院举行。

郑新聪到市信访局接访群众

市委副书记、市长郑新聪到市信访局接访群众。郑新聪指出，当前，全市信访工作形势总体平稳，理性依法信访已经成为主流。特别要强调的是，各级对以各种方式接访后协调或批办的意见，必须尽快落实，提高办理效率、质量，少让群众多次往返费时费财费力。同时，对业主群体与开发商之间的各种纠纷，所在地政府及其部门要及时引导，公检法司要提前介入，引导利益各方在依法依规的框架下维护自己的合法权益。

市十五届人大常委会第二十四次会议召开

市十五届人大常委会第二十四次会议召开。市人大常委会主任陈万里，副主任洪泽生、吕竞、王远东、张建生、朱团能、曾巍，秘书长吴春林参加会议。副市长刘忠，市中级人民法院、市检察院负责人列席会议。会议传达贯彻李克强到福建到泉州考察讲话精神及省、市委常委（扩大）会精神。会议要求，市人大及其常委会要增强责任，提高认识，把思想统一到李克强讲话精神上来，从人大工作的定位和特点出发，发挥人大作用，行使各项法定职权，推动“三大战略”深入实施，确保泉州市继续走在福建省最前列、当好全省领头羊；要深入调研，常委会组成人员要积极参与，认真思考谋划，及时向市委提出意见、建议，推动泉州在新一轮高水平对外开放中抢占先机、走在最前列；要积极作为，弘扬法治精神，敢于行使重大事项决定权，依法加强法律监督和工作监督，强化备案审查工作；要改进作风，组织开展“三严三实”专题教育活动，落实市人大常委会组成人员联系代表、代表联系群众制度，使人大各项工作顺应民心、反映民意、贴近民生。会议还听取和审议市人大常委会代表资格审查委员会关于个别代表的代表资格的审查报告。

市十五届人大常委会第四十一次主任会议召开

市十五届人大常委会第四十一次主任会议召开。市人大常委会主任陈万里主持会议，副主任洪泽生、吕竞、王远东、张建生、朱团能、曾巍，秘书长吴春林参加会议。会议听取市人大常委会代表资格审查委员会关于个别代表的代表资格的审查报告，确定市十五届人大常委会第二十四次会议的召开日期和建议议程。

东亚文化之都主题微电影剧本评选出炉

由市委宣传部、泉州晚报社主办的“东亚文化之都主题微电影剧本征集”活动结束，活动旨在为“东亚文化之都·2014泉州”活动年添彩助威，同时促进泉州本土影视创作水平提升，推动文化产业发展。一年来，活动组委会面向海内外读者发起征集，不少热心读者都留意起身边的“泉州故事”，开拓思维、踊跃创作，活动收到创作剧本60多篇。经过组委会评选委员的反复讨论，所有参赛作品以匿名方式进行打分，评选出一、二、三等奖5篇，其中一条奖空缺，入围奖10篇。本次微电影剧本主题分为“古城”“古港”两大系列。其中，“古城”系列以“西街故事”为主题，“古港”系列则以“海丝印象·泉州”为拍摄主题，描绘泉州港的历史或未来展望。获奖剧本将作为泉州市的文化宣传短片优先推荐给各影视传媒进行选择拍摄。

2015年残疾人就业专场招聘会举行

由市残联、市人力资源和社会保障局主办，市残疾人就业服务中心、市劳动就业中心、市人才人事公共服务中心和海峡人才市场泉州分部承办的“就业帮扶 真情相助”2015年残疾人就业专场招聘会在市人才大厦举行。50家企业提供各类岗位约475个，约300位残疾人士到场应聘，85人初步达成就业意向。相比以往，此次招聘规模更大，覆盖面更广，提供岗位也更多。招聘企业涵盖五金、商超、纸品、电器等多种行业，提供的岗位也颇有针对性，涉及仓管、客服、普工、保洁、鞋服加工、工艺品加工，等等。多数企业在招聘启事上详细写明招收对象，如“泉州市范围内肢残4级、行动方便生活能自理的残疾人，会使用基本的办公软件”等，更有企业贴心地带上手语老师。

5月16日

星期六
农历乙未年三月廿八
温度：25℃—31℃
多云转阵雨

●16—19日，市博物馆“5·18”国际博物馆日系列活动举行。

●16—17日，“清新福建·海丝泉州”乡村旅游嘉年华在中国闽台缘博物馆前广场举行。

●16—17日，第五届“海峡情”两岸国际标准舞公开赛在南安市体育馆举行。

●石狮市608艘拖网、杂渔具作业渔船开始休渔。

●16—17日，“羽林争霸”2015城市羽毛球赛华南赛区福建分赛区第二站比赛在泉州举行。

●泉州市企业家与艺术家协会在晋江市爱乐国际酒店成立。

●16—18日，2015艺术厦门博览会在厦门国际会展中心举行，泉州籍艺术家吴惠宝、丁朝安、张子安、林建政、林少雄等作品在会展中亮相。

●由泉州网和惠安县旅游局主办的“神仙眷侣·爱在崇武”主题活动举行。

市博物馆“5·18”国际博物馆日系列活动举行

16—19日，泉州市博物馆“5·18”国际博物馆日系列活动举行，通过观看表演、动手体验等形式感受闽南文化的魅力。活动期间，泉州市博物馆展厅内举办丰富多彩的现场非遗活态演出。在现场，市民可以观摩手抄南音曲谱，观看南音演唱、提线木偶戏、打城戏特技表演，欣赏泉州花灯“无骨灯”制作工艺、水密隔舱福船制作工艺、旗袍制作工艺等传统技艺。市民还可学习木印版拓片，动手制作年画，或体验制作铁观音茶的程序，或亲手制作德化瓷器。

相关链接：1977年国际博物馆协会为促进全球博物馆事业的健康发展，吸引全社会公众对博物馆事业的了解、参与和关注，向全世界宣告1977年5月18日为第一个国际博物馆日，并每年为国际博物馆日确定活动主题。2015年国际博物馆日的主题为“博物馆致力于社会的可持续发展”。

“清新福建·海丝泉州”乡村旅游嘉年华举行

16—17日，由市旅游局、市农业局和中国闽台缘博物馆主办的“清新福建·海丝泉州”乡村旅游嘉年华在中国闽台缘博物馆前广场举行。启动仪式上发布《手绘泉州乡村生态游攻略地图》。这张Q版乡村旅游攻略地图，收录全市滨海休闲、生态观光、赏花摘果、乡土文化、田园风光五大类42个乡村旅游点，较为全面地展示泉州乡村旅游资源分布状态。市旅游局通过各种渠道向市民游客免费赠阅，活动现场有多名市民参与互动获赠该旅游攻略地图。

第五届“海峡情”两岸国际标准舞公开赛在南安市举行

16—17日，由泉州市文联、南安市委宣传部、东南早报社、泉州市工人文化宫主办，南安市文化体育新闻出版局、南安市文联、泉州市国际标准舞协会、泉州市群艺舞蹈艺术培训中心等承办的第五届“海峡情”两岸国际标准舞公开赛在南安市体育馆举行，来自台北、福建各地区的28支代表队897名国标舞选手参加比赛。比赛旨在学习贯彻习近平在全国文艺工作座谈会上的讲话精神，推动海峡两岸文化交流，普及国际标准舞艺术，满足群众日益增长的精神文化需求。比赛设职业组拉丁舞、摩登舞，业余组拉丁舞、摩登舞和少儿拉丁舞、摩登舞六大比赛项目。比赛评审委员会由（CBDF）国际级、国家级评审员组成，根据选手的基本技术运动，舞种风格的诠释、音乐韵律的表现、编舞技法，现场发挥水平及精神风貌、艺德表现等，评定出职业组、业余组和少儿组获奖选手若干名。

石狮市608艘渔船开始休渔

石狮市608艘拖网、杂渔具作业渔船开始休渔，石狮市海洋与渔业执法大队联合沿海各镇渔业安全检查站到各港口、码头开展巡查、清点、监管工作。石狮市所有应休渔船分5月1日、5月16日、6月1日三个阶段进入13个主要港口伏休，禁止拖网、围网、杂渔具作业，休渔期至7月—8月陆续结束。

石狮市渔船开始休渔　（图/詹伟志　陈伟林）

2015城市羽毛球赛福建分赛区第二站比赛在泉州举行

16—17日，“羽林争霸”2015城市羽毛球赛华南赛区福建分赛区第二站比赛在泉州举行。比赛吸引了来自泉州、石狮、晋江、德化、惠安以及漳州等地的选手参加。比赛采取网络招募、任选赛区的“O2O模式”，搭建覆盖全国的在线组队和报名平台，并针对大众业余体育竞赛的特点，引入全新的“双败淘汰+抽签对阵”赛制，让比赛进程更刺激、更富有悬念。据组委会介绍，赛制改革的主要目的是保持业余赛事的活力，防止“锦标主义”影响普通羽毛球爱好者的参赛积极性。随着赛事影响力的不断提高，一些团体和单位为追求成绩和名次，不惜重金招揽队员，很多赛区呈现出强者愈强的竞争格局，新的赛制增加了比赛的悬念，强队可能提前遭遇，弱队也有机会赢得信心，从而在一定程度上可以避免高水平选手过于集中。

“重走海丝路·再创新辉煌”系列活动启动

由省侨办和省旅游局主办，南安市政府和泉州市旅游局承办的“重走海丝路·再创新辉煌”系列活动在南安市丰州镇九日山延福寺前广场启动。现场举行仿古祈风仪典，为启程踏访海丝沿线国家的首发团送行。系列活动包括面向全国的摄影大赛、辐射全球的行摄之旅以及巡回展示的摄影展等。作为重头戏的行摄之旅，把泉州和广州、宁波、扬州、福州等国内海丝城市，以及东盟国家、南亚、西亚、北非、欧洲等全球海丝国家和地区都纳入行程。由中国摄影界权威理论专家以及全国各地摄影精英组成的采风团，将实地探访，寻找海丝遗迹、加强沟通交流。其中，由11人组成的首发团于是日启程，首访国家为肯尼亚和坦桑尼亚。

仿古祈风仪典　（图/吴寿民）

泉州沿海水下考古陆地调查报告出炉

泉州沿海水下考古陆地调查报告近日出炉。报告显示，泉州沿海水下考古陆地调查新发现古代、民国至近代的沉船疑点和文物点41处。据泉州市博物馆负责人介绍，此次水下考古陆上调查新发现古代、民国至近代的沉船疑点和文物点41处，复查深沪湾明末清初沉船、东海法石南宋沉船、惠安大竹岛清代沉船3处古代沉船疑点，搜集到从清代、民国至近代的航海针簿、海图等资料7部（复印件），走访76处古代码头（渡口）。调查队还考察濑窟、崇武、小岞东山、莲城、镧川、峰尾6处古城旧址及10处明清时期的烟墩（烽火台）旧址，收集沿岸古代航标、造船工艺、制盐工艺以及多方碑刻等海洋文化信息。泉州水下考古陆地调查工作队负责人表示，2015年将从调查所发现的沉船疑点中筛选5—6处，对部分海域进行初步探测扫描和水下探摸，下年正式启动沉船疑点的现场考古挖掘工作。

相关链接：作为古代海上丝绸之路的起点，泉州保留有大量见证海上丝绸之路辉煌的水下文化遗存。2012年，中国国家博物馆、福建博物馆、泉州市海外交通史博物馆和泉州市博物馆组织一支由20余人组成的调查工作队，正式启动泉州水下考古陆上调查工作。在3年多的时间里，调查队沿着泉州541千米的海岸线，走访渔民、船员、海警、海军及渔政、边防派出所人员等约750余人，获取大量的文字和音视频资料。

泉州海上丝绸之路古码头遗址　（图/吴寿民）

“全国助残日”广场活动举行

由市残联、丰泽区残联、鲤城区残联主办的“全国助残日”广场活动在市工人文化宫举行。市残疾人康复中心和爱心医院派出由内科、手外科、骨科医生共10余人组成的服务小分队，解答市民关心的残疾预防、康复、日常保健等相关问题，并免费为市民体检和发放康复知识宣传手册。泉州残疾人志愿者服务队还开展回报社会的义务活动，有一技之长的残疾人为市民免费修车、理发、配钥匙。

新疆首部原创音乐剧《别失八里》在泉州上演

新疆首部原创音乐剧《别失八里》在泉州影剧院上演，为观众讲述一个爱与宽容以及多民族团结共荣的故事。《别失八里》以元末明初的别失八里为历史背景，讲述元末明初别失八里城发生叛乱，一名回族青年救出蒙古族情敌的女儿，并在别失八里各族兄弟姐妹的帮助下，将其抚养成人。多年后，当他与情敌再次相遇，两个一生都羁绊于恩怨情仇的男人最终在爱与生命的感召下化解干戈，联手共建美好家园的故事。演出中大量采用声、光、电等高科技技术，服装道具以及化妆造型等方面突出西域风情，令该剧具有极高的艺术观赏性。

5月17日

星期日
农历乙未年三月廿九
温度：24℃—29℃
多云

●由省侨办和省旅游局主办，南安市政府和泉州市旅游局承办的“重走海丝路·再创新辉煌”系列活动在南安市丰州镇九日山延福寺前广场启动。现场举行仿古祈风仪典，为启程踏访海丝沿线国家的首发团送行。

●泉州沿海水下考古陆地调查报告出炉。报告显示，泉州沿海水下考古陆地调查新发现古代、民国至近代的沉船疑点和文物点41处。

●由市残联、丰泽区残联、鲤城区残联主办的“全国助残日”广场活动在市工人文化宫举行。

●新疆首部原创音乐剧《别失八里》在泉州影剧院上演，为观众讲述一个爱与宽容以及多民族团结共荣的故事。

●2015年“5·19中国旅游日‘游在乡村 爱在晋江’主题系列活动”启动。

5月18日

星期一
农历乙未年四月初一
温度：25℃—29℃
阵雨转多云

●“华大讲堂”第49讲举行。

●省国税局、地税局在泉州召开“服务海丝核心区 一带一路税收行”主题新闻通报会暨税收政策宣讲会。

●全市首个互联网文化生活空间——点递·城市生活平台落户市区西街。

●由市委文明办、团市委、东南早报、市青年志愿者协会等主办的东南公益“关爱自闭症儿童，走向美好未来”大型助残活动在市区普明工业区爱心儿童启能康复中心举行。

●361°与SmartMozo有限公司召开战略合作发布会，宣布合资成立“三六一度国际电子商务有限公司”，共同打造全国唯一的“国际性体育用品在线交易平台”。

●泉州市博物馆免费鉴宝活动举行。

●5月18日—6月1日，由泉州华侨历史博物馆与广东华侨博物馆主办“我是谁？飞越太平洋——广东巴克维尔建虹桥”展览举行。

●由泉州海外交通史博物馆主办的“南洋遗梦——一个归国老华侨的人生影像”展览开幕。

●18—24日，由泉州市书法家协会和南安市书法家协会主办，桑莲居文化艺术机构、南安市五星中学承办的“林培养拓片题跋书法展”在桑莲居举行。

●泉港区2015年乡村（城市）学校少年宫展演活动举行。

●德化县“重走海上丝绸之路·德化瓷帮古道”活动举行。

“华大讲堂”第49讲举行

“华大讲堂”第49讲举行。著名经济学家、全国政协常委、北京大学光华管理学院名誉院长厉以宁教授作题为《新常态与中国经济的走向》的专题报告。市领导郑新聪、杨俊峰、陈沈阳、翁祖根、温惠榕、陈庆宗、林伯前等市委学习中心组成员参加报告会。16—18日，厉以宁考察泉州“21世纪海上丝绸之路先行区”和“泉州制造2025”建设进展，在了解泉州经济发展态势的基础上，形成不少现实性、前瞻性兼备的独特见解。18日的报告会上，厉以宁教授以精练的语言和丰富的事例深入浅出地阐释“如何适应新常态”“经济结构比经济总量更重要”“技术创新的重要性”“消费带动经济增长”“为什么现在有经济下行压力”“继续发挥财政政策、货币政策的作用，宏观调控要走向定向调控、结构性调控”“经济形势主要看通货膨胀率和失业率”“混合所有制改革的进展”“民营企业的转型”“对外投资”“对中国经济、新常态、经济下行压力问题的解决要有信心”“城乡收入差距”“从三个和尚的故事谈起——民企要抱团取暖”“道德力量调节”“上海自贸区的经验不是政策的优惠，而是制度的创新”“‘一带一路’建设”等16个问题，并不时结合泉州发展实际提出意见、建议，为听众认识和适应新常态、更好地把握未来中国经济的走向提供有益指导。

厉以宁作报告　（图/吴天适）

“服务海丝核心区 一带一路税收行”主题新闻通报会在泉州召开

省国税局、地税局在泉州召开“服务海丝核心区 一带一路税收行”主题新闻通报会暨税收政策宣讲会，会上公布十项服务“走出去”企业的税收措施。十项税收服务措施具体包括：全面落实税收协定、提供涉税纠纷双边磋商服务、建设国别税收信息中心、开设服务“一带一路”网络宣传专栏、开展“大走访、问需求”活动、举办对外投资税收辅导培训、编印涉外税收信息资料、设立12366服务热线国际税收专席、开展国际税收维权、规范跨境税收风险管理等。税务部门将建立“走出去”企业税收管理服务电子档案，利用第三方数据，跟进“走出去”企业投资“一带一路”沿线国家情况，掌握其投资分布特点、经营和纳税等信息，开展对外投资税收分析，定期为“走出去”企业投送有价值的决策参考。

全市首个互联网文化生活空间落户西街

全市首个互联网文化生活空间——点递·城市生活平台落户市区西街。点递·城市生活平台以泉州厚重的闽南文化、海丝文化和非遗文化为基础，将传统历史文化产业与互联网新兴产业进行有机结合，以立体整合无缝跨界为核心概念，建设O2O文化产业园区和孵化基地，打造泉州首个众创空间。该平台的创立响应了中国发展众创空间和“互联网+”的号召，将为泉州小微企业创业创新搭建新平台，并为泉州“把以互联网为载体、线上线下互动的新兴消费搞得红红火火”贡献力量。该项目负责人表示，点递·城市生活平台将打造成具有闽南地域文化、海丝文化、非物质文化遗产展销的平台，引领最闽南的生活方式，从而将点递·城市生活平台发展为泉州文化地标。园区内将引进闽南特色餐饮、老字号商铺、闽南风味小吃、特色伴手礼、传统手工艺、情景雕塑等凸显本土传统文化的项目，兼具其他特色小商品等售卖，使其成为泉州的民间生活浓缩点。

泉港区2015年乡村（城市）学校少年宫展演活动举行

泉港区2015年乡村（城市）学校少年宫展演活动举行。活动以“传承优秀文化，弘扬中华美德”为主题，旨在展示城乡少年宫“一校一品牌”建设成效。图为学生们演奏北管《玉兰花》。

（图/吴天适）

中国国际信息技术（福建）产业园在安溪县开园

由商务部与省政府部省合作共建，中国国际电子商务中心与市政府、安溪县政府打造的国家级战略信息化项目——中国国际信息技术（福建）产业园开园，成为全省唯一建成的大数据产业重点园区和“数字福建”建设的重要承载基地。全国政协常委、外事委员会主任、中国工程院原常务副院长潘云鹤，市委副书记、市长郑新聪，中国国际电子商务中心党委书记姚广海，中科院院士林惠民，中国电子商会常务副秘书长彭李辉，副市长李建辉，市政协副主席骆沙鸣等出席开园仪式并参观调研项目。中国国际信息技术（福建）产业园位于安溪县南翼新城，规划面积113平方千米，是以大规模、多等级数据中心为核心，发展云计算、数字媒体、电子商务、文化创意等服务外包产业的绿色生态信息产业园区。是日开园的为产业园一期项目，投资概算100亿元，主要建设具备行业国际领先水平的数据中心、信息技术教育实训中心、APEC国际交流中心等信息技术产业支撑平台，同时打造服务外包集群基地。其中，数据中心达到国际最高等级T4等级，也是华东南最大的高等级可用数据中心，数字渲染中心规模亚洲最大。其建成投用，不仅将助力泉州市传统制造业借助大数据实现智能制造，推动泉州建成先进制造业典范基地，同时也可为台湾、东南亚等海上丝路沿线地区提供信息技术基础设施和数据服务平台，推动泉州先行建设互联网领域的海上丝路新起点。开园仪式上还举行入驻园区企业集中签约仪式。在此前与IBM、惠普等跨国企业确立战略合作关系的基础上，园区此次又与福建省电子信息集团、国富瑞数据公司、中国电信福建公司、中国联通福建公司、厦门航空、厦门大学等一批企业、院校达成合作。产业园开园系列配套活动“中国云谷 梦想启航”高峰论坛、信息产业园大数据产业发展专题研讨会、意向合作企业对接洽谈活动同时举办。

开园仪式　　　　（图/刘伯怡）

全市选派干部驻村蹲点工作会议召开

全市选派干部驻村蹲点工作会议召开，按照全省会议部署，动员安排泉州市相关工作。市委副书记周银芳指出，选派干部驻村蹲点，有利于加快推进全面建成小康社会、夯实党在农村的执政基础、密切党群干群关系、在实践中培养锻炼干部，意义重大。各级各部门要领会省委重大决策，增强做好选派干部驻村蹲点工作的责任感，把工作抓实抓好。周银芳要求，要全面把握目标任务要求，做实做细选派干部驻村蹲点各项工作。思想发动要深入，抓紧制定工作方案，把任务和责任分解细化到人；驻村干部要优选，舍得把素质好、工作得力、有发展前途的好干部放到基层去，把干部的特长优势同驻点村的现实需要结合起来，因才选村；岗前培训要到位，重点围绕驻村蹲点任务安排培训内容，讲清楚一年时间要干什么、怎样干、如何干成事；政策待遇要落实，使选派干部安心基层，扎实工作；干部管理要从严，加强对驻村干部的日常管理，建立传帮带制度。要坚持上下联动密切配合，把这项工作作为一把手抓基层党建工作述职评议考核的重要内容，落实责任，强化保障，树好导向，加强督促，确保选派干部驻村蹲点工作顺利完成。市委常委、组织部部长陈沈阳部署具体工作。

“2015海外华媒聚焦海上丝绸之路核心区”联合采访团到泉州采访

“文化中国——2015海外华媒聚焦海上丝绸之路核心区”联合采访团到泉州采访。采访团由美国、加拿大、法国、日本、匈牙利、新西兰、意大利、英国、瑞典、波兰、澳大利亚11个国家的30多家海外华文媒体和部分国内主流媒体的负责人、编辑组成，旨在宣传福建省改革开放取得的各项成果，彰显闽籍侨胞在“21世纪海上丝绸之路”建设中的独特作用。市委常委、宣传部部长、教育工委书记陈庆宗参加相关活动。

5月19日

星期二
农历乙未年四月初二
温度：23℃—29℃
阵雨转大雨

●全市“三严三实”专题教育工作会议召开，传达中央、省委“三严三实”专题教育工作座谈会和有关文件精神，部署全市“三严三实”专题教育工作。

●中国国际信息技术（福建）产业园在安溪县开园。

●全市选派干部驻村蹲点工作会议召开，按照全省会议部署，动员安排泉州市相关工作。

●“文化中国——2015海外华媒聚焦海上丝绸之路核心区”联合采访团到泉州采访。

●泉州市组织收听收看全国就业创业工作电视电话会议。

●市人大常委会组织调研泉州市社会救助工作情况。

●泉州市博物馆“中国旅游日‘新旅游、新常态’博物馆体验日”活动举行。

●洛江区“中国旅游日”活动——“文明旅游”系列活动举行。

●永春县“2015年中国旅游日清新福建·永春”纪念活动举行。

5月20日

星期三
农历乙未年四月初三
温度：19℃—28℃
大雨转阵雨

●20—23日，省委、省政府检查组到泉州开展工作检查。

●李建辉巡查市区积水点。

●泉州电子商务企业总部基地“淘宝城”体验中心全面开放，内设“淘宝城”沙盘、布局模型等，并设九大服务展示区，为企业展示金融、商务、技术等专属配套服务。

●2015年“我们和留守流动儿童在一起”关爱活动在安溪县聪明小学举行。

●泉州师院2015年菲律宾华裔青少年学中文夏令营活动闭幕。

●鲤城区第二届“千年鲤城100问”青少年知识竞赛在现代中学举行。

●南安市加大力度推进助残项目。

泉州电商企业总部基地全面招商

泉州电子商务企业总部基地“淘宝城”体验中心近日全面开放，内设“淘宝城”沙盘、布局模型等，并设九大服务展示区，为企业展示金融、商务、技术等专属配套服务。泉州电子商务企业总部基地暨淘宝城项目是泉州首个按国家级标准建设的电子商务专业园区，也是泉州市级重点项目。该园区位于泉州展览城西侧与南迎宾大道交界处，占地66.5亩，总建筑面积12万平方米。规划有电子商务企业总部大楼、跨境电商大楼、大学生创业实践基地、电商综合服务大楼等高层建筑。项目建成后可引进电商企业300家，创造就业岗位2万余个，计划年销售额80亿元，利税1亿元，带动相关产业链发展达数百亿元产值。

“我们和留守流动儿童在一起”关爱活动在安溪县举行

由市妇联主办的2015年“我们和留守流动儿童在一起”关爱活动在安溪县聪明小学举行。活动中，35位“爱心妈妈”分别与35位留守流动儿童形成结对帮扶。“爱心妈妈”向孩子们赠送书包、文具，作为儿童节节日礼物。市妇联、市国税局还分别向聪明小学捐赠图书、电脑等学习用品，“童缘·爱心驿站”圆梦行动现场帮助50名留守流动儿童实现“微梦想”。

泉州师院2015年菲律宾华裔青少年学中文夏令营闭幕

历时55天的泉州师院2015年菲律宾华裔青少年学中文夏令营活动闭幕。96名菲律宾华裔青少年以歌舞、合唱、情景剧、舞蹈等形式进行汇报演出。活动中，泉州师院为学员们开设包括汉语精读课、泛读课、朗读课、书法课、手工课、民俗课、音乐课、中国南少林拳、舞蹈课和美术课等具有鲜明中国传统文化特色的四大基础课和六项技能课，并为学员安排系列观光交流活动，让学员博览中国传统优秀文化和闽南文化、泉州特色文化。

鲤城区第二届“千年鲤城100问”青少年知识竞赛举行

鲤城区第二届“千年鲤城100问”青少年知识竞赛在现代中学举行。该活动系第二届鲤城青年文化节系列活动之一，旨在弘扬“爱国、进步、民主、科学”的“五四”精神，推动学生更好地学习、研究乡土历史文化，实现文化自觉。现代中学、科技中学、明新华侨中学、七中金山校区、十五中、凌霄中学、六中七支代表队参加竞赛。经过必答题、抢答题、主观论述题等几个环节的角逐，明新华侨中学代表队、七中金山校区代表队、六中代表队分获比赛前三名。

竞赛现场　（图/朱柏鎏）

南安市加大力度推进助残项目

2015年，南安市计划投入370万元，推进贫困残疾人安居工程、住房修缮、居家托养、创业扶持、残疾儿童康复救助及一级重度残疾人护理补贴六大助残项目，改善贫困残疾人生活水平。住房保障方面，按每户补贴3万元的形式为60户无居住房或居住危房的贫困残疾人家庭建设符合抗震标准的安居房。对于52户房屋尚有修缮价值的贫困残疾人，通过贫困残疾人住房修缮项目进行补助，每户修缮费用估算总金额不少于1万元。帮扶救助方面，南安市通过贫困残疾人居家托养项目，为200名生活不能自理或自理有困难、长期需要他人照料的就业年龄段无业的一、二级智力、精神和肢体残疾人提供2000元补助。贫困残疾儿童康复救助工程则是针对年龄在7周岁以下（含7周岁）的贫困智力、听力言语残疾儿童以及14周岁以下（含14周岁）贫困脑瘫、孤独症儿童，给予每人1.2万元康复训练补助，让他们在专业康复机构进行康复训练。同时，还实施扶助贫困残疾人创业项目，扶持有能力有意愿通过劳动实现脱贫致富的贫困残疾人家庭，2015年补助60户，每户补助5000元。南安市还首次开展一级重度残疾人护理补贴项目，补助各类一级重度残疾人每人每月50元。

张志南与到泉州考察的中化集团公司总经理蔡希有座谈

中化集团公司总经理蔡希有到泉州考察，省委常委、常务副省长张志南与蔡希有一行座谈。市领导郑新聪、刘忠参加座谈。张志南感谢中化为福建、泉州发展所做的贡献，表示将为中化二期乙烯项目提供优质服务保障。蔡希有感谢省委、省政府和市委、市政府对中化一期炼油和二期乙烯项目建设的支持，表示将加快推进项目建设进度，促项目早日建成投产。

泉港石化工业园区蝉联“中国化工园区20强”

21—22日，由中国石油和化学工业联合会主办的2015中国化工园区与产业发展论坛在重庆举办，中国石油和化学工业联合会化工园区工作委员会在论坛上公布“2015中国化工园区20强”，泉港石化工业园区位列第五。系该园区自2013年以来连续三年入选该榜单，也是福建省唯一入选园区。截至2014年年底，全国重点化工园区或以石油和化工为主导产业的工业园区有381家。“中国化工园区20强”的评选，包含综合经济实力、基础设施配套、环境保护及节能减排、循环经济、安全与公众认知5个主要指标，是石化工业园区综合实力的反映。

相关链接：泉港石化工业区规划面积29.6平方千米，分仙境、氯碱、洋屿、南山四个片区，2012年获批省级经济技术开发区，是福建省重点发展的石化基地之一。泉港石化工业园区入驻石化企业28家、总投资540亿元，外商投资企业涉及美国、沙特、德国、挪威等国家和地区，国内知名企业如钟山化工、福源凯美特等一批投资超亿元的企业也相继落户。园区坚持走循环经济、节能减排和生态化之路，已初步形成以联合石化炼油乙烯为龙头，以聚丙烯、烧碱等中游项目为延伸，以塑胶、塑料等下游项目为配套的循环经济产业链，2014年石化产值突破800亿元，在全省占据龙头地位和规模优势。

中国图书馆学会第五届百县馆长论坛在晋江市举行

中国图书馆学会第五届百县馆长论坛在晋江市举行，全国各省、自治区、直辖市的县级图书馆馆长交流探讨图书馆对构建现代公共文化服务体系的地位和作用。此前中国图书馆学会面向全国图书馆界开展案例征集活动，经过专家委员会评审，共有45个案例获奖。通过研讨和交流，代表们在总结基层公共图书馆发展的中国经验，交流图书馆服务创新的实践成果，分析县级公共图书馆发展面临的挑战，探讨县级图书馆在构建现代公共文化服务体系中的责任、使命和可持续发展的基础上，形成系列共识。

《清源山》特种邮票图稿公布

《清源山》特种邮票图稿　　（图/张九强）

《清源山》特种邮票首发式新闻发布会举行，三张邮票图稿公布。《清源山》特种邮票申报过程历时十年。申报成功后，由市委副书记、市长郑新聪任发行工作领导小组组长，推动工作顺利进行。它是国家“一带一路”战略思路提出后，泉州在推进21世纪海上丝绸之路先行区建设中首次发行的带有海丝文化主题的特种邮票，格局恢宏，意义深远；也是展现东亚文化之都魅力，丰富“文都”文化内涵，提升泉州品牌和知名度的一次极好的机会。《清源山》特种邮票一套3枚，内容选自清源山最具代表性的景点，图案分别为清源山天湖、祈风石刻、老君岩，面值为0.80元、1.20元、1.20元。设计者是中国工笔画协会副秘书长、著名画家郭华卫，设计过程中数易其稿，融入泉州多元的宗教文化、丰厚的历史底蕴及璀璨的海丝文化。

《清源山》特种邮票图稿之一　　（图/张九强）

5月21日
星期四
农历乙未年四月初四
温度：18℃—20℃
中雨转阵雨

●张志南与到泉州考察的中化集团公司总经理蔡希有座谈。

●2015年全市消防工作会议和第一次消防联席会议暨夏季消防检查工作部署会议召开。

●《清源山》特种邮票图稿公布。

●中国图书馆学会第五届百县馆长论坛在晋江市举行。

●21—31日，江南老年颐乐园开始向市民开放，老人可到园区免费体验入住。

●加拿大重点旅行商到泉州考察清净寺、开元寺、海交馆、天后宫和洛阳桥等“海丝”文化遗存。

●泉金航线启用新轮。

5月22日

星期五
农历乙未年四月初五
温度：23℃—28℃
多云转阴

●泉州和西安签订建设“一带一路”战略合作框架协议。

●陈灿辉会见到泉州考察的澳大利亚福建总商会经贸考察团。

●市工商局、市消委会组织全市消费维权志愿者代表开展为期一个月的消费维权系列活动。

●由市卫计委、市计生协会主办的泉州市关爱女性健康企业行动在惠安县举行。

●22—24日，两岸美术家“重走海丝路”采风写生活动在泉州举行。

●由福建教育学院、省教育学会书法教育委员会、洛江区委宣传部主办的首届“蔡襄杯”福建省中小学生书法大赛在洛江区实验小学启动。

●丰泽区文联在泉州少林寺文艺家创作基地举行纪念《毛泽东在延安文艺座谈会上的讲话》发表73周年活动。

●由石狮市委组织部、共青团石狮市委、石狮市教育局主办的石狮市“十佳共青团干部”公推公选活动举行。

●晋江市委非公有制企业党校成立。

泉州和西安签订建设“一带一路”战略合作框架协议

由泉州市政府、西安市政府主办的“第十九届西洽会暨丝博会‘一带一路’新丝路·新起点合作交流会暨重点项目签约仪式”在西安举行。会上，泉州市与西安市签订《建设“一带一路”战略合作框架协议》，两市将进一步深化交流，共同促进“一带一路”建设。西安市领导魏民洲、董军、岳华峰、吕健，泉州市领导陈荣洲、李冀平；上海合作组织秘书处副秘书长伊曼多索夫·萨贝尔·艾伊达尔贝克维奇，哈萨克斯坦前总理、总统全权特命大使、一体化基金会主席捷列先科出席签约仪式。泉州和西安分别是古代海陆丝绸之路重要起点城市。长期以来，两市之间保持着广泛的合作关系。本次《建设“一带一路”战略合作框架协议》的签订，为两市在新时期进一步合作交流打下坚实基础。根据协议内容，泉州与西安将在产业协作、通道建设、园区建设、文化旅游、公共服务等领域加强合作，共同为“一带一路”建设贡献力量。仪式上有40个合同项目签约，项目总投资额1396.18亿元，涉及产业园、商业综合体、城市基础设施等多个领域。

全市消费维权系列活动启动

是日起，市工商局、市消委会组织全市消费维权志愿者代表开展为期一个月的消费维权系列活动。全市50多位维权志愿者代表及各县（市、区）工商局、消委会的30位消费维权工作人员在市工商局参加新消费者权益保护法培训。培训结束后，志愿者代表还到福建省广电网络集团泉州分公司有线数字电视服务厅实地体验。市工商局、市消委会还将组织各县（市、区）工商局、消委会以及维权志愿者采取发放问卷调查表、走访不特定消费者以及到广电网络服务大厅明察暗访等方式，对全市广电网络服务质量、维权机制等相关情况开展社会调查，重点调查企业是否存在强制收费和乱收费，是否以格式条款、虚假宣传的手段侵害消费者权益，是否存在出卖或泄露消费者个人信息等损害消费者权益的行为。

两岸美术家“重走海丝路”采风写生活动在泉州举行

22—24日，两岸美术家“重走海丝路”采风写生活动在泉州举行。金门县美术学会理事长翁清土带领总干事张清忠博士，金门著名画家唐敏达、洪明灿等以及来自台湾五月画会、台北国际水彩学会和新竹师院的画家，还有香港福建同乡会副会长李宏和香港福建书画研究会画家们参与活动。泉州著名国画家陈玉峰等15位本土画家与台湾、香港的画家一起共绘“泉州海丝”。活动走访天后宫、真武庙、圣墓、文兴古渡、石湖古渡，六胜塔、姑嫂塔和船舶司、清真寺等地。活动结束后，画家们将返乡创作，通过油画、水彩和国画等艺术形式再现“海丝辉煌”。

首届“蔡襄杯”福建省中小学生书法大赛在洛江区启动

由福建教育学院、省教育学会书法教育委员会、洛江区委宣传部主办的首届“蔡襄杯”福建省中小学生书法大赛在洛江区实验小学启动。大赛旨在缅怀蔡襄的历史功绩，表达人们对蔡襄先贤的敬仰之情，继承和弘扬中华书法艺术，推进福建书法教育事业发展。大赛以“福建情·中国梦”为主题，通过书写赞美福建山美水美人美和少年儿童心中理想的诗文联句，表达和体现福建省中小学生的爱国爱乡之情和远大抱负。

晋江市委非公有制企业党校成立

晋江市委非公有制企业党校授牌成立，并与上海财经大学创业学院、泉州师范学院陈守仁工商信息学院签订合作协议。晋江市委非公有制企业党校将科学整合资源开展办学工作，建立健全非公有制企业党校教育的市镇企三级网络体系，并围绕党的建设、企业发展、党员教育及职工需求等方面开展培训工作，提高党员的政治素质、党性修养和工作能力。晋江市非公有制企业党组织申报与政策宣讲服务队同时成立。服务队将围绕各级党委、政府出台的一系列强企惠企政策，到企业开展巡回宣讲与不定期培训活动；针对“二带十”企业及区域其他企业关注的项目立项、土地报批等政策业务，开展“1对1”或“1对多”具体业务解读和工作指导；了解企业需求，及时向各级各部门反馈企业在享受、落实各项扶持政策过程中遇到的困难和问题。

省委省政府检查组到泉州开展工作检查

20—23日，省委常委、常务副省长张志南，省政协副主席张燮飞到泉州11个县（市、区）和泉州开发区、泉州台商投资区开展工作检查。市委副书记、市长郑新聪，市委常委、秘书长、统战部长翁祖根参加检查。工作检查的主题是，泉州市贯彻落实习近平系列讲话和到福建考察讲话精神，围绕“四个全面”的战略布局，按照省委、省政府工作部署，推动经济社会发展和党的建设等方面取得的成效。重点是开展“三比一看”，推进各项改革、产业发展、重点项目建设情况；落实全面从严治党主体责任、改进作风转变职能情况；交流经验做法，了解困难问题，研究对策举措。检查组察看涵盖工业、服务业、能源、社会事业、农林水等领域的一系列项目，并通过座谈、现场办公、召开点评会点评等方式，为泉州建设发展作出指导。

检查组在德化彭村水库检查（图/陈起拓）

泉州市全力以赴做好防抗暴雨工作

市委副书记、市长郑新聪作出批示，要求市防指落实省长苏树林指示精神，全力以赴、积极防抗暴雨，保障人民群众生命财产安全。19—21日全市大部分地区普降大到暴雨，局部大暴雨。据统计，19日8时至22日8时全市过程平均降雨量为90.4毫米，有26个站点超100毫米，最大的为安溪县虎邱镇林东站的186.5毫米，46站次小时雨量超25毫米，其中最大1小时雨量为洛江河市站的69.0毫米。受强降雨影响，全市水库蓄水量均有所回升，22日上午8时全市19座大中型水库总蓄水量3.8769亿立方米，占正常库容的39.89%，比19日上午8时增加4267万立方米。其中，山美水库蓄水量1.7644亿立方米，占正常库容的37.38%，比19日上午8时增加2040万立方米。同时，19—21日全市共有洛江区、泉港区、南安市、惠安县、安溪县、永春县、德化县7个县（市、区）受灾。受灾人口2400人，房屋倒塌5间，农作物受灾面积2510公顷，公路中断10条次。因洪涝灾害造成的直接经济损失4916万元。防抗暴雨期间，泉州市全力以赴，做好以下六项防抗工作：一是强化防汛值班值守。落实24小时防汛值班和领导带班制度，落实“预警到乡、预案到村、责任到人”工作机制，注意防范局地强雷电、短时强降水、雷雨大风等强对流天气，适时启动防御暴雨洪水预案，做好应急处置工作。二是加强监测预警预报。关注天气态势变化，加强雨水情、汛情、地质灾害情况的监测预报和会商分析，及时向基层群众发布预警信息。对可能发生险灾情的重点区域、重点部位以及出现暴雨的乡（镇）、村实行不间断“点对点预警”。三是突出重点部位防范。根据降雨和地质灾害影响情况，提前动员，及时组织居住在易发生滑坡、泥石流的新旧地质灾害点和水库、山围塘、溪边、河边、山边、高陡边坡、地灾隐患点、矿区、工棚、危房、低洼地带等危险区域群众的安全转移、避险，妥善做好安置工作。四是加强城乡防洪排涝。全面检查城市防洪排涝设施，并加强对低洼地带和地下室、下穿通道等重点部位的安全检查，及时清除阻水杂物，适时开闸预泄预排，防止强降雨可能引发的内涝、洪涝灾害。五是加强水利工程监管。各类水库严格执行经批准的调度运用计划，严禁超汛限水位运行；加强水利工程的巡查。加密对小型水库、山围塘等小型水利工程的检查，及时消除隐患，确保工程安全；担负供水任务的水库，利用降雨的有利时机，做好蓄水保水工作。六是强化物资队伍建设。落实各类抢险救灾队伍1372支，共42315人；储备编织袋180.411万条、救生衣13709件、冲锋舟78艘、救生圈6722只、橡皮舟172只。

5月23日

星期六
农历乙未年四月初六
温度：21℃—24℃
中雨

●郑新聪作出批示，要求市防指落实省长苏树林指示精神，全力以赴、积极防抗暴雨，保障人民群众生命财产安全。

●由张家港市委组织部组织，泉州市委组织部、市委党校承办的张家港市非公党务干部培训班结业。

●23—24日，海丝文化国际青年学者论坛在泉州师范学院举办。

●由市教育局和泉州晚报社主办的2015年初招、中招升学志愿填报咨询会在泉州晚报大厦举行。

●泉州市通政中心小学“通政·海峡少儿交响乐团音乐会”举行。

●惠安县举行以“文艺创心”为主题的“文化沙龙”活动。

●德化县第五届中小学生现场陶艺比赛举行。

5月24日

星期日
农历乙未年四月初七
温度：20℃—24℃
小雨

●24—28日，泉州与台湾两地中学生“闽台一家亲·1+1文化交流”活动举行。

●24—25日，“丝路情·中国梦”福建省民间文艺家创作采风活动在泉州举行。

●24—27日，第七届中国国际旅游商品博览会在浙江义乌举行，展会期间国家旅游局、中国旅游协会举行“2015中国旅游商品大赛”及中国“百佳十强”旅游商品初步遴选，泉州大拾堂文化传播有限公司的《拾·绘生活》获银奖，大魏文化传播有限公司的《禅音》获铜奖。取得全省最佳成绩。

●“西游漫纪”青年油画名家八人联展在市区侨乡体育馆开幕。

海丝文化国际青年学者论坛在泉州师范学院举办

23—24日，由泉州师范学院、市社科联、台盟泉州市委、省闽南文化发展基金会主办的海丝文化国际青年学者论坛在泉州师范学院举办。市政协副主席骆沙鸣参加开幕式。该论坛是泉州市2015年社科活动资助重点项目，中国大陆、台湾地区、香港地区以及新西兰、菲律宾、印尼、越南等国的80多位学者参加活动。与会专家学者围绕“海丝文化国际青年学者联盟论坛”的成立，海上丝绸之路的历史、现实与未来，福建地方文化在建设21世纪海上丝绸之路中的意义和作用等话题展开研讨。活动期间，论坛主办方就成立“海丝文化国际青年学者联盟论坛”发起倡议。该论坛将面向研究海丝文化的青年学者及学术团体，每年举办一届，形成常态化组织，为全世界青年学者提供一个学习与交流的平台。希望能以青年学者特有的青春热情和智慧，集思广益、群策群力，为建设21世纪海上丝绸之路建言献策。

泉台中学生“闽台一家亲·1+1文化交流”活动举行

24—28日，由市教育局、市教育基金会主办的泉州与台湾两地中学生“闽台一家亲·1+1文化交流”活动举行。来自台湾淡水中学、竹围中学、三芝中学、石门中学、正德中学5所中学的26名学生，分别与泉州一中、泉州三中、泉州五中、泉州七中、泉州九中的学生进行“1+1”结对交流，居住在泉州学生家中，并跟随泉州学生到课堂听课，同吃同住同学习，并举行联谊表演活动等。

闽台一家亲住家式交流结对活动现场 （图/陈晓东）

福建省民间文艺家创作采风活动在泉州举行

24—25日，“丝路情·中国梦”福建省民间文艺家创作采风活动在泉州举行。采风团到德化、崇武古城、开元寺、清净寺等地，考察“海丝”景点，与工艺美术大师零距离交流。25日下午，采风团还举行“到人民中去”——“丝路情·中国梦”福建省民间文艺家创作采风座谈会，与会文艺家齐聚一堂，讨论民间工艺传承与创新、民间文学在当下的发展路径和民间文艺家的文化自觉与担当等议题。省民间文艺家协会副主席庄晏成表示，泉州作为海上丝绸之路先行区值得关注，这里有辉煌的历史和灿烂的“海丝”文化，为文艺家提供了源源不绝的创作源泉，文艺家要到人民中去，吸取原汁原味的艺术元素。艺术创作应该提倡创新精神，文艺家不要墨守成规，要创作出无愧于前辈和后人的伟大作品。

泉州获2015中国旅游商品大赛一银一铜

24—27日，第七届中国国际旅游商品博览会在浙江义乌举行，展会期间国家旅游局、中国旅游协会举行2015中国旅游商品大赛及中国“百佳十强”旅游商品初步遴选，泉州大拾堂文化传播有限公司的《拾·绘生活》获银奖、大魏文化传播有限公司的《禅音》获铜奖。取得全省最佳成绩。

“西游漫纪”青年油画名家八人联展开幕

由省美术家协会、省青年美术家协会、团市委、市文广新局、市文联、泉州晚报社、中国贸易报社福建记者站、现代消费导报名家艺术中心主办的“西游漫纪”青年油画名家八人联展在市区侨乡体育馆开幕。联展展出张庆国、彭烈洪、翟义涛、林建平、施俊雄、杨荣孙、陈春恩、刘兴彪八位中青年实力派画家的作品。

联展现场 （图/林建平）

全市“三严三实”专题教育启动

市委以专题党课的形式启动全市“三严三实”专题教育。市委副书记、市长郑新聪给全市领导干部上题为《做忠诚干净、责任担当的好干部》的党课。市委、市人大常委会、市政府、市政协领导，市中级人民法院、市检察院负责人参加会议。郑新聪强调，开展“三严三实”专题教育，查找“不严不实”问题，要突出问题导向，对照省委提出的三方面6条问题及泉州市干部工作中的一些具体表现，把自己摆进去、摆到位，认真透析检查，有计划、有步骤抓好整改，使专题教育的过程成为校正“不严不实”问题的过程。各级领导干部要全面贯彻省委专题党课要求，把“三严三实”落到实处。要坚定理想信念、守纪律讲规矩，牢记公权姓公、一丝一毫不能私用，始终廉洁自律、清清白白做人，做到以“严”的标准修身用权律己；要多谋良策、善出实招，真抓实干、勇于担当，对党忠诚、善待同志，做到以“实”的标准谋事创业做人。特别是作为“关键少数”的各级领导干部，必须模范带头、以身作则，以“三严三实”的要求一级做给一级看，一级带着一级干，促进干部队伍作风的根本转变。此次专题教育不分批次、不划阶段、不设环节，是融入经常性教育的探索实践。各地各单位党委（党组）要按照中央方案和省、市实施方案，落实工作责任，从严监督问责，加强宣传引导，做到开展专题教育与日常工作两手抓两促进，确保取得实实在在的成效。

市人大常委会党组（扩大）会议召开

市人大常委会党组（扩大）会议召开，研究部署市人大常委会党组及机关处级领导干部“三严三实”专题教育工作。市人大常委会党组书记、主任陈万里指出，“三严三实”专题教育是深化党的群众路线教育实践活动的延伸拓展，党组及机关处级领导干部要统一思想、深化认识，把握精神实质和教育要求，扎实有效地抓好专题教育；要突出主题、聚焦问题，立足于严，着眼于实，结合人大的实际查摆和解决领导干部自身存在的不严不实问题，对照“三严三实”要求，建设风清气正的人大机关和为民务实清廉的干部队伍；要讲求实际、注重实效，与人大工作现状和自身实际有机结合，与人大机关工作的特性、队伍的特征和职业职能的特点有机统一，力求做到“抓教育、促工作”两不误、两促进，科学合理研究制定方案，确保专项教育有声有色、有实有效；要加强领导、强化责任，统筹协调好工作，领导率先垂范，做到思想到位、行动到点，坚持以上率下，合理推进人大各项工作开展。

泉州国际快件监管中心投入运营

位于晋江陆地港的泉州国际快件监管中心迎来首票业务的通关测试，从物流数据到快件系统，从监管环节到配套服务，逐个细节测试后，首票业务顺利通关，标志泉州市首个国际快件监管中心投入运营。该批货物来自中国台湾地区，共35件，重477千克、货值逾1000美元，包括三大类：奶粉、糖果等个人物品，纺织布料、人造革等企业需要的货样，手机膜等电子相关产品。为节省企业报关时间，泉州海关简化通关手续，将审单、查验、物流监控等报关流程集中在一个窗口，为企业提供“一站式报关服务”，缩短货物滞港时间。

在泉州国际快件监管中心，首票国际快件正通过安检
（图/刘　倩）

“泉州—杭州—石家庄”航线首航成功

河北航空NS3306航班在泉州晋江国际机场首航成功，标志着河北航空“泉州—杭州—石家庄”航线正式开通，这也是河北航空主动融入“一带一路”，在泉州设立运行基地后执行的第一条航线。机组人员庆祝航线开通。

（图/廖平和）

5月25日

星期一
农历乙未年四月初八
温度：21℃—25℃
阵雨

●全市“三严三实”专题教育启动。

●市人大常委会党组（扩大）会议召开，研究部署市人大常委会党组及机关处级领导干部“三严三实”专题教育工作。

●泉州国际快件监管中心投入运营。

●25—28日，泉州本土纪录片《龙山寺》在台湾播出。

●河北航空“泉州—杭州—石家庄”航线正式开通

●由石狮市检察院、团市委、教育局主办的“多彩校园，放飞心灵”石狮市中学校园心理情景剧大赛举行。

●永春县成为福建省旅游全域化试点。

●由永春县委宣传部、文明办、妇联等主办的，以“伦理道德与家庭和谐”为主题的大型公益讲座在永春县人民会场举行。

5月26日

星期二
农历乙未年四月初九
温度：22℃—25℃
阵雨

●市政府常务会议召开，听取当前经济运行情况分析的汇报，研究部署下阶段的重点经济工作。

●市政府党组（扩大）会议召开，贯彻中央和省委、市委要求，研究讨论市政府领导班子开展“三严三实”专题教育方案，部署推进相关工作。

●市政协党组（扩大）会议召开，研究部署市政协“三严三实”专题教育工作。

●市纪检监察系统举办“三严三实”专题教育党课。

●26—28日，泉州师范学院书法专业办学十周年师生作品展在福州画院举行。

●畅销书《皮囊》作者蔡崇达参加晋江团市委举办的青春分享会。

市政府常务会议召开

市政府常务会议召开，听取当前经济运行情况分析的汇报，研究部署下阶段的重点经济工作。市委副书记、市长郑新聪主持会议。会议指出，当前经济下行压力仍在加大，主要经济指标回升动力不足。各级各部门要采取更有针对性的管用措施，致力稳住大盘，通过分层抓各项指标进度、及时兑现各级惠企政策、多措并举帮扶各类企业、多渠道拓展市场、加大资金保障力度，力促新业态总部的引进和回归，全力完成年度目标任务。会议要求，要把创新转型作为可持续增长的根本出路，推动机器换工，尽快将“泉州制造2025”转化为可操作的具体行动；抓好“互联网+”，做好“互联网+销售”“+物流”“+金融”“+旅游”等文章，依托各地众创空间发展壮大“创客”群体；强化技术改造，引导企业推进两化融合管理体系贯标工作，加快产品研发、流程再造、管理创新和商业模式创新。要把“大招商、招大商”的热度进一步提升，筹备好专场招商，参加全省民企对接会等活动，全力对接一批大项目、好项目；策划好专题招商，重点组织北京央企招商和外资（台资）项目招商；引进和留住重大项目，推动项目早日履约、早日落地；重视政府和社会资本合作（PPP）项目，做好首批项目前期深化和招商对接工作，争取一批项目纳入省级示范项目；推动在香港上市泉企的回归工作。要把推进项目建设工作当作政府促进发展的主要抓手，策划生成一批重大项目，抓好前期各项准备工作，督促在建项目加快进度，推动项目尽快转化为生产力。会议强调，要把“三比一看”活动的氛围造浓造实。要细化方案，部门之间敢于比突破、比特色；县（市、区）之间敢于比规模、比增速。要强化政企互动，以“帮企业发展 促项目落地”为抓手，坚持问题导向，及时分解问题、解决问题，做到真帮忙、帮正忙。要提升协调工作的能力水平，强化后续督促检查工作，更好地完成年度计划的各项目标任务，确保经济社会持续健康发展。

市政府党组（扩大）会议召开

市政府党组（扩大）会议召开，贯彻中央和省委、市委要求，研究讨论市政府领导班子开展“三严三实”专题教育方案，部署推进相关工作。市委副书记、市长郑新聪主持会议，市政府党组成员及副市长参加会议。郑新聪指出，“三严三实”专题教育是党的群众路线教育实践活动的延伸深化。全市“三严三实”专题教育已启动，市政府及政府办班子要立即行动，迅速跟进，带头落实好市委的部署要求；各位班子成员要率先垂范，以上率下，为全市政府系统作出示范。郑新聪强调，要认真学习，把开展“三严三实”专题教育作为重大政治任务抓紧抓好，增强践行“三严三实”要求的思想自觉和行动自觉，做到对党忠诚、个人干净、敢于担当。要把握重点，突出教育主题，贯彻从严要求，抓住工作节点，以严的标准严的措施落实好方案、落实好要求，确保把各项规定动作做到位。要务求实效，专题教育过程中，始终坚持问题导向，广泛征求各方意见，把工作中和自身存在的不严不实问题找出来，有针对性地制定整改措施，做到真改、实改、彻底改，以改进问题的实际成效取信于民。要注重统筹，坚持两手抓、两不误、两促进，把“三严三实”专题教育体现到各项重要工作、重大活动和重点项目的推动落实上，以经济社会发展的实绩检验专题教育的成效。

市政协党组（扩大）会议召开

市政协党组（扩大）会议召开，研究部署市政协“三严三实”专题教育工作。市政协党组书记、主席杨俊峰指出，市政协要贯彻中央和省委、市委部署，把握教育主题，抓好学习研讨，加强理论武装，自觉把思想和行动统一到中央和省委、市委的决策部署上来；坚持专题教育与履行政协职能相结合，特别是与重点民主协商活动相融合，做到两手抓、两促进；围绕市委、市政府中心工作，用好政协话语权和影响力，通过政协会议、调研、视察、考察等活动，为服务泉州市全面深化改革和发展大局、推进法治泉州建设出招发力；持之以恒地贯彻中央“八项规定”，使专题教育成为校正“不严不实”问题的过程；对突出问题进行持续深化整改，巩固教育成果，建立长效机制；党员领导干部要带头学习、带头做好党性分析，带头整改，发挥表率作用；强化组织领导，细化具体措施，突出重点，把握关键，确保专题教育取得实效；同时，要结合专题教育实际，充实2015年市政协工作安排。

郑新聪开展应急救灾体系建设专题调研

市委副书记、市长郑新聪带队开展应急救灾体系建设专题调研。市领导林俊其、周真平、林万明，市政府秘书长吴友才等参加调研。郑新聪指出，各级各部门要从预案、预备、预防、预警、指挥五个环节入手，抓好防汛工作。预案方面，要深化完善防汛防台预案体系，及时动态更新、修订预案，特别是要抓紧补充完善村级预案，明确防御重点、预警办法、通信方式、转移方案、责任人和安置地点；开展常态化应急预案演练，加强各类抢险救灾队伍日常训练，提升防灾救灾意识和技能。预备方面，重点抓好场所、物资、装备、队伍、信息5个要素，确保征之能来、来之能用、用之能胜；综合利用现有学校、公共活动场所等建设避灾场所，加强日常巡查管理，逐年建设提升一批应急避难场所；配齐备足应急救援物资，借鉴推广政府购买服务方式，引入专业团队进行管护；加强与驻军、武警部队的联系，及时通报灾情信息，确保指挥调度顺畅；建立数据库和专家组，定期开展灾情数据分析。预防方面，要开展防汛拉网式安全大检查，加强城市内涝点、地灾点和潜在地灾点，以及公路、桥梁、危险路段、隧道、涵洞边坡巡查排查；建设工地要加强汛期理念，科学安排施工；做好渔业船舶防台风准备，将“三无”渔船纳入规范管理。预警方面，要严密防汛监测，加强会商，及时发布灾情和救灾信息。指挥方面，要理顺机制，科学调度，果断处置，保障群众生命财产安全。郑新聪还听取市地震局相关工作汇报，要求各级相关部门要完善防震减灾体系建设，抓好应急演练，加强建设工程抗震设防监管，推进石结构房屋改造。

郑新聪听取工作汇报　（图/市水利局）

市人大市政协机关“三严三实”专题教育启动

市人大常委会党组书记、主任陈万里以上党课形式，启动机关“三严三实”专题教育。市人大常委会副主任洪泽生、吕竞、王远东、张建生、曾巍，秘书长吴春林参加。陈万里指出，要自觉践行“三严三实”，查摆解决“不严不实”问题，结合人大实际，组织开展以心中有党、心中有民、心中有责、心中有戒的“四有”和以工作有能力、履职有动力、做事有合力、机关有活力的“四力”为主要内容的机关主题实践活动。

同日，市政协党组书记、主席杨俊峰以上党课形式，启动市政协机关“三严三实”专题教育。市政协副主席吴共湖、苏小青、骆沙鸣、陈铭福、李冀平、王瑞强，秘书长洪川夫参加。杨俊峰强调，践行“三严三实”，要坚持党的领导，做到讲真话献良策，做到为民务实清廉。同时要突出重点，狠抓学习教育，坚持问题导向，坚持严字当头，坚持边学边查边改，坚持建章立制，确保专题教育取得实效，推进政协事业发展。

泉州市保障房管理新系统启用

泉州市保障房管理系统在全市范围内启用。新系统的启用，将为群众搭建方便、有效、廉洁的配置平台，实现保障性住房需求登记、申请审批、选房管理、项目建设与房源管理、统计与分析管理的信息化运作。新系统新增监管核查环节，将系统申请、审核、分配的6个环节32个节点的关键流程数据，实时传送至福建省权力运行网上公开系统、福建省配租配售监管信息系统。省纪委、住建厅、监察厅将按照“业务公开、过程受控、全程在案、永久追溯”的原则，对相关数据进行实时监管，确保保障性住房分配操作程序化、流程公开化、风险可控化、痕迹数据化、监控实时化。新系统覆盖住房保障家庭的申请受理、审核、公示、分配、退出、监督等管理。通过与公安、工商、税务、房产、民政、人社、公积金等部门的联网互通，掌握保障家庭的成员、收入、财产、房产等的动态信息，及时对保障对象家庭资格进行相关信息审核。

5月27日

星期三
农历乙未年四月初十
温度：23℃—26℃
阵雨

●郑新聪开展应急救灾体系建设专题调研。

●市人大、市政协机关“三严三实”专题教育启动。

●泉州海事局对外发布《泉州辖区海上交通安全状况公告》。公告显示：2014年泉州辖区港口货物吞吐量达1.12亿吨，同比增长3.9%，连续三年突破亿吨大关。

●泉州市保障房管理系统在全市范围内启用。新系统的启用，将为群众搭建方便、有效、廉洁的配置平台，实现保障性住房需求登记、申请审批、选房管理、项目建设与房源管理、统计与分析管理的信息化运作。

●“激扬青春志·奋斗在泉州——走近文都”2015年泉州市大学生寒假社会实践活动展示会举行。

●石狮市青年志愿服务驿站设立。

5月28日

星期四
农历乙未年四月十一
温度：25℃—31℃
阵雨转阴

●泉州市全面深化改革领导小组2015年第一次会议召开，总结分析全市全面深化改革工作推进情况，审议通过文化体制、党的建设制度、党的纪律检查体制三领域的改革实施方案，研究下阶段改革工作重点和方向。

●由市卫计委、市计生协主办的以“生育传承希望、关怀相伴和谐”为主题的宣传活动举行。

●全省首套车载移动式集装箱查验设备在泉州港石湖作业区投入使用。

●“百年跨国两地书”福建侨批档案展在华侨大学举行。

●世界手工艺理事会国际专家组授予惠安县“世界石雕之都”称号。

●全国首个公益性海洋图书馆在晋江市深沪镇华峰小学奠基。

●28—31日，2015年全国沙滩排球大满贯赛在晋江市龙湖镇衙口景区举行。

●泉州市人民警察训练学校组织入警训练班的新警学员到晋江市雁塔外来务工子弟小学，开展“七彩微心愿，大家来实现”六一微公益活动。

●“听箫笛深情对话”陈强岑师生音乐会在泉州师范学院举行。

泉州市全面深化改革领导小组2015年第一次会议召开

泉州市全面深化改革领导小组2015年第一次会议召开，总结分析全市全面深化改革工作推进情况，审议通过文化体制、党的建设制度、党的纪律检查体制三领域的改革实施方案，研究下阶段改革工作重点和方向。市委副书记、市长郑新聪主持会议，市领导陈万里、杨俊峰、陈沈阳、许昆贞、翁祖根、温惠榕、陈庆宗、林伯前、林俊其等参加会议。郑新聪指出，一年多来，泉州市以经济体制改革为重点，各专项领域改革迈出新步伐，一批国家、省级改革试点取得阶段性成效。下一步，要进一步解放思想，自觉运用改革精神谋划推动工作。要增强改革的坚定性，树立“争先”意识，推动泉州在全省持续走前列，当好领头羊；要把握改革的机遇性，泉州承担国家、省级改革试点项目超过100项，要把“试点”办成“示范”，凸显先发优势；要明确改革的系统性，坚持统筹推进，形成上下左右的联动效应；要认识改革的艰巨性，对改革中遇到的“拦路虎”、新问题逐一分析突破，特别要激发民营经济综合改革的活力，推动形成“大众创业、万众创新”的新浪潮。郑新聪要求，要明确改革方向，争取率先突破一批重点难点改革。要坚持问题导向，从存在的具体问题抓起，从群众反映最强烈的地方改起，改出经济社会效益的最大红利；要注重基础优先，优先推进政府职能转变、简政放权、财税体制和投融资体制改革、生态文明体制改革等基础性改革；要重点突破，聚焦金改、综改、“海丝”先行区和新型城镇化改革四大重点领域。郑新聪强调，各级各相关部门要强化责任担当，注重统筹协调，抓好落实，抓出成效。责任落实要到位，市全面深化改革领导小组及各专项工作小组要各司其职，加强联络对接、协同协作；各地要强化承接落实，主动谋划本地区改革，争创改革特色；任务落实要到位，每一项改革任务，都要做到改革事项、牵头领导、责任主体、协同单位、完成时限、评估标准“六明确”，每一项方案出台，都要看能否收到“稳增长、促改革、调结构、惠民生、防风险”等实效；此外，还要做好督察落实和宣传总结工作，汇聚推进改革的强大气场和正能量。

会议现场　（图/陈起拓）

全省首套车载移动式集装箱查验设备在泉州投入使用

全省首套车载移动式集装箱查验设备，在泉州港石湖作业区投入使用，改变往日集装箱检验全靠人工开箱查验的现状。该设备对集装箱检查，无需开箱和拆卸，只需对货柜箱进行非侵入式扫描，查验一辆货柜车只需几分钟即可完成，既能避免人工搬卸可能造成的人为损坏，也极大程度提高港区通关效率。

集装箱车通过设备的查验　（图/张九强）

“百年跨国两地书”福建侨批档案展在华侨大学举行

由省档案馆、华侨大学、市档案馆主办的“百年跨国两地书”福建侨批档案展在华侨大学举行。展览分侨批产生、侨批运营、侨批价值、珍贵记忆、特别展览五部分。其中，特别展览展出侨批集邮家黄清海的抗战侨批珍品实物。旨在让更多人了解侨批档案中蕴含的文化遗产价值和意义，促进侨批研究的进一步发展。活动期间，泉州市侨批专家刘伯孳和黄清海分别作题为《华侨银行的侨批业务经营》和《侨批中的抗战故事》的学术讲座。

全国首个公益性海洋图书馆落户晋江市

全国首个公益性海洋图书馆在晋江市深沪镇华峰小学奠基。华峰小学海洋图书馆面积约350平方米，建成后馆内将收集各类海洋书籍和海洋影像作品，并成为海洋意识教育交流的重要平台。同时，将作为一个重要的公益项目样板，向全国中小学校推广，以提高青少年的海洋意识。

全市医改暨卫生工作会议召开

全市医改暨卫生工作会议召开，统一全市对医改的认识，落实中央、省上及市里对医改和卫生工作的决策部署，对下阶段医疗卫生各项工作提出要求。市领导郑新聪、翁祖根、林伯前参加会议。市委副书记、市长郑新聪指出，各级各相关部门要认识泉州市医疗卫生事业发展情况，在对卫生资源状况和群众需求做到“两头清”的基础上，明确深化医药卫生体制改革试点的问题和困难，逐个解决问题，逐个化解困难，循序渐进，稳扎稳打，建设人民满意的医药卫生服务体系。郑新聪要求，要突破重点难点，全面深化医药卫生体制改革。要抓医疗资源配置，优先发展基层，做到资源往下沉、人往基层走；做强做优高端，提升医疗服务整体水平；鼓励多元办医，扩大医疗卫生服务资源供给。要抓公立医院改革，以控费用、保平衡、强管理、改人事为切入点，推动改革工作稳步推进。要注重抓医疗保险保障，继续提标扩面；推进城乡居民基本医疗保险政策一体化；持续提高保大病水平。要注重抓卫生公共服务。开展城乡环境卫生整洁行动；加强疾病预防应急；提升妇幼健康服务。各级各有关部门一定要落实卫生事业改革发展的领导责任、保障责任、管理责任和监督责任，突出实干实效，扎扎实实做好各项工作，为医疗卫生事业发展营造良好环境。要加强顶层设计，把《泉州市深化医药卫生体制改革试点实施方案》落实到位、持续完善。要加强组织领导，坚持一把手主抓，落实“三医联动”领导体制，各部门合力共为，并强化考核督查。要加强舆论宣传引导，营造良好氛围，推动医改工作向前迈进，开创泉州医改新局面。

市十五届人大常委会第四十二次主任会议召开

市十五届人大常委会第四十二次主任会议召开。市人大常委会主任陈万里主持会议，副主任洪泽生、吕竟、王远东、朱团能、曾巍，秘书长吴春林参加会议。会议讨论市人大常委会关于加强食品安全监督管理的决议执行情况专题询问的工作方案、关于农产品质量安全法执行情况和行政诉讼法执行情况的检查方案。会议听取市人大常委会环城委和华侨委关于泉州市石结构房改造工作、少数民族地区新农村建设情况的报告。会议指出，开展食品安全监督管理情况专题询问要精心组织、精准备课、精通法规、精诚合作，加大监督力度，确保工作不断取得新成效；开展农产品质量安全法执法检查要懂法、知情、联动、力求实效；开展行政诉讼法执法检查要突出重点、破解难题、规范用权、推进司法建设。会议强调，石结构房改造事关国计民生，是市委、市政府为民办实事的重要项目，要调动基层积极性，结合农村宅基地确权发证探索新的机制，督促政府有序推进，要持续跟踪监督，加强调查研究，提出有益建议，适时列入市人大常委会议事日程；要加大少数民族地区新农村建设扶持力度，推动民族乡村增强自我发展能力，重视民族文化保护和传承。

2014年度泉州文学奖颁发

由市文联、市作家协会、泉州文学院主办的市作家协会新会员培训会举行，会上颁发2014年度泉州文学奖和2014年度《泉州文学》优秀作品奖。陈小平《万里海疆第一湾》（长篇报告文学）、高寒《仙女下凡》（中篇小说）、郑君平《失语的村落（外一篇）》（散文）、庄丽萍《地气》（散文）、王玉玺《土气与灵性》(文学评论)、陈伟泉《陈客诗歌及诗观》（诗歌）、吴奋勇《乡村气象》（散文）、柯秀贤《月亮疼了一下（外一首）》（诗歌）、王忠智《卧魂（外一章）》（散文诗）、傅友福《逍遥的日子》（小说）10篇作品获2014年度泉州文学奖。

全市公路系统劳模代表座谈会召开

全市公路系统劳模代表座谈会召开。与会的24位劳模代表以“弘扬劳模精神，争当公路先锋”为主题，交流探讨在新形势下更好地弘扬劳模精神，提升公路行业事业。劳模代表围绕会议主题，结合自己的工作经历，交流典型经验。他们纷纷表示，要在新形势下弘扬劳模精神，为泉州市迎接2015年全国干线公路大检查营造良好的舆论氛围，为泉州公路事业科学发展跨越发展汇聚强大的正能量。参加座谈会的全体劳模发出倡议，号召全市公路系统干部职工：解放思想，坚定信念；自觉行动，率先垂范；努力学习，增长才干；立足本职，共谋发展；将个人理想同单位发展结合起来，孜孜不倦学习、勤勉敬业干事，在推动公路事业改革发展的伟大实践中体现价值、展现风采。

5月29日

星期五
农历乙未年四月十二
温度：26℃—32℃
多云

●全市医改暨卫生工作会议召开，统一全市对医改的认识，落实中央、省上及市里对医改和卫生工作的决策部署，对下阶段医疗卫生各项工作提出要求。

●市十五届人大常委会第四十二次主任会议召开，讨论市人大常委会关于加强食品安全监督管理的决议执行情况专题询问的工作方案、关于农产品质量安全法执行情况和行政诉讼法执行情况的检查方案等。

●2014年度泉州文学奖颁发。

●29—31日，由泉州市旅游局和西安市旅游局主办的“海丝起点泉州对话陆丝起点西安”活动举行。

●全市公路系统劳模代表座谈会召开。

●世界手工艺理事会考评团到德化县考察，对德化县申报“世界陶瓷之都”工作进行复评。

●民盟泉州市委首个“盟员之家”揭牌仪式在洛江区灵感文化公社举行。

●市关工委、市老促会组织到安溪县湖上乡盛富村盛富小学和南安市金淘镇深垵村甄陶小学，看望慰问少数民族和革命老区小学师生，向两所小学赠送各4万元的奖教奖学金和价值5000元的图书。

5月30日

星期六
农历乙未年四月十三
温度：25℃—31℃
阵雨转小雨

●市政府印发《泉州市国家森林城市建设总体规划（2014—2023年）》。规划共12章，提出建设城市森林生态、产业、文化、支撑四大体系，实施23大工程。

●世界手工艺理事会国际专家考评组全票通过，授予德化县“世界陶瓷之都”称号。29—30日，德化县迎来世界手工艺理事会国际专家考评组对“世界陶瓷之都”的复评。

●由东南早报、泉州市青年志愿者协会和晋江新荣辉建材有限责任公司主办的“一个馒头引发的慈善——玛缇瓷砖六一爱心之夜”活动在晋江市磁灶镇天工陶瓷城举行。晋江新荣辉建材有限责任公司捐款10万元，开展“六一”特别助学活动，向100名贫困儿童各发放1000元助学金。

市政府印发《泉州市国家森林城市建设总体规划》

市政府近日印发《泉州市国家森林城市建设总体规划（2014—2023年）》（以下简称《规划》）。《规划》共12章，提出建设城市森林生态、产业、文化、支撑四大体系，实施23大工程。《规划》的印发，意味着泉州市拉开创建国家森林城市的大幕。《规划》由国家林业局调查规划设计院编制，以建设国家森林城市为目标，在分析泉州市生态环境本底特征的基础上，借鉴国内外森林城市建设的典型经验，明确提出泉州市森林城市建设的目标、发展指标、总体布局、四大体系以及保障措施。《规划》提出，泉州市森林城市建设的目标是按照“低碳高效、人文美丽、健康宜居”的森林城市发展要求来实施，全面达到或超过国家森林城市评定标准，逐步形成以森林植被为主体，生物多样性丰富，城区近郊远郊“三位一体”、水网路网林网“三网合一”，“山水相连、林城相拥、林网相通、林居相依、城乡一体”的城市森林生态网络，树立“东亚文化都城、宜居森林泉州”的国家森林城市形象与主题，把泉州建设成为“以东亚文化为特征的生态、美丽、宜居之城”。按照《规划》，到2016年，泉州市森林覆盖率将保持58.7%，建成区人均公园绿地面积保持13.9平方米，城区绿化覆盖率保持42.5%，道路绿化率提高至81%，水岸绿化率提高至80.9%，全面达到国家森林城市指标；形成森林围城、碧水穿城、林水相依、林路相衬、林居镶嵌的城市森林生态系统空间格局，建成国家森林城市。到2020年，泉州市将使全市森林覆盖率稳定在58.7%，建成区人均公园绿地面积稳定在13.9平方米，城区绿化覆盖率稳定在42.5%，道路绿化率达85%，水岸绿化率达85%，森林城市建设走上健康发展轨道，基本建成完备的森林生态体系、繁荣的生态文化体系和发达的生态产业体系。到2023年，以提升城市森林质量、增加产业富民能力、丰富生态文化内涵为主要目标，泉州市将实现城中林荫气爽、村庄绿树相映、山区鸟语花香、河流水清鱼跃，把泉州打造成一座花园式的森林城市，成为国内外知名的生态旅游城市。未来几年，泉州市城市森林建设在市域层面森林结构可以概括为：“一核一环，两轴两屏，三带六极多园”，以实现城市森林资源空间布局上的均衡与合理配置。其中，一核指核心都市区绿色空间组团，包括鲤城区、丰泽区、洛江区；一环指绕城高速城市绿色景观环，全长约137千米，构建大绕城景观林带，将成为泉州居民开展运动休闲游憩的重要区域。两轴指沈海线城市绿色主轴和厦沙线南北纵贯绿色副轴；两屏指西部山体森林生态防护屏和东部沿海森林生态防护屏，沿海和环山防护林带建设，共同构筑泉州市城市生态安全屏障。三带指横贯北部山区东西向生态景观带，斜切中部丘陵东北—西南向生态景观带和穿山抵海西北—东南向生态景观带；六极指副城区城市绿色空间6组团。包括泉港区、台投区、惠安县组团，晋江市、石狮市组团，南安市组团，安溪县组团，永春县组团，德化县组团；多园指相对独立分布的大型城郊公园、保护区、风景区等“其他” 绿地和特色森林生态示范园区等重点森林资源分布与绿化重点地带。

泉州城区绿化　（图/市林业局）

德化县获得“世界陶瓷之都”称号

世界手工艺理事会国际专家考评组全票通过，授予德化县“世界陶瓷之都”称号。29—30日，德化县迎来世界手工艺理事会国际专家考评组对“世界陶瓷之都”的复评。专家团队包括世界手工艺理事会执行主席，该理事会亚太地区、拉丁美洲地区、北美地区的负责人，联合国教科文组织特派代表以及澳大利亚墨尔本大学教授等。考评组听取申报工作汇报，走访历史古迹、企业、学校等，与陶瓷技艺人员交流，了解德化陶瓷历史文化发展、陶瓷技艺传承、产业规模和人才培养等情况，对德化丰富的陶瓷产品、悠久的陶瓷文化、雄厚的产业基础给予肯定，认为德化获称“世界陶瓷之都”当之无愧。

全市开展涉农资金专项整治

即日起至9月，泉州市在全市范围内开展涉农资金专项整治行动。涉农资金专项整治范围包括2013年度、2014年度各级财政预算安排用于农业、农村、农民的各项资金（含基建投资）；2010年以来财政和审计部门对涉农资金的各种检查发现问题的整改和处理情况，以及专项整治期间群众举报的事项。此次专项整治行动重点清理、检查和纠正涉农资金申请、分配、拨付、管理、使用过程中的各类问题，包括：利用资金、项目管理权，贪污、受贿，谋取私利；基层干部冒领、私分农民补贴资金和补偿款；项目申报弄虚作假，套取和骗取财政资金；截留、挪用财政专项资金；违反政府采购及招投标管理规定；资金拨付不足额、不及时，滞留、延压项目资金；未按规定时间启动项目、未按期完成项目建设任务；项目实施过程中，未经批准擅自变更项目实施内容、地点以及其他违规违纪违法问题。

泉州市新增实施“三因”救助帮扶工作

泉州市新增实施“三因”救助帮扶工作，对因“重大疾病”“天灾人祸”“就学困难”致贫的贫困户家庭进行帮扶。2015年，市财政安排400万元，分别对应帮扶500户、500户和300人。贫困户数据库进一步完善。2014年以来，泉州市先后完成对南安、安溪、永春、德化四个县（市、区）贫困户的建档立卡工作，并更新调整原有基础数据。40152户贫困户（120518人）和181个贫困村完成建档立卡，并录入全国贫困户档案信息管理系统。在数据库基础上，泉州市明确帮扶责任人、帮扶措施和脱贫时间，为精准扶贫开发工作夯实基础。在整村扶贫开发方面，2015年确定30个市级扶贫开发工作重点村，由30个市直部门挂钩帮扶，选派干部驻村2年、回访1年，市财政下达每村100万元帮扶资金。

泉州市两书法家获全国第十一届书法篆刻展最高奖

全国第十一届书法篆刻展最终评审结果在北京揭晓，泉州市12名书法家上榜入展，其中林景辉、许全业获优秀作品奖（最高奖）。此次大展中，泉州书法家表现出色。经过作品现场评审、评委综合面试等环节，林景辉、许全业获优秀作品奖（最高奖）；曾锦溪、出培阳、胡温平、李旭东、林明雨、施育煌、吴国雄、肖朝晖、谢育桦、张聪明入展。

2015年全国沙滩排球大满贯赛在晋江市举行

28—31日，由国家体育总局排球运动管理中心、中国排球运动协会主办，省体育局、晋江市政府承办的2015年全国沙滩排球大满贯赛在晋江市龙湖镇衙口景区举行。比赛吸引全国总排名前16名的男女选手参赛，是全国沙滩排球巡回赛中水平最高、积分最高、奖金最高的比赛之一。男女组的奖金各高达20万元。

比赛现场　　（图/陈起拓　黄祖祥）

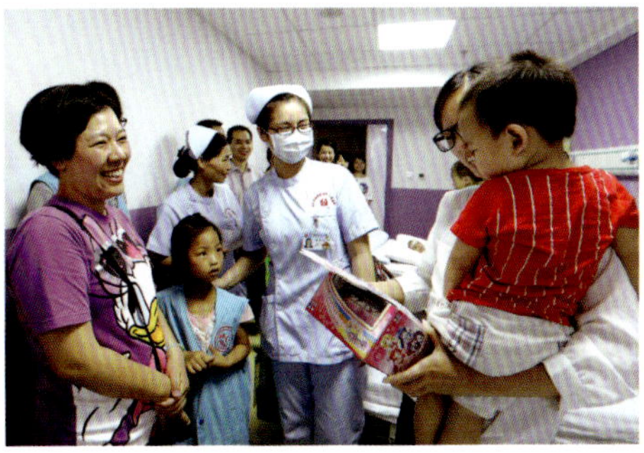

团市委为市儿童医院住院儿童圆微心愿

团市委组织团员青年、公益团体志愿者和爱心人士来到市儿童医院，为住院儿童圆一个“私人定制”的微心愿。团市委还组织青年志愿者到晋江育婴院、泉州海交馆等地开展活动。图为团市委在市儿童医院开展活动。

（图/张九强　谢　曦）

5月31日

星期日
农历乙未年四月十四
温度：23℃—29℃
中雨转小雨

●即日起至9月，泉州市在全市范围内开展涉农资金专项整治行动。

●泉州市新增实施“三因”救助帮扶工作，对因“重大疾病”“天灾人祸”“就学困难”致贫的贫困户家庭进行帮扶。

●全国第十一届书法篆刻展最终评审结果在北京揭晓，泉州市书法家林景辉、许全业获优秀作品奖（最高奖）。

●团市委组织团员青年、公益团体志愿者和爱心人士到市儿童医院，为住院儿童圆一个“私人定制”的微心愿。

●“萌宝向前冲”运动会在丰泽区城东街道办事处举行。

6月1日

星期一
农历乙未年四月十五
温度：23℃—30℃
阵雨转多云

●陈万里带队到惠安县紫山镇尾山村、龙石村调研扶贫和新农村示范点建设工作。

●市领导带领市直相关部门负责人，看望少年儿童，与小朋友们欢度佳节。

●泉州市召开银行房地产施工企业三方融资对接座谈会。

●“六一”国际儿童节。泉州市各地的小朋友参加丰富多彩的活动，迎接这个属于他们自己的节日。

●即日起至8月底，永春县在县城区开展“十街百点”整治提升行动。

●泉州网警24小时上网执勤。

●鲤城禁毒宣传月活动开幕。

陈万里带队到惠安调研扶贫和新农村示范点建设工作

市人大常委会主任陈万里带队到惠安县紫山镇尾山村、龙石村调研扶贫和新农村示范点建设工作。市人大常委会副主任吕竞，秘书长吴春林和市直相关部门负责人参加调研。陈万里一行深入尾山村“水磨—后坑仔桥—双溪桥”道路工程项目地、生姜种植示范园、龙石村溪北污水处理工程项目地等了解项目建设进展，并召开座谈会协调解决存在困难。陈万里指出，尾山村要进一步明确目标任务，千方百计促进村强民富；要进一步落实发展项目，根据当地实际发展可增加农民群众收入的项目；要进一步夯实发展基础，高质量完成道路、公办幼儿园等基础设施建设；要进一步抓好精准扶贫，鼓励引导贫困户争取通过自身发展走上脱贫致富道路；要进一步强化自身建设，引领村民走上小康之路。龙石村要根据自身特色，进一步明确功能定位，科学规划，结合乡村旅游发展休闲观光和农家乐等周边产业链，有效带动农民增收。

市领导与少年儿童欢度佳节

市领导带领市直相关部门负责人，看望少年儿童，与小朋友们欢度佳节。市直机关金山幼儿园举行一场“我们和留守流动儿童在一起”的关爱主题公益活动，泉州30个爱心家庭与30名留守流动儿童结成对子，一起看文娱表演、做亲子游戏，其乐融融；泉州市盲聋哑学校的残障儿童带来一场精彩的演出，盲生独唱、南音表演、话剧小品，引来阵阵掌声。泉州市晋光小学、泉州市第二实验小学、丰泽幼儿园、泉州市青少年宫也举行各种展现青少年儿童朝气蓬勃精神风貌的文体活动。每到一处，市领导都饶有兴致地驻足观看，与参加活动的小朋友交谈、合影，为相关学校送上节日慰问金，感谢学校为儿童教育做出的积极尝试，希望小朋友们健康快乐成长，早日成为祖国未来的建设者。

石狮“爱心妈妈”陪儿童过“六一节” （图/市妇联）

泉州市召开银行房地产施工企业三方融资对接座谈会

泉州市召开银行房地产施工企业三方融资对接座谈会，旨在通过政府牵头，在银企之间搭建加深沟通和联系的平台，进一步促进银企有效对接和经济金融互动共赢。会上，各部门纷纷表示，将进一步转变职能，自觉地为银行、房地产、施工企业之间的沟通合作创造良好环境，并积极探索建立起政府搭台组织、部门大力支持、协会联系沟通、金融主动服务、企业诚信发展的联动机制，加强多渠道融资对接服务，加大信贷支持力度，做好住房金融服务工作。兴业银行与泉州连禾置业有限公司，泉州银行与晋江总商会投资开发有限公司当场签约，签约授信额度分别为20亿元与2亿元。

泉州网警24小时上网执勤

包含泉州在内的全国首批50个省市公安机关统一标示为“网警巡查执法”的微博、微信和百度贴吧账号集中上线。在首批“网警巡查执法”账号上线之前，市公安局网安支队2012年就在新浪微博开通“泉州网警”官方账号，主要发布网安工作正面宣传、网络犯罪预防警示、网络辟谣等信息，是国内较早上线的网警微博之一。2014年，又开通省内仅有的两个网警个人认证微博账号“暴雨雷霆”和“刺桐网仕”，加强与网民的沟通和服务。在公安部的统一部署下，“泉州网警”账号改名为“泉州网警巡查执法”，并开通同名认证腾讯微博和微信公众号，在百度贴吧则启用带有红i认证标志的“泉州网警”账号。四大平台的头像均为统一的警徽标志，并附有“泉州网警巡查执法”字样。平日里，四个账号均有专人负责管理，24小时执行网上巡查、回复网民咨询和举报。

刘可清到泉州督办重点提案

2—3日，省政协副主席刘可清率调研组就省政协重点提案《关于加强我省海岸保护和海岸带管理的建议》及港口功能整合工作到泉州督办调研。市领导杨俊峰、林万明、吴共湖、李冀平陪同调研或参加相关活动。调研组实地考察秀涂人工岛栈桥、泉州湾大桥、惠安青山湾沙滩保护及海漂垃圾清理项目等，并与泉州市相关县（市、区）、部门座谈，听取泉州市海岸保护和海岸带管理及港口功能整合情况汇报。刘可清肯定泉州市近年来海岸保护和海岸带管理及港口功能整合工作所取得的成效。就海岸保护和海岸带管理工作，刘可清要求，各级各相关部门要学习借鉴青山湾岸线保护经验，加大岸线资源保护力度，合理优化管理范围，做到海岸线开发与环境保护的有机统一，在提升百姓生活质量的同时，以良好生态环境创造财富，推动可持续发展。就港口功能整合工作，刘可清强调，要统筹规划，长远考虑，着力提升港口作业自动化水平，努力提高码头泊位利用率和货物吞吐能力，促进泉州海洋经济持续发展。

《泉州市深化医药卫生体制改革试点实施方案》下发

《泉州市深化医药卫生体制改革试点实施方案》下发，按照方案部署，2015年泉州将持续推进公立医院综合改革，加快建立现代医院管理制度，深化医院管理体制、补偿机制、价格机制、药品采购、人事编制、收入分配、医保制度、监管机制等综合改革；落实完善相关配套政策措施，深化基层医疗机构运行机制改革，提升基层医疗服务水平，鼓励社会资本办医，加大医疗资源建设、优化医疗资源配置。2017年，泉州将基本形成分级诊疗制度，全市公立医院综合改革成效进一步显现，以药补医机制彻底破除，在控制医药总费用的基础上，公立医院药占比降低到30%以下；多元办医格局初步形成，确保到2017年非公立医疗机构床位数和服务量达到总量的20%左右；城乡居民基本医保人均政府补助标准提高到450元以上，个人卫生支出占卫生总费用的比重控制在25%左右，人民健康水平有明显提高。

全市“两违”综合治理现场会

全市“两违”综合治理现场会在泉港区召开，与会人员现场参观泉港锦绣湖周边拆后土地利用和山腰街道“两违”分类处置工作开展情况，听取泉港区、晋江市深沪镇、安溪县官桥镇介绍“两违”综合治理经验。市领导周银芳、李建辉、陈灿辉参加现场会。副市长李建辉通报并布置全市治违工作，副市长陈灿辉主持会议。市委副书记周银芳指出，市委、市政府历来高度重视“两违”综合治理工作，2014年以来，全市治违工作取得阶段性成效，泉港等地的经验做法值得各地认真学习借鉴，当前泉州市治违工作任务重、压力更大、难度更大。周银芳强调，治理“两违”要持续，紧盯全年治违指标任务，打好治违攻坚战和持久战；治理“两违”要较真，继续开展“百日会战”行动，做到控“新”更严、拆违更实、执法更公、形象更好、氛围更浓；治理“两违”要聚力，通过各级各部门加强协调配合，变“运动治违”为“常态治违”，变“分头作战”为“整体联动”，变“柔性检查”为“硬性问责”，把治违工作与推进项目建设、新型城镇化建设等结合起来，把综合整治工作与改善民生、安定民心结合起来；治理“两违”要有担当，以“打铁还需自身硬”的作风和能力，迎难而上、攻坚克难，全面完成2015年“两违”治理工作任务。

泉州200多人获“首席质量官”任职证

全省企业首席质量官公益培训在泉州举行，泉州市近100家企业的质量管理部门负责人参加现场培训。在设立首席质量官的相关扶持优惠政策推动下，首席质量官制度在业界逐步普及推广，全市200多名企业质量管理负责人取得企业首席质量官任职培训证书。首席质量官（CQO）又称质量总监，作为企业的第一质量负责人，首席质量官是企业战略小组的关键一员，负责创建以品质为核心的企业文化，塑造企业质量竞争力。首席质量官制度是现代企业管理制度的重要内容，是督促企业落实质量安全主体责任、明确企业内部关键岗位质量责任的重要措施。至2015年4月，全省906家企业设立首席质量官。

6月2日

星期二
农历乙未年四月十六
温度：26℃—32℃
多云

●2—3日，刘可清率调研组就省政协重点提案《关于加强我省海岸保护和海岸带管理的建议》及港口功能整合工作到泉州督办调研。

●杨俊峰到市级新农村建设试点示范村洛江区马甲镇杏川村调研，实地察看项目，听取情况汇报。

●陈沈阳以上党课形式，启动市委组织部机关“三严三实”专题教育。

●《泉州市深化医药卫生体制改革试点实施方案》下发。

●全市“两违”综合治理现场会在泉港区召开。

●泉港区举行环锦绣湖健跑5000米及千人签名活动，来自区直机关系统、各乡镇街道以及职工代表、体育协会成员参加活动。

●泉州200多人获“首席质量官”任职证。

6月3日

星期三
农历乙未年四月十七
温度：24℃—33℃
多云转阵雨

●3—4日，苏增添带队到泉州开展“两院”规范司法行为工作情况调研。

●3—4日，杨根生率调研组到泉州开展省政协重点提案《激发设区市农科所活力，推动我省农业科学发展》督办活动。

●市政协开展“社区矫正中心建设”视察活动，到“泉州市中途之家”进行实地考察，并召开座谈会。

●德化电子商务产业园、弘桥智谷（泉州）电商产业基地入选第二批国家电商示范基地。

●2015年全国体操锦标赛暨首届青运会测试赛在海峡奥体中心继续进行，在男子自由体操决赛中，福建队选手林超攀（泉州籍）夺得冠军。

●“虎门销烟”纪念日，一场禁毒拒毒宣誓仪式在泉州六中举行，拉开鲤城区禁毒宣传月教育活动的序幕。

苏增添到泉州调研规范司法行为工作

3—4日，省人大常委会党组副书记、副主任苏增添带队到泉州开展“两院”规范司法行为工作情况调研。在泉州期间，调研组听取市中级人民法院、市检察院、惠安县法院、惠安县检察院规范司法行为专项工作情况的汇报，并召开座谈会。市委常委、政法委书记许昆贞，市人大常委会副主任洪泽生，副市长卢炳椿，市中级人民法院院长欧岩峰，市人民检察院检察长高扬捷参加汇报座谈。调研组肯定泉州市“两院”规范司法行为工作取得的成效。调研组指出，法律正确实施关键在于规范，规范司法行为最大受益者是老百姓。要进一步加强司法公开，规范行使审判权、检察权，健全体制机制，强化管理和监督工作及队伍建设，不断提升规范司法的能力和水平，使法律实施更加规范、到位、有效。

杨根生到泉州督办重点提案

3—4日，省政协副主席杨根生率调研组到泉州开展省政协重点提案《激发设区市农科所活力，推动我省农业科学发展》督办活动。市领导杨俊峰、周真平、卢炳椿、吴共湖陪同调研或参加相关活动。调研组参观考察泉州市农科所台湾农业技术交流推广中心，国家现代柑橘产业技术体系永春芦柑综合试验站、永春天马柑橘场、永春阳升禽畜有限公司等，并与泉州市相关县（市、区）、部门座谈，听取泉州市激发农科所活力、推动农业科学发展情况汇报。座谈中，与会人员就如何进一步激活泉州农科所活力、推动省市农业发展，提出建议意见，并围绕如何增强农科所科研力量、强化科研管理、完善体制机制等方面展开讨论。调研组肯定泉州市在激活农科所活力，推动农业科学发展所取得的成效。调研组指出，激活农科所活力，旨在进一步发挥农科所科研力量，推动全省农业发展上新台阶，希望泉州进一步发挥优势、结合实际，探索体制机制变革，充分整合农业科研力量，不断加强科研管理，激发农科所活力，在加快农业科技创新与推广等方面探索更多经验，为全市乃至全省农业发展做出更大贡献。

市政协开展“社区矫正中心建设”视察活动

市政协开展“社区矫正中心建设”视察活动，赴“泉州市中途之家”进行实地考察，并召开座谈会。会上，委员们就矫正工作和社区矫正中心建设议题积极建言献策，希望进一步发挥社区矫正非监禁刑的优势。泉州市是全省三个最早开展社区矫正试点工作的城市之一，自2006年试点以来已经走过8个年头。2014年6月，市社区矫正中心正式投用，其规模及功能配备、发挥作用在全省名列前茅，为泉州市社区矫正工作的跨越发展奠定了坚实基础。中心包括市“中途之家”与市社区矫正指挥中心，是一所集食宿、教育、培训、救助于一体，又承担衔接、监管、矫正任务的过渡性安置救助和教育培训机构。泉州市还在洛江河市、泉港、石狮、南安、德化、永春等地建设6个县级“中途之家”，在丰泽、洛江、泉港、晋江、石狮、南安、惠安等9个县级司法局建立县级社区矫正中心，初步形成市、县两级新载体相互补充，良性循环的格局。

泉州两产业园入选第二批国家电商示范基地

商务部公布第二批“国家电子商务示范基地”名单，包括北京市海淀区中关村软件园在内的全国66家基地入选。其中，福建省（不含厦门）有3家基地入选，包括德化电子商务产业园、弘桥智谷（泉州）电商产业基地和莆田城厢区安福电子商务城，泉州市占2家。

相关链接：年初，泉州市就积极开展“国家电子商务示范基地”创建申报工作。4月，德化电子商务产业园、海西（石狮）电子商务园区、领SHOW天地电子商务基地、弘桥智谷（泉州）电商产业基地等4个园区入围第二批国家电子商务示范基地遴选名单，占全省80%。从泉州市申报的4家基地及入选的2家基地来看，一个共同的特征都是和地方产业结合紧密，使得泉州传统产业集群的优势在线上有了新的体现形式，也带动了传统产业集群的转型升级。

福建省政府质量奖颁奖仪式在泉州举行

2014年度（第四届）福建省政府质量奖颁奖仪式及经验分享大会在泉州举行，主办方为九牧集团有限公司、福建柒牌集团有限公司颁发奖杯、证书和200万元奖金。福建省政府质量奖由福建省人民政府于2009年批准设立，用于表彰在经济领域中实行卓越绩效管理，经济社会效益显著的企业或组织，每年度评审一次，每次授奖不超过5个。该奖项是经企业申报、设区市质监和经信部门联合推荐上报，福建省政府质量奖评审委员会办公室组织开展申报企业指标公示、社会满意度测评、组织专家进行材料评审、现场评审、监督抽查以及企业高层领导答辩，并经福建省政府质量评审委员会评审、社会公示，省政府审定等严格程序产生的。福建省政府质量奖从2009年设立至今已连续开展四届，全省共有16家企业获此殊荣，其中泉州有4家，数量居全省首位。

相关链接：福建省政府质量奖是用于表彰在经济领域中实行卓越绩效管理，经济社会效益显著的企业或组织。2009年9月30日，省政府第36次常务会议研究通过《福建省质量奖管理办法》，2009年10月，福建省政府印发《福建省质量奖管理办法》，福建省政府质量奖为年度奖，每年评审一次，每年授奖总数不超过五个，每家奖励200万元。2009年10月，福建省启动首届福建省政府质量奖的评审工作。

《泉州市环境质量状况公报》发布

市环保局在《泉州晚报》全文发布2014年度《泉州市环境质量状况公报》。公报显示，2014年泉州市生态建设和环境保护工作取得显著成效，水、气、声等环境质量持续保持较好水平并不断改善。生态市建设率先通过国家环保部的技术评估；市长环保目标责任书考核全省“四连冠”、总量减排考核全省“两连冠”、流域整治考核全省“五连冠”；跨境流域和21条小流域“赛水质”取得新成效。

水环境质量总体保持良好。晋江水系省控断面Ⅲ类水质达标率100%，自2004年起，晋江水系水质状况连续十一年保持优。城镇居民饮用水安全得到有效保障，全市共有县级及以上城市集中式生活饮用水水源地13个，2014年实际实施监测12个（泗洲水库因堤坝除险加固，2014年未实施监测），Ⅲ类水质达标率为100%，与2013年持平。山美水库、惠女水库水质属中营养状态。城市内河功能区水质稳定达标。

市区空气质量优良天数348天。2014年，泉州市区空气质量状况总体良好，优良率95.3%，其中，优级天数121天，良级天数227天，轻微污染天数15天，中度污染天数1天，严重污染天数1天（除夕夜大量燃放烟花爆竹所致）；惠安、永春和德化县城空气质量一级，其余各县（市、区）均为二级。酸雨出现频率为43.7%，同比下降了2.0个百分点。

城市区域声环境质量总体较好。2014年全市城市功能区声环境质量和城市区域声环境质量总体保持较好水平，道路交通声环境强度等级稳定在二级以上水平。全市工业固体废物综合利用率为97.64%，医疗废物处置率和泉州市区生活垃圾无害化处理率均100%。

近岸海域功能区 水质达标率84.6%。2014年，泉州市近岸海域13个评价点功能区水质达标率为84.6%，与2013年持平。全市直排入海的工业企业废水排放总量为9308.3万吨，比上年有所上升。

生态市建设稳步推进。至2014年底，全市有10个县（市、区）通过环保部考核，数量为全省最多，其中德化、永春2个国家生态县获环保部命名，洛江、南安、安溪3个通过验收，鲤城、丰泽、石狮、晋江、惠安5个通过技术评估，占全市11个涉农县的90.9%。2014年12月29日，泉州市国家生态市创建顺利通过环保部技术评估组考评，成为全省首个通过国家生态市技术评估的设区市。

“中国·晋江运动鞋指数”编制启动

从晋江市有关部门获悉，由晋江市政府联合全国权威统计机构、高等院校打造的“中国·晋江运动鞋指数”启动编制工作，将为行业发展提供科学的数据指导，打造中国运动鞋行业的“晴雨表”。“中国·晋江运动鞋指数”将以晋江万余家鞋企为基础、近30万家品牌终端店为触角，对鞋产业进行科学分类、样本采集，并对市场收集来的一手数据进行技术性分析，用数据反映整个行业的发展状况。在指数编制的同时，晋江还将筹建“中国·晋江运动鞋指数网”，通过网站向社会各界发布详细的指数信息。

6月4日

星期四
农历乙未年四月十八
温度：24℃—26℃
阵雨转阴

●2014年度（第四届）福建省政府质量奖颁奖仪式及经验分享大会在泉州举行，主办方为九牧集团有限公司、福建柒牌集团有限公司颁发奖杯、证书和200万元奖金。

●“世界环境日”，市环保局在《泉州晚报》全文发布2014年度《泉州市环境质量状况公报》。水、气、声等环境质量持续保持较好水平并不断改善。

●从晋江市有关部门获悉，由晋江市政府联合全国权威统计机构、高等院校打造的“中国·晋江运动鞋指数”启动编制工作，将为行业发展提供科学的数据指导，打造中国运动鞋行业的“晴雨表”。

6月5日

星期五
农历乙未年四月十九
温度：24℃—29℃
大雨转中雨

●市委、市政协召开农业农村工作专题协商座谈会。

●翁祖根分别为市委办系统和市统战系统党员作“三严三实”专题教育党课。

●市府办印发《关于泉州市创建国家节水型城市工作实施方案》。

●市环保局等部门在浦西万达广场举行环境污染责任保险首批试点企业签约仪式，泉州9家企业现场签约。

●泉州海事局在建的12米级高海况海巡艇（海巡08612）投入使用。

●福建农林大学安溪茶学院举行首届毕业生典礼，150名毕业生领取毕业证书。

●2015年高考义载活动在中心市区和晋江、石狮陆续启动。7—8日高考两天中，考生和家长可免费搭乘设置“高考爱心直通车”标识的出租车。

市委市政协召开农业农村工作专题协商座谈会

市委、市政协召开农业农村工作专题协商座谈会。市领导杨俊峰、周银芳、林伯前、许连捷、吴共湖、骆沙鸣、陈铭福、王祖耀、李冀平、王瑞强、陈益，市政协秘书长洪川夫参加。会上，市政协委员听取了市委、市政府《关于加大农村改革创新加快农业现代化建设的若干意见（征求意见稿）》的起草说明，并提出意见建议。

市政协主席杨俊峰指出，加大农村改革创新，重点在推进农村产权制度改革，引导土地经营权规范有序流转，发展多种形式的适度规模经营。加快农业现代化建设，重点在培养农业人才、改善农业设施、改良品种、推广科学种养、倡导文明种养等方面突破。杨俊峰希望，市政协及各位委员加强调研，为市委、市政府推进农业农村工作提供更好的决策参考。

市委副书记周银芳代表市委感谢市政协及各位委员对市委工作的支持，希望进一步运用好专题协商活动这个平台，汇聚广大政协委员的智慧和力量，助推泉州科学发展跨越发展。他要求，市农业局要认真吸纳大家的意见建议，牵头修改完善若干意见，为做好“三农”工作提供指导，为全市科学发展跨越发展做贡献。

会议期间，市委常委、常务副市长林伯前代表市政府做表态发言。

《关于泉州市创建国家节水型城市工作实施方案》印发

市府办印发《关于泉州市创建国家节水型城市工作实施方案》，根据方案，对全市用水量排名前10位的主要行业，将编制用水定额标准，且不低于国家或省级标准。在建立科学合理用水定额基础上，制定办法，对公共供水的非居民单位实行计划用水与定额管理，超定额、超计划累进加价。自备水全面纳入管理，自备水，即单位或个人通过自建的取水设备，采集江河、湖泊、水井等处水源。今后，自备水也将全面纳入管理，实行计划开采和取用，计划用水率不得低于90%，超计划累进加价。对公共供水管网覆盖范围内的自备水井，将逐步关停。在地下水超采区，禁止各类建设项目和服务业新增取用地下水。取用地表水和地下水，均收取水资源费、污水处理费，收费标准不低于国家或省级标准。出台限制特种行业用水、鼓励使用再生水的价格指导意见或标准。

制定雨水利用工程与项目的政策、计划并逐步推广实施。新建城区推行低冲击开发模式，建成区雨污分流排水体制管道覆盖率必须达到60%以上。完成对建成区范围内易涝易淹片区排水及雨水利用设施的改造。提高城市污水处理率，确保高出全国同级城市平均10个百分点，水资源环境质量达标率100%。开展城市供水管网普查、维修工作，全面改造使用年限超过50年的老管网。开展节水型小区建设，对新建和改扩建建筑强制推行节水型器具，对在用的耗水型器具逐步实施改造，使节水器具普及率达到100%。

对工业企业，全面开展水平衡测试和节水型企业（单位）创建工作，使市区规模以上工业企业取水定额达到国家相关标准，万元工业增加值用水量低于全国标准的50%，或年降低率大于5%，工业废水重复利用率大于80%（不含电厂），工业废水排放达标率达到100%。升级节水型企业（单位）覆盖率达到20%以上。鼓励并积极发展再生水、海水、雨水等非常规水资源开发利用，使泉州非常规水资源利用率达到20%以上，或年增长率高于5%。其中用于工业的非常规水量占总量的40%以上。

泉州九家企业首批试点环境污染责任保险

市环保局等部门在浦西万达广场举行环境污染责任保险首批试点企业签约仪式，泉州9家企业现场签约。环境污染责任保险是一项新的险种，以企业发生污染事故对第三方造成的损害依法应承担的赔偿责任为标的的保险。通过开展环境污染责任保险试点工作，有利于分散企业承担环境污染责任、减轻政府压力、弥补群众损失，对于进一步转变政府职能方式，加强泉州环境保护工作意义重大。签约的9家企业分别是：洛江区的雅志新能源有限公司、晋江市的超鸿五金精品有限公司，安海可慕制革集控区治污有限公司、锦兴皮业有限公司、恒兴五金精品有限公司，南安市的圣元环保电力有限公司、汇盈化学品实业（泉州）有限公司，安溪县的三安钢铁有限公司，永春县的玉斗铅锌选矿有限公司。

国务院考核组到泉州检查最严水资源管理制度实行情况

国务院考核组到泉州对全市2014年度实行最严格水资源管理制度情况进行考核，听取泉州市政府、石狮市政府的工作汇报。泉州市以建设全国水资源综合管理试点和全国节水型社会试点为契机，加快建立和实施最严格的水资源管理制度，水资源利用效率得到进一步提升。2014年，全市用水总量控制在33.56亿立方米，万元工业增加值用水量降低到48立方米/万元，农田灌溉水有效利用系数提高到0.552，重要江河湖泊水功能区水质达标率为84.6%，全部达到目标要求。考核组听取汇报后，就水资源保护补偿机制、水功能区监督管理等工作提出意见建议，希望泉州再接再厉，继续贯彻实行最严格水资源管理制度，不断加大水资源节约、保护和管理投入，保障水资源管理各项工作扎实有序进行。

《先行之城　泉州跨越》专题片首播

省广播影视集团在福建电视台《新闻启示录》栏目播出专题片《先行之城，泉州跨越》。这是省委、省政府工作检查系列专题片《“三比一看”促发展》的第三集（共五集）。《先行之城，泉州跨越》专题片用“稳是基本前提”“转是核心要义”“破是必由之路”“创是活力之源”“进是目标任务”五个小章节，凝练生动地呈现泉州大地上萌动的新生机。新常态下，以“泉州制造2025”“数控一代”“互联网＋”“创客”及重大项目引进为特征，泉州转型方向更加清晰，先行之城渐显跨越之势。

泉州市举办增殖放流活动

中国首个“放鱼日”。泉州举办增殖放流活动，330万尾鱼苗被放归大海，创下泉州历年单次放流量之最。市委副书记、市长郑新聪，市人大常委会副主任吕竞，市政协副主席吴共湖，市政府秘书长吴友才，海洋渔业系统工作人员，渔民，海洋环保志愿者等近百人参加在泉州湾举行的增殖放流活动。郑新聪一行登上中国海监8003船，从宏伟的泉州湾大桥下方穿过，来到石湖港区附近海域。船上数口大缸中，全是活蹦乱跳的鱼苗，有黄鳍鲷、真鲷、黑鲷、鲻鱼、鲈鱼等，平均体长都在5厘米以上，体格健壮，放流后成活率较高。到了放流处，鱼苗被网兜分舀到小水桶里。船外侧早已临时构筑起一个个形如滑滑梯的放生槽，鱼苗顺着“滑梯”欢快地滑向大海。

全市拥有出租车3350部

市出租车协会第四届会员代表大会召开，从会上获悉，全市共有出租车企业16家，出租车3350部。为建设行业文明形象，市出租车协会推广应用机打发票，改变出租车驾驶员不主动给票的不规范行为；组织开展继续教育活动，培训驾驶员达1.3万多人次；无偿为市委文明办提供出租汽车后窗广告版面，张贴公益广告标语。全市出租车由原来的GPS卫星定位系统，逐步升级为北斗卫星定位系统，更加先进、完善和稳定。

“6·6”两岸民间（涂岭）交流活动举行

6—8日，2015年“6·6”两岸民间（涂岭）交流活动暨第二届台湾农产品展销订货会在泉港区新辉大电子商务产业园举行。此次活动以交流活动为主，展会为辅，包括召开涂岭交流活动，举行台湾高新科技产品发布会等内容。现场两岸农产品展示会和台湾美食展，设置约150个展位。台湾商户带来正宗的台湾名特优产品和风味美食。贵州黔东南、哈尔滨、深圳等二十几个县市都派出代表团参加此次交流。两岸知名农业专家、学者参与涂岭交流活动，并围绕“休闲农业的创新与创业”开展热烈的讨论。两岸知名农学教授邱湧忠、李谋监、黄钦荣、陈秋华、李子蓉等人，针对《休闲农业的创意与创业》《休闲农业的设计与规划》《休闲农业的经营与行销策略》《休闲农业与乡村旅游规划实践的启示》《新常态下的休闲农庄主题创意设计》等作了主题演讲，从理论层面深度剖析休闲农业的创新理念和创业实践。而台湾南投县台一休闲生态农场董事长张国祯、花莲县瑞穗牧场负责人杨道明则和来宾分享农场经营管理中的成功经验，使来宾有更为直接的经验交流和学习。

6月6日

星期六
农历乙未年四月二十
温度：23℃—26℃
阵雨转阴

●国务院考核组到泉州对全市2014年度实行最严格水资源管理制度情况进行考核，听取泉州市政府、石狮市政府的工作汇报。

●中国首个“放鱼日”。泉州举办增殖放流活动，330万尾鱼苗被放归大海，创下泉州历年单次放流量之最。

●福建电视台《新闻启示录》继续播出省委、省政府工作检查系列专题片《“三比一看”促发展》，泉州制作的专题片《先行之城，泉州跨越》在综合频道首播，经济生活频道和新闻频道重播。

●武汉网球公开赛系列赛·2015城市俱乐部巡回赛（武网城俱赛）泉州赛区比赛在宝珊网球馆开幕。

●市出租车协会第四届会员代表大会召开，从会上获悉，全市共有出租车企业16家，出租车3350部。

●6—8日，2015年“6·6”两岸民间（涂岭）交流活动暨第二届台湾农产品展销订货会在泉港区新辉大电子商务产业园举行。

●第十六届全国太极拳健身月暨2015年福建省全民健身运动会泉州市太极拳比赛在泉州侨乡体育馆开幕，来自泉州各县市区、老年大学、太极拳研究会等32支队伍的约200名运动员参赛。

●永春县自驾游协会成立，整合汽车俱乐部、汽车销售、旅游休闲等诸多领域，填补该县旅游行业的空白。

6月7日

星期日
农历乙未年四月廿一
温度：23℃—27℃
阴转多云

●市委、市政府出台《关于整合惠企政策促进产业转型升级的若干意见》，加大产业转型升级扶持力度，推动市级各项惠企政策落实。

●《泉州侨批档案——世界记忆遗产》编辑出版。

●晋江在全省县（市、区）中率先公布市级行政权力清单。

●华大学生作品获德国iF大奖。

●7—8日，泉州38187名考生参加高考。

●中国跳水队2015年喀山世锦赛选拔赛在国家体育总局训练局跳水馆进行，在首先进行的四个双人项目选拔中，其中泉州选手丁雅莹和队友合作战胜世界冠军陈若琳、刘蕙瑕。

《关于整合惠企政策促进产业转型升级的若干意见》出台

市委、市政府出台《关于整合惠企政策促进产业转型升级的若干意见》，加大产业转型升级扶持力度，推动市级各项惠企政策落实。按照意见，此次整合各项惠企政策，促进产业转型升级，将在创新扶持方式、完善扶持机制上下功夫，进一步调整扶持方向，明确扶持重点。各项惠企政策的扶持重点将从扶持单个企业、单个项目逐步转向引导社会资金投入、建设公共服务平台、发展行业性融资担保、设立应急保障周转资金等方面，营造与国际接轨的政策环境。专项政策、资金所扶持的项目，将向社会公开竞选，经公开申报、集中评审、社会公示等程序后，确定获得专项资金的项目和企业名单，营造公开、透明、公平、公正的市场环境。

根据意见，泉州市将设立一个全新的基金——产业投资引导基金，引导和扶持产业转型升级。这一基金采取政府和社会资本合作（PPP模式）等创新形式，由市政府统筹市级部分惠企扶持专项资金，发挥政府性资金的杠杆和导向作用，积极吸引泉州龙头企业、金融机构等各类社会资本参与投资。基金以公司制的形式设立，实行市场化运作、专业化管理，市政府授权有关部门行使出资者权利并监管基金运营。

在打通惠企政策落地“最后一公里”方面，意见明确，入驻行政服务中心的部门应将惠企专项资金的申办、兑现集中到市行政服务中心办理；未入驻的部门也应设立综合服务平台，构建集咨询、对接、导办、受理、审核、兑现为一体的服务机制。市财政局指定专门机构、专门服务人员，负责兑现资金的拨付，切实方便企业。相关单位要设立惠企服务热线，受理惠企政策咨询服务。

与此同时，依托市行政服务中心电子监察系统，政策资金的兑现落实情况将全程纳入电子监察，实时跟踪监督。市委、市政府督查室将定期开展政策落实情况专项督查，重点排查惠企政策兑现过程中存在的问题，对落实相关政策效能低下、执行不畅、不到位或违规操作等行为，严肃问责。

此外，相关职能部门还将加大政策宣传，深入企业集中或一对一受理、协调解决企业在享受惠企政策过程中遇到的困难和问题。

晋江在全省率先公布行政权力清单

晋江在全省县（市、区）中率先公布市级行政权力清单。经审核确认，晋江市级行政权力3899项，至2015年5月精简342项，精简率8.1%。推行行政权力清单制度，就是把政府所掌握的各项行政权力进行全面界定，形成清单公之于众，接受社会监督，其根本目的在于进一步明确政府工作部门职责权限，推动简政放权，加快形成边界清晰、分工合理、权责一致、运转高效、依法保障的政府职能体系和科学有效的权力监督、制约、协调机制，全面推进依法行政。晋江高度重视行政权力清理工作，始终坚持“职权法定、简政放权、便民高效、权责一致、公开透明”的原则。经过全面部署、全面梳理、全面清理、全面审核、全面公布等五个环节，率先完成行政权力清理工作，并正式对外公布。

华大学生作品获德国iF概念设计大奖

从华侨大学获悉，2015年德国iF概念设计大奖揭晓，由华侨大学机电及自动化学院工业设计系2011级学生邵逸斐、傅思博、干晓咪、何荣华设计，教师欧阳芬芳指导的作品《Wave Frolic公共功能座椅墙》获得iF大奖殊荣。应iF概念设计大奖组委会主席拉夫·魏格曼邀请，获奖师生赴德国汉堡参加颁奖典礼。德国iF奖与德国Red-dot奖、美国IDEA奖一同被誉为全球工业设计界三大顶级赛事，被公认为世界上最大型、最具有权威性的设计竞赛之一，素有“国际设计界的奥斯卡”之称。本届iF概念设计大奖征集到来自全世界的13279件作品，创下全球工业设计赛事作品征集数最高纪录，其中113件作品脱颖而出获得大奖殊荣，获奖比例不足9‰。华大获奖作品《Wave Frolic公共功能座椅墙》以碧海蓝天为设计意向，用不同色阶的蓝色区分公共墙上的遮挡平面（顶棚）、放置平面（桌子）和支撑平面（座椅）三大功能模块，折叠开启部件的形态来源于波浪和云朵的活跃曲线，充分表达产品的操作语意。该设计可放置在城市广场、公园、公交车站等公共场所，提供交流休憩、遮阳挡雨、放置行李等功能，并设置成人和儿童的不同使用高度，折叠的结构保证在未使用的状态下各功能平面能保持清洁干爽，方便后续使用，体现人文关怀。

郑新聪到南安安溪调研

8—9日，市委副书记、市长郑新聪带队到南安、安溪调研。市政府秘书长吴友才参加调研。调研期间，郑新聪还指导南安的村级组织换届工作。在南安，郑新聪对企业各具特色的创新热情点赞，要求行业协会和政府部门也要同步加快转变，提供优质服务。郑新聪一行还走访申利卡铝业，与石材、建陶、卫浴、粮食、消防等领域10家企业负责人面对面座谈，逐一协调解决企业提出的问题。在安溪，郑新聪与企业负责人深入探讨茶产业转型提升之道。郑新聪指出，要瞄准大众市场，研究不同层次消费需求，推出多样化产品。要提升科技含量，在茶产品深加工等方面做文章。要延伸产业链，深化茶业与文化、旅游的融合，加强宣传推广，注入文化元素，讲好“泉州茶故事”，设计和运作好茶乡精品旅游路线。要增强危机感，强化茶企协作，抱团打出“安溪铁观音”品牌；加强行业自律，推出更有力的原产地标识认证和质量标准体系，提升品牌声誉。此外，要通过确权、评估、交易等盘活茶山资源，让茶园变资产、变资本。一路走来，郑新聪指出，新常态下，企业坚守实业，产业转型升级，政府灵敏应对，是渡过当前难关、推动长远发展的关键所在。具体而言：行业要重转型。行业分工要深化，发挥龙头企业、行业协会引领作用，鼓励企业联合兼并、配套协作，避免同质化竞争；关键技术要联手，政府发挥牵头作用，推动产学研合作，协同攻关突破产业关键共性技术；市场开拓要抱团，线下积极组织企业参展，线上开辟原产地专区，打响区域品牌；诚信精神要坚守，共同维护良好的商业生态。企业要重提升。加强工艺、产品、技术、管理和商业模式的全方位创新，通过实施“互联网+”“数控一代”等，提高数字化、智能化生产水平，加强产业链上下延伸、左右拓展，不断提升产品附加值和竞争力。政府要重转变。要强化政企互动，深入开展“三比一看”活动，及时为企业排忧解难；加快兑现政策，及早落实市级稳增长政策和上级补助资金；突出解决问题，完善政企日常沟通机制，针对要素保障、银企对接等需求，加强精准帮扶。要推进简政放权，在清单管理、审批提速、流程优化、监管创新等方面加大探索，创造经验。在帮扶企业的同时，要把抓项目作为促转型、促发展的重要抓手，抓策划，引进龙头项目和弥补产业链缺失环节的项目；抓在建，力促项目早日落地开工；抓招商，组织专题专场招商，动员优势产业回归。

“华大讲堂”第50讲举行

“华大讲堂”第50讲举行，中共中央党校教授周熙明作题为《核心价值观与文化思维》的报告。市领导陈万里、许昆贞、陈庆宗等市委学习中心组成员，市直有关部门、在泉各高校、各民主党派负责人，华侨大学校领导和部分师生参加报告会。周熙明提出必须改变以往忽视价值信仰的态度，重塑社会的价值信仰。他从如何找准核心价值观的性质定位和功能定位、深刻认识核心价值观与中国文化之间的不可分离的血肉关系、深刻认识核心价值观与本民族历史传统的不可分离的血肉联系，深刻认识核心价值观与百姓生活的血肉联系、深刻认识核心价值观与政策及制度之间的密切关系入手，以广阔的文化视野和独到的文化思维，结合生动鲜活的实例，揭示社会主义核心价值观与文化、文明的关系，提出进行一场特殊的文化启蒙、恢复自我的文化视野、培育一种有机的文化思维的建议，为大家上了一堂富有启发性、具有指导性的文化课。市人大常委会主任陈万里为周熙明教授颁发“华大讲堂”主讲嘉宾纪念牌。报告会同时通过新浪微博图文直播。

《2014年泉州市海洋环境状况公报》发布

世界海洋日暨全国海洋宣传日，市海洋与渔业局在《泉州晚报》发布《2014年泉州市海洋环境状况公报》。公报显示，2014年，泉州市海洋环境质量状况总体良好，泉州海域符合第一类（清洁）或第二类（较清洁）海水水质标准的面积比例为90.9%，比2013年提高8.9%；海洋功能区水质达标率为92.3%，比2013年提高12.2%。2014年，对湄洲湾、大港湾、泉州湾、深沪湾、围头湾、安海湾等6个典型海湾的环境质量状况进行监测。结果表明：各主要海湾湾外海域为第一类或第二类水质；湄洲湾、大港湾和围头湾湾内以第一类、第二类水质为主，其他海湾湾内主要为第四类或劣四类水质，主要污染物为无机氮和活性磷酸盐。

6月8日

星期一
农历乙未年四月廿二
温度：25℃—32℃
多云

●郑新聪带队到南安、安溪调研。

●“华大讲堂”第50讲举行，中共中央党校教授周熙明作题为《核心价值观与文化思维》的报告。

●阿里研究院发布2014年中国“电商百佳城市”榜单，泉州位列全国18位、全省第3位。

●世界海洋日暨全国海洋宣传日，市海洋与渔业局在《泉州晚报》发布《2014年泉州市海洋环境状况公报》。

●直航泉州至金门两地的“泉金”客运航线开通9年，“泉金”航线安全运送出入境旅客74.8万人次，其中台湾同胞人数占比超七成。

●即日起，位于市区泉秀街的市公安局出入境办证大厅的所有业务启动“微信预约”。

6月9日

星期二
农历乙未年四月廿三
温度：26℃—33℃
多云

●市委办、市政府办在全省率先下发通知，部署开展涉外涉渔“三无”船舶专项整治行动，对查获的涉外涉渔“三无”船舶进行清理取缔。

●从市邮政管理局获悉，随着安溪大坪乡、白濑乡，德化葛坑镇、杨梅乡、汤头乡等最后八个偏远乡镇设立快递网点后，快递“空白乡镇”实现全部“补白”，全市133个乡镇每个乡镇至少拥有1个快递企业网点提供服务，泉州在全省率先实现乡镇快递网点100%全覆盖。

●从惠安县相关部门获悉，世界手工艺理事会（WCC）国际专家组全票通过惠安县“世界石雕之都”考评。

●由相关职能部门负责人以及区人大代表、政协委员组成的丰泽区市容市貌观察团，上街巡查丰泽辖区环境卫生。

●晋江市成立“晋江市慈善总会生态文明公益建设慈善基金”。

泉州在全省率先清理取缔涉外涉渔“三无”船舶

市委办、市政府办在全省率先下发通知，部署开展涉外涉渔“三无”船舶专项整治行动，对查获的涉外涉渔“三无”船舶进行清理取缔。按照“属地负责、政府牵头”的要求，涉外涉渔“三无”船舶专项整治行动由沿海各县（市、区）政府、泉州台商投资区管委会负责。根据实施方案，此次专项整治行动的整治对象为非法采捕红珊瑚船舶，非法建造、更新、改装的主机功率不小于44.1千瓦或船长不小于12米的涉外涉渔“三无”船舶，即无船名、无船舶证书、无船籍港，以及套用合法渔船船名、证书或伪造渔船船名、证书，从事涉外涉渔捕捞、携带渔具和设备准备从事涉外涉渔捕捞，以及为涉外涉渔捕捞“三无”船舶提供支持服务的船舶。

对拆解处置工作涉及的退出人员，沿海各县（市、区）、泉州台商投资区要按照属地为主、分档补助的原则，兼顾各地财力状况，制定切实可行的转产转业扶持补助和生活困难资金补贴等政策。采取各种优惠扶持措施，通过开展劳动技能培训、促进再就业，支持发展休闲和远洋渔业，鼓励开发工厂化健康水产养殖，建立健全社会养老保险制度等办法，扎实做好退出人员的转产转业工作。

对涉外涉渔“三无”船舶的拆解处置，将按照可核查、不可逆的原则，根据不同情况，区别对待，分类处理。其中，具有以下情况之一的必须拆解：一是从事电、毒、炸等非法违法生产经营活动的；二是装置有采捕红珊瑚专用的捕捞工具和设施、设备，或者专为采捕红珊瑚进行过改装、改造的；三是到他国管辖海域等航行作业的；四是从事走私、贩毒、偷私渡等违法活动的；五是经当地县（市、区）政府（管委会）组织评估，存在严重安全隐患的老旧船舶；六是从2015年6月1日起检查发现的在此之前不主动登记上报和新增的涉外涉渔“三无”船舶。

泉州在全省率先实现乡镇快递网点全覆盖

从市邮政管理局获悉，随着安溪大坪乡、白濑乡，德化葛坑镇、杨梅乡、汤头乡等最后八个偏远乡镇设立快递网点后，快递“空白乡镇”实现全部“补白”，全市133个乡镇每个乡镇至少拥有1个快递企业网点提供服务，泉州在全省率先实现乡镇快递网点100%全覆盖。快递企业网点‘下乡’的主要方式包括：快递企业在乡镇自建服务网点；快递企业与当地的便利店、农家店建立合作关系，实现乡镇便利店、农家店功能的延伸和叠加。随着农村电子商务的兴起，依托电商平台拓展特色农产品的销售渠道，而快递“下乡”将助力农特产品走出乡镇，面向全国开拓市场，扩大销售规模，促进农民增收，实现“网货下乡”“农产品进城”的双向流通。

惠安县通过“世界石雕之都”考评

从惠安县相关部门获悉，世界手工艺理事会（WCC）国际专家组全票通过惠安县“世界石雕之都”考评。这是继获得“中国石雕之都”“中国民间雕刻艺术（雕刻）之乡”“中国雕刻艺术传承基地”等称号后，惠安县又获得的又一张城市文化名片。2011年，惠安县委、县政府指派分管领导赴北京，向中国工艺美术协会提出帮助申报“世界石雕之都”的请求，围绕申创“世界石雕之都”这一目标，惠安县着手开展申创筹备工作。其重要举措之一就是成立石雕石材行业转型提升工作指挥部，统筹谋划石雕产业规划布局，加快引导产业转型提升。2014年年初，县政府向世界手工艺理事会提出书面申请，正式启动申创工作，并于当年7月接受国际专家第一次考评。此次又顺利通过世界手工艺理事会国际专家组的终评，这得益于惠安深厚的文化底蕴、石雕技艺以及石雕人才的可持续发展。

惠安石雕　（图/吴寿民）

市政府与中兴通讯签订项目合作备忘录

市政府与中兴通讯股份有限公司签订《泉州“智慧城市”项目合作备忘录》。中兴通讯公司将充分发挥在智慧城市、云计算、物联网和4G等领域的技术优势，以及资金、人才和项目运营等优势，参与泉州“智慧城市”建设。市领导郑新聪、陈灿辉，市政府秘书长吴友才，中兴通讯股份有限公司总裁史立荣等参加签约仪式。

菲律宾晋江同乡总会访问团到泉州访问

以陈祖昌为指导员、王良培为团长的菲律宾晋江同乡总会访问团到泉州访问。市领导郑新聪、周银芳、翁祖根、陈荣洲与访问团一行座谈。市委副书记、市长郑新聪对旅菲乡贤长期以来对家乡建设发展的支持和帮助表示感谢，希望他们常带下一代回家乡泉州走走看看，密切沟通联系，延续乡情乡谊，共谋合作发展。

农村地籍和房屋调查实施方案印发实施

《泉州市加快推进宅基地和集体建设用地使用权确权登记发证工作实施方案》印发实施。实施方案要求，各县（市、区）要在2020年6月底前基本完成本辖区范围内的农村地籍和房屋调查，并依法对符合条件的宅基地、集体建设用地使用权确权登记发证。

实施方案强调，各县（市、区）要加快建立联席会议制度，形成“政府统一领导、国土部门牵头、住建部门参与、相关部门支持配合”的工作机制，并充分发挥农民集体经济组织在权属调查和纠纷调处工作中的作用；各乡镇政府负责辖区内个人之间、个人与单位之间土地权属争议调处及组织协调村组有关人员参加权属界线调查的现场指界、确认；各村组负责收集本村各农户人口信息，提供各户宅基地情况，配合调查队伍开展地籍调查。

实施方案确定，建立工作进度报告制度，量化农村和房屋调查、宅基地和集体建设用地使用权及房屋所有权确权登记发证工作任务指标，各县（市、区）要按照要求填写进度报表，上报市国土资源局；2015年12月底前，完成辖区内地籍和房屋调查的行政村比例不低于10%。要切实保障农村地籍和房屋调查工作经费，同时要制定奖惩激励措施，对认真完成工作任务的乡镇、村通报表彰并给予一定奖励，对工作措施不力、进度缓慢的乡镇、村，扣减相应的配套工作经费。

九项上海自贸区制度在泉州复制推广

复制推广的9项制度包括开展的7项和具备开展条件的2项，“区内自行运输”“简化统一进出境备案清单”“批次进出、集中申报”“简化无纸通关随附单证”“境内外维修”“保税展示交易”“集中汇总纳税”等7项制度在泉州出口加工区实施，“融资租赁”“期货保税交割”两项制度具备开展条件。这些制度复制推广以后，不仅简化企业通关手续，提高通关效率，也为海关特殊监管区域转型及新业态的发展注入新活力。在泉州出口加工区内，5家获批开展“批次进出、集中申报”通关模式的企业累计完成进出口约236万美元；企业采用“简化统一进出境备案清单”模式的报关单数2101份，货值超4.6亿美元。此外，在实施的“简化无纸通关随附单证”制度每年将节省9万张以上的报关单及随附单证用纸；“境内外维修”也为区内维修企业带来便利。推广复制的制度预计每年将为区内企业节省近百万元通关物流成本，预计每月为区外企业减轻约500万元应税流动资金负担，同时带动出口加工区保税维修、保税展示交易、融资租赁、期货保税交割等新兴业态的发展。

丰泽区举行首届“美德少年”表彰大会

丰泽区首届美德少年表彰大会在丰泽区第三实验小学举行，授予陈怡轩等30位同学为丰泽区首届“美德少年”称号。4月，丰泽区文明委启动开展丰泽区首届“美德少年”评选表彰活动。评选活动采取学校推荐、群众推荐和个人自荐相结合的方式，经审核公示、评委投票等程序和区活动组委会研究，经区文明委审定，陈怡轩等30名同学分别获得文明有礼类美德少年、自强自立类美德少年、诚实守信类美德少年、尽责奉献类美德少年、尊老爱亲类美德少年、助人为乐类美德少年的称号。

6月10日

星期三
农历乙未年四月廿四
温度：26℃—32℃
多云

●市政府与中兴通讯股份有限公司签订《泉州“智慧城市”项目合作备忘录》。

●以陈祖昌为指导员、王良培为团长的菲律宾晋江同乡总会访问到泉州访问。

●《泉州市加快推进宅基地和集体建设用地使用权确权登记发证工作实施方案》印发实施。

●九项上海自贸区制度在泉州复制推广。

●由市总工会、交通委、人社局、公路局等多部门举办的全市公路系统青年职工岗位技能竞赛火热展开。

●丰泽区首届美德少年表彰大会在丰泽区第三实验小学举行，授予陈怡轩等30位同学为丰泽区首届“美德少年”称号。

●永春县举办全县导游员（讲解员）培训班，邀请有关专家作永春县情、旅游发展形势、旅游政策法规、导游带团业务技能等培训。

6月11日

星期四
农历乙未年四月廿五
温度：26℃—33℃
阵雨转多云

●由世界知识产权组织（WIPO）和国家版权局联合主办的世界知识产权组织版权保护优秀案例示范点德化调研项目结项暨新闻发布会举行。

●市政协就泉州市“食品药品安全问题”提案召开提案办理专题协商座谈会。

●市府办出台《促进德化县陶瓷行业健康发展六条措施》，即日起至年底施行。

●第十四届亚洲艺术节即日起向社会公开征集节徽、吉祥物、会歌。

●2014年全市47718人参加无偿献血。

●2015年世界青年举重锦标赛在波兰举行，在男子85公斤级比赛中，由南安体育学校输送的福建优秀举重运动员赵永超为中国队夺得两金一银。

●泉州市海洋与渔业局和德化县农业局联合在德化龙门滩水库、南埕桃仙溪开展鱼类放流增殖活动，投放90万尾鱼苗净化保护水质。

世界知识产权组织版权保护优秀案例示范点德化调研项目结项暨新闻发布会举行

由世界知识产权组织（WIPO）和国家版权局联合主办的世界知识产权组织版权保护优秀案例示范点德化调研项目结项暨新闻发布会举行。会上，《版权保护促进中国德化陶瓷产业发展的研究》一书正式发布，德化在陶瓷产业版权保护方面的成功做法将面向全球推广，让全世界共享“德化经验”。世界知识产权组织副总干事王彬颖、国家版权局副局长阎晓宏、副省长李红、副市长周真平出席发布会。

相关链接：德化是中国陶瓷文化发祥地和三大古瓷都之一，80%以上陶瓷产品外销往190多个国家和地区，先后荣膺“中国陶瓷之乡”“中国瓷都·德化”“世界陶瓷之都”等称号。2006年，德化获评全国版权保护示范单位；2010年，被世界知识产权组织确定为全球版权保护优秀案例示范点；同年5月，世界知识产权组织和国家版权局正式启动“世界知识产权组织版权保护优秀案例示范点德化调研项目”。《版权保护促进中国德化陶瓷产业发展的研究》一书，对德化做法和经验进行深入调研和剖析，全面展示版权保护的作用下，德化陶瓷产业从竞相仿制、互相压价的无序竞争状态转变成注重版权保护、崇尚创新研发、产业持续发展、产品不断升级换代的良性发展状况。

与会专家参观陶瓷企业（图/陈林森）

泉州出台措施精准扶持陶瓷产业

市府办出台《促进德化县陶瓷行业健康发展六条措施》，即日起至年底施行。措施提出，各银行业金融机构要安排专项贷款规模支持德化陶瓷企业，在贷款利率、使用期限、审批效率等方面给予优惠倾斜，确保陶瓷产业贷款增量不低于上年同期水平；同时要为陶瓷企业量身定做特色鲜明的金融创新产品，“无间贷”“连连贷”“扩产贷”“技改贷”“大师贷”等创新产品要优先在陶瓷产业使用，特别是大力推行“无间贷”“连连贷”等续贷无需还本的金融产品。相关部门将对此进行考核，年终通报表彰奖励。要综合运用信贷、投资、发债等融资方式，支持陶瓷产业建设研发、设计、创意、电商等公共服务平台；鼓励金融机构到德化设立分支机构。

根据措施，市发改、经信、科技部门从各自专项资金中，整合统筹出300万元扶持资金，专项支持陶瓷产业园区扩大产能、技术改造、节能减排、中小企业成长和产业转型升级。将原有市级技术改造政策实施企业上年度纳税要求从100万元（含）以上降到50万元（含）以上。通过降低政策门槛，推动陶瓷业大规模机械换工，加快转型升级。从市级电子商务专项资金中安排100万元，加快建设中国陶瓷在线交易平台，创建国家电子商务示范基地和举办中国陶瓷电子商务峰会。积极支持德化组织参加或开展境内外大型经贸活动和陶瓷专业展会，以及区域品牌运作和大师瓷线上拍卖活动。

措施鼓励清洁能源替代，继续实行每立方米市财政补助0.01元、德化县财政补助0.04元的补贴扶持政策，按实际用气量直接补贴企业。泉州新奥燃气公司采取“让利”方式，在当前供应德化陶瓷企业的基础气价上每立方米优惠0.13元。此外，措施还针对陶瓷业人才需求，安排85万元补助资金，用于支持组建工艺美术大师工作室20个、大师创作团队1个，补贴35名大师带徒培训和举办陶瓷现场创作考评活动。

2014年全市47718人参加无偿献血

从市中心血站获悉，2014年全市共有47718人参加无偿献血，献血量70889单位（1个单位为200毫升），捐献机采血小板2570治疗量，累计报名捐献造血干细胞2900人。市中心血站采集的血液，经过严格检验，供应全市109家医院临床用血。在全市献血者中，男性占近七成比例；18岁至30岁的人群献血最为踊跃；国家公职人员及务工人员是献血的主力军。中心市区市直及省部属驻泉单位工作人员献血5947单位，占全市献血总量的8.4%，相当于石狮市的献血量。至2014年年底，全市累计获得全国无偿献血奉献奖金奖189人（献血累计8000毫升以上）、银奖134人（献血累计6000毫升以上）、铜奖369人（献血累计4000毫升以上）。

双安高速通车运营

经省政府批准，泉三高速公路南安至安溪连接线（双安高速）南安西（仑苍）收费站通车运营。从中心市区取道高速公路到安溪，不必再绕行南安金淘，路程再缩短10千米，时间缩短至半小时左右。双安高速起于南安市省新镇，接泉三高速公路，经南安省新、美林、仑苍，终于安溪县参内乡，接南厦高速公路泉州段（即金安高速），全长15.243千米，在仑苍互通设南安西（仑苍）1处收费站。项目全程按双向4车道高速公路标准建设，主线设计速度100千米/小时（隧道80千米/小时，匝道40千米/小时），路基宽度26米。双安高速的投用，让全市高速公路总里程增至574千米，5.28千米/百平方千米的高速公路密度，持续维持世界发达国家先进水平。

两岸学者齐聚泉州研讨谱牒文化

12—14日，由福建省文化交流协会、中国闽台缘博物馆主办的第二届海峡两岸民间谱牒文化论坛在中国闽台缘博物馆举办。来自海峡两岸的谱牒文化专家学者、文史爱好者、有关机构专业工作者，以及两岸部分同宗（同名）村宗亲代表200多人出席开幕式。活动旨在通过开展对谱牒文化、同宗（同名）村有关议题的研讨交流，促进两岸谱牒文化得到更好的传承与发展。论坛被纳入国台办2015年对台交流重点项目、2015年福建对外宣传工作要点、泉州市2015年社科活动资助项目。开幕式上，举行两岸谱牒文献资料捐赠仪式。两岸嘉宾捐赠谱牒文献资料90多册，其中包括《台湾蕉岭五全林氏族谱》《屏东宗圣公祠全台六大户派下曾氏族谱》《高阳双沪许氏宗谱》《金紫流风——金紫美宗浦头族谱》《清河衍派·福建省云霄县蒲美张氏宗谱》《闽清陈氏族谱》等。期间，中国闽台缘博物馆馆长林建春以《着力推动闽台谱牒文化交流》为题，台湾谱牒专家杨绪贤以《台湾地区姓氏堂号》为题，分别做专题演讲。论坛研讨分六个场次，来自海峡两岸的专家学者围绕谱牒文化做学术报告、交流研讨。

论坛现场　（图/吴寿民）

泉州首届公益文化节启动

由市委宣传部、市委文明办、泉州晚报社等联合发起，20多家政府职能部门参与主办的泉州首届公益文化节启动。启动仪式上进行首场慈善义拍，义拍活动得到德化国宝级陶瓷艺术大师的支持，许多佳作都参与义卖，如柯宏荣、陈桂玉作品《母爱》，邱双炯作品《皆大欢喜弥勒》，苏献忠作品《关公》，杨剑民作品《慈航普渡》，连紫华作品《宝珠观音》，刘铭志作品《薄胎自在观音》，兰全盛作品《坐岩持经观音》。浙江周克林的书法作品《禅》、河南闫德玲的书画作品《牡丹》、江苏许洪其的紫砂作品《风卷葵》，也参与义卖。经过几番竞价，义拍活动共筹得善款26.35万元，其中邱双炯作品《皆大欢喜弥勒》获得最高价4.08万元。这些善款除了资助清源山上“爱心妈妈之家”的孩子们，还将为泉州市计生协会“二女户”助学工程出力。活动现场，“爱心妈妈之家”的孩子们为所有到场的爱心人士表演精彩节目，以自己独特的方式表达感恩之情。

启动仪式　（图/李芸生）

活动现场　（图/陈起拓）

6月12日

星期五
农历乙未年四月廿六
温度：26℃—33℃
阵雨转多云

●12—14日，由福建省文化交流协会、中国闽台缘博物馆主办的第二届海峡两岸民间谱牒文化论坛在中国闽台缘博物馆举办。

●市委副书记周银芳给市直机关党务干部等上“三严三实”专题教育党课。

●经省政府批准，泉三高速公路南安至安溪连接线（双安高速）南安西（仑苍）收费站通车运营。

●由市委宣传部、市委文明办、泉州晚报社等联合发起，20多家政府职能部门参与主办的泉州首届公益文化节启动。

●第七届（2014—2015年度）“逢时杯”海内外文学征文颁奖活动在泉州举行。

●鲤城区教育局联合泉州市青少年宫举办“纪念中国人民抗日战争胜利70周年”歌咏比赛。

●永春举办第四届“安全文化节”暨“宜居永春·安全护航”系列活动。

6月13日
星期六
农历乙未年四月廿七
温度：26℃—32℃
多云

●13—14日，由省旅游局主办、市旅游局协办的“第七届海峡论坛·闽台同名村镇续缘之旅”在泉州举行，200名台湾乡亲到泉州谒祖恳亲。

●由福建省旅游局、中国汽车运动联合会指导，泉州市旅游局、鲤城区政府联合主办的，以“千年海丝路，魅力泉州行”为主题的2015泉州市第二届自驾旅游节开幕式在泉州市区笋江公园举行。

●泉州南音西安鼓乐在泉州同台演出。

●泉州华洲水果批发市场从位于晋江池店镇泉安北路的旧市场整体搬迁到池店镇仕春工业园区并正式开业。

闽台同名村镇续缘之旅在泉州举行

13—14日，由省旅游局主办、市旅游局协办的“第七届海峡论坛·闽台同名村镇续缘之旅”在泉州举行，200名台湾乡亲到泉谒祖恳亲。作为本届海峡论坛重要配套活动之一，“闽台同名村镇续缘之旅”活动主题为“探乡探亲·寻根寻祖，乡乡有情·村村有趣”，旨在通过组织台湾乡亲走访同名村镇，探寻同室宗亲，拜谒先祖，对同名村的族谱进行现场对接、修撰等，加深闽台基层民众的互动交流，增进台胞对福建祖籍地“同根同源”的认识。根据安排，参加此次谒祖恳亲活动的台湾乡亲380人，分别来自台中、台南、云林、嘉义等市（县）的28个台湾同名村镇。活动中，这些乡亲分为五个团，到泉州和漳州开展谒祖恳亲活动。其中，到泉州的台湾乡亲三个团195人，实地探访包括南安、晋江、鲤城、洛江、惠安、泉港、石狮等县（市、区）的24个同名村镇。

泉州南音西安鼓乐在泉州同台演出

中国文化遗产日，在泉州青少年宫音乐厅，一场名为“丝路古乐情——泉州南音、西安鼓乐音乐会”，奏响泉州与西安的“海陆对话”。此次音乐会由福建省文化厅和陕西省文化厅共同主办。在近两个小时的演出里，为观众带来“中国古代音乐活化石”的文化盛宴。演出开场，惠女泉州南音社成员率先登场。别具一格的惠女服饰、婉转悠扬的南音唱腔，令人耳目一新，一曲《霏霏飒飒》让夏日里的泉州之夜愈发动人。鲤城区泉州南音研究社、南安市泉州南音研究会、培元中学泉州南音艺术团、泉州府文庙泉州南音乐府逐一亮相。不论是吟唱陈三五娘爱情故事的《听见杜鹃》，还是描绘梁山好汉卢俊义上山聚义前心境的《到只处》，抑或是名谱《梅花操》、讲述昭君故事的《听见雁声悲》，都将丝竹管弦的独特魅力尽显无余。来自西安何家营鼓乐社的表演者们身着古代服饰，或吹或敲或打，一边演奏一边绕着会场走向舞台，重现昔日皇家出巡的气派场面。此次到泉州表演的便是传承西安鼓乐的何家营鼓乐社，为泉州市民带来“行乐”和“坐乐”表演，这也是他们首度到泉州演出。继独具特色的双云锣《尺调引令》、动人心魄的《香山射鼓》古筝独奏之后，音乐会在“嘈嘈切切”的《群英宴》弹奏中落下帷幕。

演出现场　（图/张九强）

泉州市第二届自驾旅游节启动

由福建省旅游局、中国汽车运动联合会指导，泉州市旅游局、鲤城区政府联合主办的，以“千年海丝路，魅力泉州行”为主题的2015泉州市第二届自驾旅游节开幕式在泉州市区笋江公园举行。活动推出4条各具特色的自驾旅游线路，同时举办“海丝”文化与自驾旅游产业发展论坛、中国·岵山荔枝文化节等，引领市民和旅游爱好者体会“文都”魅力、弘扬“海丝”文化。开幕式上，精彩的“海丝”民俗文化表演引来阵阵掌声。拍胸舞、火鼎公婆等民俗节目轮番上演。活动现场，许多市民围在参展的房车前，感受房车露营的乐趣。现场还举办旅游资源展、旅游商品展、户外用品展、美食展、汽车展。随后，全国30多个自驾组织的车队从公园出发。此外，两个旅游项目成功签约，分别是“永春岵山自驾车露营地”项目和“互联网+自驾旅游——爱自驾商城”项目。自驾旅游节期间，车友们将沿着“海丝古城文化”“海丝陶瓷”“海丝茶路”“海丝生态”等多条自驾游线路，游览泉州知名景区、乡村旅游点，深度体验“千年海丝路”的文化魅力。

活动现场　（图/王金植）

6月14日

星期日
农历乙未年四月廿八
温度：26℃—32℃
多云

●14—23日，“中国福建周”泉州团到马来西亚的吉隆坡、柔佛州、槟城和老挝的万象、琅勃拉邦举办“中国福建周”活动，并赴柬埔寨金边开展经贸活动。

●由泉州市政府、福建省闽台交流协会主办“海丝风情”两岸青少年联谊周在泉州开幕。

●泉州南音乐团晋京巡演在北京大学百年讲堂多功能厅举行。

●中国·岵山第三届荔枝文化旅游节开幕。

“中国福建周”泉州团走进东南亚

14—23日，“中国福建周”泉州团到马来西亚的吉隆坡、柔佛州、槟城和老挝的万象、琅勃拉邦举办“中国福建周”活动，并赴柬埔寨金边开展经贸活动。此次活动由福建省外事办公室和泉州市政府主办，并得到马来西亚国际贸易工业部和马来西亚福建社团联合会的大力支持。

在为期10天的行程中，泉州代表团举办两场“中国福建周”开幕式暨泉州经贸旅游推介交流会、两场商务洽谈会、一场投资说明会，利用各种场合，宣传福建作为海丝核心区、泉州作为海丝先行区的政策和机遇，增进三国政商界对泉州的了解，增强合作信心。代表团与老挝副总理宋沙瓦、马来西亚国际贸易工业部副部长李志亮、柬埔寨商务部代理部长Kem Sithan等政府高官就构建双边投资贸易和泉企在外上市融资等进行磋商；实地考察马来西亚依斯干达经济特区、老挝赛色塔综合开发区、VITA工业园区等产业园区，以及峰亿（柬埔寨）轻纺投资有限公司等泉企在东南亚投资的企业；走访三国的中国总商会、福建商会、福建会馆等商协会和侨团，拜会马来西亚IOI集团执行主席李深静、发林集团董事会主席林玉唐等著名泉籍侨商，参观他们的商业版图，联络乡情乡谊。

在此期间，中国粮食城、海天纺织、群盛集团、闽发铝业、晋江购、五矿集团、天广消防、顺美集团、大千瓷苑、德信织造、固正建筑等30多家泉企代表与外方开展商贸洽谈，对接项目10多个，总投资1亿多美元，涉及消防工程、新型建材、跨境电商、农业开发、营销网点建设等领域。考察期间，泉州经贸代表团分别在马来西亚、老挝举办的泉州经贸旅游推介会，参会客商500多人，发放资料500多份，推荐和宣传泉州。深沪达丽服装针织、中国国机东南机械两家企业在柬埔寨投资的服装、机械生产基地项目落地，总投资1800万美元。由泉州晚报社承办的“海上丝绸之路起点——泉州”图片展，汇集70多幅泉州各领域的精彩剪影，以“海丝泉州”“文都泉州”“品牌泉州”“幸福泉州”四个章节，呈现出一个立体的泉州；在吉隆坡、槟城的两场“泉州之夜”文艺晚会和在万象的泉州文艺演出，荟萃泉州提线木偶、高甲戏、南少林武术等精彩表演，吸引政商各界和华侨华人2000多人观看。

晚会现场（图/陈英杰）

“海丝风情”两岸青少年联谊周开幕

由泉州市政府、福建省闽台交流协会主办“海丝风情”两岸青少年联谊周在泉州开幕。市委副书记周银芳、副市长陈荣洲、中国闽台缘博物馆党委书记黄象间，中国国民党云林县党部主委许宇甄、中国国民党澎湖县党部副主委张全一，台湾青年企业家代表等出席开幕式。本次活动作为第七届海峡论坛的重要项目之一，吸引来自泉台两地的青年企业家、青少年学生近300人参加。活动围绕“泉州海丝行，两岸一家亲”这一主题，联谊周举办海丝讲堂、海峡两岸青年企业家创新创业分享交流会、海丝文化观摩、两岸青少年海丝史迹行、中华武术体验活动、“海丝情·青春梦”联欢会等活动，旨在让泉台两地青少年共同了解泉州海丝文化，为泉台两地青年企业家创新创业提供有益的交流平台，增进友谊和互动，为携手参与“21世纪海上丝绸之路”建设和深化两岸融合发展各尽所能。开幕式后，海丝讲堂开讲，泉州海外交通史博物馆馆长丁毓玲作《海上丝绸之路史话》专题演讲，向两岸青少年讲述泉州的海丝故事。联谊周期间，通过一堂课、一次演讲、一台戏、一路游、一日体验、一场联欢等“六个一”活动，两岸的青少年“同吃、同住、同学习、同娱乐”，南少林武术学校的青少年学生们还与台湾青少年学生互动，手把手传授常规武术套路。

活动现场（图/戴涵琦）

6月15日

星期一
农历乙未年四月廿九
温度：27℃—34℃
多云

●15—16日，第六届海峡两岸生物多样性与森林保护文化研讨会在德化举行。

●市委、市政府召开全市重点炼化及化工企业集体约谈会。

●周银芳率队到南安调研村级组织换届选举工作。

●由联合国教科文组织亚太地区非物质文化遗产国际培训中心（亚太中心）、联合国教科文组织亚太地区非物质文化遗产国际信息与网络中心（韩国亚太中心）和福建省文化厅主办的“保护非物质文化遗产实践国际培训”在泉州举行。

●第三届“泉州市青年拔尖人才”遴选活动启动。

●泉籍著名艺术家蔡国强在泉州泉港区惠屿岛点燃500米“天梯”。

●泉州市工艺美术产业发展战略合作签约仪式暨海峡两岸工艺美术创新与发展高级研修班开班式在泉州师范学院美术与设计学院举行。

●第17届CUBA中国大学生篮球联赛四强赛男子决赛在厦门集美嘉庚体育馆进行，华大男篮最终以82∶73战胜对手，夺得本届CUBA总冠军，同时获得队史上第九个总冠军头衔，成就CUBA男篮史无前例的“九冠王”。

周银芳到南安调研村级组织换届工作

市委副书记周银芳率队到南安调研村级组织换届选举工作，实地了解南安美林街道庄顶村和美林社区的换届选举准备情况，并召开座谈会。周银芳指出，近段时间来，南安市把发展作为第一要务，把党建作为第一责任，各项工作稳妥有序推进。村级组织换届选举工作准备早、调研早、行动早，为下一步工作奠定扎实基础。周银芳强调，村级组织换届选举是当前泉州市基层组织建设的头等大事，各级党委要高度重视此项工作，把村级组织换届选举作为“一把手”工程，切实加强对换届工作的组织领导；要配强村级班子，严把条件，优化结构，真正把那些政治素质好、群众威信高、工作能力强的人选入“两委”班子；要紧盯时间节点，把握选举节奏，根据基层实际稳妥推进换届工作；要依法依规办事，严格执行换届选举的法定程序和步骤，及时化解各类矛盾，确保换届选举工作顺利进行；要严明换届纪律，加强教育引导和法纪宣传，杜绝各种违法违规行为，公开、公平、公正开展换届选举工作，为加强村级组织建设，促进农村社区各项事业顺利发展提供组织保证。

全市重点炼化及化工企业集体约谈会召开

市委、市政府召开全市重点炼化及化工企业集体约谈会，传达学习贯彻习总书记关于安全生产工作的重要讲话精神，交流各企各地安全生产工作经验，研究分析泉州市石化领域安全生产的薄弱环节和存在问题，提升泉州市石油化工企业安全管理水平。市领导郑新聪、许昆贞、林万明，市政府秘书长吴友才参加会议。泉州市6家重点炼化及化工企业，泉港区、晋江市、惠安县政府主要负责人在会上作交流发言。市委副书记、郑新聪要求，各级各部门、各企业要严而又严、实而又实地推进石油化工领域安全生产工作，确保安全形势总体平稳、持续向好。要落实好市、县、乡、村“党政同责、一岗双责”制度，强化企业主体责任，严格责任监管考核。要抓好预防检查，聚焦重点环节，盯住重点部位，紧扣人防、物防、技防三个环节，采取企业自查、专家核查、行业检查、政府督查“四位一体”的方式，全方位排查安全隐患。

保护非物质文化遗产实践国际培训在泉州举行

15—17日，由联合国教科文组织亚太地区非物质文化遗产国际培训中心（亚太中心）、联合国教科文组织亚太地区非物质文化遗产国际信息与网络中心（韩国亚太中心）和福建省文化厅主办的“保护非物质文化遗产实践国际培训”在泉州举行，联合国教科文组织官员和数十个国家专家到泉州参会。此次培训活动与受到国家艺术基金支持的中国“福建木偶戏后继人才交流推广计划”相结合，有效地向亚太地区宣介非物质文化遗产保护的中国经验。此次活动以专题发言、项目介绍、实地考察、交流对话等形式展开。来自中国、韩国、泰国、印度、印度尼西亚、瓦努阿图的8个优秀非物质文化遗产项目的代表，从非物质文化遗产的保护、传承、人才培养和可持续发展4个方面，深入探讨非物质文化遗产在当代社会的存续价值和有效的保护、传承方式。其中，亚太地区仅有的两个入选联合国教科文组织优秀实践名册的项目，即“印度尼西亚蜡染布制作技艺传承人培养计划”和“中国福建木偶戏后继人才培养计划”的代表就项目实践情况进行详尽的介绍和现场展示。

蔡国强在惠屿岛点燃500米“天梯”

泉籍著名艺术家蔡国强在泉州泉港区惠屿岛点燃500米“天梯”，迎着晨曦对话宇宙，实现他21年的梦想。这件作品创作先在地面铺一条500米长、5.5米宽的绳梯，借助系留球将它拉起，升入夜空。点火后，好像一座金色焰火梯子刹那间拔地而起，带着人们仰望天空。这一构想，经历1994年在英国巴斯、2001年在上海APEC、2012年在洛杉矶的一次次挑战和挫折，“天梯”已被广泛介绍。

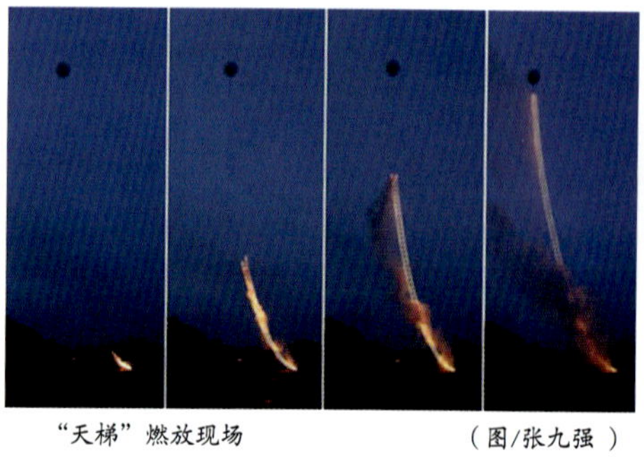

“天梯”燃放现场　（图/张九强）

第14届亚洲艺术节专题协调会召开

泉州市召开第14届亚洲艺术节专题协调会，通报第14届亚洲艺术节筹备工作进展情况，研究解决相关问题，部署推进下阶段工作。市领导郑新聪、陈庆宗、周真平、李建辉，市政府秘书长吴友才参加会议。市委副书记、市长郑新聪指出，亚洲艺术节是集中展示亚洲各国优秀艺术成果的区域性文化活动，也是迄今泉州举办规格最高的国际性文化盛会。这是国家交给我们的一项重大的、严肃的政治任务，是国家文化外交的重要组成部分，也是一次十分难得的展示泉州形象的大好机会，是一次对泉州城市规划建设管理水平的集中检视，更是我们推进海丝先行区建设的一个重要工作。为此，我们一定要以“办出国际水平的艺术盛会、泉州人民自己的节日”为目标，筹备做细各项工作；以全局的视野、负责的态度、扎实的工作，确保亚洲艺术节办出特色、办出水平、办出影响。要拿出泉州人的智慧和“爱拼敢赢”“输人不输阵”的精神，凸显“情系亚洲 逐梦海丝”的主题，凸显泉州特色和海丝特色，积极尝试“网络亚艺节”等新型平台，为海内外宾客献上最美好的文化盛宴。各工作小组组长、各项活动责任单位负责人要切实担负起领导责任，细化分解各项工作，提前做好预案；市直各部门和各县（市、区）、泉州开发区、台商投资区主要领导要亲自研究部署、抓好落实。

市政府召开常务会议研究部署下阶段重点经济工作

市政府召开常务会议，听取当前经济运行情况分析的汇报，研究部署下阶段重点经济工作。市委副书记、市长郑新聪主持会议。会议指出，当前经济增长下行压力依然存在，企业发展面临不少困难，全市主要经济指标完成情况不容乐观。各部门要有强烈的危机感和紧迫感，从思想、行动上时刻牢固树立指标意识、进度意识和“三比一看”意识，盘点检查时序进度、投资进度和形象进度；特别对进度滞后的指标要深入分析、强化调度、对症下药，推动企稳回升；加强督促指导，促进形成创先争优、比学赶超的浓厚氛围，做到精准帮扶、放大实效、稳盘转型、力促增量，推动全市经济保持平稳健康发展。

会议要求，一要牢牢把握产业转型升级的主攻方向，抓好产业组织创新、管理创新、产品创新、商业模式创新和内部创新，提升企业应变能力，做大做强优势产业，力促新兴产业联动发展。二要充分发挥项目投资的拉动作用。各级各有关部门一把手要切切实实抓项目、抓洽谈、抓协调、抓落地，支持新经济平台建设运营，增强发展后劲。三要更加重视抓外资、促外贸。外资方面要全力推进签约项目落地建设，支持企业赴境外上市并加快返程投资；外贸方面要加快落实转化自贸区复制政策。四要进一步把帮扶企业做到位、做到家，结合开展“三严三实”专题教育，突出问题导向，深化政企互动，加快政策传导，切实提高政府服务效能，不折不扣落实2015年各项任务。

杨俊峰带队到洛江区杏川村现场办公

市政协主席杨俊峰率市直有关部门到挂钩联系的洛江区马甲镇杏川村开展新农村建设试点示范村现场办公。市政协副主席骆沙鸣，秘书长洪川夫，市直有关部门负责人参加活动。杨俊峰一行察看杏川村道路提级改造、环境整治和新村建设、文体活动中心等项目，并召开座谈会。杨俊峰要求，杏川村要抓住新农村示范村建设契机，理清思路，统筹规划，因地制宜发展特色产业，发挥优势做好学区村文章，促进经济发展，带动农民致富；要加强基层组织建设，发挥基层党组织战斗堡垒作用，进一步密切联系群众、服务群众，当好新农村建设带头人；要立足村容村貌实际，坚持以自然风貌为主、人工改造为辅的原则，循序渐进推进新农村改造建设，把农村建设得更像农村；要量力而行，坚持“资金节约、项目可行、效益最佳”原则，合理安排使用各级配套资金，真正把钱用在“刀刃”上；要充分调动群众参与新农村建设的积极性，切实发挥群众主力军作用，加强村容村貌改造，提升新农村建设实效。他还希望，各级各有关部门继续加强对杏川村建设的工作指导与资金扶持，共同把新农村建设这项惠民工程做实做好。

办公现场　　（图/陈　翔）

6月16日
星期二
农历乙未年五月初一
温度：26℃—34℃
多云转晴

●泉州市召开第14届亚洲艺术节专题协调会，通报第14届亚洲艺术节筹备工作进展情况，研究解决相关问题，部署推进下阶段工作。市领导郑新聪、陈庆宗、周真平、李建辉，市政府秘书长吴友才参加会议。

●市政府召开常务会议研究部署下阶段重点经济工作。

●杨俊峰率市直有关部门到挂钩联系的洛江区马甲镇杏川村开展新农村建设试点示范村现场办公。

6月17日

星期三
农历乙未年五月初二
温度：27℃—34℃
多云

●周济在福州主持召开“泉州制造2025”推进工作座谈会，听取泉州近期组织实施“泉州制造2025”工作进展情况汇报，就更好地开展下阶段工作作具体指导。

●2015年市政府与市人民检察院协作推进职务犯罪预防工作通报会召开。

●市十五届人大常委会第四十三次主任会议召开。

●泉州市在全省率先启动集群注册登记，为创业创新提供便利的工商登记服务。

●市委政法委“三严三实”专题教育党课开讲。市委常委、政法委书记许昆贞作专题党课。

●来自5个中央单位的15位青年干部组成的“根在基层，青春担当”福建石狮调研团成员与石狮青商会的理事进行一场以“青春，我们共同担当”为主题的面对面交流。

●17—18日，南安市文化产业专题培训班举行。

“泉州制造二○二五”推进工作座谈会召开

中国工程院院长周济在福州主持召开“泉州制造2025”推进工作座谈会，听取泉州近期组织实施“泉州制造2025”工作进展情况汇报，就更好地开展下阶段工作作具体指导。中科院院士、东华大学副校长俞建勇，副省长洪捷序，市委副书记、市长郑新聪，副市长陈灿辉等参加会议。

会前，“泉州制造2025”编制组的专家还到海天材料科技有限公司、泉州软件园、泉州数控一代科技创新中心、泉州华中科技大学智能制造研究院开展调研，实地了解“泉州制造2025”工作进展情况，对相关工作作出指导。

新建吉安至泉州铁路可行性研究评审会召开

17—19日，由中国铁路总公司组织开展的新建铁路吉安至泉州线（以下简称“吉永泉铁路”）可行性研究评审会在泉州召开。会议主要围绕经济与运量、建设方案、铁路主要技术标准的选择、运输组织、主要技术方案比选、建设周期、资金筹措等十多个方面的内容进行评审，邀请沿线县（市、区）提出意见，研究有待进一步解决的问题。吉永泉铁路是国家2015年60个铁路新开工项目之一。项目西起京九铁路兴国站，东至泉州地区既有漳泉肖铁路惠安车站，途经于都、宁都、石城，然后进入福建省三明市宁化、清流、明溪、三明、永安、大田，再经德化、永春、安溪、南安等市县，终至泉州市。是一条以货运为主、客货兼顾铁路干线，为国铁Ⅰ级铁路，路段旅客列车设计行车速度120千米/小时。按照设计方案，全线新建正线长度495.867千米（含新建黄塘货车线39.156千米）；新建兴国联络线长18.85千米；改建既有鹰厦线长度2.813千米。从整条线路来看，在福建境内共有200多千米，其中泉州境内约100千米。项目建设工期5年，力争于2015年内开工，2020年建成。在此次可研评审会之前，中国铁路总公司已组织吉永泉铁路项目可研评审专家组到沿线实地踏勘火车站场设置及线路走向，标志着该项目科学可行，也意味着吉永泉铁路即将进入实质性的工程进展阶段。

市十五届人大常委会第四十三次主任会议召开

市十五届人大常委会第四十三次主任会议召开。市人大常委会主任陈万里主持会议，副主任洪泽生、吕竞、王远东、张建生、朱团能、曾巍，秘书长吴春林参加会议。会议讨论市人大常委会关于泉州市现代农业发展专项资金使用管理情况、泉州市2014年市本级财政收支决算报告与2014年市本级预算执行和其他财政收支审计工作报告、泉州市未成年人刑事检察工作、泉州市社会救助工作的审议意见稿和关于市十五届人大五次会议代表建议、批评和意见办理情况，关于开展加快泉州实体经济发展情况的专题调研方案以及关于授权市人大常委会内司委负责对《泉州市人民代表大会及其常务委员会立法条例（草案）》统一审议的决定（草案）。讨论人事免职事项。会议听取市人大常委会农经委关于泉州市海洋渔业发展情况的调研报告。

会议现场　（图/王虎文）

泉州市在全省率先启动企业集群注册登记

泉州市在全省率先启动集群注册登记，为创业创新提供便利的工商登记服务。市委副书记、市长郑新聪为泉州市网商（虚拟）产业园运营管理有限公司及首批申请集群注册的6家互联网企业颁发营业执照。座谈中，郑新聪指出，改革开放以来，泉州就是依靠“大众创业、万众创新”“起家”的，有着“民办经济特区”的美誉。泉州市委市政府历来高度重视体制机制创新和相关领域的先行先试。近年来，泉州的工商登记制度改革“三证合一”、关检合作“三个一”制度等，开创全省乃至全国的先河，得到上级部门的肯定，并加以推广。在加快发展互联网经济、跨境电商、电商（虚拟）产业园以及推广“一址多照”、集群注册登记制度等方面，泉州也陆续出台一系列措施，加快改革创新，提升优化行政服务，营造大众创业、万众创新的政策环境和社会氛围，推动传统优势产业转型升级，培育新型业态，扩大创业效应，拓宽就业渠道，提升区域创新发展能力。

中国科协领导到泉州调研

18—19日，中国科协党组书记、常务副主席、书记处第一书记尚勇率队到泉州调研泉州市建设中国科协创新驱动示范市情况，市领导郑新聪、陈沈阳、骆沙鸣陪同调研或参加相关活动。尚勇一行实地考察文创科技股份有限公司、福建省嘉泰数控机械有限公司，听取企业科技创新产品研发生产情况，并了解泉州在推进“数控一代”“泉州制造2025”上所取得的成效。尚勇强调，企业发展应立足长远，泉州被确定为中国科协创新驱动示范市以来，泉州市科协以推动中国国际信息技术（福建）产业园建设、重点城镇生态文明建设以及“泉州制造2025”实施等为重点，积极借助中国科协院士、学会搭建平台，为企业服务，并通过助推“院企”“会企”项目对接推进产学研融合。

杨俊峰到洛江区调研村级组织换届工作

市政协主席杨俊峰实地调研洛江、河市镇、官洋村三级的村级组织换届选举准备工作情况，并召开座谈会对三级的村级换届选举工作进行指导。市政协秘书长洪川夫参加调研。杨俊峰强调，村级组织换届选举是农村基层政治生活的一件重要大事，各级党委要高度重视，增强做好村级组织换届工作的责任感和使命感；要摸清村情、周密安排，了解各村实际情况，结合村情民意，按照统一部署和政策要求有序安排选举工作；要加强领导、依法依规，坚持“普遍指导、个别辅导”相结合的领导方针，做到因村施策、对症下药。严格执行换届选举的法定程序和步骤，遵守各项法律法规，杜绝一切妨碍、破坏换届选举的违法违纪行为，营造良好的选举氛围，确保村级选举工作顺利圆满完成；要把好关口、选好“两委”，在资格把关上要严格标准、好中选优，真正把那些党性强、能力强、改革意识强、服务意识强的人选入“两委”班子，配强村级班子，推动洛江新农村建设迈上新台阶。

泉州81家企业参展“6·18”项目成果交易会

第十三届中国·海峡项目成果交易会（“6·18”）开幕，本届展会突出“中国制造2025”主题，着重体现“互联网+”对传统产业的重构和助推。泉州市81家企业参展，20件创新展品在泉州展馆亮相。省委常委、常务副省长张志南，市委副书记、市长郑新聪，市委常委、常务副市长林伯前，副市长陈灿辉到泉州展馆了解项目、技术和企业的参展情况。泉州展馆主要展示泉州市战略性新兴产业项目对接和发展成就，突出“泉州制造2025”和“互联网+”元素。涵盖新一代信息技术、生物与新医药、新材料、新能源、节能环保、高端装备制造、海洋高新产业等7个领域的20件创新成果在展馆内逐一亮相，无线图传系统、管式膜产品等展品填补国内相关领域的技术空白。“6·18”期间，泉州围绕“互联网+”和“资本”两个主题，举办“互联网+物联网”创新研讨会暨物联网产业对接会、“6·18”项目和资本对接融资路演会等专场对接活动。

“6·18”海峡项目成果交易会泉州馆　（图/陈起拓）

第17届全国纺织新产品开发研讨会在石狮举行

由中国纺织工业联合会指导，中国纺织信息中心、国家纺织产品开发中心、石狮市政府主办的“第17届（2015年）全国纺织新产品开发研讨会”在石狮举行。本次研讨会以“回归产品本质，塑造商业价值”为主题。开幕式上，中国纺织信息中心主任乔艳津指出，企业的纺织新产品开发，应深入理解中国制造2025年的战略目标和战略构建，从完整构建企业研发制造系统能力的角度，统筹各种资源，建立中国制造的“互联网+”科技创新，推动纺织产业向数字化、智能化、柔性化和绿色低碳的方向发展。中国纺织工业联合会副会长孙瑞哲指出，纺织行业需要从提升资源控制力、环境友好度、劳动生产率、时尚导向力等几个维度入手，提高产业创新能力，加快智能制造和绿色制造的进程，推进纺织新材料的研发和产业化应用，强化纺织工业的基础能力，提升产品质量和加快品牌建设。

6月18日

星期四
农历乙未年五月初三
温度：26℃—34℃
多云

●18—19日，尚勇率队到泉州调研泉州市建设中国科协创新驱动示范市情况。

●杨俊峰实地调研洛江、河市镇、官洋村三级的村级组织换届选举准备工作情况，并召开座谈会对三级的村级换届选举工作进行指导。

●第十三届中国·海峡项目成果交易会（“6·18”）开幕，泉州81家企业参展，20件创新展品在泉州展馆亮相。

●第17届（2015年）全国纺织新产品开发研讨会在石狮举行。

●市政府、市政协联合开展“关于推动市区老旧小区安装天然气管道”的重点提案督办活动。

●以“小康社会·幸福中国”为主题的第九届“中国最具幸福感城市”调查推选活动在北京启动。

●泉州市举行2015年军地抗洪抢险救灾应急综合演练。

●18—19日，省语委、省教育厅组织省语言文字工作评估组，对泉州市进行国家二类城市语言文字工作达标评估。省评估组认为，泉州市的语言文字工作达到省语委颁布的国家二类城市语言文字工作评估合格标准。

●泉州市2015年端午诗会暨诗歌创作交流会在泉州西畴农场举行。

6月19日

星期五
农历乙未年五月初四
温度：26℃—30℃
阴转多云

●泉州市举行全市重点项目融资银企对接会，搭建起银企面对面沟通、交流、对接●《泉州市“多规合一”工作实施方案》出台。

●泉州博物馆、泉州森林公园入选首批全国“信得过”景区名单。

●新门街开始立面改造。

●台湾诸罗山木偶剧团在泉州市木偶剧院献演精品木偶戏《蝴蝶恋》。

●19—26日，2015年马来西亚华裔青少年“中国寻根之旅”夏令营福建永春营活动举行。

●中国银行晋江支行升格分行揭牌活动举行，中国银行晋江分行正式成立。

●中国民生银行泉州安溪支行开业。

《泉州市“多规合一”工作实施方案》出台

《泉州市“多规合一”工作实施方案》出台。《泉州市“多规合一”工作实施方案》在融合《经济和社会发展规划》《城乡总体规划》《土地利用总体规划》的基础上，衔接生态、人文、环境保护规划，构建建设用地增长边界控制线、产业区块控制线、生态环保控制线、基本农田控制线等管控体系。健全规划衔接协调工作机制，建立信息联运平台，实现城乡空间集约、高效、可持续利用。方案规划范围为中心城区980平方千米，协调范围为规划区2980平方千米，研究范围为市域范围。规划期限近期为2015至2020年，远期至2030年。

方案指出，泉州“多规合一”工作将结合实际突出特色，主要注重四个方面，。注重三个层次的控制和指导，注重空间规划方案合一的同时，融合体现泉州城市特色非空间规划中的重要内容，注重对土地资源增存量的分配与供给，注重提供为产业服务的配套设施空间。

方案提出，要正视“多规”的差异问题，立足于提高规划实施成效，以环泉州湾地区城乡一体化规划为基础，开展泉州“多规合一”工作。要针对泉州市域范围各类规划存在差异情况，统一各类图纸坐标系，建立用地分类标准对接机制，形成覆盖城乡、内涵统一的用地分类和建设标准。分析城乡规划和土地利用规划等规划用地差异原因，提出消除规划用地矛盾的原则，制定“合规合一”技术标准。

方案提出，将划定建设用地增长边界、生态控制线、产业区块线，划分城乡建设用地、非城乡建设用地、有条件建设区、生态用地等用地大类，按照责任主体细化管控边界。同时要落实重大项目空间，调出位于生态控制线范围内的建设用地的指标，与“十三五”规划以及年度重大项目库对接，优先安排空间给民生发展、基础设施建设项目或其他重大项目，并建设“多规合一”信息平台，在“一张图”编制成果基础上，建设集规划成果数据、基础地理空间数据、建设项目信息、项目审批进度以及审批结果信息为一体的空间信息平台，实现各部门间信息资源的共建共享。

泉州两景区入选首批全国“信得过”景区名单

国家旅游局公布首批“全国旅游价格信得过景区”名单（共1801家），福建省共有60家（61处）A级景区上榜，占全省A级景区的35%，泉州博物馆、泉州森林公园榜上有名。3月，国家旅游局在全国景区启动开展为期三年的创建“全国旅游价格信得过景区”活动。活动针对景区一票制、价格无欺诈、特殊人群优惠、预约优惠、公布价格构成、三年不涨价等社会关注的核心问题，对参与创建景区限定六条承诺条款。首批“全国旅游价格信得过景区”名单公布后，国家旅游局将继续推动此项活动，并将于“七一”暑期旅游高峰期前、“十一”旅游黄金周之前，持续向社会集中发布新增“信得过”旅游景区名单。

台湾精品木偶戏到泉州献演

台湾诸罗山木偶剧团在泉州市木偶剧院献演精品木偶戏《蝴蝶恋》。《蝴蝶恋》是一出融合传统与现代掌中艺术的剧目。台湾木偶戏是从泉州等地传承过去的，数百年来得到很好的传承和发展，成为最能代表台湾特色的剧种。台湾木偶戏具有悠久的历史传统，深获偶戏专家的好评，《蝴蝶恋》很好地将传统掌中戏迷人的特色表现出来。该木偶戏有传统戏偶的身段表演，又融入现代金光剑侠戏的表演，运用剧场特效的辅助，介绍台湾木偶戏的表演形式。剧情以坚贞的爱情故事为主轴，并穿插泉州市木偶剧团精彩的传统民俗节庆表演。

马来西亚华裔青少年“中国寻根之旅”夏令营永春营活动举行

19—26日，2015年马来西亚华裔青少年“中国寻根之旅”夏令营福建永春营活动在永春举行。马来西亚营员们与该县桃城中心小学学生结对交流，学习书法、美术、白鹤拳基本功，开展文体活动。此外，营员们参观老醋厂、东关桥、美丽乡村等，并动手制作纸织画，采摘葡萄，包春卷，回乡寻亲谒祖，了解家乡历史人文，感受祖籍地经济社会建设成就。

泉州出台推进跨境电商发展行动方案

《泉州市进一步推进跨境电子商务发展行动方案》出台。方案以争创中国（泉州）跨境电子商务综合试验区为目标，以建设跨境电子商务园区为依托，通过大力发展跨境电子商务平台、企业、服务商、产业基地和境外仓储，逐步建立和完善适应电子商务模式的报关、报检、结汇和退税等机制和流程，将进一步优化泉州跨境电子商务贸易生态圈，培育泉州跨境电子商务竞争优势，推动“泉州制造”对接全球跨境零售市场，并提升泉州外贸可持续发展能力。主要任务包括，积极创建中国（泉州）跨境电子商务综合试验区，加快推进跨境电子商务通关服务平台建设，试行跨境电子商务企业备案登记制度，建设跨境电子商务园区，培育一批跨境电商龙头示范企业，支持跨境电商服务提供商拓展业务，积极推进跨境电商物流拓展和公共海外仓建设，建立多元化第三方支付体系，加强与台湾跨境电子商务领域的合作。

13个村庄成农村零星石改样板

从市石改办获悉，2015年13个农村零星石结构房屋改造示范项目确定，分别是：天湖村、普安村、凤林村、上仓村、葛洲村、砌坑村、埔宅村、前山村、大洋村、溪一村、联群村、文峰村、仙景村。市石改办要求，要积极探索各种行之有效的改造模式，为全市农村零星石结构房屋改造提供经验。要科学规划，加快项目建设，推动农村零星石结构房屋改造示范项目加快建设进度，确保示范项目真正起到示范带动作用。

泉港区南埔镇天湖村打厝自然村改造特色——参股改造，南安市洪濑镇大洋村改造特色——土地重划，泉港区前黄镇凤林村刘山片区改造特色——自求平衡，泉州台商投资区张坂镇上仓村改造特色——土地重划，惠安县涂寨镇文峰村黄庄自然村改造特色——统拆分建，晋江市内坑镇葛洲村改造特色——帮扶共建，晋江市内坑镇砌坑村壁角旧村（二期）改造特色——安置先行，晋江市金井镇埔宅村改造特色——土地整合，泉港区山腰街道普安村改造特色——土地整合，石狮市祥芝镇前山村改造特色——滚动改造，南安市美林街道办事处溪一村改造特色——综合整治，惠安县螺阳镇联群村陈坑底自然村改造特色——村企合作，安溪县虎邱镇仙景村改造特色——修缮加固。

洛阳古桥流域整治保护规划编制启动

从市城乡规划局获悉，泉州启动洛阳古桥流域整治保护规划编制工作。根据市政府关于洛阳古桥保护与泉州湾河口湿地红树林保护专题会议的要求，市城乡规划局牵头编制洛阳古桥流域整治保护规划。市城乡规划局邀请中国建筑设计院建筑历史研究所作为意向单位，牵头开展洛阳桥保护研究的前期工作；市城市规划设计研究院配合，并邀请河海大学作为水利方面的意向研究团队参与项目研究。市城乡规划局邀请市直相关部门和规划编制单位就规划编制工作思路、工作内容和相关工作技术路线进行讨论。规划编制单位根据讨论意见，对《洛阳古桥流域整治保护规划》的整体工作思路进行补充和完善。项目研究重点包括：洛阳桥及其相关史迹和历史环境整体保护、泉州湾和洛阳江水域和生态环境治理、所在地城乡建设区域控制性详细规划整合。拟完成近期保护整治措施、长期总体规划两个层面的技术成果。项目规划将以海上丝绸之路史迹洛阳桥保护为切入点，对其所在的洛阳江、泉州湾流域相关片区制定兼具文物古迹保护、水域和生态环境治理和城乡发展引导的综合性规划，以实现文物保护和区域可持续发展。

《石狮市志》入选全国志书质量建设创新试点

从石狮市方志办获悉，《石狮市志（1998—2010）》被中国地方志指导小组列为全国志书质量建设创新试点，年底前将结合中国地方志学术年会，邀请全国专家进行评议。该书成为福建省唯一纳入全国志书质量建设创新试点的县（市、区）志。《石狮市志（1998—2010）》系石狮市第二次修志，是1998年版《石狮市志》的续志。该志书历经五年多的艰辛努力，于2014年12月完成总纂，形成评议稿，全稿近200万字，设34卷及概述、专记、人物、附录等。该志将代表福建接受全国方志专家的评点检验，从中深入总结二轮修志经验，深化二轮县志编纂理论研究，更好地指导全国第二轮县一级志书编修工作。

6月20日

星期六
农历乙未年五月初五
温度：25℃—31℃
阵雨转多云

●《泉州市进一步推进跨境电子商务发展行动方案》出台。

●从市石改办获悉，2015年13个农村零星石结构房屋改造示范项目确定。

●从市城乡规划局获悉，泉州启动洛阳古桥流域整治保护规划编制工作。

●《石狮市志（1998—2010）》入选全国创新试点。

●第九届闽台对渡文化节暨蚶江海上泼水节活动举行。

●第四届端午民俗旅游文化节在晋江安平桥生态文化公园举行。

●20—24日，由桑莲居文化艺术机构和中国海西艺术网等主办的“吉光片羽——梁碧龙书华严经集联展”在泉州市华侨历史博物馆一楼桑莲居艺术馆举行。

6月21日

星期日
农历乙未年五月初六
温度：26℃—31℃
多云

●市政府批复《泉州北翼新城发展战略规划（2014—2030）》。

●第十三届中国·海峡项目成果交易会（“6·18”）闭幕，泉州市通过省组委会审核的对接合同项目778项，居全省第一位；总投资217亿元，居全省第二位。

●市人社局、市财政局、市发改委、市经信委联合发出《泉州市失业保险支持企业稳定岗位实施意见》。

●一场精彩纷呈的泉州本土原创话剧在源和1916创意园内展演。

●21—23日，2015年泉州中考举行，全市设12个考区、2104个考场，61884名考生参加中考。

市政府批复《泉州北翼新城发展战略规划》

市政府批复《泉州北翼新城发展战略规划（2014—2030）》。这一规划将作为统筹协调泉州北翼片区城市建设、功能布局、生态保护以及规划修编的重要依据，在进一步论证的基础上统筹协调分步实施。作为《泉州市城市总体规划（2008—2030）》中“一湾两翼三带”市域空间总体布局结构重要组成部分，以及“大泉州”发展新的经济增长极和战略平台，北翼新城规划范围东至海岸线，南至泉三高速南惠支线，北邻莆田，西邻洛江，以惠安县、泉港区为主。规划总面积约为730平方千米，总建设用地约304.07平方千米，其中城市建设用地面积约237.19平方千米，近期人口预测规模约为100.59万人，远期人口预测规模约为118万人。规划将北翼新城定位为海峡西岸乃至全国重要的临港重化、港口工贸和先进制造业基地；泉厦漳城市联盟进一步辐射湄洲湾的重要产业重心、交通枢纽与城市服务节点；泉州滨海旅游与生态宜居示范区。规划形成“一城”（泉州北翼新城）“两轴”（组团式城市功能拓展轴及滨海产业功能拓展轴）“三区”（惠安生态新城片区、空海港产业新城片区、泉港产业港口新城片区）的空间结构，呈现“西部生态新城、东部产业新城、北部综合服务”的空间格局。

泉州在“6·18”对接合同项目778项

第十三届中国·海峡项目成果交易会（“6·18”）闭幕，泉州市通过省组委会审核的对接合同项目778项，居全省第一位；总投资217亿元，居全省第二位。泉州市对接的合同项目涉及电子信息、光机电一体化、化工、机械制造、轻纺、现代农业、生物及新医药、海洋开发、新型材料、新能源和节能技术、环保和资源综合利用、采矿与冶金、建材、建筑等领域。其中，机械制造对接项目118项，光机电一体化、新型材料分别对接项目98项，现代农业对接项目96项，居于前四位；投资总额超亿元项目41项、超5000万元项目94项。同时，全市还在线征集到技术需求202项。除了在福州主会场开展对接活动外，“6·18”期间，泉州围绕“互联网+”和“资本”两个主题，策划举办2015年泉州“互联网+物联网”创新研讨会暨物联网产业对接会及泉州市“6·18”项目和资本对接融资路演会两场专场对接活动。其中，“互联网+物联网”创新研讨会暨物联网产业对接会上，收到全国5位特邀专家的报告、45位专家的对接项目及全市110家企业的项目对接意向。泉州市“6·18”项目和资本对接融资路演会上，福建永信数控科技股份有限公司等5家企业进行现场路演推介，福建红桥创业投资管理有限公司与黑金刚（福建）自动化科技股份公司签订投资意向协议，泉州市养生理疗协会与泉州市秉尚石斛科技有限公司签订项目众筹认购协议。会议期间，泉州市还邀请到来自上海交通大学、武汉大学、南京大学、四川大学、电信科学第四研究所等高校和科研机构的123名专家参会。全市680多家企业参与到本届“6·18”各种现场活动。

泉州“数控一代”亮相“6·18”　（图/陈起拓）

《泉州市失业保险支持企业稳定岗位实施意见》出台

市人社局、市财政局、市发改委、市经信委联合发出《泉州市失业保险支持企业稳定岗位实施意见》，明确至2020年底前，对采取有效措施不裁员少裁员、稳定就业岗位的符合条件的企业（含非公企业、小微企业），由失业保险基金给予稳定岗位补贴。企业申请稳岗补贴，应同时具备以下条件：一是生产经营活动符合国家及所在区域产业结构调整政策和环保政策；二是依法参加失业保险并足额缴纳失业保险费；三是上年度未裁员或净裁员率（指企业年末职工人数减去年初职工人数占企业年初职工人数的比重）低于统筹地区年末城镇登记失业率；四是企业财务制度健全、管理运行规范。具体申请方式为：向失业保险参保地人社部门（失业保险经办机构）提出书面申请，填写申报表，并提交企业稳定员工队伍书面情况，符合产业政策和环保政策相关证明材料，以及企业上年度失业保险缴费证明、营业执照复印件等。

周银芳到石狮德化调研村级组织换届工作

市委副书记周银芳率队到石狮、德化调研村级组织换届工作，实地考察宝盖镇前坑村、浔中镇石山村的村级组织换届选举准备工作，并召开座谈会。周银芳对石狮、德化两地超前谋划，精心组织，稳步推进村级组织换届选举工作表示肯定，指出两地高度重视村级组织换届选举，各项工作推进扎实有力，深入细致，为选优配强新一届村“两委”班子奠定坚实基础。周银芳强调，各级党委要高度重视村级组织换届选举工作，坚持把这项工作作为“一把手”工程、基础工程来抓，特别是乡镇党委要树立抓换届就是抓发展的观念，进一步加强对换届工作的组织领导；要把握时间节点和选举节奏，对重难点村要提前摸清底子，早做准备，根据实际情况稳妥推进换届选举工作；要严格把好人选关，各级党委要切实把敢于担当、公道正派、德才兼备的人选进村“两委”班子；要坚持依法依规依程序组织选举，确保选举的合法性、有效性，认真落实好党员群众的选举权、知情权、参与权、监督权，切实发扬好基层民主；要严肃换届纪律，加大法纪宣传，增强党员群众的法制观念，坚决严惩违法违纪行为，做到公开、公平、公正开展换届选举工作。

泉州出台推广自贸区可复制改革创新试点经验实施意见

《泉州市人民政府关于推广自贸试验区可复制改革创新试点经验的实施意见》出台。意见结合泉州实际，将推广自贸试验区可复制改革创新试点经验分为全市范围、国家级开发区和海关特殊监管区（场所）3个层级，全面开展试点推广。主要内容分为三部分，从2015年6月起逐步在相应层级复制推广。第一部分内容是巩固和深化泉州先行先试的一些创新举措，主要包括泉州市在通关便利化、工商登记制度改革等方面先于全省试点的5个方面的创新举措。具体内容包括全面拓展关检“一次申报、一次查验、一次放行”新型通关模式，建立泉台通关协作机制，实现信息互换、监管互认、执法互助；实行海关特殊监管区内自行运输制度、“批次进出、集中申报”制度等；实行第三方检验结果采信制度、全球维修产业监管制度、检验检疫通关模式改革、进口货物预检验制度、检验检疫分线监督管理模式等。

全省首家网商（虚拟）产业园落户丰泽

泉州市网商（虚拟）产业园中心园落户丰泽区，泉州市网商（虚拟）产业园运营管理有限公司同步成立，首批申请集群注册的6家互联网企业同时获颁营业执照，标志着泉州市网商（虚拟）产业园正式启动建设。泉州市网商（虚拟）产业园系全省首家集群注册的网商平台，将为网商创业创新提供便利的工商登记服务，既可以提供异地电商注册，也可以为没有注册地址的电商提供创业的平台。借助网商（虚拟）产业园，泉州将积极运用“互联网+”整合产业优势资源，形成网商产业集群效应，推动传统产业转型提升。

泉州市网商（虚拟）产业园以电子商务为发展主线，重点构建以B2B、B2C为核心的电子商务交易技术平台，产业园建设布局采用一园多区、线上线下结合（OTO）的立体型网格化布局模式。泉州市网商（虚拟）产业园包括中心园区、分园区、电商社区（村）三个部分，其中中心园区坐落丰泽区。泉州市网商（虚拟）产业园建立后，可以为网商提供集群注册、住所托管等商务服务功能，提供网站建设、产品展等运营服务，建设大泉州网购平台和区域性网批市场，提供ODR在线非诉讼调解服务，提供开户、支付结算等金融服务，为园区建立公共技术服务平台，提供人才引进、培训等服务，建立券商及其产品的信用交易平台。

“新泉港青年优秀人才”获表彰

泉港区举办首届“新泉港青年优秀人才”评选表彰活动，对扎根泉港、对“第二故乡”各个领域做出突出贡献的20位优秀外来青年进行表彰。3月开始，经宣传发动、申报推荐、初选评审、投票评选、综合评定等五个阶段，收到来自全区51个单位的申报表71份，涵盖政府部门、国有企事业单位、民营企业、学校、医院以及科研机构。活动受到社会广泛参与，其间共收到网络投票50余万票。经组委会最终评定，孙万里、龚龙江、傅义营、杜鹏飞、吴慧琴、曾红彬、黄浩、张毅锋、苏绍辉、黄泽滨等十位获首届“新泉港青年优秀人才”称号，吴耕、李爱民、戴清秀等十位获得首届“新泉港青年优秀人才提名奖”。

6月22日

星期一
农历乙未年五月初七
温度：26℃—29℃
阵雨转小雨

●泉州市网商（虚拟）产业园中心园落户丰泽区，泉州市网商（虚拟）产业园运营管理有限公司同步成立，首批申请集群注册的6家互联网企业同时获颁营业执照，标志着泉州市网商（虚拟）产业园启动建设。

●周银芳率队到石狮、德化调研村级组织换届工作，实地考察宝盖镇前坑村、浔中镇石山村的村级组织换届选举准备工作，并召开座谈会。

●《泉州市人民政府关于推广自贸试验区可复制改革创新试点经验的实施意见》出台。

●泉港区举办首届“新泉港青年优秀人才”评选表彰活动。

●2015年世界羽联黄金大奖赛之美国公开赛在纽约落幕，中国队再次展现双打上的强大实力，收获三项冠军，其中泉州市南安籍运动员黄东萍和队友合作夺得混双冠军。

6月23日

星期二
农历乙未年五月初八
温度：26℃—30℃
中雨转小雨

●23—25日，2015年闽粤赣十三市旅游局长联席会议在广东梅州召开，包括泉州在内的十三市旅游部门力主共推“丝绸之路”旅游建设。

●山东省德州市人大教科文卫委一行到泉州市调研全民健身工作。

●《泉州港总体规划》修订工作正式启动。

●由中国曲艺家协会主办的“牡丹绽放——曲艺英才培育行动”在北京启动，中国曲艺牡丹奖新人奖获得者、泉州南音青年演员庄丽芬等10人入选首批培育名单，全省仅庄丽芬一人入选“牡丹绽放”首批培育名单。

●大型文化纪录片《园林——长城之内是花园》第四集《写在大地上的诗》中出现大量泉州元素，除了出现泉州的美景，还有南音、洞箫演奏贯穿片中，通过唐诗、南音和盆景，演绎园林内涵。

泉州与闽粤赣十二市共推“丝路”游

23—25日，2015年闽粤赣十三市旅游局长联席会议在广东梅州召开。闽粤赣十三市旅游局长联席会议于1998年创建，是三省区域的旅游合作平台。十三市具体包括福建省泉州市、厦门市、漳州市、龙岩市、三明市，广东省汕头市、潮州市、梅州市、揭阳市、汕尾市，江西省鹰潭市、赣州市、抚州市。三省十三市持续开展旅游区域合作，推进市场共拓、信息共享、客源互送，成效良好。乘势国家“一带一路”建设，包括泉州在内的十三市旅游部门力主共推“丝绸之路”旅游建设。联席会上，十三市旅游部门负责人签署“区域旅游合作协议书”，协议表示将发挥十三市的区位、历史文化资源、旅游产业基础等优势，携手打造具有“丝绸之路”特色的旅游产品；策划推广“厦门漳州泉州闽南文化连线游、海丝文化连线游”“龙岩、三明、梅州、河源、赣州千里客家文化长廊连线游”等精品旅游线路。

《泉州港总体规划》修订工作启动

从市港口管理局获悉，《泉州港总体规划》修订工作正式启动。此次修订工作委托以中交水运规划设计院有限公司为主，福建省港航勘察设计院配合的联合体进行。总规修订的范围为泉州市行政辖区港口岸线及相关水域、陆域，包括肖厝、斗尾、泉州湾、深沪湾、围头湾等港区，规划基础年为2014年，部分有效数据延伸至2015年，规划水平年为2020年和2030年。修订的主要内容包括分析泉州港发展的现状和特点，剖析港口发展现存主要问题、差距不足及其原因；预测港口总吞吐量、分港区吞吐量、集疏运量等；根据经济发展需求、岸线资源条件，在总结岸线利用现状的基础上，优化整合岸线资源，提出港口岸线利用规划方案；提出对城市相关设施建设的要求；提出促进港口发展的有关措施和建议等。

泉州南音演员入选“牡丹绽放”培育名单

由中国曲艺家协会主办的“牡丹绽放——曲艺英才培育行动”在北京启动，中国曲艺牡丹奖新人奖获得者、泉州南音青年演员庄丽芬等10人入选首批培育名单，全省仅庄丽芬一人入选“牡丹绽放”首批培育名单。“牡丹绽放——曲艺英才培育行动”每两年一批，总共3批，每批10人。从常年活跃在曲艺创作表演理论评论一线、曾荣获中国曲艺牡丹奖的部分中青年曲艺人才中遴选培育对象，通过资金支持、专家指导、演出交流、研讨培训、汇报展演等多种方式，培育和打造一批曲艺艺术中坚力量，带动和促进曲艺艺术的发展和曲艺事业的繁荣。当晚，举行中国曲艺牡丹奖艺术团送欢笑走基层演出，庄丽芬为大家献演南音《枫桥夜泊》，加入南音的打击乐四宝和酒盏的表演，然后再由南音传统乐器伴奏吟唱，展示南音的古典魅力，成功营造出一种空灵华美的意境。整个节目极具观赏性与艺术性，令人如置身于优美的幻境之中，给观众带来一种全新的视觉体验。现场观众被独特的南音演唱和打击乐表演征服了，陶醉在千年雅乐当中。泉州南音乐团优秀青年演奏家洞箫演奏员陈特超、二弦演奏员吴一婷到场助阵，为该节目演出增色不少。

泉州元素再现央视大型文化纪录片

大型文化纪录片《园林——长城之内是花园》第四集《写在大地上的诗》中出现大量泉州元素，除了出现泉州的美景，还有南音、洞箫演奏贯穿片中，通过唐诗、南音和盆景，演绎园林内涵。在纪录片7分钟左右，从每年正月十五戏神相公爷的祭日，整个闽南地区梨园行举办隆重的祭拜仪式开始，出现泉州元素。纪录片中还有开元寺，清源山、芳草园等泉州美景。通过诗人王维、白居易的生涯以及对园林的理解，以唐诗、南音演唱、洞箫演奏，以及园林景观设计师王更生先生的园林梦，中国盆景协会陈汉农先生对盆景的情感，多方位、多角度展现唐代园林魅力。素有“古汉语活化石”之称的泉州方言与唐朝诗人吟诗几乎一模一样，泉州又是全国迄今为止仍保留用方言形式吟诵古诗并一直流传的地方，因此贯穿于本集纪录片的南音与洞箫演奏，是独具特色的泉州元素。纪录片在拍摄前，摄制组在鲤城区文联的推荐下，邀请泉州歌诀传承人傅孙义先生以及鲤城诗词学会的诗友们，通过个人吟唱、双人吟唱和小组吟诵唐诗的形式，展示泉州的方言古韵，摄制组根据这些吟唱和曲风，用南音演唱和洞箫演奏加以丰富，搬上银幕，传递浓浓的古早味。

郑新聪与莲花汽车项目股东座谈

市委副书记、市长郑新聪在泉州与莲花汽车项目股东和工作团队负责人座谈，双方就加快整车生产项目各项前期工作、尽快注册公司并到资，以及配套项目规划布局等问题进行认真、友好的协商。双方一致认为，项目合作协议签订和项目奠基以来，各项工作推进顺利，进展较快，对这段时期来的合作成效表示满意。双方一致表态，要进一步加快公司注册、到资步伐，加快各总、分项目的规划设计、报备、报批等前期工作，促使基地和研发中心尽快动建，生产能力尽快形成，投资效应尽快显现。双方还就汽车零部件等与整车配套的一系列产业链企业的招商引进工作进行协商，达成联手招商的合作意向。泉州市县两级项目所在地政府和管委会，将按“月嫂式”服务的要求，对项目提供及时、周到、便捷的个性化服务。市委常委、常务副市长林伯前参加座谈会。

市人大常委会组织提案办理专题调研

市人大常委会组织调研市十五届人大五次会议第1179号建议《关于整合市级国有资产，做大做强国有企业的建议》的办理情况。调研组一行先后察看市汽车运输总公司、中侨集团、省五建公司、市国投公司、中泉公司、集英保安集团，并召开座谈会。市人大常委会主任陈万里、副主任朱团能，副市长李建辉、市人大常委会秘书长吴春林参加调研。会议指出，市属国有企业是国民经济和区域经济的重要组成部分，在推进地方经济发展、引导产业转型升级中有着不可替代的作用。会议要求，要针对泉州市国企机制不活、规模不大、实力不强、创新不强等问题，整合资源，形成规模效应，积极推进企业改革，切实加大大企业、大集团的培育力度，力争3—5年内扶持两到三个大企业（集团）上市；要创新驱动，激发内生动力，推动市属企业走改革创新之路，引导企业创新商业模式和经营模式，支持企业开展技术改造创新；要完善政策，用足用活用好政策，放手让企业自主经营，让企业释放更多内在活力；要强化监管，提升管理水平，建立健全相关企业管理制度，切实做到科学授权、合理确权、民主理权、有效用权；要简政放权，共造创业环境，让企业轻松上阵，参与市场竞争，轻松上台，演好自己的角色。

民进福建省委在泉州举行巡回宣讲报告会

民进福建省委“我身边的先进”巡回宣讲报告会第三站在泉州举行。宣讲会上，叶玉洪、翁国星、周莹和叶根深4位宣讲人，以平实的语言、真挚的情感和感人的事迹，展示当代民进会员践行社会主义核心价值观、积极投身中国特色社会主义伟大实践的精神风貌：原民进南平市委副主委、建阳市副市长崔继军长期扎根基层忘我工作，因公积劳成疾献出了年轻的生命；十二届全国人大代表、民进福建省委副主委、福建省立医院副院长翁国星，放弃国外优厚的工作待遇回国从医，33年始终坚守在临床一线救死扶伤；民进福建省委委员、民进泉州市委副主委、福建万兴隆集团董事长许维蓄锐意进取，襄教树人，乐善好施，诠释了商人大义；民进泉州市委南安支部主委、汇盈化学品实业董事总经理林成基积极参政议政，热心教育事业、慈善事业……他们在平凡岗位上的点滴事迹，让与会人员真切地感受到“伟大起于平凡，先进就在身边”，并深受激励和鼓舞。

晋江近岸海域水质状况逐年变好

《2014晋江市近岸海域海水环境质量状况通报》出炉，2014年晋江近岸海域海水水质状况总体稳定并逐年变好。2014年，晋江委托国家海洋局崇武海洋环境检测站组织开展陈埭、深沪、围头、白沙、石圳等5个近岸重点海域海洋水质监测评价工作。结果显示，2014年晋江近岸海域海水溶解氧含量、化学需氧量含量均符合第一类海水水质标准，属于清洁海域。与2013年相比，所有海域无机氮含量均明显下降。就海水水质而言，晋江水质状况比较适合人体直接接触进行海上运动，金井东侧岸线，包括溜江、围头、石圳等海域，深沪海域等海水水质状况都较好。通过这几年整治，晋江近岸海域海水水质状况正在逐渐变好，污染物含量也有所下降。

6月24日

星期三

农历乙未年五月初九

温度：27℃—31℃

阵雨

●郑新聪在泉州与莲花汽车项目股东和工作团队负责人座谈，双方就加快整车生产项目各项前期工作、尽快注册公司并到资，以及配套项目规划布局等问题进行认真、友好的协商。

●市人大常委会组织调研市十五届人大五次会议第1179号建议《关于整合市级国有资产，做大做强国有企业的建议》的办理情况。

●民进福建省委“我身边的先进”巡回宣讲报告会第三站在泉州举行。

●《2014晋江市近岸海域海水环境质量状况通报》出炉。

6月25日

星期四
农历乙未年五月初十
温度：26℃—32℃
阵雨转多云

●十一届市政协常委会第二十三次会议召开。

●数字永春地理空间框架建设项目通过验收，永春县地理信息公共平台开通。

●由市总工会、市妇联、市疾控中心主办的“6·26”国际禁毒日主题宣传活动在泉州开发区举办。

●支援老区特困学生献爱心活动在泉州军分区举行，120多名军分区党员干部现场爱心捐款，筹集10余万元作为资助贫困学生的启动资金。

●由市旅游局党支部、市第一医院工会、市公交有限公司等部门开展的“践行社会责任，关爱留守儿童”公益活动在永春呈祥乡举行，一批留守儿童得到帮助。

●高考成绩揭晓，泉州五中的蒋书凝以原始分655分摘得泉州市的高考文科第一名；永春一中的郑妍彦以原始分694分夺得泉州市的高考理科第一名。

十一届市政协常委会第二十三次会议召开

十一届市政协常委会召开第二十三次会议。市政协主席杨俊峰，副主席吴共湖、苏小青、骆沙鸣、陈铭福、王祖耀、李冀平、王瑞强、陈益，秘书长洪川夫参加会议。副市长卢炳椿应邀参会。20多位委员围绕“进一步加强法治泉州建设”议题建言献策。市委政法委、市法制办等相关部门领导到会听取意见建议。杨俊峰肯定近年来泉州市加强法治建设取得的成效。他指出，各级各相关部门要统一思想认识，明确加强法治泉州建设的重要意义。要突出工作重点，一要全面深化行政执法体制改革，加快转变政府职能，建立完善的政府依法决策机制和行政决策监督与责任追究制度；二要维护公平正义，深化司法改革，推进司法公开，强化司法为民，健全人民陪审员制度，完善法律援助和司法救助制度，重视并加强社区矫正工作；三要增强群众法治意识，提高法律服务水平，保障群众合法权益，完善社会治理机制和依法维护群众权益机制；四要营造良好的法治氛围，加大宣传教育力度，提高普法实效。全市政协组织和政协委员要充分发挥优势，积极建言献策，加强民主监督，模范遵纪守法，全力服务法治泉州建设，推进泉州市科学发展跨越发展。会前，召开了十一届市政协第二十七次主席会议。

会议现场　（图/陈　翔）

数字永春地理空间框架建设项目通过验收

数字永春地理空间框架建设项目通过验收，永春县地理信息公共平台开通。用户只要登录该平台门户网站，有关永春县的山川河流、公路楼房、景区等信息就一目了然，市民可根据需要轻易地找到周边的餐厅宾馆、心仪的景点、加油站等，有关职能部门可根据平台信息及时解决相关事宜。“数字永春”是福建省县域数字城市地理空间框架建设第二个试点项目，于2012年8月经省测绘地理信息局批复立项后，由省测绘地理信息局、市国土资源局、永春县政府三方共同建设，历时近3年的时间。该项目的建成有效地解决永春县信息资源重复建设、应用松散等问题，实现地理空间信息资源的开发利用与共建共享，有力地推动永春信息化进程。作为“数字福建”和“数字泉州”地理空间框架的组成部分，“数字永春”地理空间框架建设项目将被纳入省级和市级基础地理信息公共平台，实现项目成果的国家、省、市、县四级共享。

防艾禁毒知识宣传活动在泉州开发区举办

由市总工会、市妇联、市疾控中心主办的“6·26”国际禁毒日主题宣传活动在泉州开发区举办。活动主题为“关爱农民工，防艾禁毒知识进企业”。活动形式丰富多样，包括法律咨询、义诊、法律知识有奖问答等，并分发防艾、禁毒、妇女权益保障法、平安建设宣传材料等3000多份。女法律工作者为群众现场答疑解难，市、区工会妇联主席深入基层了解女职工诉求，医务人员也在现场为市民提供义诊和卫生健康知识咨询。现场招募巾帼志愿者活动也受到热烈欢迎，现场参与的学生志愿者还积极向群众宣传防艾禁毒知识，引导群众参与流动人口艾滋病基本知识知晓率调查问卷。

2015年高考成绩揭晓
蒋书凝郑妍彦分别夺得泉州文理科第一名

2015年高考成绩揭晓。泉州五中的蒋书凝以原始分655分排名泉州的高考文科第一名；永春一中的郑妍彦以原始分694分夺得泉州的高考理科第一名。2015年高考试卷较好地反映学生实际情况，绝大部分考生正常发挥。泉州文史类、理工类高分考生在全省中占有优势。晋江一中和惠安一中均有学生考出理科693分的高分；泉州五中继续在全省名列前茅，在文科全省前15名占2人，前30名占5人，前50名占9人。

晋江机场与中国航油集团签署合资经营协议

泉州晋江国际机场与中国航油集团石油有限公司举行合作签约仪式，双方共同成立合资新油料公司，成为泉州晋江国际机场主辅业协同发展实施过程的重要里程碑。泉州晋江国际机场本着互惠互利、合作共赢的原则，高起点、高标准选择资质好、实力强的合作伙伴。中国航油是负责全国近190个机场航油供应的央企，也是国内最大的集采购、运输、检测、销售为一体的综合航油企业，此次泉州晋江国际机场与中航油的强强联合，成为机场提高收益、挖掘辅业潜能，走多元化发展道路的强大动力。根据协议，双方将在航油经营建设上进行深度合作，助力泉州民航经济的跨越发展。

签约仪式　　（图/廖平和）

全市妇女儿童工作委员会视频会议召开

继全省妇女儿童工作委员会视频会议后，全市妇女儿童工作委员会视频会议召开。会议指出，全市各级各相关部门以实施《泉州市妇女发展纲要》《泉州市儿童发展纲要》为抓手，妇女儿童工作持续稳步推进。至2014年底，泉州市城区公办幼儿园111家，与2013年同比增长46%。在维护妇女合法权益方面，自3月市中级人民法院成立全省首个家事审判庭以来，全市各县（市、区）均成立家事审判庭，形成以家事审判庭为主、金牌调解员为辅的家事审判体系，切实保障家事案件中妇女的合法权益不受侵害。

泉州两个旅游项目入选全国旅游投资优选名录

从市旅游局获悉，《2015年中国旅游投资优选项目》发布，鲤城新门旅游文化特色街区和永春天沐温泉旅游度假区两个项目入选。此次评选由国家旅游局联合国家开发银行等9家银行开展，综合考虑项目的成熟度、开工条件、市场前景和引领示范作用等因素，评选出500个符合条件的优秀项目，确定为2015年全国优选旅游项目名录。下阶段，对于优选项目，各省旅游部门和当地银行的分行将抓紧对接，推动优选项目建设落实，帮助项目单位解决投融资过程中的实际困难。

泉州入选的两个项目中，鲤城新门旅游文化特色街区项目总投资7亿元，拟结合“21世纪海上丝绸之路先行区”和“古城文化复兴计划”建设，整合新门街和芳草园、南音艺苑、梨园剧院、临漳门、源和1916、甲第巷、八卦沟等闽南特色旅游文化资源，汇集民间传统工艺制作和培训传承、传统老字号、闽南特色小吃、伴手礼及文化体验、休闲商业，着力推进笋浯溪水岸休闲旅游、新门街业态转型提升、芳草园名人景区开发、临漳门“临漳怀古”景点开发、甲第巷人文旅游资源开发、南音艺苑和泉州歌剧团两个非遗展馆等项目建设，建设公共立体停车场、泉州“古城游”游客服务中心等配套设施，打造泉州市文化旅游资源和“非遗”项目的展示窗口。截至2014年年底，项目完成总体规划论证，并招商入驻180间地方特色旅游文化休闲商铺，目前正在进行街区景观、雕塑小品等氛围建设。

永春天沐温泉旅游度假区位于蓬壶镇，项目区69.07公顷，项目建设用地34.53公顷，总投资15亿元，拟建设温泉酒店、温泉SPA、温泉养生公寓及温泉会所等。截至上年底完成投资500万元，2015年计划完成投资3亿元，至年底完成温泉会馆主体工程。

泉州市2015年高招咨询会举行

泉州市教育局和泉州晚报社举办的2015年高校招生志愿填报咨询会在泉州晚报大厦举行。省内外100多所高校招生咨询台前，考生和家长热切询问，招生人员热情回答。现场气氛热烈，各咨询台被热情的人流挤得水泄不通，火爆场面持续4个多小时。高招咨询会在知分、知线的第一时间举行，为高校和考生之间打开双向了解的渠道，能让高校加深对泉州学子的了解，同时也为本地学生提供一次了解院校的好机会，有利于他们更科学地选择适合自己深造的学校。同日举行的“高考志愿填报讲座”也受到欢迎，黎明大学党委书记的林其天和厦门大学国际学院院长郑通涛带来的精彩讲座，为学子填报志愿提供有益的参考。

6月26日

星期五
农历乙未年五月十一
温度：27℃—33℃
阵雨转多云

●晋江机场与中国航油集团签署合资经营协议。

●泉州师范学院一女大学生在毕业日从校园出嫁。

●从市旅游局获悉，《2015年中国旅游投资优选项目》发布，鲤城新门旅游文化特色街区和永春天沐温泉旅游度假区两个项目入选。

●泉州市教育局和泉州晚报社举办的2015年高校招生志愿填报咨询会在泉州晚报大厦举行。

●继全省妇女儿童工作委员会视频会议后，泉州召开全市妇女儿童工作委员会视频会议。

●石狮评选“公正为民好法官”。

●南安市举行首届公益性校企合作人才项目对接洽谈会。

●泉州口岸石湖、围头两个关检“一站式”查验场正式启用。

6月27日

星期六
农历乙未年五月十二
温度：27℃—33℃
多云

●《泉州市进一步推进跨境电子商务发展行动方案》出台。

●泉州物价部门开展涉企行政事业性和中介服务收费重点检查。

●市政协在泉州市儿童医院举行“爱心助医”项目捐赠仪式。

●由市委宣传部、市委文明办、市文广新局、市文联、泉州晚报社、泉州广播电视台等单位主办，泉州开发区党务工作部承办的“欢乐泉州·走进开发区”——泉州市庆祝中国共产党成立94周年文艺演出在泉州开发区高新技术企业孵化基地广场举行。

●由泉州晚报社与安溪县政府主办的2015年“茶韵安溪·飘香虎邱”乡村旅游节暨葡萄采摘仪式在虎邱镇玖玖天成葡萄园举行。

●《石狮市推动十大“文明新风”行动实施细案》出台。

●泉州市首例左心耳封堵术在福建医科大学附属第二医院顺利完成。

泉州出台政策推进跨境电子商务发展

《泉州市进一步推进跨境电子商务发展行动方案》出台。方案指出，要加快推进跨境电子商务通关服务平台建设，借助晋江陆地港落地的海关跨境出口统一版系统，鼓励跨境电商企业改变传统的物流及通关模式。方案提出，要参照义乌“一区多园”的跨境电商发展模式，鼓励泉州各县市区根据各自的产业发展特点，筹建规划电子商务园区。晋江陆地港将以建成的国际快件监管中心及跨境电商通关监管区为依托，与各县市区的跨境电商园联动发展，为其发展跨境贸易提供便捷、高效的通关及配套服务。方案还鼓励物流企业利用泉台快件开展跨境物流。

泉州检查涉企行政事业性和中介服务收费

泉州物价部门即日起开展涉企行政事业性和中介服务收费重点检查。此次检查范围包括所有具有涉企收费行为的行政机关、事业单位、代行政府职能的社会团体、中介机构，以及涉及行政审批前置、市场监管和准入等具有强制垄断性的涉企经营服务性收费单位、行业协会商会等。重点检查涉及的单位主要包括以下四种：一是2013年以来取消、停征、减免收费项目较多的部门；二是行政审批前置事项较多的部门；三是涉及进出口环节收费的部门；四是设置垄断性服务收费的行业和部门。重点加强对小微企业、创新型企业乱收费行为的查处。检查内容包括：一是继续收取取消的行政事业性收费，不执行取消、停征、减免收费政策的；将取消的行政事业性收费转为经营服务性收费，或通过第三方变相强制收费的。二是没有法律法规依据的行政审批前置服务收费。包括无法定依据且未按规定批准、擅自增设条件、强制或变相强制企业接受技术审查、评估论证、资格鉴定、专家咨询等前置服务并收费的；除法律规定外，行政机关要求申请人委托中介服务并收费的；无法定依据指定第三方服务机构并收费的。三是中介服务机构乱收费行为，主要是审批部门所属事业单位、主管的社会组织及其所办的企业，借助行政权力开展与本部门审批相关的中介服务并收费的；利用行政权力垄断经营、强制服务、强制收费的；只收费不服务或少服务的。四是行业协会商会乱收费，利用行政职能强制企业入会并收费的；强制企业参加会议、培训、展览、评比等并收取费用的，以及企业反映突出的其他违规收费行为。

市政协“爱心助医”项目捐赠仪式举行

市政协在泉州市儿童医院举行“爱心助医”项目捐赠仪式。市领导杨俊峰、林伯前、吴共湖、苏小青、骆沙鸣、王祖耀、李冀平、王瑞强、陈益，市政协秘书长洪川夫等出席活动。捐赠仪式上，北京市泉州商会、上海市泉州商会、福建七匹狼实业股份有限公司、福建浔兴拉链科技股份有限公司、森美（福建）食品有限公司、广西润嘉集团、重庆市泉州商会、济南市泉州商会捐助市儿童医院“泉商爱心楼”改建资金1100万元；市政协港澳委员、特邀委员捐助泉州市第一医院血透室建设资金370万元；匹克集团捐助福建医科大学附属第二医院、市儿童医院救护车及装备各100万元。

捐赠仪式　（图/陈　翔）

“欢乐泉州”走进开发区

由市委宣传部、市委文明办等单位主办，泉州开发区党务工作部承办的“欢乐泉州·走进开发区”——泉州市庆祝中国共产党成立94周年文艺演出在泉州开发区举行。演出由《刺桐花开庆“七一”》拉开序幕，紧接着配乐诗朗诵《泉州·幸福的港湾》、歌表演《党旗更鲜艳》、歌伴舞《丝路》等10多个极具地方特色与时代精神的文艺节目轮番上演，展示泉州人民全新的精神风采

演出现场　（图/戴涵琦）

东盟九国媒体记者到泉州采访

由国务院新闻办、中国—东盟中心主办，中国外文局中国报道杂志社承办的“中国—东盟共建21世纪海上丝绸之路”中外媒体联合采访团到泉州采访。作为“21世纪海上丝绸之路”核心区，福建是此次采访行程的第二站，而古代海丝起点城市泉州正是福建之行的重要一站。此次联合采访活动邀请文莱、柬埔寨、老挝、马来西亚、缅甸、菲律宾、新加坡、泰国、越南等9个国家的10名东盟记者及中国相关媒体人员参与。在为期10天的行程里，采访团分别在北京、福建、广东等地实地走访，深入采访报道“21世纪海上丝绸之路”的别样魅力及亮点。在28日的行程中，联合参访团采访泉港益海嘉里公司，参观开元寺、九日山、泉州海外交通史博物馆等地，了解泉州市经济发展状况，深刻感受古城泉州的深厚历史底蕴。

采访现场　（图/陈小阳）

全市选派203名干部驻村蹲点

从市委组织部获悉，全市选派干部驻村蹲点工作进展顺利，各单位和个人报名踊跃。经审核，泉州市市级研究确定选派203名干部驻村蹲点。根据省委安排，此次省市县三级同步选派干部驻村蹲点，选派对象主要是市、县机关干部（含参公事业单位干部，不含监狱、安全部门干部，以及公安部门执法勤务类干部），事业单位干部（不含教师、医生等专业技术人员）。市一级选派副处级及以下干部，县一级选派正科级及以下干部。选派条件要求年龄50周年（含）以下，身体健康。鼓励符合条件的干部积极报名参加驻村蹲点，同等条件下，优先选派后备干部、符合条件的市直机关现任副处级干部和县直机关现任正副科级干部。驻村干部主要安排到班子软弱涣散村、经济薄弱村、换届选举难点村等，做到全覆盖。对原中央苏区、革命老区和少数民族地区，也要实现应派尽派。每村每年选派1名干部，选派过“第一书记”的村不再选派，市、县每年原则上按照符合上述选派条件干部总数4%的比例选派。

干部驻村蹲点将坚持分类指导，从驻点村实际出发确定工作任务。具体任务包括落实“四下基层”制度、帮助解决实际困难问题、加强农村基层组织建设、建章立制规范管理、发展壮大村集体经济、促进农村社会和谐稳定等。日常管理方面，选派对象是中共正式党员，派驻市级扶贫开发重点村的，一般安排担任驻点村党组织第一书记职务，其他的党员驻村蹲点干部，一般安排担任副书记职务；非中共正式党员的，一般安排担任村委会主任助理职务。每名驻村干部全年驻村时间不少于250天，除节假日外，每月一般不少于22天。

驻村工作结束时，由派出单位党组（党委）会同当地组织部门对驻村干部进行考核，考核优秀的，同等条件下优先选拔使用；考核不称职的，3年内不予提拔使用。根据省委要求，从2016年下半年开始，全市提任正处、副处、正科、副科级干部时，在同等条件下，优先使用有驻村蹲点工作经历的干部；参加市直机关公务员遴选的，原则上应有1年以上驻村蹲点工作经历。

“书香福建”捐赠助读公益活动在安溪举行

由省教育系统关工委、市委宣传部、市委文明办、泉州晚报社、市工商联等单位主办的“书香福建”捐赠助读公益活动——建融·约克阳光捐赠仪式在安溪举行。爱心企业建融（安溪）置业有限公司捐赠爱心款40万元，为安溪县四所小学分别援建“心天地多媒体互动阅读教室”和“爱心图书室”。十年来，省教育厅关工委德育中心、省读书援助协会在全社会爱心人士、爱心企业、单位的大力支持下，向全省六千多所中、小学校捐款援建“爱心图书室”，在一些学校、一些县建设“爱心示范图书（馆）室”和“读书援助示范县”以及两百多所“心天地多媒体互动阅读教室”，让许多边远山区、海岛等贫困地区的孩子们有了新书、好书阅读，有效解决广大学生课外阅读的困难状况。

6月28日

星期日
农历乙未年五月十三
温度：27℃—34℃
多云

●由国务院新闻办、中国—东盟中心主办，中国外文局中国报道杂志社承办的“中国—东盟共建21世纪海上丝绸之路”中外媒体联合采访团到泉州采访。

●全市选派203名干部驻村蹲点。

●由省教育系统关工委、市委宣传部、市委文明办、泉州晚报社、市工商联等单位主办的“书香福建”捐赠助读公益活动——建融·约克阳光捐赠仪式在安溪举行。

●合福高铁开通运营，300多名旅客从泉州动车站上车，搭乘首趟沿合福高铁开行、经停泉州的G324次厦门—北京列车。

●泉州市组织本地“大咖”网友赴西安开展城市之旅活动，细品“陆丝”魅力。

6月29日

星期一
农历乙未年五月十四
温度：27℃—34℃
多云

●省委组织部调研组到泉州调研，实地走访安溪县部分农村基层党组织后，在泉州召开座谈会，听取泉州市开展“三严三实”专题教育和农村、机关、高校、国企等基层党建工作的情况。

●即日起，泉州市各地车管所服务窗口通过计算机自动选号方式选取车牌号码的数量，由现有的“10选1”调整为“20选1”。

●泉州籍著名邮票大师万维生在北京逝世，享年83岁。

市十五届人大常委会第二十五次会议召开

29—30日，市十五届人大常委会第二十五次会议召开。市人大常委会主任陈万里，副主任洪泽生、吕竞、王远东、张建生、朱团能、曾巍，秘书长吴春林参加会议。副市长陈荣洲、林万明，市检察院检察长高扬捷、市中级人民法院负责同志列席会议。会议听取和审议市政府关于泉州市现代农业发展专项资金使用管理情况的报告；关于2014年市本级决算草案、市本级预算执行和其他财政收支的审计工作报告，审查和批准2014年本级决算；关于泉州市社会救助工作的报告；市检察院关于泉州市未成年人刑事检察工作的报告。会议听取市政府研究处理《市人大常委会关于2014年上半年国民经济和社会发展计划、预算执行情况的审议意见》《市人大常委会关于专题询问水资源保护审议意见》的情况，并开展审议意见办理情况满意度测评，测评结果皆为满意。会议还审议人事免职事项、关于罢免一名省十二届人大代表职务的议案、关于授权市人大常委会内司委负责对《泉州市人民代表大会及其常务委员会立法条例（草案）》统一审议的决定（草案）。

会议现场　　（图/王虎文）

省委组织部调研组到泉州调研

省委组织部调研组到泉州调研，实地走访安溪县部分农村基层党组织后，在泉州召开座谈会，听取泉州市开展“三严三实”专题教育和农村、机关、高校、国企等基层党建工作的情况。泉州坚持“抓基层、打基础，抓两头、带中间，抓重点、创特色”，扎实推进农村基层党建工作，取得较好成效。村级组织换届选举方面，各地基本完成经济责任审计、开展业务培训和逐村“议班子”等准备工作，南安市完成大部分村党组织换届选举，8月底前各县（市、区)完成村党组织换届选举，10月底前完成村委会和其他村级配套组织换届选举。发展壮大村集体经济方面，泉州市坚持因村制宜、分类指导，探索形成村集体资源、资产、投资、借力、服务促增收“五条渠道”。调研组指出，泉州市委深刻领会党中央和省委的总体部署，不折不扣、有条不紊地开展“三严三实”专题教育和党的基层组织建设等各项工作，注重质量和进度齐头并进，注重凝练特色、树立典型，把开展专题教育放在落实“四个全面”战略布局中来推进，与推进当前工作、促进经济发展相结合，取得较好成效。希望泉州继续按照“四个注重”“三个防止”的要求开展好“三严三实”专题教育，落实从严治党要求，持续抓好基层党建各项工作，加快建设机制活、产业优、百姓富、生态美的现代化泉州。

泉籍邮票设计大师万维生逝世

泉州籍著名邮票大师万维生在北京友谊医院辞世，享年83岁。万维生，福建泉州人，中国美术家协会会员，邮票印制局高级工艺美术师。万维生一生设计邮票40多套150枚，主要作品：《儿童生活》《北京风景》《天鹅》《万里长城》《童话—咕万维生咚》《水仙花》和《全国山河一片红》（未发行）。曾因创作“全国山河一片红”邮票红遍海内外，这件作品被誉为“新中国十大珍邮之一”。万维生钟爱天鹅，他设计的一套高雅优美的4枚天鹅邮票于1983年11月18日诞生，并在美国举行首发式。应美国万国首日封公司邀请，万维生的《天鹅》首次飞往异乡。《天鹅》首日封也荣获1998年全国最佳首日封(此为邮坛第一枚最佳首日封)。1990年出版第一本著作《万维生邮票作品选》，自1979年开始创作手绘封和记事手绘封，1998年、2003年先后出版《万维生记事手绘封》第一集、第二集。1999年出版《不了情——天鹅邮票的故事》专辑画册。2003年撰文编写自己邮票创作笔记和画邮票有关故事，出版《我画邮票的故事》专著。2001年将自己的邮票图稿及收藏的名人字画捐赠给故乡泉州，由泉州市人民政府拨地筹建“万维生邮票艺术馆”，2003年2月邮票艺术馆正式落成开馆，出版《万维生邮票艺术馆馆藏集》。

《泉州晚报》创刊30周年活动启动

2015年泉州晚报社读者节暨《泉州晚报》创刊30周年活动在泉州晚报大厦启动。市委常委、宣传部部长、教育工委书记陈庆宗到报社与优秀报道组、通讯员代表，读者代表欢乐互动。当日首发并向读者代表赠送的《泉州晚报社史》《风姿——泉州晚报创刊三十周年版式设计荟萃》和《天下泉商》等三本书籍，如实记录本土报业媒体和知名泉商的发展历程。现场还举办“海上丝绸之路起点”图片展，收录数百幅报社摄影记者、通讯员和读者们的“海丝”印象。首届剪报展，展出30位忠实读者的剪报精选集。创办于1985年7月1日的《泉州晚报》最初是四开四版的黑白小报，如今发展为对开彩版每周124版。

相关链接：在2015年泉州晚报社读者节暨《泉州晚报》创刊30周年系列活动上，《天下泉商》一书举办首发式。该书由泉州商报编辑部、北京闽南文化创意产业商会联合编纂，海峡文艺出版社出版，从《泉州商报》已刊载的150多位封面人物遴选90位商界精英，结集汇编。全书收录创业元勋许连捷、林树哲、丁世忠、丁水波、周少雄，各商会会长陈水波、陈家泉、杜成剑、汤成霖、刘志康，华商骄子蔡聪妙、陈祖昌、陈守仁，以及行业新锐张澍楠、刘良、林宏楠、曾国强等商界代表的专访文章，集中展示这些企业家的创业历程、造牌之路、转型征程以及勇闯商海、爱拼敢赢的精神，以期读者了解这些企业家的真实一面，也为行业提供一份借鉴。

泉州港远洋渔业深沪作业区授牌

泉州港远洋渔业深沪作业区在深沪国家中心渔港授牌，泉州市远洋渔船回港和自捕鱼上岸将有便捷快速通关的渠道。泉州港远洋渔业深沪作业区完成码头围网、网络及路灯架设、现场作业房主体建设和联检大楼装修工作。同时，与作业区相配套的专用查验冷链场所也加紧扩建。泉州市远洋渔船总数54艘，成为福建省仅次于福州之后的远洋渔业大市。远洋渔业深沪作业区开放以后，不仅可以方便本地泉州籍的远洋渔船进港卸货，还可以辐射省内周边地区，为远洋渔业企业提供通关便利，为泉州规模化、产业化发展远洋渔业打下基础。

“辉煌泉州”摄影作品展举行

6月30日至7月6日，由市委宣传部、中国闽台缘博物馆、市旅游局、市文联主办，市摄影家协会承办“辉煌泉州”摄影作品展举行。展出的155幅光影佳作，均出自泉州市摄影家及摄影爱好者之手，围绕“海丝”起点、文都风采、辉煌成就、美丽家园四大主题，以独特的艺术视角为辉煌泉州留下精彩的定格。展品主题突出、技法娴熟、风格多样。每幅作品都散发着浓郁的乡土气息和迷人的文化韵味，多角度多层次展示泉州传统与现代、海洋与陆地、本土与异域交融荟萃的生动场景，直观反映现代化泉州的时代风貌和名城、文都、“海丝”的独特风韵，是泉州摄影艺术家和摄影爱好者深入生活、潜心创作的成果展现。

展览现场　　（图/李芸生）

泉州选手王乌品夺得全国田径冠军赛女子三级跳远冠军

2015年全国田径冠军赛暨大奖赛总决赛在北京鸟巢体育场结束全部比赛，福建队获4枚金牌，其中刚获得亚锦赛冠军的泉州市南安籍运动员王乌品夺得女子三级跳远冠军。此次赛事云集全国各省、市、自治区的1500余名运动员，角逐除马拉松和竞走项目以外的所有42个田径项目。在女子三级跳远比赛中，泉州选手王乌品最终以13.99米的成绩勇夺冠军，为福建田径队再添一枚金牌。浙江队王蓉以13.71米获亚军，广东名将李艳梅仅跳出13.63米，名列第三。此次比赛，王乌品还参加跳远决赛，并以6.43米为福建队夺得一枚银牌。王乌品是南安体育运动学校培养出来的本土运动员，原来的主项是跳远，但2015年开始参加兼项三级跳远比赛，并屡获佳绩。在5月举行的全国跳跃精英赛上，王乌品在第四轮跳出14.10米，将自己的室外最好成绩提升43厘米。14.10米的成绩在本赛季可排名世界第二。

6月30日

星期二
农历乙未年五月十五
温度：27℃—34℃
多云

●29—30日，市十五届人大常委会第二十五次会议召开。

●2015年泉州晚报社读者节暨《泉州晚报》创刊30周年活动在泉州晚报大厦启动。

●6月30日至7月6日，由市委宣传部、中国闽台缘博物馆、市旅游局、市文联主办，市摄影家协会承办“辉煌泉州”摄影作品展举行。

●泉州港远洋渔业深沪作业区在深沪国家中心渔港授牌，作业区完成码头围网、网络及路灯架设、现场作业房主体建设和联检大楼装修工作。

●2015年全国田径冠军赛暨大奖赛总决赛在北京鸟巢体育场结束全部比赛，福建队获4枚金牌，南安籍运动员王乌品夺得女子三级跳远冠军。

7月1日

星期三
农历乙未年五月十六
温度：27℃—34℃
多云

●市委常委会召开，传达学习全省设区市负责人座谈会和省委上半年经济形势分析会精神，部署下阶段工作。

●市人大常委会主任陈万里到重点联系的晋江市、晋江市英林镇和挂钩联系的英林镇沪厝垵村，督促指导基层做好村级换届选举工作。

●全市“促进项目落地 帮扶企业发展”第二个活动周启动。

●温惠榕到安溪县湖头镇开展“促进项目落地 帮扶企业发展”活动。

●1—2日，市人大常委会组织开展行政诉讼法执法检查。

●泉州市公积金缴存限额实行新标准。

●《预防职务犯罪漫画宣传手册》首发。

●首批免签入境台胞从石井码头入境泉州。

●经停泉州动车首次驶上合福高铁。

●由市慈善总会和泉州晚报社主办的“共同托起他们的理想’15行动”启动。

●全市口岸系统庆“七一”羽毛球友谊赛举行。

●全市449艘灯光围（敷）网作业渔船解禁开渔。

●鲤城区通过创建全国基层中医药工作先进单位复审。

●由晋江市政府主办的2015年晋江市大中专毕业生就业创业对接会在中国海峡（晋江）人才市场举行。

●晋江市法院人民陪审员集中公开宣誓仪式举行。

市委常委会传达全省设区市负责同志座谈会和省委上半年经济形势分析会精神

市委常委会召开，传达学习全省设区市负责同志座谈会和省委上半年经济形势分析会精神，部署下阶段工作。就下阶段工作，会议强调五点意见。一要拿出担当意识抓落实。各方块要抢抓全国经济企稳、“双降”货币政策推出等契机，盯紧目标进度，查找工作薄弱环节，制订精准措施，力促下半年主要指标逐月回升；要严肃问责“无动于衷”“麻木不仁”等不作为行为，激发责任担当，层层传导压力，实现全年经济社会发展各项目标任务。二要下一线，力促经济企稳回升。具体而言，就是要突出“三比一看”开展工作检查，通过“促进项目落地、帮扶企业发展”活动周加强政企互动，对各级稳增长政策兑现落实情况开展年中督查，确保用好用足政策。强化投资拉动，着重抓好重点项目进度，突出解决融资问题，集中攻坚突破一批滞后项目，稳定房地产投资，加快筹划和开建吉永泉铁路等重大基础设施项目，完善市县两级主要领导亲自抓、亲自跑、亲自协调调度重点项目的机制。三要加紧筹备省在泉州召开的推行智能制造和产业转型升级现场会，促进产业转型升级。特别是要着眼全市大局，制定和实施产业转型升级路线图，突出解决创新服务能力不足问题，加强平台和人才的引进，创新金融服务，加大市县两级资源整合力度以及对转型升级工作和泉州制造2025纲要实施的考评和督促。四要抓“三严三实”专题教育，推进干部作风改变。因应经济新常态，培养敢于担当、有创新思路和举措的干部作风新常态；找准“不严不实”问题，把“严”和“实”的要求体现到抓各项工作落实上，营造风清气正、干事创业良好环境。五要高度重视安全生产工作。开展高温天气化工行业专项整治、道路交通专项整治，落实防汛防台各项工作，做好学生暑期安全工作，防范各类安全事故，最大限度降低人民群众生命财产损失。

全市“促进项目落地 帮扶企业发展”第二个活动周启动

1—10日，全市开展第二个“促进项目落地 帮扶企业发展”活动周。期间，市委、市政府领导用五个工作日时间，分别带队到各自挂钩联系的县（市、区），抓项目、抓企业、促发展。4月上旬，泉州市启动首个“促进项目落地 帮扶企业发展”活动周，取得明显实效。在此基础上，第二个活动周突出“三比一看 勇担当 打头阵”的实践主题，落实省委、省政府工作检查精神，力促项目落地投产，精准帮扶企业，推动经济进一步企稳向好，各项工作出现新突破、新气象。

首批免签入境台胞从石井码头入境泉州

国务院新修订的《中国公民往来台湾地区管理办法》正式施行，是日起，台湾同胞免签注可来往大陆。是日上午11时许，在泉金航线石井码头，作为第一班入境的“泉金”轮抵达码头，56名台胞在泉州边检站官兵的帮助下，成为首批免签入境泉州的台胞。在免签新政实施后，每名台胞平均通关速度仅需10秒，为台胞往来大陆创造极大便利。

台胞免签入境泉州　（图/林劲峰　庄励清）

经停泉州动车首次驶上合福高铁

300多名旅客从泉州动车站上车，搭乘首趟沿合福高铁开行、经停泉州的G324次厦门—北京列车。今后，泉州市民可搭乘沿线列车，到达原本没有通动车的省内南平地区，出省速度也进一步得到提升。图为旅客从泉州动车站上车。（图/林劲峰）

全市领导干部大会召开
郑新聪任市委书记　康涛任市委副书记

市委全市领导干部大会召开。省委决定：郑新聪任中共泉州市委书记；康涛任中共泉州市委委员、常委、副书记。省委常委、组织部部长姜信治就做好泉州当前工作提出五点要求。一要把握国家扶持产业升级的机遇，推进信息化与工业化深度融合，实施创新驱动发展战略，改造提升现有传统产业，通过技术创新、市场创新、产品创新、管理创新等做大做强企业，打造泉州产业升级版。二要全面实施“数控一代”示范工程和“泉州制造2025”行动计划，坚持一县一业、一村一品，挖掘特色产业潜力，带动相关产业发展，发展壮大县域经济。三要大胆先行先试，深化拓展“金改”“综改”，丰富“晋江经验”，实施“四张清单”制度，加大转变政府职能力度，营造大众创业、万众创新的体制机制环境。四要更加重视民生工作，千方百计增加城乡居民收入，想方设法开发就业岗位，下大气力办好惠民实事。五要落实全面从严治党责任，推进党的思想政治建设和作风建设，加强党风廉政建设，严明党的政治纪律和政治规矩，高标准推进“三严三实”专题教育，开展“三比一看”活动，激励党员干部奋发有为、敢于担当、廉洁奉公。郑新聪表示，要全力以赴维护经济运行稳定、干部和企业家队伍思想稳定以及社会安定稳定。泉州有科学发展跨越发展的重大机遇，但同时也面临持续加大的经济下行压力，希望大家按照市委、市政府既定部署，保持工作连续性、措施连贯性、政策实效性，完成好各项目标任务。要以“三严三实”教育为契机，以谷文昌等先进人物为榜样，提振全市的精气神，营造你追我赶、干事创业的氛围。要围绕市委既定的“三大战略”，以落实论“英雄”。要坚持发展第一要务，坚持一线工作法，坚持正确用人导向，拓展“晋江经验”内涵，创新体制机制。抓好民生各项事业，把泉州建设得更加美好。要落实从严治党的主体责任和监督责任，带头讲政治、顾大局、守纪律，在大是大非面前坚决与中央保持一致，与省、市委保持一致。要把安全、平安作为关心干部、推动工作的前提和基础，严格要求，严格管理，促进全市各级班子和干部遵纪守法、履行一岗双责和企事业单位安全生产主体责任，以更良好的状态做好工作。在今后工作中，将更加严格要求自己，严管亲属和身边工作人员；精诚团结，公平处事，接受各方监督，支持各套班子依法依规履职；贯彻执行民主集中制，有事多商量，遇事敢担责，坚决让组织放心，一定让人民满意。康涛表示，将加强学习、提高素质，尽快熟悉市情、融入泉州、完成岗位角色转变，把各项工作抓好、抓实、抓出成效。将改革创新、推动发展，全力保稳、求进、攻坚，抓好年初《政府工作报告》和各项既定工作实施，抓一批大项目、好项目的引进、落地和建设，推动泉州科学发展、跨越发展；抓好“金改”、综改、新型城镇化等多项国家级改革试点，提升“东亚文化之都”，加快建设“21世纪海上丝绸之路先行区”，营造有利于大众创业、万众创新的政策环境和社会氛围。将牢记宗旨、执政为民，把群众利益放在首位，为群众办实事、解难事、做好事，把市民的期待变成我们的行动，把市民的希望变成生活的现实。将忠于法律、依法行政，提高政府工作的规范化、制度化、科学化水平，落实市委各项决策，执行市人大及其常委会的决议，自觉接受人大法律监督、工作监督，政协民主监督，群众监督和舆论监督，加强政府自身建设，建设人民满意政府。将坚守底线、廉洁从政，落实八项规定，自觉践行“三严三实”，恪守廉洁从政的各项规定，坚持秉公用权、廉洁用权，清清白白做人、干干净净干事，为泉州的发展、为泉州人民的幸福生活而奋斗。

大会现场　　（图/陈起拓）

7月2日

星期四
农历乙未年五月十七
温度：27℃—33℃
多云转阵雨

●全市领导干部大会召开，郑新聪任中共泉州市委书记，康涛任中共泉州市委委员、常委、副书记。

●市政府党组（扩大）会议召开，传达学习省委决定和全市领导干部大会精神。

●泉州市组织收听收看全省征兵工作电视电话会，并相继召开市征兵领导小组会及全市征兵工作视频会，总结2014年征兵工作情况，部署2015年征兵工作。

●杨俊峰到洛江区开展“促进项目落地　帮扶企业发展”活动。

●在组织收听收看全省进一步扩大城乡建设领域有效投资视频大会后，泉州市随即召开会议，部署扩大城乡建设领域有效投资的相关工作。

●旨在推进“海丝”起点泉州与“陆丝”起点西安两地丝路旅游的座谈会在泉州举行，泉州、西安两市在会上签署《泉州西安丝路旅游交流合作协议》。

●市物价部门到泉州市第一医院及市区部分药房开展专项检查，重点检查是否存在借药品价格改革之机实施扰乱市场价格秩序的十种违法行为。

●由市教育局、泉州邮政公司、泉州晚报社主办的“纪念中国人民抗日战争胜利70周年”公益观影活动在泉州闽南影城启动。

7月3日

星期五
农历乙未年五月十八
温度：26℃—32℃
阵雨转多云

●郑新聪到晋江市走访企业。

●央行发布《2014年中国区域金融运行报告》，5处提及泉州“金改”工作。

●全市农村土地承包经营权确权登记颁证工作推进会召开。

●省方志委调研组到泉州调研地方志工作。

●由泉州市经信委会主办，泉州市电商中心、泉州市电商协会等承办的“互联网+”标杆企业交流会在南安市举行。

●石狮市民文明巡访团成立。

●石狮市宣传系统“颂歌献党”诗歌朗诵晚会举行。

●邵武旅游推介会在泉州举行。

郑新聪到晋江市走访企业

市委书记、市长郑新聪到晋江市走访企业，与企业家座谈，探讨转型升级良策。郑新聪听取安踏、特步等龙头企业和达丽、七彩狐等中小企业的意见和建议。郑新聪表示，企业转型升级的思考和建议，对党委、政府精准施策、有效帮扶很有启发。各级各相关部门要多与企业、专家、人才面对面交流，让转型升级的方向更为明晰。郑新聪要求，全市要增强机遇感和紧迫感，在全省推进新一轮产业转型升级中，先行一步、打造“样板”，政府、企业、研究机构、行业协会联手梳理产业转型升级路线图，携手抢占新一轮发展制高点。要突出龙头企业引领作用，加快做大做强，推广升级样板，深化产业链协作。要加快推进“数控一代”和智能制造，根据各行业特色探索“互联网+”，推动技术、管理、产品、商业模式等全方位创新。要加快构建智力支撑体系，引进高端创新平台，撮合平台与企业紧密对接，聚集和培养创新人才。郑新聪强调，转型升级不是独角戏，政府和金融服务也要跟上。要紧贴企业和行业需求精准施策，为转型升级提供更多金融支持。要鼓励和引导泉州籍企业家扎根泉州、回归泉州，提升政府服务水平，优化发展环境。要总结提炼晋江的好经验好做法，为全市发展提供借鉴。

央行《2014年中国区域金融运行报告》五次提及泉州金改工作

央行发布《2014年中国区域金融运行报告》（以下简称《报告》）。《报告》中5处提及泉州金改工作，指出泉州金改区在小微企业金融服务等方面取得积极进展，并肯定泉州市设立小微企业贷款增信基金，成立小微企业助保贷平台，推出“无间贷”和无还本续贷等金融产品，开展内保外贷业务等多项工作。《报告》认可泉州在小微企业金融服务方面的工作进展，指出“温州、广东珠三角、福建泉州、云南和广西、青岛等5个金融改革试验区分别在民间融资管理、互联网金融、小微企业金融服务、跨境人民币业务、财富管理等方面取得积极进展。”《报告》指出：“福建泉州金融服务实体经济综合改革试验区设立小微企业贷款增信基金，成立8个小微企业助保贷平台，推出‘无间贷’、无还本续贷等76项小微企业金融产品与服务模式创新。”《报告》对泉州金改在服务实体经济、泉台金融合作等领域给予肯定，指出“区域金融改革不断完善，温州、广东珠三角、福建泉州、青岛等国家级金融改革试验区各项改革措施稳步推进，服务实体经济功能日益增强。”作为央行《报告》的分报告，《2014年福建省金融运行报告》认为泉州金改的小微企业续贷模式创新，有效降低小微企业筹集转贷资金增加的融资成本，还有效修正贷款期限与实际经营期限错配对小微企业经营的影响，同时降低金融风险，避免转贷造成的小微企业资金链断裂。

全市农村土地承包经营权确权登记颁证工作推进会召开

全市农村土地承包经营权确权登记颁证工作推进会召开。按照2014年市政府召开的农村土地承包经营权确权登记颁证视频会议的总体部署，2015年开展试点工作，2016年全面铺开，争取2017年基本完成这项工作。全市共有2个试点乡镇、33个试点村完成航测工作，分别占试点乡镇、村数量的100%和83%，1个试点乡镇、33个试点村完成工作底图制作，2个试点乡镇、38个试点村完成权属调查任务。为保证此项工作顺利开展，泉州市成立联席会议制度并下设办公室。会议要求，市联席办要建立月通报制度，每月向各县（市、区）政府（管委会）进行情况通报，同时注意发现典型，推广成功经验做法，确保如期完成试点工作任务。

省方志委调研组到泉州调研地方志工作

省方志委副主任俞杰带领调研组到泉州，并在泉州市方志委召开调研座谈会，主要征求编制省“十三五”地方志事业发展规划纲要的意见。俞杰肯定“十二五”期间泉州市方志工作取得的成绩：修志工作上轨道、年鉴工作走前列、“四位一体”创经验、队伍建设迈大步，勉励同志们再创佳绩，同时对今后工作提出指导性意见。图为调研现场。（图/吴寿民）

泉州市在全省率先组织《中国共产党党组工作条例（试行）》示范培训

市直党工委近日牵头组织市直机关、驻泉省部属单位遴选120多名优秀党支部书记，以示范培训的形式抓好中央刚刚颁布的《中国共产党党组工作条例（试行）》宣传解读和学习培训。此次关于《中国共产党党组工作条例（试行）》的宣传解读和学习培训，在全省各地市中属于率先开展。此次示范培训强化问题导向，具有较强的针对性和可操作性。紧密联系市直党组的履职实际，聚焦党组运行中存在的突出问题，对党组的设立、职责、组织原则、议事决策以及监督检查、责任追究等进行全面系统的解读，帮助党支部书记理解条例精神，准确把握条例主要内容及执行的各种要求、标准和尺度，让规矩了然于胸，使之成为真正“懂规矩”的人。同时强化服从意识，自觉接受领导和指导；强化沟通理念，凝聚党组、机关党工委和机关党组织三者协调抓机关党建的合力，凝聚机关党建工作合力。同时，此次示范培训还安排“四个全面”战略思想、党建工作新要求及党支部书记履职规范等内容，以期增强机关党支部书记的政治意识和组织观念，提高他们服务群众的能力和履职本领，并对市直其他党支部书记培训作出示范。

泉州市建立公安与城管协调机制

为整合公安机关与城管执法部门的执法资源，及时依法处置城管执法类警情，维护良好执法环境，保障城市管理执法工作顺利开展，经市政府同意，市行政执法局、市公安局下发《关于建立协同机制依法处置涉及城管执法类警情的意见》，提出建立协同机制、依法处置城管执法“四原则”。一是“政府主导、城管主办、公安配合”的原则。二是实现公安与城管执法联动协同模式。三是抓好执法联动协同机制的落实。四是建立完善执法协同相关工作制度。

2015年“金秋助学”活动启动

由市总工会、东南早报等主办的2015年“金秋助学”活动启动。据统计，2000—2014年，泉州市“金秋助学”活动办公室筹集爱心助学资金3000多万元，资助1.4万名贫困生圆了求学梦。助学对象：主要是国家助学体系尚未覆盖，或已覆盖到但仍需进一步帮扶的困难职工家庭就学子女,重点关注艰苦行业和录取公办职业技术学院的困难职工就学子女。助学、奖学标准：对符合资助条件、当年录取为本科以上（不包括全公费类、私立院校或专业）的贫困生每人资助3500元，往届的资助2500元；大专应届的资助2500元，往届的资助1500元；中专、职校（高中）的资助1500元；高中以下的资助1000元；结对资助的一般每年不低于5000元。报送省总工会助学的困难职工家庭的大学生，要求是2015年应届高考录取的本科以上院校学生，但不包括全公费类、私立院校或专业学生。申请程序主要采取属地助学的方式，原则上由学生所在县(市、区)总工会牵头负责帮助，不再报送市总工会申请。

全市首个沼气发电项目接入电力系统方案获批

泉州供电公司近日完成对德化百川畅银新能源有限公司沼气综合利用项目工程的接入系统方案评审。该工程为泉州地区首个利用垃圾沼气作为燃料的新能源发电项目。沼气发电技术是集环保和节能于一体的能源综合利用新技术。其利用工业、农业或城镇生活中的大量有机废弃物，经厌氧发酵处理产生的沼气，驱动沼气发电装置，以产生电能和热能，具有创效、节能、安全和环保的综合效益。该沼气发电项目位于德化县，厂区距德化县城6千米，占地约300亩，利用德化县库容60.9万平方米的垃圾填埋场垃圾堆体产生的沼气，开挖沼气井，敷设沼气收集管道，将城市生活垃圾中有机物产生的填埋气送入燃气发电机组，把填埋气中的甲烷充分燃烧利用，减轻大气环境污染，创造清洁能源。因沼气发电接入电网系统方案审查在泉州地区尚属首例，泉州供电公司召集发展部、运检部、调控中心、信通公司、营销部及德化县公司的专业技术人员，对系统一次接入方式、电能质量、远动及保护、调度自动化、调度通信进行充分讨论，提出意见建议，形成评审意见，同意沼气发电项目接入电网系统方案，接纳清洁能源。

7月4日

星期六
农历乙未年五月十九
温度：25℃—29℃
阵雨

●市直党工委牵头组织市直机关、驻泉省部属单位遴选120多名优秀党支部书记，以示范培训的形式抓好中央刚刚颁布的《中国共产党党组工作条例（试行）》宣传解读和学习培训。

●市行政执法局、市公安局下发《关于建立协同机制依法处置涉及城管执法类警情的意见》，提出建立协同机制、依法处置城管执法“四原则”。

●由市总工会、东南早报等主办的2015年“金秋助学”活动启动。

●泉州供电公司近日完成对德化百川畅银新能源有限公司沼气综合利用项目工程的接入系统方案评审。该工程为泉州地区首个利用垃圾沼气作为燃料的新能源发电项目。

●泉州籍著名邮票设计家万维生追思会在泉州万维生邮票展览馆举行。

7月5日

星期日
农历乙未年五月二十
温度：25℃—30℃
多云转阴

●泉州市与中国新闻社签署对外传播战略合作框架协议。

●泉州市及三县级市成“多规合一”省级试点。

●2015年市区初中招生电脑派位举行，鲤城、丰泽5084名小学毕业生参加6所公办中学初中招生电脑派位。

●由鲤城区委宣传部、区文体新闻旅游出版局主办的鲤城区首届广场艺术节广场舞比赛在该区金龙街道开幕。

●由永春慈孝文化促进会主办的“感恩、自立”慈孝文化主题公益讲座在永春县桃溪实验小学开讲。

泉州市与中新社签署对外传播战略合作框架协议

泉州市与中国新闻社签署对外传播战略合作框架协议，启动泉州城市国际形象推广工程。标志泉州成为全国首个与中新社建立对外传播战略合作关系的地级市。双方将实现优势互补，促进彼此合作，提升泉州国际知名度和文化影响力。市委书记、市长郑新聪与中国新闻社社长章新新座谈，并签订战略合作协议。市领导翁祖根、陈庆宗参加相关活动。座谈中，郑新聪对中新社长期以来对泉州发展的支持表示感谢，并简要介绍泉州市基本情况。郑新聪表示，当前，泉州正融入福建“21世纪海上丝绸之路”核心区建设，打造“海丝”先行区，离不开主流媒体的关注、关心和支持。长期以来，中新社与泉州保持良好的合作关系，为海内外各界人士了解泉州，为泉州国际形象的推广发挥重要作用。此次签署对外传播战略合作协议，将深化双方的合作，共同传递泉州声音、展示泉州形象，提升泉州对外宣传工作的水平和层次，提高泉州城市的国际知名度和影响力。章新新表示，泉州文化特点鲜明，兼具包容性和海洋性，多元宗教文化在这里和谐共处，拥有著名侨乡、首批历史文化名城、首个东亚文化之都、民办特区等城市名片。2014年中新社率先在泉州举办“21世纪海上丝绸之路高端论坛”和“新丝绸之路华媒万里行”活动，得到不同国家华人华侨与港澳台同胞的响应。泉州是全国首个与中新社建立战略合作关系的地级市，中新社将依托此次建立的平台和机制，与本地媒体合作，多层次、多领域、全媒体、全方位地推广泉州国际城市形象，让世界认识中国、认识福建、认识泉州。根据战略合作协议，泉州市与中新社将建立重大突发事件联动处置机制、外宣信息共享、合作会议和联络协调机制等合作关系。而泉州城市国际形象推广工程，是由泉州市委对外宣传办公室牵头，联合市委对外宣传工作领导小组成员单位，共同组织开展的旨在提升泉州国际形象的五大系列工程。签约仪式上，泉州晚报社也与中新社海外中心签署海外合作办报协议。

泉州市及三县级市成“多规合一”省级试点

省政府近日下发关于开展“多规合一”试点工作的通知，明确泉州市、石狮市、晋江市、南安市等12个城市为福建省“多规合一”试点城市。通知提出，要探索经济社会发展规划、城乡规划、土地利用规划、生态环境保护规划等“多规合一”的具体思路，形成可复制可推广的“多规合一”工作经验和模式，形成“一本规划、一张蓝图”。同时，探索完善空间规划体系，建立相关规划衔接协调机制。根据“多规”的特点，将2020年作为规划的近期目标年，研究探索将2025年或2030年作为规划中长期目标年限的可行性和合理性。按照市、县的不同主体功能定位，以及上位规划要求，制定指导“多规合一”工作开展的思路或战略，统筹考虑经济社会发展规划、城乡规划、土地利用规划、生态环境保护规划等相关规划目标，研究确定“多规合一”的核心目标，合理确定指标体系，保障“多规”在发展目标、主要指标、保护性空间、开发边界、建设用地等空间管控内容的一致性。按照资源环境承载能力，合理规划引导人口、产业、城镇、公共服务、基础设施、生态环境、社会管理等方面的发展方向与布局重点。探索整合相关规划的空间管制分区，以土地二次调查成果基础上的变更数据为底图，划定城市开发边界、永久基本农田红线和生态保护红线，形成合理的城镇、农业、生态空间布局，探索完善经济社会、资源环境政策和空间管控措施。整合各类规划空间信息，规范和统一“多规”基础数据标准，建立多部门共建共享的规划空间信息管理平台及相关部门子系统，实现规划信息的“多规合一”和多部门业务信息的“互联互通”。

泉州城区一角　（图/市林业局）

市委常委会“三严三实”专题教育第一次集中学习研讨举行

市委常委会“三严三实”专题教育第一次集中学习研讨举行。市委书记、市长郑新聪主持研讨并作重点发言。市委副书记周银芳，市委常委陈沈阳、许昆贞、翁祖根、温惠榕、林伯前、林俊其参加会议。市人大常委会主任陈万里、市政协主席杨俊峰列席会议。常委们表示，要按照中央、省委、市委的部署要求，增强开展专题教育的自觉性和责任感，以高度政治自觉及时跟进理论知识学习，树立正确的权力观念、事业观念、法纪观念、道德观念和党性观念；要立足当前、站位全局、攻坚克难，以锲而不舍的韧劲推进泉州跨越发展，当好“领头羊”；要坚持更“沉下去”、实现更便捷服务、开展“治庸问责”专项行动，以钉钉子的精神推进作风建设；要坚定理想信念、严明纪律规矩、强化正己修身、把好用人导向、严肃正风肃纪，以“三严三实”为标杆带头净化政治生态。郑新聪在学习讨论结束时强调，开展“三严三实”专题教育，首要的是抓好学习教育、打牢思想根基，把“严”和“实”的要求立起来，以思想自觉引领行动自觉。市委班子成员必须带头学习，学深悟透，突出学习习近平系列讲话精神，用唯物的观点、辩证的思维、历史的担当来谋划推动新一轮发展，做真抓实干的表率；学改并进，查找“不严不实”问题，落实群众路线教育实践活动整改不到位、需要长期整改的事项，坚持思想问题和实际问题一起改，让群众满意；示范带动，既要以身作则，带头学习、带头查找问题、带头整改，又要督促分管部门扎实抓好专题教育；注重实效，结合分管工作，确定并推进“三比一看 勇担当 打头阵”实践比学项目，深入一线开展好第二个“促进项目落地 帮扶企业发展”活动周，更好推动2015年经济社会发展目标落实。

学习研讨现场　（图/陈起拓）

市政府与市政协2015年上半年专题协商会议召开

市政府、市政协2015年上半年专题协商会议召开，围绕贯彻市委常委会研究通过的《泉州市推动文明城市创建机制化常态化的实施意见》，就泉州市建立长效机制和四项管理实施细则（征求意见稿）进行讨论，征求市政协和市政协委员的意见。市领导郑新聪、杨俊峰、陈荣洲、卢炳椿、李建辉、陈灿辉、林万明、刘忠、吴共湖、苏小青、骆沙鸣、陈铭福、王祖耀、李冀平、王瑞强、陈益，市政府秘书长吴友才参加会议。市委书记、市长郑新聪指出，创建全国文明城市长效机制，重点要在“常”“长”二字上下功夫，更加注重“常态化、长效化”，才能真正管长远，治根本。要从制度入手，吸纳各方面的意见建议，对相关措施进行再完善、再细化，并从提升市民文明素质和加强监督问责两方面研究制定新的实施细则；同时要把创建全国文明城市与创建国家卫生城市、环保模范城市、园林城市、生态市等工作衔接起来。要从责任抓起，做到定责明确、履责到位、问责严格，每项工作要落实到单位、岗位和个人，对履职尽责情况要有常态化的督导和检查，该奖要奖，该罚要罚。要从细微处着眼，把创建的着力点放在为群众做好事、办实事、解难事上，加强保洁等机制创新。要全社会共同发力，加强宣传教育引导，发挥人民群众作为城市主人、创建活动主体的作用。今后应坚持市政府与市政协重要事项事前协商制度，每年选择一两个群众关心、党委政府亟待解决的热点问题，展开深入协商。市政协主席杨俊峰就中心市区集贸市场治理、卫生保洁、道路交通整治、市政设施维护等提出具体意见。

会议现场　（图/陈　翔）

7月6日

星期一
农历乙未年五月廿一
温度：27℃—33℃
多云

- 市委常委会“三严三实”专题教育第一次集中学习研讨举行。
- 市十五届人大常委会第四十四次主任会议和市十五届人大常委会第二十六次会议召开。
- 市政府与市政协2015年上半年专题协商会议召开。
- 石狮市成为全省首个教育综合改革实验区。
- 2015年清华大学研究生社会实践南安市试点基地活动启动。
- 南安市2015年金秋助学活动启动，安排137万元为510名本专科特困新生圆大学梦。

7月7日

星期二
农历乙未年五月廿二
温度：24℃—29℃
阵雨

●郑新聪检查部署防御第9号、10号台风工作。

●郑新聪到南安市调研村级组织换届选举工作。

●市政府与中国农业发展银行福建省分行签订战略合作协议。

●泉州市防御第9号、10号台风视频会议召开。

●杨俊峰到洛江区开展“促进项目落地 帮扶企业发展”活动。

●7—8日，周银芳到石狮市开展“促进项目落地 帮扶企业发展”活动。

●陈沈阳到南安市开展“促进项目落地 帮扶企业发展”活动。

●7—8日，陈庆宗、陈荣洲到德化县开展“促进项目落地 帮扶企业发展”活动。

●市政协重点提案《关于加强中心市区古城区建设与保护的提案》办理协商座谈会召开。

●由市教育局和市教育基金会主办的2015年泉州市优秀外来务工人员子女夏令营开营。

●湖南卫视“汉语桥”栏目组到泉州木偶剧团拍摄取景。

●在晋江市集训的中国国家羽毛球队到晋江育婴院看望孤儿。

郑新聪检查部署防御第9号10号台风工作

市委书记、市长郑新聪到市防汛抗旱指挥部检查全市防御第9号、10号台风工作，听取防汛、气象、海洋与渔业、市政公用等部门情况汇报，了解台风的最新动态、未来走向和对泉州市可能造成的影响，并通过视频会商系统对各县（市、区）进行点对点指导。市委副书记、市政府党组书记康涛对防抗台风工作作批示。市防指总指挥、副市长林万明部署具体防御工作。郑新聪强调，各级各部门要贯彻落实省委、省政府要求和市防指工作部署，做好防御台风工作，确保人民群众生命财产安全。思想要重视。各级各有关部门务必提高警惕，保持清醒头脑和高度警觉，克服麻痹侥幸心理，制定全面周到的应对措施。责任要落实。落实“预警到乡，预案到村，责任到人”工作机制，加强“点对点”预警，第一时间发布信息，指导基层落实各项防范措施。措施要到位。要全面落实沿海防风防浪、工程安全度汛、城乡防洪排涝、地质灾害防御、人员安全转移和抢险救灾等工作。督查要严格。效能、防汛部门要通过电话抽查、实地检查等方式进行督查，杜绝工作懈怠、责任不落实、措施不到位等情况。机制要完善。上下信息要畅通、左右配合要密切，反应要灵敏，行动要迅速。

市区丰海路边的码头，渔民正在加固渔船（图/陈晓东）

郑新聪到南安市调研村级组织换届选举工作

市委书记、市长郑新聪带队到南安市英都镇、坂头村调研村级组织换届选举工作，并召开座谈会，与新当选村支部书记代表进行交流。市委常委、组织部部长陈沈阳，市委常委、秘书长、统战部部长翁祖根等参加调研。郑新聪指出，各级党委要从巩固党的执政基础的高度出发，履行党委主体责任，抓好村级基层组织阵地建设。要结合换届选举，解决好基层组织建设存在的“不想抓”的态度问题、“不会抓”的能力问题和“无力抓”的条件问题，乘势整顿软弱涣散基层组织，选优配强村党组织带头人。要在遵守基层组织法、选举法的基础上，发挥党组织政治优势和把关作用，把党员教育管理做到位，把群众思想认识引导到位，确保把党和人民满意的干部充实到村“两委”班子中。要解决换届选举中的难点问题，强化审核把关、督促指导，执行省、市关于村“两委”人选任职资格条件和“七不能”规定；坚持分类指导，对部分村情复杂、班子涣散、管理薄弱的难点村、重点村，“一村一策”研究制定措施；突出示范带动，推广选举过程中出现的好经验和务实管用的做法。要抓细抓实换届选举各项规定要求，严肃换届选举工作纪律，使参选人和党员群众都能懂规矩、守纪律，共同营造风清气正的选举环境。要加强工作领导、严明责任，按照省、市有关精神和部署要求，履职尽责、密切配合、形成合力，有步骤、有秩序地推进换届选举工作。换届期间，要一手抓好选举各项工作，一手抓社会的安定稳定。抓紧开展新任村干部培训，让其尽快熟悉情况、明确责任，特别是当前处于汛期，防汛抗灾、应急抢险工作绝不能断档。新班子要精诚团结，确保工作顺畅衔接。要因地制宜、统筹谋划农村各项工作，用发展来凝聚人心。调研期间，郑新聪还看望慰问困难老党员。

中国国家羽毛球队到晋江育婴院看望孤儿

在晋江市集训的中国国家羽毛球队到晋江育婴院看望孤儿。全体队员还自筹15万元，捐给育婴院的孩子们，帮助他们更好地生活学习。图为球队总教练李永波与孩子们在一起。

（图/戴涵琦 黄祖祥）

郑新聪到惠安县开展“促进项目落地 帮扶企业发展”活动

市委书记、市长郑新聪带队到惠安县开展“促进项目落地 帮扶企业发展”活动；同时，召开食品饮料行业专题座谈会，与惠安、晋江的10位企业家代表交流，为制定产业转型升级政策而问计。市委常委、秘书长、统战部部长翁祖根，副市长刘忠参加相关活动。郑新聪指出，近年来，泉州食品饮料行业规模加快扩张，2014年规上工业增加值约占全省40%；在2015年困难年景下，产业增加值仍增长13.3%、居全市五大传统产业之首。同时要看到，行业发展也面临同质化竞争激烈、深加工能力不强、本土资源开发不够、园区集聚发展水平较低等问题。今后，要把握行业发展“功能化、休闲化、绿色化”的消费升级趋势，增强转型升级信心，推广智能装备应用，支持龙头企业兼并重组、抱团合作。要坚持差异化发展，鼓励新产品研发和人才引进，借力“互联网+”推进线上线下融合、境内境外市场开拓，打造新的千亿产业集群。新食品安全法将于10月1日起实施，是“史上最严”的食品安全法。要高度重视质量安全，精心呵护企业、地域品牌。政府要加强食品安全监管和诚信体系建设，打击危害食品安全的行为，打击假冒伪劣产品，加强知识产权保护。

美国邮立达与晋江国际陆地港战略合作签约仪式举行

美国邮立达与泉州晋江国际陆地港战略合作签约仪式在晋江陆地港举行。美国邮立达公司中国总部CEO许聪漂和晋江陆地港跨境电商项目运营负责人签署战略合作协议。双方将就海外仓服务等战略构想进行合作。晋江陆地港是省内最便捷的外贸通关口岸之一，也是泉州地区唯一的跨境电商通关服务试点，是一个集国际陆港、保税物流、快件中心、跨境电商四大通关平台于一体的综合外贸通关平台。此次合作，美国邮立达将把晋江陆地港作为在中国出口电商货物的集货中心、泉州及周边零单散货的集货地，通过利用陆地港集货、拼货、拼柜、报关、商检、海关检验检疫等一条龙服务，解决电商货物“品类杂、款式多、数量少、批次多、海关查验率高”的问题，破解跨境电商物流瓶颈。许聪漂表示，晋江陆地港提供综合通关平台，邮立达提供海外仓及配送服务，双方拥有完美的契合点，同处于一条产业链的上中下游，将相互协作、资源共享，共同服务跨境电商，助推泉州制造业转型跨境电商。所谓的海外仓是指在除本国地区外的其他国家地区建立的海外仓库，一般用于电子商务。货物从本国出口通过海运、货运、空运的形式储存到该国的仓库，买家通过网上下单购买所需物品，卖家只需在网上操作，对海外的仓库下达指令便可完成订单履行。货物从买家所在国发出，大大缩短从本国发货物流所需时间。

泉州晋江陆地港　　（图/晋江陆地港）

发展中国家城市运输和交通规划研修班成员参观泉州海交馆

2015年发展中国家城市运输和交通规划研修班成员到泉州海外交通史博物馆参观。此次研修班由商务部组织，时间为6月25日—7月15日，参加的官员和技术人员来自东南亚和非洲地区的20多个国家。在中国期间，他们到济南、福州、厦门等城市考察和学习，而作为海上丝绸之路起点城市的泉州被列入重点考察交流城市，很大原因在于让外国友人了解中国与世界各国之间悠久的海交历史以及在交流和贸易中产生的深厚友谊。

7月8日

星期三
农历乙未年五月廿三
温度：25℃—28℃
阵雨

●郑新聪到惠安县开展“促进项目落地 帮扶企业发展”活动。

●杨俊峰到洛江区开展“促进项目落地 帮扶企业发展”活动。

●林俊其、李建辉到泉港区开展“促进项目落地 帮扶企业发展”活动。

●美国邮立达与泉州晋江国际陆地港战略合作签约仪式在晋江陆地港举行。

●2015年发展中国家城市运输和交通规划研修班成员到泉州海外交通史博物馆参观。

●鲤城区2015年度燃气安全知识培训班举办。

7月9日

星期四
农历乙未年五月廿四
温度：25℃—28℃
阵雨

●杨俊峰到洛江区开展“促进项目落地 帮扶企业发展”活动。

●省纪委监察厅发布消息称，南安市委原书记黄南康因严重违纪违法被开除党籍和公职。

●连日来，根据省、市部署，全市各地积极行动，全力防御第9号台风“灿鸿”和第10号台风“莲花”。

●泉州市水污染防治年度计划出炉。

●由鲤城区委文明办、区教育局、区总工会、团区委等主办的鲤城区2015年关爱未成年人“情系海丝 携手成长”快乐暑期志愿服务活动开营仪式举行。

●南安市“比招商、清闲地、促投资”百日竞赛活动启动。

全市各地全力防御“双台风”

连日来，根据省、市部署，全市各地积极行动，全力防御第9号台风“灿鸿”和第10号台风“莲花”。各县（市、区）抓早抓实，严防死守。中心市区及沿海区域防御工作全面推进。鲤城区、丰泽区、洛江区、泉港区、泉州开发区等地加强值班值守，根据各自辖区特点，强化沿江、沿海防风防浪、工程安全度汛、城市防洪防内涝、地质灾害防御等工作，对辖区水库、山围塘、水闸和地质灾害等展开全面检查，做好抢险救灾准备，确保人员安全。石狮市、晋江市、南安市、惠安县、泉州台商投资区等地做好沿海渔船、渔排防风避浪等安全防范、水利工程的安全度汛、海上防台风工作，及时加固防护措施，及时转移施工人员及施工船只；做好旅游景点、危险地带人员转移、学生安全管理、水利工程巡查值守等各项工作；强化物资准备，加强值班值守。安溪县、永春县、德化县等山区严阵以待，强化值班值守，及时发布台风最新动态；加强对地质灾害隐患点、水利工程设施等巡查排查力度，对地质灾害点和不稳定斜坡进行挂牌示警，制定科学的防洪调度方案，做好预泄，腾库纳洪。

泉州市水污染防治年度计划出炉

市重点流域水环境综合整治工作领导小组办公室印发《泉州市水污染防治2016年度计划》。根据国家《水污染防治行动计划》和《福建省水污染防治行动计划工作方案》、市政府《关于印发水污染防治行动计划工作方案的通知》中确定的年度工作任务，2016年，全市重点推进工业污染防治、城镇生活污染治理、农业农村污染防治、船舶港口污染控制、水资源节约、水环境管理、保障水生态安全、近岸海域生态环境保护、健全市场机制和提高监管水平十个方面58个项目。为严格落实责任，确保水污染防治工作顺利有序开展，泉州市还建立目标任务考核制度，考核各地水质目标完成情况和年度计划任务完成情况，并将其纳入县（市、区）党政生态环保目标责任书进行考核。

相关链接：2016年水污染防治主要目标：全市主要流域水质优良（达到或优于Ⅲ类）比例达100%，Ⅰ—Ⅱ类水质比例达53.33%以上；辖区内问题突出的小流域得到有效治理，达到年度考核目标。市级集中式水源地水质全部达到或优于Ⅲ类，县级集中式水源地水质达到或优于Ⅲ类的比例达95%以上；近岸海域水质优良（Ⅰ、Ⅱ类）比例达72%；主要湖库水质达标率力争达60%。各地完成党政领导生态环保目标责任书确定的城市黑臭水体年度消除目标。

鲤城区2015年关爱未成年人快乐暑期志愿服务活动启动

由鲤城区委文明办、区教育局、区总工会、团区委等主办的鲤城区2015年关爱未成年人“情系海丝 携手成长”快乐暑期志愿服务活动开营仪式举行。活动旨在使辖区青少年过上安全、快乐而富有意义的暑假，弘扬“奉献、友爱、互助、进步”的志愿精神，推动学习雷锋活动常态化、机制化，让少年儿童树立正确的世界观、人生观、价值观。开营仪式上，鲤城区为15个快乐暑期志愿服务营授予营旗，向暑期志愿服务队授予志愿服务队旗，并邀请资深青年志愿者为与会人员进行志愿服务基本知识培训，帮助活动参与者更好地了解志愿服务的基础知识，传播志愿服务理念。活动从7月10日开始至8月10日结束。活动中，79名志愿者为15个活动营的300余名学生提供阅读与赏析、文明礼仪、课外兴趣培养并开展课外主题实践活动等志愿服务内容。

南安市“比招商、清闲地、促投资”百日竞赛活动启动

南安市委、市政府召开“比招商、清闲地、促投资”百日竞赛活动动员大会，并下发《南安市2015年“比招商、清闲地、促投资”竞赛活动实施方案》，凝聚海内外南安人力量，提高招商选资质量和水平，推动南安经济转型升级。根据方案，南安将通过100天左右的努力，力争对接意向在谈项目100个，计划总投资约500亿元；成功签约项目70个，计划总投资300亿元（其中重大项目4个）；落地开工项目50个，计划总投资160亿元（其中重大项目2个）；总部经济项目5个；税源拓展项目5个，产生税收2.5亿元；并购重组项目2个，金额20亿元。招商的同时盘活闲置土地、促进经济增长，确保完成清理盘活各类闲置土地946公顷，完成固定资产投资180亿元以上的目标。

市政府党组“三严三实”专题教育第一次集中学习研讨举行

市政府党组“三严三实”专题教育第一次集中学习研讨举行。市委副书记、市政府党组书记康涛主持会议并作重点发言。市政府党组成员参加会议、非中共党员副市长列席会议。康涛指出，要通过全面系统的学习领会，把握精髓，内化于心，围绕“四个全面”的战略布局，弘扬“滴水穿石”“四下基层”“马上就办”等好传统好作风，把各项事业推向前进。在经济发展方面，市政府班子成员要解放思想、先行一步，做到分工不分家、分责不分力，拿出精准措施，提升应对实效，形成强大合力，更好发挥基层和集体智慧，为全国、全省改革创造经验。在廉洁从政方面，班子成员要带头贯彻从严治党要求，履行党风廉政建设的主体责任，清清白白做人、干干净净做事、堂堂正正做官，做到率先垂范、以上率下。在作风建设方面，要牢记群众观点，践行群众路线，加强依法行政，自觉接受监督，建设人民满意的政府。对照“三严三实”标准，康涛查摆自身存在的问题和不足，并表示，将结合“三严三实”专题教育，一手抓整改，一手抓发展，以坚持不懈的精神抓学习，以持之以恒的韧劲转作风，以务实高效的举措促发展，以全心全意的热情惠民生，把传承和弘扬“滴水穿石”“四下基层”“马上就办”等传统好作风贯穿于推动政府各项工作当中。下一步，市政府党组成员、副市长要继续提升学习研讨实效，做好示范带动，坚持问题导向，注重统筹兼顾，推动专题教育扎实深入开展，以实际工作成效检验“三严三实”专题教育成果。

康涛到南安晋江德化调研

10—12日，市委副书记、市政府党组书记康涛到南安市、晋江市和德化县企业和项目一线调研。康涛表示，长期以来，泉州人精神可嘉，爱拼敢赢、奋力争先，造就闻名全国的民营经济特区；泉州的企业根基扎实，专注实业、稳健发展，打造出金字招牌林立的品牌城市；泉州的社会充满活力，政企互动态势良好，创新创业氛围浓厚，各项工作都有很大成效。就下阶段工作，康涛指出，要坚定发展信心。面对困难就看谁能挺得住、挺得久，企业要传承发扬百折不挠的创业守业韧劲，咬紧牙关、开拓创新，在转型升级上先行一步，赢得发展主动权。各级政府要按照市委部署，做好服务、精准帮扶，找准行业扶持的关键点，完善和落实各项帮扶政策措施，与企业并肩作战、共渡难关。同时，各地要结合“十三五”规划编制，围绕自身特色和优势，厘清发展思路，明确主攻方向，强化保障措施，促进经济社会统筹协调发展，共同打造机制活、产业优、百姓富、生态美的现代化泉州。

市政协党组“三严三实”学习研讨会召开

根据市政协“三严三实”专题教育方案的要求和安排，市政协党组第一次学习研讨会召开。市政协党组书记、主席杨俊峰主持会议并讲话。市政协副主席吴共湖、苏小青、李冀平、王瑞强，秘书长洪川夫出席会议。杨俊峰指出，“三严三实”是对共产党人价值追求和政治品格的高度精练概括，明确领导干部的修身之本、为政之道、成事之要。全市政协党员和领导干部要把握严以修身的精髓要义和实践要求；要加强理论学习，提升驾驭市政协全局工作的能力和水平，把握政协协商民主建设的规律和特点，探索委员履职的新形式、新途径；要改进工作作风，坚持群众路线，提高发现问题、分析问题、解决问题的能力；要发扬滴水穿石的精神，抓好各项制度落实，按照“三严三实”要求，提振精神、增强执行力、立好风向标，在全市政协系统营造风清气正的工作环境。

高甲戏《郑成功》首演

由南安市高甲戏剧团编排的高甲戏《郑成功》在泉州首演。该剧从2014年开始筹备，于2015年5月落地初排，本月正式公演，获得观众及众多艺术家的好评。图为演出现场。

（图/南　宣）

7月10日

星期五
农历乙未年五月廿五
温度：26℃—34℃
多云

●市政府党组“三严三实”专题教育第一次集中学习研讨举行。

●10—12日，康涛到南安市、晋江市和德化县企业和项目一线调研。

●陈万里到惠安县开展“促进项目落地 帮扶企业发展”活动。

●市政协党组“三严三实”学习研讨会召开。

由省侨办和市政府主办的“内外架桥—海外侨商泉州行”项目推介对接洽谈会在泉州举行。

●市工商联（总商会）十三届六次常委（扩大）会议召开，学习贯彻中央统战工作会议精神及全国工商联十一届六次常委会议精神，通报上半年市工商联工作总结并部署下半年工作重点。

●10—11日，2015年福建省青少年摔跤锦标赛暨第一届全国青年运动会测试赛在福州长乐新区体育中心举行，泉州队获男团冠军。

●由南安市高甲戏剧团编排的高甲戏《郑成功》在泉州首演。

7月11日

星期六
农历乙未年五月廿六
温度：27℃—36℃
多云

●第十四届亚洲艺术节筹委会工作会议在泉州召开。

●2015中外艺术家泉州对话——回归与启航：首届国际当代陶瓷创作暨艺术论坛启动仪式在德化县举行。

●11—15日，泉台中学生交流活动举行，台湾台南市85名师生代表参加活动。

●由市教育局、市教科所主办的全市中小学美术教师写生教研活动在洛江区河市镇中心小学启动。

●"方寸之间的大洋世界——海上丝绸之路文化邮票展"在泉州海外交通史博物馆举行。

●泉州籍著名当代艺术家蔡国强个展"归去来"在日本横滨美术馆开幕。

●晋江青年创业公益基金启动。

●2015福建—泉州乳腺癌规范化综合治疗研讨会在泉州举行。

第十四届亚洲艺术节筹委会工作会议在泉州召开

第十四届亚洲艺术节筹委会工作会议在泉州召开。文化部副部长丁伟和副省长李红在会上讲话，市委书记、市长郑新聪主持会议，市委副书记、市政府党组书记康涛，市委常委、宣传部部长陈庆宗，及文化部外联局、省直有关部门、各项目承办单位相关负责人等参加会议。丁伟指出，从筹备会各方发言来看，此次亚洲艺术节立意高、规模大、基点高，内容丰富新颖，群众参与性强，省市通力合作，已搭建良好的框架和基础。下阶段，希望各方共同努力，将此次亚洲艺术节办成既有国际水平，又有福建和泉州特色的文化盛会。要进一步服务大局，配合国家周边外交，呼应"一带一路"战略；提升文化软实力，推动泉州的全面发展；服务人民群众，让更多百姓拓宽国际视野，欣赏国际艺术；打造具有中国特色的盛会，塑造有影响力的国际文化艺术品牌。要抓住重点、突出亮点，高水平策划、高效率实施；同时，严格遵守中央"八项规定"，坚持务实、节俭办节；做好各项安保工作，确保活动缜密周全、万无一失。李红指出，泉州举办第十四届亚洲艺术节，是福建建设"21世纪海上丝绸之路核心区"、落实"一带一路"战略在人文方面的重要部署。省市各相关部门要高度重视，从国家战略高度，放眼世界、统一思想、聚合力量，做好各项筹备工作。要精心谋划，细化活动方案；整合力量，建立高效有序的指挥体系，确保工作任务逐一落实；要加大宣传力度，吸引社会大众聚焦盛事，动员海内外泉州人参与。要主动及时地向文化部沟通汇报，与各项目单位对接，共同将本次亚洲艺术节打造成精彩出色的艺术盛会，在泉州城市发展、福建文化繁荣和亚洲文化交流上留下浓墨重彩的一笔。郑新聪在感谢文化部，省委、省政府和省直有关部门对泉州承办亚洲艺术节的指导和支持后表示，泉州各级各有关部门将按照筹备会议的要求，坚持奉献精神、增强责任意识、树立大局观念、增进协调配合，推进各项工作，力争把亚艺节办成一届精彩纷呈、广获赞誉的艺术盛会。

首届国际当代陶瓷创作暨艺术论坛在德化县举办

2015中外艺术家泉州对话——回归与启航：首届国际当代陶瓷创作暨艺术论坛启动仪式在德化县举行。来自国内及德国、法国、英国、美国、意大利、日本、新加坡、韩国等国的近30名国际知名艺术家与会。"中外艺术家对话"是在国务院新闻办公室、国家旅游局指导下，中国互联网新闻中心主办的国家级中外文化交流、中国文化对外传播高端活动品牌。在为期10天的活动中，艺术家们以泉州为题材，以陶瓷为载体进行艺术创作，并在泉州工艺美术职业学院举行主题艺术学术论坛。通过艺术创作与学术对话，挖掘中国传统文化内核，凝聚中外艺术家的力量，共同面对陶瓷艺术在今天的当代转化，推动"海丝"沿线国家和地区经济合作、文化交流，为"21世纪海上丝绸之路"建设贡献智慧。

泉台中学生交流活动举行

11—15日，泉台中学生交流活动举行，台湾台南市85名师生代表参加活动。台湾师生参观龙山寺、安平桥、清源山、开元寺、天后宫、中国闽台缘博物馆等泉州人文景观，感受"东亚文化之都"的文化底蕴，增进文化认同，并与泉州五中、泉州一中、培元中学、泉州七中 、晋江一中、晋江子江中学、石狮永宁中学的学生进行结对交流。

"方寸之间的大洋世界——海上丝绸之路文化邮票展"举行

"方寸之间的大洋世界——海上丝绸之路文化邮票展"在泉州海外交通史博物馆举行。本次展出的邮票是从旅美邮票收藏家陈友敏收藏的十几个系列二十多万枚邮票中遴选出来的、以突出海上丝绸之路为主题的，既有中国的珍稀邮票，也有国外的。如 1840年英国发行的世界第一枚邮票"黑便士"；清朝政府海关试办邮政，首次发行的中国第一套邮票——大龙邮票等。

晋江青年创业公益基金启动

由晋江青年商会发起的晋江青年创业公益基金启动。晋江青年创业公益基金属于公募基金，旨在鼓励、帮助、推动青年创业创新，促进青年成长成才，更好地推动青年创业创新。基金主要来源于青商理事的公益捐赠、社会捐赠及基金母本的增值部分等，根据专款专用、均衡使用、定向使用的原则，用于青年创业小额贷款贴息、定向支持优质青年创业创新项目等。

第十四届亚洲艺术节“网络亚艺节”启动暨官网上线仪式在泉州举行

由文化部和省政府主办的第十四届亚洲艺术节“网络亚艺节”启动暨官网上线仪式在泉州晚报大厦举行。文化部副部长丁伟，副省长李红，市委书记、市长郑新聪，人民网总编辑余清楚，市领导陈庆宗、张建生、周真平、李冀平等参加启动仪式。丁伟宣布第十四届亚洲艺术节“网络亚艺节”启动、亚艺节官网上线。李红在致辞中指出，当前，福建省和泉州市正在贯彻国家“一带一路”战略构想，加快“21世纪海上丝绸之路”核心区建设，举办第十四届亚洲艺术节，将为福建省和泉州市打造文化软实力、推进经济和城市转型提升发展，提供抓手和机遇。此次“网络亚艺节”启动暨官网上线标志第十四届亚洲艺术节整体宣传造势的开始。福建省、泉州市将在文化部指导下，依托网络空间，吸引亚洲艺术家和网民积极参与，促进文化惠民利民，提升城市品牌形象，为第十四届亚洲艺术节办出特色、办出精彩和办出实效奠定基础。郑新聪表示，为打破地域、时空限制，吸引更多“海丝”沿线国家人民关注和参与亚艺节，扩大文化惠民利民，本届亚洲艺术节创造性地设立“网络亚艺节”版块，以“互联网+亚洲艺术节”模式拓展活动空间，扩大亚洲艺术节的知名度和影响力。同时，本届亚艺节执委会按惯例设立官方网站，并与人民网、文化部文通网、中国文化网全程同步链接，作为信息发布总平台和“网络亚艺节”线上集成平台。两大平台的启动，标志第十四届亚洲艺术节正式开幕。市委、市政府将倒计时推进工作进度，高质量、高水准开展各项筹备活动，确保艺术节成功举办。余清楚表示，泉州作为海上丝绸之路重要的起点城市，拥有九日山、开元寺、崇武古城等众多历史遗迹，泉州人自古以来就有开拓进取、百舸争流的精神。人民网作为中国重要的新闻网站，希望与泉州市委市政府、泉州人民一起携手，办好第十四届亚洲艺术节，通过“网络亚艺节”这一平台，向世界推介亚洲最好的艺术、文化与艺术家，让亚洲艺术节的文化品牌更加响亮，让世界更加了解泉州，了解亚洲艺术。启动仪式后，与会者还检查了解第十四届亚洲艺术节筹备工作情况，察看亚艺节相关场馆、艺术公园项目等建设进展。

启动仪式　　（图/吴寿民）

2015年福建省少年篮球锦标赛在泉州举行

由省篮排球运动管理中心、市体育局承办的2015年福建省少年篮球锦标赛暨第一届全国青年运动会女篮测试赛在泉州海峡体育中心举行。图为比赛现场 。　　（图/郭冰德）

泉州籍著名音乐艺术家罗浪逝世

泉州籍著名音乐艺术家罗浪因病救治无效，在北京逝世，享年95岁。罗浪是中国音乐界传奇人物。原名罗南传，是泉州市德化县雷峰镇盖云岐人，是当代出色的革命音乐家和指挥家，也是新中国军乐事业的主要奠基人。1949年10月1日，中华人民共和国开国大典上，首次指挥《国歌》在天安门演奏。曾为《解放军进行曲》《三大纪律八项注意》《东方红》等经典乐曲改编和配曲。影响最广的作品是1945年创作的《哀乐》，60多年来，全国众多殡仪馆一直使用《哀乐》为葬礼配乐。罗浪在2002年获中国音乐最高荣誉奖“金钟奖”。

2002年军乐团成立50周年，罗浪在首都体育馆指挥国歌演出　　（图/资料图片）

7月12日

星期日

农历乙未年五月廿七

温度：27℃—36℃

多云

●第十四届亚洲艺术节“网络亚艺节”启动暨官网上线仪式在泉州晚报大厦举行。

●泉州市水上救生志愿者服务支队成立。

●2015年福建省少年篮球锦标赛暨第一届全国青年运动会女篮测试赛在泉州海峡体育中心举行。

●12—13日，2015年福建省青少年跳水锦标赛暨第一届全国青年运动会跳水测试赛在福州海峡奥体中心举行，泉州队谢瑾瑜获女子少年丙组5米跳台冠军。

●泉州籍著名音乐艺术家罗浪因病救治无效，在北京逝世，享年95岁。

7月13日

星期一
农历乙未年五月廿八
温度：27℃—34℃
多云

●13—14日，市领导到惠安县慰问驻泉部队。

●住房和城乡建设部、国家旅游局公布337个第三批全国特色景观旅游名镇名村示范名单，泉州市崇武镇、围头村一镇一村入选。

●泉州口岸全面启用关检“一站式”查验场，实现关检“一站式”查验模式全覆盖。

●“探寻海丝起点·文化寻根之旅”第二届“力为杯”海峡两岸高校大学生记者挑战赛在中国闽台缘博物馆启动。

●13—17日，2015年丰泽区优秀中学生纪念抗战胜利70周年——“红色之旅”夏令营举行。

泉州口岸实现关检“一站式”查验模式全覆盖

泉州口岸全面启用关检“一站式”查验场，实现关检“一站式”查验模式全覆盖。自6月26日泉州海关、泉州检验检疫局率先在石湖、围头口岸启动“一站式”查验监管模式以来，口岸通关效率提升较为明显。7月10日，海关总署、质检总局统一版“一次申报”系统在泉州关、检区上线试运行，为关检“一站式”查验提供运行后台支持。下阶段，泉州海关、泉州检验检疫局将加大协作力度，推广应用统一版“一次申报”系统，让更多进出口企业享受到“一站式”查验的改革红利。

崇武镇和围头村入选第三批全国特色景观旅游名镇名村

住房和城乡建设部、国家旅游局公布337个第三批全国特色景观旅游名镇名村示范名单，泉州市崇武镇、围头村一镇一村入选。此次全省有5个镇、4个村入选，分别是福州市永泰县嵩口镇、泉州市惠安县崇武镇、龙岩市上杭县才溪镇、宁德市福安市晓阳镇、宁德市福鼎市嵛山镇、福州市长乐市航城街道琴江村、三明市尤溪县洋中镇桂峰村、泉州市晋江市金井镇围头村、龙岩市武平县城厢镇云礤村。近年来，崇武、围头两地依靠当地特色产业走出一条可持续的旅游发展道路。崇武镇政府坚持“生态立镇”，崇武古城的开发与保护并行，渔港建设与沙滩保护并举；惠安女文化的保护和惠女民俗风情园的建设也成为崇武旅游的一道靓丽风景线。金井镇围头村立足“宜居宜业宜游”美丽新围头目标，全面推进2015年“乡村旅游提升年”和“领头雁工程提升年”建设，立志打造“海峡第一村”。

崇武风光　　（图/罗春日）

第二届“力为杯”海峡两岸高校大学生记者挑战赛在泉州启动

由团市委、市青年联合会、台湾中华杰出青年交流促进会主办的“探寻海丝起点·文化寻根之旅”第二届“力为杯”海峡两岸高校大学生记者挑战赛在中国闽台缘博物馆启动。在13—19日的活动中，海峡两岸近150名高校大学生记者结对走进开元寺、老君岩、泉州海外交通史博物馆等市区景点，通过游览历史遗迹，观赏南音、提线木偶等众多独具闽南特色的艺术瑰宝，深化对泉州“海丝”文化的认识。此外，两岸大学生记者还分为四个参赛组，分赴晋江—惠安、安溪—南安、永春—泉港、德化—石狮进行考察采访，并结合自身所见所闻所感，挖掘两岸同根同源的文化。主办方还邀请闽南文化知名专家学者和海外资深媒体人为两岸学子进行“闽南方言与地方文化特色”及“媒体专业知识”讲座。海峡两岸高校大学生记者挑战赛以台湾高校大学生记者为主体组团到泉州考察，在福建省对台青年交流工作中尚属首创。第二届挑战赛紧扣“海丝”主题、突出“青年媒体人”特色，以考察和竞赛为主要形式，让两岸青年人以不同的视野及人文背景，捕捉活动中的新闻切入点，并采用多种新闻体裁创作参赛作品。

启动仪式　　（图/吴寿民）

2015年丰泽区优秀中学生“红色之旅”夏令营举行

13—17日，2015年丰泽区优秀中学生纪念抗战胜利70周年——“红色之旅”夏令营举行。来自泉州九中、城东九中、东海中学的70余名优秀师生参与夏令营活动。开营仪式举行后，夏令营队伍到南京雨花台烈士陵园、中山陵、侵华日军南京大屠杀遇难同胞纪念馆、夫子庙，上海中共一大会址、外滩、上海自然博物馆、上海博物馆、嘉兴南湖、京杭大运河、浙江大学、杭州西湖曲院风荷等地参观。

康涛到鲤城泉港台商投资区调研

14—16日，市委副书记、市政府党组书记康涛到鲤城区、泉港区和台商投资区调研，市政府秘书长吴友才参加调研。在火炬电子、益海嘉里粮油、北车海峡轨道客车等龙头企业，康涛鼓励企业抓好技术研发和产品创新，提升核心竞争力，保持优势，实现更高水平发展。在泉港石化园区南山片区和福建联合石化公司，康涛指出，要按照省委、省政府提出的“抓龙头、铸链条、建集群”发展思路，填平缺失环节，延伸产业链条，做大做专做强，构建现代石化产业发展新体系，将泉港建设成为名副其实的绿色石化新城。在肖厝作业区，康涛了解了泊位运营和开发建设情况，表示应不断完善提升港口基础设施和综合服务能力，建好大港口，支撑大产业、大物流，实现产业港口城市良性互动发展。在江南学园，康涛要求学校建设要考虑学龄儿童年龄特征，更加注重安全设计和防护，最大限度消除安全隐患；抓紧按时按质推进学园建设，尽早投入使用，让新区群众早日“有学上、上好学”；相关部门要科学布局学园周边公交线路，用心做好学校周边的交通安全工作。在玉坂安置区，康涛特别交代台商区负责人，要以精品意识建好安置房，并完善就学、就医等设施，营造宜居环境。康涛还到源和1916创意产业园，对园区建设管理成效表示肯定，提出中心城区要把古城保护与“三旧”改造、产业转型升级有机结合起来，盘活资源，打造众创空间。调研中，康涛主持召开三场座谈会，听取各地工作情况汇报，与企业家代表共同研究应对经济下行压力、破解发展难题的办法，倾听基层代表对政府工作的意见和建议。康涛指出，面对新常态，企业家要直面挑战，坚定迎难而上的信心和决心；要实施创新驱动战略，发展新技术、新产品、新业态、新模式，加快转型升级，在激烈的市场竞争中赢得先机。各级政府要落实市委部署，与企业戮力同心，强化政策精准帮扶，提升服务效率，研究解决用工、用地、用电、融资等问题，为企业营造良好的生存发展环境；要更加注重以人为本、均衡发展，在稳步提高经济发展质量效益的同时，推进社会、文化、生态等事业全面协调发展。

泉台跨境人民币贷款业务启动

经中国人民银行授权，中国人民银行福州中心支行发布实施《泉州金融服务实体经济综合改革试验区开展泉台跨境人民币贷款业务试点管理办法》。标志泉台跨境人民币贷款业务启动。2012年12月,泉州市获中国人民银行批准，成为金融服务实体经济综合改革试验区（以下简称“泉州金改区”）。泉台跨境人民币贷款业务的开展，是泉州金改区获批以来取得的又一项重大的政策支持。按照该管理办法的有关规定，在泉州金改区内注册成立并在区内实际经营或投资的企业可以从台湾地区注册成立的银行业金融机构，包括中资商业银行在台湾地区设立的分支机构借入人民币资金，并通过泉州金改区内的银行业金融机构办理资金结算。在符合国家有关政策的前提下，贷款资金可用于泉州金改区实体经济的建设。贷款的利率、期限等事项由借贷双方按照贷款实际用途在合理范围内自主确定。泉台跨境人民币贷款业务的开展，一方面可以发挥泉州金改区的示范引领作用，满足泉州金改区企业生产经营融资的需求，推动境内企业充分利用“两个市场、两种资源”，加快产业发展和经济转型；另一方面也有利于促进泉台人民币资金的跨境流动，推动台湾地区人民币离岸中心的建设发展，为深化泉台经贸往来注入新活力。

福建省3000万元支持泉州智能制造

省政府下发《关于加快发展智能制造九条措施的通知》，明确规定，支持泉州加快推进“数控一代”促进智能装备产业发展的若干措施，推动泉州产业智能化跃升。省级财政一次性奖励泉州市3000万元，专项用于发展智能制造。福建省鼓励企业应用数控技术和智能装备进行智能化技术改造。省经信委选择一批成长性较好的企业，省级财政对其智能化技术改造项目按设备投资额的5%予以补助，最高不超过250万元；对省级龙头企业智能化技术改造项目、优势企业建设智能制造样板工厂（车间），省级财政均按设备投资额的8%予以补助，最高不超过1000万元。支持企业采用省内行业紧缺、技术水平达到国内领先的关键重大智能装备与系统，省经信委按设备购买价格的30%给予补助，最高不超过500万元。

7月14日

星期二
农历乙未年五月廿九
温度：27℃—34℃
多云

●14—16日，康涛到鲤城区、泉港区和台商投资区调研。

●泉台跨境人民币贷款业务启动。

●省政府下发《关于加快发展智能制造九条措施的通知》，明确规定，支持泉州加快推进“数控一代”促进智能装备产业发展的若干措施，推动泉州产业智能化跃升。省级财政一次性奖励泉州市3000万元，专项用于发展智能制造。

●市人大常委会关于泉州实体经济发展情况专题调研汇报座谈会召开。

●省司法警察训练总队社区矫正教科研基地在丰泽区司法局挂牌。

●14—17日，2015年全国少年击剑赛花剑比赛在上海举行，代表福建队参赛的泉州体工队选手获两枚金牌。

7月15日

星期三
农历乙未年五月三十
温度：27℃—33℃
多云

●市委常委会召开，传达贯彻省委九届十四次全会精神，部署下阶段工作。

●15—16日，郑新聪到丰泽区企业调研。

●郑新聪到市信访局接访群众。

●泉州市争创全国双拥模范城“八连冠”迎检工作动员部署会议召开。

●中国食品经销商发展论坛（福建）暨优秀厂商合作峰会在晋江SM国际展览中心举行。

●泉州市争创全国双拥模范城“八连冠”迎检工作动员部署会议召开。

●全市首个新能源汽车电动公交充电站项目启用。

●15—17日，2015年福建省青少年武术套路锦标赛暨第一届全国青年运动会测试赛在福州连江县体育公园综合馆举行，由泉州剑影实验学校选手组成的泉州市代表队获团体总分第一名，并提前为泉州市代表团赢得一枚2018年省运会金牌。

市委常委会传达贯彻省委九届十四次全会精神

市委常委会召开，传达贯彻省委九届十四次全会精神，部署下阶段工作。市委书记、市长郑新聪主持会议，市委常委参加会议，市人大常委会、市政协党组主要领导列席会议。会议指出，省委全会是全省跨越发展关键时期召开的重要会议。各级各部门要将全会精神贯穿于“十三五”谋划，将转型升级作为泉州发展的内在需要，立足抢抓、深入具体，明确方向路径，把思想和行动统一到省委决策部署上来。市委将召开全会，贯彻省委全会精神，全面部署全市转型升级工作。会议要求，要深入周密调查研究，做好全会筹备工作，倒排进度推进相关文件的起草完善；广泛征求意见，逐个梳理三次产业和制造业九大产业集群转型升级的目标任务、方向路径和工作重点；全面激发企业内生动力，宣贯政策、推广经验，动员更多企业主动参与这场“突围”战。要深入调查研究，抓好十三个专题调研，负责领导一定要亲自抓，带头思考谋划、研究推动；思路视野一定要更开阔，既要立足泉州，也要跳出泉州看泉州；务虚务实一定要相结合，充分听取企业意见，了解企业需求，摸清症结所在，共同研究对策，推动成果转化。要深入对接政策，千方百计突破瓶颈制约，对接省上专项，加大宣传力度，加紧组织申报，争取更多支持；先行突破创新服务平台和人才制约；逐一制定实在的配套政策。会议强调，各级各部门要振作精神，不让当前的困难变成中长期的困难。要深入一线调度，推进当前各项工作。要抓好全省智能制造暨创业创新现场推进会的筹备，当好东道主，并以此为机会分行业推广、分块推进、深入务实研究存在问题，理清下一步突破重点，确保“数控一代”应用持续走在全省前列。要抓好外资（台资）产业链项目招商和北京央企产业招商。

郑新聪到丰泽区调研

15—16日，市委书记、市长郑新聪带队到丰泽区调研，走访企业。市委常委、秘书长、统战部部长翁祖根等参加调研。郑新聪指出，当前，服务业已成为推动制造业转型升级和经济整体增长的重要引擎。一要突出解决“小”的问题。更加重视服务业发展，坚持线上线下并举，生产生活服务业并重，推动新老业态共同发力；各地要研究新趋势新业态、务实制订规划计划、配套相关政策措施，推进三产的总量突破。二要突出解决“融”的问题。党委、政府要大力撮合，把促进服务业和制造业融合发展，作为新一轮发展重中之重，做强文创设计、物流配送、安装售后服务、科技服务、金融服务各环节，把泉州制造业的优势发挥到极致。三要突出解决“专”的问题。鼓励企业专注专业、上下拓展，细分产业领域；做好点对点上门服务、量身制订“一企一策”，筛选名列前茅、潜力突出的企业，在初创期、成长期、上市期等关键节点上给予支持，加快打造具备核心竞争力的公共平台，吸引更多优势企业和人才集聚泉州。四要突出解决“扶”的问题。坚持放开搞活、简政放权，为企业减轻负担，让企业“轻装上阵”；出台精准措施，加强政策引导、牵线搭桥、宣传推广。同时，要扶持丰富多彩的生活服务业，加快公共服务社会化，实现政府与社会的“双赢”。五要合力营造“众创”氛围。加强政企互动，以问题为导向，搬走限制性门槛，出台扶持大众创业、万众创新的针对性措施，建设平台空间，推动服务业集聚发展。

泉州市争创全国双拥模范城“八连冠”迎检工作动员部署会议召开

泉州市争创全国双拥模范城“八连冠”迎检工作动员部署会议召开。市委副书记周银芳指出，要深化认识，增强双拥创建工作的责任感和紧迫感。创建工作是弘扬双拥光荣传统的必然要求，是提升双拥工作水平的重要载体，是加强军政军民团结的有力保障，也是建设新泉州的现实需要。要强化措施，高标准完成双拥创建各项工作。学习领会新形势下双拥工作的新要求，对照实施方案明确创建责任目标，采取得力措施按时完成创建任务，开展自查自纠提高创建工作水平。要凝心聚力，确保实现双拥创建整体目标。把创建工作作为“一把手”工程来抓，做到组织领导到位、协调配合到位、舆论宣传到位、督查考核到位，确保“八连冠”目标实现。

市委学习贯彻中办《关于加强人民政协协商民主建设的实施意见》座谈会召开

市委学习贯彻中央办公厅《关于加强人民政协协商民主建设的实施意见》座谈会召开。市领导杨俊峰、周银芳、翁祖根、卢炳椿、吴共湖、苏小青、骆沙鸣、陈铭福、王祖耀、李冀平、王瑞强，市政协秘书长洪川夫出席。市政协主席杨俊峰指出，全市各级政协组织、政协各参加单位要学习贯彻实施意见精神，把思想统一到中央的决策部署上来，采取多种形式组织学习，强化宣传，贯彻落实。要坚持围绕中心服务大局，发挥协商民主重要渠道作用。针对泉州市经济社会发展和全面深化改革的重大问题，加强调查研究，积极建言献策；持续关注民生事业发展，注重反映群众心声，自觉履行社会责任，协助党委、政府做好协调关系、理顺情绪、化解矛盾等工作；把握两大主题，凝心聚力，为各民主党派、工商联和无党派人士履职创造条件，密切与社会各界人士和港澳台侨同胞的联系沟通。要加强政协组织履职能力建设，全面提升政治把握、调研视察、联系群众、合作共事能力，提高协商议政水平。市委副书记周银芳强调，要高度重视实施意见的学习贯彻，统一思想，抓好学习，营造氛围，推动落实。要支持人民政协有效履职，拓展协商形式，促提协商质量，强化协商保障，重视协商成果，做到协商站位有高度、议题有深度、形式有广度、建言有信度、成果有力度。要加强和完善党对人民政协协商民主建设的领导，各级党委、政府要高度重视、统筹加强协商民主建设，完善工作机制，发挥政协党组领导核心作用，为泉州市科学发展跨越发展营造团结和谐的良好环境。会上，11位民主党派、工商联和县（市、区）政协负责人等，围绕学习贯彻实施意见交流讨论，并提出意见建议。

座谈会现场　　（图/陈　翔）

2015年闽台（泉州）食品交易会在晋江市举行

16—18日，由中国国际贸易促进委员会福建省委员会、台湾食品发展协会、台湾整厂发展协会、台湾包装设计协会、欧中食品文化交流协会主办的2015年闽台（泉州）食品交易会在晋江SM国际展览中心举行。交易会展馆面积近2万平方米，设置1000个标准展位，设置品牌企业、休闲食品、欧台工艺技术、食品加工包装机械、食品原辅材料及添加剂、动漫品牌授权及包装设计6个专业展区与中国台湾、欧洲食品馆，设置食品品牌企业馆吸引境外知名食品企业参展。境内外311家企业参展，其中，境外企业79家，涉及意大利、美国、法国、日本、新加坡等16个国家和地区。本届交易会意向合同成交额人民币65.3亿元，同比增长30.6%，客商人次4.3万，同比增长22.9%。

泉州检验检疫局工作人员在交易会现场开展进口酒类监督巡查　　（图/泉州检验检疫局）

2015年美国华裔青少年“中国寻根之旅”夏令营泉港营开营

由国务院侨务办公室主办，省侨务办、市外事侨务办、泉港区外事侨务办承办的2015年美国华裔青少年“中国寻根之旅”夏令营（泉港营）在泉港区文化中心开营，由美国闽南同乡联合总会组织的35名美国华裔青少年参加本次夏令营。其间，这些美籍学生与泉港一中学生结对子，入住家庭体验生活，了解当地民俗风情，增进对祖籍地的了解。本次活动除中英文互动学习、跳竹竿舞、中国武术、书法鉴赏与交流、中国画技法与实践等学习课程，还安排参观制盐工艺、惠女文化、闽台缘博物馆、泉州市华侨历史博物院、崇武古城、开元寺、峰尾古城、樟脚古民居等人文历史景点。

7月16日

星期四
农历乙未年六月初一
温度：26℃—34℃
多云

●16—17日，海关总署副署长孙毅彪到泉州调研。

●市委学习贯彻中央办公厅《关于加强人民政协协商民主建设的实施意见》座谈会召开。

●省政府安办2015上半年安全生产目标责任制暨重点工作落实情况督查组到泉州督查安全生产工作。

●16—18日，2015年闽台（泉州）食品交易会在晋江SM国际展览中心举行。

●台湾包装设计协会设办事处落户晋江市洪山文创园区。

●2015年美国华裔青少年“中国寻根之旅”夏令营（泉港营）在泉港区文化中心开营。

●全市未成年人思想道德建设工作联席会议暨落实“十大行动计划”工作座谈会召开。

●2015年台湾地区青少年“中国寻根之旅”华文教育夏令营在南安市开营。

●由鲤城区妇联、科协、计生协会主办的“爱家爱子”系列科教沙龙首场活动在该区海滨街道海博教育广场举行。

●晋江市贸促（中欧）经济交流中心揭牌。

7月17日

星期五
农历乙未年六月初二
温度：26℃—31℃
多云

●市委党建工作领导小组成员会议召开，听取成员单位党建工作情况汇报，研究部署下阶段工作。

●泉州市首届哲学社会科学人才主题沙龙活动举行。

●由市经信委、华侨大学工业设计研究院主办的2015年海峡两岸大学生设计工作坊暨创意设计大赛启动。

●扬帆海丝百筝演奏会在中国闽台缘博物馆广场举行。

●第三届欧中食品文化艺术节在晋江市举办。

●台北市景文高级中学师生到南安延平中学参观交流。

海关总署副署长孙毅彪到泉州调研

16—17日，海关总署副署长孙毅彪到泉州调研。副省长郑栅洁和市领导郑新聪、康涛、陈荣洲陪同调研或参加相关活动。孙毅彪到泉州出口加工区、泉州“数控一代”科技创新中心考察，了解泉州航空零部件和飞机轮胎维修业务的运营情况，以及泉州实施“数控一代”和“泉州制造2025”所取得的成效。

市委党建工作领导小组成员会议召开

市委党建工作领导小组成员会议召开，听取成员单位党建工作情况汇报，研究部署下阶段工作。市委书记、市长、市委党建工作领导小组组长郑新聪主持会议并讲话，市领导周银芳、翁祖根、温惠榕、陈庆宗等在会上发言。郑新聪指出，一段时间来，市委党建工作领导小组各成员单位按照中央、省委要求，落实市委从严治党工作部署，履行党建工作责任，推进“三严三实”专题教育，加强党的思想、组织、作风、制度和反腐倡廉建设，各级党组织的凝聚力、战斗力不断增强，为泉州市保持经济运行稳定、干部和企业家队伍稳定、社会安定稳定提供有力保障。郑新聪强调，管党治党是全党义不容辞的政治责任，更是各级党委（党组）的首要任务。要从巩固党的执政地位的大局看问题，围绕协调推进“四个全面”战略布局，在党言党、在党忧党、在党为党，把从严管党治党作为重大政治任务来抓，把党建作为最大政绩。要时刻牢记党内职责，履行“一岗双责”，种好管党治党“责任田”；领导干部既要“挂帅”也要“出征”，既要强化组织意识，率先践行“三严三实”，也要抓好班子、管好队伍。要旗帜鲜明树立“党建导向”，发挥市委党建工作领导小组作用，完善考核评价机制，严格责任追究，推动党建工作项目化，把抓好党建当作分内之事、应尽之责。郑新聪指出，抓党建不能只务虚功，要把握加快发展大局，紧跟市委、市政府部署要求，找到党建工作与推动产业转型、深化改革、完成年度目标、保持社会安定稳定等工作的契合点、结合点，把党建优势转化为经济社会发展的强大动力。要抓住思想政治工作这个“牛鼻子”，旗帜鲜明批评“为官不易”“为官不为”等错误思想，把解决干部不讲大局、不思进取、不敢担当、不求实效的“四不”问题，作为检验党建工作成效的重要标准，提升干部精神面貌。要狠抓工作落实，强化组织推动，推进纪检、组织、宣传、统战、政法、教育、机关党建、非公党建和群团等各领域工作，共同把各领域党建工作抓深入、抓具体，为泉州市实施“三大战略”提供坚强有力的思想组织保障。

泉州市首届哲学社会科学人才主题沙龙活动举行

泉州市首届哲学社会科学人才主题沙龙活动举行。本次沙龙以“打造新型智库，助力海丝先行”为主题，邀请全市各个社科领域的专家、学者共商“海丝”先行区的发展大计。参加活动的市领导指出，泉州经济社会发展需要全市社科人才的智慧和行动，希望大家发挥服务社会的带头作用，争取为泉州市“海丝”先行区建设做出积极贡献。

扬帆海丝百筝演奏会举行

由中国闽台缘博物馆和市文联主办，泉州市音乐家协会古筝专业委员会、中国民族器乐协会古筝教学研究会、泉州市秦韵文化传播有限公司承办的扬帆海丝百筝演奏会在中国闽台缘博物馆广场举行。图为演奏会现场。（图/陈智勇）

第三届欧中食品文化艺术节在晋江市举办

由晋江市商务局、晋江市贸促会、欧中食品文化交流协会、晋江市食品行业协会主办，晋江（中欧）经济交流中心、中欧进出口贸易有限公司、泉州大周酒业有限公司、品优（厦门）有限公司承办的第三届欧中食品文化艺术节在晋江市举办。此次食品交易会，欧中食品文化交流协会邀请最先进的食品设备工厂——德国GEA集团、意大利GTC集团、意大利蒙迪尔公司参展并举办专题研讨会。

泉州市被赋予地方立法权

省十二届人大常委会第十六次会议第三次全体会议召开，表决通过关于泉州等七个设区的市人民代表大会及其常务委员会开始制定地方性法规的决定。意味着泉州市是日起可开始行使地方立法权，制定地方性法规。相关人士表示，这是泉州市政治民主生活中的一件大事，也是事关全市改革发展大局和民主法治进程可以载录史册的大事，具有里程碑意义。

相关链接：党的十八届四中全会决定赋予设区的市地方立法权后，泉州市“紧锣密鼓”推进地方立法的准备工作。1月，市委在制定《关于全面推进法治泉州建设的实施意见》中对做好地方立法准备工作作出部署安排；3月15日，十二届全国人大三次会议通过《关于修改〈中华人民共和国立法法〉的决定》，完成立法法实施15年来的首次修改，赋予设区市地方立法权，可针对城乡建设与管理、环境保护、历史文化保护等方面的事项制定地方性法规，泉州迎来重要机遇；4月初，市人大常委会立即成立立法筹备组，制定工作计划；4月中旬，立法筹备组开始着手起草《泉州市人民代表大会及其常务委员会立法条例》，这是泉州市第一部有关立法程序的地方性法规，是一部“管法的法”；5月中旬，市委常委会同意市人大常委会设立泉州市人民代表大会法制委员会、泉州市人大常委会法制工作委员会；6月21日，市人大常委会向省人大常委会申请开始制定地方性法规；7月15日，市委常委会研究批准市人大常委会提出的关于市人大法制委员会成员建议名单。一连串动作使得泉州市人大常委会的立法筹备工作走在全省前列，获得广泛推广。目前泉州市立法条例（草案）正在向社会各方面征求意见。同时，市人大常委会将向市人大代表、一府两院有关工作部门、各县（市、区）人大常委会及社会各界广泛征集立法项目建议，争取8月中旬确定2015年立法项目2—3个，并开始起草编制2016年立法年度计划；9月初拟确定泉州第一部实体法立法项目，力争2016年制定1—2部地方性法规。

市人大举办地方立法知识讲座　　（图/王虎文）

《清源山》特种邮票首发

首发式现场　　（图/吴寿民）

由中国邮政集团公司主办的《清源山》特种邮票首发式在市区府文庙举行。市委副书记、市政府党组书记康涛，省邮政管理局局长王丰，省邮政公司副总经理黄志斌出席首发式，并分别为邮票发行和原地首发纪念封揭幕。市委常委、常务副市长林伯前主持首发式。受市委书记、市长郑新聪委托，康涛在致辞中代表市委、市政府对《清源山》特种邮票首发表示祝贺。康涛表示，邮票被誉为“微型百科全书”，真实记录一个国家政治、经济、文化、社会的发展进程。清源山是泉州的母亲山，是首批国家自然和文化遗产、国家AAAAA级旅游景区。《清源山》特种邮票正式发行，是继2012年《中国陶瓷——德化窑瓷器》邮票发行后，泉州地区第二套独立发行的地方题材邮票，将是泉州展现海上丝绸之路起点城市风采和“东亚文化之都”形象的重要机会和平台，意义重大。康涛同时感谢邮政系统长期以来对泉州的关心支持，希望双方进一步深化合作，推动泉州经济社会科学发展跨越发展。作为首发式系列活动之一，“海上丝绸之路——福建省集邮展览”于17—18日在府文庙举行，展出141框“海丝”相关题材展品。由市委宣传部、市方志委、市邮政公司联合编纂《邮票上的泉州》·书同日发行。

《清源山》特种邮票首发纪念封　　（图/吴寿民）

7月18日

星期六
农历乙未年六月初三
温度：26℃—32℃
多云

●泉州市被赋予地方立法权。

●18—19日，康涛到泉州开发区和安溪县调研。

●《清源山》特种邮票首发式在市区府文庙举行。

●由省茶叶学会、安溪县委宣传部主办的两岸大学生安溪铁观音体验营在安溪茶校开营。

●泉州青年书法大讲坛公益活动启动。

●由泉州晚报社主办的和平国际广场“2015泉州市城市综合体升级转型暨自贸商品交易峰会”举行。

●陈世哲作品展“影像与观念”在泉州万维生邮票馆开幕。

●“点亮童年，绽放童颜”关爱自闭症儿童成长大型公益活动在市区城东污水处理厂内星星梦想农场举行。

●由市委宣传部、市方志委、市邮政公司联合编纂的《邮票上的泉州》一书出版发行。

7月19日

星期日
农历乙未年六月初四
温度：26℃—33℃
多云转阵雨

●康涛到市直剧团，看望演职人员，调研文化艺术事业发展情况。

●19—24日，由省体育局主办，省篮排球运动管理中心、第一届青运会泉州执委会承办的2015年福建省少年儿童篮球锦标赛暨第一届全国青年运动会测试赛在南安市体育馆举行。全省9个设区市18支队伍（男女篮球各9支）参赛。

●7月19日—8月1日，石狮市第七届渔民文化节暨泉州市新闻摄影学会“泉州一日”聚焦古浮大山屿采风活动在石狮市祥芝镇海边举行。

康涛到泉州开发区和安溪县调研

18—19日，市委副书记、市政府党组书记康涛到泉州开发区和安溪县调研。在泉州开发区，康涛表示，下阶段要加快推进转型升级，实现提质增效、持续发展。要多方拓展，深耕现有园区，加大官桥园区建设力度，激活培育“2.5产业”，增强园区发展后劲；要转型提升，加快“机器换工”，重视技术革新和推广运用，搭建产业公共服务平台，形成创新发展氛围；要主动服务，侧重项目招商和企业服务，最大限度释放国家级开发区发展红利。在安溪县，康涛提出，一是产业要升级。特别是作为安溪最大民生产业的茶产业，要通过科技创新、生态涵养、文化注入，铸就长远发展的“金字招牌”。二是生态要优化。以好生态讲故事做营销，发展好特色鲜明的乡村旅游和茶文化旅游，提升铁观音故里知名度。三是服务要极致。按照市委提出的“月嫂式服务”要求，因地制宜，创出特色服务品牌，做到优质服务无止境。四是人气要集聚。突出产城互动，强化各项配套，提升城市品位，以宜居宜业环境引人留人。五是重点要突出。党委、政府要按既定的工作目标和思路，接续推进重点工作，干出水平、干出实效。

康涛到市直剧团调研文化艺术事业

市委副书记、市政府党组书记康涛到市直剧团，看望演职人员，调研文化艺术事业发展情况。副市长周真平、市政府秘书长吴友才参加调研。康涛到福建省梨园戏实验剧团、泉州南音乐团、泉州市木偶剧团，察看剧团场地建设和设施配套，并与剧团负责人和演职员座谈，听取文艺团体发展情况汇报。康涛指出，各大剧种是泉州多元文化缩影和泉州城市的宝贵记忆与财富。各级政府、文化部门与剧团要珍视这些难能可贵的文化资源，保护好、传承好、发展好。要坚持传承保护，保留古老剧种的独特韵味，同时注重创新实践，注入时代气息，吸引更多人群。要面向本地市民，通过公益演出、文化进校园、文化下乡等多种形式，有为做好文化“乡土教育”，也要面向全世界，通过文化巡演走出去，通过发展旅游经济请进来，让更多人了解和陶醉于泉州文化。各级政府和相关部门要按照市委部署，一如既往支持文化艺术事业，推动泉州文化大发展大繁荣。

2015年福建省少年儿童篮球锦标赛在南安市举行

19—24日，由省体育局主办，省篮排球运动管理中心、第一届青运会泉州执委会承办的2015年福建省少年儿童篮球锦标赛暨第一届全国青年运动会测试赛在南安市体育馆举行。全省9个设区市18支队伍（男女篮球各9支）参赛。南安市以青运会正式比赛的办赛标准举办本次赛事，对安保、赛事安排、志愿者服务、媒体接待、后勤保障等方面进行全面演练。篮球测试赛是青运会的第一项测试赛，泉州市委、市政府高度重视，在比赛场馆符合要求的基础上，拨出专款对相关场馆部分功能进行改造提升。其中投入150万元对南安市体育馆进行改造，网架重新油漆刷新、更换LED电子屏幕、屋面彩板、维修比赛灯光信息机房和电子监控设施安装等。

石狮市第七届渔民文化节举办

7月19日—8月1日，石狮市第七届渔民文化节暨泉州市新闻摄影学会“泉州一日”聚焦古浮大山屿采风活动在石狮市祥芝镇海边举行。文化节活动内容包括：“谜上祥芝”灯谜竞猜、“纵情一夏”古浮美食节与多彩啤酒节、“童年的记忆”老电影展播、“小小船长”小记者海上模拟驾驶体验、“醉美祥芝”微信闽南四句创作比赛、“福建省著名作家渔村行”采风及赠书活动、“万祥祥芝湾杯”大力水手力量挑战赛、“满载而归”开渔节仿古祈风仪式表演等。

开渔节仿古祈风仪式表演　（图/泉州晚报社）

"引晋入金"——福建向金门供水项目合同在金门县签署

福建向金门供水项目业主双方福建省供水有限公司、金门县自来水厂签署供水合同。根据此工程规划，福建向金门地区供水水源来自泉州市晋江流域，由晋江金鸡拦河闸引水至晋江市龙湖水库，经龙湖抽水泵站抽水输水至围头入海点，再经海底管道输送至金门。金门供水工程设计流量为日供水3.4万立方米，输水线路总长约27.56千米，其中福建方面陆地管道11.6千米，海底管道15.76千米，金门方面陆地管道0.2千米，工程总投资3.878亿元人民币。福建方面负责投资建设晋江龙湖取水泵站及龙湖至入海口陆地管道部分，工程总投资为1.32亿元人民币。金门供水海底管线将由金门方面投资建设及营运管理。

晋江水将引入的金门田埔水库　　（图/朱娟娟）

康涛到石狮惠安洛江调研

20—22日，市委副书记、市政府党组书记康涛到石狮市、惠安县和洛江区调研，市政府秘书长吴友才参加调研。在石狮市，康涛表示，要发扬"小政府、大社会"好传统，持续深化改革，提升服务功能和效率；更加注重精准服务、有效施策，推动纺织服装产业链创新升级；加快完善宜居宜业环境，特别是要以城市功能品位提升和多元文化氛围营造，打动留住新老石狮人，协力建设"东方米兰、质量石狮"。在惠安县，康涛指出，惠安要结合"十三五"规划，加快建设泉惠石化园区，以中化为龙头延伸上下游产业；做足惠女文化、雕艺、滨海等特色和优势，推进文化旅游融合发展；主动对接泉州中心城市，完善提升城市定位功能，实施惠民政策、民生工程，做到以惠安民、持续发展。在洛江区，康涛希望，立足"十三五"，洛江要发挥区位、生态、文化等综合优势，以数控装备、商贸物流、文化旅游等为突破口错位发展特色产业，以教育、医疗为突破口优化环境、提升功能，以优质政府服务为突破口推动经济社会协调发展，为现代化泉州建设做出更大贡献。

"华大讲堂"第51讲举行

"华大讲堂"第51讲举行。全国政协委员、国家行政学院原副院长、中国行政体制改革研究会副会长周文彰教授作题为《"三严三实"的内涵和意义》的报告。市领导陈万里、陈沈阳、陈庆宗等参加报告会。周文彰从多个方面、多个角度阐述"三严三实"的意义和内涵，剖析当前党的建设面临的重大课题，就如何做到"三严三实"提出全面系统的建议，特别还对当代领导干部肩负的责任和应有的道德、纪律、法律意识提出独到见解。

"华大讲堂"第51讲　　（图/张为健）

海警35102舰列编福建省海警第二支队

海警35102舰　　（图/李　晨）

海警35102舰列编福建省海警第二支队服役，系泉州至莆田海域吨位最大、信息化程度最高、抗风力和续航力最强的618B型海警舰艇。该舰续航力达2000海里，配置有新式单管30毫米口径舰炮、光电跟踪取证系统、电视监控系统、北斗卫星导航系统、VHF无线电话、测深仪卫星电视等，可在5级海况下正常进行海上巡逻任务，6级海况下安全航行，抗风能力为10级。

7月20日
星期一
农历乙未年六月初五
温度：25℃—28℃
大雨转中雨

●福建向金门供水项目业主双方福建省供水有限公司、金门县自来水厂签署供水合同。根据此工程规划，福建向金门地区供水水源来自泉州市晋江流域，由晋江金鸡拦河闸引水至晋江市龙湖水库，经龙湖抽水泵站抽水输水至围头入海点，再经海底管道输送至金门。

●20—22日，康涛到石狮市、惠安县和洛江区调研。

●"华大讲堂"第51讲举行。全国政协委员、国家行政学院原副院长、中国行政体制改革研究会副会长周文彰教授作题为《"三严三实"的内涵和意义》的报告。

●海警35102舰列编福建省海警第二支队。

7月21日

星期二
农历乙未年六月初六
温度：25℃—29℃
中雨

●市人大常委会党组“三严三实”学习研讨会召开。

●全市驻村蹲点干部动员部署培训会议召开。

●市交通战备办公室和市公路局开展交通战备公路钢桥架设应急演练。

●21—26日，第十六届全国中小学电脑制作活动夏令营在安徽合肥举办，泉州市学生获全国一等奖3项、二等奖11项、三等奖9项，创历史最好成绩，各获奖等级数及获奖总数均居全省第一。

●“爱我国防·航天圆梦”全市中小学生征文大赛开赛。

●第二届鲤台南音会唱在泉州举行。

●晋江市引进智通人才合作项目启动仪式举行，晋江市人社局与智通人才连锁集团签署合作协议，双方共同出资设立晋江市智通人力资源有限公司。

●南安市启动大中专毕业生“星火计划”。

●21—24日，中央电视台新闻中心、国家标准化管理委员会拍摄组，到安溪县开展茶叶标准化现场采访、拍摄。

●由香港《大公报》组织的“永远在路上：纪念范长江西部纪行80周年——文化寻根之旅”港澳传媒学子寻访团，到安溪县开展“海上丝绸之路史迹探访之旅”主题寻访活动。

市人大常委会党组“三严三实”学习研讨会召开

市人大常委会党组及机关“三严三实”专题教育第一次学习研讨会召开。市人大常委会党组书记、主任陈万里，副主任洪泽生、吕竞、王远东、张建生、朱团能、曾巍等参加学习研讨。会上，市人大常委会党组成员及机关部分处级干部围绕学习习近平系列讲话精神、对福建工作的一系列指示精神、在福建工作时的思想观点等，谈认识、找问题、讲整改、出思路。陈万里指出，要把握“四有”要求的科学内涵，明确新常态下的行动准则和价值追求；要以“四有”要求为标杆，查摆党组及个人存在的问题；要立足人大工作实际，争做党和人民信赖的“四有”好干部，把准政治方向，践行服务宗旨，依法履行职权，严守纪律规矩，做到心中有党不忘恩、心中有民不忘本、心中有责不懈怠、心中有戒不妄为；要把“三严三实”专题教育同人大各项工作紧密结合，做到两手抓、两不误、两促进。

全市驻村蹲点干部动员部署培训会议召开

全市驻村蹲点干部动员部署培训会议召开。省、市、县驻村蹲点干部全部到驻点村开展为期一年的驻村蹲点工作。会议要求，全体驻村蹲点干部要带着责任使命、带着目标任务、带着优良作风做好驻村蹲点工作。围绕“落实‘四下基层’制度、帮助解决实际困难问题、加强农村基层组织建设、建章立制规范管理、发展壮大村集体经济、促进农村社会和谐稳定”的目标任务，做好各项工作。具体而言，驻村蹲点期间，要做到结交一批群众朋友、帮扶一批困难户、建强一支村级干部队伍、建立一套规章制度、落实一批发展项目、化解一批纠纷矛盾、记好一本工作日志、形成一份工作报告，确保驻村蹲点工作取得实效。市直各选派单位要保证驻村蹲点干部各项待遇和保障措施落实到位，关心驻村蹲点干部的成长，市直各选派单位领导要经常到驻点村了解指导工作。相关部门要共同做好驻村蹲点干部的具体业务指导。各县（市、区）委组织部、乡镇党委（街道党工委）要做好驻村蹲点干部的管理和服务工作，为其工作创造良好条件。

会议现场　（图/谢晓艺）

央视拍摄组到安溪县开展茶叶标准化现场采访拍摄

21—24日，中央电视台新闻中心、国家标准化管理委员会拍摄组，到安溪县开展茶叶标准化现场采访、拍摄。采访期间，拍摄组到华祥苑茶基地、举源茶叶专业合作社、安溪铁观音集团、八马茶业、清水岩、誉丰国心生态茶庄园等地取景。采访制茶工艺大师、茶企负责人，展现安溪参与茶叶标准制订过程和实施标准的具体做法。中央电视台新闻中心经济新闻部陈俏介绍，此次采访拍摄通过对乌龙茶国家标准实施调查，从不同角度阐述茶叶标准的制订、实施过程以及取得成效。通过生动鲜活的例子解说枯燥的茶叶标准。

采访现场　（图/林钦固）

港澳传媒学子寻访团到安溪县开展主题寻访活动

由香港《大公报》组织的“永远在路上：纪念范长江西部纪行80周年——文化寻根之旅”港澳传媒学子寻访团，到安溪县开展“海上丝绸之路史迹探访之旅”主题寻访活动。寻访团到安溪茶学院、中国茶都、三和茶业等地，了解茶瓷之路史迹和“海丝”建设中挖掘、弘扬安溪茶文化等情况，通过实地采访，感受安溪县茶文化内涵。

福建省智能制造暨创业创新现场推进会在泉州召开

福建省智能制造暨创业创新现场推进会在泉州召开。国家工信部、中国工程院有关领导，福建省有关领导，省直有关单位负责人，有关金融机构，部分高校、科研院所负责人，各设区市政府和平潭综合实验区管委会主要负责人，重点县、市、区主要负责人，智能装备制造、研发企业代表，创客空间代表等参加会议。会议指出，福建作为东部沿海地区先进制造业的重要基地，发展智能制造机遇难得、正当其时。下一步，要以深入贯彻习近平对福建工作的新要求为动力，按照省委书记尤权的要求，抓住技术研发、装备制造和推广应用这三个关键，加快建设国家“数控一代”和智能制造工程示范省，打造产业转型升级新引擎。重点领域要先行试点、全力推进。坚持企业主体、政府引导，找准方向、出台政策、选好帮手、抓好典型，实施“六大试点示范专项

推进会现场　　（图/陈起拓）

行动”，实现“四个一批”。应用推广要瞄准市场、多方共促。加大智能技术装备应用推广力度，重点扶持应用企业和生产企业，搭建推广平台、拓展推广服务，促进生产与市场有效对接。扶持政策要确保落实、发挥效应。加快兑现政策、营造氛围，加大政策储备、持续发力，加强政策衔接、形成合力。人才建设要紧扣产业、打造环境。发展与产业需求相适应的职业教育，创新人才政策，引进更多国内外科研机构和创新团队，营造良好环境。在经济发展新常态下，推动大众创业、万众创新，对加

智能化设备的广泛应用，推动了产业的转型升级
（图/陈起拓）

快产业转型升级、实现创新驱动发展，意义重大。各地各部门要贯彻落实中央和省里部署，借鉴先进经验，坚持市场导向，强化激励措施，放宽政策、放开市场、放活主体，激发全社会创新潜能和创造活力。要提供更加有力的平台支撑，让创业创新有空间。实现创新与创业、线上与线下、孵化与投资相结合，坚持低成本、便利化、全要素、开放式，为创客提供工作空间、网络空间、社交空间和资源共享空间。要构建更加多元的融资机制，让草根创业“不差钱”。加强财政扶持，拓展信贷空间，发展股权融资，用好资本市场，支持企业创新发展。要打造更加优质的服务环境，让创业者办事不麻烦。降低门槛，方便办事，减免规费，共享资源，进一步简政放权、优化服务，让创客少受累、少犯愁。要营造更加浓厚的创业氛围，让创新文化成风尚。抓政策落实、主体放活、辅导培训、维权保障、宣传引导，鼓励全社会将创新创意转化为实实在在的创业活动。会上，省发改委、省经信委负责人分别对福建省智能制造九条措施、大众创业万众创新十条措施作解读；市委书记、市长郑新聪汇报泉州市“数控一代”和智能制造示范工程实施情况；有关企业代表作典型经验介绍。中国工程院和工信部有关负责人肯定福建省在推进“数控一代”和智能制造上取得的成绩，并对福建省下一步推进工作提出建议。

杨俊峰会见澳门福建同乡会访闽团

市政协主席杨俊峰会见澳门福建同乡会访闽团。市政协副主席苏小青、秘书长洪川夫参加座谈。杨俊峰希望同乡会持续推动泉州澳门在经贸文化教育科技等领域的交流合作。图为澳门福建同乡会访闽团在泉州访问。　　（图/陈　翔）

7月22日

星期三
农历乙未年六月初七
温度：26℃—28℃
中雨转小雨

●福建省智能制造暨创业创新现场推进会在泉州召开。

●杨俊峰会见澳门福建同乡会访闽团。

●周银芳到永春县调研农村工作。

●22—25日，第15届中国青少年机器人竞赛在内蒙古鄂尔多斯举行，泉州七中高一学生潘思柰、何铭的《梳状摆臂式浮油回收机器人》获大赛高中组一等奖，晋江南侨中学初中、高中机器人代表队获FLL机器人挑战赛初中组一等奖和高中组一等奖。

●“书香丰泽”全民阅读节在丰泽区中心会场启动。

●22—30日，清华大学化工系实践队到泉港区开展暑期社会实践活动。

●德化县三班镇通过中国陶瓷工业协会专家组考评，获得“中国茶具之乡”称号。

7月23日

星期四
农历乙未年六月初八
温度：25℃—28℃
大雨转阵雨

●泉州市上半年工作老干部通报会召开。

●市人社局发布2015年企业工资指导线。

●泉州·首都科技服务驿站揭牌仪式暨第一期科技产业化项目路演会在泉州市数控一代科技创新中心举行。

●由人力资源和社会保障部主办，省人社厅、市人社局、市科技局承办的工业机器人应用技术高级研修班在泉州开班。

●由市科协、泉州师院主办的泉州市“美丽社区科普行”大学生科普志愿服务活动启动。

●中国语言资源保护工程德化点发音人遴选活动在德化县教育局举行。

泉州市向老干部通报上半年工作

泉州市上半年工作老干部通报会召开。市领导郑新聪、康涛、陈沈阳、翁祖根，市直单位离休干部、原任地厅级退休干部、“5·12”退休干部，省部属驻泉单位离休干部、“5·12”退休干部参加会议。市委书记、市长郑新聪代表市委、市政府向老干部通报李克强总理到泉州考察有关情况、上半年重点工作和当前存在的困难问题，以及下一步工作打算。郑新聪希望老干部、老同志继续发挥党性强、见识广、经验足的优势，一如既往地关心支持市委、市政府的工作，为建设“机制活、产业优、百姓富、生态美”的现代化泉州献计献策、发挥作用。市委、市政府将始终坚持敬重之心、关怀之情、尊老之风，以更高的觉悟、更实的举措推进老干部工作，做到想老干部之所想、解老干部之所忧、办老干部之所需，做到“让党放心、让老干部满意”。市委副书记、市政府党组书记康涛指出，泉州发展成绩的取得，是历届市委、市政府一任接着一任奋斗的结果，是泉州人爱拼敢赢、团结奋进的结果，离不开老干部的辛勤付出、无私奉献。面对经济下行压力，市委、市政府见事早，行动快，迅速出台实施推动转型升级的一系列政策措施，为泉州新一轮跨越发展奠定坚实基础。康涛表示，将继承发扬历届市委、市政府形成的好经验、好做法，坚持在市委领导下，在老干部们的支持帮助下，务实履职尽责，抓好各项工作落实，把泉州业已形成的良好发展态势延续下去。盼望老干部一如既往地关心支持泉州发展，关心支持政府工作。市政府将在市委统筹部署下，做好老干部各项工作。

通报会现场　　（图/市委老干局）

市人社局发布2015年企业工资指导线

市人社局发布2015年企业工资指导线。根据国家有关规定，经测算并报省人社厅审核批准，2015年泉州市企业货币工资增长上线为15%，基准线为10%，下线为3%。工资指导线适用于企业在岗职工工资分配。企业应根据市人社局发布的2015年企业工资指导线，结合本企业生产经营和经济效益状况，通过开展工资集体协商等民主程序，合理确定企业职工工资水平，完善企业内部分配制度。经济效益增长较快的企业，确定工资增长幅度时不得高于工资增长上线；生产经营正常、经济效益增长的企业，确定工资增长幅度时应围绕工资增长基准线进行；经济效益下降的企业，经与工会或职工代表协商同意，可适当降低工资增长幅度，但其支付给依法提供正常劳动职工的工资不得低于当地最低工资标准；困难企业确需按照当地最低工资标准支付职工工资的，应按原省劳动保障厅《关于建立用人单位执行最低工资标准报备制度的通知》要求制定方案，经职代会或全体职工讨论通过，并报当地人力资源和社会保障部门备案后实施。同时，企业应提高工资水平偏低的一线职工的工资水平，使生产一线职工的工资增长幅度适度高于职工平均工资增长幅度。实行生产一线职工与经营者工资增长挂钩机制，生产一线职工平均工资水平不增长的企业，经营者工资也不宜增长。

德化县遴选方言发音人

中国语言资源保护工程德化点发音人遴选活动在德化县教育局举行。泉州师范学院调查团队对公开征招到的11名发音人候选人进行现场遴选。遴选活动现场，11名在德化县土生土长，能说地道的德化闽南话方言的发音人候选人，根据要求，用本地方言自我介绍、说出特定的词语和句子，朗读一篇范文，讲述一则故事、笑话、歌谣或歇后语等，展示具有德化县特色的方言。遴选活动结束后，泉州师范学院调查团队依据发音人候选人的生活经历和所处的语言环境、语言面貌和现场表现，最终确定3名德化闽南话发音人人选、2名德化地方普通话发音人人选和3名德化口头文化发音人人选。

市人大常委会与市政府上半年联席会议召开

市人大常委会、市政府上半年联席会议召开，互相通报上半年工作情况，征求对下阶段工作的意见和建议。市委书记、市长郑新聪，市人大常委会党组书记、主任陈万里，市委副书记、市政府党组书记康涛出席会议并讲话。郑新聪要求，市人大常委会要围绕中心、服务大局，发挥其来自群众、联系群众、服务群众的优势，积极发声、办事、作为；市政府要按照市委决策部署，推进经济社会各项事业发展。要摆正工作位置。人大要把握好监督与支持关系、监督工作尺度、监督方式方法，刚柔并济，做到行权不越权、到位不缺位；政府要对人大负责，自觉接受人大的监督。要增强互信互动。继续完善人大政府联席会议、市政府常务会邀请人大常委会领导参加等行之有效的制度，让双方保持密切联系和互动，增进相互理解和信任，形成推动泉州科学发展、跨越发展的强大合力。陈万里认为，召开市人大常委会与市政府联席会议，能够增进共识、加强沟通、促进发展，市人大常委会将在市委领导下，依法履职，在认识上提高新境界、在导向上明确新思路、在创新上拿出新作为、在实效上推出新举措，推动人大工作与时俱进。市政府要共同做好地方立法工作，增强代表建议的办理实效，推进实体经济发展，理顺市、区两级事权。康涛表示，市人大常委会、市政府一向有着互相助力、良性互动的好传统、好风气，特别是双方联席会议制度很好地达到沟通情况、增进了解、相互支持、促进工作的目的，要继续坚持、完善和发扬。一直以来，市人大及其常委会依法履职能力强、水平高，市人大代表素质高、参政议政积极有为，为泉州经济社会发展做出贡献。市政府要在市委领导下，在市人大及其常委会的支持帮助和监督下，认真履职、依法行政，把各项工作做得更好。希望市人大及其常委会一如既往地支持市政府工作，共同建设机制活、产业优、百姓富、生态美的现代化泉州。

会议现场　　（图/王虎文）

构建众创空间新型创业服务平台专题培训班开班

由市科技局主办的构建众创空间新型创业服务平台专题培训班开班。培训班举办期间，北京携创科技有限公司董事长兼总裁赖晓南、中关村科技园海淀园创业服务中心主任赵新良、天使汇副总裁陈斌分别作题为《探索众创空间的“泉州模式”》《传统孵化器发展新型创业服务平台的路径及经验》《民营众创空间构建创业生态圈的路径及经验》的讲座。

创客领SHOW众创空间童界创客空间　（图/陈起拓）

电影《海角有个五店市》开机仪式在晋江市举行

开机仪式　　（图/泉州晚报社）

由福建广播影视集团、晋江市政府、福建海视影业联合出品的电影《海角有个五店市》开机仪式在晋江市举行。影片根据闽南真实故事改编，讲述民国时代庄家陶瓷的继承人庄家树和唱“南音”少女吴彩凤发展了一段刻骨铭心的恋情，却阴差阳错分隔海角两地，多年后老年庄家树携徒弟颜永晴从马来西亚回到晋江五店市，开启一段寻根之旅。

7月24日

星期五
农历乙未年六月初九
温度：25℃—29℃
阵雨转阴

●市委常委专题议军会召开，传达学习习近平指示和全省军分区（警备区）党委第一书记党管武装工作述职报告会精神，分析泉州市国防动员和后备力量建设形势，部署推进相关工作。

●市人大常委会与市政府上半年联席会议召开，互相通报上半年工作情况，征求对下阶段工作的意见和建议。

●全市综治维稳工作推进会召开，传达贯彻全省相关工作会议精神，研究分析上半年维稳形势，部署全市打击防范虚假信息诈骗犯罪等专项行动。

●构建众创空间新型创业服务平台专题培训班开班。

●泉州收藏品交流市集在市区新门旅游文化休闲街区举行。

●电影《海角有个五店市》开机仪式在晋江市举行。

●由中国高科技产业化研究会、晋江市科学技术协会主办，福建航天农业科技发展有限公司承办的“中国航天科技展”在晋江SM广场开幕。

7月25日

星期六
农历乙未年六月初十
温度：26℃—31℃
阵雨转阴

●康涛到永春县和丰泽区调研。

●由致公党泉州市委、致公党鲤城区工委会主办的致公党泉州市委员会志愿者服务队成立。

●“铁血铸军魂—中国远征军中的黄埔军人”文物展在中国闽台缘博物馆开幕。

●多家泉企推出员工持股计划。

●“天翔文化讲坛”启动暨首期文化分享会在鲤城区东街天翔文化城举行。

●由安溪县委宣传部主办的虎邱首届美丽乡村亲子夏令营开营式在该县虎邱镇玖玖天诚葡萄园举行。

康涛到永春丰泽调研

市委副书记、市政府党组书记康涛到永春县和丰泽区调研。在永春香企彬达，康涛鼓励永春发挥香产业传统工艺和品牌优势，拓展香产品功能，注入文化、体现品位、做大规模，延伸制香机械、香文化旅游等上下游产业链。在桃溪流域综合整治桃城东平示范段，康涛强调整治要突出截污、贴近自然、体现原生态、保护水质，并在关键节点雕琢精品，为下游构建良好生态安全屏障。在丰山村，康涛指出，要保护好田园、溪流、山丘等生态细胞和传统古村落、老建筑等文化元素，完善公共设施和服务，建设让人向往的宜居宜业宜游乡村。康涛要求，立足良好基础和资源，永春要突出提升，引进适宜发展的新产业、新企业，引导现有企业改造升级；要突出示范，致力在乡村建设、流域整治、生态保护上创造经验，推进桃溪流域综合整治，整合醋文化、香文化、生态旅游资源，整体包装策划乡村旅游、生态旅游，打造生态经济样本；要突出服务，创新管理和特色服务，争创优质服务品牌。在丰泽区的南方路机，康涛指出，各级各相关部门要想方设法助力企业拓市场挖增量，带动装备制造产业稳健向上发展。在海西电子信息育成基地，康涛鼓励企业乘势对讲机“模转数”机遇，研发领先技术，主导制修订国家标准，加速形成集聚效应，巩固提升细分市场的龙头地位。在匹克集团，康涛希望企业坚持品牌、资本、市场和研发国际化，早日实现“三个一百”战略目标，成功锻造百年卓越企业。康涛指出，丰泽要强化中心城市功能，产业瞄准高端化发展，城市瞄准高品位建设管理，真正支撑引领周边发展，提升新老泉州人的满意度和幸福感；要强化创新转型意识，在金融、总部经济、现代商贸、文化创意等方面谋求突破，努力在有限的空间华丽转身；要强化精准服务理念，摸准企业和各类人才现实需求的“脉象”，突出重点，在关键环节和时刻精准发力，取得事半功倍的效果。

泉州市学子在全国机器人竞赛上获佳绩

22—25日，由中国科协主办的第15届中国青少年机器人竞赛在内蒙古鄂尔多斯举行。来自30个省、自治区、直辖市，以及新疆生产建设兵团和澳门特别行政区的502支参赛队1500名选手参赛。泉州七中高一学生潘思宗、何铭的《梳状摆臂式浮油回收机器人》获大赛高中组一等奖，并受邀参加9月在北京举行的中国科普日宣传展示活动。晋江南侨中学初中、高中机器人代表队获FLL机器人挑战赛初中组一等奖和高中组一等奖。

“中国远征军中的黄埔军人”文物展在泉州开幕

由中国闽台缘博物馆、云南保山市博物馆、广东革命历史博物馆主办的“铁血铸军魂—中国远征军中的黄埔军人”文物展在中国闽台缘博物馆开幕。展览至9月25日结束，共展出钢盔、德制马灯、美式通讯器、指北针、退伍证书等抗战时期文物和图片200多件/套，旨在纪念中国抗日战争胜利70周年。主办方相关负责人表示，中国远征军以巨大的牺牲把胜利永载史册，无可辩驳地捍卫了中国军人的尊严，以誓死奋斗的牺牲精神赢得世界的尊重。在这场悲壮的远征作战中，中国远征军用自己的生命和热血，铸就赫赫战功和无上荣誉，也铸就一段彪炳千秋的巍巍战史。

文物展现场　（图/陈智勇）

多家泉企推出员工持股计划

泉州上市企业频频推出员工持股计划及股份奖励计划。贵人鸟发布的“关于拟实施员工持股计划及复牌公告”指出，此计划将委托具有资产管理资质的机构管理，筹集资金总额不超过1.6亿元，并按1∶1的比例设立优先级份额和进取级份额，本计划认购进取级份额。计划的资金来源为员工的合法薪酬以及通过法律、行政法规允许的其他方式取得的自筹资金。股票来源为通过二级市场购买的方式获得贵人鸟股票，计划所持有的股票总数不超过公司股本总额的10%，单个员工所获股份权益对应的股票总数不超过公司股本总额的1%。此前，九牧王和特步也相继公布类似的员工持股计划。

2014年度海洋环保责任目标考核泉州蝉联全省第一

省海洋开发管理领导小组办公室近日通报2014年度全省6个沿海设区市政府和平潭综合实验区管委会海洋环保责任目标考核成绩，泉州市以109分的成绩与厦门市并列全省第一。此系泉州市继2013年度后，再度获得全省第一。2014年，泉州市近岸海域海水符合一类和二类海水水质标准的面积比例达到65%，海洋功能区水质达标比例为80.6%，分别同比增长0.7和0.5个百分点，提前一年完成“十二五”规划目标。市政府以“法定作业”贯彻执行市人大《关于加快近海水域环境污染综合治理的决议》和《关于加强崇武至秀涂海岸带资源环境保护的决议》两项决议，几年来，全市投入资金135.4亿元，开展近海水域环境污染治理和海岸带资源环境保护。2014年，全市投入重点流域（含近海水域）整治资金17.5亿元，投入资金为全省设区市最多。2014年，在泉州湾新增治理互花米草220亩、种植红树林488亩，泉州湾现有人工种植红树林7500多亩，为东南沿海人工种植红树林面积最大的区域；投入近2000万元，完成青山湾、西沙湾沙滩修复工程；惠屿岛整治项目在全国同类项目中率先通过国家海洋局验收。

德化县与厦航签订战略合作框架协议

厦门航空有限公司（以下简称“厦航”）与德化县政府在厦门举行战略合作框架协议暨厦门航空、中国白·陈仁海、希腊设计师关于客舱升级三方签约仪式。泉州市委副书记、市政府党组书记康涛，厦航董事长车尚伦等参加。仪式上，厦航与德化县政府签订《厦门航空有限公司与世界瓷都·德化战略合作框架协议》，双方本着“发挥优势、相互促进、长期合作、互利互赢”的原则，积极融入“一带一路”国家战略，携手共建“空中新丝路”。根据协议，厦航将优先宣传德化陶瓷、旅游产品、特色农产品等德化品牌，并优先采用德化陶瓷产品、推荐德化旅游线路。厦航还将定期采购德化“三黑三黄三红三白”、“林下三宝”、三菌、棘胸蛙等特色优势农产品，德化方面则提供优惠价格和优质服务。除与德化县政府签订协议外，厦航还与欧洲知名设计师VeniaGiota、中国白·陈仁海品牌签订《厦航蓝·中国白 携手共建空中丝绸之路三方战略合作框架协议》。协议约定，德化陶瓷品牌中国白将利用瓷器艺术领域的优势，为厦航提供订制瓷器餐具、高端客户伴手礼级商务电子平台特色销售产品。三方也将以厦航客舱用品共同体现各自品牌LOGO为起点，提升彼此的品牌内涵和价值。本次德化县政府与厦航签约，是继3月30日泉州市政府与厦航签署战略合作框架协议后，泉州联手航空企业响应“一带一路”国家战略构想的又一重大举措。双方将发挥各自优势，深化合作交流，共同为“空中新丝路”的建设发挥积极作用。

签约仪式　　（图/陈志明）

电影《五祖拳》文化论坛在泉州举办

由西部电影集团、泉州新三易文化传播与电影《五祖拳》组委会主办，国际南少林武林五祖拳联谊会、泉州市武术协会等协办的电影《五祖拳》文化论坛在泉州举办。本片总顾问周焜民、导演陈勋奇、CCTV-4《中国真功夫》主持人赵冀龙等与会，分别从五祖拳的历史、武术地位、对泉州的影响以及对泉州城市文化的宣传、打造城市名片等多角度进行探讨，展示五祖拳的立体魅力。论坛旨在探究五祖拳这一武术国宝的历史与影响力，挖掘文明古城泉州深厚的文化底蕴，打造城市名片，增添城市人文气息。电影《五祖拳》由西部电影集团与泉州新三易文化传播联合出品摄制，影片以源于泉州的著名武术——五祖拳为主轴，以传承武德与正义为宗旨，与现代影视元素交织，演绎出现代功夫片的魅力精髓。《五祖拳》也是泉州首部投资拍摄的功夫长片。本部影片将由来自香港的制、导、演三栖明星陈勋奇执导，港台一线动作明星主演，本土新生代演员参演，班底横跨海峡两岸。

7月26日

星期日
农历乙未年六月十一
温度：26℃—32℃
多云

●省海洋开发管理领导小组办公室近日通报2014年度全省6个沿海设区市政府和平潭综合实验区管委会海洋环保责任目标考核成绩，泉州市以109分的成绩与厦门市并列全省第一。

●厦门航空有限公司与德化县政府在厦门举行战略合作框架协议暨厦门航空、中国白·陈仁海、希腊设计师关于客舱升级三方签约仪式。

●由西部电影集团、泉州新三易文化传播与电影《五祖拳》组委会主办，国际南少林武林五祖拳联谊会、泉州市武术协会等协办的电影《五祖拳》文化论坛在泉州举办。

●由惠安县公安边防大队、县总工会、县文联、县双拥办、县书法家协会等主办的迎“八一”笔会暨战友书法作品展在该县工人俱乐部举行。

7月27日

星期一
农历乙未年六月十二
温度：26℃—32℃
多云

●市十五届人大常委会第四十五次主任会议和市十五届人大常委会第二十七次会议召开。常委会会议审议通过人事任免事项，决定接受郑新聪辞去泉州市人民政府市长职务的请求。

●康涛调研中心市区公用事业。

●市人大常委会邀请省人大常委会法制工作委员会副主任徐华到泉州开展地方立法知识辅导讲座。

●周银芳到晋江市和泉州开发区调研“红色力量·助推发展”系列专项活动开展情况。

●省旅游局发布《2015年上半年福建省旅游人气城市排行榜》，泉州列外省人来闽旅游的过夜人气城市第一名。

●27—30日，浦添市少儿友好交流团访问泉州。

●中国银行泉州分行通过与台湾兆丰国际商业银行合作，为泉州一企业发放首笔380万元的泉台跨境人民币贷款。

●由市委宣传部、市委文明办、市双拥办、市文广新局、市文联、泉州晚报社、泉州广播电视台主办的“欢乐泉州·军旗飘扬”——庆祝中国人民解放军建军88周年暨纪念抗日战争胜利70周年文艺演出在驻泉州某部举行。

●由市全民健身领导小组主办，市体育局、市教育局承办的泉州市第20届百队千场篮球赛暨第十三届广场篮球公开赛在泉州市体育中心开幕。

市十五届人大常委会第二十七次会议和第四十五次主任会议召开

市十五届人大常委会第四十五次主任会议和市十五届人大常委会第二十七次会议召开。市人大常委会主任陈万里，副主任洪泽生、吕竞、王远东、张建生、朱团能、曾巍，秘书长吴春林参加会议。市委常委、常务副市长林伯前，市中级人民法院、市检察院负责人列席常委会会议。常委会会议审议通过人事任免事项，决定接受郑新聪辞去泉州市人民政府市长职务的请求，报泉州市第十五届人民代表大会第六次会议备案。常委会会议还审议通过市人大常委会代表资格审查委员会关于个别代表的代表资格的审查报告、市十五届人大六次会议的日程安排（草案）及各项建议名单。

市十五届人大常委会第二十七次会议　（图/王虎文）

康涛调研中心市区公用事业

市委副书记、市政府党组书记康涛带队察看中心市区部分市政公用项目，副市长李建辉、市政府秘书长吴友才参加调研。康涛指出，各级各相关部门要按照市委部署，立足现有良好基础，加大公用事业建设力度，提升城乡公共服务水平，回应群众对美好生活的向往和追求。特别是中心市区，尤要坚持高起点、高标准、高水平，广邀规划专家“问诊把脉”，突出山水、人文、产业特色，完善功能、提升品位，打造泉州版现代都市。对于排上日程的公用事业重点项目，业主单位要增强紧迫感、责任感，突破资金、用地瓶颈，确保项目按序时推进。

周银芳到晋江市和泉州开发区调研

市委副书记周银芳带队到晋江市和泉州开发区调研“红色力量·助推发展”系列专项活动开展情况。周银芳强调，非公企业党建同样要落实从严治党要求，要研究探讨落实从严治党要求的具体措施，注重强化非公企业党组织的政治属性，抓好企业党组织和党员的作用发挥，对党员的发展管理、教育培训坚持高标准。要引导非公企业业主重视企业党建工作，加大党建投入。要建立起一套简便易行、科学管用的抓非公党建的领导体制和工作体制，保障党建各项工作的有效落实。

日本浦添市少儿友好交流团访问泉州

27—30日，以日本浦添市教育长池原宽安为团长的浦添市少儿友好交流团访问泉州。28日，市委副书记、市政府党组书记康涛会见交流团，副市长陈荣洲参加活动。康涛表示，泉州与浦添市自1988年缔结友好城市关系以来，双方交流合作日益广泛深入。希望两市以互派少儿友好交流为契机，增进相互了解，加深友城情谊。

泉州列上半年外省人来闽旅游的过夜人气城市第一名

省旅游局发布《2015年上半年福建省旅游人气城市排行榜》，泉州列外省人来闽旅游的过夜人气城市第一名。根据排行榜，福建省到达人气城市（人次，不含本市）前6名依次是：厦门、福州、泉州、漳州、莆田、三明；到达人气城市（人次，不含本省）前6名依次是：厦门、福州、泉州、漳州、宁德、莆田；过夜人气城市（不含本市）前6名依次是：厦门、泉州、福州、漳州、莆田、宁德；过夜人气城市（不含本省）前6名依次是：泉州、福州、厦门、莆田、漳州、宁德。省旅游局表示，到达人气最旺的城市，往往受自然环境、人文风光、宗教节庆、交通通达、季节因素等影响。从排名情况看，厦门、福州、泉州均为传统热门旅游城市，旅游基础设施发达，游客数量众多且稳定，因此福、厦、泉三地长期领跑福建省各大旅游人气城市排行榜。

自驾游游客在南安露营　（图/俞　立　张　平）

中国自动化学会到泉州调研“创新驱动助力工程”

中国工程院院士、中国自动化学会理事长郑南宁和中国科协学会学术部副部长刘兴平等在泉州开展“创新驱动助力工程”调研活动。郑南宁一行到机械制造、自动化设备生产和应用等相关企业进行需求调研，了解企业的发展状况、实际生产线、生产工艺、技术需求，并进行现场答疑，对企业发展中的工程技术、企业转型升级、市场开拓等瓶颈问题提出意见和建议，并就技术方向和自动化发展的前沿、热点工程问题进行介绍。调研期间，市委书记郑新聪、副市长陈灿辉会见郑南宁一行。郑南宁表示，要在现有中国自动化学会泉州服务工作站基础上，加强长效机制，重点完善学会在线会企合作平台，便于日后针对具体技术问题进行长期和深入的合作，实现与企业进行实时互动，并对企业需求做出及时反馈。

周银芳到南安市调研生猪养殖污染防治工作

市委副书记周银芳带队到南安市调研生猪养殖污染防治工作，察看康美镇亚森养殖有限公司，听取南安市相关工作汇报。副市长林万明参加调研。周银芳要求，各级各部门要认识到生猪养殖污染防治关系民生、关系美丽乡村建设、关系地方长远发展、关系全面建成小康社会；要明确任务，按照省、市部署要求，按时保质完成生猪养殖污染防治目标任务；要突出重点，围绕生猪规模养殖场标准化改造和病死猪无害化处理，推进生猪养殖面源防治工作；要协调推进，环保、农业等相关部门协同配合，主动做好服务；要依法办事，加强执法监管，做好群众工作，依法依规推进生猪养殖污染防治工作；要敢于担当，践行“三严三实”，公道正派，履职尽责，把生猪养殖污染防治作为造福百姓的大事抓紧抓好；要开辟新路，坚持疏堵结合，综合施策，促进生猪养殖与环境保护协调发展；要加强领导，配强力量，积极主动破解难题，打好生猪养殖污染防治攻坚战，促进农业农村持续健康发展。

泉厦漳金澎联合在西北开展“清新福建·美丽海丝”城市旅游推介

7月28日—8月6日，泉州联合厦门、漳州、金门、澎湖，在西北开展“清新福建·美丽海丝”城市旅游推介。首站陕西西安站推介会7月29日举行，吸引近百名西安当地旅行社、旅游达人、新闻媒体代表与会。市旅游局相关负责人介绍，本次联合旅游推介是响应“一带一路”国家战略和全市“21世纪海上丝绸之路先行区”建设的举措之一，旨在加强海陆丝绸之路城市间的交流与合作，拓展富有潜力的西北市场。推介会在西安、西宁、兰州和银川四个省会城市举行，面向当地旅行社和媒体代表，面对面推介旅游资源和产品，签订旅游战略合作协议。其中，泉州以“海丝起点·古韵泉州”的主题形象亮相各场推介会。为加深西北旅游业界和媒体代表们对闽南文化的了解，推介会还安排了博饼的互动小游戏，德化的陶瓷、安溪的茶叶等作为奖品分赠给大家，通过另一种方式宣传泉州。

第九届华夏南少林国际武术大赛在泉州开幕

由省体育局、省社体指导中心、省武术协会指导和主办的第九届华夏南少林国际武术大赛在泉州开幕，中国、奥地利、德国、以色列、克罗地亚等十多个国家100多支代表队2000多名武术精英参赛。大赛分为儿童组、少年组、青年组、壮年组、中年组和老年组，比赛内容为各武术拳种及流派的拳术、器械等内容，分单练、对练套路，此外还有集体的武术拳术和器械、健身功法。本届大赛除武术比赛外，还组织具有闽南特色的铁观音茶道、南音、闽南语歌曲等文艺节目演出。

市文联举办泉港籍青年书家邀请展

7月28日—8月1日，由市文联主办的“抒海心性——泉港籍青年书家邀请展”在泉港区文化中心举行。邀请展展出9位泉港籍青年书法家54幅新作品。参展作者皆为“70后”，来自全市各个行业，包括出培阳、刘顺华、刘锡海、庄绍英、庄崇宏、张斌洲、张道、连杰、梁碧龙。参展作品形式多样、面貌不一、风格各异，书体涵盖篆、隶、楷、行、草。作品既根植传统，又有鲜明个性，从一个侧面反映泉州市书法整体创作水平，其中有多件作品以泉港当地文化为创作题材。活动期间，还举行书法家现场创作交流笔会。

7月28日

星期二
农历乙未年六月十三
温度：26℃—32℃
阵雨转多云

●中国工程院院士、中国自动化学会理事长郑南宁和中国科协学会学术部副部长刘兴平等在泉州开展“创新驱动助力工程”调研活动。

●周银芳到南安市调研生猪养殖污染防治工作。

●7月28日—8月6日，泉州联合厦门、漳州、金门、澎湖，在西北开展“清新福建·美丽海丝”城市旅游推介。

●第九届华夏南少林国际武术大赛在泉州开幕。

●鲤城区开展地震应急救援综合演练。

●由丰泽区委文明办牵头，泉州晚报时政新闻部等举办的丰泽区2015“暑期乐园”活动开营。

●28—31日，石狮团市委和石狮市青商会组织石狮青年企业家组团到青岛开展参观学习交流活动。

●惠安县旅游饭店岗位技能竞赛举行。

●7月28日—8月1日，由市文联主办的“抒海心性——泉港籍青年书家邀请展”在泉港区文化中心举行。

7月29日

星期三
农历乙未年六月十四
温度：25℃—33℃
阵雨转多云

●郑新聪到市各民主党派机关走访座谈。

●2015年全市经济运行分析暨“行动方案”督查落实第三次专题会议召开，分析全市经济运行情况，督查省政府《关于进一步扩大有效投资的若干意见》贯彻落实情况，推进重点项目落实、生态环境保护和机关效能建设等工作。

●国务院安委会第九督查组对泉州开展粉尘作业和使用场所防范粉尘爆炸大检查工作情况进行督查。

●泉州入选中国入境游“最具吸引力城市”。

●7月29日—8月5日，首届全国青年运动会击剑项目资格赛在宁德举行，泉州市体工队获女子团体冠军。

●29—30日，由中国健康促进基金会主办、中国人民解放军第180医院健康管理中心承办的中国健康促进基金会功能医学公益性培训班在解放军180医院举行。

郑新聪到市各民主党派机关走访座谈

市委书记郑新聪走访市各民主党派机关，并召开座谈会，就推动产业转型升级和市委全会即将出台的相关文件，征求市各民主党派和工商联、无党派人士的意见和建议。市领导陈灿辉、许连捷、骆沙鸣、王祖耀、陈益参加座谈。郑新聪强调，要领会习近平讲话精神，贯彻《中国共产党统一战线工作条例》，共同做大同心圆，为泉州科学发展跨越发展凝聚强大持久广泛的力量支持。各级党委、政府要更加自觉做到虚怀若谷、集思广益，重视完善政党协商内容形式，加强双向互动，搭建更多沟通交流平台，及时通报重要决策和重点工作。各民主党派、工商联和无党派人士要发挥资源优势、聪明才智，当好参谋助手，敢讲真话，为泉州发展献计出力；要结合2016年换届选举，加强思想、组织、制度特别是领导班子建设，广纳贤才，提升参政议政的能力和水平。

全市经济运行分析暨“行动方案”督查落实第三次专题会议召开

2015年全市经济运行分析暨“行动方案”督查落实第三次专题会议召开，分析全市经济运行情况，督查省政府《关于进一步扩大有效投资的若干意见》贯彻落实情况。市委副书记、市政府党组书记康涛主持会议，市委常委、常务副市长林伯前，副市长周真平、卢炳椿、李建辉、林万明，市政府秘书长吴友才等参加会议。康涛强调，要坚持精准施策，深化“三比一看”活动，发挥政策效应，突出滞后指标督促推动，逐一分析研究，找准问题症结，采取有效措施，完成既定目标任务。要把握发展大势，盯紧产业转型升级方向，坚持示范引导，突破关键环节，优化平台支撑，促进人才集聚，下力气打造泉州产业升级版。要强化重点突破，尽快梳理解决项目“卡脖子”问题，抓好既定项目责任的分解和落实，推进重点项目建设；拓展重点领域投资，加强项目策划和向上对接，充实增投项目盘子；完善项目保障措施，提速提效项目前期工作，强化用地、融资等要素统筹调配；深化“三维”对接，突出专业招商、重点招商，力促项目落地。要加强生态建设，抓好突出问题整改、水环境整治、环保设施建设、工业污染防治等各项工作，推进环境污染治理。要狠抓监督管理，突出防汛抗旱、深化专项整治、完善监管体系。要加快职能转变，坚持政企互动的好传统，落实各项优惠政策，提升服务水平，帮助企业克服困难；市县两级要协同提升审批效率，深化审批制度改革，推进马上就办，创造行政服务新亮点、新经验。

泉州入选中国入境游“最具吸引力城市”

省旅游局发布消息称，《中国跨境消费年度指数报告（2015）》已经发布。报告指出，与上年度相比，中国出入境旅游市场呈现众多新特征，福建三城市跻身“入境旅游综合市场吸引力最高城市”前五位，其中，福州蝉联榜首，泉州、厦门分获第三名和第四名。报告指出，随着经济的发展，中国多数地区面临较大的环保压力。恶劣的空气质量势必对旅游业的发展造成负面影响。报告研究显示，空气质量的高低与旅游外汇收入的增长速度之间呈现出一定的相关性。空气质量较高的城市往往旅游外汇收入也较高。因此从发展跨境旅游业的角度来看，环境保护不仅有社会意义，而且可以转化为相当的经济利益。报告建议，未来应进一步对过境免签政策进行调整。相关的政策选项可以包括扩大过境免签国/地区的范围；适度扩大免签游客在中国的活动范围；以及放松对过境免签游客购买机票的限制等等。“中国入境旅游市场吸引力指数体系”包括“入境旅行时间指数”“入境游客单位时间支出指数”和“综合市场吸引力指数”。“中国居民出境旅游消费能力指数体系”包括“收入增长指数”“旅游偏好指数”和“出境旅游偏好”指数。

泉州开元寺　（图/吴寿民）

市十五届人大六次会议召开 康涛当选泉州市人民政府市长

30—31日，市十五届人大六次会议在泉州影剧院召开。主席团常务主席、会议执行主席郑新聪、陈万里、洪泽生、吕竞、王远东、张建生、朱团能、曾巍、吴春林在主席台前排就座。主席团其他成员，市委副书记、市政府党组书记康涛，省人大常委会委员、农业与农村工委主任李建国，省人大常委会委员陈海基，市委副书记周银芳，市委常委、组织部部长陈沈阳，副市长林万明，市中级人民法院院长欧岩峰，市检察院检察长高扬捷，华侨大学校长贾益民等在主席台就座。大会采用无记名投票的方式，补选康涛为泉州市人民政府市长；表决通过泉州市第十五届人民代表大会法制委员会组成人员人选名单。郑

会议现场　（图/吴寿民）

新聪在闭幕会上讲话。郑新聪对政府工作提出四点希望：一是坚持依法行政，建设法治政府。坚决贯彻市委决策部署，坚决执行市人大及其常委会的各项决议和决定，虚心听取人大代表、政协委员意见，认真办理议案、建议及提案；依法履行政府职能，以法治思维和方式深化改革、推动

郑新聪在闭幕会上讲话　（图/吴寿民）

发展、保障民生、维护稳定。二是加强班子建设，树立务实清廉政府形象。市政府党组要落实党风廉政建设主体责任，坚持民主集中制，做到重大事项集体决策，班子成员之间要精诚团结、相互支持，各部门要协同协作、凝聚合力；要推进“三严三实”专题教育，带动广大干部既勤又廉、既干净又干事。三是增强责任担当，加快打造泉州经济的升级版。领会省委推动产业转型升级的战略意图，增强当好“领头羊”的责任感和使命感，立足抢抓、全面动员，研究制定产业转型升级路线图，实施《泉州制造2025发展纲要》和三个行动方案，转变政府职能、加快简政放权，高效服务群众、服务企业。四是提振精神干劲，完成好年度目标任务。要深入一线、精准施策，纵深推进“三比一看”，力促经济进一步回升向好；树立强烈的任务和民生意识，不折不扣兑现民生承诺，完成《政府工作报告》确定的各项法定作业，加快建设“机制活、产业优、百姓富、生态美”的现代化泉州。康涛表示，作为市长，他将做到与时俱进，加强学习，更加勤奋地学习党的路线、方针、政策和经济社会发展知识，诚心诚意地以代表为师、以群众为师、以实践为师，学习弘扬泉州“爱拼敢赢、敢为人先”的精神，提高工作水平和履政能力；要忠诚履职，勇于担当，根据省委、省政府和市委的决策部署，按照市《政府工作报告》以及年初各项既定的工作任务，更加突出精准服务、有效施策，全力稳定增长和推动产业转型升级，抓好金改、综改、“数控一代”、“泉州制造2025”等改革创新试点，办好第十四届亚洲艺术节，打响拓展“东亚文化之都”品牌，加快“21世纪海上丝绸之路”先行区建设，推动以改善民生为重点的社会事业发展；要依法行政，接受监督，自觉接受市人大及其常委会的法律、工作监督，配合人大及其常委会开展各项工作，自觉接受舆论监督和群众监督，坚持依法履职、行政和办事，加快推进政府职能转变，深化简政放权，完善“三张清单”制度，建设法治型政府，让政府权力在阳光下运行；要执政为民，清正廉洁，把群众利益放在首位，真心实意为群众办实事、解难事、做好事，落实中央“八项规定”精神，自觉践行“三严三实”，恪守廉洁从政各项规定，清清白白做人、干干净净干事，与全市人民携手开创泉州科学发展、跨越发展的新局面，谱写现代化泉州建设的新篇章。

康涛当选市长后接受媒体记者采访　（图/吴寿民）

7月30日

星期四
农历乙未年六月十五
温度：26℃—33℃
多云

●30—31日，市十五届人大六次会议召开，康涛当选泉州市人民政府市长。

●市委常委会“三严三实”专题教育第二次集中学习研讨举行。

●市人大法制委员会成立。

●陈灿辉到永春县开展“促进项目落地 帮扶企业发展”活动。

●第二届闽西南贸促机构联席会议在泉州召开。

●晋江市与福建省农科院签订院地合作框架协议。

●由宁夏民族艺术研究所主办、宁夏艺术职业学院和宁夏图书馆承办的宁夏回族民间工艺美术品展在泉州海外交通史博物馆开幕。

●丰泽区2015年庆“八一”文艺进军营活动在武警泉州支队第四中队举行。

7月31日

星期五
农历乙未年六月十六
温度：25℃—33℃
多云转晴

●市政府第76次市长办公会召开，围绕市《政府工作报告》确定的目标任务，研究部署市政府下一步工作。

●市领导到180医院、边防医院看望驻泉州部队住院伤病员。

●市质监局召开会议，部署各维保单位开展电梯安全隐患排查治理行动。

●驻泉州某部与惠安县政府举办以“弘扬抗战精神 共筑强大国防”为主题的文艺晚会，庆祝纪念抗战胜利70周年暨建军88周年。

●“第三届台湾单车天使·神州公益骑行”抵达泉州。

●由市卫计委、市广播电视台、鲤城区委宣传部主办的“健康鲤城·幸福家庭”鲤城区首届健康家庭文化节暨“淘泉州”889新闻频道《百姓热线》进社区启动仪式举行。

市政府第76次市长办公会召开

新当选的市长康涛主持召开第76次市长办公会议，按照市委部署要求，围绕市《政府工作报告》确定的目标任务，研究部署市政府下一步工作。市领导林伯前、陈荣洲、周真平、卢炳椿、李建辉、陈灿辉、林万明，市政府秘书长吴友才参加会议。为全力完成年度目标任务，康涛强调八个方面的重点工作：一要全力稳增长。突出抓好主要指标的督促推动，针对个别指标滞后问题，采取有效措施加以推进；兑现和完善稳增长政策，联手行业、中介等力量，推动政策惠及企业；开展“三比一看”活动，帮助企业搞促销，坚持政企互动，助力企业发展。二要在加快发展中实现转型升级。研究制定重点产业转型升级方案，逐个产业理出路线图和项目清单；实施“泉州制造2025”发展纲要；加快培育互联网经济、众创空间、旅游资源开发等新业态、新增长点；营造良好人才环境，完善服务配套，特别是要提升教育、医疗水平，梳理完善人才政策；发展生态经济，抓好环境问题整改。三要毫不松懈地抓重点项目建设。坚持重大项目协调调度机制，突破项目安征迁和融资等瓶颈制约，加快审批服务提速增效，利用国家鼓励投资的有利时机，集中力量推进重大基础设施项目，确保“十二五”规划项目全部开工建设，力争部分“十三五”规划项目提前实施；抓紧完善港口发展规划，推进分工和整合，推动泉州港口复兴；深化“三维”对接，注重产业链重要环节招商，打造与国际接轨的良好营商环境。四要更加重视“三农”工作。发展特色现代农业，深化农村改革，推进美丽乡村建设，实施精准扶贫，抓好防台防汛工作。五要提升城市环境。深化“环湾规划建设年”活动，打造若干个现代化宜居区域或组团，推进泉州古城保护提升，实施“宜居环境行动计划”，加快推进石结构房屋改造，建立完善全国文明城市管理维护长效机制。六要深化改革开放。复制推广自贸区改革创新试点经验；深化金融服务实体经济改革，创新政府投资方式，发挥引导和杠杆作用；加快民营经济综合改革，拓展提升“晋江经验”；抓好医药卫生体制改革试点，提升医疗服务水平，惠及广大群众；加快“21世纪海上丝绸之路先行区”建设。同时，要加大改革创新力度，在产业升级、服务提效、民生保障等领域，创出一批品牌，为发展注入新活力。七要促进社会和谐。抓好39项为民办实事项目；办好第十四届亚洲艺术节暨第二届海上丝绸之路国际艺术节；拓展东亚文化之都的品牌效应；发展教育事业，打造本土名校，提高教育水平。提升社会保障能力，创新社会治理，抓好安全生产工作。八要谋划长远发展。抓紧编制“十三五”规划，抓好13个重点课题研究，突出策划重大项目支撑。

“弘扬抗战精神 共筑强大国防”文艺晚会举行

驻泉州某部与惠安县政府举办以“弘扬抗战精神 共筑强大国防”为主题的文艺晚会，庆祝纪念抗战胜利70周年暨建军88周年。图为晚会现场。（图/泉州晚报社）

“第三届台湾单车天使·神州公益骑行”抵达泉州

“第三届台湾单车天使·神州公益骑行” 抵达泉州（图/泉州晚报社）

由市政府台湾事务办公室、市体育局、市海外联谊会、团市委、市侨联主办的“第三届台湾单车天使·神州公益骑行”迎接仪式在泉州市侨乡体育馆前举行。30名身着绿色骑行服的台湾学生开启泉州站骑行之旅。第三届台湾单车天使骑行活动于7月15日从上海出发，途经杭州、宁波、奉化、台州、温州、福鼎、福安、宁德、福州、泉州，终点到达厦门。共有30名13—18岁的台湾学生参与骑行，活动为期22天，骑行行程1250千米。

泉州市开展“无违建”示范点创建活动

泉州市近日印发《关于开展“无违建”创建活动的实施方案》，确定鲤中街道等12个乡镇（街道）、红梅居委会等131个村（居）为“无违建”创建省级示范点，江南街道等21个乡镇（街道）、西湖居委会等276个村（居）为“无违建”创建市级示范点。实施方案明确“无违建”示范点必须“六达标”等创建标准。调查摸底要达标。全面摸清“两违”底数，健全完善“两违”档案，做到录入“两违”信息系统数据、一违一档数据、现场情况“三一致”，调查摸底全覆盖。新增管控要达标。实行全方位动态监管，构建常态化的监管机制，做到及时发现、及时制止、及时拆除，2014年以来的新增“两违”零增长。分类处置要达标。县（市、区）“无违建”示范点分类处置率达到调查摸底总量的70%以上、乡镇（街道）达到75%以上，完成或超额完成年度拆违任务。拆后土地利用要达标。分门别类利用好“两违”拆除后腾出的土地，做到拆除一片违建，腾出一片空间，用好一片土地，拆后土地利用率达到70%以上。个人自建房管理要达标。贯彻落实《福建省农村村民住宅建设管理办法》及相关规定，加强个人自建房管理。依法治违要达标。每月组织一次政策法规宣传活动，营造依法治理氛围；坚持公平公正执法；不发生因“两违”处置不当引发重大群体性事件或重大安全事故，保持社会安定稳定。

联合国官员中文培训团到泉州师范学院访问

联合国官员中文培训团一行27人到泉州师范学院访问。该培训团成员来自埃及、美国、罗马尼亚、法国、韩国、英国、印度、泰国、比利时等国，此次到泉州旨在了解海上丝绸之路起点泉州的历史文化建设。他们欣赏了该校学生表演的《直入花园》《静夜思》《走马》等南音节目，到闽南文化研究基地了解闽南文化的内涵及传播盛况，还观摩师生书法表演，不少人饶有兴致地拿起毛笔学写汉字。

培训团一行在泉州师院学写毛笔字（图/许永华　蒋双霖）

崇武鱼卷和泉州金牡蛎入选第二批“福建十大渔业品牌”

经各地推荐、初步筛选、公众投票、征求各地意见以及专家评审等多个环节，省海洋与渔业厅公布第二批“福建十大渔业品牌”名单，崇武鱼卷、泉州金牡蛎入选。崇武鱼卷是闽南地区的一种特色鱼肉制品。其主要原料为精选崇武本地渔民捕捞的新鲜海水鱼，以马鲛鱼、鳗鱼、鲨鱼为主，通过去头去骨去皮（鳞）和内脏，用利刃刮取鱼肉，先行擂溃，再依要求按比例加入盐、淀粉、鲜猪肉丁（末）、蛋清、荸荠等辅料，经手工（现改为机械）揉制而成，制成后以烈火蒸熟食用，是泉州十大名小吃之一。2015年3月，“崇武鱼卷”经国家工商总局审核，获准地理商标注册。金牡蛎是由福建省水产研究所自主研发的速长葡萄牙牡蛎新品种，“金牡蛎1号”已在泉州深沪湾规模养殖，显示出生长速度快、遗传性能稳定、贝壳金黄、色泽鲜艳等优势特征，其中，生长速度较未选育牡蛎提高15%以上，单体牡蛎养殖模式较传统养殖方式产值与效益均大幅提高。

泉州歌舞亮相日本横滨舞蹈节

泉州市闽南民间歌舞传承中心应日本横滨市文化观光局邀请，代表泉州市赴日本参加横滨舞蹈节。泉州歌舞剧团团长表示，此次泉州市组织了20名演职人员赴横滨参加舞蹈节。主会场舞台简约又不乏艺术氛围，观众即街上民众，非常热情友好，就像过节一样。横滨市长接见了泉州市所有演职人员，在开幕式讲话中，他感谢泉州代表团的表演，并希望能加强交流，多让本土的观众特别是小学生接触来自中国艺术表演。此次舞蹈节分成几个演出分场，泉州代表团参加了其中四场演出，展示东亚文化之都的魅力。

8月1日

星期六
农历乙未年六月十七
温度：26℃—33℃
多云

●泉州市开展“无违建”示范点创建活动。

●联合国官员中文培训团到泉州师范学院访问。

●全市各渔港码头渔船结束休渔，正式开渔。

●第二批“福建十大渔业品牌”公布，崇武鱼卷和泉州金牡蛎入选。

●由市教育局、泉州晚报社主办，省教育厅阳光高考信息平台协办的2015年专科院校联合现场招生泉州咨询会，在泉州信息工程学院举行。

●日本横滨舞蹈节开幕，泉州市闽南民间歌舞传承中心应邀代表泉州市赴日本参加活动。

●泉州少林寺祈福法会暨2015年第十八届暑假武术培训班汇演活动举行。

●8月1日—9月27日，南安市开展“打非治违”集中整治交通违法统一行动。

8月2日

星期日
农历乙未年六月十八
温度：26℃—35℃
多云

●泉州市出台《关于进一步做好为农民工服务工作的实施意见》。

●由泉州消防支队、晋江消防大队主办的“暑假去那里”大型消防微信宣传主题活动在市区宝龙城市广场举行。

●2015“凯路仕·烈风”杯全国自行车联赛（泉州站）在市区东海丰海路滨海公园路段举行。

●由泉州盛苑琴行和德国戈特里安·史坦威钢琴公司主办的“盛苑之夜”小提琴钢琴音乐会在泉州音乐厅举行。

●2—8日，惠安县建筑企业高管研修班培训在浙江大学举行。

泉州市出台《关于进一步做好为农民工服务工作的实施意见》

泉州市近日出台《关于进一步做好为农民工服务工作的实施意见》。实施意见提出，到2020年，全市转移农业劳动力总量继续增加，每年开展农民工职业技能培训5万人次以上，农民工综合素质显著提高、劳动条件明显改善、工资基本无拖欠并稳定增长、参加社会保险全覆盖，推动70%左右的农业转移人口在城镇以上地方聚集，未落户的也能享受城镇基本公共服务，农民工群体逐步融入城镇，为实现农民工市民化目标打下坚实基础。完善落实促进农民工就业创业的政策措施，实行城乡平等的促进就业创业政策。完善公共就业创业服务体系，健全全市统一的公共就业服务信息系统。组织开展农民工就业服务“春风行动”，组织实施泉州市农民工创业扶助工程，扶持一批农民工创业项目。运用财政支持、创业投资引导和创业培训、政策性金融服务、小额担保贷款和贴息、生产经营场地和创业孵化基地等扶持政策，促进农民工创业。鼓励农民工返乡创业。以中小微企业为重点推动企业依法与农民工订立、履行劳动合同。加强工资支付保障长效机制建设，在建设领域全面实施工资保证金制度，其他易发生欠薪的行业逐步推行企业工资保证金制度。开展“无欠薪项目部”“无欠薪工业园区”“无欠薪网格”创建工作。做好春节前农民工工资支付保障工作。建立和完善用人单位重大违法行为公布制度，向社会公开曝光典型案件。贯彻执行最低工资标准。扩大工资集体协商覆盖范围，促进农民工工资水平合理增长。实施“全民参保登记计划”，推进农民工依法参加社会保险。落实持居住证的本省城乡居民在泉州市内异地参加城乡居民社会养老保险和在泉州市城镇就业的农村户籍居民可参加或接续企业职工基本养老、医疗保险政策。推进农村地区企业、家庭服务企业等农民工较为集中的中小微企业和有雇工的个体工商户参加工伤保险。按照新一轮医改方案，统筹城乡基本医疗保险政策，实现城乡居民基本医疗保险政策一体化和城乡居民基本医疗保险制度市级统筹，实现城镇职工、城乡居民基本医疗保险统一管理。及时公正处理涉及农民工的劳动争议，对农民工追索劳动报酬、工伤待遇等劳动争议案件，实行优先立案、快速审理、及时执行。畅通农民工劳动争议仲裁“绿色通道”，简化受理立案程序，提高仲裁效率。建立健全涉及农民工的集体劳动争议调处机制。推进城镇基本公共服务由主要对本地户籍人口提供向对常住人口提供的转变，农民工及其随迁家属在输入地城镇未落户的，依法申领居住证，持居住证享受规定的基本公共服务。鼓励地方通过新增学位、新改扩建学校等方式，扩大教育资源，满足农民工随迁子女接受义务教育需求。落实好符合条件的农民工随迁子女在劳务输入地参加中考、高考的政策。实施第二期学前教育三年行动计划，满足农民工随迁子女接受普惠性学前教育需求。

2015全国自行车联赛（泉州站）举行

由省体育局、省旅游局主办，市体育局、市旅游局、丰泽区政府、省自行车运动协会等承办的2015“凯路仕·烈风”杯全国自行车联赛（泉州站）在市区东海丰海路滨海公园路段举行，近千名国内外的骑行高手参赛。大赛组委会工作人员介绍，“凯路仕·烈风”杯全国自行车联赛已在郑州、长沙、昆明等城市连续举办4年，此次泉州站是大赛第一次在滨海赛道开赛，也是泉州第一次举办该项专业性、综合性的骑行赛事。比赛路线为丰海路至滨海路全程约7.8千米的闭环赛道，全程无坡度公路，其中柏油路面占70%。

惠安县建筑企业高管研修班培训在浙江大学举行

2—8日，惠安县建筑企业高管研修班培训在浙江大学举行。培训旨在开阔建筑企业高管人才视野，了解建筑行业发展现状及前沿发展方向，为更好地推动建筑企业创新发展打下坚实基础，惠安县39家建筑企业的51名高级管理人才和企业接班人参加培训。研修班采用集中授课、讨论交流、参观考察等灵活多样的教学手段，体现较强的实践性和互动性。在课程设计上，既有对当前建筑产业发展趋势的研判，又有建筑产业化、工程安全与风险管理、资本运作、绿色建筑等建筑行业比较关注的课程，针对性和实用性都比较强。学习期间还安排到远大集团等国内知名建筑企业实地考察学习。

郑新聪到市公安局调研

市委书记郑新聪带队到市公安局调研，查看可视化作战平台、新型装备，观看联合研判、合成作战机制演练，并召开座谈会，勉励公安民警牢记使命、忠诚履职，为泉州经济社会发展保驾护航。市领导陈沈阳、许昆贞、翁祖根、卢炳椿等参加调研。在调研现场，特警支队介绍和演练警用无人机、排爆机器人、地下金属探测器、拐弯枪等高科技警用设备，消防支队的灭火、破拆、救生、侦检四类实战设备也逐一亮相；可视化作战平台则联结上万路高清视频探头和各级各类警务资源，形成“天眼”“地网”紧密结合的立体防控网络。郑新聪指出，当前国内外形势复杂多变，尤其在经济新常态下，社会稳定面临多种挑战。全市公安机关要贯彻习近平关于政法工作指示精神，认清当前维护治安、打击犯罪的形势，做好保障政治安全、加强服务管理、推进平安建设和重大活动安保等工作。要以群众满意为根本标准，集中力量开展各类专项整治行动，对危害政治安全的非法行动露头就打、绝不姑息；对虚假信息诈骗、中心市区盗窃电动车、赌博等群众反映强烈的违法犯罪活动，坚决重拳出击；开展枪爆物品大清查、交通安全、消防火患清剿、“三合一”厂房取缔等整治，注重民警办案过程中的自身安全，确保安全第一。要加强立体治安防控体系建设，加强公安管理信息化建设，重视网络治安维稳，做实网格化管理，协同各类社会管理资源，提升灵敏反应能力，让群众安心、让人民满意。郑新聪强调，要按照“五个过硬”要求加强公安民警队伍建设，重视思想政治工作，深化“三严三实”专题教育，永葆人民警察浩然正气。要坚持公正文明执法，注重抓学习、抓制度、抓氛围，提升执法公信力。要不断提高本领，坚持平战结合和实战化训练，抓好技能培训。要重视基层基础，开展“创人民满意警队、做群众喜爱警察”主题实践，推动警力下沉、服务下沉；要关心干部成长，“高看一眼”、多给关心，尽力提供发展平台和机会。各级党委、政府要更加关心爱护民警，为公安工作提供人、财、物保障，提升科技兴警、信息警务水平，及时研究解决公安机关亟须解决的困难问题。

市政协党组“三严三实”专题教育第二次集中学习研讨举行

按照市政协“三严三实”专题教育方案安排，市政协党组第二次集中学习研讨举行。市政协党组书记、主席杨俊峰主持会议并讲话。市政协党组成员、副主席吴共湖、苏小青、李冀平、王瑞强，秘书长洪川夫出席会议。市政协副主席骆沙鸣列席。杨俊锋指出，政协党员领导干部要领会、把握“严以修身”的精髓要义和实践要求，使其成为自觉的价值追求和行为规范。要践行“严以修身”，补足精神之“钙”，学习贯彻习近平系列讲话精神，提高思想理论水平和政治素养；要增强政治定力，打牢团结奋斗的共同思想政治基础；要强化党性修养，主动虚心接受干部群众监督，扎扎实实做事，清清白白为官；要提升德行品性，带头践行社会主义核心价值观。下阶段，要继续突出问题导向，坚持边学边改，科学合理有序安排，做到学习教育、工作推动两不误。

德国诺伊施塔特市青少年代表团访问泉州

泉州国际友好城市德国诺伊施塔特市青少年代表团一行25人到泉州，与泉州市中学生开展为期12天的“1+1住家式”交流活动，并到德化、永春、晋江等地参观交流。市长康涛会见代表团，副市长陈荣洲参加相关活动。康涛向代表团介绍泉州市情并表示，青少年代表着未来和希望，开展青少年交流活动对促进两市友好关系和长远发展有重要意义，希望双方加强往来，增进情谊，留下美好回忆。

石狮市“文明旅游、海上放生”活动举行

石狮市“文明旅游、海上放生”活动在该市永宁镇梅林海域举行，放流日本对虾3207.6万尾。本次活动由石狮市童装协会、凤里商会、五洲大酒店、善心源、假日国际旅行社、建明国际酒店中餐部等单位赞助认捐苗种。活动有助于进一步宣传文明旅游、文明出行理念，唤起全社会对海洋生物资源保护、生态环境保护的重视。本次放流水域选在深沪湾梅林海域，水质状况良好，适合放流苗种生长。经鉴定，本次放流苗种活力好，符合水生生物增殖放流相关规定。

8月3日

星期一
农历乙未年六月十九
温度：26℃—35℃
多云转晴

●郑新聪到市公安局调研。

●德国诺伊施塔特市青少年代表团访问泉州。

●市政协党组“三严三实”专题教育第二次集中学习研讨举行。

●3—6日，由省体育局和省教育厅主办的2015年福建省青少年帆船帆板锦标赛在惠安县崇武镇青山湾举行。

●3—16日，2015中美（国际）机器人挑战赛暨第二届CRC比赛在广东深圳举行，泉州培元中学代表队获新增队伍第一名及“永高最佳新秀奖”和“最佳形象奖”。

●石狮市“文明旅游、海上放生”活动在该市永宁镇梅林海域举行。

8月4日

星期二
农历乙未年六月二十
温度：26℃—34℃
多云

●康涛到石狮市检查泉州市征兵体检工作。

●全市第三季度防范重特大生产安全事故暨市安委会全体成员（扩大）会议召开，通报上半年全市安全生产工作情况，分析存在的主要问题，研究部署下阶段工作。

●市政协围绕“发挥优势，推动21世纪海上丝绸之路先行区建设”主题，召开文化艺术界别、文史和学习宣传组委员提案办理协商座谈会。

●全市利用新兴媒体加强和改进宣传教育、信息发布、政策解读、舆论引导工作座谈会召开。

●新泉商运动会开幕式暨厦航杯环西湖跑比赛在市区西湖公园举行。

●4—6日，2015年阿拉伯语与俄语国家城市国际化专题研修班在德化县举行。

康涛到石狮市检查征兵体检工作

市征兵领导小组组长、市长康涛到石狮市，检查泉州市征兵体检工作。市征兵领导小组副组长、市委常委、泉州军分区司令员林俊其，副组长、泉州军分区政治委员郑健，副组长、副市长陈荣洲等参加检查。康涛指出，市委、市政府历来高度重视征兵工作，发动深入，政策到位，保障有力，取得较好效果。要坚持征兵工作业已形成的好经验、好做法，做好征兵体检、政治审查、检疫复查、输送新兵等工作，把政治合格、身心健康的优秀适龄青年输送到部队去。参军入伍不仅是国防建设的需要，更是青年成长磨炼的机会。希望全市青年增强责任意识，踊跃报名参军，在军营中提升素质、磨砺心性、报效祖国。各级政府和相关部门要给予参军青年及家庭更多关爱，做好服务保障工作，兑现征兵优惠政策，落实优抚安置措施，为参军青年保家卫国稳定后方，为完成征兵任务营造良好环境。

全市第三季度防范重特大生产安全事故暨市安委会全体成员（扩大）会议召开

全市第三季度防范重特大生产安全事故暨市安委会全体成员（扩大）会议召开，通报上半年全市安全生产工作情况，分析存在的主要问题，研究部署下阶段工作。市长康涛、副市长林万明、市政府秘书长吴友才等参加会议。康涛要求，各级各部门要盯紧重点、严于防范，开展安全生产大检查和“六打六治”打非治违专项行动，把道路交通、消防安全、电梯、暑期学生安全、汛期安全、危化品储罐区、建筑施工、渔业船舶、粉尘等事故易发领域的安全监管摆上重要位置，抓细、抓实、抓到位。康涛强调，要改进方式，不发通知、不打招呼、不听汇报、不用陪同，直奔基层、直插现场，通过经常性的暗查暗访检查企业主体责任落实，通过检查企业倒查属地监管和行业监管工作情况；加大力度，严格执法，严厉打击，对拒不整改安全隐患，或者整而不改、敷衍塞责的企业要坚决给予处罚；精准排查，采取企业自查、专家核查、行业检查、政府督查“四位一体”的方式，派出既懂行又了解基层情况的专业检查人员，全方位排查安全隐患；强化整改，对各类安全隐患实行“零容忍”，整改要不打折扣，不留死角，不走过场，务见实效。要注重把好源头、管好基础，抓好国家安全发展示范城市创建、标准化提升、宣传教育以及应急救援能力、隐患排查治理常态化体系和安监队伍建设等工作。要坚持严格问责、严肃追责，落实“党政同责、一岗双责”，深化企业主体责任落实，为建设“机制活、产业优、百姓富、生态美”的现代化泉州营造安定稳定的社会环境。

新泉商运动会开幕

由市非公经济理想信念教育实践活动领导小组、市委统战部、市体育局、市工商联（总商会）主办的，以“新泉商·动起来 健行新丝路”为主题的新泉商运动会开幕式暨厦航杯环西湖跑比赛在市区西湖公园举行。驻泉异地商会、市工商联直属商（协）会、市新社会阶层代表人士联谊会、市留学人员暨归国创业人员联谊会、厦门航空泉州运行基地等30支代表队参加比赛。比赛持续至12日，比赛项目包括环西湖跑、篮球、乒乓球、羽毛球、台球、保龄球、游泳、拔河等。

2015年阿拉伯语与俄语国家城市国际化专题研修班在德化县举行

4—6日，由泉州工艺美术职业学院承办的2015年阿拉伯语与俄语国家城市国际化专题研修班在德化县举行，24名来自白俄罗斯、吉尔吉斯斯坦、亚美尼亚等俄语国家，以及来自阿尔及利亚、科摩罗、约旦、乍得等阿拉伯语国家的国际友人参加培训。培训期间，国际友人还参观德化陶瓷博物馆，并到以特色陶瓷文化办学的德化县尚思小学体验陶艺。

国际友人在德化县尚思小学体验陶艺　（图/徐艺星）

郑晓松到泉州调研财税和海丝先行区建设工作

5—6日，副省长郑晓松带队到泉州调研财税和海丝先行区建设工作。郑晓松到永春县、南安市、晋江市、洛江区，走访制香、石材、机械制造、卫生用品、体育用品、食品饮料等行业企业，到车间生产一线，与企业负责人沟通交流，了解泉州市各行业发展现状和应对新常态的创新举措。走访中，郑晓松勉励企业家认清形势，增强信心，通过强化技术研发、推广“机器代工”、提升产品质量、开拓新兴市场、创新商业模式、注入文化内涵等方式，加快转型升级步伐，在新常态中站稳脚跟、再创佳绩。随后召开座谈会，市长康涛参加座谈会，市委常委、常务副市长林伯前就泉州市财税和海丝先行区建设工作作汇报。副市长陈荣洲参加调研。郑晓松指出，作为全省经济发达地区，泉州党委政府和企业对形势判断先人一步，采取措施精准有效，保持积极向上的发展态势。当前，国内外经济形势依然复杂严峻，困难和挑战不是周期性问题，而是结构性问题。泉州政企要充分认识新常态，主动适应新常态，积极进入新状态，深化财税体制改革，从地方实际出发，在财税政策研究上下功夫，为经济健康发展出谋划策；创新融资方式，在转变财政支持经济发展方式上下功夫，建立投资产业基金，推广PPP合作模式，不断解放思想、协同协作、选好项目、抓好落实；盘活存量资金，发挥财政资金的使用效率；加强协调、强化配合、注重服务，做好“营改增”试点扩大范围的充分准备，做大税基、做实税源。郑晓松强调，作为21世纪海上丝绸之路先行区，泉州要领会“一带一路”战略内涵，在先行先试上下功夫，把握战略机遇、结合自身特点，为企业“走出去”牵线搭桥，为全省探索政府帮助企业走出去等方面的成功经验。

市委常委会决定召开市委十一届九次全会

市委常委会召开，决定于7日召开市委十一届九次全会。市委书记郑新聪主持常委会。会议议定市委全会的主要任务是学习贯彻习近平系列讲话和到福建考察讲话精神、省委九届十四次全会精神，落实福建省智能制造暨创业创新现场推进会要求，研究部署当前及今后一个时期泉州市产业转型升级工作。会上还研究将提交全会讨论的《关于进一步推动产业转型升级的实施意见》和《关于加快实施〈泉州制造2025发展纲要〉的若干意见》及相关配套文件，并专门组织学习中共中央办公厅印发的《推进领导干部能上能下若干规定（试行）》。

暂住泉州的非闽籍居民可在泉州办理赴金门旅游手续

是日起，户籍地已实行按需申领护照的非闽籍在泉州暂住人员，赴金门旅游不必回原籍办证，可直接在泉州向有资质的组团社报名参团，并向市、县公安机关出入境管理部门申请大陆居民往来台湾通行证及签注。上述符合条件的在泉州暂住人员，可向全市有资质的13家旅行社报名赴金门旅游，再向所在地的公安出入境窗口申请办理大陆居民往来台湾通行证和三个月一次出入境有效团队旅游签注（签注字头为“L”）。

泉州网首次进入地方城市网站传播力总榜前十名

中央网信办《网络传播》杂志发布“中国地方城市新闻网站传播力7月榜”。泉州网首次进入地方城市网站传播力总榜前十名，居第七名；在地方城市网站“两微（微信微博）”排行榜中，泉州网的“两微”传播力第二次进入前十名，排名第四。泉州网是泉州市委主管主办的福建省重点新闻网站，泉州晚报社的直属单位，近年来通过报网融合和新媒体建设，不断提升影响力，已成为海内外网民关注、了解泉州的重要网络窗口。与泉州网快速发展同步的是泉州晚报社新媒体矩阵的高歌猛进。除泉州网微信公众号（粉丝超10万）、@泉州网官方微博（粉丝超16万），泉州晚报社还有新闻客户端——泉州通（用户超7万），以及@泉州晚报社、@东南早报官方微博，泉州晚报社、东南早报公众微信号等新媒体矩阵，共有粉丝85万。在一系列重大、热点事件报道中，泉州晚报社旗下的网络媒体发挥出越来越强大的传播功效，有力配合市委、市政府的中心工作。

相关链接：中央网信办《网络传播》杂志在2015年第六期推出“中国新闻网站传播力榜”，对网络媒体的传播能力进行一个比较系统科学的“排座次”，旨在客观反映国家网信办许可和确定的250家互联网新闻信息服务单位每月的网络传播效果。

8月5日

星期三
农历乙未年六月廿一
温度：26℃—33℃
多云

●5—6日，郑晓松带队到泉州调研财税和海丝先行区建设工作。

●市委常委会召开，决定于7日召开市委十一届九次全会。

●是日起，户籍地已实行按需申领护照的非闽籍在泉州暂住人员，赴金门旅游不必回原籍办证，可直接在泉州向有资质的组团社报名参团，并向市、县公安机关出入境管理部门申请大陆居民往来台湾通行证及签注。

●中央网信办《网络传播》杂志发布“中国地方城市新闻网站传播力7月榜”。泉州网首次进入地方城市网站传播力总榜前十名，居第七名；在地方城市网站“两微（微信微博）”排行榜中，泉州网的“两微”传播力第二次进入前十名，排名第四。

●泉州籍菲律宾华侨李伟利捐赠中巴车助力全国青运会交车仪式在泉州特种汽车基地举行。

8月6日

星期四
农历乙未年六月廿二
温度：26℃—34℃
多云

●在全省防御第13号台风“苏迪罗”工作视频会议之后，泉州市随即召开视频会进行部署。

●市政府党组“三严三实”专题教育第二次集中学习研讨举行。

●市人大常委会党组“三严三实”专题教育第二次集中学习研讨举行。

●泉州企业文化论坛暨颁奖典礼举办。

●教育部公布102个全国中小学生艺术素质测评实验区名单，晋江市入选。

●南安市检察院在南安市公安局溪美派出所等四个派出机构设立的检察工作室挂牌启用。

●2015年南安市新型职业农民培育工作首期开班仪式在泉州市农业学校举行。

全市防御台风“苏迪罗”视频会议召开

在全省防御第13号台风“苏迪罗”工作视频会议之后，泉州市随即召开视频会进行部署。市领导郑新聪、康涛、翁祖根、林万明参加会议。郑新聪强调，各级各部门要杜绝麻痹大意思想，抓紧思想动员，做足防大汛、防强台各项准备。要迅速敲响警钟，通过短信、电视、广播、报纸、网络、农村高音喇叭等手段，把台风动态和地灾预警信息第一时间向乡镇、村（社区）和干部群众传递，提醒群众及早避险。各县域、各乡镇要把干部力量压到一线，组织到村（居）督促指导；当前，村两委正在换届，要明确乡镇、村居防汛责任人，确保防台措施有人落实、万无一失。要严密监测动向，强化信息通报，实行24小时实时预警，及时向社会发布。要及时做好预防准备，抓住防风、防浪、人员转移、防雨、防涝等重要环节，特别是对渔船进港避风、渔排作业人员撤离上岸、高空设施加固、海边景点关停、地灾点群众疏散等，采取果断措施，确保各项防范工作落实在台风到来之前。各级各部门要落实24小时防汛值班和领导带班制度，各级党政主官要下到一线，防汛指挥长要带班值守，乡镇、村居所有干部都要在岗到位，做到责任前移、干部下沉。对责任落实不到位、擅离职守的，要严肃追究责任。康涛要求，要严阵以待，严格按照“横向到边、纵向到底”的要求和“预警到乡、预案到村、责任到人”的工作机制，把防汛防台工作责任层层落实到各级各部门，落实到乡、村，落实到村主干、中心户长。要严密防范，做好海上防风防浪、市政设施防风防雨防涝、山洪地质灾害防范、工程安全度汛等工作，组织处于台风暴雨洪水威胁的人员撤离。要严格履责，各级政府主要领导、各部门主要负责人要亲自部署，靠前指挥，各级防汛指挥部的领导要坐镇指挥，在岗在位。要严明纪律，台风影响期间恰逢周末双休日，全市各级防指成员单位、乡镇、村要按照防台风应急响应工作要求，坚守防灾抗灾第一线，全力以赴做好防御台风各项工作。

泉港边防大队官兵协助渔排上人员撤离上岸
（图/陈晓东　庄子瑜）

市政府党组和市人大常委会党组开展“三严三实”专题教育第二次集中学习研讨

市政府党组举行“三严三实”专题教育第二次集中学习研讨。市政府党组书记、市长康涛主持会议并讲话。市政府党组成员参加会议，非中共党员副市长列席会议。康涛指出，市政府班子成员要按照中央精神和省委、市委的要求，自觉带头做好示范、抓好学习教育，领会习近平关于严以修身的要求，把好世界观、人生观、价值观这个“总开关”。要强化问题导向，聚焦对党忠诚、个人干净、敢于担当，把自己摆进去，把问题查清楚。要边学边查边改，继续向“四风”问题开刀，向“不严不实”问题叫板，尤其要抓好群众反映强烈、影响面大的问题的整改整治，以实际成效取信于民，确保专题教育不虚不空。要坚持两手抓、两不误，把专题教育同实际工作结合起来，经常到一线督促指导工作，解决实际困难，推动全年目标任务顺利完成。

市人大常委会党组及机关“三严三实”专题教育第二次集中学习研讨举行。市人大常委会党组书记、主任陈万里，副主任吕竞、王远东、张建生、朱团能、曾巍，秘书长吴春林等参加。陈万里要求，要真学真懂真用，领会严以修身的重要性；立说立行立改，坚持问题导向，抓好整改，确保专题教育取得实效；自警自省自律，牢记党的宗旨，铭记入党誓词，筑牢理想信念防线，把住思想道德底线，绷紧党纪党规高压线，清清白白做人、做事、为官；求真求实求效，把学习贯彻习近平系列讲话精神与改革发展稳定各项工作结合起来，深入基层接地气、服务群众树正气，做到两手抓、两不误。

市委十一届九次全体会议召开

市委十一届九次全体会议召开，学习贯彻习近平系列讲话和到福建考察讲话精神、省委九届十四次全会精神，落实福建智能制造暨创业创新现场推进会要求，研究部署全市产业转型升级和加快实施“泉州制造2025”具体工作。全会听取和讨论市委书记郑新聪所作的报告，讨论《关于进一步推动产业转型升级的实施意见》《关于加快实施〈泉州制造2025发展纲要〉的若干意见》及相关配套文件稿，审议通过《中共泉州市第十一届委员会第九次全体会议决议》。郑新聪在全会上作报告，市委副书记、市长康涛就“实施意见”“若干意见”及相关配套文件作说明。市委副书记周银芳，市人大常委会党组书记、主任陈万里，市政协党组书记、主席杨俊峰，市委常委陈沈阳、许昆贞、翁祖根、陈庆宗、林伯前、林俊其等出席会议。郑新聪指出，全市各级各部门要把思想和行动统一到省委全会的部署上来，领会加快产业转型升级的重要性、紧迫性，领会省委关于泉州要“带个头、走前面、作榜样、探索经验”的期待要求，认识加快产业转型升级是泉州自身发展的内在要求，不等不靠，立说立干，集智聚力推动产业转型升级。泉州市产业转型升级迫在眉睫。要坚持问题导向，认识自身的差距和不足，认识泉州市一产量小且不优，制造业虽大但不强，建筑业企业总体资质偏低、规模偏小、专业单一，服务业发展水平低下，服务转型也不主动等差距和不足。全市各级各部门负责人和公务人员及企业界人士，都应当直面问题挑战，抓紧行动起来，共同为打造泉州经济升级版出智出招出力。提交全会讨论的“实施意见”和“若干意见”，明确泉州市下一步发展的目标方向和任务举措。落实好产业转型升级路线图，从泉州总的看，要“做优一产、提升二产、突破三产”。关于“做优一产”，要培育设施农业、精致农业、休闲观光农业、都市农业，推动农业“接二联三”。关于“提升二产”，要加快实施《泉州制造2025发展纲要》及智能制造、服务型制造、质量品牌三项行动计划，推动纺织鞋服、石油化工、机械装备、建材家居四大主导产业高端化，推动食品产业、工艺制品、纸业印刷三大特色产业集群化，推动新一代信息技术、新材料、新能源、节能环保、生物医药等新兴产业规模化；推动建筑产业现代化，扶持骨干企业从施工总承包向工程总承包发展，从单一的房建施工向公路、隧道等专业拓展。关于“突破三产”，要坚持生产性、生活性服务业并重，新老业态、线上线下并举，重点培育现代物流、新型金融、电子商务、科技服务、文化创意、中介服务、旅游休闲、体育服务、健康服务业等。要只争朝夕，在产业转型升级中出实效、走前头。要把握好“立足抢抓、深入具体、争夺要素、全面动员”16字工作要求，千方百计推进六项工作。一是抓龙头带动，二是抓“数控一代”应用，三是抓服务业与制造业融合发展，四是抓创新服务能力提升和人才团队建设，五是抓金融服务的跟进，六是抓帮扶企业效率提升。要结合突破瓶颈制约，加紧市委、市政府13个专题研究的成果转化，完善产业转型升级配套政策。全市各级党委（党组）要落实管党治党主体责任，为转型升级加快发展提供政治思想和组织保障。各级党委（党组）书记要落实好抓党建第一责任，班子成员要履行“一岗双责”，党员领导干部要把抓好党建当作分内之事、应尽之责。要紧抓思想作风建设，推进“三严三实”专题教育，整治不作为、慢作为、乱作为，旗帜鲜明地支持干部敢于担当、干事创业。要推进各领域党建工作，实施党建工作项目化，建立严格督查落实机制，真正抓具体、抓深入。

会议现场　　（图/陈起拓）

8月7日

星期五
农历乙未年六月廿三
温度：25℃—34℃
多云转中雨

●市委十一届九次全体会议召开，学习贯彻习近平系列讲话和到福建考察讲话精神、省委九届十四次全会精神，落实福建智能制造暨创业创新现场推进会要求，研究部署全市产业转型升级和加快实施“泉州制造2025”具体工作。

●“全民健身促健康，同心共筑中国梦”——2015年泉州市“全民健身日”启动仪式暨千人健身表演活动在泉州市第十一中学举行。

●由市教育局主办的第七届校长读书班在泉州幼儿师范高等专科学校永春校区开班。

●鲤城区安全生产事故灾难应急救援演练在该区福利院举行。

●由鲤城区总工会、东南早报主办,宝中旅行社协办的鲤城区第三届“小鸿雁”夏令营开营,来自15家企业的60余名外来留守儿童参加活动。

●永春县返乡大学生与创业创新人才沙龙活动举行。

8月8日

星期六
农历乙未年六月廿四
温度：25℃—27℃
暴雨

●市领导检查防御台风“苏迪罗”工作。

●国家防总督察专员王翔带队到石狮市、晋江市和南安市等地检查防御台风“苏迪罗”工作。

●市防汛抗旱指挥部启动防台风Ⅰ级应急响应。

●8—14日，2014年福建省青少年击剑锦标赛在宁德举行。福州、厦门、泉州、莆田等市的8支代表队300多名运动员参赛。泉州击剑队包揽男女团体总分两项冠军，同时为泉州市体育代表团提前获得2018年省运会两枚金牌。

●8—12日，第26届全国城市中老年篮球赛在内蒙古乌海举行。泉州代表队获三项冠军。

市领导检查防御台风“苏迪罗”工作

市委书记郑新聪到石狮、晋江、惠安、泉州台商投资区沿海一线，检查防御台风“苏迪罗”工作，并全程进行部署和指挥调度。市委常委、秘书长、统战部长翁祖根参加检查。郑新聪强调，市、县防指各成员单位、各乡（镇）、村要落实防汛责任，特别是夜间务必严防死守、毫不松懈，不辞辛劳、坚守岗位，确保各项措施落实到位。市挂县、县挂乡、乡挂村的领导干部要进村入户，把力量压到一线。要再次组织对重点部位、薄弱环节的安全隐患排查，对人员转移情况进行再检查、再落实，防止人员擅自返回。山区县要做好暴雨、山洪泥石流等地质灾害的预警和防范，指定责任人在岗在位值守；城区要做好内涝、交通灾害等的预警和防范，加强对水库、海堤、施工场所、港口码头、简易搭盖房屋等重点部位的监控。要备好应急救灾抢险装备和队伍，根据各地实际情况，预先到可能发生险情的地带集结待命，确保随时投入抢险救灾，电力、市政设施抢修要在保障人员安全前提下进行。

市长康涛到台商投资区、泉港区和南安市，到防汛抗旱指挥部听取实时情况汇报，到景区、渔港、防洪排涝重点部位和地质灾害点等检查防御台风“苏迪罗”工作。市政府秘书长吴友才参加检查。康涛了解全市防御台风各项准备工作，并要求各级各相关部门，一要落实省委、省政府领导指示精神，周密部署、全力以赴，把各项防御准备工作措施做细、做实、落实到位，确保户户有人管，事事有人抓。二要紧盯地下通道、低洼地带、地质灾害点、各类水库、化工园区等重要部位，关注细节和不易发现的问题，及时查缺补漏，避免小隐患酿成大事故。三要重视台风登陆后的灾害防范，密切关注雨情水情，加强值守和预警，做好防山洪泥石流、防地质灾害等各项工作。

市政协主席杨俊峰、市委副书记周银芳分赴洛江、石狮、惠安、晋江等地检查防御台风“苏迪罗”工作。杨俊峰和市政协副主席吴共湖到洛江区检查防汛抗台工作。杨俊峰走访洛江区双阳街道新南水库和洛江区消防大队，察看并了解水库库容、水位及防汛物资储备、应急救援人员到位情况等。在洛江区防汛办，杨俊峰听取台风动态、未来天气情况及防汛抗台相关工作汇报，并要求各乡镇（街道）、相关职能部门要加强巡查，根据防汛抗台应急预案要求，对防汛重点进行再巡查、再排查、再落实；要抢抓时机，抓紧利用白天时间，对地质灾害点、低洼地带、危旧房屋等危险区域群众进行转移；要加强预警监测，及时跟踪台风动向，加强“点对点”预警，及时发布台风动态，确保人民群众生命财产安全。周银芳到晋江防洪工程（晋江段）、金井海堤洋下段、崇武中心渔港、石狮市防指等第一线检查。周银芳要求，全市各地各部门要按照省、市部署要求，贯彻省、市视频会议精神，做到责任前移、干部下沉、靠前指挥，全力以赴做好防御工作。要及时排除安全隐患，确保各项防范措施落实到台风到来之前。加强海堤水闸、建筑工地、低洼地带等重点部位的排查，果断做好危险地区群众转移、高空设施加固、排涝设施检修，确保万无一失。要强化监测预警，加强会商，密切跟踪台风动向。根据台风登陆后的影响，及时发布暴雨预警、海浪警报、地质灾害风险预警、洪水预警信号，争取主动，确保人民群众生命财产安全。

市四套班子领导陈沈阳、许昆贞、翁祖根、陈庆宗、林伯前、林俊其、洪泽生、王远东、张建生、朱团能、曾巍、陈荣洲、周真平、李建辉、陈灿辉、林万明、吴共湖、苏小青、陈铭福、王瑞强、陈益等，分赴各县（市、区）或坐镇市防汛指挥部，检查各级各部门、各行业做好防御台风“苏迪罗”各项工作。

郑新聪、康涛在市防汛抗旱指挥部了解台风“苏迪罗”最新动态和泉州市防御台风情况　（图/市防汛办）

泉州队包揽省青少年击剑锦标赛男女团体总分冠军

8—14日，2014年福建省青少年击剑锦标赛在宁德举行。福州、厦门、泉州、莆田等市的8支代表队300多名运动员参赛。泉州击剑队包揽男女团体总分两项冠军，同时为泉州市体育代表团提前获得2018年省运会两枚金牌。比赛设花剑、重剑两个剑种，分甲、乙、丙三个组别，产生个人和团体24枚金牌。比赛的另一个亮点是，运动员除要参加现场的击剑比武，还要进行文化课测试。

8月9日

星期日
农历乙未年六月廿五
温度：25℃—27℃
大雨转中雨

●郑新聪、康涛到市防汛抗旱指挥部了解第13号台风“苏迪罗”的最新动态和泉州市防御台风情况，并研究部署下阶段防御工作。

●中国农工民主党成立八十五周年暨泉州地方组织成立六十五周年纪念座谈会召开。

●9—13日，2015年福建省青少年武术散打锦标赛在泉州市侨乡体育中心举行，泉州队获10金7银。

●永春籍城市规划师刘太格博士在新加坡国庆日上，获得新加坡共和国总统颁赐的2015年国庆殊荣勋章。

●永春苏氏宗亲联谊会2015年度奖助学颁发大会举行。

郑新聪康涛部署下阶段防御台风工作

市委书记郑新聪、市长康涛到市防汛抗旱指挥部了解第13号台风“苏迪罗”的最新动态和泉州市防御台风情况，并研究部署下阶段防御工作。副市长林万明、市政府秘书长吴友才参加会议。郑新聪、康涛首先代表市委、市政府向县、乡、村各级干部，各级防指成员单位和新闻媒体以及驻军、武警、消防、边防、海警、公安干警、民兵预备役在防御“苏迪罗”工作中所付出的艰辛努力和辛勤工作表示慰问和感谢，希望各级各有关部门继续努力，夺取防台抗灾的最后胜利。郑新聪要求，各级干部要发扬连续作战精神，坚守岗位，深入一线，做好后续防汛抗灾各项工作；各级防汛部门、防指各成员单位要按省市防指的要求，抓紧做好灾情统计上报工作，要做到应统尽统；根据水库、水闸的水位、蓄水情况、来水情况和后续的降雨预报，统筹考虑，精细化调度，确保工程安全度汛和蓄水供水保障；防台风响应级别要按省防指的统一安排，结合泉州市实际，经市防指会商后，再逐级降低响应级别。要继续做好已转移人员的安全管理工作，在危险未解除之前，沿海人员不得擅自出海作业，已转移的山洪地质灾害点、危旧房屋、工棚、溪边、河边、山边等危险区域的人员严禁擅自返回；要抓紧抢修受损的渔船渔排、水产养殖、农业大棚、倒伏树木、倒塌房屋工棚、广告牌、路灯、路标指示牌、交通信号灯、公路设施、电力通讯线路、水利工程等设施，及时做好受淹农作物的排水排涝工作，尽快恢复正常的生活生产秩序。

泉州市水利局工作人员与南安防汛抗旱救援队对泉州多处水库、堤坝进行泄洪涵洞及管涌疏通堵漏
（图/侯锦超　陈鑫炜）

重点流域水环境综合整治全省考核泉州“四连冠”

永春籍城市规划师刘太格博士因为新加坡城市发展做出诸多贡献，在新加坡国庆日上获得新加坡共和国总统颁赐的2015年国庆殊荣勋章。1976年，新加坡政府就曾为刘太格颁予公共行政金牌，1985年，再颁予优越服务奖章。

相关链接：刘太格的父亲刘抗出生于永春县湖洋镇，后移居新马，是南洋画派先驱、新加坡美术界一代领袖，1996年也获颁新加坡国庆勋章。被称为“新加坡规划之父”的刘太格，出生于马来西亚，1962年毕业于澳大利亚新南威尔大学建筑系，1965年毕业于美国耶鲁大学，获城市规划硕士学位。作为规划大师，在中国，刘太格先后受聘为北京市、山东省等地30多座主要城市的规划顾问，并曾于2002年应邀担任北京2008年奥林匹克公园规划设计方案评审委员会主席。

农工党泉州地方组织成立六十五周年纪念座谈会召开

中国农工民主党成立八十五周年暨泉州地方组织成立六十五周年纪念座谈会召开。创建于1930年8月9日的中国农工民主党，是国内最早成立的民主党派，是以医药卫生、人口资源和生态环境高中级知识分子为主，由一部分社会主义劳动者、社会主义事业建设者和拥护社会主义的爱国者组成的政治联盟。座谈会指出，近年来，农工党泉州市委积极建务实之言、献有用之策，参政议政水平不断提高。近三年“两会”期间提交大会发言7篇、集体提案54篇，其中3件提案被市政协确定为重点提案，涉及城市管理建设、文化建设、教育卫生、农业、交通整治、生态建设等，为党和政府密切联系人民群众，实现决策民主化、科学化起到重要的桥梁作用。据不完全统计，近五年来农工党泉州市委组织党员下乡开展义诊100多场，扶贫助学活动25场，科普活动10场，受益群众超过50000人次，赠药、捐教价值超过200万元。下一步，农工党泉州市委将继续团结全体农工党党员和所联系的群众，发挥自身特点和优势，切实有效地履行职能，为泉州市物质文明、精神文明、政治文明、社会文明、生态文明协同发展作出更大贡献。

8月10日

星期一
农历乙未年六月廿六
温度：25℃—28℃
大雨转中雨

●郑新聪到永春县调研。

●市政府第72次常务会议召开，研究贯彻市委十一届九次全会精神意见。

●泉州5个村落入选中央财政支持范围的中国传统村落名单。

●第十四届亚洲艺术节“网络亚艺节”的延伸项目“#你好泉州#”新浪微博话题大讨论启动。

●泉州市企业引进先进设备促进转型升级。

●由泉州超越足球俱乐部主办的第一期超越·荷兰橙色先锋足球青训营在泉州海峡体育中心举办。

●是日起，丰泽区司法局组织值班律师进驻“丰泽普法”微信公众平台，为市民提供在线法律咨询、法律援助等服务。

●10—25日，德化县开展电梯安全大检查专项活动。

郑新聪到永春县调研

市委书记郑新聪带队到永春县调研，看项目、走企业、谈转型。郑新聪希望永春做足农业优势，用工厂化、集约化理念做大特色农业，推动农业“接二联三”融合发展，将老醋、养脾散等老字号品牌做成产业链；要逐行梳理，摸清调整重点，引导矿业向综合利用、新能源新材料转变，引导纺织鞋服加快技术改造、做优品牌营销，做大做强生物医药、香品等产业，培育新增长点。同时，要建平台、促转型，争取至少引进一家综合创新平台；要引龙头、做增量，发挥侨乡优势，加强招商对接，鼓励更多乡贤来泉投资，用好招商项目跨县落户利益共享政策；要做实生态文章，统筹生态旅游发展、美丽乡村建设和生态经济试验区建设。

市政府第72次常务会议召开

市政府第72次常务会议召开，研究贯彻市委十一届九次全会精神意见。市长康涛主持会议。康涛要求，制订落实产业转型升级路线图。抓链条，对主导产业、特色产业和新兴产业逐个制订转型升级方案；抓板块，做精做强各县（市、区）产业链条的关键领域和重点环节；加快发展互联网经济、海洋经济；扶持建筑业做大做强。智能制造提升存量。落实产业龙头促进计划，实施“中国制造2025”地方试点和“数控一代”示范工程，推进全方位创新，做大做强国有企业。突出投资拉动。扩大有效投资，确保超额完成全年投资计划；强化重大项目协调调度，建立重点项目建设全过程提速机制；注重策划生成一批重大基础设施、重大产业项目。大招商招大商。提升招商活动实效，建立完善招商机制，注重专业招商，抓好“回归工程”。突破现代服务业。加快发展现代物流和文化产业；集中力量打造一个在全国范围内叫得响的旅游品牌；发展体育健康养老服务业。发展特色现代农业。突出特色，建设一批特色种养和设施农业基地；实现一、二、三产业融合发展；加快培育新型农业经营主体和新型职业农民。培育提升众创空间。强化政策扶持，科学规划布局，结合“三旧”改造，打造一批众创空间。助力企业拓展市场。发展电子商务、跨境电商；推行便利通关措施，组织好展会促销活动。建设技术创新大平台。力促现有平台发挥更大效应，再打造一批高端开放创新服务平台，建立产学研协同创新机制。

泉州5个村落入选中央财政支持范围的中国传统村落名单

住房和城乡建设部等七部门公布2015年列入中央财政支持范围的中国传统村落名单，泉州市的泉港区后龙镇土坑村、永春县岵山镇铺上村、永春县岵山镇铺下村、永春县岵山镇塘溪村、南安市官桥镇漳州寮村5个村落入选。入选中央财政支持范围的中国传统村落必须具备三个特点：一是传统村落中保存较为完整的传统建筑风貌，即历史建筑、乡土建筑、文物古迹等建筑集中连片分布或总量超过村庄建筑总量的1/3，较完整体现一定历史时期的传统风貌。二是传统村落中选址和格局仍然保持原有肌理及特色，即村落选址具有传统特色和地方代表性，利用自然环境条件，与维系生产生活密切相关，反映特定历史文化背景村落格局鲜明体现有代表性的传统文化，鲜明体现有代表性的传统生产和生活方式，且村落整体格局保存良好。三是非物质文化遗产活态传承情况良好，即该传统村落中拥有较为丰富的非物质文化遗产资源、民族或地域特色鲜明，或拥有省级以上非物质文化遗产代表性项目，传承形势良好，至今仍以活态延续。

泉州市企业引进先进设备促进转型升级

泉州市不少企业引进先进设备，促进自身转型升级。图为位于永春县的南德针织公司引入智能吊挂系统，实现生产流程改造提升，用料输送高效便捷，工人计件及每道工序进度一目了然。系统投入使用后，企业生产效率提升大约20%。

（图/陈起拓）

康涛调研港口建设发展工作

市长康涛到石湖作业区调研港口建设发展，并召开专题会，研究探讨加快推进港口转型升级和做大做强。康涛表示，泉州港口文化深厚，岸线资源优良，从业队伍富有活力，港口发展大有可为。各级各部门要按照省里《关于加快港口发展的行动纲要》和市委决策部署，把振兴泉州港作为推动全市经济转型升级的重要抓手和引擎，促进港产城联动发展，为建设现代化泉州做出更大贡献。就下阶段工作，康涛指出，要科学修编港口总体规划，注重做好市、县两级和各港区之间的有效衔接；制订出台港口振兴方案和行动计划，认清泉州港在区域大局中的功能定位和发展重点，整合发挥好港口行业央企、地方国企、民企等各方资源力量；厘清近中远期发展思路，特别是找准近期突破口，加快推进各项港航设施建设，雷厉风行抓落实，立竿见影出成效；挖掘港口综合效益，推动港口与商贸、旅游、物流有机结合，与后方产业、城市融合发展；抓好集疏运体系建设，加快完善疏港铁路、公路等交通基础设施；做好服务保障，复制推广自贸区试点做法，主动向上争取支持，优化通关环境，提升通关效率；加大扶持力度，瞄准关键环节和重点需求，将扶持政策和资金“好钢用在刀刃上”；强化统筹协调，形成整体推进、分级负责的工作机制，为港口事业长远发展提供有力的组织保障。

市政协党组扩大会议召开

市政协党组扩大会议召开，学习贯彻落实市委十一届九次全体会议精神。市政协主席杨俊峰，副主席吴共湖、李冀平、王瑞强，秘书长洪川夫参加会议。杨俊峰指出，市委十一届九次全会为泉州在新常态下继续当好全省转型升级领跑者指明方向。全市政协各参加单位和政协委员要贯彻全会精神，增强促进产业转型升级的责任意识，在服务产业转型发展中集智聚力，务实建言，发挥作用。要履行政协职能，深入调查研究，积极协商建言，尤其是做好专题协商、重点调研课题的调研论证，通过视察活动、督办重点提案、反映社情民意、为民办实事等工作，积极主动为产业转型升级提供服务。政协各参加单位和政协机关要转变作风狠抓落实，自觉转变思想观念，主动适应新形势，紧跟“互联网+”步伐，在学习中提升履职能力；自觉转变履职方式，围绕市委“做优一产、提升二产、突破三产”路线图，加快推进“泉州制造2025”“数控一代”示范工程等新亮点，积极协商建言，开展监督活动；自觉转变工作作风，提高促进产业转型升级的实效，为推进“三大战略”、落实“四个全面”贡献力量。

市政协听取市中级人民法院工作情况通报

市政协组织听取市中级人民法院2015年以来工作情况通报。市政协主席杨俊峰，副主席吴共湖、王祖耀、李冀平、王瑞强、陈益，秘书长洪川夫参加会议。市中级人民法院院长欧岩峰通报2015年以来法院工作情况。委员们围绕加强审判队伍建设、完善信息平台、健全“大调解”机制等建言。杨俊峰指出，全市法院要适应新常态，主动服务大局，研究新情况新问题，规范和整顿市场经济秩序，营造安定有序的法治环境。要保障人民群众安居乐业，严厉打击刑事犯罪，化解纠纷矛盾，畅通信访渠道，加强法治宣传。要推进“跨越·连锁·直通式”诉讼服务平台建设，打造全国司法领域的“泉州模式”，为全省、全国司法改革创新再出新经验。要维护社会公平正义，提高庭审质量，完善司法公开各项制度，探索扩大司法民主的有效途径。泉州法院出经验，更要出典型、出英模，要通过打造过硬的法官队伍，树立良好形象，赢得群众信赖。杨俊峰希望，全市政协机关，各民主党派、工商联和政协委员要继续支持市中院工作，为保障公平正义、维护和谐稳定贡献力量。

市政协听取市中级人民法院工作情况通报（图/陈 翔）

8月11日

星期二
农历乙未年六月廿七
温度：25℃—32℃
阵雨

●康涛调研港口建设发展工作。

●市政协党组扩大会议召开，学习贯彻落实市委十一届九次全体会议精神。

●市政协组织听取市中级法院2015年以来工作情况通报。

●全市石结构房屋改造暨“两违”综合治理工作推进会召开。

●全市公共法律服务体系建设现场推进会召开。

●11—13日，2015年全国蹦床青少年锦标赛在北京体育大学举行，代表福建队参赛的泉州体校学生林倩麒获网上个人冠军（并列）。

●11—13日，世界晋江同乡恳亲大会2015年系列活动在澳门举行。

●由南安市消防大队和南安市教育局主办的校园消防安全管理基础知识培训在南安市教师进修学校举行。

8月12日

星期三
农历乙未年六月廿八
温度：26℃—32℃
阵雨转阴

●郑新聪到市纪委监察局走访调研。

●康涛听取教育卫生工作汇报。

●道路交通安全综合整治“三年行动”汇报会召开。

●泉州市第十六届“凤竹杯”军民心连心系列活动之射击比赛在驻泉某部举行。

●12—14日，2015年泉州贤銮福利基金会第二十八届“贤銮奖”相继在鲤城区、丰泽区、洛江区举行颁奖仪式，发放奖助学金118.76万元，1036名优秀学子受奖受助。

●《我是知青》画册首发暨德化知青合唱团首演在市区万维生邮票艺术馆举行。

●市区承天寺举行助学活动，向鲤城区鲤中街道各社区的贫困大学生、中小学生及鲤中街道环卫工困难户子女，共155名贫困学子捐款15万余元。

●由鲤城区委文明办等主办的“情系海丝，携手成长”快乐暑期志愿服务活动成果展演在市老干活动中心举行。

●泉港区第三届全民健身运动会暨泉港“六人制”足球邀请赛开幕。

●2015年石狮市庆祝“8·8全民健身日”体育健身展示活动举行。

●由世界晋江同乡总会主办、澳门贸易投资促进局协办的，以“和平合作、开放包容、互学互鉴、互利共赢”为主题的21世纪海上丝绸之路经济论坛在澳门举办。

市委书记郑新聪到市纪委监察局走访调研

市委书记郑新聪到市纪委监察局走访调研，对全市各级党委（党组）、纪委（纪检组）落实“两个责任”提出要求。市委常委、秘书长、统战部部长翁祖根参加调研。市委常委、市纪委书记温惠榕作工作汇报。郑新聪要求，全市各级党委（党组）要领会中央惩治腐败的坚定决心，贯彻中央、省委关于党风廉政建设部署要求，锲而不舍、驰而不息地抓好反腐倡廉工作。要重视正本清源，坚持惩前毖后、治病救人，从小错抓起，早发现早处置，真正保护干部。要汲取反面教训，用好监督、警示两个抓手，以反面典型为案例，让党员干部知敬畏、明底线、受警醒。郑新聪强调，党风廉政建设是一项系统工程，抓住了“两个责任”，就牵住了“牛鼻子”。各级党委（党组）主体责任重于泰山，要把纪律和规矩挺在前面，按党章要求办事，强化责任追究，落实“两责任一检查一追究”规定，加大“一案双查”力度。要支持纪检监察机关全力开展工作，关心爱护纪检监察干部。要坚持和完善反腐败领导体制和工作制度，细化协调小组议事等工作制度，推动纪检、检察、司法、审计等部门协同配合、无缝衔接。党委（党组）书记“第一责任人”责任不可替代，要从自身做起，知责、尽责、负责；纪检监察机关监督责任不能含糊，要发挥好执纪、监督、问责职能，加强对“两个责任”落实情况的监督检查。就做好下阶段纪检监察工作，郑新聪要求，各级纪检监察机关要落实党章规定和上级要求，把纪律和规矩立起来、严起来。要坚持问题导向，抓好党风廉政建设“问题清单”和省委巡视反馈问题整改，毫不松懈纠正“四风”及“四风”变种异化问题，保持有贪必肃、有腐必反的高压态势。纪检监察干部作为“管纪律”的人，要做到打铁自身硬、正人先正己，把对党忠诚作为最根本的政治要求，立场坚定、刚正不阿，严守工作纪律。各级纪检监察机关要从严教育管理纪检干部队伍，完善自我监督机制，开展“三严三实”专题教育，以铁的纪律打造一支政治强、业务精、作风硬的队伍。

康涛听取教育卫生工作汇报

市长康涛主持召开会议，听取教育、卫生工作汇报。市委常委、常务副市长林伯前，副市长周真平，市政府秘书长吴友才等参加会议。康涛指出，要紧密结合产业转型升级的需求，科学设置高校专业，优化教育资源配置，推动校企合作，为发展提供更多实用型、技能型人才。在基础教育方面，教育部门要统筹规划，创新工作机制，制定扩大优质教育资源的行动计划，解决学位不够、教育资源不均衡的问题；出台扶持政策，支持名校发展和师资培训，发挥名校和名师的作用，带动和提升全市教育整体水平。各地要根据各自特点，积极探索创新，优化教育布局，改善教学条件，提高教师队伍素质，办好让人民满意的教育。康涛要求，要做好医疗卫生“保基本”的工作，推进公立医院改革和建设，加快公立医院提质扩容；制定针对性的政策措施，引进高端医护人才，提升医护人员专业水平；加强对基层医护人员的培训，稳定基层医护力量；注重招商引资，引入社会资本举办民营医院，扶持民营医院建设发展。要注重创新工作方法，及时总结推广各地的好经验、好做法，找差距、学先进，发挥典型示范作用，带动医疗服务整体水平的提高；抓工作落实，按照医疗卫生事业发展目标和计划，制定各项任务时间表，持续推进；重视医风医德建设，做好典型宣传和警示教育，树立全市医疗卫生队伍的良好形象。

泉州市第十六届“凤竹杯”军民心连心系列活动举行

由市委宣传部、泉州军分区政治部、市双拥办、市体育局主办，泉州晚报社、泉州广播电视台等协办的泉州市第十六届“凤竹杯”军民心连心系列活动之射击比赛在驻泉某部举行，市直机关、企事业单位的三十多支代表队近200名射击队员参加活动。经过角逐，陶丹亚、费伯旋、潘军萍获女子个人前三名，李君茂、陈敬成、夏治军获男子个人前三名，李春兴/张富英（并列第一）、黄荣江、吴朝阳获拥军单位个人前三名。该活动从8月初开始至12月底，举办射击比赛、“喜迎八连冠·翰墨飘文都”双拥书画巡回展、“文都盛开双拥花”双拥模范专题电视访谈等活动。

厦门党政代表团到泉州考察交流

省委常委、厦门市委书记王蒙徽，厦门市长裴金佳带领厦门市党政代表团到泉州考察，与泉州市党政领导共商两地合作发展大计，谋划推进厦漳泉大都市区同城化工作。厦门市领导郑道溪、张健、洪碧玲、叶重耕、陈秋雄、郑云峰、张灿民，泉州市领导郑新聪、康涛、杨俊峰、陈沈阳、翁祖根、陈庆宗、林伯前、洪泽生、李建辉、陈灿辉，以及两地相关县（市、区）和部门负责人参加考察和座谈会。代表团到南安市考察相关项目，并从泉州方向眺望新翔安机场建设的规划和场景，随后与泉州市党政领导座谈。座谈中，王蒙徽表示，厦泉自古联系密切、渊源深厚，为现阶段两市加强合作、推进同城化发展奠定良好基础。21世纪的竞争，是城市群的竞争。当前，两市都面临中央支持福建加快发展、国家实施“一带一路”建设的重大战略机遇，都肩负加快转型发展、服务国家战略的重要使命，迫切需要通过加快同城化步伐，打造具有强大竞争力和辐射力的城市群。而要把厦漳泉大都市区发展起来，关键是要加快整个大厦门湾人口、产业的聚集，增强对周边城市的吸引力和辐射带动力。厦门城市中心正逐步往东部拓展，翔安新机场、轨道交通、快速路、水电等基础设施都在加快规划建设，这为密切两市合作提出更迫切要求，也提供重要契机。王蒙徽指出，两市应在城市规划、基础设施、重点产业和工作机制等方面加强对接。要在树立服务大局、互利共赢的发展理念上形成共识，在完善同城化发展总体规划的基础上，加深在经济社会规划和各专项规划上的对接。要推动在城际轨道、城际快速路、港区建设、信息通讯等基础设施上的共建互联，完善网络体系。要优化区域资源配置，提高产业协作水平。特别要在推动翔安新机场相关配套建设上加强协作，为将来临空、临港产业发展打下基础。同时，要完善两市领导层的对接协商机制，推进具体规划和项目的运作实施。郑新聪表示，推进厦漳泉大都市区同城化建设，是省委、省政府的重大战略部署，这为三市推进区域一体化发展带来新的战略机遇。近年来，泉州把推进同城化作为全市的重点工作，列入年度工作计划，深化规划对接，推进项目建设，加强机制创新，取得明显成效。下阶段，泉州将以此次考察为契机，继续贯彻落实省委、省政府决策部署，与厦门市增进共识共为、加强协同协作，把各项相关工作落到实处。建议双方从完善协商协调常态机制、推动基础设施互联互通、加快跨界增长区合作发展、突出共建经济合作园区、推进绿地系统一体化五方面，拓展对接的广度和深度，扩大合作成果，促进两地共赢发展，让两地人民共享同城化带来的更多实惠。

代表团在泉州考察　　（图/陈起拓）

全市交通执法系统开展执法岗位技能竞赛

全市交通执法系统开展“中国梦·劳动美——执法岗位技能竞赛”活动。活动旨在提升交通执法人员的岗位技能水平，落实管理创新和团队协作机制，提高执法车辆安全操作技能，推动交通执法管理工作上新台阶。来自全市各县（市、区）交通综合行政执法部门的14支队伍参加竞赛。竞赛由3个项目组成，分别是车辆驾操技能、特种车车载设备操作、交通执法案件现场处理，3个项目同时进行。竞赛奖项设有团队奖、个人奖，其中个人奖包括驾驶类、操作类、执法类。成绩好的个人将参加全省的技能比赛。

台湾新竹FC女子足球队到泉州访问交流

13—16日，台湾新竹FC女子足球队到泉州访问。并于13日与福建U18女足在泉州海峡体育中心足球场举行比赛。此系台湾女子足球队首次访问福建。新竹FC女子足球队简称新竹FC，是于2014年成立的台湾女子足球俱乐部，在台湾木兰足球联赛参加比赛。2014年，台湾木兰足球联赛成立，取代原来的台湾女足联赛，成为台湾女足水平最高的赛事。

8月13日

星期四
农历乙未年六月廿九
温度：26℃—32℃
阵雨

●厦门党政代表团到泉州考察。

●全市交通执法系统开展“中国梦·劳动美——执法岗位技能竞赛”活动。

●油电混合动力新能源公交车在市区首次投用。

●13—14日，由市文化广电新闻出版局、市教育局主办，泉州市艺术馆、泉州市南音传承中心承办的泉州市第二十五届中小学生南音演唱演奏比赛在泉州市艺术馆举行。

●13—16日，台湾新竹FC女子足球队到泉州访问。

●石狮市表彰“村规民约”工作做得比较好的凤里街道新华社区等12村（社区），并给予每个受表彰的村（社区）5万元奖励。

●由惠安县妇联和惠安县教育局主办的家庭教育骨干培训班开班。

8月14日

星期五
农历乙未年七月初一
温度：26℃—31℃
阵雨

●市全面深化改革领导小组2015年第二次会议召开，审议并原则通过经济社会事业体制、民主法制、社会治理体制、新型城镇化、农村体制、生态文明体制、泉台交流和对外开放体制等方面的《改革实施方案》及《泉州市内资投资准入特别管理措施（负面清单）（试行）》，研究部署下阶段全面深化改革重点工作。

●市领导到晋江市安海镇瑶前村调研新农村建设试点示范村建设情况。

●14—20日，市安办组织3个检查组到全市各地开展危险化学品仓储单位安全专项检查。

●由市委组织部、市委宣传部、市文联、泉州广播电视台主办的泉州市文化人才沙龙在市区领show天地创意园优秀空间举行。

●由泉州华侨历史学会、市委党史研究室和泉州华侨历史博物馆主办的“泉籍华侨与抗日战争”学术座谈会召开。

●钓鱼岛主权宣传活动在泉州海外交通史博物馆举行。

●泉州侨乡少儿艺术团（合唱）专场音乐会举行。

●“鲤城区警民共建文明城”文艺晚会举行。

●丰泽交巡警大队协助丰泽区法院查扣被执行人车辆联动机制签约仪式在丰泽区法院举行。

●第五届“达利集团许世辉惠安教育基金”奖学金颁奖仪式在惠安县文化活动中心举行。

市全面深化改革领导小组2015年第二次会议召开

市全面深化改革领导小组2015年第二次会议召开，审议并原则通过经济社会事业体制、民主法制、社会治理体制、新型城镇化、农村体制、生态文明体制、泉台交流和对外开放体制等方面的《改革实施方案》及《泉州市内资投资准入特别管理措施（负面清单）（试行）》，研究部署下阶段全面深化改革重点工作。市委书记郑新聪主持会议，市领导康涛、杨俊峰、周银芳、陈沈阳、许昆贞、翁祖根、温惠榕、陈庆宗、林伯前、林俊其、陈荣洲、周真平等参加会议。郑新聪指出，要树好促进改革的导向，健全完善干部考核奖惩机制，提高全面深化改革工作落实情况在领导班子和领导干部年度实绩考核和任期考核中的权重，将深化改革工作落实成效与单位、个人的年度绩效考评挂钩，增强各级各部门推进改革的坚定性、主动性和自觉性。郑新聪要求，各级各部门要做实深化改革的方案。细化实施路径，在专项工作小组具体指导下，形成具有充分操作性的“施工图”与改革进度时间表，不折不扣地抓好方案的落实；做好专题研究，学习借鉴先进地区、一线城市在破解难题方面的经验和做法，抓好市委、市政府13个专题研究，提出操作性强的政策措施建议，并推动其转化为政策意见、实施方案或具体项目；注重与“十三五”规划的衔接，争创体制机制新优势，巩固提升泉州在区域发展中的“领头羊”地位。郑新聪强调，要完善推进改革的机制。强化组织领导，专项小组应发挥统筹协调职能，落实改革主体责任，明确内部责任分工，加强对成员单位落实改革工作任务的调度、督促；加强协调协作，市、县两级党委书记作为全面深化改革工作的第一责任人，要亲自抓部署、抓协调、抓方案、抓督查；完善督查机制，尽快制定可行的督查方案，定期对《改革实施方案》、年度改革重点任务、重点项目的推进落实情况进行督查；做好试点推广，及时总结、大力复制推广全市各地先行先试的改革典型、经验做法，争取纳入全省推广的典型范例。

全市开展危险化学品仓储安全专项检查

14—20日，市安办组织3个检查组到全市各地开展危险化学品仓储单位安全专项检查。市直有关部门和各县（市、区）也组织对本行业、本地区所有危化品储存企业开展相关检查。检查包括7项重点内容：一是企业是否按市安监局下达的危化品罐区专项检查通知，开展自查自改；二是企业安全生产责任制的制定与落实情况，尤其是动火等特殊作业制度的制定与执行情况；三是作业现场、重大危险源是否有明显警示标志或职业卫生检测数据公布信息，管道、设备是否按规范涂色；四是隐患排查治理制度的制定与落实情况；五是消防设施是否齐全、规范、有效，消防通道是否畅通；六是罐区、库区是否有易燃易爆、有毒有害气体检测报警系统和火灾报警系统，并保持畅通，是否有相应防雷、遮阳、保温等措施，可燃气体、液体罐区入口处是否设置消除人体静电装置，液体储罐是否按规定设置冷却水喷淋装置；七是企业是否对进出装载和接卸危化品的槽罐车进行检查、登记管理制度。

泉州燃气加大投入确保场站、管网安全运营
（图/泉州晚报社）

第五届“达利集团许世辉惠安教育基金”奖学金颁奖仪式举行

由惠安县委、县政府主办的第五届“达利集团许世辉惠安教育基金”奖学金颁奖仪式在惠安县文化活动中心举行，颁发学生类奖学金658.26万元，2681名学生获奖励。图为颁奖仪式。

（图/曾志刚）

全市安全生产工作视频会议召开

全国、全省安全生产工作视频会议后，我市随即召开全市安全生产工作视频会议，就做好安全生产工作再作强调部署。市委书记郑新聪就吸取天津危化品特别重大事故的教训、抓好全市隐患大排查大整治作出批示。市长康涛在会上讲话。副市长林万明、市政府秘书长吴友才参加会议。郑新聪要求，各县（市、区）、泉州开发区、泉州台商投资区和市直各单位要立即行动起来，落实习近平、李克强指示、批示精神，按照国务院和省、市的部署，组织专业力量一个企业一个企业检查，一个库区一个库区排查，不放过任何一个环节任何一个细节。发现隐患要建立整改责任制，督促限期整改到位，确保一方平安。会议指出，各级各相关部门必须认清危险化学品领域安全生产的严峻形势，吸取“8·12”事故教训，落实上级部署，把“决不能以牺牲人的生命为代价”作为不可逾越的红线，处理好安全和发展、安全和生产、安全和速度效益的关系，采取超常规工作措施，狠抓各项安全生产工作落实，遏制各类事故发生。会议要求，要强化预防为主，迅速在全市开展安全生产大检查，与打非治违和隐患排查整治紧密结合，按照“全覆盖、零容忍、严执法、重实效”的要求，深化重点行业领域专项整治。具体要立即组织对辖区内所有危险化学品和易燃易爆物品进行全面彻底排查；打好油气输送管道隐患整治攻坚战；开展包括道路交通、消防安全、矿山等领域的专项整治。安全生产大检查要强化督查、注重实效，按照“四不两直”方式开展暗查暗访，对发现的问题坚决及时整改到位。要强化安全基础，提升本质安全水平。抓项目安全准入，不符合“三同时”要求的立即停建，非法建设和严重违法的坚决关闭或取消；抓危险源监控，做到底数清、情况明，经常性维护保养，保证安全设施和监测监控系统可靠运行；抓专业队伍建设，建立政企联动应急救援机制，提升危化安全预防应急救援能力；抓安全规划布局，引导化工企业退城入园、入园进区；抓业务培训，提升从业人员安全技能和自我防护意识；抓科技兴安，推广运用新技术、新设备、新工艺，提升信息化、智能化水平。会议强调，做好安全生产工作，关键在于强化责任落实，形成监管合力。要落实企业主体责任，做到“五落实五到位”；落实部门监管责任，按照分工全面履行好各项工作职责，确保不会失防漏管，不出责任真空；落实政府属地责任，按照“党政同责、一岗双责”规定，加大资金支持，加强监督检查，严格责任考核追究，建立常态化监督检查工作机制，确保隐患整改落实到位。

康涛到市信访局接访

市长康涛到市信访局接访群众，市领导许昆贞参加接访。康涛强调，各级各部门要重视群众利益诉求，主动靠前，依法依规妥善解决问题，将矛盾化解在基层，不能解决的及时耐心做好解释工作。对于群众反映的带有普遍性的问题，要举一反三，建立完善机制加以解决。同时做好宣传，引导群众依法理性表达诉求。

第二十六届“威远楼之夏”戏剧节开幕

第二十六届“威远楼之夏”戏剧节开幕，20多家参演剧团以精彩纷呈的演出迎接亚洲艺术节。图为市民观看惠安县高甲戏艺术保护传承中心演出的《状元与乞丐》。（图/戴涵琦　邱佳鑫）

“丝路之音”国际钢琴大师夏季学院在泉州举办

15—20日，由国际钢琴学会联盟主办，泉州市音乐家协会和泉州市音乐家协会钢琴艺术专业委员会承办的“丝路之音”国际钢琴大师夏季学院在聚龙小镇外国语中学举办。主办方邀请国内外著名钢琴大师和资深专家，为全国各地五百余名师生开办系列钢琴音乐会、钢琴大师班及讲座。开场音乐会不仅吸引了韩国首尔国立大学张炯畯教授、美国纽约大学钢琴系主任埃杜瓦杜斯·哈灵、美国伊斯曼音乐学院前系主任白瑞·施奈德等国际钢琴大师，而且还有《黄河》钢琴协奏曲主要执笔者之一

8月15日

星期六

农历乙未年七月初二

温度：26℃—31℃

阴转多云

●全国、全省安全生产工作视频会议后，泉州市随即召开全市安全生产工作视频会议，就做好安全生产工作再作强调部署。

●康涛到市信访局接访。

●即日起，泉州市对辖区内所有危险化学品和易燃易爆物品进行全面彻底排查。

●第二十六届“威远楼之夏”戏剧节开幕。

●由市体育局主办、惠安县文化体育新闻出版局等承办的第二届泉州市“聚龙小镇长跑赛”暨2015年全民健身日主题活动举行。

●由泉州军分区政治部和团市委主办的，以“致敬英雄 共沐阳光”为主题的纪念抗战胜利暨世界反法西斯战争胜利70周年慰问演出在泉州军分区干休所举行。

●由省肿瘤放射治疗质量控制中心、省放射肿瘤治疗学分会主办，泉州市光前医院承办的第七届福建省肿瘤放射治疗质量控制培训班在泉州开班。

●15—20日，“丝路之音”国际钢琴大师夏季学院在聚龙小镇外国语中学举办。

8月16日

星期日
农历乙未年七月初三
温度：26℃—31℃
中雨转阴

●福建省《关于开展小城市培育试点的指导意见》出台，全省选择15个镇开展小城市培育试点，泉州5镇入选。

●美国华裔青少年“2015年中国文化行——完美福建海丝文化营鲤城分营”开营仪式在泉州七中举行。

●“迎亚艺节全民健身”2015年环泉州湾滨海绿色骑行活动举行。

●南安梅山途经泉州动车站往返解放军第180医院的拥军客运专线开通。

●鲤城区“文明交通·低碳出行——10千米/10分钟减少雾霾不开车”快乐骑行活动举行。

泉州5镇入选省小城市培育试点

福建省《关于开展小城市培育试点的指导意见》出台，全省选择15个镇开展小城市培育试点，泉州5镇入选，数量最多，分别是晋江市金井镇和安海镇、安溪县湖头镇和龙门镇、南安市水头镇。该意见提出，这批试点镇将用3到5年，建成城市功能基本完善、特色鲜明、空间布局合理、治理体系健全、产业和人口吸纳能力强、以城带乡和就近就地城镇化成效显著的宜业宜居小城市。试点镇将全面放开落户限制。探索各种有效办法和优惠条件，鼓励急需人才和大中专毕业生、技术工人等常住人口在就业居住地落户；抓紧出台保留农村土地及集体资产收益分配权益、继续享受计生优惠、社会保险转移接续、同等享受公共服务等一系列优惠政策，吸引周边农村人口向小城市集聚。推动小城市常住人口同等享受城镇基本公共服务。试点镇将实施强镇扩权改革。保持镇级建制不变的前提下，试点所在县（市）政府将通过直接放权、依法委托管理、延伸机构等方式，在行政管理、行政执法、公共服务、维护社会稳定、促进经济社会发展、市政建设融资、人事管理等方面，赋予试点镇与人口和经济社会发展规模相适应的管理权限。允许试点镇在规定的机构限额和核定的编制总数内统筹设置机构，合理配备人员。鼓励试点镇结合实际，撤并、整合周边乡镇和开发区，拓展发展空间。试点镇品位品质将得到提升。各试点镇将重新编制或修编小城市城乡总体规划，推动“多规合一”。加快发展高新技术产业和战略性新兴产业，优先发展旅游休闲、文化创意、现代物流、电子商务、健康养老、社区服务等现代服务业，鼓励发展现代特色农业。按小城市标准建设市政基础设施和科教文卫、养老、旅游等公共服务设施，打造舒适宜居环境。

美国华裔青少年福建海丝文化营鲤城分营开营

美国华裔青少年“2015年中国文化行——完美福建海丝文化营鲤城分营”开营仪式在泉州七中举行。该文化营旨在通过学习闽南文化、寻根问祖、参观家乡名胜古迹等活动，丰富美国华裔青少年的学习生活，让他们在活动中体验中华文化，加深对故乡的了解，增强对中华民族的认同感和向心力。文化营为期12天，23名美国华裔青少年参加，在泉州七中学习中文和中华才艺，开设汉语、国画、武术、手工制作、音乐、民族舞蹈等课程，同时还安排参观闽台缘博物馆、南建筑博物馆、华侨历史博物馆、海外交通史博物馆及锦绣庄，游览清源山、西街、开元寺等文化名胜。

2015年环泉州湾滨海绿色骑行活动举行

“迎亚艺节全民健身”2015年环泉州湾滨海绿色骑行活动举行。该活动旨在提倡健康环保的生活理念，引导公众树立绿色交通意识，同时助力泉州承办第十四届亚洲艺术节。来自泉州市老体协自行车健身队、骑缘车队、追梦车队、泉州市自行车旅游协会、泉州市自行车运动协会等13个骑行俱乐部的近500多人参加活动。骑行队伍从泉州万达广场出发，途经宝洲街、海景国际、丰海路、市政府、滨海街、海悦府，骑行约25千米。

鲤城区“文明交通·低碳出行”快乐骑行活动举行

鲤城区“文明交通·低碳出行——10千米/10分钟减少雾霾不开车”快乐骑行活动举行。80名@鲤城公安的微博网友和鲤城区青年志愿者参加活动，骑车绕中心市区行驶10千米，沿途宣传文明交通知识。众人还在“文明交通·低碳出行”条幅上签名，争当文明交通示范者。该活动旨在倡导市民文明交通的安全理念，提升交通参与者的低碳出行意识，宣传发动市民关注支持鲤城区交通管理，营造文明和谐的交通环境。系列活动还包括鲤城区“文明交通·低碳出行”文艺晚会和摄影艺术作品展等。

活动现场　　（图/王盼阳）

郑新聪参加晋江市“三严三实”专题教育集中学习研讨

市委书记郑新聪到晋江市，参加晋江市委常委会“三严三实”专题教育第二次集中学习研讨。市委常委、秘书长、统战部部长翁祖根在会上发言。郑新聪强调，要领会中央关于学习贯彻习近平指示精神扎实推进“三严三实”专题教育的通知要求，提高学习质量，在践行“三严三实”中作表率、抓党建、促发展。党员领导干部要发挥“关键少数”表率作用，践行“四有”“四个人”要求，汲取反面教训，拧紧思想总开关，促进干部队伍作风的根本转变。各级党委（党组）要从严从实抓好党建主体责任落实，坚持“一把手”、班子成员、党员领导干部齐抓共管，项目化推进各项党建工作，量化考核评价标准，强化责任追究，做到既管人又管事。晋江市要以“三严三实”要求做好经济工作，强化当好“领头羊”的担当，贯彻市委十一届九次全会精神，紧抓转型升级中心工作，大胆放手服务企业发展，实实在在突破一批瓶颈制约，做到“两手抓、两促进”。郑新聪还对全市下一阶段“三严三实”专题教育提出要求。

郑新聪参加晋江市集中学习研讨　（图/陈起拓）

全市“三维”招商工作会召开

全市“三维”招商工作会召开，听取泉州市2015年以来“三维”招商工作情况汇报，研究部署下阶段相关工作。市领导康涛、林伯前、陈荣洲、陈灿辉，市政府秘书长吴友才等参加会议。市长康涛要求，要调动各方资源，拓宽招商渠道。市本级要制定全市“三维”招商计划和方案，加强招商工作的统筹和指导，做好重大项目的牵头、协调和服务工作；各县（市、区）要强化责任意识，主动作为，主动寻找商机，积极对接项目，市县互动，形成合力。各相关单位要立足自身特点，挖掘招商资源，特别是侨、台、工商联等部门，要发挥与侨商、台商和异地商会联系紧密的优势，有针对性地开展工作，当好“红娘”，在“大招商、招大商”的舞台上施展作为。要明确招商方向，注重产业链招商。各个重要产业链都要建立专门的工作小组，逐一制定“路线图”，明确招商的重点环节、重点对象，及时跟踪对接，并注重依托产业链中间平台，开展定向招商、专业招商，提高实效。要建立完善招商工作机制和督办机制，发改、经信、商务等“三维”对接牵头单位要当好“参谋部”，提前谋划部署，制定具体方案，策划生成项目，全力组织落实；每个季度要对账单，亮结果，分析问题，对症下药。要做好研究预判工作，研究今后五到十年的产业发展方向和趋势，掌握各个行业、产业链的政策需求、人才需求，提前布局，为今后的“三维”招商工作打好基础。

市政协组织到永春县民族村视察帮扶工作

市政协主席杨俊峰带领市直单位负责人、市宗教界人士到永春县东关镇金城畲族村视察调研并开展帮扶活动。副主席苏小青、李冀平、陈益，秘书长洪川夫参加。杨俊峰要求，金城畲族村村两委要带领群众因地制宜加快发展，发展山地特色农业，引导农民走科学种养道路，通过引进良种、先进技术和管理经验，提高农业附加值，促进村民增收。要注重生态保护，合理规划，科学开发，建设好美丽乡村。要精心组织项目实施，用好管好帮扶资金，永春县、镇两级党委政府和相关部门要加强业务指导，确保项目资金早日发挥效益。要加强基层党组织建设，发挥战斗堡垒作用，增强“造血”功能，发展壮大集体经济，带领村民共同致富，让经济得发展、百姓得实惠。

调研现场　（图/陈　翔）

8月17日

星期一
农历乙未年七月初四
温度：26℃—32℃
阵雨转多云

●17—18日，徐谦到泉州开展海岸带保护与利用管理情况专题调研和《福建省湿地保护条例（草案）》初审调研。

●郑新聪参加晋江市“三严三实”专题教育集中学习研讨。

●市政府第73次常务会议召开，研究《泉州市产业股权投资基金管理规定（试行）》及《泉州市产业股权投资基金设立方案》《泉州市新兴产业股权投资基金设立方案》。

●推进政府审批提速提效工作会议召开。

●市政协组织到永春县民族村视察帮扶工作。

●全市“三维”招商工作会召开，听取泉州市2015年以来“三维”招商工作情况汇报，研究部署下阶段相关工作。

●17—18日，省文明旅游工作督查小组到泉州开展督查。

●全市宣传思想文化工作示范乡镇（街道）创建工作座谈会在惠安县召开。

●第24届全国中学生生物学竞赛总决赛在江西鹰潭举行，泉州七中、安溪一中的选手获三金二银一铜，三名选手入选国家集训队，获奖牌数居全省第一。

●石狮市“文明狮城 幸福我家”家庭文化季启动仪式暨“我们一家人”家庭趣味运动会在石狮市体育馆举行。

8月18日

星期二
农历乙未年七月初五
温度：25℃—29℃
阵雨转多云

●市、县两级人大常委会主任座谈会在德化县召开。

●继全国行业协会商会与行政机关脱钩电视电话会议后，福建省紧接着召开会议，动员部署相关工作。泉州市在泉州分会场组织收看收听。

●全市“迎国检”暨加快推进普通公路项目建设视频会召开。

●泉州6乡村入选“中国乡村旅游模范村”。

●18—20日，由市全民健身领导小组主办、市体育局承办的2015年福建省全民健身运动会泉州市直机关趣味运动会举。

●18—21日，2015年第一届“海上丝绸之路”两岸大学生闽南建筑调查夏令营活动在泉州举办。

●“喜迎亚艺节 我们e起秀”主题广场文化活动的比赛部分“欢乐泉州——才艺大比拼”首场比赛在泉州府文庙举行。

●由市委宣传部、泉州晚报社主办，福建航天农业科技发展有限公司承办的泉州首届公益文化节系列活动之“圆梦太空”——中国航天科技巡回展开幕。

●2015首届福建（泉州）高级人才对话在晋江市中航城举行。

市县两级人大常委会主任座谈会在德化县召开

市、县两级人大常委会主任座谈会在德化县召开。市人大常委会主任陈万里，副主任洪泽生、王远东、张建生、曾巍以及各县（市、区）人大常委会主任等参加会议。与会人员围绕“积极开展人大协商”的主题进行交流探讨。陈万里指出，人大作为保证人民当家做主的国家权力机关，在畅通民意渠道、开展协商民主、凝聚各方共识中肩负着重要责任。依法开展人大协商民主，是建设社会主义民主政治的重要内涵，是推进依法治国的重要形式，是完善人民代表大会制度的重要渠道，是推进人大工作与时俱进的重要载体。要把握开展人大协商的目标定位，加强党的领导，主动融入大局，发挥代表作用，创新工作机制，推动人大协商制度化、科学化、民主化、规范化；要围绕行使“四项职权”开展人大协商，广纳群言、广谋良策、广聚共识，更好地代表和维护人民群众的根本利益；要坚持开展人大协商的原则和要求，突出法治、聚焦发展、注重民生、关注生态，在重大决策前根据需要进行充分协商，更好汇聚民智、听取民意，支持和保证人民通过人民代表大会行使国家权力。

座谈会现场 （图/王虎文）

泉州6乡村入选“中国乡村旅游模范村”

国家旅游局公布首批乡村旅游“千千万万”品牌名单中，泉州市一批乡村、乡村旅游经营单位、乡村旅游致富带头人等入选榜单。“千千万万”品牌是由国家旅游局组织开展的一项乡村旅游品牌推介行动，经县(市、区)旅游部门推荐、市旅游部门遴选、各省区市旅游部门审核，国家旅游局审核研究决定，评出“中国乡村旅游模范村”1056个、“中国乡村旅游模范户”1063个、“中国乡村旅游金牌农家乐”9231家，“中国乡村旅游致富带头人”8887人。根据公布结果，永春县五里街镇大羽村、晋江市金井镇围头村、惠安县崇武镇大岞村、安溪县尚卿乡尤俊村、永春县岵山镇茂霞村、德化县国宝乡佛岭村6个乡村入选“中国乡村旅游模范村”，惠安崇武惠女客栈等5家乡村旅游经营单位入选“中国乡村旅游模范户”，洛江田格里拉等50家单位入选“中国乡村旅游金牌农家乐”，晋江金井镇围头村支部书记洪水平等50人入选“中国乡村旅游致富带头人”。从全省来看，这四个项目入选数量为37个、40户、327个和304人，泉州入选数量大幅超过各设区市平均数。

惠安县开展形式多样的“惠女”主题文化活动 （图/邱旭伟）

首届福建（泉州）高级人才对话在晋江市举行

由泉州市委人才办、晋江市委人才办指导，泉州市人力资源管理师协会主办的2015首届福建（泉州）高级人才对话在晋江市中航城举行。300多家泉州知名企业与高校人才工作者，共同探索“互联网+”时代人才服务管理如何转型升级。活动旨在探索在“互联网+”战略将大力推进产业跨界与融合，给企业组织环境带来巨大变化的情势下，什么样的人才服务管理与发展理念才会成为企业发展的不竭源泉，才能更好地满足人才创新诉求和企业的转型需要。

“欢乐泉州——才艺大比拼”首场比赛开赛

由第十四届亚洲艺术节泉州市执委会办公室指导，市委宣传部、市文广新局、东南早报、泉州网主办，泉州市艺术馆、泉州府文庙文物保护管理处承办的“喜迎亚艺节 我们e起秀”主题广场文化活动的比赛部分“欢乐泉州——才艺大比拼”首场比赛在泉州府文庙举行。首场比赛参赛者以儿童为主，年纪最大的不过14岁，还有两个6岁的小朋友。孩子们带来合唱、独唱、朗诵、舞蹈、葫芦丝、萨克斯、二胡、快板等24个节目。

2015年第四次全市重大项目协调调度会召开

2015年第四次全市重大项目协调调度会召开。市长康涛指出，各级各部门要按照市委部署，抓紧推进重大项目建设，逐项落实重大项目协调调度会上的议定事项，分解任务，明确责任，采取综合有效措施，统筹解决好安征迁、资金保障等项目建设遇到的问题。要加强督促检查，深化“三比一看”，盯住滞后项目，推动问题解决；及时总结推广各地促项目、破瓶颈的好经验、好做法，营造比学赶超的浓厚氛围。康涛要求，要完善重大项目协调调度机制，强化分季分月调度和分级分类推进，重大事项随时协调。要厘清项目推进过程中存在的问题、节点，县（市、区）、市直部门协调不了的问题要及时提交调度会，争取尽快协调解决。要主动了解政策动向，加强向上沟通对接，积极策划生成项目，加快项目前期工作。要拓展融资渠道，对接国开行、农发行等政策性银行，争取资金尽快投放到位。

泉州市开展危化品安全生产检查

泉州市组织检查组到南安市、永春县开展安全生产专项检查，重点检查危险化学品生产、仓储企业。检查组到泉州昌德化工有限公司、耐石固高分子科技（福建）有限公司、南安市成功气体有限公司、永春博纯材料有限公司、福建海汇化工有限公司拆迁地等进行安全生产检查，听取企业安全生产工作情况介绍，并对企业危化品生产特种设备、储存运输管理、消防设施、安全生产落实情况、事故应急预案制定等进行检查。针对检查中发现的隐患和问题，检查组责令相关企业立即整改。

党建杂志社“一带一路”历史文化调研活动在泉州举行

党建杂志社“基层工作加强年”研讨会暨“一带一路”历史文化调研活动在泉州举行，全国各地130多位通讯员代表参加。《党建》杂志是中宣部主管主办的综合性党刊。围绕中宣部2015年工作重点之一的“基层工作加强年”，该杂志社坚持重心下移、力量下沉，创新宣传方式方法，推动基层宣传思想文化工作做实做好。研讨会上，来自各省（区、市）的12名代表围绕“基层工作加强年”方面的好思路、好做法、好经验做交流发言。

科技创新为泉州市企业发展注入强大动力

科技创新为泉州市企业发展注入强大动力，提升生产效率，减少企业用工成本。图为永春新尚领科技服饰有限公司近期研发的3D成型针织鞋面技术，将原本一人管理5至6台机器提高到一人管理10到12台，不仅减少用工成本，还缩短产品生产周期。（图/林劲峰 姚德纯）

晋江陆地港众创空间与泉州理工学院签署跨境电商创业实体校企合作协议

晋江陆地港众创空间运营负责人邱华合与泉州理工学院院长翁长武在晋江陆地港众创空间签署跨境电商创业实体校企合作协议，双方将就跨境电商人才培养建立长期稳定的校企合作关系。晋江陆地港将和泉州理工学院共同引导理工学院大三学生在陆地港众创空间进行跨境电商创业，让学生在各跨境平台建立自己的销售店铺，优化销售策略，拓展推广渠道以及创新商业模式等，帮助学生快速便利地步入大众创业、万众创新的队伍中来。作为福建首批省级众创空间之一，晋江陆地港众创空间是晋江陆地港针对跨境电商创业打造的专属项目。为了给大学生创业团队营造更好的氛围，晋江陆地港将给予全方位的扶持：为创业团队提供工作生活所需的办公场所、住宿，并配备办公桌椅、笔记本电脑等基础设施；提供具有较强竞争力，适合跨境电商经营的货源；安排具有丰富跨境电商从业经验的专业人员对大学生创业团队进行持续指导；不定期邀请电商行业资深人士，各大高校老师举办交流会等。

8月19日

星期三
农历乙未年七月初六
温度：25℃—30℃
阵雨转多云

●2015年第四次全市重大项目协调调度会召开，听取市直相关部门、县（市、区）有关重大项目进展情况，协调解决问题。

●泉州市组织检查组到南安市、永春县开展安全生产专项检查，重点检查危险化学品生产、仓储企业。

●党建杂志社“基层工作加强年”研讨会暨“一带一路”历史文化调研活动在泉州举行。

●泉州品牌发展中心主持召开“唱响泉州”歌词征集活动评审会。

●19—21日，2015年全国体育传统项目学校联赛武术赛在江苏南京举行,泉州市剑影实验学校队获男子长拳、男子棍术、男子南刀和女子棍术四项冠军。

●19—23日，2015国际男篮邀请赛在石狮市体育馆举行。

●科技创新为泉州市企业发展注入强大动力。

●晋江陆地港众创空间与泉州理工学院签署跨境电商创业实体校企合作协议。

●19—23日，由省体育局、省教育厅主办的2015年福建省中学生篮球锦标赛（高中组）在南安市体育馆举行，泉州七中男子篮球队获冠军。

8月20日

星期四
农历乙未年七月初七
温度：26℃—33℃
多云

●陈义兴到泉州督办调研省政协重点提案《关于强化城市交通秩序实现交规执法常态化的建议》。

●康涛到香港参加香港泉州市同乡总会换届庆典活动。

●市十五届人大常委会第四十六次主任会议召开，讨论《泉州市人民代表大会及其常务委员会立法条例（草案）》等。

●在收听收看全省防御第15号台风“天鹅”工作视频会议后，泉州市召开视频会议，对防御台风工作进行具体部署。

●全省首批以“旅游购物商品”贸易方式出口的货物在晋江陆地港通关。

●海外留学博士茶乡行互联网经济人才与项目对接洽谈会活动在安溪县举行。

●泉州市党史军史知识网络有奖竞赛开赛。

●“共同托起他们的理想·15行动”助学金发放仪式在泉州江南老年颐乐园举行。

●生育关怀行动捐资表彰暨农村二女户女儿上大学助学仪式举行，帮助379名纳入低保、家庭贫困的农村二女户女儿上大学。

●泉州市首届化工涂料行业技能竞赛在洛江区举行。

●20—24日，泉州市机械装备制造行业职工技能竞赛在南安职业中专学校举行。

●泉州交响乐协会2015少儿管乐专场音乐会在泉州音乐厅举行。

陈义兴到泉州督办省政协重点提案

省政协副主席陈义兴带领调研组到泉州，督办调研省政协重点提案《关于强化城市交通秩序实现交规执法常态化的建议》。市领导翁祖根、林万明、苏小青陪同调研或参加相关活动。调研组考察市区田安路与丰泽街交叉路口的道路改造、交通设施及交通执法勤务情况，以及泉州市交警支队指挥中心等，并召开座谈会，听取泉州市城市道路交通管理相关情况汇报，就相关问题进行交流。调研组对泉州市城市道路交通安全管理工作所取得的成绩给予肯定。陈义兴指出，近年来，泉州在市委、市政府的高度重视下，按照省、市部署，开展“加强城市交通管理行动计划”，各级各相关部门按要求齐抓共管，综合施策，优化交通组织及管理职能配置，健全专业队伍，完善交通设施，规范交通勤务，坚持常态整治，广泛宣传发动，尤其是逐步开展交通规划编制工作，针对路网交通组织、交通节点优化、道路交通指引等方面进行规划，为今后中心城区交通管理和改造提供科学依据，保障城市道路交通安全、有序、畅通。针对座谈会中泉州市直职能部门提出的意见建议，调研组将及时归纳整理，充分研究，为省委、省政府决策提供可行性建议。

市十五届人大常委会第四十六次主任会议召开

市十五届人大常委会第四十六次主任会议召开。市人大常委会主任陈万里主持会议，副主任洪泽生、吕竟、王远东、张建生、朱团能、曾巍参加会议。会议讨论《泉州市人民代表大会及其常务委员会立法条例（草案）》；市人大常委会关于2015年1—7月泉州市国民经济和社会发展计划、预算执行情况的审议意见稿；市人大常委会执法检查组关于农产品质量安全法、行政诉讼法执行情况的检查报告和市人大常委会关于这两项法律执行情况的审议意见稿。会议讨论市人大常委会关于泉州市“十三五”规划编制、公立医院和基层医疗机构综合改革、重点流域（含近海水域）环境污染综合整治情况的专题调研方案；人事免职事项。会议还听取讨论市人大常委会调研组关于加快泉州实体经济发展、《泉州市城市总体规划》实施、泉州市环卫设施规划建设、全民健身工作情况的调研报告。陈万里强调，市人大常委会要把提高调研报告水平放在更加重要的位置，加大统筹协调力度，建立相应工作机制；调研要考虑形式和内容的有机统一，总结经验，提高监督实效；要结合泉州实际和人大履职定位，面对现实，针对问题，立足现在，着眼未来，多提富有针对性、建设性的意见建议。

会议现场　（图/王虎文）

泉州市机械装备制造行业职工技能竞赛举行

20—24日，由泉州市总工会、泉州市人力资源和社会保障局主办的泉州市机械装备制造行业职工技能竞赛在南安职业中专学校举行。鲤城、丰泽、洛江、泉港、晋江、泉州台商投资区、南安、永春等地的55名选手参赛。来自福建西河卫浴科技有限公司的毕晨和来自晋江市佶龙机械工业有限公司的任达树分获数控车加工项目和装配钳工项目的第一名。

“共同托起他们的理想·15行动”助学金发放仪式举行

由市慈善总会与泉州晚报社主办的“共同托起他们的理想·15行动”助学金发放仪式在泉州江南老年颐乐园举行。市人大常委会副主任张建生、副市长周真平、市政协副主席李冀平等和学生代表200多人参加仪式。仪式上，主办方向来自各县（市、区）的优秀贫困学子发放助学款。2015年活动筹得善款140余万元，全市有331名学子获资助。助学活动已连续举办13年，帮助5735名学子圆大学梦。

发放仪式　（图/林劲峰）

市委中心组（扩大）学习会召开

市委举行中心组（扩大）学习会。省纪委副书记黄德安作题为《当前反腐败形势与落实“两个责任”》的专题辅导报告。市四套班子领导郑新聪、陈万里、杨俊峰、周银芳、陈沈阳、许昆贞、翁祖根、温惠榕、林伯前、林俊其等，市委中心组（扩大）成员，各县（市、区）党委书记、纪委书记，泉州开发区、泉州台商投资区党工委书记、纪工委书记，以及部分纪检监察干部参加学习。黄德安在报告中系统阐述中共十八大以来的反腐败形势，剖析福建和泉州党风廉政建设的基本形势与案件特点，对于落实“两个责任”、加强领导干部自身建设提出思考。报告既有理论高度又有现实深度，既分析形势问题又提出对策建议，令在场党员干部深受教育。市委书记郑新聪主持学习会并指出，党风廉政建设是一项系统工程，抓住了“两个责任”，就牵住了“牛鼻子”。全市各级党委（党组）要按照省委书记尤权提出的“五个抓”要求，从抓加强教育、抓制度建设、抓“一把手”、抓问题查处、抓部署检查落实等方面入手，完善责任清单，落实主体责任；各级纪检监察机关要发挥执纪、监督、问责职能，协助党委加强党风廉政建设和组织协调反腐工作，以最坚决的态度减少腐败存量、遏制腐败增量，全面履行监督责任。郑新聪强调，全市党员领导干部要严以律己、示范带动，吸取教训、总结反思，查找在落实党风廉政建设要求中存在的突出问题，真正知敬畏、明底线、受警醒；自觉践行“三严三实”要求，过好政治、权力、金钱、交友、生活、亲情“六个关”，真正抓早抓小、防微杜渐；以身作则，带头遵纪守法，带动形成风清气正的政治生态，为建设“机制活、产业优、百姓富、生态美”的现代化泉州提供强有力保障。

“书香福建”捐赠助读公益活动暨捐书助学义卖启动仪式在泉州举行

由市委宣传部、市文明办、市教育局、市文广新局、泉州晚报社等主办，省教育系统关工委、市教育系统关工委、泉州海博少儿文化广场承办的“书香福建”捐赠助读公益活动暨捐书助学义卖启动仪式在泉州举行。活动通过义卖《中国少年儿童百科全书》的形式，旨在为外来工子女创造一个良好的课外阅读条件。活动进行为期5天的义卖。义卖每一套书籍所得的款项，有100元用于帮助鲤城区、丰泽区的外来工子女打造一个快乐阅读、互动学习、阅读指导等多维一体的课外阅读平台。

第一届“海上丝绸之路”两岸大学生闽南建筑调查夏令营在泉州举办

18—21日，由市文广新局和泉台交流合作促进会主办的2015年第一届“海上丝绸之路”两岸大学生闽南建筑调查夏令营活动在泉州举办。夏令营活动主题为“‘海上丝绸之路’两岸大学生闽南建筑调查”。两岸高校各自甄选的40名大学生及数十名导师走进泉州“海丝”遗址，选取泉州地区的传统聚落、古建筑、海上丝绸之路相关的古遗址进行调研。

“看见西街”系列活动开幕

“看见西街”系列活动开幕式在市区西街旧馆驿青年客栈举行，开幕式上放映了纪录短片《西街记忆》。除短片放映会外，为期六天的系列活动还包括《聚焦西街：城市传播与都市再生》主题茶话会、《传承与延续——闽南传统建筑再设计》主题沙龙以及西街主题学生摄影展等，旨在从历史、社区文化等角度重新解读西街片区，探索作为都市历史核心聚落的西街，未来规划设计和文创参与的可能性。

2015福建惠安大型旅游实景体验会在温州和武汉举行

21—22日，由惠安县政府主办、惠安县旅游局承办的“海丝泉州·风情惠安”2015福建惠安大型旅游实景体验会分别在温州和武汉举行。包括惠安主要景区（点）、旅游饭店、旅行社、乡村旅游经营点、旅游商品企业等14家旅游企业共同营销惠安旅游品牌。推介会展区设旅游资源展示区、旅游商品展销区、旅游品牌营销区、旅游活动体验区四大展区。其中，旅游品牌营销区现场，惠安女民俗风情和非遗南派布袋戏表演、惠安女新娘妆展示、抛绣球、天女散花等环节尽展惠安风情。在旅游资源展示区，游客不仅可以免费领取惠安旅游宣传手册，获取翔实的惠安旅游资讯，还能领到惠安旅游景点、酒店的优惠抵用券。

8月21日

星期五
农历乙未年七月初八
温度：27℃—34℃
多云

●市委中心组（扩大）学习会召开。

●市人大常委会调研组对市十五届人大五次会议代表建议（环城类）办理情况进行调研。

●“书香福建”捐赠助读公益活动暨捐书助学义卖启动仪式在泉州举行。

●“看见西街”系列活动开幕式在市区西街旧馆驿青年客栈举行。

●泉港区“海西春雨”助学仪式举行，厦门市泉州泉港商会回乡乡贤向70名困难大学生发放助学金27.5万元。

●由驻泉某部和惠安县书法协会主办的以“纪念抗战胜利70周年”为主题的“书法进军营”活动举行。

●21—22日，“海丝泉州·风情惠安”2015福建惠安大型旅游实景体验会分别在温州和武汉举行。

8月22日

星期六
农历乙未年七月初九
温度：28℃—34℃
多云

●郑新聪检查防御台风“天鹅”工作。

●周银芳到泉港区检查防御台风“天鹅”工作。

●省侨联与在泉全国知名电商集团达成共建计划。

●泉州3县（市）入选全国县域经济与县域基本竞争力百强县（市）榜单。

●22—26日，泉州市纪念抗日战争胜利70周年书作展在中国闽台缘博物馆举行。

●由泉州开元寺和中国建设银行泉州分行主办的“善建者行”2015开元公益金秋助学慈善义卖活动在泉州南音艺苑举行。

●22—27日，由西安中国画院、桑莲居文化艺术机构、中国海西艺术网主办的“如是我闻——蔡学海精品国画展”在泉州桑莲居艺术馆举行。

●由泉港区文体新局等主办的闽台“三同”文化暨2015年海峡两岸北管音乐文化交流演出在泉港文化中心举行。

●永春白鹤拳师祖方七娘诞辰纪念活动在永春县五里街镇大羽村举行。

●中国共产党党员、华侨大学原总务处处长，享受地厅级待遇离休干部张文涛因病逝世，享年90岁。

郑新聪检查防御台风“天鹅”工作

市委书记郑新聪到市防汛抗旱指挥部检查防御台风“天鹅”工作。市领导翁祖根、林万明参加检查工作。郑新聪提出五点要求：一是各级干部群众要克服麻痹侥幸思想。风大浪大是此次台风的主要特点，虽然第15号台风路径转向偏北，但对泉州市的风浪潮影响时间会更长。各级各有关部门务必保持清醒头脑和高度警觉，做好防御台风各项工作。二是要做好进港渔船、渔排、临海工程施工设备的加固锚固，已经撤离的人员和进港避风的渔船在台风警报没有解除之前，人员不能擅自返回渔船、渔排作业，进出港口、码头、渔港的路口要派人蹲守。三是防汛、气象、水文、海洋等部门要加强会商研判，根据风雨浪潮变化及时调整响应等级，做到“防风、防雨、防浪、防涝”四防并举。四是沿海旅游景点要过细检查，适时关闭景区，加强沿线巡查，及时疏导、撤离人员，禁止游客擅自到海边游玩，防止发生意外事故。五是沿海乡（镇）、村和相关部门要加强防汛值班值守，防汛部门要加强督促检查，杜绝出现工作懈怠、措施不落实、措施不到位等情况。

郑新聪在市防汛抗旱指挥部检查防御台风“天鹅”工作　（图/市防汛办）

省侨联与在泉全国知名电商集团达成共建计划

省侨联与在泉全国知名电商集团达成共建计划，共同推动“网上丝绸之路”建设。拟筹划建设的“网上丝绸之路”将围绕“五通”（政策沟通、设施联通、贸易畅通、资金融通、民心相通），做好政策发布、投资资讯、跨境贸易、金融服务、社团联谊、华文教育、人文交流等方面工作，打造一个涵盖海丝沿线国家的虚拟空间，引入“一带一路”创新发展新模式，借助“一带一路”“自贸区”建设，发挥“21世纪海上丝绸之路”核心区福建的优势，搭乘“互联网+”的浪潮，以电商平台为媒，拓展合作新领域，将“网上丝绸之路”与实体丝绸之路有机结合起来，更好地发挥协同效应，相互促进。双方打造网上丝绸之路，将交互海陆空信息流，联动全球华侨华人。福建省改革开放以来引进的外资70%以上是华侨华人在华投资，互联网平台空间无限大。省侨联将全面开展“智企对接”，广聚四方资源、广泛借智借力，最大限度凝聚全球华人力量，通过共建“网上丝绸之路”平台，提供华侨商业渠道、海外商户入驻、海外商业推广等服务，以促进侨资侨企转型升级。省侨联还与该电商集团就筹备全球互联网创新大会、构建侨联通、成立福建侨商企业“互联网+”专家服务团和泉州南洋华裔族群寻根谒祖综合服务平台，达成合作共识，提供技术服务。

泉州在全国电商行业版图中占据重要地位，图为一家电商企业工作人员与消费者在线交流（图/泉州晚报社）

泉州市纪念抗战胜利70周年书作展举行

开幕式　（图/吴寿民）

22—26日，由市文联、市书法家协会、中国闽台缘博物馆主办的泉州市纪念抗日战争胜利70周年书作展在中国闽台缘博物馆举行。书作展上，全市100多位书法家用笔墨抒怀，将爱国热情和祈盼和平的美好愿望倾注笔端。展览作品风格多样，涵盖篆书、隶书、楷书等各种书体。展览旨在弘扬伟大抗战精神，体现“铭记历史、缅怀先烈、珍视和平、开创未来”的意义，推动泉州市书法艺术事业的繁荣发展。

康涛参加香港泉州市同乡总会换届庆典活动

20—23日，市长康涛带团到香港参加香港泉州市同乡总会换届庆典活动，并考察拜访部分重要机构与知名企业，深化对接合作，宣传推介泉州。市政府秘书长吴友才参加活动。在香港泉州市同乡总会成立26周年暨第23届董事就职典礼现场，康涛表示，香港泉州市同乡总会“爱国、爱港、爱乡”，团结带领旅港乡亲，主动参与当地社会事务，成为促进香港地区繁荣稳定的一支重要力量；广大乡亲勇立潮头、敢为人先，涌现出一批享誉海内外的商界翘楚和社会精英。更难能可贵的是，乡贤们情系桑梓，多年来有力支持家乡经济社会各项事业发展。当前，泉州正乘势“一带一路”重大机遇，加快建设21世纪海上丝绸之路先行区，推进产业转型升级和“泉州制造2025”，期盼广大乡贤发挥优势，深化与泉州经贸交流与合作，更好实现互利双赢、共同发展。在香港贸发局，康涛表示，泉州市与贸发局有良好的合作基础，借助贸发局搭建的平台，一大批泉州品牌和产品走向世界，有效拓展国际市场。希望双方完善对接联动机制，发挥贸发局的资源优势，在帮助泉州企业走出去同时，引进先进的技术和设备，助推泉州产业转型升级。在香港招商局集团，康涛欢迎集团组团到泉州考察，在航运、物流、旅游、金融、健康地产等领域寻找商机，实现优势互补、共赢发展。在中远太平洋有限公司，康涛指出，泉州港口资源优良，基础设施日渐完善，货源充足，港口发展的优势和潜力极大。希望中远公司加快石湖码头、围头堆场项目建设步伐，增开加密航线，制定实施中长期发展规划，推动双方签订的各项合作协议落到实处。在港中旅集团，康涛表示，期盼港中旅集团以自身在客源组织、线路策划、品牌营销等方面的综合优势，挖掘泉州市场，和泉州一道擦亮城市旅游品牌。康涛还拜会泉籍旅港乡贤洪祖杭、林树哲，冀望他们继续支持家乡建设，为家乡发展献计献策，为引入好项目、大项目牵线搭桥。

第十四届亚洲艺术节跨国公益宣传活动启动

由世界泉州青年联谊会、马来西亚雪隆泉州公会指导，中国欢乐车友会、马来西亚吉隆坡四驱车越野俱乐部主办的，以“一带一路中国梦 海丝青春万里行”为主题的第十四届亚洲艺术节——跨国公益宣传活动在中国闽台缘博物馆广场启动。40名泉州籍企业家、艺术家组成的车队开始为期一个月的跨国公益宣传之旅。活动旨在响应国家“一带一路”战略，宣传推介于11月在泉州举办的第十四届亚洲艺术节和泉州“海丝”先行区建设，促进泉州与“海丝”沿线国家特别是东南亚国家的旅游、文化交流及经贸合作，传播丝路文化和闽南文化。活动从泉州出发，途经老挝、柬埔寨、泰国、马来西亚四国，往返行程共2万千米，相当于绕地球半圈。

发车仪式

授旗　　（图/吴寿民）

泉州民营医院床位数居全省首位

2011年以来，泉州市完成投资33.44亿元，新、改、扩建医疗卫生机构业务用房56.78万平方米，新增医疗机构床位9376张。市第一医院城东新院、福建医大附属二院东海新院、市中医联合医院等一批代表区域医疗水平的优质医疗资源建成投用。泉州市于2013年出台《关于加快推进社会资本举办医疗机构的实施意见》，加大民营医院扶持力度。全市现有民营医院床位数4682张，居全省首位。卫技人才队伍建设，直接关系到医疗服务水平的提升。泉州每年招聘新增卫技人员都达2000人以上。为夯实基层基础，泉州市还实施“四个一批”基层卫生人才培养计划，通过招聘、委培、延退、特岗、基层岗位补助等方式，加强基层卫生队伍建设。

8月23日

星期日
农历乙未年七月初十
温度：28℃—34℃
多云

●由世界泉州青年联谊会、马来西亚雪隆泉州公会指导，中国欢乐车友会、马来西亚吉隆坡四驱车越野俱乐部主办的，以“一带一路中国梦 海丝青春万里行”为主题的第十四届亚洲艺术节——跨国公益宣传活动在中国闽台缘博物馆广场启动。40名泉州籍企业家、艺术家组成的车队开始为期一个月的跨国公益宣传之旅。

●2011年以来，泉州市完成投资33.44亿元，新、改、扩建医疗卫生机构业务用房56.78万平方米，新增医疗机构床位9376张。全市现有民营医院床位数4682张，居全省首位。

●惠安县144名新教师参加新教师入职宣誓仪式。

8月24日

星期一
农历乙未年七月十一
温度：26℃—32℃
阵雨

●《泉州市国家体育产业联系点工作方案》出台。

●中国林权交易所茶业交易中心奠基仪式在安溪县参洋片区举行。

●由市直机关工委、市总工会主办的“珍爱和平·圆梦中华”——泉州市机关纪念抗日战争胜利70周年书画展在市青少年宫举行。

●由鲤城区委统战部、区民宗局主办，泉州通淮关岳庙及区工商联承办的鲤城区2015年“爱在鲤城 情满金秋”助学活动在泉州通淮关岳庙举行，158名暂时贫困家庭子女获44.6万元的资助。

●24—29日，丰泽区第十六期少年军校在南安驻军某部举办。

《泉州市国家体育产业联系点工作方案》出台

按照省政府《关于加快体育产业发展促进体育消费十条措施的通知》的精神，泉州市近日出台《泉州市国家体育产业联系点工作方案》，推进全国体育产业联系点示范城市建设，建成全国先进体育制造业中心，推动体育产业成为经济转型升级的重要力量。

根据方案，泉州市将加快体育产业结构调整，把体育用品制造与销售业作为体育产业发展的龙头产业，带动体育健身休闲、体育竞赛表演等产业的发展，构筑一个产业布局合理、功能完善、门类齐全的体育产业体系。

针对公共体育场地设施布局存在资源配置不合理的状况，泉州市将打造市级、县市区、街道与乡镇、社区与村居、居住小区五级公共体育场地设施布局，并在此基础上，创建一批特色产业、优势项目和品牌赛事。泉州市还将完善体育设施建设，增加人均体育场地面积，营造全市体育氛围，增加体育锻炼人口,促进人均体育消费支出。

方案指出，到2015年，泉州市力争体育产业增加值占全市GDP的10%以上，同时创造更好的就业条件，增加体育产业就业人口，力求体育产业就业人数占全市从业人数的10%以上。

按照计划，未来十年内，泉州市将分两阶段建设全国体育产业联系点示范城市。

从2015年到2020年，泉州市将打牢体育产业基础，推进科技创新，并重点突出体育产业空间布局建设与机制体制创新。作为中国体育用品制造业集聚地，泉州市拥有雄厚的体育产业基础，这为体育产业转型升级创造良好条件。在此基础上，泉州市将推进体育用品制造业的科技创新，增加体育用品制造的科技含量，提升产业核心竞争力，把泉州市打造成全国先进的体育装备制造业中心。

从2020年到2025年，泉州市将在体育产业、赛事品牌以及体育市场体系上，发挥作为全国体育产业联系点城市的示范作用，为全国体育产业发展提供示范经验。

届时，泉州市计划组建3—4个大型体育产业集团，力争20家以上体育企业上市。同时，打造6—8个具有国际竞争力的知名企业和具有国际影响力的自主品牌，建成全国先进体育制造业中心。泉州市将打造具有泉州特色、国际影响力的专业品牌赛事，建成海西体育赛事中心、东南亚民间民俗体育赛事交流中心。

全国首家综合性茶业交易中心落户安溪县

中国林权交易所茶业交易中心奠基仪式在安溪县参洋片区举行。项目计划总投资10亿元，涵盖林权及茶业的种植、加工、大宗商品流通整个业务链条，并配套金融创新服务功能，将建设成为全国首家综合性茶业交易中心及示范性综合林业经济开发服务平台。中国林权交易所是经国务院同意，由国家林业局联合北京市政府共建的全国性林权及森林资源交易的市场平台，是中国唯一从事全国林业要素与资源的综合性交易和服务机构。中国林权交易所茶业交易中心项目将建设包括茶业交易及金融创新服务中心综合体和茶叶标准化加工物流园区两部分。其中，茶叶交易和金融创新服务中心综合体包括茶业交易大厅、结算中心、会员服务办公区、金融机构服务区、品牌茶商展销中心、茶业创新企业孵化器、茶企总部大厦、全球茶商会馆、茶业物联网调度中心等功能；茶叶标准化加工物流园区包括通用型茶叶包装生产厂房、大宗茶商品监管仓库、检验检测认证中心、物流配送中心等功能。茶业交易中心核心业务是商品和权益交易，可根据产业链各个环节不同交易需求和投资价值，针对茶园林权、茶叶大宗商品、毛茶、精品品牌茶等权益和商品设计相关交易品种，在完善茶叶商品市场功能的同时，同步促进茶业权益市场的发展。在金融服务方面，将引进银行、信托、保险、产业基金等多元化金融资本，建设茶业投融资总部业态。在信息化方面，将利用现代物联网技术，实现茶叶全生命周期信息化管理。

奠基仪式　（图/刘伯怡）

市委常委会研究部署安全生产工作

市委常委会召开，听取2015年以来全市安全生产工作汇报，部署下阶段工作。市委书记郑新聪主持会议并讲话。会议要求，各级各相关部门要立即行动起来，在全市开展危化品、易燃易爆物品和油气管道大检查、大排查、大整治。要做到逐一排查、全面覆盖，各县（市、区）、泉州开发区、泉州台商投资区对辖区企业的检查要做到100%，各市直牵头单位对重点行业领域企业抽查不少于30%，发现问题立刻督促整改，不放过任何一个环节、细节和角落。要关闭一批非法违法企业，停产一批重大隐患逾期未改的企业，对一时难以整改到位的企业，立刻停产停工停用，安排专人盯守，督促做到整改的措施、责任、资金、时限和预案“五落实”。会议强调，安全生产是没有穷尽的工作，各级各部门都要绷紧安全生产这根弦，加强基层基础，加快健全应急处置机制。要加强源头管控，严把项目安全准入关，加强安全、环保隔离设施建设。要提升应急处置能力，细化和动态调整各项应急预案，增强专业性、针对性和可操作性；整合各类专兼职救援队伍，提高事故救援实战能力，加快推进泉港、泉惠石化应急救援中心建设。要紧盯一线，加强乡镇、村居、企业内部等安全监管体系建设。要严厉督促督导，落实安全生产责任制，落实“党政同责、一岗双责、失职追责”，督导企业落实主体责任，严肃执法问责，遏制各类事故发生，确保人民群众生命财产安全。

康涛到惠安县检查安全生产工作

市长康涛到惠安县检查安全生产工作，副市长林万明、市政府秘书长吴友才参加。康涛到大型央企中化泉州石化有限公司，察看园区配套安全设施，检查企业专职消防队伍建设和消防器材设备配备，听取企业安全生产工作汇报，要求企业坚持“事故不难防、重在守规章”的安全生产工作理念，强化安全生产管理，加大安全生产投入，落实安全生产责任，加强应急演练，及时发现并消除事故苗头和隐患，杜绝重特大安全事故发生。在民营企业泉州市合成通用树脂有限公司，康涛检查企业重点危险源存储罐区以及仓库和生产车间的安全情况，要求企业要落实安全生产主体责任，强化内部安全防控措施，配齐配足安全生产防护设施，加强日常自查，及时堵住安全漏洞。安监、消防等职能部门要加大监督检查，查找存在隐患，提出整改措施，确保安全监管不留死角、不留盲区。康涛指出，安全生产就是最大效益，要按照各级安全生产电视电话会议部署，树立安全发展理念，全面深入开展安全生产大检查，确保全市安全生产形势稳定。各级各类企业要强化红线意识，从严自查、从细管理，确保安全生产责任、制度和措施落实到基层一线。要加大安全投入，组建完善石化等大型企业的专职消防队伍，提高消防装备水平；同时建立起公安消防与企业专职消防之间的联动联勤机制，编制应急预案，开展实战演练，提升消防应急救援能力。各级政府和各职能部门要增强践行安全生产“一岗双责”的责任意识，结合全市安全生产大检查工作，全面排查安全生产薄弱环节，及时排除安全隐患，营造安全和谐的生产生活环境。

九三学社泉州市委召开座谈会纪念抗日战争胜利70周年

九三学社泉州市委召开座谈会，纪念抗日战争胜利70周年和九三学社成立70周年。座谈会指出，近年来，九三学社泉州市委加强自身建设，履行工作职能，为泉州科学发展、跨越发展贡献力量。下阶段，九三学社泉州市委将按照“四个全面”战略布局凝聚共识，践行同心思想，提高政治把握能力、参政议政能力、组织领导能力、合作共事能力、解决自身问题能力，围绕深化改革、法治建设、加快发展等重大问题及群众普遍关心的现实热点开展调研，及时提出意见和建议。

座谈会现场　　（图/九三学社泉州市委员会）

8月25日

星期二
农历乙未年七月十二
温度：25℃—32℃
多云

●市委常委会召开，听取2015年以来全市安全生产工作汇报，部署下阶段工作。

●康涛到惠安县检查安全生产工作。

●九三学社泉州市委召开座谈会，纪念抗日战争胜利70周年和九三学社成立70周年。

●即日起，市交通委开展道路危险货物运输安全生产专项整治。

●全国关心下一代工作表彰大会在北京人民大会堂召开，泉州市关工委获全国关心下一代工作先进集体，“百万大手牵小手”关爱活动入选全国关心下一代工作品牌项目。

●由泉州市公安局主办、石狮市公安局承办的“创人民满意警队、做群众喜爱警察”主题实践活动演讲比赛决赛在石狮市公安局举行。

●2015年石狮市新市民积分管理“积分入住”凭证发放仪式在石狮市人力资源大厦举行。

8月26日

星期三
农历乙未年七月十三
温度：25℃—31℃
多云转阵雨

●康涛到永春县调研农业农村工作。

●市政协听取市检察院2015年以来工作情况通报。

●市人大常委会调研组对市十五届人大五次会议代表建议（环城类）办理情况进行调研。

●泉州市在石狮市祥芝镇召开非法采捕红珊瑚船舶及涉渔“三无”船舶集中拆解现场会，集中拆解12艘涉嫌非法采捕红珊瑚船舶。

●26—27日，泉州制造2025暨推进产业转型升级招商洽谈会在深圳举行。

●市科协与邮储银行泉州分行签订合作协议。

●26—31日，马来西亚CLOVER SKY影视制作公司摄制组到泉州拍摄海丝专题节目。

●泉州市2015年金秋助学活动助学金发放仪式举行，共筹集资金432万元，资助2560人。

●由泉州师院两名大学生编著的《闽南儿童民间故事摘选》手绘本首发式举行。

●海峡两岸雕刻艺术创作交流展在惠安县鼎立艺术馆举行。

●由安溪县老龄办主办、县老年人协会和县离退休老干活动中心承办的纪念中国人民抗日战争暨世界反法西斯战争胜利70周年文艺演唱会举行。

康涛到永春县调研农业农村工作

市长康涛到永春县调研农业农村工作。康涛到位于市级扶贫村岵山镇岭头村的道畋农业科技公司设施农业项目。康涛指出，建设现代农业产业体系，是全市农业转型升级面临的重大任务，发展山地设施农业，对于全市山区县而言意义尤为重大。各级政府要引导推进农村土地流转，为现代农业发展提供坚强的要素保障；职能部门要制定和落实优惠政策，扶持设施农业发展；龙头企业要发挥自身在技术、经营、管理等方面的优势，更好带动农户增收和就业。调研中，康涛指出，做好“三农”工作，任务艰巨意义重大。要提升农业产业化水平，推动农业生产经营规模化、专业化发展，走产出高效、产品安全、资源节约、环境友好的现代农业发展之路。要因地制宜推进美丽乡村建设，保留和修缮传统风貌建筑，建设完善公共设施配套，避免千村一面，真正让农村“看得见青山绿水，留得住乡愁”。要拓展农民增收渠道，盘活和运作生态、文化、旅游等资源，探索民宿、工艺文化体验、观光农业等发展。要创新开展扶贫工作，在落实政策资金的同时，以精准扶贫的理念实施产业扶贫、科技扶贫、智力扶贫，让贫困地区和人口真正脱贫致富，共享发展成果。

市政协听取市检察院2015年以来工作情况通报

市政协组织听取市检察院2015年以来工作情况通报。市政协主席杨俊峰，副主席吴共湖、苏小青、骆沙鸣、陈铭福、李冀平、王瑞强、陈益，秘书长洪川夫参加。市检察院检察长高扬捷通报2015年以来全市检察工作情况。委员们围绕推动阳光检务、推进公益诉讼、预防职务犯罪等建言。杨俊峰肯定全市检察院着力服务保障发展大局，促进“平安泉州”建设，创新机制引领工作，建设过硬检察队伍所取得的明显成效。杨俊峰指出，全市检察机关要坚持服务大局，主动掌握新常态，研究新情况新问题，打击严重暴力犯罪行为，营造公平竞争合法经营的市场环境，为促进泉州发展提供司法保障。要坚持反腐倡廉，加大对腐败案件的查办力度，深化职务犯罪预防工作，营造廉洁高效的政务环境。要坚持严格执法，强化法律监督，打造阳光检务，推进涉诉信访改革，保障促进律师依法执业，探索公益诉讼的途径办法，维护社会公平正义。要坚持理想信念，打造一支“信念坚定、执法为民、敢于担当、清正廉洁”的检察队伍。希望全市政协机关，各民主党派、工商联和政协委员要继续支持检察院工作，共同推进“法治泉州”建设。

市政协听取市检察院工作情况通报　（图/陈　翔）

泉州制造2025暨推进产业转型升级招商洽谈会在深圳举行

26—27日，泉州制造2025暨推进产业转型升级招商洽谈会在深圳举行。此次到深圳推介的一批招商项目，代表泉州市产业转型升级的方向与“全方位”创新的主攻领域。招商洽谈会旨在加快推动《泉州制造2025》的组织实施，宣传泉州市促进产业转型升级的系列政策，交流对接重点产业链项目，增进与深圳企业家和泉州籍乡亲的交流和联系，鼓励回归创业，推进泉州市与全国民企500强及行业龙头企业产业项目对接，促进产业集群转型升级。活动中，还举行民营企业产业对接项目签约仪式。

马来西亚摄制组到泉州拍摄海丝专题节目

26—31日，马来西亚CLOVER SKY影视制作公司摄制组到泉州拍摄海丝专题节目，全程摄制泉州海丝遗迹和博物馆，节目制作完成后将在穆斯林国家电视台播放。图为拍摄现场。

（图/张九强）

省委检查组到泉州开展“回头看”活动

省委检查组组长、省监察厅副厅长薛云官带队到泉州，对泉州市2014年度落实党风廉政建设责任制情况，开展“回头看”检查活动，核查有关问题清单整改和问责建议的落实情况。市领导郑新聪、康涛、杨俊峰、周银芳、陈沈阳、许昆贞、翁祖根、温惠榕、陈庆宗、林俊其等参加汇报会。省委检查组指出，泉州市委对落实党风廉政建设责任制高度重视、敢于担当，统筹有方、措施有力，整改工作基本到位，为保持经济运行稳定、干部和企业家队伍稳定、社会安定稳定提供有力保障。希望泉州以此次检查为契机，提高责任认识，领会中央、省委精神，及时组织专题学习；完善制度，落实责任，对敏感、热点、难点问题狠抓整改，形成人人都是责任主体的机制；强化日常管理监督，抓好中秋、国庆等关键时间节点的廉洁自律工作，及早处置苗头性、倾向性问题，按照“严”与“实”的要求，把党风廉政建设责任制落实到位。在泉州期间，省委检查组还到南安市、石狮市、泉港区开展重点核查和延伸检查。

城市规划建设专家顾问组和经济专家顾问组成员座谈会召开

27—28日，城市规划建设专家顾问组和经济专家顾问组成员座谈会召开，听取专家对全市城市建设和经济发展及市政府工作的意见和建议。市领导康涛、李建辉，市政府秘书长吴友才及市直相关部门负责人等参加。康涛表示，全市正按照市委部署，推动产业转型升级，推进环湾、向湾、同城发展，加快建设“机制活、产业优、百姓富、生态美”的现代化泉州。希望专家顾问组保持优良传统，发挥“智囊团”作用，为推动泉州各项事业发展作出新的更大贡献。市委、市政府将一如既往支持顾问组工作；政府各有关部门要建立完善常态化对接联络制度，主动邀请专家顾问参与重大规划、重点项目的前期调研和论证，提高政府决策科学性、前瞻性和可操作性。对于专家提出的意见、建议，相关职能部门要逐项分析研究、举一反三，及时吸纳借鉴到“十三五”规划、各专项规划及今后建设发展思路中。经济顾问组组长王文泰等专家就实施创新驱动战略、加强工业园区配套建设和安全生产工作、做大做强港口经济、强化产学研互动、加快服务型政府建设等问题，城建顾问组组长周公式民等专家就古城和“四山两江”保护、城市总体规划落实、交通设施建设完善、文化旅游融合发展、城市品位提升等问题，分别提出许多富有战略性、预见性且务实管用、科学可行的意见建议。

市十五届人大常委会第二十八次会议召开

市十五届人大常委会第二十八次会议召开。市人大常委会主任陈万里，副主任洪泽生、吕竞、王远东、张建生、朱团能、曾巍，秘书长吴春林参加会议。副市长林万明，市中级法院、市检察院负责人列席会议。会议听取和审议市人大常委会调研组关于加快泉州实体经济发展情况的调研报告；市政府关于2015年1—7月泉州市国民经济和社会发展计划执行情况、预算执行情况的两份报告；市人大常委会执法检查组关于农产品质量安全法和行政诉讼法执行情况的两项检查报告；《泉州市人民代表大会及其常务委员会立法条例（草案）》；有关人事任免事项。

会议现场 （图/王虎文）

全市首个田间地头“互联网+”创客空间在南安市启用

全市首个田间地头“互联网+”创客空间在南安市向阳乡启用。图为泉州首期贫困村创业致富带头人培训班60多名学员到场参观交流。

（图/张九强）

8月27日

星期四
农历乙未年七月十四
温度：25℃—30℃
小雨转阵雨

●省委检查组到泉州开展“回头看”活动。

●郑新聪与省交通运输集团董事长李兴湖座谈。

●27—28日，城市规划建设专家顾问组和经济专家顾问组成员座谈会召开，听取专家对全市城市建设和经济发展及市政府工作的意见和建议。

●市十五届人大常委会第二十八次会议召开，听取和审议市人大常委会调研组关于加快泉州实体经济发展情况的调研报告等。

●由市政协办公室、鲤城区政协主办的“纪念中国人民抗日战争暨反法西斯战争胜利70周年书画笔会”举行。

●由市人社局和市工商联主办的驻泉异地商会代表劳动争议调解员培训班在市区泉商环球广场举办。

●台湾旅行商和媒体一行18人到泉州开展海丝旅游踩线活动。

●由洛江区卫计局、计生协会主办的2015年“生育关怀奖学助学”奖助学金发放仪式举行，洛江区42名2015年考上大学的二女户女孩分别领到3000元和5000元的助学金。

●全市首个田间地头互联网+创客空间在南安市向阳乡启用。

8月28日

星期五
农历乙未年七月十五
温度：24℃—27℃
中雨

●泉州市老干部工作委员会成员会议召开，研究老干部工作有关问题。

●全市涉渔“三无”船舶整治工作推进召开。

●市政协开展《关于加强中心市区古城区建设与保护的提案》督办活动。

●全国少数民族参观团到泉州参观考察。

●泉州一中东海校区揭牌启用。

●泉州市纪念抗战胜利70周年暨双拥书画巡回展在泉州市侨乡体育馆开幕。

●纪念晋江华侨与抗日战争图片展开幕。

●艺彩中俄——中外籍著名画家福建“海丝”写生行活动在惠安县举行。

泉州市老干部工作委员会成员会议召开

泉州市老干部工作委员会成员会议召开，研究老干部工作有关问题。市委书记郑新聪主持会议并讲话，市领导陈沈阳、翁祖根、林伯前、陈荣洲参加会议。郑新聪对老同志、老领导长期以来的支持和帮助表示感谢。郑新聪指出，老同志、老领导虽离开一线岗位，但还是以高度的政治责任感和对泉州的深厚感情，关心、关注各项事业发展，在全市经济发展、社会治理、维护稳定等方面做了很多工作，发挥富有特色的重要作用。就做好下阶段老干部工作，郑新聪要求，各级党委、政府要学习贯彻习近平关于老干部工作的指示批示精神以及全国离退休干部“双先”表彰大会精神，调动各方面力量做好老干部工作，各级各单位主要负责人要亲自过问，研究解决重大问题，像关爱自家长辈那样关心照顾好老干部。要宣传老同志的先进事迹，结合开展纪念中国人民抗日战争暨世界反法西斯战争胜利70周年系列活动，通过多种形式缅怀革命先烈，弘扬革命精神，营造“老干部增添正能量、全社会关爱老干部”的良好氛围。要督促落实各项涉老政策，保障离休干部离休费按时足额发放、医疗费按规定据实报销。要细之又细、用心用情做好服务，特别要针对离休干部整体进入“双高期”等实际，整合资源，统筹好政府公共服务、购买服务、志愿服务，加快老年医院等项目建设，在医疗保健、紧急救助、居家养老等方面尽可能提供便利措施。郑新聪强调，老干部工作部门要加强自身建设，做好新形势下的老干部工作，“让党放心、让老干部满意”。要引导老干部发挥政治优势、经验优势、威望优势，积极建言献策，当好“十大员”，参与“百万大手牵小手”“我看建设新福建新泉州”等活动，为泉州经济社会发展传递更多正能量。

会议现场　（图/市委老干局）

全市涉渔“三无”船舶整治工作推进召开

全市涉渔“三无”船舶整治工作推进会召开。市委副书记周银芳出席会议并讲话，市委常委、政法委书记许昆贞主持会议，副市长林万明通报全市清理整治工作情况，并部署下阶段工作。与会人员观摩晋江市拆解涉渔“三无”船舶。周银芳强调，各级各有关部门要深化思想认识，从维护国家形象、群众生命财产安全和渔业生产秩序的高度，认识做好涉渔“三无”船舶整治工作的重要性、艰巨性和复杂性。要明确任务要求，严守“不让一人一船到周边海域”工作底线，按照全面排查、重点监管、严厉打击、依法规范的思路，乡、村干部包干到船、到人，加强实时监控，确保年底前完成整治任务、拆解率达20%以上。要突破重点难点，以拆解十二种类型涉渔“三无”船舶为突破口开展专项整治，全面清查摸底，加强宣传教育，保持高压态势，强力清理取缔，推进转产转业。要加强组织领导，严格属地管理，严厉督查考核，严肃追究问责，层层签订承诺书，打好打赢这场“攻坚战”。会上，晋江市、石狮市、惠安县介绍近期清理整治工作情况和下一步工作计划。

泉州市纪念抗战胜利70周年暨双拥书画巡回展开幕

由市委宣传部、泉州军分区政治部、市双拥办公室、市体育局主办的泉州市纪念抗战胜利70周年暨双拥书画巡回展在泉州市侨乡体育馆开幕。展览旨在宣传抗日战争胜利的伟大意义，以抗战的精神激励泉州双拥工作更上一层楼。巡回展展出127件优秀作品，书画家以笔墨雄厚、意境清新、题材丰富、风格多样的书画形式，表达对抗战先烈的缅怀和实现中华民族伟大复兴的梦想，展现泉州双拥工作的成就和特色，赞美祖国的美好和人民安居乐业的幸福。

巡回展现场　（图/郭冰德）

泉州市出台《关于进一步扩大有效投资的实施意见》

泉州市近日出台《关于进一步扩大有效投资的实施意见》提出，在七大领域进一步扩大有效投资。

城市公用设施：年内启动餐厨垃圾处理厂建设。全年力争完成城市公用设施建设投资405亿元。其中，新增道路196千米，新增城市公共停车位3044个；加快雨水、雨污、供水、燃气管网建设。惠安将启动泉惠石化工业区公用管廊建设，总长12.05千米，共3层，总投资1.7亿元。环境综合治理方面，餐厨垃圾处理厂项目力争年内启动，此外，还将加快内河整治、园林绿化、城市绿道建设。

水利建设：开展万里安全生态水系建设。全年力争完成投资51.5亿元。全市开展万里安全生态水系建设，推动城镇乡村所在地、重要饮用水源保护区、主要生态敏感区等所在水系生态系统建设；加快推进水库、引调水、防洪防潮、流域综合治理四大类重点工程；此外，还将强化加固海堤、小型水库，推进中小河流治理，解决17.6万农民饮水安全问题等。

公路水路建设：镇镇有干线，村村通客车。全年力争完成投资72.32亿元。普通公路建设方面，加快“一市一议”国省干线项目建设，实施国省道路网升级“532计划”；全年在建国省干线199千米，建成通车84千米，实现“镇镇有干线”。运输枢纽建设方面，建设一批现代综合客运枢纽和综合物流园区，形成一批功能完备、布局合理、集疏运体系完善的现代综合运输枢纽站场，具备通客车条件的建制村通客车率达到97%以上，实现“村村通客车”。

城乡电网建设：满足城乡用电负荷增长。全年力争完成投资39.1亿元。加快推进一批输变电工程，加强城乡配电网工程，解决供电设施超载、过载、“卡脖子”、低电压等问题，满足城乡各类用电负荷增长需要；加强电网技术改造，治理电网安全隐患；加快清洁能源等配套工程建设。

美丽乡村建设：造福工程计划搬迁15000人。全年力争完成投资14.29亿元。推进农村住宅示范小区建设、旧村改造复垦。造福工程计划完成省市15000人搬迁任务，扶持集中安置点基础设施项目，力争完成投资9500万元。

环保基础设施建设：工业废物综合处置中心年底动工。全年力争完成投资24.4亿元。其中，泉州市工业废物综合处置中心项目开展PPP模式招商。水质自动监测站年底建成并投入使用。建成晋江华懋电镀集控区电镀废水深度处理项目，加快晋江国控重点区域其他重金属减排项目实施进度；加快推进重点流域、跨境流域整治，小流域“赛水质”活动和山美水库水环境保护等项目。

信息通信基础设施建设：实现重点公共区域Wi-Fi全覆盖。全年力争完成投资26.7亿元。实施光网城市提速工程，完成全市全光网络的全覆盖，城区家庭具备100Mbps（兆比特每秒）光纤接入能力，实现城区家庭宽带用户平均带宽50M，乡镇宽带用户平均带宽达到20M。实施无线宽带城市升级工程；计划新建4G基站6896个，将无线城市网络带宽从原来最高54Mbps提升到150Mbps，全市主要发达村镇实现4G网络全覆盖；推进Wi-Fi免费试点工作，实现中心城区及县城重点公共区域Wi-Fi全覆盖。加快中国国际信息技术（福建）产业园大数据中心建设。

国家海洋局在泉州举办钓鱼岛主权宣传活动

14—29日，由国家海洋局国际合作司主办、海交史研究会和泉州海外交通史博物馆承办的钓鱼岛主权宣传活动在泉州海外交通史博物馆举行。活动分为“钓鱼岛 历史与主权”主题图片展和《钓鱼岛问题与中日关系》专题报告会。其中，主题图片展分“钓鱼岛是中国的固有领土”“日本窃取钓鱼岛”“美日对钓鱼岛私相授受”“钓鱼岛上空的阴霾”和“神圣领土不容侵犯”五个部分，展出200多幅资料图片，通过大量的历史资料图片和法律文件，展示钓鱼岛及其附属岛屿自古就是中国固有领土的历史和法理依据。

图片展现场　　（图/泉州晚报社）

8月29日

星期六
农历乙未年七月十六
温度：23℃—27℃
中雨

●泉州市出台《关于进一步扩大有效投资的实施意见》提出，在七大领域进一步扩大有效投资。

●14—29日，由国家海洋局国际合作司主办、海交史研究会和泉州海外交通史博物馆承办的钓鱼岛主权宣传活动在泉州海外交通史博物馆举行。

●全市部分县（市）出现暴雨到大暴雨过程。

●由石狮日报社和石狮市武术协会主办的泰禾广场太极文化汇演活动举行。

8月30日

星期日
农历乙未年七月十七
温度：23℃—27℃
中雨

●郑新聪、康涛对防御暴雨洪灾作出批示。

●由市委宣传部、市社科联牵头，市直有关部门和单位开办的“刺桐讲坛”首场讲座在泉州海外交通史博物馆举行。

●由泉州市商务局、晋江市政府主办，晋江市商务局、泉州市电商中心、泉州市电商协会、晋江市电商协会承办的“2015玩转‘双11’大促（泉州鞋服专场）”营销论坛举办。

●晋江市开展民间融资规范引导试点工作。

●黄紫霞抗战漫画展暨闽南抗战时期木刻展在泉州市图书馆举行。

郑新聪康涛对防御暴雨洪灾作出批示

针对29日部分县（市）出现暴雨到大暴雨过程，市委书记郑新聪作出批示：安溪、永春、德化、南安、洛江的党政主要领导要关注当前雨情动态，严防地质灾害和泥石流给人民群众生命财产安全带来的损失，加强值班值守，做好各项应急准备，该撤出的人要撤出。市长康涛作出批示：各级各有关部门干部要在岗在位，及时启动防暴雨预案，组织群众全力以赴做好抗洪抢险救灾工作，确保群众生命财产安全。副市长林万明对防暴雨抗灾工作作出具体部署。根据部署要求，各级各有关乡（镇）、村干部务必在岗在位，深入一线，动员和组织群众全力做好防暴雨、山洪地质灾害，对已发生灾情的乡镇要立即开展抢险救灾工作，防止险灾情扩大；降雨量较大的乡（镇）要全面开展检查排查，发现异常状况，要果断组织群众安全转移，做到应转尽转，并做好安置；对处于高位运行的水库、山围塘、水闸要科学调控，提前预排预泄，降低水位，腾库迎洪，确保安全； 各级防汛、气象、水文要加强值班，严密监测，提前预报预警，并及时了解掌握报告汛情灾情动态。各级防指成员单位要落实防汛值班和领导带班制度，及时组织力量抢修水毁工程设施。

晋江市开展民间融资规范引导试点工作

针对民间资金多、投资难以及中小企业多、融资难的“两多两难”问题，2015年以来，晋江市开展民间融资规范引导试点工作，强化对接渠道和服务平台建设，创新民间融资组织形式，加快民间金融领域改革步伐，助推实体经济健康有序发展。借助民间资本雄厚优势，晋江市引导民间资本进入准金融领域，再通过专业化经营进入实体经济。据统计，晋江“金改”以来，超50亿元民间资本进入准金融领域，初步建立一个门类较为齐全、功能较为完备的新型民营金融机构组织体系。该市已设立小贷、融资担保、融资租赁等准金融机构45家、股权投资企业13家，在全省率先设立民营企业集团财务公司，并获批筹建票据公司、金融服务公司、村镇银行各1家。随着企业投资视野、投资渠道的不断拓宽，越来越多晋江企业在外发起设立或参与设立各类型（准）金融机构，预计投资金额超百亿元。2014年，晋江各机构为实体经济提供融资逾50亿元，其中，民资管理公司推行有限担保、抱团融资的“互助资金池”模式，为小微企业提供近2亿元融资支持。为创新探索民间借贷登记制度，晋江引导民间资本设立全省首家民间借贷登记服务中心，推动该中心完善经营管理、信息管理、风险防范等各项制度建设，并在中心设立巡回法庭，推动房管、车管等公共部门以及评估、律师、银行、保险等服务机构入驻，为民间借贷提供融资供求信息发布、资产评估和登记、公证、结算、法律咨询等“一站式”服务。此外，晋江还打造“融资租赁特区”，制定促进融资租赁业发展扶持政策，对到晋江新设立的融资租赁公司给予最高500万元的注册奖励和办公用房补助，以及最高100万元的业务奖励。作为打造融资租赁经营新模式的探索，晋江支持企业利用厂房、仓储用房等经营性资产与融资租赁公司开展合作，并争取融资租赁公司兼营商业保理业务，全市融资租赁业务规模超30亿元，受益企业150多家。

黄紫霞抗战漫画展暨闽南抗战时期木刻展举行

纪念抗战胜利70周年——黄紫霞抗战漫画展暨闽南抗战时期木刻展在泉州市图书馆举行。黄紫霞是泉州近代画坛上最著名的画家之一，抗日战争时正值艺术创作巅峰期，他积极投身于抗日救亡运动，并以笔墨为武器，创作一批以唤醒民众自信、振奋民族精神为主题的漫画作品。此次展览的作品均出自抗战期间其主办的《一月漫画》刊物上。配合本次展览，同时还展出泉州籍木刻画家朱鸣岗、许谷芬等人在抗战时期创作的部分木刻作品。

漫画展现场　　（图/吴寿民）

数字对讲机国家行业标准宣贯会在丰泽区召开

数字对讲机国家行业标准宣贯会暨新一代无线通信产业发展研讨会在丰泽区海西电子信息产业育成基地召开，“中国科学院海西研究院信息及卫星技术应用联合研究中心”同时授牌。国家无线电管理局有关领导宣读数字对讲机的国家行业标准。数字对讲机国家标准（ARC标准）由国家无线电监测中心检测中心及福建联拓科技有限公司等15家泉州企业牵头制定，已于4月通过工信部评审颁布，开始具备产业化生产的条件，2015年产量预计达200万台套。不仅意味着该行业打破国外企业在数字对讲机领域的技术垄断，还将吸引国外品牌在中国市场采用中国标准参与竞争。

市检察院新一届人民监督员上岗

市检察院和市司法局举行市检察院人民监督员颁证仪式暨初任培训开班式。全市不同系统和行业的30人获颁人民监督员证书，上岗行使监督权。人民监督员制度是检察院主动接受社会监督的一种外部监督机制。2014年9月，最高检察院、司法部印发《关于人民监督员选任管理方式改革试点工作的意见》，部署在福建等首批十个省市进行试点，开展由司法行政机关负责人民监督员的选任和培训、考核、奖惩等管理工作，由检察机关负责保障和组织人民监督员依法有序、监督和支持检察工作的改革试点。经过公开报名、组织考察、公示公告等环节，30人被市司法局选任为市检察院新一届的人民监督员。获选任的人民监督员，将对检察机关办理直接受理立案侦查案件的应当立案而不立案或者不应当立案而立案，超期羁押或者检察机关延长羁押期限决定不正确，违法搜查、扣押、冻结或者违法处理扣押、冻结款物等11种情形实施全方位监督。

相关链接：早在2003年，泉州市检察机关就作为全国首批试点单位，开展人民监督员制度试点工作。12年来，历届人民监督员对全市职务犯罪案件不诉、撤案、不服逮捕决定等情形开展监督272件312人。

福建省纪念抗日战争胜利70周年史实展开幕

由中国闽台缘博物馆、省档案局（馆）主办，市档案局（馆）协办的“闽台抗战·海峡壮歌”——福建省纪念抗日战争胜利70周年史实展在中国闽台缘博物馆开幕。展览展出400多件(幅)档案图片，全景重现从1895年日本侵占台湾到1945年抗战胜利50年间闽台人民反抗日本侵略图谋、以八路军新四军为代表的福建子弟兵在全国战场上英勇作战、闽籍华侨倾力支援祖国抗战、中国共产党领导下福建各界开展的抗日斗争等内容，其中50余份档案系首次公布。闽台抗战长达50多年，台湾人民在特殊时期秉持爱国情怀，从未停止抗争。闽台抗战体现两岸同胞同仇敌忾、威武不屈的崇高气节，是中国人民抗日战争的重要组成部分，有特殊的重要意义。

史实展现场　（图/吴寿民）

抗战题材老电影海报展举行

由市档案局、鲤城区委宣传部、区档案馆主办的“烽火年代的光影印记——纪念中国人民抗日战争暨世界反法西斯战争胜利70周年抗战题材老电影海报展”举行。海报展展出50余张20世纪50年代至90年代抗战题材的老电影海报、剧照等，分为四个部分，分别是“日寇罪行篇”“国共抗战篇”“英雄人物篇”和“全民御敌篇”，其中包括《血战台儿庄》《狼牙山五壮士》《苦菜花》《红高粱》《白求恩大夫》等经典影片的海报。

海报展现场　（图/吴寿民）

8月31日

星期一
农历乙未年七月十八
温度：23℃—26℃
中雨转阵雨

●数字对讲机国家行业标准宣贯会暨新一代无线通信产业发展研讨会在丰泽区海西电子信息产业育成基地召开。

●市检察院和市司法局举行市检察院人民监督员颁证仪式暨初任培训开班式。

●“闽台抗战·海峡壮歌”——福建省纪念抗日战争胜利70周年史实展在中国闽台缘博物馆开幕。

●由市人社局、教育局和泉州晚报社主办的“互联网+”大学生创业大赛启动。

●“烽火年代的光影印记——纪念中国人民抗日战争暨世界反法西斯战争胜利70周年抗战题材老电影海报展”举行。

9月1日

星期二
农历乙未年七月十九
温度：24℃—26℃
中雨转阵雨

●郑新聪主持召开常委会议，学习《中国共产党党组工作条例（试行）》和《中国共产党巡视工作条例》及中央、省委领导有关讲话精神，通报省落实党风廉政建设责任制检查“回头看”情况。

●郑新聪康涛部署防汛工作

●泉州解放日。上午试鸣防空警报，试鸣范围覆盖全市各县（市、区）、泉州开发区、泉州台商投资区及47个重点设防镇。200多个警报器将同时鸣响。

●为纪念中国人民抗日战争暨世界反法西斯战争胜利70周年，“欢乐泉州，走进屿头”专场文艺演出在泉州台商投资区洛阳镇屿光小学举行。

●“铭记历史圆梦中华·关注消防共筑平安”红盾书画展在石狮市博物馆举行。

●即日起，泉州市区（鲤城、丰泽）高清监控全覆盖，抓拍交通违法。启用首日，鲤城、丰泽区384套高清监控抓拍到154起交通违法行为。

●“我爱明信片·‘泉’城悦动”——2015年中国邮政明信片第二期开奖系列活动正式开幕。

●泉港区峰尾镇诚平村为14.6米长的仿古“水密隔舱”福船——“黑舶五青案”举行“拔落令”仪式（下水仪式）。

市委常委会研究部署党建工作

市委书记郑新聪主持召开常委会议，学习《中国共产党党组工作条例（试行）》和《中国共产党巡视工作条例》及中央、省委领导有关讲话精神，通报省落实党风廉政建设责任制检查“回头看”情况，传达学习中央党的建设工作领导小组秘书组联系点工作暨课题研究成果交流会、全省农村基层党建工作座谈会主要精神，研究泉州相关贯彻意见。

会议强调，要注重学深学透条例精神，引导党组（党委）准确把握定位、正确履行职责；注重在贯彻执行中解决问题，对党组设立、成员配备和工作规则等方面开展自查自纠，年底前全面完成清理规范，并组织专项检查；注重在贯彻执行中探索经验，结合泉州实际完善配套制度。

会议指出，要切实抓好条例的学习宣传贯彻，深刻领会中央、省委精神，增强从严治党意识，营造重视巡视氛围，完善配套制度。要严格落实党委主体责任和纪委监督责任，把纪律和规矩挺在前面，自觉接受、积极配合巡视监督。

会议认为，加强农村基层党建是做好全市农村工作的固本之举，全市各级党委要深入学习领会中央、省委精神，重点围绕解决存在问题，确定目标和抓手，拿出务实管用的措施。要始终坚持农村基层党组织领导核心地位不动摇，强化政治引领和服务功能，加大保障力度，更好地做群众工作、推动发展、改善民生。要把抓基层的重任牢记在心，落实好党建主体责任，抓好农村基层组织换届工作，健全村务监督机制，发挥好驻村蹲点干部作用，推动农村基层党建工作整体提升、全面过硬。

郑新聪康涛部署防汛工作

午后，泉州市出现阵雨或雷雨，同时还伴随有强雷电、短时强降水等强对流天气。15时，市国土资源局与市气象局联动发布地质气象风险等级预警。市委书记郑新聪作出批示，要求通知并督促中心市区及沿海各县（市、区）防汛办注意防止内涝和山洪泥石流带来的灾害。市长康涛作出批示，要求各县（市、区）防指加强监测预报预警，切实做好防御山洪、泥石流等地质灾害和城乡内涝等工作。由于前期降水较明显，地质灾害有一定的滞后性，安溪、永春西北部发生地质灾害气象风险等级高，其余地区地质灾害气象风险等级较高，应注意做好泥石流、山体滑坡、塌方等次生灾害的相关防御工作。

泉州建材中国行系列推介活动首站在福州举行

由泉州市政府主办，泉州市经信委、住建局、商务局、工商联、泉州晚报社、福州日报社等单位承办的泉州建材中国行系列推介活动福州专场在福州人民会堂举行，这是系列推介活动首次走出泉州。此次活动，有50家泉州建材生产企业参展，主要来自建陶、石材、水暖厨卫、石雕、消防和安防设备、新型墙材等建材生产企业以及涂料、木地板、家具、藤铁等家居装修产品生产企业。其中有闽发铝业、天广消防、辉煌水暖、华泰集团、固美铝业、恒达陶瓷、腾达陶瓷、协进陶瓷、信和涂料、英发家具、聚丰工艺等建材产业各个细分领域的“领头羊”企业30多家。此外，还有主攻陶板的华泰集团、深耕藤铁的宏源轻工两家典型企业代表上台进行推介发言。参展企业与客户达成初步意向96对，初步意向金额12.6亿元。

泉港仿古“水密隔舱”福船下水

泉港区峰尾镇诚平村为14.6米长的福船——“黑舶五青案”举行“拔落令”仪式（下水仪式）。该艘福船采用“水密隔舱”技艺建造而成，依靠帆布获取航行动力，将停靠在大埭溪内。该福船由泉港区黄氏造船人建造，造船对照前人留下来的造船图纸，也请教老一代技术工人及造船家，历经三个多月建成。泉港区福船“水密隔舱”制造技艺去年入选第四批国家级非物质文化遗产代表性项目名录。

“水密隔舱”福船　（图/陈起拓　庄国辉）

泉州乡亲庄炎林获颁抗战胜利纪念章

94岁的中国侨联原主席、“闽台经济”高级顾问安溪籍乡亲庄炎林作为抗战老战士老同志，获中共中央总书记、国家主席、中央军委主席习近平亲自颁发并佩戴的“中国人民抗日战争胜利70周年纪念章”，以表彰其为中国人民抗日战争胜利所作出的贡献。庄炎林祖籍安溪县，1921年出生，童年在上海、厦门读书。1938年上海沦陷后，他从上海到桂林，先在桂林中学读书，当年11月参加广西学生军。1940年夏，离开学生军，回到桂林中学读书，1940年12月在中共地下党组织有意识地培养下，在桂林中学加入中国共产党。1941年，庄炎林就读广西大学，先后任该校新生支部副书记、书记。1942年桂林“七九”事变后，与卢蒙坚一起完成广西大学学生党员撤离后，省工委安排庄炎林到柳州通知柳州方面的地下党转移。此次授予庄炎林“中国人民抗日战争胜利70周年纪念章”，就是为表彰其为广西的抗日斗争所作出的贡献。新中国成立后，庄炎林曾于1957年在晋江挂职锻炼，先担任县委第一届委员会第二书记，后任第一书记，同时兼任省委文教部副部长。庄老心系桑梓，1999年9月，安溪在北京举行茶王赛，庄炎林热情参加各项赛事活动。2000年12月，他和夫人又回安溪参加中国茶都（安溪）茶文化旅游节暨首届中国安溪铁观音乌龙茶节。2001年12月，安溪举行中国海峡两岸茶文化交流会，他和夫人又回安溪参加有关活动。安溪县城创建碑林，庄炎林即挥毫题写“弘扬清溪长官为官清正勤政爱民精神”为家乡碑林增辉。他与父亲庄希泉的抗日爱国故事广为流传，感人事迹收入《安溪人的骄傲》和《父子侨领》等书中。

陈绍军带队到泉州视察

省政协副主席、农工党福建省委主委陈绍军带队到泉州进行视察调研。市领导林万明、李冀平陪同。陈绍军一行到丰泽区、晋江市，实地视察匹克集团、舒华股份有限公司、浩沙实业（福建）有限公司并召开座谈会。陈绍军指出，发展体育产业的重点是要打好“三个基础”：打好体育民众基础，发展全民健身运动；打好体育设施基础，增加人均运动面积；打好政策基础，根据不同的体育项目采取不同的政策支持。要做深“四大产业”：深化体育制造业，争创世界一流水平；打造体育竞赛业，依托自身体育产业基础，打造世界级品牌赛事；要大力发展健身业，做好运动体能测评，发展体育健身俱乐部；要推进文创业发展，以体育竞赛表演带动交通、广告、新闻等产业发展。发展体育的最终目的是为了提升全民身体素质，他希望泉州进一步完善体育设施建设，推广更多赛事，吸引更多民众参与，实现全民健身。

调研组还到调研台商投资区泉州农科所台湾引进品种和技术、洛江区泉美生物科技有限公司、南安市金霞名贵绿化苗木示范基地、龙峰园、九仙斛生物科技有限公司、永春县德盛植保技术有限公司、中国香都、太山麻竹基地等项目。走访中，陈绍军深入了解项目发展中遇到的难题，鼓励项目集聚创新资源、构建创新平台、用好用足优惠政策，在此基础上，不断提升农业科技转化、拓展与服务能力，持续把特色农业科技项目做好、推广好。

陈万里带队前往台商投资区开展城市建设专题调研

省人大代表、市人大常委会主任陈万里带队前往台商投资区开展城市建设专题调研，并听取相关工作的情况汇报。调研组到台商投资区城市规划展示馆、海上丝绸之路艺术公园亚洲园、玉坂安置小区、北车泉州公司、绕城高速公路、泉州湾大桥、南北主干道二期项目地、世茂月亮湾、上塘雕艺一条街、泉州舒华体育用品有限公司等，详细察看项目建设的进展情况。

泉州旅游部门出版文明旅游手册

市旅游局联合相关部门和单位分别编制出版《赴台旅游文明出行手册》和《文明旅游礼仪手册》，为旅游业界和市民赴台、出境文明旅游提供指引和参考。由市委文明办和市旅游局联合编印的《赴台旅游文明出行手册》包括赴台旅游申请、文明旅游、旅游安全和台湾资讯等四部分内容，市民可以在全市公安局出入境管理办事大厅、机场和石井对台码头、部分旅行社等场所免费取阅。由市旅游局和市礼仪协会联合编印的《文明旅游礼仪手册》，含旅游从业者文明礼仪知识、旅游者出境旅游文明礼仪知识、境外旅游交通文明礼仪、司机文明驾驶礼仪、境外旅游注意事项、日常常用礼仪知识等六部分内容。

9月2日

星期三
农历乙未年七月二十
温度：24℃—29℃
中雨转阵雨

●94岁的中国侨联原主席、“闽台经济”高级顾问、安溪籍乡亲庄炎林作为抗战老战士老同志，获中共中央总书记、国家主席、中央军委主席习近平亲自颁发并佩戴的“中国人民抗日战争胜利70周年纪念章”，以表彰其为中国人民抗日战争胜利所作出的贡献。并参加3日在北京天安门城楼中央组织纪念中国人民抗日战争暨世界反法西斯战争胜利70周年大会。

●陈绍军带队到泉州进行视察调研。

●陈万里带队前往台商投资区开展城市建设专题调研。

●市旅游局联合相关部门和单位分别编制出版《赴台旅游文明出行手册》和《文明旅游礼仪手册》，为旅游业界和市民赴台、出境文明旅游提供指引和参考。

●鲤城公安分局组织局属各单位160多名机动警力到浮桥街道石笋公园内进行集结演练，提高警力安全防范和应急处突能力，保障中心市区的社会治安稳定。

9月3日

星期四
农历乙未年七月廿一
温度：25℃—32℃
多云

●市委老干部局组织泉州市11名抗战老兵代表和百源、泉秀、金山干休所的一些老干部集中收看阅兵式。

●晋江籍菲律宾著名侨领、菲律宾航空公司董事长陈永栽，在北京天安门城楼参加纪念中国人民抗日战争暨世界反法西斯战争胜利70周年大会。

●泉港区南埔镇沙格村的旅日华侨王秀德在北京天安门固定观礼台7号台第7排观看中国人民抗日战争暨世界反法西斯战争胜利70周年纪念大会。

●“全国最美家庭”代表、南安籍乡亲潘云苓、陈强伉俪在北京参加纪念中国人民抗日战争暨世界反法西斯战争胜利70周年大会。

泉州11名抗战老兵代表集中收看阅兵式

市委老干部局组织泉州11名抗战老兵代表和百源、泉秀、金山干休所的一些老干部集中收看中国人民抗日战争暨世界反法西斯战争胜利70周年纪念大会阅兵式。当军乐团唱起大家耳熟能详的抗战歌曲时，观看直播的老兵们也跟着哼唱起来；在升国旗唱国歌环节，94岁的老兵王廷炳激动得跟着节奏挥舞右手；当屏幕上出现抗战老兵方队乘坐敞篷中巴车参与受阅时，不少老兵热泪盈眶。

多名泉州乡亲受邀参加天安门阅兵观礼

祖籍泉州晋江的菲律宾著名侨领、菲律宾航空公司董事长陈永栽，在北京天安门城楼参加纪念中国人民抗日战争暨世界反法西斯战争胜利70周年大会。陈永栽介绍，上午7时50分左右，在国务院侨务办公室国外司副司长朱柳的陪同下，他们乘坐专车从住地北京国际饭店前往天安门，8时20分，他登上天安门城楼，直到12点左右才离开。根据大会安排，他坐在天安门城楼右侧区域的第一排。国务院侨办副主任何亚飞8月25日在国新办发布会上说，此次纪念大会邀请1779名海外侨胞回国观礼，其中有5位德高望重、声誉卓著的侨胞代表谢国民、陈永栽、朱经武、梁有成、惠京仔，应邀登天安门城楼观礼并出席招待会。

泉港区南埔镇沙格村的王秀德，在北京天安门固定观礼台7号台第7排观看中国人民抗日战争暨世界反法西斯战争胜利70周年纪念大会阅兵式。王秀德表示，作为旅日华侨，能够得到国务院的邀请，在北京天安门现场观礼，感到十分荣幸。40岁的王秀德1996年到日本留学，毕业后留在日本一家贸易公司工作。30岁自主创业，现在在日本拥有三家公司和三家工厂，在中国有两家公司和一个检测中心，经营业务覆盖进口生鲜系列、水煮系列、板栗花生有机食品系列、日本生鲜系列。

“全国最美家庭”代表、咱厝人潘云苓、陈强伉俪在北京参加纪念中国人民抗日战争暨世界反法西斯战争胜利70周年大会。8月10日，作为“全国最美家庭”代表，潘明继、施增英的女儿潘云苓、女婿陈强接到全国妇联的邀请，进京参加纪念抗战胜利70周年活动。

相关链接：陈永栽，祖籍晋江青阳，前身名为普通银行的联盟银行是陈永栽于1977年收购，现成为菲国第八大商业银行。2011年12月10日，陈永栽捐资支持华侨大学建设华文教育培训中心。上世纪八十年代初，华侨大学复办时急需的仪器设备、菲华教学楼和华文学院新大门的兴建，都由陈永栽捐资促成。2001年以来，陈永栽连续11年资助近7700名菲律宾华裔学生来福建参加“菲律宾华裔青少年学中文夏令营活动”。

南安人潘明继生前是著名肿瘤专家、福州市第一医院主任医师。从1958年开始，潘明继和同为医务工作者的妻子施增英，每年春节都回到老家南安湖内村为乡亲们义诊。在他们的影响下，他们的儿子、女儿、侄子、侄女、孙子、侄孙等家族三代近30名医务工作者陆续加入春节义诊团队。2012年潘明继逝世后，潘氏家族医疗团队每年正月初二仍然坚持返乡义诊，这一传统至今延续58年。在全国妇联2015年开展的评选“最美家庭”活动中，潘明继、施增英家庭被评为“全国最美家庭”。潘云苓是福州市第一医院中西医结合肿瘤内科主任医师，也是潘氏家族义诊团队的领军人物之一。她继承父亲的医术、医德、医风，在治病救人的岗位上兢兢业业地为患者服务，获得众多患者和家属的交口称赞。

市民到中国闽台缘博物馆参观日本签订投降书场面模拟

中国人民抗日战争胜利70周年纪念日。络绎不绝的市民到中国闽台缘博物馆参观日本签订投降书的场面模拟。该场景再现1945年10月25日，中国战区台湾省受降仪式在台北市中山堂举行，台湾省行政长官陈仪接受日本末代台湾总督、后被列为战犯的安籐利吉签署的投降书。陈仪审阅签署的投降书无误后，即刻命令日军代表退去，仍由引导官引导日军代表离场。台湾从甲午战争后被迫与祖国分离50年，在抗战胜利的欢呼声中，重新回到祖国的怀抱。

市民参观台湾省受降仪式模拟情景　（图/吴寿民）

泉州下发通知要求中秋国庆期间严格落实中央八项规定精神

市委反腐败协调小组办公室印发《关于2015年中秋国庆期间严格落实中央"八项规定"精神的通知》，就切实落实中央"八项规定"精神，强调要严格执行"八个不准、八个不得"要求，严格防止"五种行为"。通知指出，中秋、国庆将至，为防止奢靡之风反潮，重申、强调省委反腐办提出的"八个不准、八个不得"的纪律要求：一是不准用公款购送月饼、烟酒、海鲜及其他土特产品等节礼；不得收受用公款支付或有利益关系的对象赠送的月饼、烟酒、海鲜及其他土特产品等节礼。二是不准用公款组织中秋"博饼"活动；不得参加下属单位及其他有利益关系的对象组织的此类活动。三是不准用公款违规定制、购买、赠送节庆纪念品、纪念册；不得收受下属单位及其他有利益关系的对象赠送的高档节庆纪念品、纪念册。四是不准用公款安排、组织宴请和聚餐；不得接受公款宴请及可能影响公正执行公务的其他宴请。五是不准违规发放节日津补贴、奖金和实物，以及借工会、学会、协会等名义滥发钱物；不得变相用电子礼品卡、微信红包等方式收送礼品、礼金。六是不准组织和参与用公款支付的高消费娱乐、健身、旅游等活动；不得接受下属单位及其他有利益关系的对象提供的上述活动。七是不准出入带有私人会所性质的高档场所；不得利用培训中心、机关食堂、招待所等搞奢靡享受、吃喝玩乐。八是不准违规借用、占用、租用下属单位及其他有利益关系的对象的车辆；不得违反规定使用公务用车。

通知重申，要持续严格防止"五种行为"：一是机关事业单位，以创建经费补助、企业发展扶持或奖励资金、项目建设经费等各种名义转移公款接待费用支出的行为；二是机关部门之间、机关与基层之间、乡镇（街道）与村（社区）之间、挂钩帮扶部门与挂钩帮扶对象之间，以走访、联络工作等名义，变相公款大吃大喝的行为；三是国有企业单位以商务活动名义，变相搞抽奖、聚餐或滥发奖金补贴的行为；四是项目建设指挥部以工程验收、人员调整、庆功会等名义借机公款大吃大喝的行为；五是借战友会、同学会、老乡会等名义聚会吃喝，搞"小圈子"，造成不良社会影响的行为。

泉州拥有百岁老人327人

来自泉州市老龄办的最新统计数据显示，泉州现有百岁及百岁以上老人327人（女性291人、男性36人），比上年同期增加40人。本次统计对象为1915年12月31日前出生且健在的本市户籍居民。其中，丰泽区、泉州台商投资区百岁老人数均比2014年同期有大幅度增长：丰泽区百岁老人人数由5人增长至12人，台商投资区由6人增长至15人。鲤城区林錸娘老人（女性）依然蝉联泉州百岁老人高龄冠军，她顺利添寿至112岁，连续四年拔得全市最长寿老人头筹。泉州百岁老人人数最多的三个县（市、区）分别为南安市（83人）、晋江市（62人）和泉港区（38人）。百岁老人人数最多的乡镇（街道）为南安市水头镇，共有百岁老人11人。按百岁老人人数占总人口比例计算，中国长寿之乡——泉港区以每10万人口拥有百岁老人9.5人再次位居全市之首。

泉州抗战大事记和抗日志士名人录发布

为纪念中国人民抗日战争暨世界反法西斯战争胜利70周年，再现泉州人民在抗日战争伟大进程中捍卫国家主权和领土完整的坚定决心及成果，由泉州市方志委根据史志资料整理的《泉州抗日战争大事记（1932—1945年）》和《泉州抗日志士名人录》，于9月2日在市方志委官方网站、微信公众号"泉州史志"发布，希望通过两份文稿让泉州人民牢记那段历史、更加珍惜和平。《泉州晚报》9月4日全文刊发《泉州抗日战争大事记（1932—1945年）》。

《泉州抗日战争大事记（1932—1945年）》全篇6000余字，以时间为主线，详细罗列从1932年至1945年间，海内外泉州人民与全国同胞同仇敌忾、浴血抗战的奋斗历程。抗日战争时期泉州虽然不是主战场，但与全国其他地区一样，也遭受日军侵略。日军所到之处炮轰、机炸、烧杀抢掠，犯下了滔天罪行，尤其是1940年7月16日制造的"永宁惨案"和"崇武惨案"，造成重大民众伤亡、财产损失，日寇罪行罄竹难书。

《泉州抗日志士名人录》全篇1万多字，收录在抗日战争中涌现出的泉州籍抗日名将和爱国志士，其中包括叶飞、李子芳、林谋盛、弘一法师、李清泉、庄希泉、尤扬祖、李光前、庄长恭、李铁民、林惠祥、司马文森、莫耶等为主的一批泉州籍抗日名将和爱国志士奋不顾身，为国纾难，其中安溪籍作家莫耶创作的《延安颂》鼓舞和吸引无数热血青年奔赴延安、参与抗战，至今为人称颂。

9月4日

星期五
农历乙未年七月廿二
温度：26℃—33℃
多云

●市委反腐败协调小组办公室印发《关于2015年中秋国庆期间严格落实中央八项规定精神的通知》，就切实落实中央八项规定精神，强调要严格执行"八个不准、八个不得"要求，严格防止"五种行为"。

●来自泉州市老龄办的最新统计数据显示，泉州现有百岁及百岁以上老人327人（女性291人、男性36人），比上年同期增加40人。

●《泉州晚报》全文刊发由泉州市方志委根据史志资料整理的《泉州抗日战争大事记（1932—1945年）》。

●晋江市举行"晋江华侨与抗日战争"图片展，通过晋江档案馆馆藏的民国时期报纸、老照片、侨批、证书等民间档案资料，展示晋江华侨与祖国同胞一道共赴国难、投身抗日救国浪潮的不屈历史，以此纪念中国抗日战争胜利70周年。

9月5日

星期六
农历乙未年七月廿三
温度：26℃—33℃
阵雨转多云

●5—7日，第八届海峡两岸（泉州）农产品采购订货会举办，吸引大陆15个省市和台湾地区、澳门特别行政区以及巴基斯坦、马来西亚、菲律宾、印尼等地1500余家参展商和450多名采购商参会。

●康涛到安溪调研泉州（湖头）光电产业园。

●第一届全国青年运动会男子篮球U16比赛在泉州市海峡体育中心开赛。

●2015年福建省全民健身运动会泉州市手竿钓鱼高手赛在泉州台商投资区洛阳镇举行，各县（市、区）和市钓鱼协会各分会、俱乐部的117名钓手参加比赛。

第八届海峡两岸（泉州）农产品采购订货会举办

5—7日，由海峡两岸经贸交流协会、闽台经济合作促进委员会、泉台经济合作促进委员会、台湾贸易中心、台湾农会、台湾渔会、台湾农业合作社联合社主办的第八届海峡两岸（泉州）农产品采购订货会在南安市成功国际会展中心举行，吸引大陆15个省市和台湾地区、澳门特别行政区以及巴基斯坦、马来西亚、菲律宾、印尼等地1500余家参展商和450多名采购商参会。展会场所面积28000平方米，拥有1000个国际标准展位，参展范围涉及海峡两岸及东盟地区粮油、农特产品、水果、水产品、食品、农产品加工机械、涉农电商等。其中，台湾农业产品集中展示区400个展位、大陆特色农渔产品集中展示区400个展位、泉州（南安）名优特农产品集中展示区100个展位、东盟农渔产品展销区50个展位、涉农电商展区50个展位。本届"农订会"主要包括第八届海峡两岸（泉州）农产品采购订货会开馆式、正品网上行暨京东泉州馆启动仪式、海峡两岸农产品供需洽谈对接会、海峡两岸农产品线上采购对接暨京东专场推介会、第二届海峡两岸互联网农业电商峰会、海峡两岸农产品展示采购活动、"台湾十大伴手礼"和"大陆十大优质农产品"评奖活动。

订货会现场　　（图/吴寿民）

活动现场　　（图/吴寿民）

本届农订会延续"两岸携手、以农为媒、共享商机、互利互赢"的办会主题，通过积极融入国家"一带一路"和泉州"海丝先行区"建设，深挖对台"三条通道"潜力，展示两岸（国际）农产品生产、加工、管理、销售等特色，着力扩大两岸经贸合作交流，实现互惠互利、合作双赢。"农业电商"亮点凸显，"掌上农订会"平台与农订会网上展馆平台联线运营，有397家企业超过3000种产品上网展示，吸引1563个商户加入成为商城会员，3天总浏览量超过6万条（次），为采购系统提供更全面的渠道支持。农订会与京东集团进行深度合作，举行京东泉州馆开馆仪式、京东线上专场对接暨平台推介活动，67家企业入驻京东平台建立深层次合作关系。

由全国农贸中心联合会承办的供需对接洽谈会优选150家专业采购商和600多家供应商进行深度的对接洽谈，达成协议合作意向260笔、意向金额9.58亿元；3天的时间里，展会人流量突破12万人次，现场销售总额3181万元。此次农订会首次举办线上专场采购对接活动，组织40家线上专业买手到会与62家台湾供应商对接，达成购销意向106笔，意向金额2133万元。延续举办第二届海峡两岸互联网农业电商峰会，全国各地的专家、学者、业者进行对话和分享。

康涛到泉州（湖头）光电产业园调研

市长康涛到安溪调研泉州（湖头）光电产业园，要求入驻企业加快建设进度，尽快形成产能和规模；产业园区持续抓龙头、铸链条、建集群，努力形成完整产业链；市县两级和相关部门认真梳理落实扶持发展的政策，帮助园区和产业做大做强。调研中，康涛还听取湖头镇省级小城市培育试点情况汇报。副市长李建辉参加调研。

调研现场　　（图/刘伯怡）

市政府第七十四次常务会议召开

市长康涛主持召开市政府第七十四次常务会议。市委常委、常务副市长林伯前，副市长陈荣洲、周真平、卢炳椿、李建辉、陈灿辉、林万明，泉州军分区政委郑健，市政府秘书长吴友才等参加会议。市政协副主席吴共湖、市人大常委会秘书长吴春林等应邀参会。会议研究《关于进一步促进房地产市场平稳健康发展的通知》。会议指出，房地产市场事关广大人民群众切身利益，是影响国计民生的重大事项。各级各有关部门要加快工作进度，发挥公积金的促进作用，优化信贷服务，推进货币化补偿安置，打通商品房与保障性住房及安置房转换通道，切实把各项工作落到实处。同时，要强化对房地产市场的实时监测和调控，综合施策，有效促进房地产市场平稳健康发展。会议听取泉州市国际友城工作汇报。会议指出，近年来，市委、市政府高度重视国际友城工作，在服务国家总体外交、开展文化交流、促进经贸合作等方面取得较好成绩。会议要求，要在巩固和发展现有友城关系的基础上，以建设“21世纪海上丝绸之路先行区”为契机和抓手，加强与“海丝”沿线国家、欧美发达国家城市文化、经济、技术等领域的交流合作，积极拓展新的国际友城，提高泉州市对外开放水平。会议还研究其他事项。

泉州乡村医生养老保障列入职工养老保险

泉州市在全省率先将乡村医生养老保险列入职工养老保险，切实解决村医养老保障、福利待遇、生活补助等问题。泉州现有行政村卫生所2059所，在岗乡村医生5587人。为解决不同年龄层次乡村医生养老保障问题，允许经考核符合条件的乡村医生纳入卫生院管理，统一参加企业职工养老保险。全市在岗乡村医生都参加新农保或城镇居民社保或商业保险，乡村医生的养老问题得到根本保障。

同时，为全面提高乡村医生的福利待遇，泉州将进一步落实“药品零差率补助、基本公共卫生服务补助、乡村医生岗位津贴补助、一般诊疗费收入补助”。在药品零差率补助方面，各县（市、区）根据各地财力状况，对不同地区村卫生所实施药品零差率实行不同标准的专项补偿，安溪、永春、德化等县按人均6—7元的标准给予补助；洛江、泉港、惠安、南安、晋江、石狮、台商投资区等县（市、区）按人均8—10元的标准给予补助。

在基本公共卫生服务补助方面，各县（市、区）将基本公共卫生服务项目30—40%的工作量安排给乡村医生承担，根据乡村医生半年和年度绩效考核结果发放补助经费，对经考核圆满完成全年任务的乡村医生年人均补助金额8000—10000元。在乡村医生岗位津贴补助方面，全市对乡村医生给予每人每年1200元的岗位津贴补助全部落实到位，南安、安溪、德化、台商投资区等县（市、区）还适当提高岗位津贴补助标准至每人每年1400元至2400元。在一般诊疗费收入方面，全市明确核定村卫生所一般诊疗费收费标准为每人每次5元，其中新农合基金支付4元、个人自付1元。

各县（市、区）还对在岗在册乡村医生每月发放不同标准的养老生活补助金。晋江市对在岗在册乡村医生按服务年限分别给予每人每月700元、500元、300元不等的养老生活补助金；安溪县对经注册在村卫生所执业的年满60周岁的乡村医生每人每月发放100元的养老生活补助金。

为解决全市100个边远行政村没有乡村医生的问题，泉州为100个边远行政村各配备1名医生，这些医生被安排到边远的乡村工作，交通不便、工作量大、环境又差，除享受“药品零差率补助、基本公共卫生服务补助、乡村医生岗位津贴补助”等外，市县财政还补助每人（村）每月2800元，使他们能够安心地扎根基层、服务群众。

公益微电影《圭峰寻梦》开拍

公益微电影《圭峰寻梦》在泉港开拍，影片以泉港“圭峰塔”和“峰尾古城”为主要拍摄背景地，展示峰尾这座百年海边古城的风土人情和人文景观。该影片以失意青年余小宝推销保健品过程中的种种遭遇为主线，讲述一段徘徊在人生路口的年轻人寻找梦想的故事，涉及原生家庭问题，并且关注留守儿童问题，凸显人文关怀。该影片可谓主人公余小宝由泉州著名本土歌手“黑狗兄”吴琪祥扮演，留守儿童福气由泉州著名小童星、《木偶传奇》男主人公亮亮扮演者丁嘉林扮演，泉州著名小品艺人谢海燕出演热心社区工作人员。

9月6日

星期日
农历乙未年七月廿四
温度：25℃—33℃
阵雨转小雨

●康涛主持召开市政府第七十四次常务会议，会议研究《关于进一步促进房地产市场平稳健康发展的通知》。会议听取泉州市国际友城工作汇报。

●来自市卫计委的消息，泉州市在全省率先将乡村医生养老保险列入职工养老保险，切实解决村医养老保障、福利待遇、生活补助等问题。

●公益微电影《圭峰寻梦》在泉港开拍，影片以泉港“圭峰塔”和“峰尾古城”为主要拍摄背景地，展示峰尾这座百年海边古城的风土人情和人文景观。

9月7日

星期一
农历乙未年七月廿五
温度：24℃—28℃
阵雨转多云

陈伦带队到泉州开展土壤污染防治立法调研和历史文化名城、名街、名镇、名村保护情况调研，并召开座谈会。

●郑新聪主持召开市委常委会，听取“三严三实”专题教育阶段性情况汇报，研究下阶段重点工作。

●郑新聪主持召开市委常委会，传达全省深化精准扶贫工作会议主要精神，研究泉州的贯彻意见。

●由中共泉州市委宣传部、中共泉州市委统战部、泉州市民族与宗教事务局主办的第八个民族团结进步宣传月活动，在永春县东关镇南美回族村举行启动仪式。

●福建省旅游局对外发布消息称，福建省响应中国旅游景区协会“AAAAA、AAAA级景区带头不上涨门票价格”的倡导。全省58家景区承诺不涨价，泉州市博物馆（AAAA）、泉州仙公山景区（AAAA）在列。

陈伦带队到泉州开展防治土壤污染和保护历史名城保护情况调研

7—8日，省人大常委会副主任陈伦带队到泉州开展土壤污染防治立法调研和历史文化名城、名街、名镇、名村保护情况调研，并召开座谈会。市委常委、市纪委书记温惠榕，市人大常委会副主任王远东，副市长李建辉参加相关活动。调研组实地考察原东海电镀集控区土壤污染防治项目、清净寺、府文庙、源和1916创意产业园、洛江嘉泰数控项目，调研组肯定泉州在土壤污染防治和历史文化名城、名街、名镇、名村保护方面取得的突出成效。调研组指出，土壤污染可逆性差，具有隐蔽性，泉州要正确处理好“防与治”“点与面”“监督与责任”三方面的关系，继续加大防治工作力度，先行先试，加快土壤污染防治立法步伐；泉州文化是源远流长的闽南文化和舶来文化、“海丝”文化的多元结合，具有独特性，要重新认识和定位历史文化名城、名街、名镇、名村的保护问题，在保护中弘扬，在传承中发展，重点突出，同步进行，协调发展，积极探索市场化的保护方式。

市委召开常委会研究“三严三实”专题教育工作

市委书记郑新聪主持召开市委常委会，听取“三严三实”专题教育阶段性情况汇报，研究下阶段重点工作。“三严三实”专题教育是加强党的思想政治建设和作风建设的重要举措，是严肃党内政治生活、严明党的政治纪律和政治规矩的重要抓手，必须融入领导干部经常性学习教育。会议指出，总书记习近平关于“领导干部要可信，做人干事都让组织放心”“清清白白做人、干干净净做事、堂堂正正做官”等重要指示，语言很朴素，但都很有针对性，要求很严格很严厉。全市各级领导干部要真正领会核心要义，坚持以学习立身，打牢思想根基，引领行动自觉。

会议强调，全市各级领导干部要联系正反两方面典型，抓好第三次专题研讨。要深学、细照全国全省先进，发现、提炼身边典型，找差距促整改；要以周永康等严重违纪违法案件为反面教材，从身边发生的案件中汲取教训，深刻认识“不严不实”的危害，引以为戒。市委班子成员要围绕“严守党的政治纪律和政治规矩”主题，做好专题研讨的自学和发言准备；同时，每位常委要参加一个分管市直单位的专题研讨，引导党员干部真正知敬畏、明底线、受警醒。

会议指出，对“不严不实”问题，不能等到民主生活会再去查找、去解决。各级各部门要始终坚持问题导向，建立问题倒逼整改机制，采取群众点题、委托第三方查找、自查自纠等方式梳理突出问题。属于班子问题的，由领导干部认领，项目化推进；属于个人问题的，要认真听取方方面面的意见和建议，查摆原因，抓紧整改，真正让群众看到实效。

就下阶段继续从严从实抓好专题教育，会议要求，各级党委（党组）要切实履行主体责任，班子成员要率先垂范、严格把关，按照“严”和“实”的要求推进专题教育。要认真查找和解决专题教育推进过程中存在的问题，在重要节点专门听取汇报。这次专题教育没有派驻督导组，各级各部门要探索通过专题督查、派出巡回检查组、互相学习等方法进行督促、掌握动态、解决问题。组织部门要切实履行牵头责任，严格落实各项要求，盯住盯紧薄弱环节，督促各级各部门高标准、严要求抓好专题教育。

泉州市第八个民族团结进步宣传月活动启动

由市委宣传部、统战部、泉州市民族与宗教事务局主办的第八个民族团结进步宣传月活动，在永春县东关镇南美回族村启动。2015年围绕“共同团结奋斗、共同繁荣发展”为民族工作主题开展各类丰富多彩的系列宣传活动。启动仪式上，除了为获2014年国务院、2015年省政府表彰的民族团结进步模范集体、模范个人颁发奖牌奖状外，泉州市统一战线专家服务团专家还在现场开展咨询及科技、法律、卫生“三下乡”活动，以及互动的民族知识问答、猜谜。板鞋竞速、抛绣球、拔河比赛等参与度高的趣味运动项目，各个代表队激烈角逐，气氛热烈，观看的人群加油助威，将活动推向高潮。

活动现场　（图/姚德纯）

泉州在“厦洽会”揽资43.45亿美元

8—11日，2015年厦门国际投资贸易洽谈会举办。100多个国家和地区的约5万名客商共襄盛会。市领导郑新聪、康涛、林伯前、陈荣洲等参加厦洽会相关活动，并前往泉州馆、泉州开发区馆、泉州台商投资区馆、泉州出口加工区馆、泉港石化工业园区馆巡馆指导。泉州展馆以具有代表性的图片和文字，展示泉州在国家“一带一路”方面的战略地位、在先进制造业方面的重要成就、在产业转型升级方面的发展目标。泉州开发区、泉州台商投资区、泉州出口加工区、泉港石化工业园区还在中国开发区展区独立布馆。在项目招商方面，泉州市精心做好本届厦洽会筹备工作，推出的对外招商项目主要涉及基础设施、社会服务、商贸流通、农林牧渔、电子信息、机械装备、石油化工、纺织服装等产业领域。会议期间，举办“2015国际投资论坛”“金砖国家投资机会论坛”“绿色产业平台论坛”等系列活动，捕捉“一带一路”“自贸试验区”“互联网+”等中国经济的新脉动。厦洽会首日，泉州代表团组织参加海陆丝绸之路企业家联盟论坛等活动。厦洽会期间，泉州成功对接项目92个，投资总额43.45亿美元，拟利用外资18.65亿美元，比增2.5%。其中，合同项目78个，投资总额27.24亿美元，合同外资12.45亿美元，比增1.6%。对接项目拟利用外资居全省首位，合同外资居全省第三位，实现会前预定的“项目签约成果超过上届”“项目对接成效居全省前列”的参会目标。

“厦洽会”泉州馆　（图/陈起拓）

康涛调研中心城区城市快速通道及绿道建设项目

市长康涛率住建、规划、市政公用、水利等市直相关部门，调研城东至北峰快速通道及城市绿道水线、山线等项目，强调要优化设计、加快进度，让泉州城市既有快速度也有慢生活。副市长李建辉参加调研。作为中心城区“田”字形快速路网的重要部分，城东至北峰快速通道对打开东西向通道，加强东海、城东、北峰等片区的联系具有重要意义。康涛实地察看快速通道规划方案沿线重要节点，要求相关部门将路网建设与沿线片区整治、景观提升等有机结合、统筹推进，在疏通城市交通的同时，努力提升项目的综合效益。调研中，康涛到绿道水线江滨公园北峰段、鲤城段和绿道山线示范段规划节点，察看现场，听取项目规划和前期工作进展情况，要求相关部门在规划建设过程中，考虑不同人群需求，有效串联沿线公园、绿地、人文景观，构建起充满生机、方便可达、科学循环的城市绿道网络，为市民提供更多的游憩活动场所，促进带动旅游经济增长。康涛指出，城市快速通道和绿道的建设，是市委、市政府高度重视的民生工程，也是市民群众广泛关注的重点项目。各级各相关部门一要提高认识，强化责任，切实加快各项前期工作，严格落实好项目时间计划和进度表，争取早开工、早投用，早日造福百姓；二要想方设法盘活项目沿线及周边资源，主动向上争取扶持政策和资金，协同协力解决项目推进过程中遇到的难题；三要把生态文明的理念贯穿规划、建设各环节，最大限度减少项目对山体、水体、生物植被等自然环境的破坏，同时更加注重文脉传承，在项目建设中更多保留、融入和体现泉州文化，打造独具特色的精品工程。

江滨北路绿道清山段　（图/李芸生）

9月8日

星期二

农历乙未年七月廿六

温度：24℃—30℃

多云

●8—11日，2015年厦门国际投资贸易洽谈会举办，泉州在“厦洽会”揽资43.45亿美元。

●康涛率住建、规划、市政公用、水利等市直相关部门，调研城东至北峰快速通道及城市绿道水线、山线等项目。

●中共福建省委组织部将省委研究拟提拔任用的张永宁、黄景春同志予以任前公示。张永宁拟提名为市政府副市长人选，黄景春拟提名为丰泽区政府区长候选人。

●市城乡规划局主持对《泉州市文化产业空间发展规划》进行技术审查。

●中共泉州市委党校举行2015年秋季开学典礼。

●晋江市2015年农产品质量安全宣传月启动仪式在安海镇安海公园举行。

9月9日

星期三
农历乙未年七月廿七
温度：24℃—30℃
晴转多云

●世界贸易中心协会主席加齐·阿布纳尔率团到泉州访问。

●市政府出台《关于进一步促进房地产市场平衡健康发展的通知》。

●驻泉某部参加胜利日大阅兵的官兵圆满完成受阅任务凯旋。

●著名经济学家林毅夫到泉州师院作“解读中国经济”学术讲座，1600多名师生及各界人士到会听讲。

●2015年全省设区市地方志机构主任会议暨地方志工作创新经验交流会在德化召开。会上，各设区市、平潭综合实验区就地方志工作创新情况进行交流。

●泉州市文艺家座谈会举行，泉州市文艺家代表齐聚一堂，围绕泉州优秀传统文化传承和新时期海上丝绸之路艺术研究与创作建言献策。

世界贸易中心协会主席率团到泉州访问

世界贸易中心协会主席加齐·阿布纳尔率团到泉州访问。市委书记郑新聪会见加齐一行，并共同见证泉港区政府与世界贸易中心控股（塞浦路斯）有限公司签订促进贸易投资合作谅解备忘录。省贸促会会长张秋、副市长陈荣洲参加相关活动。根据谅解备忘录，泉港区政府与世界贸易中心控股（塞浦路斯）有限公司将以泉港的产业、港口、码头和中东、北非地区石化等行业为基础，积极促进贸易投资的相关服务。世界贸易中心控股（塞浦路斯）有限公司将充分利用在中东和北非地区的资源，协助促进中东企业参与泉州“中阿石化产业园”建设。会议中，郑新聪表示，中东地区已成为泉州最大的进口市场和第四大出口市场，双方在金融、港口、石化等领域开展良好的合作。希望借助世界贸易中心协会的平台资源，加强与“一带一路”沿线国家和地区的联系和合作。加齐·阿布纳尔表示，世界贸易中心协会与泉州开展多次的友好交流和合作，感谢泉州对其保险公司在泉设立代表处所提供的协助。他们将继续全力为泉州提供资源和支持，也期待双方在新的意向项目上能有更深入的沟通。世界贸易中心控股（塞浦路斯）有限公司将尽最大努力与泉州一道推动石化园区和石化产业建设发展。

郑新聪会见加齐　（图/陈起拓）

泉州市政府出台房地产新政

市政府出台《关于进一步促进房地产市场平衡健康发展的通知》。通知明确，夫妻双方住房公积金最高贷款额度由60万元调整到80万元。通知要求，教育部门在开发建设单位办理国有土地使用证时明确房地产项目的生源划片情况。通知规定，首期地价款在1个月内缴交比例不低于50%，剩余地价款根据土地出让金额适当延长缴款期限。土地出让金3亿元（含3亿元）以上、5亿元以下的，缴款期限可延长至6个月；土地出让金超过5亿元（含5亿元）的，缴款期限可延长至12个月。通知提出，房地产开发企业在办理工程规划许可证时，可申请延缓至办理规划专项验收时缴交城市基础设施配套费。首次办理建设用地审批手续时，按要求已缴清土地价款和城市基础设施配套费并取得土地权证的项目，在不增加土地面积的情况下，因规划条件修改应补缴的城市基础设施配套费、新型墙体材料专项基金、散装水泥专项资金、异地绿化补偿费等，期房预售的项目可以在办理商品房预售许可证前缴纳，现房销售的项目可在办理现房销售前缴纳。通知规定，对于未取得预售许可证的整体或部分房地产项目，所在县（市、区）商业、办公（SOHO）现实库存去化期限超过24个月的，可根据国家、省有关文件精神，在符合相关规划要求的情况下，允许房地产企业进行项目整体或部分转型。

赴京参加胜利日大阅兵的驻泉某部官兵凯旋

驻泉某部参加胜利日大阅兵的官兵圆满完成受阅任务凯旋回泉。陆军第31集团军军长黎火辉、政委张学杰，市委副书记周银芳等出席欢迎仪式。受阅飞行员驾驶的直升机稳稳地停在部队停机场，受到军地领导、官兵家属及当地群众的热烈欢迎。参阅官兵报告部队训练和完成阅兵任务情况。周银芳与受阅官兵握手，并代表市委市政府向他们表示热烈祝贺与崇高敬意。当晚，该部还举办一场主题晚会，将阅兵故事搬上舞台，真实再现参阅官兵的光辉征程。此次阅兵，该部作为参阅空中梯队中最年轻的队伍，首次执行阅兵任务。飞行位置位于空中楔形梯队第2梯队位置，这个位置处于承上启下的关键位置，飞的好不好直接影响着后面整个梯队的飞行质量。该部96名参阅官兵在京奋战100多天，苦练精飞、不辱使命。阅兵当天，该部9架参阅战机按照规定动作、规定时间、规定距离，米秒不差地飞过天安门，出色完成阅兵任务。

欢迎现场　（图/泉州晚报社）

泉州举行庆祝2015年教师节座谈会

泉州市举行庆祝教师节座谈会，市领导与全市各地教师代表、教育工作者和有关部门负责人欢聚一堂，共商教育发展大计。市领导郑新聪、康涛、陈庆宗、张建生、周真平、李冀平参加座谈。市长康涛主持会议。

在听取教师代表们的发言后，市委书记郑新聪代表市四套班子，向全市教育工作者致以节日问候和崇高敬意。他指出，教师职业很崇高，老师不仅是知识的授予者，更是人生的引路者、文明的传承者、道德的示范者。广大老师很辛苦，在农村，许多地方交通条件、教学设施比较简陋，教师的工作生活比较清苦；在城镇，人口快速集聚的压力也反映到教师的课业负担、教学任务上。全市各级教育部门、各学校要大力宣传优秀教师的事迹，大力弘扬有理想信念、有道德情操、有扎实知识、有仁爱之心“四有”好老师的奉献精神和思想境界，增强广大教师教书育人的荣誉感和使命感。

郑新聪指出，要始终坚持教育优先发展，努力为各项事业发展提供更坚实的人才支撑、智力保障。要坚持教育公平导向，扶持城市优质学校和农村学校、薄弱学校，加快推进教育均衡化发展；要突出“越往基层、越是艰苦，地位待遇越高”导向，建设一支“下得去、留得住、教得好”的教师队伍。要贯彻立德树人要求，弘扬社会主义核心价值观，重视未成年人思想道德建设，抓好学校思想道德教育主阵地，引导教师不断学习提升，更好履行“传道、授业、解惑”职责。要把握产业转型升级趋势，加快发展现代职业教育，通过改革办学模式、建设实训基地、壮大“双师型”教师队伍，努力培养更多“中国制造2025”“数控一代”应用急需的熟练技术工人。

“领事官团福建行”考察团领事官团到泉州考察

由省外办主办的“领事官团福建行”活动考察团在泉州参观考察，该团由19个国家驻广州、上海、厦门的总领馆总领事等共31人组成。考察团一行参观泉州少林寺、海外交通史博物馆、泉州商标馆、福建海丝路科技有限公司等，感受泉州深厚的“海丝”文化。在泉州少林寺里，除了观赏南拳功夫，一群可爱的小和尚表演背诵经文、劈腿等基本功的节目也获得领事官员们的点赞。希腊总领事卡其武斯·康斯坦丁表示，少林功夫蜚声中外，泉州可以将南派少林武功作为一张输出名片在全球范围进行传播，让更多的人通过了解南派少林武功了解海上丝绸之路起点城市泉州。在参观海外交通史博物馆和泉州商标馆后，首次到泉州的印度驻广州总领事唐施恩希望通过“21世纪海上丝绸之路”这座桥梁，推进两地人民的交往和贸易往来，实现合作共赢。

北迎宾大道拓改工程基本完工

从北迎宾大道拓改指挥部办公室获悉，经过两年的施工建设，北迎宾大道拓改工程基本完工，绝大部分路段主辅道完工，地下人行通道建设进入收尾阶段，路面标志标线全部完成。北迎宾大道拓改工程起自洛阳桥，终至通源街（火烧桥）路段，全线长5.2千米。作为中心市区进出城的主干道，这一路段承担着泉州市区往福州方向的巨大车流量。在拓改前，每天的车流量在6万辆次左右，使得这条修建20多年、路宽只有23米的老路不适应发展的需求。为提升通行速度与效率，北迎宾大道拓改工程于2013年9月开工。按照方案，这一路段的路面拓至68米，其中华侨大学附近控制在80米宽。特别值得一提的是，这一路段还在拓改中被定位为城市快速路，主线全线无红绿灯控，设计时速60千米。

泉州围头湾安海湾海域发生赤潮

泉州市围头湾、安海湾海域发生赤潮，赤潮区面积约120平方公里，优势种为球形棕囊藻。接到赤潮灾害报告后，市委、市政府高度重视，市政府立即启动赤潮灾害二级应急工作程序，并召开协调会专题研究部署赤潮灾害应急处置工作。根据市委、市政府的部署，市海洋与渔业局向晋江市、南安市等单位发出紧急通知，提出围头湾、安海湾赤潮灾害具体应急处置措施。市、县两级海洋与渔业部门派出工作组和技术专家组，深入赤潮灾区，指导水产养殖企业做好防灾减灾工作。海洋与渔业部门还协调国家海洋局崇武海洋环境监测站（泉州海洋环境监测预报中心）、省海洋与渔业资源环境监测中心和市海洋与渔业环境监测站3个技术单位，对围头湾、安海湾赤潮灾害发展情况进行跟踪监视监测。

9月10日

星期四

农历乙未年七月廿八

温度：23℃—29℃

多云

●泉州举行庆祝2015年教师节座谈会。

●由省外办主办的“领事官团福建行”活动考察团在泉州参观考察。

●北迎宾大道拓改工程基本完工。

●泉州市围头湾、安海湾海域发生赤潮，赤潮区面积约120平方千米，优势种为球形棕囊藻。

●武警泉州支队迎来第一批50名秋季入伍新兵。

●川剧《灰阑记》在市区梨园古典剧院上演，现场观众不少是泉州戏剧界人士，独特“川调子”也给“戏窝子”带来新的促动。

●中国蒙古族服饰展在泉州海交馆开展。

9月11日

星期五
农历乙未年七月廿九
温度：23℃—30℃
多云

●由联合国海陆丝绸之路城市联盟项目办公室主办的联合国海陆丝绸之路城市联盟成立大会在北京举行，泉州为创始成员。

●市人大常委会调研组到永春、安溪、晋江、南安、鲤城、丰泽、洛江等地，调研泉州公立医院和基层医疗机构综合改革情况，并召开座谈会。

●周银芳赴南安市调研石结构房屋改造工作，实地察看官桥镇后田村、霞美镇四甲村改造项目。

●泉州市2015年度新兵入伍欢送仪式在泉州动车站举行。

●福建省水暖卫浴阀门行业协会成立十周年座谈会在南安仑苍镇召开。

泉州成为联合国海陆丝绸之路城市联盟创始成员

由联合国海陆丝绸之路城市联盟项目办公室主办，联合国南南合作办公室、联合国开发计划署、联合国工业发展组织、联合国教科文组织、联合国世界旅游组织、中国国际经济技术交流中心支持，联合国海陆丝绸之路（以下简称“海陆丝路”）城市联盟成立大会在北京举行，泉州为创始成员。副市长陈荣洲、市政协副主席李冀平代表泉州出席会议并接受海陆丝路城市联盟“创始成员”和“特别贡献奖”奖牌；市政协副主席许连捷在会上介绍工商理事会筹备方案。根据章程，联盟会员由城市、城市代表、个人或机构组成，分为创始成员和非创始成员。除泉州外，还有土耳其安塔托利亚市、伊朗加兹温市、蒙古乌兰巴托市以及国内的福州、景德镇、连云港、郑州、肇庆等城市为创始成员。创始成员城市有权请求城市联盟召开大会，修改城市合作联盟章程。联盟制定或修改年度工作计划、召开重大会议以及作出重要管理决策时，也应征求创始成员的意见。会上确定，由泉州工商界发起的“海陆丝路城市联盟”下设机构工商理事会，于11月8日在泉州举行成立大会；“海陆丝绸之路市长论坛”也将于近期在伊朗加兹温市举办。

相关链接：海陆丝路城市联盟旨在通过加强海陆丝沿线城市在基建、绿色可持续发展、贸易投资、技术转让、人文交流、旅游文化等领域合作，充分挖掘资源，共建“一带一路”。参与海陆丝路城市联盟及发起成立下设工商联盟，是市委、市政府建设21世纪海上丝绸之路先行区的重要举措，将为泉州民营企业加快转型升级，更加深入参与“一带一路”建设，持续提升国际化水平，推动泉州经济现代化提供广阔平台。2015年2月，“海陆丝绸之路城市联盟”筹备会议暨联合国海陆丝绸之路项目说明会在泉州召开，通过“海陆丝绸之路城市联盟”《泉州共识》，而此次城市联盟的成立正是在遵循《泉州共识》及在其指导下开展的。因为在推动城市联盟成立过程中的积极作为，泉州还在本次大会上被授予“特别贡献奖”奖牌。

成立大会上，播放泉州城市形象宣传片　（图/王　强）

市人大常委会召开公立医院和基层医疗机构综合改革情况调研座谈会

市人大常委会召开公立医院和基层医疗机构综合改革情况调研座谈会。此前，市人大常委会调研组到永春、安溪、晋江、南安、鲤城、丰泽、洛江等地，对泉州公立医院和基层医疗机构综合改革情况进行调研。市人大常委会主任陈万里，市委常委、常务副市长林伯前，市人大常委会副主任张建生参加相关活动。会议要求，各级各部门要加快制定出台相关配套政策，完善改革措施；要善于借鉴国内外各地改革成功经验，复制和推广本地特色经验；要努力营造尊医重道的良好社会氛围，建立健全医疗纠纷处置协调配合工作机制，减少医患关系矛盾；要按各自分工职责对账查单，协同协作，共同发力推进改革；要认真开展督查督办，推动各县（市、区）平衡推进医改，深化提升亮点工作；要进一步完善相关实施方案，近期要开一次或再开一次动员大会，全面深化部署医改工作，强化统筹协调，狠抓薄弱环节整改，着力解决群众“看病难、看病贵”问题，建设人民满意的医药卫生服务体系。

周银芳到南安调研石结构房屋改造工作

市委副书记周银芳赴南安市调研石结构房屋改造工作，实地察看官桥镇后田村、霞美镇四甲村改造项目。周银芳强调，当前石结构房屋改造任务繁重，特别是南安市任务更重。市委书记郑新聪专门批示要求加快推进。各级各有关部门要紧盯目标任务，列出方案、排出流程，把项目建设、资金筹措、拆迁安置等工作抓紧、抓实、抓到位，按照时序进度加快推进，确保完成2015年总量20%的改造任务；要加强探索创新，本着“立足实际、因地制宜”的原则，认真谋划资金拼盘、政策整合、项目谋划的有效措施，把成片改造和零星改造有机结合起来，交流借鉴各地创新做法，探索和推广一批可学可复制的模式；要强化组织领导，按照属地原则层层落实责任，加强督查，把完成石结构房屋改造任务作为考核干部是否敢于担当的重要依据之一，引导各级干部以强烈的责任意识和担当意识推进改造工作。

《泉州市突发重大动物疫情应急预案》出台

《泉州市突发重大动物疫情应急预案》出台。预案指出，初步认为属于重大动物疫情的，要在2个小时内将情况逐级报至省动物疫病预防控制中心，并同时报所在地兽医行政管理部门。属于人畜共患传染病疫情的，兽医行政管理部门应当及时通报同级卫生行政管理部门。较大级及以上动物疫情发生后，各级各有关部门要按照省、市有关突发事件信息速报机制要求，在规定时限内向市政府总值班室报送信息。报告内容包括疫情发生的时间、地点，发病的动物种类和品种、动物来源，临床症状、发病数量、死亡数量，是否有人员感染，已采取的控制措施，疫情报告的单位和个人以及联系方式等。根据突发重大动物疫情等级，由高到低依次做出Ⅰ级、Ⅱ级、Ⅲ级和Ⅳ级应急响应，并采取相应的应急响应措施。当地动物卫生监督机构或动物疫病预防控制机构接到可疑重大动物疫情的报告，到现场核实后，应立即采取临时隔离措施，将患病动物、同群动物与其他健康动物隔离开来，并限制患病动物、同群动物、相关产品及其可能被污染的物品的移动。隔离期间，严禁无关人员、动物出入隔离场所。必要时，当地县级以上地方人民政府可以做出封锁决定并采取扑杀、销毁等措施，有关单位和个人应当认真执行。

泉州药品生产监管电子平台投用

从市食品药品监督管理局获悉，“泉州市药品生产监管电子平台”在全市14家药品生产企业投入使用。该监管平台通过及时输入企业的证照信息、企业关键人员变更、原辅料供应商资质、原辅料购进使用记录、成品入库存销售过程、物流环节等数据，系统终端将对数据进行采集分析，为企业提供证照、供应商资质、原辅料等过期预警功能及相关提醒信息，让企业一目了然。此外，监管部门通过后台实行动态管理，及时掌握每个药品生产企业原辅料及成品的入库使用、销售情况，对每个成品使用的原辅料的厂家、批号等信息实现可追溯管理，具体相关资料可以随时进行查询。一旦市场上某一原辅料出现安全问题，监管部门即可通过监管平台第一时间掌握该原辅料在泉州药品生产企业的库存及使用情况。该平台的投入使用改变以往纯粹人工监管的方式，为药品装上电子“身份证”，实现对药品原辅料的动态管理，从而提高监管部门的工作效率，突出监管重点，减少监管工作的盲目性。

泉州两产业园上榜省级中小企业公共服务示范平台和小微企业创业基地

2015年福建省中小企业公共服务示范平台和福建省级小微企业创业基地名单出炉，全省44个单位被认定为“福建省中小企业公共服务示范平台”，泉州的江南高新技术电子信息产业园区开发建设有限公司上榜；全省5个基地被认定为“福建省小微企业创业基地”，泉州的领SHOW天地文化创意产业园入列。被认定为“福建省中小企业公共服务示范平台”、“福建省级小微企业创业基地”，均可享受一次性补助30万元。

泉州百所学校入选全国足球特色校

教育部认定并命名8627所中小学校为全国青少年校园足球特色学校，38个县（区）为全国青少年校园足球试点县（区），福建省有328所中小学入选足球特色学校，其中泉州有100所中小学校入选(小学59所、中学41所）。遴选青少年校园足球特色学校及试点县（区），是教育部加快发展青少年校园足球的一个重要举措，旨在通过树立一批校园足球教育教学工作先进典型，推动中小学全面普及校园足球，提高学生健康水平。入选的特色学校须在条件保障、教育教学、训练与竞赛等方面应达到的基本标准，包括配齐配强体育师资；场地设施、器械配备基本达到国家标准，体育经费保障充足；教学理念先进，保证体育时间，义务教育阶段学校把足球作为体育课的必修内容，高中阶段学校开设足球选修课；开发足球课程资源，成立足球组织，建立竞赛制度，每年组织校内足球班级联赛、年级挑战赛，鼓励有天赋、有潜力学生参与校外足球训练、培训和比赛等。

相关链接：全国足球特色学校是国务院为促进足球发展改革以地方中小学校为基础而建立的特色学校。《中国足球改革发展总体方案》提出，全国校园足球特色学校在5000多所基础上，2020年达到2万所，2025年达到5万所。

9月12日

星期六
农历乙未年七月三十
温度：24℃—30℃
多云转阴

●来自市旅游局的消息，经省旅游景区质量等级评定委员会组织评定，晋江市五店市传统文化旅游区被批准为国家AAAA级旅游景区，南安市郑成功文化旅游区被批准为国家AAA级旅游景区。至此，全市国家A级景区数量增至33家。

●亚洲艺术节跨国公益宣传车队在马来西亚首都吉隆坡华文小学种下中马友谊树，立下亚艺节留念碑，并唱响经典闽南歌《爱拼才会赢》。

●《泉州市突发重大动物疫情应急预案》出台。

●从市食品药品监督管理局获悉，“泉州市药品生产监管电子平台”在全市14家药品生产企业投入使用。

●江南高新技术电子信息产业园区和泉州的领SHOW天地文化创意产业园入列上榜省级中小企业公共服务示范平台和小微企业创业基地。

●泉州百所学校入选全国足球特色校。

●从泉港区相关部门获悉，泉港区被确定为全国“救急难”综合试点单位，是泉州唯一入选的综合试点单位。

9月13日

星期日
农历乙未年八月初一
温度：23℃—28℃
多云

●由市政府与中国海峡人才市场联合主办的2015年福建省高级人才招聘会（泉州专场）举行。

●石狮市通过国家生态市建设考核验收，成为继德化、永春、南安、安溪、洛江之后第六个通过国家级考核验收的县（市、区）。

●《大明雄风·俞大猷传》首发式在泉州举行。

●华侨大学举行2015级新生开学典礼。

●泉港区出台《“互联网+”居家养老助残服务工作实施方案》。

泉州市举办高级人才招聘会

由市政府与中国海峡人才市场联合主办的2015年福建省高级人才招聘会（泉州专场）举行。本次招聘会是泉州首次以政府采购的形式举办的高级人才招聘活动，参会企业包括虎都（中国）实业有限公司、福建柒牌集团有限公司、黑金刚（福建）自动化科技股份公司、泉州达利食品有限公司、泉州市燃气有限公司等82家。其中，国内500强企业有10家，上市公司超过10家。招聘的岗位主要有总经理、人力资源总监、机电工程师、服装工艺师等运营管理、专业技术人才，为求职者提供近600多个岗位，所有岗位的最低年薪为6万元。此次招聘会有超过800名求职者前来应聘。求职者主要来自厦门大学、福州大学、华侨大学等高校毕业生以及拥有多年工作经验的中高级管理技术人才。泉州市企业高级人才需求缺口较大，这次省市合作引进人才，将在一定程度上满足泉企对高层次人才的需求，促进泉州市“海纳百川”高端人才聚集计划的落实。

石狮通过国家生态市考核验收

石狮市通过国家生态市建设考核验收，成为继德化、永春、南安、安溪、洛江之后第六个通过国家级考核验收的县（市、区）。考核验收组认为，石狮市各项基本条件和建设指标达到国家生态市考核指标要求，同意石狮市通过国家生态市考核验收，并将按程序报环境保护部审定批准。

相关链接：多年来，石狮市在全力推进全域城市化发展改革的进程中，始终将生态文明建设放在“五位一体”总体布局的突出位置。围绕石狮特有的“山、海、城”城市空间形态，在福建省县（市）域率先科学划定重要生态功能区、生态环境敏感区、生态脆弱区等区域生态红线，实施“三区两线”（生态底线区、生态清退区、生态发展区和生态红线、生态控制线）分级分类生态控制线管理办法。同时，将修复生态环境作为重要任务。2014年，全市空气质量优良天数达358天，优良率98.1%。

《大明雄风·俞大猷传》首发式在泉州举行

由泉州市社会科学界联合会主办，市俞大猷文化建设发展中心承办的《大明雄风·俞大猷传》首发式暨座谈会在泉州实验小学举行。市人大副主任张建生、市政协副主席李冀平出席首发会。该书由作者曾纪鑫历经一年时间创作完成，九州出版社正式出版发行。《大明雄风·俞大猷传》还原历史，以丰富的史料、生动的文笔、独到的见解，叙述俞大猷的生命历程，描写他转战南北、抗击倭寇、为国效命的不朽功勋，再现他立德、立功、立言“三不朽”的人生境界与人格魅力。专家认为，该书史料翔实，可读性强，是一本对青少年开展爱国爱乡和励志教育的好教材，对弘扬中华优秀传统文化、加强当地名人文化建设无疑起到积极推动作用。

华侨大学举行2015级新生开学典礼

华侨大学举行2015级新生开学典礼，6852名新生开始崭新的大学生活。2015年华侨大学迎来的新生中，境内本科生5388人，境内研究生849人；境外本科生484人（不含国外政府班、汉语言和对外汉语的境外生），境外研究生7人，境外预科生124人。境外生来自泰国、西班牙、俄罗斯、斐济等40多个国家和地区。

华侨大学 （图/吴寿民）

"华大讲堂"第52讲举行

"华大讲堂"第52讲举行，邀请清华大学社会学系教授孙立平作《当前中国的经济困境与社会转型》专题报告。市领导陈万里、许昆贞、翁祖根、陈庆宗等市委学习中心组成员，市直有关部门、在泉各高校、各民主党派负责人，华侨大学领导和部分师生参加报告会。市人大常委会主任陈万里为孙立平颁发"华大讲堂"主讲嘉宾纪念牌，报告会同时通过"华大讲堂"专题网现场视频直播，"华大讲堂"新浪微博图文直播。围绕改革和发展两个关键词，孙立平从一张图表和中等收入陷阱的概念入手，形象而生动地分析30多年来改革与转型的过程及可能性结果，并提出一些基本的思路和框架。孙立平认为，当一个社会由生活必需品阶段转向耐用消费品阶段，整个经济和社会生活会发生一系列的重大变化。必须妥善地处理这个过程中出现的种种问题，创造一系列的制度和结构条件，形成与耐用消费品时代相适应的消费模式。当前中国已开启新一轮的改革，需破解旧体制和新弊端，重建社会的基础秩序，重新激发经济和社会的活力，促进社会的公平正义。内容翔实的报告为泉州正在推动的科学发展、跨越发展提供重要的参考和指导。

泉州新增两家A级景区

来自市旅游局的消息，经省旅游景区质量等级评定委员会组织评定，晋江市五店市传统文化旅游区被批准为国家AAAA级旅游景区，南安市郑成功文化旅游区被批准为国家AAA级旅游景区。至此，全市国家A级景区数量增至33家，阵容在全省设区市中最为强大。33家A级景区中，AAAAA级景区1家，为清源山风景名胜区（含老君岩、九日山风景旅游区、伊斯兰教圣墓、泉州少林寺、锦绣庄民间艺术园）；AAAA级景区10家，分别为开元寺、安溪清水岩旅游区、牛姆林生态旅游区、崇武古城风景区、德化石牛山景区、仙公山景区、中国闽台缘博物馆、泉州市博物馆、德化九仙山、晋江五店市传统文化旅游区；AAA级景区22家，分别为安溪凤山风景旅游区、南安灵应寺风景旅游区、永春百丈岩旅游区、永春普济寺仙洞山旅游区、永春魁星岩旅游区、永春乌髻岩旅游区、晋江围头战地文化渔村、晋江衙口滨海休闲度假旅游区、晋江灵源山区、安溪洪恩岩、南安凤山寺、惠安净峰寺旅游区、泉州天柱山休闲旅游区、泉州山美湖旅游区、永春雪山生态旅游区、永春北溪文苑生态旅游区、德化国宝云龙谷景区、泉港红星生态园、泉州领SHOW天地、南安叶飞故里红色旅游区、泉州森林公园、南安郑成功文化旅游区。

传承与保护闽南古建筑全国高级研修班在泉州开班

由国家人力资源和社会保障部主办的闽南古建筑的传承与保护全国高级研修班在泉州开班。本次研修班为期一周，学员来自全国各地。邀请中国当代著名乡村规划专家、传统建筑文化研究学者骆中钊等知名专家讲授《起厝功，居厝福——泉州建筑文化之魂》《闽南传统建筑的修缮与保护》《闽南侨乡近代建筑遗产保护研究》《闽南古代建筑概论》《闽南古建筑之建造民俗》《闽南红砖古建筑的结构探讨》等课程。

相关链接：闽南传统建筑是中国南方建筑的一个分支，它以其独特的结构体系、优美的艺术造型、丰富的雕绘装饰、鲜明的地方特色闻名于世，它完整地表现中国传统建筑的"天人合一"的思想理念。厦漳泉的建筑都属于闽南建筑的范畴，三地建筑风格、文化基本相同，三地的建筑都以中轴线来组织布局。建筑中都包含一些具有浓重闽南建筑味道的元素，如红砖白石、雕梁画栋等。但每个地方因为其独特的地域条件又有着自己建筑的特点，如泉州建筑中的"出砖入石"建筑工艺，以及泉州建筑的皇宫式建筑风格，这是泉州建筑所特有的。

惠安县通过国家生态县考核验收

惠安县通过国家生态县建设考核验收，成为继德化、永春、南安、安溪、洛江、石狮之后，泉州市第七个通过国家级考核验收的县（市、区）。考核验收组通过听取惠安县关于创建国家级生态县工作汇报，观看专题片，深入城乡各地实地考察，开展民意调查等方法，对惠安县城乡生态保护与建设、农村环境综合整治、河道整治、循环经济建设等创建国家生态县工作进行全方位的复核验收。考核验收组一致认为，惠安县创建国家生态县工作各项基本条件指标总体达到国家生态县考核指标要求，同意惠安县通过考核验收，并将按程序报环境保护部审定批准。

9月14日

星期一
农历乙未年八月初二
温度：24℃—28℃
多云

●"华大讲堂"第52讲举行。

●由国家人力资源和社会保障部主办的闽南古建筑的传承与保护全国高级研修班在泉州开班。

●市海洋与渔业局继续组织海洋监测技术单位对围头湾、安海湾海域赤潮发展情况进行跟踪监视监测。监视监测结果表明，围头湾围头村海域赤潮已消亡；安海湾至石井镇沿岸海域赤潮持续减弱，安海湾口海面上棕囊藻胶质囊聚集的斑块面积较13日有所减少。

●惠安县通过国家生态县建设考核验收。

●14—16日，石狮市政府携手阿里巴巴举办的大型线上活动"中国质造·源头好货石狮造"举行。

●由石狮市公安局主办、石狮市公安局纪检监察室和交警大队牵头拍摄的廉政微电影《爱的守护》，在石狮举行首映典礼。

●"红运南湖·多福江南"——2015年嘉兴南湖区旅游"十城百日"形象推介会在泉州举行，南湖区的8家旅游企业以及泉州的20余家旅行社共同参与，探索区域旅游合作新模式。

●永春县邀请台湾4名乡村旅游专家到五里街镇大羽村和岵山镇茂霞村考察，为永春乡村旅游规划发展出谋划策。

●著名诗人余光中参观位于永春县桃城镇桃溪河畔的"余光中文学馆"。

9月15日

星期二
农历乙未年八月初三
温度：24℃—29℃
阴

●郑新聪带队到泉港区，突击开展安全生产工作检查，实地察看企业落实安全生产主体责任的情况，对安全生产工作进行再检查、再督促、再落实。

●泉州市人口计生领导小组在晋江召开泉州市计生利益导向经验交流会暨社会抚养费征收工作现场会。

●从市住房公积金管理中心获悉，泉州市住房公积金制度扩面工作提前4个月完成全年计划任务。至8月底，全市住房公积金归集单位数为13008个，比年初新增归集单位1361个，归集职工数为559876人，比年初新增归集职工63001人。

●晋江博士后人才引进总量突破80人。

●第十二届全国武术之乡武术套路比赛落幕，丰泽区派出11名参赛选手，获17枚奖牌，其中金牌6枚、银牌6枚、铜牌5枚，为泉州丰泽区“全国武术之乡”再添荣誉。

郑新聪带队到泉港突击检查安全生产工作

市委书记郑新聪带队到泉港区，突击开展安全生产工作检查，实地察看企业落实安全生产主体责任的情况，对安全生产工作进行再检查、再督促、再落实。市领导许昆贞、翁祖根、林万明参加检查。在中闽百汇商场，郑新聪详细了解扶梯的日常管护情况，并实地查看安全通道是否畅通。郑新聪指出，商场是人员密集场所，一定要把安全当作头等大事来抓。要合理规划空间布局，保证安全通道畅通无阻，按规范做好特种设备的维保，定期组织人员疏散、消防等应急处置演练，提高安全防范能力。振戎石化码头是危险化学品存储地。郑新聪在现场查看危险化学品装卸情况，并听取专家对企业存在问题的分析后指出，企业要强化安全生产主体责任意识，对排查出来的隐患一项不漏地整改到位，并从细节入手，加强内部监管体系建设，逐一建立管理台账，确保安全可防、可控、可追溯。实华泉州分公司是一家危险化学品运输企业。郑新聪到调度室，通过监控查看实时路况、车况、人员操作等，询问从业人员持证上岗情况，并前往停车场实地检查。他指出，运输车辆是流动的危险源，各个环节都要严格规范。相关部门要建立信息共享平台，并实时更新，做到底数清、情况明。检查结束后，郑新聪专门提出要求，对排查出的隐患要逐条逐项挂牌督办，督促整改到位。各级各有关部门要进一步加大安全生产检查、排查、整治的力度和密度，深挖细究、查缺补漏，把事故隐患消除在萌芽状态。要严格落实“党政同责、一岗双责、失职追责”，党委、政府切实担起属地监管责任，“一把手”亲自管、出重拳、负总责；各级行业主管和安监部门要严把安全生产准入关，强化日常监督执法。要突出抓应急预案、专业力量、一线监管、标准化建设和宣传教育，全面夯实安全生产基层基础。

全市计生利益导向经验交流会在晋江召开

泉州市人口计生领导小组在晋江召开泉州市计生利益导向经验交流会暨社会抚养费征收工作现场会。与会人员实地考察西园街道屿头社区富仕山庄，听取西园街道在推行利益导向建设过程中，五大工程和六大基地的实施发展情况。西园街道先后培育洪争鸣、徐素彬、杨幼兰二女户典型家庭，创建金融惠民、就业技能、青春健康教育等基地，制定惠民政策。辖区内不仅设立人口文化园，街道卫生院还对来就诊的计生家庭（含流动人口）就诊费给予减免。此举有效促进基层卫生计生融合，获得街道群众的纷纷点赞表扬。

全市住房公积金归集单位数为13008个

从市住房公积金管理中心获悉，泉州市住房公积金制度扩面工作提前4个月完成全年计划任务。至8月底，全市住房公积金归集单位数为13008个，比年初新增归集单位1361个，归集职工数为559876人，比年初新增归集职工63001人，完成年归集计划的126%。全市归集住房公积金35.49亿元，提取23.52亿元，发放住房公积金贷款8424笔，30.54亿元，同比分别增长8.97%、28.95%、27.64%、34.77%。在2015年第一次市住房公积金管委会全体成员会议上，市政府分管领导与各县（市、区、管委会）分管领导签署《2015年归集扩面工作目标责任书》，明确今后扩面重点，强调扩面开源的重要意义。同时依托多元化平台加强媒体宣传，在媒体上与广大缴存职工在线互动，实时解答群众关注的公积金贷款新政、租房提取住房公积金、跨行提取住房公积金逐月冲还贷等热点问题，并通过12329热线、官方微博、官方微信、官方网站等渠道立体化构建住房公积金宣传长效机制，有效提高公积金政策的社会知晓率。

晋江博士后人才引进总量突破80人

经省人力资源和社会保障厅批准，晋江市引进的首位藏族博士才吉卓玛进入晋江市博士后科研工作站从事博士后科研工作，至此，晋江博士后人才引进总量突破80人。才吉卓玛毕业于菲律宾布拉卡国立大学心理学哲学专业，引进企业为晋江华懋电镀集控区开发管理有限公司。晋江博士后科研工作站设立以来，先后与北京大学、清华大学、浙江大学、复旦大学、厦门大学、中国科学院、中国社会科学院等高校和科研院所合作，累计引进博士后人才超80人（其中留学回国博士14人）。多年来，晋江市引进的博士后人才创造丰硕的成果，加快企业发展，形成聚才效应，也促进博士后人才自身的提升。

省双拥考评组到泉州检查

省民政厅副厅长、省双拥共建办常务副主任饶添发率省双拥考评组到泉州，对泉州市创建新一轮全国双拥模范城（县）工作进行检查考评。市领导郑新聪、康涛、周银芳、陈庆宗、陈荣洲参加工作汇报会。市委副书记周银芳主持汇报会，副市长陈荣洲汇报泉州市2012年以来双拥创模工作情况。泉州军分区政委郑健参加座谈会。

市委书记郑新聪指出，双拥工作无止境，没有最好，只有更好。泉州将始终把关心支持国防和军队建设作为义不容辞的政治责任，贯彻军民融合深度发展方针，维护好实现好广大官兵的合法权益，巩固和发展坚如磐石的军政军民关系。同时，以此次考评为契机，总结经验、创新思路，开展富有时代特征、体现地方特色、军民广泛参与的双拥工作，提升双拥工作的质量效益，开创双拥工作新局面。

考评组指出，泉州双拥工作有着优良传统，双拥模范城"七连冠"名副其实。历年来，泉州各级党委政府站位高远，在支持部队提升作战能力、落实抚恤安置政策等方面不断创造新经验。驻泉部队积极支持地方建设，军地实现"一家亲"。这些成绩都是泉州开拓进取、深入钻研、把握规律的结果。省双拥办将积极支持泉州双拥工作迈上新台阶。

省双拥考评组召开座谈会，听取市直部门对驻军拥军爱民工作的总体评价，以及对驻军支持地方建设和拥政爱民工作的意见建议。考评组在泉期间通过入户调查、实地检查、组织问卷测评等方式了解泉州市双拥工作情况。

非洲媒体团采访泉州"一带一路"建设

16—17日，由《人民日报》与中联部组织的非洲主流媒体考察团到泉州进行参观走访。考察团由埃及、坦桑尼亚、肯尼亚等9个非洲国家主流媒体的总编辑、高级编辑记者等24人组成，重点采访泉州"一带一路"建设和重点项目。采访团走访清净寺、九日山、开元寺、泉港石化园区、斯兰集团等，深入了解泉州"海丝"文化和相关建设项目。非洲及中东地区发行量最大、历史最悠久的《金字塔报》执行总编辑曼苏尔·阿布阿兹姆表示，在泉州实地考察后感受到这个古代海上丝绸之路起点城市的魅力，在这里多种宗教及贸易形态和平共存，形成良好的开放氛围。"一带一路"战略正是连接不同地域、不同文化、不同国家共谋发展。泉州先天具备"开放"的优势，借着"一带一路"战略的政策东风可加速发展。在两天的行程中，曼苏尔·阿布阿兹姆了解到越来越多的埃及人与泉州人进行商贸往来，近几年来也有越来越多的中国人到埃及发展。参观361度公司后，非洲媒体人表达他们对泉州制造的赞美。《赞比亚时报》深度报道副总编斯坦斯洛斯·恩戈萨表示，中非商贸模式主要为中国向非洲出口成品，希望今后可以进行更深度合作，在赞比亚开设工厂，帮助推动当地的经济发展。肯尼亚标准报媒体集团执行总编辑阿弗里克·塔努伊认为，作为媒体记者，他们的职责就是把在中国看到的中非之间的一些贸易的机会告诉民众。

市区沿江及沿高速夜景提升部署会召开

泉州市召开中心市区沿江及高速公路通道两侧夜景提升工程建设动员部署会，组织发动夜景提升工程涉及的各级各有关部门、各业主单位和社会各界迅速行动，加快推进项目建设，改善中心市区夜间景观，塑造泉州首个"东亚文化之都"与"海丝名城"的靓丽形象。城市夜景照明是城市风貌的重要体现，也是反映一个城市现代化、国际化水平的重要标志，是丰富人民群众精神文化生活、提升城市形象品位的民心工程。2015年泉州启动中心市区沿江及高速公路通道两侧夜景提升工程，拟于2015—2017年完成市区沿江及高速公路通道两侧的夜景提升，计划分两期进行，首期进行沿江两侧的夜景改造，后改造高速通道两侧。沿江方面，范围从市区黄龙大桥至洛阳桥一带，除沿江堤岸和两侧建筑外立面，包括顺济新桥、刺桐大桥、后渚大桥在内的三座尚未布置夜景的跨江大桥将全线点亮。高速方面，以穿城高速公路为主，范围从晋江池店高速出入口至沈海高速泉州出入口，拟设计在高速通道两侧建筑外立面上体现泉州现代城市的繁华元素，同时高速路沿线将塑造成连绵的"卧波长龙"，成为城市的标志。

9月16日

星期三
农历乙未年八月初四
温度：25℃—29℃
多云

●饶添发率省双拥考评组到泉州，对泉州市创建新一轮全国双拥模范城（县）工作进行检查考评。

●16—17日，由《人民日报》与中联部组织的非洲主流媒体考察团到泉州进行参观走访。

●泉州市召开中心市区沿江及高速公路通道两侧夜景提升工程建设动员部署会。

●泉州海天材料科技股份有限公司、阳光大地（福建）新能源有限公司及九牧厨卫股份有限公司三家公司入选首批省级智能制造试点示范企业名单。

●晋江市公安局与中国太平洋财产保险股份有限公司晋江中心支公司举行《民警（职工）文职人身保险采购合同》签订仪式，免费为该局民警、职工、文职干部办理人身保险。

●即日起，常住晋江的123名见义勇为人员，凭公共汽车"爱心光荣卡"，在晋江市范围内可免费乘坐公交车。

9月17日

星期四
农历乙未年八月初五
温度：24℃—29℃
多云

●于康震带队到泉州调研渔港建设情况。

●郑新聪到德化山区4个市级扶贫开发重点帮扶村，了解基层扶贫工作情况，并指导村级组织换届选举工作。

●康涛率市直相关部门前往东海片区、城东片区和北峰丰州组团，调研中心城区新区开发建设情况。

●2015年全国人才宣传工作座谈会暨基层人才工作创新案例交流会在晋江召开。

●胡润研究院发布《2015胡润品牌榜》，200个最具价值中国品牌上榜。其中，福建有7个品牌上榜，包括福州3个，漳州1个，泉州3个。泉州上榜的品牌分别是安踏、贵人鸟、七匹狼。

于康震带队到泉州调研渔港建设情况

农业部副部长于康震带队到泉州调研渔港建设情况，鼓励石狮市以祥芝中心渔港为依托，先行先试、打造渔港经济区。省海洋与渔业厅厅长吴南翔、市政府副市长林万明陪同调研。于康震指出，要创新投融资机制，吸引社会力量参与建设，完善渔港的功能配套，率先实现渔船作业的机械化，努力发展现代渔业。

郑新聪到德化调研扶贫开发和村级组织换届工作

市委书记郑新聪到德化山区四个市级扶贫开发重点帮扶村，了解基层扶贫工作情况，并指导村级组织换届选举工作。市委常委、秘书长、统战部部长翁祖根参加调研。郑新聪详细询问各村的贫困人口、村财收入、村集体经济发展等情况，对各地因地制宜推进精准扶贫表示肯定，要求相关部门加强跟踪服务，提供更多帮助。走访过程中，郑新聪与村干部、驻村干部、致富带头人、贫困群众等围坐在一起。郑新聪指出，近年来，泉州把扶贫作为重要民生工程，市县乡村四级合力共为，扶贫取得较大成效，但全面消除贫困依然任重道远。郑新聪要求，各级各部门要广泛进村入户，摸清情况、找准原因，因户因人施策，做到“一把钥匙开一把锁”，为深入推进“四个一批”把好脉、开好方。要总结提炼一批可学、可复制、可推广的经验做法，引导各地相互启发，拓宽脱贫思路。要突出“帮”与“促”相结合，加强引导、发动、扶持，激活贫困群体自身的内生动力；突出挖掘现有资源与导入外部要素相结合，积极发展特色产业、农村电商，以特色资源换资金、换项目、换市场；突出解决生产问题与生活问题相结合，从解决困难群众最急需、最迫切的环节入手，加快改善发展环境和条件。要坚持全市“一盘棋”思想，上下联动、对口联手、社会联合，组织好驻村蹲点、挂钩扶贫、山海协作，发挥好扶贫协会、老促会、共青团、企业家等的作用，举全市之力打赢扶贫攻坚战。当前，村级组织换届选举正在进行。郑新聪强调，要旗帜鲜明立好规矩、规范流程，选出群众公认的优秀带头人。要加强对新任村干部的教育培训，组织村干部异地挂职锻炼、集中轮训等，提高带领困难群众脱贫致富的能力。

康涛调研东海片区城东片区和北峰丰州组团开发建设情况

市长康涛率市直相关部门前往东海片区、城东片区和北峰丰州组团，调研中心城区新区开发建设情况。副市长李建辉参加调研。康涛听取东海片区总体开发建设情况，并实地察看公共文化中心、会展中心项目进展；听取片区规划，远眺片区开发建设现场，要求片区保护好山海等生态资源，依托良好的区位优势，有序开发、精心打磨，将城东片区建设成为高品位的现代新城。作为泉州重要的交通枢纽，北峰丰州组团依托名山名江、自然田园村庄和历史遗存的保护，正形成融高科技产业、现代物流、文化、旅游、商业、居住、休闲为一体的综合都市区。康涛详细了解片区开发建设、普贤路延伸段片区改造、泉州高铁站交通枢纽综合项目推进情况，要求片区进一步明晰定位，盘活资源，通过片区改造、业态提升、交通枢纽建设完善等，早日实现规划建设目标。调研中，康涛对东海片区、城东片区和北峰丰州组团的开发建设成效予以肯定。康涛指出，新区开发建设是泉州城市发展繁荣的重要举措。下阶段，各级各相关部门要按照市委部署，更加重视科学规划、合理布局，致力营造高品质的人居和创业环境；要进一步转变工作作风，以更加求真务实的态度想清楚要做什么、怎么做等关键问题，多思考、再上马，一步一个脚印推动片区开发建设实现新突破；要创新体制机制，想方设法攻克土地、融资等难题，积极探索团购定制安置房等安征迁工作新模式，做到既确保群众利益，又保证项目建设的需要，推动新区加速崛起，使其早日成为拉动泉州城市发展的有力引擎。

安踏贵人鸟七匹狼入选2015胡润品牌榜

胡润研究院发布2015胡润品牌榜，200个最具价值中国品牌上榜。其中，福建有7个品牌上榜，其中泉州占3个，分别是安踏、贵人鸟、七匹狼。其中，安踏以79亿元的品牌价值名列87位。贵人鸟和七匹狼为2015年新上榜品牌，贵人鸟以35亿元的品牌价值名列138位，七匹狼以22亿元的品牌价值名列175位。上年上榜的达利和九牧王跌出榜单。

市委常委会传达中央纪委有关通报和省委书记尤权重要批示精神

市委召开常委会，传达贯彻《中央纪委转发〈中共河南省委关于新乡市委原书记李庆贵落实党风廉政建设主体责任和新乡市纪委落实监督责任不到位问题的通报〉的通报》和省委书记尤权重要批示精神。市委书记郑新聪主持会议，市委常委参加会议，市人大常委会、市政协党组主要领导，市中级法院院长、市检察院检察长列席会议。会上，与会人员认真学习中央纪委《通报》和省委书记尤权的重要批示精神。会议强调，全市各级党员领导干部要从典型案例中深刻吸取教训，切实履行好“两个责任”，从小处抓起，把功夫下在平常，从严教育管理监督干部。会议要求，落实“两个责任”，一要铭记在心、时刻履责。真正吸取教训、提高认识，深入学习党章和总书记习近平系列重要讲话精神，把反面典型当作镜子，举一反三，认真审视日常工作中是否存在只重业务不抓党风、只求独善其身不抓队伍建设等问题，切实把“严”和“实”的要求贯穿于从严治党各个环节。坚持领导带头、建好机制，既做到打铁自身硬，又要敢抓严管，建立健全“党政同责、一岗双责、齐抓共管”的责任体系和工作制度。二要抓具体、抓深入。坚持问题导向，把省落实党风廉政建设检查“回头看”发现的问题、省委巡视五组反馈的问题、群众路线教育实践和“三严三实”专题教育查摆的问题作为重点，逐条整改到位。加强日常教育管理监督，立足抓早、抓细、抓常，对干部多敲打、多提醒，对违规违法行为坚决纠正查处，绝不姑息。把好干部选拔任用关，坚持正确用人导向，认真贯彻执行干部任用条例，规范干部初始提名程序，严格落实干部选拔任用“两个提前”、离任经济责任审计等制度，坚决防止“带病提拔”。三要硬起手腕追责问责。层层传导压力，坚持有责必履、失责必问，“一案双查”，真正让问责成为常态。坚决追究领导责任，认真落实新出台的《推进领导干部能上能下若干规定》，对新增的问责情形盯住不放、严肃追究。紧盯重要节点，重申“两节”期间“八不准、八不得”纪律要求，开展明察暗访和专项督查，对顶风违纪问题从严从快从重处理。会议还听取全市禁毒工作汇报，研究有关事项。

2015年长江支队精神理论研讨会在泉州召开

纪念中国人民抗日战争暨世界反法西斯战争胜利70周年与2015年长江支队精神理论研讨会在泉州召开。市委书记郑新聪，市人大常委会副主任洪泽生参加相关活动。此次研讨会为期两天，主办方还将组织长江支队老队员及后代参观叶飞将军故居，并进行座谈，共同探讨长江支队的历史研究工作。长江支队的老战士大部分出生于太行、太岳革命老区，在抗日战争、解放战争期间，为中国抗日战争和解放战争做出重大贡献。

2015世界闽南文化节在金门县开幕

2015世界闽南文化节在金门开幕。受市委书记郑新聪、市长康涛的委托，市委常委、宣传部部长、教育工委书记陈庆宗代表市委、市政府对金门成功举办2015世界闽南文化节表示祝贺，向前来参加盛会的海内外闽南乡亲致以诚挚问候和良好祝愿。陈庆宗表示，泉州与金门渊源深厚、血缘亲近，文化交流、经贸往来更加频繁。泉州作为闽南文化的发祥地和核心区，是世界上唯一一个同时拥有三个类别入选世界非物质文化遗产的城市。金门曾经作为闽南人前往南洋的前沿基地，也是东南亚移民的原乡之一，至今保存着完整的闽南红砖建筑和其他闽南元素。特别是对闽南红砖建筑的保护，创造一道独特的风景。两岸同胞以及世界闽南人将聚集在世界闽南文化节的旗帜下，以文促情，以情聚心，更好促进文化认同，促进两岸的和平发展。金门县县长陈福海代表2015世界闽南文化节主办城市欢迎广大闽南乡亲莅临金门。陈福海表示，金门保留不少闽南文化风貌，尤其是传统聚落、建筑及民俗文化，是一座“闽南文化的宝库”，借本次世界闽南文化节在金门举办，展示金门与闽南文化的历史人文之美。开幕式上，陈福海与2016世界闽南文化节举办地马来西亚马六甲市代表苏其香进行会旗交接。

演出现场　　（图/叶燕民）

9月18日

星期五
农历乙未年八月初六
温度：23℃—29℃
多云

●市委召开常委会，传达贯彻《中央纪委转发〈中共河南省委关于新乡市委原书记李庆贵落实党风廉政建设主体责任和新乡市纪委落实监督责任不到位问题的通报〉的通报》和省委书记尤权重要批示精神。

●纪念中国人民抗日战争暨世界反法西斯战争胜利70周年与2015年长江支队精神理论研讨会在泉州召开。

●2015世界闽南文化节在金门县开幕。

●由泉州市全民科学素质工作领导小组主办的泉州市“全国科普日”主题科普广场活动举行。

●由市教育局主办的“泉州市中小学纪念抗日战争暨世界反法西斯战争胜利70周年歌咏比赛”举行。

●全球前三大渔业专业博览会——2015中国（福州）国际渔业博览会在福州开幕，德化县龙门滩镇水乡渔村项目在展会上亮相。

●2015“匠心杯”中国（安溪）藤铁工艺现场创作大赛结果揭晓，安溪县振鸿工艺公司叶振民选送的作品《马到成功》获金奖，同时评出银奖2名，铜奖7名，优秀奖若干。

●2015年泉州市“道德模范故事汇”基层巡演（石狮专场）在石狮石光中学举行。

●德化知青缅怀父辈抗战往事图片资料展“父辈的抗战”在万维生邮票艺术馆展出。

9月19日

星期六
农历乙未年八月初七
温度：24℃—28℃
阴转小雨

●苏辉一行到泉州开展“海丝”文化与侨乡文化调研。

●从泉州市商务局获悉，泉州市政府下发关于贯彻《福建省人民政府办公厅关于加快电子商务发展九条措施的通知》的实施意见，从政策落实、人才培育、电商服务体系、金融创新等方面推进泉州电子商务发展。

●市金融工作局、人民银行泉州市中心支行、泉州银监分局联合制定出台《金融支持产业转型升级十条措施》。

●泉州市在泉州华侨历史博物馆举行第15个全民国防教育日暨省首个国防教育宣传周活动。

●19—20日，2015年国家司法考试举行，泉州市1433人参加考试。

●19日，德化县首次举办全民广场舞大赛，全县各乡镇和县直单位、社区代表队参加。

苏辉到泉州开展“海丝”文化与侨乡文化调研

全国人大常委、台盟中央副主席苏辉一行到泉州开展“海丝”文化与侨乡文化调研。苏辉肯定泉州在保护发展“海丝”文化与闽南文化工作上的成就，同时勉励泉州在“一带一路”战略的实施过程中，紧抓机遇，发挥优势，力争取得更好成绩。市政协副主席、市台盟主委骆沙鸣参加调研。

泉州出台政策加快电子商务发展

从市商务局获悉，市政府下发关于贯彻《福建省人民政府办公厅关于加快电子商务发展九条措施的通知》的实施意见，从政策落实、人才培育、电商服务体系、金融创新等方面推进泉州电子商务发展。根据实施意见，泉州将加快建设泉州网商（虚拟）产业园，着力建设“集群注册与信用服务平台”“众包协作平台”“全渠道供货平台”以及专业网货批发市场，重视线上线下功能，将其建设成为“大平台、大数据、大服务、真结算”功能的网商产业园，打造真正具有交易、结算、DRP管理功能和金融、信用、物流、客服等衍生服务的网商、网批大平台。此外，将从市财政本年度预算安排的服务业发展扶持专项资金、电子商务发展扶持资金等专项资金中统筹安排部分资金支持网商产业园建设，按照中心园区100万元、每个县（市、区）分园区50万元的标准给予补助。在纺织鞋服、食品饮料、水暖建材、陶瓷等产业集群度高的行业，泉州将培育发展一批特色凸显、带动性好、发展潜力大的垂直行业供应链管理服务平台，每年重点扶持2—3个平台加快发展。发挥泉州作为电子商务主要货源地的优势，推动茶叶、鞋服、藤铁、休闲食品、水暖建材、陶瓷等优势产业的“网货”走产品创新、集群发展、网络销售的路。在跨境电商领域将探索对跨境电子商务经营主体实行备案登记管理，支持有实力的跨境电子商务企业面向“海丝”沿线国家和地区开展营销推广、资源对接、招商引资、多边交流等活动。发挥作为国家级“金改区”的优势，泉州将积极创新电商融资新模式，探索建立市级电子商务助保金贷款业务合作机制，帮助电子商务企业缓解融资难题。鼓励发展小额网络贷，推动优质小额贷款公司拓展线上业务，在条件成熟的地区推广“邮E贷”等适应电子商务发展的信贷产品。同时，将电子商务企业纳入小微企业信贷风险补偿共担资金增信分险范围和外贸助保贷企业资金池，加大信贷支持力度，优先向获得省著名商标、市知名商标的网络品牌、电子商务示范企业、电子商务示范园区、领军人物、创业青年等电商企业倾斜。此外，将促进金融机构、担保公司与电商企业融资对接，推动符合条件的电商企业到境内外资本市场上市或“新三板”和海峡股权泉州交易中心挂牌融资。

泉州出台《金融支持产业转型升级十条措施》

市金融工作局、人民银行泉州市中心支行、泉州银监分局联合制定出台《金融支持产业转型升级十条措施》。10条措施具体包括，促进信贷投放持续增长、扩大企业直接融资规模、拓宽产业转型升级资金来源、强化制造业重点产业重点领域资金支持、提升金融支持现代服务业发展水平、深化金融支持特色现代农业发展、完善提升产业金融、着力发展小微金融、鼓励发展互联网金融及营造金融支持产业转型升级的良好环境等。

泉州市举办省首个国防教育宣传周活动

泉州市在泉州华侨历史博物馆举行第15个全民国防教育日暨省首个国防教育宣传周活动。本次活动共有200多名干部群众、中小学生和驻泉部队代表参加。活动向中小学生与驻泉部队代表现场发放《泉州市中小学生纪念中国人民抗日战争胜利70周年征文集》和新修订的《福建省国防教育条例》，并进行爱国主义和国防知识宣传教育。主办方组织中小学生进行“弘扬伟大抗战精神，同心共筑强大国防”为主题的签名仪式，并参观纪念中国人民抗日战争暨世界反法西斯战争胜利70周年图片展，了解福建华侨抗日战争的历史，感受先贤们爱国爱乡的家国情怀。

活动现场　（图/陈晓东）

第五届南安·国际凤山文化旅游节举办

20—22日，由泉州市政府、福建省闽台交流协会、福建省道教协会主办，南安市政府承办的第五届南安·国际凤山文化旅游节举办，来自马来西亚、新加坡以及台湾、香港、澳门等地区的广泽尊王宫庙代表、海外南安社团代表、海内外南安乡贤代表共1500多名参与活动，拜谒广泽尊王，共叙浓浓凤山情。活动包括开幕式、“两岸道教文化大会香”、海峡两岸“凤山情缘”木偶艺术交流活动等。

相关链接：发祥于南安诗山镇的凤山文化，融合闽南独特地理、历史、文化及儒释道三教思想，在海内外港澳台侨乡亲中产生深远影响；在维系海外侨胞、台港澳同胞深层次情感上发挥着重要的作用。以南安诗山凤山寺为祖庭，全球有600多座奉祀广泽尊王的庙宇。其中，在台湾，广泽尊王被广泛认为是汉族同胞的保护神，有20多个县市建有凤山寺（庙、宫、坛、堂）280多座。从2010年开始，南安连续组织举办国际凤山文化旅游节，迄今已是第五届。同根同源的信俗文化，吸引大量台湾信众参加拜谒和会香。除了促进两岸乃至全球华人的文化交流和情感联系外，国际凤山文化旅游节还有力推进泉州与海内外特别是台湾地区的经贸交流合作。

活动现场　　（图/黄瑜鹏）

“海上丝路与郑成功”论坛在石狮举办

泉州市海峡两岸“海上丝路与郑成功”论坛暨石狮市郑成功研究会理事监事就职典礼在石狮举办。此次论坛吸引国内外专家学者、省内各地研究机构代表、泉州各地郑成功研究会代表100多人参与其中。大会收到论文34篇，当天论坛上11名两岸专家和1名日本专家分别带来《应将郑成功文化与妈祖文化整合成为21世纪海上丝绸之路文化名片》《郑成功“返本”与“开新”思想探论》《郑成功家族与长崎的关系》等演讲。主办方表示，通过论坛将遵循“古为今用”，为21世纪海上丝绸之路的繁荣发展和“海洋强国”的早日实现集思广益、建言献策。石狮市郑成功研究会也于当天成立。石狮永宁、祥芝、蚶江沿海等地为郑成功东征台湾、屯兵训练的前沿阵地及生活过的地方。研究会今后将积极征集、开展郑成功文史资料和学术研究，发掘保护、整理开发有关历史文物、历史资源和文化古迹。

《泉州晚报》获评“全国百强报纸”

由国家新闻出版广电总局第二次组织评选的2015年“百强报刊”推荐活动结果揭晓，《泉州晚报》再次获得“全国百强报纸”称号。国家新闻出版广电总局开展2015年“百强报刊”推荐活动，旨在建立完善报刊评价体系和引导激励机制，重点培育和推出一批具有较强舆论引导能力、市场竞争力和传播能力的优秀品牌报刊，促进报刊业繁荣发展。国家新闻出版广电总局要求，入选的“百强报刊”要继续加强内容建设，传播先进文化和科学知识；树立精品意识，发挥品牌引领示范作用，提高主流媒体的传播力和影响力。

全市农村五保供养标准调整提高

从市民政部门获悉，泉州各县（市、区）严格按照“农村五保供养标准不低于当地农村居民家庭上年度人均生活消费支出的70%”，调整提高农村五保供养标准。调整后，各县（市、区）农村五保供养标准如下，洛江区573元/每月，泉港区580元/每月，晋江市820元/每月，南安市628元/每月，惠安县609元/每月，安溪县704元/每月，永春县456元/每月，德化县558元/每月，台商投资区610元/每月。享受农村五保供养待遇应具备的条件为：年满60周岁老年村民、残疾村民或者未满16周岁的村民，无劳动能力、无生活来源又无法定赡养、抚养、扶养义务人，或者其法定赡养、抚养、扶养义务人无赡养、抚养、扶养能力的，享受农村五保供养待遇。持有二级以上中华人民共和国残疾人证的残疾村民、年满16周岁但仍在接受义务教育的青少年，可视为无劳动能力；有土地承包经营收入、集体经营分配收入或者其他收入但不足以维持其基本生活的，视为无生活来源；法定赡养、抚养、扶养义务人失踪的，视为无法定赡养、抚养、扶养义务人。法定赡养、抚养、扶养义务人如是低保对象的，可视为无赡养、抚养、扶养能力。

9月20日

星期日
农历乙未年八月初八
温度：23℃—27℃
中雨

●20—22日，由泉州市政府、福建省闽台交流协会、福建省道教协会主办，南安市政府承办的第五届南安·国际凤山文化旅游节举办。

●泉州市海峡两岸“海上丝路与郑成功”论坛暨石狮市郑成功研究会理事监事就职典礼在石狮举办。

●由国家新闻出版广电总局第二次组织评选的2015年“百强报刊”推荐活动结果揭晓，《泉州晚报》继2013年首次入选后，再次获得“全国百强报纸”称号。

●从市民政部门获悉，泉州各县（市、区）严格按照“农村五保供养标准不低于当地农村居民家庭上年度人均生活消费支出的70%”，调整提高农村五保供养标准。

●泉州首部喜剧电影《少年少年》泉州地区小演员海选活动举行。

●恒安集团动用总裁、股东、高管的30多辆座驾为公司30对员工举办的集体婚礼。

9月21日

星期一
农历乙未年八月初九
温度：23℃—25℃
中雨转小雨

●康涛主持召开市政府第75次常务会议。

●康涛带队走访各民主党派机关，并召开座谈会，征求对市政府工作的意见和建议，共商泉州发展大计。

●泉州市第二十三届青少年爱国主义读书教育活动启动仪式举行。

●石狮市政府与苏宁云商集团签署协议，双方达成战略框架合作。

●由中共晋江市委、晋江市政府主办，以“融合发展·众创共赢”为主题的2015年晋江市文化产业周暨网络文化节举办。

●21—27日，2015年晋江市文化产业周启动，内容包括文化创意、动漫网络、广告传媒和民俗文化等四大系列活动。

●全省学习践行雷锋精神电视电话会议在福州召开，会上通报表彰2015年度全省学雷锋活动示范单位和岗位学雷锋标兵。石狮市公安局凤里派出所入选全省十个学雷锋活动示范点，是泉州地区唯一入选的集体。

●21—22日，2015中国技能大赛——福建省陶瓷成型职业技能竞赛在泉州举行，148名参赛者在规定时间现场创作陶瓷雕塑。

●以古玩为题材的贺岁轻喜剧院线大电影《乾隆复活》在泉州举行开机仪式。

市政府第75次常务会议研究大众创业创新问题

市长康涛主持召开市政府第75次常务会议。副市长陈荣洲、卢炳椿、李建辉、陈灿辉、林万明，市政府秘书长吴友才等参加会议。市政协副主席吴共湖、市人大常委会秘书长吴春林等应邀参会。会议研究《泉州市人民政府关于推进大众创业万众创新的若干意见（试行）》。会议指出，泉州历来是一座创业创新能力很强的城市。在新的历史时期，要进一步激发主体活力，鼓励科技人员、大学生、高端人才、海归人才等在泉创业创新；加快构建众创空间，培育提升一批创业示范基地、创客天地、科技孵化器；建立健全创业创新公共服务体系，促进资源开放共享，强化知识产权保护；不断拓宽投融资渠道，深化审批改革，加大财税政策扶持，营造创业创新的良好环境。同时，要立足泉州产业发展实际，根据众创企业不同阶段的发展需求，适时对已出台的政策进行效果评估和调整完善，采取更有针对性的措施，支持众创企业快速成长、扎根泉州。会议研究《泉州市推广运用政府和社会资本合作（PPP）模式实施意见》。会议指出，推广运用PPP可以有效缓解融资压力、提高公共服务供给效率，对深化投融资体制改革具有重要意义。当前，全国、全省正在大力推广PPP模式，泉州要充分利用好这一政策机遇，通过建立公平的市场运行环境和合理的投资回报机制，有效引导社会资本参与基础设施和公共服务类项目建设，形成投资主体多元化、建设方式多样化、运营服务市场化的新格局。要成立专门机构，充分运用好政策，加强统筹协调和督促指导，抓紧策划实施一批PPP项目，多渠道满足人民群众对公共服务、公共产品的需求。

康涛走访各民主党派机关

市长康涛带队走访各民主党派机关，并召开座谈会，征求对市政府工作的意见和建议，共商泉州发展大计。市领导骆沙鸣、陈铭福、王祖耀等参加走访和座谈。走访座谈中，康涛详细了解各民主党派的发展情况和工作情况。康涛希望，各民主党派要充分发挥民主协商优势，凝聚共识。围绕促发展，最大限度地调动各方积极性、协调各方关系，同时，寓监督于支持，多理解和支持市政府的工作，帮助政府不断提高推动发展水平。要充分发挥人才智力优势，建言献策。深入开展专题调研和各类履职活动，多提富有前瞻性、创造性、建设性的意见和建议，为市委、市政府提供有价值的决策参考。要充分发挥根植群众优势，促进民生事业发展。积极了解和掌握所对应社会群体的民情民意，有效畅通人民群众利益诉求渠道，围绕解决增收、社保、教育、卫生等事关群众切身利益的突出问题，开展专题调研视察，帮助政府进一步抓好民生保障工作。康涛表示，市政府将全力支持民主党派履职尽责，一如既往地关心、支持各党派加强自身建设，为大家更好的参政议政和民主监督，提供必要条件；进一步健全与民主党派的联系沟通制度，做到主动联系、主动通报、主动协商；进一步健全重大决策的规则和程序，充分吸纳民主党派的意见建议，促进决策科学化、民主化。

晋江文化产业周活动举办

21—27日，晋江市举办以“融合发展·众创共赢”为主题的2015年晋江市文化产业周暨网络文化节举办。启动仪式上，2015年文化产业政策资金和专项资金颁发；“掌上晋江”APP上线；百万文化惠民电子券大派送；晋江文化产业专家顾问团接受聘任；晋江和台湾文化产业合作对接等，多项内容成为亮点。产业周活动围绕打造“文化盛会、创意舞台、市民节日、城市名片”的目标，策划开展文化创意、动漫网络、广告传媒和民俗文化等四大系列活动。深层次、全方位、多角度展示文化与创意、科技、金融、旅游、生活融合发展，促进文创机构与本地传统企业实现产业对接，营造发展文化产业的浓厚氛围。

活动现场　（图/张九强　许雅玲　林丽萍）

全市深化创建全国文明城市工作会议召开

泉州市召开深化创建全国文明城市工作会议。市领导郑新聪、康涛、周银芳、陈庆宗、张建生、卢炳椿、李建辉、林万明、李冀平等参加会议。会议通报泉州获全国和省级精神文明建设各类先进情况，宣读市委、市政府《关于表彰泉州市创建全国文明城市工作先进单位和先进个人的通报》，为先进单位代表颁奖，并向鲤城、丰泽、洛江、泉港和泉州开发区、泉州台商投资区颁发深化全国文明城市创建工作责任书。市委书记郑新聪指出，泉州荣膺全国文明城市称号，得益于历届班子的接续奋斗，坚持问题导向的务实作风，全市上下的合力共为和为民惠民的目标追求。成绩来之不易，站在新起点上，我们不仅要倍加珍惜这份荣誉，更要大力弘扬“接续奋斗、问题导向、合力共为、为民惠民”的创建精神，在适应经济新常态和推进现代化泉州建设中不断发扬光大。郑新聪要求，全市各级党委、政府要自觉担负起推进精神文明建设的政治责任和领导责任，把文明创建作为全面提升发展水平的重要抓手，打牢干部群众共同思想基础，提振当好“领头羊”的精气神，动员全市上下同心协力，推动泉州各项发展持续走在全省前列；打造创业型城市新形象，瞄准先进城市发展水平，把支持大众创业、万众创新融入各项创建工作，加快缩小生活环境和创业环境差距，吸引各项发展要素在泉州集聚。要打牢文明根基，进一步加强社会主义核心价值观建设，开展丰富多样的核心价值观教育实践，争创全国未成年人思想道德建设工作先进城市；坚持抓党风、促政风、带民风，占领好精神文明建设新阵地。郑新聪强调，泉州要防骄破满、再接再厉，以保牌为底线，以进位为目标，继续巩固、完善行之有效的工作机制，不断提高创建成效，进一步增强群众“获得感”。要持续抓易反弹、难巩固问题的整治，特别是交通秩序、卫生保洁、集贸市场管理和占道经营。要主动衔接测评新要求，及时抓好新增事项的分解落实；注重打造特色品牌，推动文化名城与文明创建互动互促，以筹办亚洲艺术节为契机，进一步提升城市形象；坚决保障公共安全，杜绝发生重大事故。要加强组织领导，进一步健全长效机制，落实《关于推动创建全国文明城市机制化常态化的实施意见》，健全党委统一领导、党政群齐抓共管、文明委组织协调、部门各负其责、全社会积极参与的工作格局，建立常态化工作机制、责任及问责机制、督导监督机制，推动全市上下保持创建热情。

市长康涛主持会议并指出，创城不易，巩固创城成果更不易。各级各部门要在现有基础上，坚持问题导向，坚持常抓不懈，继续对照测评体系，抓好薄弱环节和不足之处的整改提升。特别是针对标准不高、容易反弹的考核指标，要做长期努力，争取达到更高水平。要完善机制，立足长效，强化管理，进一步完善目标考核、督促检查、宣传教育、责任追究、表彰奖励等制度机制，让文明城市创建工作走上常态化、制度化轨道。要营造氛围，各级各部门要发挥主导作用，广大干部要争做表率，全社会力量要充分调动起来，凝聚深化创建工作的强大合力，共同营造文明城市共建共享的浓厚氛围。

会议现场　　（图/吴寿民）

叶继革到安溪县调研扶贫开发工作

省政协原副主席、省扶贫基金会会长、省扶贫开发协会会长叶继革到安溪县调研扶贫开发工作。市委副书记周银芳、副市长林万明陪同。叶继革一行深入省扶贫“两会”挂钩帮扶的大坪乡前洋村，实地察看丰村蔬菜基地、美丽乡村建设和公路拓宽项目等，详细了解当地基础设施建设和扶贫产业发展等情况，肯定安溪县精准扶贫工作取得的成效。叶继革指出，要因地制宜、结合实际，进一步明确好目标任务，编制好村庄规划，制定好实施方案，整治好村容村貌，引导好产业支撑，落实好帮扶项目，发挥好基层组织作用，打好扶贫开发攻坚战。叶继革要求，深入推进精准扶贫工作，县、乡党委、政府要到位，省直部门帮扶要到位，贫困户帮扶要到位，确保村财增收到位，精准扶贫到村到户到人，争取逐村逐户尽快摆脱贫困。周银芳对省扶贫“两会”及省直有关部门长期以来关心支持泉州的扶贫工作表示感谢。周银芳指出，扶贫工作事关全面建成小康社会，事关民生和百姓福祉。各级各相关部门要认真贯彻中央、省委、市委关于精准扶贫一系列部署，按照此次调研的要求，扎实做好精准扶贫各项工作。

9月22日

星期二
农历乙未年八月初十
温度：23℃—28℃
阵雨转阴

●泉州市召开深化创建全国文明城市工作会议。会议通报泉州获全国和省级精神文明建设各类先进情况，宣读市委、市政府《关于表彰泉州市创建全国文明城市工作先进单位和先进个人的通报》，为先进单位代表颁奖，并向鲤城、丰泽、洛江、泉港和泉州开发区、泉州台商投资区颁发深化全国文明城市创建工作责任书。

●22—23日，市人大常委会调研组对泉州重点流域（含近海水域）环境污染综合整治情况进行专题调研。

●叶继革到安溪县调研扶贫开发工作。

9月23日

星期三
农历乙未年八月十一
温度：25℃—31℃
多云

●郑新聪主持召开市委常委会研究亚洲艺术节暨海上丝绸之路国际艺术节筹备事项。

●新奥集团分别与德化县、永春县政府签订战略合作框架协议。

●由市委宣传部、市委统战部、市民宗局主办的泉州第八个民族团结进步宣传月活动，走进泉州西湖社区，通过文艺表演与现场咨询的形式开展民族团结进步宣传活动。

●市政协组织委员视察泉州市公立医院改革情况。

●泉州市第八届老年文化艺术节开幕式暨“我看建设新福建新泉州”专题文艺表演在市老年活动中心举行。

●“同筑中国梦·文化进万家”德化第十五届瓷都广场文化活动开幕。同时举行第三届“孝敬之星”颁奖晚会，为全县10位“孝敬之星”颁奖。

市委常委会研究亚洲艺术节暨海上丝绸之路国际艺术节筹备事项

市委书记郑新聪主持召开市委常委会研究亚洲艺术节暨海上丝绸之路国际艺术节筹备事项。会议指出，举办亚洲艺术节，是泉州迄今承办规格最高、规模最大的国际性文化盛会，事关国家文化外交，事关泉州对外形象，事关海丝先行区建设。泉州将借此平台，积极对接“一带一路”战略，争取“海上丝绸之路国际艺术节”活动永久落户泉州。会议要求，各级各相关部门要牢固树立“一盘棋”思想，严格落实责任，做到整体推进、分工明确、协同配合、细化运作，确保每一项工作责任到人、任务到岗。要精心筹划安排，认真办好每一场活动，逐项推敲细案、组织演练，做细做实各项服务保障，提前考虑工作方案，统筹好交叉事项和应急安排。要从每一个细节入手，确保取得良好效果，特别是开幕式演出要力求完美展现艺术魅力。要树立安全第一意识，对可能出现的隐患问题、突发事件要考虑周全、有备无患，安保、交警、消防、卫生、电力等部门要提前介入，确保万无一失。会议强调，要注重整体实效，积极争取中央、省级媒体和海外华文媒体的支持，努力扩大活动影响。要全面推进城市绿化、亮化、美化工作，集中治理占道经营、乱停乱放、乱挂广告等行为，加强对公共交通、旅游景点及设施的管理，更好展示城市面貌和市民精神风貌。要坚持节俭办会，严格执行中央八项规定，做到既热烈隆重又紧凑明快，避免铺张浪费，确保办出特色、办出水平、办出影响。

市政协组织视察公立医院改革情况

市政协组织委员视察泉州市公立医院改革情况。市政协主席杨俊峰，副主席骆沙鸣、王祖耀、李冀平，秘书长洪川夫参加视察活动。委员们实地视察晋江市中医院、晋江市医院，召开座谈会听取全市和晋江市公立医院改革的情况通报，并提出意见建议。杨俊峰肯定全市医改工作取得的成绩。杨俊峰强调，全市各级各相关部门要增强改革意识，强化责任担当，坚定不移推进公立医院改革，做到组织领导、人力资源、财政保障到位，加强监管、督查、考核工作，确保改革落到实处；要积极探索，着力破解难题，稳妥推进公立医院改革，积极落实中央、省、市的决策部署，学习各地的成功经验，推动体制机制转换、管理理念创新及管理方式转变，重视资金、医患、人才问题，强化医德医风建设，增强医护人员职业自豪感，探索具有特色活力的新路子；要加强组织领导，广泛凝聚共识，共同营造公立医院改革的良好氛围，注重宣传引导、统筹协调，合理配置医疗资源，加快形成分级诊疗、上下联动的就医新格局。杨俊峰希望，政协组织和广大政协委员，要继续支持医改工作，为共同开创泉州医疗卫生事业新局面献计出力。

视察现场　（图/陈　翔）

民族团结进步宣传月活动走进西湖社区

由市委宣传部、市委统战部、市民宗局主办的泉州第八个民族团结进步宣传月活动，走进泉州西湖社区，通过文艺表演与现场咨询的形式开展民族团结进步宣传活动。此次进社区活动是宣传月活动的一个组成部分。在宣传月期间，主办方将通过进机关、进企业、进社区、进乡镇、进学校、进宗教场所的“六进”形式丰富宣传月活动内容，通过开展民族团结进步宣传月活动，推动党和国家民族方针政策的贯彻落实，营造和睦、和谐、团结、稳定的良好社会氛围，着力构建覆盖广、纵度深的民族工作新格局，形成健全完善、切实有效的创建网络，实现民族团结进步、社会和谐稳定、经济跨越发展的目标。

新奥集团与德化永春签订战略合作框架协议

新奥集团分别与德化县、永春县政府签订战略合作框架协议，在生态旅游资源开发、陶瓷文化传播、健康养生产业、清洁能源利用、煤制天然气等方面实施一揽子合作项目。市委书记郑新聪会见新奥集团总裁张叶生，表示市、县两级将全力支持新奥集团在泉拓展业务、实施新的合作项目。市领导康涛、翁祖根、陈荣洲、李建辉等见证签约。

于伟国到泉州市调研村级组织换届工作

省委副书记于伟国带领省直有关部门负责人，到泉州市调研村级基层组织换届工作。市委书记郑新聪汇报泉州市村级组织换届工作情况。市领导康涛、周银芳、翁祖根参加调研。于伟国一行实地考察石狮市永宁镇前埔村、郭坑村和湖滨街道新湖社区，与基层干部群众深入交流座谈，了解换届工作进展情况、创新做法和存在的问题，听取基层意见建议。调研期间，于伟国主持召开调研座谈会，与泉州市、县、镇、村四级党组织负责人面对面交流。他指出，泉州市各级党组织高度重视村级组织换届工作，坚持抓早抓紧、坚持择优选人、坚持依法依规，创造了不少务实管用的工作方法，整个换届工作进展顺利，充分体现加强党的领导、依法办事和发扬民主的有机统一。

于伟国强调，福建省各地发展情况不一、各村（居）实际情况有差异，换届选举着眼于选好、选准基层组织带头人和班子集体，根本目的是为了维护好、实现好、发展好最广大群众的利益。要坚持进度服从质量，周密计划，采取有力措施，啃下重点难点村换届工作“硬骨头”。要坚持好中选优，严把任职条件审查，拓宽选人视野，真正把能带来希望、带来发展、带来和谐的优秀人才选出来。要坚持问题导向，认真研究未完成换届村（居）的矛盾根源，精准施策，全面完成换届任务。

于伟国强调，要以村级组织换届为契机，加强农村基层党建工作。要按照精准、务实、管用的原则，加强对新当选的村“两委”成员的教育培训，切实提高做群众工作、依法办事、带领群众发展致富的能力与水平；要巩固换届成果，做好新老交接，解决好遗留问题；要总结经验做法，把实践证明行之有效的工作方法上升为制度机制，提升村级组织建设规范化水平；要立足长远，探索创新培养选拔村“两委”后备干部、发展壮大村集体经济等带有根本性的工作，为农村发展打下坚实基础。

刘玉珠带队到泉州调研文化产业发展情况

24—25日，文化部党组成员、部长助理刘玉珠带队到泉州调研文化产业发展。调研组一行实地走访源和1916创意产业园、泉州海交馆、领show天地文化创意产业园、晋江草庵、晋江五店市文化传统街区等，了解文化保护与产业园区发展情况。市长康涛、副市长周真平参加相关活动。

康涛主持召开市政府务虚会

市长康涛主持召开务虚会，听取各地“十三五”产业发展思路和深化改革创新举措工作汇报，强调要按照省委、省政府和市委部署，立足实际，着眼长远，突出特色和优势，不断完善和优化产业路线图，持续推动产业转型升级，提升产业核心竞争力；同时更加注重以改革创新的办法，创新管理体制和机制，提高政府服务效能，更好推动经济社会各项事业发展。

全市2259户个体工商户转型为企业

来自省工商局的数据显示，截至6月底，全省共扶持8190户个体工商户转型升级为企业，其中，转型升级为有限公司的5084户，个人独资、合伙企业的3086户。“个转企”涉及的行业主要集中在制造业和批发零售业，这两个行业的“个转企”数量占总数的75%，其中，制造业2821户、批发零售业3281户。此外，“个转企”现象主要集中出现在泉州、莆田、漳州三市，其中泉州2259户个体工商户转型升级为企业，占全省“个转企”总数的28%。

本土红色教材《来自侨乡的红色记忆》首发

南安市举行《来自侨乡的红色记忆——泉州华侨革命历史博物馆展示录》首发仪式，以此铭记泉州华侨先辈的历史功勋，弘扬以叶飞将军为代表的泉州华侨高尚的革命精神和爱国情怀。《来自侨乡的红色记忆》由中共党史出版社出版发行，从启动编撰到出版发行历时一年多。作为本土红色教材，《来自侨乡的红色记忆》集爱国主义教育、国防教育、革命传统教育、廉政教育、党的群众路线教育等内容为一体。该书分为“叶飞将军专题”和“泉州华侨革命人物专题”两大部分。第一部分为叶飞传记，通过12篇章的内容图文并茂展示叶飞将军光辉的一生。第二部分为华侨列传，4个篇章收录131位泉州华侨为实现中华民族伟大复兴中国梦前仆后继、英勇奋斗的英雄事迹。

9月24日

星期四
农历乙未年八月十二
温度：25℃—32℃
阵雨转阴

●于伟国带领省直有关部门负责人，到泉州市调研村级基层组织换届工作。

●24—25日，刘玉珠带队到泉州调研文化产业发展。

●康涛主持召开务虚会，听取各地“十三五”产业发展思路和深化改革创新举措工作汇报。

●全市2259户个体工商户转型为企业。

●《来自侨乡的红色记忆——泉州华侨革命历史博物馆展示录》首发仪式举行。

9月25日

星期五
农历乙未年八月十三
温度：25℃—29℃
阴

●全市深化精准扶贫工作会议召开。

●市政府与中国邮储银行福建省分行签订战略合作协议。

●由市金融工作局主办，招商银行泉州分行和永隆银行承办的泉港跨境金融实务培训研讨会举办。

●泉州“泉山野茗园”参展第十届中国（武汉）国际园林博览会。

●泉州、金门旅游推介会在“泉城”济南举办。

●“欢乐泉州走进医高专”文艺演出在泉州医学高等专科学校举行。

●由泉州市政协文史和学宣委、泉州诗词学会主办的庆祝新中国成立66周年暨纪念抗战胜利70周年诗词吟诵会举行。

●由晋江市高尔夫球协会主办的2015晋江高协第六届高尔夫邀请赛举行。

全市深化精准扶贫工作会议召开

全市深化精准扶贫工作会议召开，市领导郑新聪、康涛、周银芳参加会议。市委书记郑新聪指出，贯彻精准扶贫“四个一批”重要要求，要突出宏观与微观统筹，纳入“十三五”规划，推进贫困线与低保线相衔接，扩大整体扶贫效应；坚持“一把钥匙开一把锁”，掌握实情、找准穷根、扶到点上，实现逐村逐户脱贫。要突出政府与市场联手，整合各类专项资金，抓好政策对接和延伸，下力气补足道路拓宽、农村教育等“短板”；发挥农业龙头企业带动作用，积极实施“互联网+”行动，推动农业“接二连三”，促进偏远山区与市场有效对接。要突出内部和外部对接，激活贫困群体内生动力，探索通过扶持集体产业、盘活闲置资产、参股合作社等，加快壮大村级集体经济。贫困地区要抓住支持苏区发展、交通干线贯通等机遇，复制各地脱贫做法，深化山海协作、优势互补，在借势、借智、借力中增强自我发展能力，沿海乡镇（街道）要真正用心、用力、用情帮扶。要突出资源与资本结合，认真做好土地这篇文章，持续抓好农民技能培训，大力发展生态特色旅游，着力创新农村金融产品，推动贫困地区丰富资源转化为生产力。

市长康涛就深化精准扶贫工作作具体部署。康涛要求，各级各部门要按照中央、省里和市委的部署，采取力度更大、针对性更强、作用更直接、效果更可持续的扶贫措施。要谋划在先，科学扶贫，把扶贫工作摆上全市科学发展跨越发展的重要议事日程，明确目标任务，完善政策配套，强化财政支持，整合帮扶资源。要培植产业，加快转变扶贫开发方式，强化产业支撑，完善基础设施，发展教育事业，做好民生保障，逐步提高贫困地区自我发展能力和贫困群众脱贫致富能力。要定向施策，精准扶贫，对因为丧失劳动能力、疾病、“一方水土养不起一方人”、缺乏资金技术、遭受自然灾害、求学等原因导致贫困的人口和特困群体人员，坚持因人因地精准施策，促进逐村逐户摆脱贫困。要上下联动，合力扶贫，做到市级负起主体责任，县级各自抓好落实，乡级负责具体实施，村级发挥一线作用，全社会共同参与推动，全力打赢扶贫开发攻坚战。

市委副书记周银芳主持会议。会上，泉港、南安、安溪、永春、德化主要负责人汇报深化精准扶贫工作思路，安溪县龙涓乡新岭村、永春县仙夹镇龙水村驻村第一书记介绍精准扶贫经验做法。会议还就做好“两节”安全生产、节日廉洁自律、紧盯年度发展等工作提出要求。

市政府与邮储银行福建省分行签订战略合作协议

市政府与中国邮储银行福建省分行签订战略合作协议。根据协议，未来五年，邮储银行将向泉州重点项目、中小微企业及民生、“三农”等领域，提供总额不低于500亿元的意向性融资支持。市长康涛表示，泉州将整合资源、提供平台，为驻泉金融机构创造良好环境，携手推动泉州经济转型升级。邮储银行福建省分行行长路文斌、副市长陈灿辉参加签约仪式。

“泉山野茗园”参展第十届中国国际园林博览会

2015年第十届中国（武汉）国际园林博览会在武汉开幕。应本届园博会组委会之邀，泉州市在武汉园博会建设泉州展园。泉州展园占地面积3956平方米，取名“泉山野茗园”。园区主体建筑采用燕尾脊、出砖入石、蚝壳墙等体现闽南传统建筑的营造手法，全园构筑墙面、地铺、壁砖、石构件、木作等均特选泉州古民居之废弃旧料，经加工重砌，彰显泉州展园之历史积淀。展园中配植杨梅、柑橘、莲雾、番木瓜、枇杷、桃树、石榴等泉州本地乡土果树，尽显杂树生花之景，园中专设“茶山”，植有铁观音、佛手、金花茶、十八学士等泉州名茶品种，兼具欣赏性和科普性。展览期间，泉州精心选送《静夜思》《钟馗醉酒》等南音、木偶剧优秀经典文艺作品以及反映泉州独特文化魅力的摄影、视频资料，参加本届园博会“城市文化周”活动，以此大力宣传、弘扬泉州作为历史上海上丝绸之路起点、中国首个“东亚文化之都”的灿烂悠久历史和深厚文化底蕴。

“泉山野茗园”一角　（图/泉州晚报社）

泉州市启动防台风"杜鹃"Ⅳ级应急响应

在收看全省防御2015年第21号台风"杜鹃"工作视频会议后，泉州市随即召开全市视频会议。市委书记郑新聪、市长康涛分别就防御台风工作作出批示：要按照省防指的要求和台风的动向及时部署，落实各项防御工作。市防汛抗旱总指挥部总指挥、副市长林万明部署具体防御工作，并于26日16时启动防台风Ⅳ级应急响应。根据部署，位于闽外渔场、闽东渔场东部和钓鱼岛海域海上作业渔船务必于27日8时前全部撤离上述海域，并于28日17时前全部就近进港避风；位于闽东渔场西部、闽中渔场、闽南渔场的渔船28日17时前全部就近进港避风，远洋渔船要注意避开台风影响海域。沿海渔排上的老弱妇幼务必于28日10时前全部撤离上岸，主要劳力务必于28日17时前全部撤离上岸，并做好渔排的加固；沿海各乡镇、村要负责组织"三无"渔船及近岸作业的各类辅助船舶在28日上午10时前全部回港并加固，人员全部撤离上岸。海事、港口管理部门要组织正在装卸物资的大型船舶尽快完成作业，离港或进入锚区，对过往的船舶和海上作业的工程船也要做好避风的工作。旅游部门要加强沿海景区（景点）的安全巡查，特别要严禁一些滨海旅游人员私自雇佣船舶或乘坐船只下海。水利工程管理单位要加强对沿海海堤、水闸的巡查值守，及时发现险情隐患，果断采取应急措施，确保安全。沿海在建工程特别是重点建设项目，要适时停止施工作业，撤离堤外施工人员和设施设备。市政、建设、电力、通讯、交通等部门要落实对城镇各类广告牌、高空设施、高楼阳台悬挂物、城市电力、电信、道路、绿化等公共设施的检查，并做好加固防护。国土部门和山区县市要加强对地灾隐患点的巡查监测预警，一旦发现异常要果断转移受威胁群众。各级各有关部门要严格执行24小时值班、带班制度，各级防汛责任人要迅速上岗到位，县、乡、村防汛责任人及驻村干部要深入一线，按照"预警到乡，预案到村，责任到人"工作机制，组织广大干部群众全力做好防御风暴潮、防强降雨和山洪地质灾害、防洪排涝等工作。

泉州分会场　　（图/市防汛办）

泉州市统战专家服务团赴永春蓬壶演出

泉州市统一战线专家服务团文艺二团到永春蓬壶镇文化广场开展下乡演出活动，泉州市各界文艺家同唱美丽乡村赞歌。演出现场座无虚席，演员们先后表演高甲戏《管甫送》、梨园戏《莲花落》、南音《共君断约》、木偶戏《小沙弥下山》与《狮子舞》、打嘴古《龙王为什么娶无某》等富有闽南特色的节目以及精彩的歌舞表演。本次活动由泉州市统一战线专家服务团文艺二团主办，致公党泉州市委会承办，参加演出的专家服务团成员由各民主党派成员组成，包括梨园、高甲、南音、木偶、歌剧团等文艺团体的国家级演员以及华侨大学、泉州师院、泉州幼高专等高校的专家老师。

第四届永宁古卫城暨城隍文化节举办

第四届永宁古卫城暨城隍文化节在石狮市永宁镇举办。本届文化节由永宁古卫城文化促进会（筹）、台湾鹿港文教基金会、永宁城隍庙管委会主办，吸引海内外数千名嘉宾出席。在永宁城隍庙文化广场上，长12米、宽2米、高4.5米的"骏马"灯组正欲奋蹄奔腾，由国画装饰的"万象更新"灯组蕴含着"太平吉祥"的美好寓意。当地群众家门口悬挂起来的花灯，让有着600多年历史的永宁古卫城成为绚烂的花灯海洋。漫步其间，入耳御前南音管弦之乐，入目万紫千红之光，穿梭在老街古巷，陶醉在彩灯艺术赋予的独有神韵之中。除了"中秋梦圆·情聚永宁"两岸中秋灯会这一重头戏外，"炫彩非遗·祈福同祥"城隍民俗活动、"畅游永宁"两岸自行车骑行活动、"童话永宁"小记者采风活动、"邂逅永宁"景观艺术摄影图片展、"童心永宁"文艺会演也一一上演。文化节引入永宁鹿港民俗文化传承青少年交流基地、正阳直升机空中旅游项目和天农良故农业休闲园项目。文化节上，永宁与鹿港签订的《永宁鹿港两岸古镇民俗文化传承青少年交流协议》依托双方中小学学校为平台，通过结成联谊校等形式，建立长期交流机制和基地，促进永宁、鹿港两镇文化产业发展等活动。

9月26日

星期六
农历乙未年八月十四
温度：24℃—28℃
阴转多云

●南京军区纪念"红色尖刀连"命名50周年大会在泉州举行。

●在收看全省防御2015年第21号台风"杜鹃"工作视频会议后，泉州市随即召开全市视频会议。

●泉州市统一战线专家服务团文艺二团到永春蓬壶镇文化广场开展下乡演出活动，泉州市各界文艺家同唱美丽乡村赞歌。

●第四届永宁古卫城暨城隍文化节在石狮市永宁镇举办。

●"生态惠安·文明相约"骑游活动在惠安举行，200名身穿"乐游风情惠安"文化衫的"骑士"从达利世纪酒店出发，沿途探寻惠安古城清新之美、聚龙生态乐活之美、葵花休闲乡野之美，邂逅惠安"秋日的絮语"。

●"丝海明月共潮生"2015年泉州中秋诗会在晋江出海口举行，现场朗诵的诗歌由蔡其矫、陈志泽、陈瑞统、戴冠青等知名诗人作家创作，有《中秋节的怀念》《波浪》《我的月亮》《春江花月夜》《跨海大桥，我用诗句加长》等。

●2015年第42届世界旅游小姐中国福建泉州赛区第一场海选举行。

9月27日

星期日
农历乙未年八月十五
温度：23℃—30℃
多云

●《泉州市卫计委关于进一步推进简政放权深化行政审批制度改革有关工作的通知》发布。

●泉州三家企业——南方路面机械有限公司、晋工机械有限公司和铁拓机械有限公司入选“2015中国工程机械制造商50强”榜单。

●石狮德化安溪晋江入选全国网商创业最活跃县。

●中秋佳节，古城泉州迎来不少游客，市民也纷纷走出家门，结伴到市区各佳地赏月。

●泉州医高专文学艺术界联合会揭牌成立，其性质是学校党委领导的群众性团体，主要负责团结学校文艺爱好者、推动学校文化建设和人才培养。

●南安市首个乡镇婚姻登记点——梅山婚姻登记处启动运行。

●石狮市举办第四届“宗教慈善周”活动。

●由安海镇政府组织的传统民俗“烧塔仔”活动在白塔附近举行。

市卫计委公布233项行政权力清单接受群众监督

《泉州市卫计委关于进一步推进简政放权深化行政审批制度改革有关工作的通知》发布，对涉及卫生计生法律法规审批权限清单开展全面清理整顿，在制作权力运行流程图的基础上，制定“权力清单、公共服务事项清单、责任清单”等“三张清单”。在行政权力清单方面，市卫计委保留行政权力233项，其中，行政许可18项、行政确认3项、行政处罚145项、行政强制6项、行政裁决1项、行政监督检查59项、其他行政权力1项。这233项权力清单全部通过市卫计委门户网站公布，接受群众监督。在公共服务事项清单方面，市卫计委制订并公布了公共服务清单22项，其中，备案类4项、审核转报类9项、考核评定类5项、认定类1项、审核类1项、一般管理事项类2项。在责任清单方面，市卫计委制定出台责任清单287项，多部门监管事项责任清单3项，将行政权力责任落实到科室、到人。

泉州三企业入选“2015中国工程机械制造商50强”榜单

来自泉州经济部门的消息，北京2015全球工程机械产业大会暨50强峰会发布“2015全球工程机械制造商50强”与“中国工程机械制造商50强”榜单。在“中国工程机械制造商50强”榜单上，福建有5家工程机械企业入选，其中泉州占了三席，分别为南方路面机械有限公司、晋工机械有限公司和铁拓机械有限公司。评选的标准主要以企业产品的销量、企业产品技术创新性、市场的领先性等方面作为依据。近年来，泉州工程机械产品在海外的认知度与影响力不断提升，出口版图遍布东南亚、非洲、南美、中东、北欧等区域，凭借发展中国家基建需求和产品良好的性价比，泉州工程机械产品在海外市场的“底气”渐增。

石狮德化安溪晋江入选全国网商创业最活跃县

阿里研究院发布《新生态·新网商·新价值——2015年网商发展研究报告》，首度公布“2015年网商创业活跃度地区排行榜”（统计区间为2015年1—8月）。福建省莆田、泉州和厦门入选全国网商创业最活跃城市的前25位，分别位列第5、第8、第14，数量仅次于广东（10个）、浙江（7个）。在“2015年网商创业最活跃的25个县”榜单中，石狮、德化、安溪和晋江4县榜上有名，分居第3、第9、第16、第20，数量仅次于浙江省（11个）。与上年相比，安溪上升6位、德化上升3位，石狮保持不变稳居第3位，福建省入围县均在泉州。此次排名是依据各地网商密度（网商数量/人口数量），即“平均每万人中的网商数量”得出。

鞋厂车间源源不断生产出网商急需的鞋子（图/陈起拓）

安海传统民俗“烧塔仔”活动举行

由安海镇政府组织的传统民俗“烧塔仔”活动在白塔附近举行。晚7时，六座规格不一的砖塔与安海著名的标志白塔相映成趣，最大的一座砖塔直径2米，高3.5米。晚8点30分，烧塔仔活动开始。砖塔烧了一会儿后，火焰立刻蹿了起来。安平桥畔“烧塔仔”这一风俗源于元朝末期的一个中秋节，当时在安海一带有个兵营，元兵常欺压百姓，迫于无奈，百姓自发组织反抗，起义日期就定在中秋，约好以“烧塔仔”为信号，用砖石砌塔当烽火台，烧火为信号，几处百姓同时拿起武器歼灭元兵。此后，安海一带便有了在中秋节“烧塔”习俗。为烧塔仔活动带来什音伴奏的是安海桐林村的10个老人。老人们分工合作，技艺娴熟，以鼓指挥，以唢呐主奏，箫、喉管衬托，以三弦、月琴、双青等弹拨乐及瓢弦、京胡、板胡、二胡等弦乐配合主旋律加花演奏，形成支声复调，又有打击乐的渲染，格外悦耳。什音，是古中原宫廷音乐在闽南地区的遗存。相传起源于唐代，唐明皇李隆基宫廷中就有类似什音的音乐。2005年11月，闽南什音被列入第一批101项省级非物质文化遗产代表作名录中。

市人大常委会第四十八次主任会议召开

市十五届人大常委会第四十八次主任会议召开。市人大常委会主任陈万里主持会议，副主任洪泽生、吕竞、王远东、张建生、朱团能，秘书长吴春林参加会议。会议讨论泉州市人民政府关于提请审议泉州市与丹麦霍尔拜克市建立友好城市关系的议案；听取市人大常委会调研组关于市十五届人大五次会议代表建议、批评和意见办理情况的调研报告。陈万里指出，泉州作为21世纪海上丝绸之路先行区，在扩大对外开放、连接五大洲、推进与世界的接轨、与友好城市合作交流等方面发挥着重要作用，市人大常委会要全力支持、全面配合，积极探索加强与友城议会的交流合作渠道，共同为两地经济发展和社会进步作出努力。陈万里强调，市人大常委会要加大力度，探索创新有效的工作载体和途径，以代表真实满意衡量和检验代表建议、批评和意见办理工作。要有责任，在办中理，在理中办，建立相关责任制度，确保责任落实到位；要强化担当，精准发力有效发力，加强统筹协调运作，确保办理有着落；要有质量，创新机制，在真抓实干上下功夫；要有成效，持续跟踪督办，加大宣传力度，调动各方面积极性、主动性，推进办理工作取得新成效。

市政府第76次常务会议研究“三房”转换问题

市长康涛主持召开市政府第76次常务会议。副市长陈荣洲、周真平、卢炳椿、李建辉、陈灿辉，市政府秘书长吴友才等参加会议。市人大常委会副主任张建生、市政协副主席李冀平等应邀参会。会议研究《泉州市打通商品房与安置房及保障房转换通道的实施方案》。会议指出，打通商品房与安置房及保障房转换通道，有利于推动货币化补偿安置，多渠道筹集安置房和保障房房源，为被征收人提供更多自主选择，推动房地产市场平稳健康发展。市县两级政府要建立保障房统购（收储）年度计划，多渠道筹措统购（收储）资金，积极引导金融机构和社会资本参与；要通过搭建被征收人自主选购服务平台、实施单位统购的方式，优化资源配置，满足被征收房屋群众对安置房的需求，加快解决住房保障对象住房困难问题；要加大政策、资金等支持力度，推动商品房与安置房及保障房转换。会议还研究其他事项。

全市2773艘渔船进港避风

为防御第21号台风“杜鹃”，出海作业的2773艘渔船，近海作业的小渔船、小舢板、无动力船只以及泉州海域过往船舶全部进港避风，并加固锚固。全市渔排上61名老弱妇幼人员和381名渔排养殖主要劳力均撤离上岸。除了海上人员的转移，陆上转移危险区域人员2996人，临海、临江溪和低洼、危房、地质灾害点、山坡养殖场等区域的群众以及作业人员也得到转移。市、县、乡三级防汛指挥长坐镇防汛指挥部指挥调度，1.5万名防汛责任人全部上岗；市县两级共组织900多个检查组3600多人深入一线，对危险区域和部位进行检查；全市所有在建工程全部停工；1372支4.2万人的各类抢险救灾队伍集结待命，随时准备投入抢险救灾。

2015海峡两岸闽南语歌曲征集大赛评选揭晓

“闽南韵·海峡情——2015海峡两岸闽南语歌曲创作演唱大赛”参赛作品评选活动在泉州举行。征集大赛从征集到评选历时3个月，征集到原创歌曲169件。其中：大陆参选作品88件，台湾参选作品81件。大赛吸引两岸音乐爱好者和著名词曲作家等社会各界的广泛参与，参赛作品水准普遍较高，绝大部分以反映亲情友情、励志创业、思念赞美故乡、盼望两岸团圆等为主，且在曲风、演唱度、歌曲内容等方面均达到较高水准。经初评、复评、总评，产生金奖作品2首，银奖作品3首，铜奖作品5首，优秀奖作品10首。其中大陆获奖作品13首，台湾获奖作品7首。

安溪铁观音秋季开茶节举办

安溪县铁观音主产区感德镇举行海峡两岸制茶顶级大师现场制作大赛，同时举行秋季铁观音开茶节。开茶节在古礼祈茶福的基础上，增添各地茶企、茶人仿拜孔子仪式，茶人们统一着汉服祭拜茶王公谢枋得。祈福仪式由原来的法师独唱创新为法师、和尚、南音艺人齐颂茶王公，平添庆丰收的喜庆气氛。采茶姑娘结伴上山，表演采摘新茶铁观音，展示齐刷刷的采摘手艺；休息期间，采茶姑娘还与运输茶叶的小伙们对唱山歌，活跃气氛。采完新茶，5名台湾顶级茶叶大师亲手制茶，并与感德本地高手较量，同时参与评茶王、评茶孙活动。

9月28日

星期一
农历乙未年八月十六
温度：24℃—31℃
多云转大雨

●市十五届人大常委会第四十八次主任会议召开。

●康涛主持召开市政府第76次常务会议。

●市委、市政府在《泉州晚报》刊登征求意见表，公开征集2016年为民办实事项目，希望广大市民积极建言献策，推荐实事项目。

●为防御第21号台风“杜鹃”，出海作业的2773艘渔船，近海作业的小渔船、小舢板、无动力船只以及泉州海域过往船舶全部进港避风，并加固锚固。

●“闽南韵·海峡情——2015海峡两岸闽南语歌曲创作演唱大赛”参赛作品评选活动在泉州举行。

●“书香福建”泉州市未成年人课外阅读实践基地揭牌仪式暨海博少儿教育文化广场开业典礼正式举办。

●安溪县铁观音主产区感德镇举行海峡两岸制茶顶级大师现场制作大赛，同时举行秋季铁观音开茶节。

●孔子诞辰纪念日，惠安县举行纪念孔子诞辰2566周年大型活动。在祭孔典礼上，奉香、献花、恭读祭文、行五拜礼……现场嘉宾及惠安螺城中心小学的师生们用古代的礼仪，向圣人孔子表达虔诚的敬意。

9月29日

星期二
农历乙未年八月十七
温度：23℃—25℃
暴雨转中雨

●市领导分赴各地，检查指导防抗台风“杜鹃”工作。

●十一届市政协常委会第二十四次会议召开。

●全国首届敬老志愿服务工作总结表彰大会在北京召开，泉州市老龄服务志愿者协会获评“敬老志愿服务模范单位”，陈久水、饶文福获评“最美敬老志愿者”。

●由中国闽台缘博物馆、福建省档案局（馆）主办的“李友邦将军与台湾义勇队”展览在中国闽台缘博物馆开幕。

●泉州动车站旅游集散中心投用。该中心提供散客自助旅游、单位团队旅游、旅游信息咨询、旅游集散换乘等功能服务。

●安溪县政府与京东集团签订战略合作协议。

市领导检查指导防抗台风“杜鹃”工作

市领导分赴各地，检查指导防抗台风“杜鹃”工作。市委书记郑新聪到市防汛抗旱指挥部，详细了解台风最新动态和风情、雨情、水情、潮情，研判台风登陆后后续云系可能给泉州带来的影响，听取防台抗灾工作进展情况汇报，并通过视频与各县（市、区）防指点对点、面对面进行指导。“杜鹃”在莆田秀屿区沿海登陆后，进入泉港区境内，郑新聪随实地检查指导防抗台风工作。在南埔镇肖厝码头，这里迎来近年来的最高潮位。郑新聪详细了解船舶避风进港、渔民上岸及危险地带人员撤离等情况，反复叮咛现场干部要杜绝麻痹大意思想，落实好各项应对措施，多加巡视，严防撤离人员回流。在峰尾镇郭厝村，郑新聪走到堤坝上查看潮位水情，详细询问海水涌入可能带来的威胁，并认真听取相关情况汇报。他要求当地干部要加强值守、严密监测，适时封闭沿线路段，部署好抢险人员、抢险机械和防汛物资，以便随时展开加固排险，确保群众生命财产安全。

市长康涛到南安实地检查指导渔船回港避风、航班停运和地质灾害隐患点群众转移安置情况，随后，到南安、泉州防汛抗旱指挥部，了解汛情动态，研究部署下阶段防御工作。每到一处，康涛都仔细询问，认真检查。检查中，得知“杜鹃”已登陆莆田，晚间移出福建省，康涛指出，各级各相关部门切不可掉以轻心，要克服松懈麻痹的思想，加强组织领导，确保防汛责任人在岗在位、认真值守；要继续做好回港避风渔船和撤离上岸人员的安置服务和管理，落实在建工地、危房、水库等重点部位的除险加固措施，妥善安置转移群众，持续关注学生复课返校后的安全防范工作；山区要特别注意严密防范暴雨引发的次生灾害。

周银芳、陈沈阳、许昆贞、翁祖根、温惠榕、陈庆宗、林俊共等市领导也分赴各地，指导协调防抗台风工作。

市领导研究部署防抗“杜鹃”台风工作　　（图/市防汛办）

十一届市政协常委会第二十四次会议召开

十一届市政协常委会第二十四次会议召开。市政协主席杨俊峰，副主席吴共湖、骆沙鸣、陈铭福、王祖耀、李冀平、王瑞强、陈益，秘书长洪川夫参加会议。委员们围绕“协力推动产业创新转型提升发展”议题分享调研成果，积极建言献策。杨俊峰肯定近年来泉州市推动产业创新转型提升发展所取得的成效，并指出，要着眼未来，认识加快产业创新转型的重要意义。要加强品牌建设，提高技术研发和管理水平，推动产业向高端、绿色、智能制造方向转型，提升制造业附加值。要加大投入，完善并发挥好政府公共服务平台作用，探索公共服务平台供给与企业需求互惠互利的持续发展模式。要借助电子商务，加强信息化应用，带动传统产业转型升级，同时加大执法力度，促进网络交易健康发展。要营造产业创新转型提升发展的良好环境，完善政策引导，提升软硬条件和服务水平。要大力扶持制造业升级，持续提高智能装备数控化、智能化水平，引导民营企业继续投资实业。杨俊峰希望，政协各参加单位和广大政协委员要继续献计出力，为泉州推动产业创新转型提升发展做出应有的贡献。

泉州动车站旅游集散中心投用

泉州动车站旅游集散中心投用，该旅游集散中心位于泉州动车站出站口，提供散客自助旅游、单位团队旅游、旅游信息咨询、旅游集散换乘等功能服务。该中心同时还提供性化的旅游服务，比如私人定制等。旅游集散中心亦将成为集旅游信息咨询、景点大型活动举办、酒店及票务预订等多种功能为一体的“旅游大超市”，满足游客的信息咨询、门票预订等多种需求，大大节省游客的时间成本，以一体化的服务让旅游变得更加简单、便捷和安全。

市委常委会举行“三严三实”专题教育第三次集中学习研讨

市委常委会举行“三严三实”专题教育第三次集中学习研讨。市委书记郑新聪主持会议并讲话。市长康涛，市委副书记周银芳，市委常委陈沈阳、许昆贞、翁祖根、温惠榕、陈庆宗参加会议。市人大常委会主任陈万里、市政协主席杨俊峰列席会议。一段时间以来，常委们围绕“严以律己，严守党的政治纪律和政治规矩，自觉做政治上的‘明白人’”这一主题，结合学习《领导干部违纪违法典型案例警示录》，联系岗位实际，进行认真的自学和充分准备。会议首先传达总书记习近平在中央政治局第26次集体学习会上的重要讲话精神和王岐山到福建调研重要讲话精神。许昆贞、翁祖根、温惠榕在会上分别作重点发言，结合各自工作和经历，从不同角度谈自己的学习体会和思考，其他同志也进行讨论交流。听取大家发言后，郑新聪指出，总书记习近平提出的“立根固本、落细落小、修枝剪叶、从谏如流”四个方面新要求，为我们抓好专题教育，以严和实的精神做好各项工作进一步指明方向。全市各级党委（党组）要把学习贯彻讲话精神作为当前的一项重要政治任务，作为开展专题教育的重要内容，一鼓作气抓好作风建设，推动领导干部践行“三严三实”制度化、常态化、长效化。

泉州市举行向革命烈士纪念碑敬献花篮仪式

中国法定“烈士纪念日”。市四套班子、泉州军分区领导、市中级人民法院院长、市检察院检察长和各界代表一起，向革命烈士纪念碑敬献花篮，表达缅怀追思。上午9时，市四套班子、泉州军分区领导，市中级人民法院、市检察院以及市直和省部属驻泉有关单位的主要负责同志，鲤城区、丰泽区、洛江区四套班子领导及机关干部代表，驻泉解放军指战员、武警部队官兵，公安、法院、检察院干警，新闻媒体等各界代表400多人到泉州市革命烈士陵园，在革命烈士纪念碑前，静静肃立。8名武警礼仪士兵迈着铿锵有力的步伐，分两列行进到纪念碑前伫立。向革命烈士纪念碑敬献花篮仪式开始，并奏唱《中华人民共和国国歌》。全场在雨中肃立，向为民族独立、人民解放、国家富强、人民幸福而英勇牺牲的革命烈士脱帽默哀。在深情的《献花曲》中，10名武警礼仪士兵抬起5个花篮，缓步走向革命烈士纪念碑，将花篮摆放到纪念碑基座上。市领导郑新聪、康涛、陈万里、杨俊峰分别代表市四套班子，泉州军分区司令员林俊其代表泉州军分区，神情庄重地登上纪念碑基座，市委书记郑新聪仔细整理花篮缎带。参加仪式人员依次缓步绕行，瞻仰革命烈士纪念碑。

活动现场　　（图/陈起拓）

康涛到泉港调研石化园区安全生产工作

市长康涛率发改、环保、安监、消防、规划等市直相关部门到泉港区，专题调研石化园区安全生产工作。副市长林万明，市政府秘书长吴友才参加调研。调研中，康涛一行深入南埔镇、后龙镇和前黄镇，实地察看泉港石化工业区仙境片区、洋屿片区、氯碱片区及其安全控制区规划建设情况，并召开座谈会，听取泉港区石化园区安全生产工作汇报。康涛指出，石化园区的安全生产工作，事关公共安全和群众切身利益，各级政府各相关部门以及广大石化企业要按照市委部署，提高安全生产意识，加强安全生产管理，有效保障园区和行业安全生产。康涛强调，做好安全生产，重在责任落实。各级各部门和各单位要把安全生产落实到“一岗双责”上，牢固树立安全发展理念，各地要履行好属地管理责任，正确处理安全生产与经济发展的关系，推行安全生产网格化管理机制，敢抓敢管、问责前移。职能部门要担负起安全监管责任，严把安全生产准入关，定期开展安全大检查，发现问题坚决彻底整改。要把安全生产落实到企业的主体责任上，督促企业业主履行安全责任，健全完善安全生产规章制度，加大安全设施设备投入和人员安全培训，切实做到关口前移，防患未然。要把安全生产落实到科学规划布局上，落实好上级有关加强石化集中区卫生安全防护距离管控的要求，抓紧制定和细化工作方案，突出重点，分清轻重缓急，抓紧实施，确保石化产业安全环保、可持续发展。

9月30日
星期三
农历乙未年八月十八
温度：23℃—27℃
中雨转阵雨

●市委常委会举行“三严三实”专题教育第三次集中学习研讨。

●市四套班子、泉州军分区领导、市中级人民法院院长、市检察院检察长和各界代表一起，向革命烈士纪念碑敬献花篮，表达缅怀追思。

●康涛率发改、环保、安监、消防、规划等市直相关部门到泉港区，专题调研石化园区安全生产工作。

●全市第四季度防范重特大生产安全事故会议召开。

10月1日

星期四
农历乙未年八月十九
温度：23℃—30℃
阵雨转阴

●市委、市政府举行升国旗仪式。

●晚7时（美国当地时间1日上午7时），包括利郎、好彩头、特步三个泉州品牌在内的66个中国品牌集体亮相美国纽约时代广场，在路透社中央大屏上播放企业品牌中英文形象片。

●市人社局下发通知，在全市亿元规模以上企业开展第十一批市级高校毕业生就业见习基地征集活动。

●首届（2015）泉州秋季房交会在浦西万达广场举行。

●以“爱在军旗下”为主题的集体婚礼在驻泉州某部举行。

●泉州市跆拳道协会成立暨首届泉州市跆拳道大众赛启动仪式在市区湖美大酒店举行。

●熊山飞瓦岩健身登山节在南安市举行。

市委市政府举行升国旗仪式

市委、市政府在市行政中心广场举行市直机关升国旗仪式。市四套班子领导郑新聪、康涛、陈万里、杨俊峰、周银芳、陈沈阳、翁祖根、温惠榕、陈庆宗、李建辉等与市直机关干部职工代表、公安干警、武警官兵代表和市民群众近千人参加。在中华人民共和国成立66周年之际，泉州市举行升国旗仪式，旨在激励全市人民团结奋进，乘势而上，为打造机制活、产业优、百姓富、生态美的现代化泉州而努力奋斗。

升国旗仪式　（图/吴寿民）

泉州品牌亮相美国纽约时代广场

晚7时（美国当地时间1日上午7时），包括利郎、好彩头、特步三个泉州品牌在内的66个中国品牌集体亮相美国纽约时代广场，在路透社中央大屏上播放企业品牌中英文形象片。美国纽约时代广场是曼哈顿的心脏地带和最为繁华的娱乐购物中心，年均游客流量4000万人次、人员流量1亿人次，被视为“吸引全球目光”的最佳窗口之一，素有“世界十字路口”之称。作为全球最受瞩目的商业核心地段，其周边大屏广告已成为全球高端品牌展示的首选渠道。该次组团的66家中国企业于美国当地时间10月1—2日上午7时至10时、下午3时30分至晚上7时进行集中展示。广告片采用中文与英文两个版本，每家企业至少可展示30秒。

市级高校毕业生就业见习基地开始征集

市人社局近日下发通知，在全市亿元规模以上企业开展第十一批市级高校毕业生就业见习基地征集活动。申报市级高校毕业生就业见习基地的企业应具备以下条件：具有独立法人资格的在泉企业，有一定行业或区域代表性，有良好的社会声誉和长期合作的积极性；具有一定的见习场所，配套的见习管理制度；有承担就业见习任务的能力，每年均能提供一定数量的见习岗位，吸纳一批毕业生参加就业见习。

首届泉州秋季房交会举行

1—2日，由市住房和城乡建设局主办的首届（2015）泉州秋季房交会在浦西万达广场举行。近期，泉州市出台房地产新政，公积金最高贷款额度由60万元提高至80万元，再加上早前出台的“闽七条”“330新政”以及央行多次的降准降息等都对市场起到较大的提振作用。业内人士认为，随着市场信心的逐步回升，在楼市新政的支撑下，市民购房置业的黄金时机已经出现。该次房交会上参展的主流楼盘包括东海湾·御花园、天峰、泉州星光耀广场、东海泰禾广场、上实·海上海、福新商厦、优山美地、中骏·四季花城、富临新天地9大楼盘。

泉州市跆拳道协会成立

泉州市跆拳道协会成立暨首届泉州市跆拳道大众赛启动仪式在市区湖美大酒店举行。泉州市跆拳道协会除个人会员外，已吸纳全市各县（市、区）少体校和300多家跆拳道俱乐部成为会员单位。会长表示，协会成立后，将成为代表泉州市参加福建省跆拳道协会举办所有竞赛的合法组织。并将在普及跆拳道运动、改善群众体育组织发展、提高泉州跆拳道运动水平等方面做出应有贡献。近年来，跆拳道在泉州市发展迅速，据不完全统计，泉州地区有近两万名跆拳道爱好者在学习跆拳道，除已有的300多家跆拳道俱乐部外，泉州各地体育院校均设有跆拳道专业队和兴趣班。

熊山飞瓦岩健身登山节在南安市举行

熊山飞瓦岩健身登山节在南安市举行。前国家田径名将、世界冠军孙英杰，2008年北京残奥会金牌教练汪成也到现场为跑友助威。活动主办方介绍，熊山登山节经过四年的探索和发展，已成为全民参与的公益性健身活动，被誉为“民间金牌赛事”，是一项充满正能量的群众健身活动。2015年的赛程在原来6千米的基础上延长至16千米，跑友们从海拔20米的起始位置出发，到达海拔479米的妙高山折返点后，再前往海拔382米的熊山山顶终点。

泉州元素亮相央视英语新闻频道

中午12时，央视英语新闻频道（CCTV-NEWS）《News Hour》（《新闻一小时》）国庆直播版块《Silk Road To The Future》（《丝路新机遇》）开播。以繁忙的石湖港和古老的六胜塔为背景，央视英语新闻频道主持人邹悦在泉州分演播室现场，向全世界观众介绍“一带一路”战略的深刻内涵。首期《丝路新机遇》主要介绍丝路概况，在直播中，石湖港、六胜塔、海外交通史博物馆等泉州元素陆续亮相，水密隔舱造船技艺国家级代表性传承人、泉州造船大师陈芳财，海外交通史博物馆馆长丁毓玲，泉州欧米克生态建材科技有限公司总经理欧金福等人接受央视采访。2008年，陈芳财所掌握的水密隔舱技艺入列第二批国家级非遗保护名录，他本人获得泉州唯一的中国古船水密隔舱技艺国家级非遗传承人。2009年，“中国水密隔舱福船制造技艺”入选联合国教科文组织“急需保护的非物质文化遗产名录”。《丝路新机遇》泉州分演播室以石湖港和六胜塔为背景，架设四个机位，其中一个无线连接的移动镜头在节目中灵活展现泉州港口贸易往来的繁盛场景。该版块持续至10月7日，通过六天的节目反映泉州作为一个航运港口从古至今的变化，反映“一带一路”沿线各国的经济、政治、人文、教育等各方面情况，系中央电视台英语新闻频道首次在外景地做如此大规模的单一主题直播。

晋江市投放3000辆城市公共自行车

在晋江市区街头，一排排崭新的公共自行车成为一道靓丽的城市风景线。作为晋江市2015年为民办实事项目，从国庆节起，晋江市将投放3000辆城市公共自行车，并建设100个自行车便民站点，让市民就近享受方便、低碳的绿色出行。发展城市公共自行车交通是预防和缓解交通拥堵、减少大气污染和能源消耗的重要途径。自行车无废气排放，出行灵活、准时性高、绿色环保，是解决中短距离出行和接驳换乘的理想交通方式。对此，晋江市委、市政府把启动投放首期3000辆城市公共自行车列为2015年为民办实事项目，并将在3—5年内建设完善晋江市城市公共自行车系统。晋江城市公共自行车（一期）项目将采用国内最先进的智能化管理系统、最新型的高端轴传动自行车，建设100个自行车站点，投放3000辆公共自行车，覆盖18平方千米主城区，服务近30万人口。该项目站点建设在晋江中心市区核心区（北至绿洲公园北门、南至城市展馆、西至西环路、东至和平路），主要分布在各大主要人流集散点，平均约300米就有一个租赁点，每个租赁点平均车辆数约30辆。为确保管理和安全，每个公共自行车站点均设置视频监控，全部站点都可以实现异点还车。晋江城市公共自行车不以营利为目的，但为充分有效利用和管理公共自行车，制定相应收费标准，按照1小时内使用免费，1小时至4小时内则每0.5小时收取0.5元，4小时之后每小时1元，每天收费最高不超过15元/辆。

市民体验公共自行车　（图/张晓明）

第二届泉州硬笔书法师资培训研修班举行

2—6日，由泉州师院文学与传播学院、泉州市硬笔书法家协会和泉州市统一战线教育专家服务团等主办的第二届泉州市硬笔书法师资培训研修班在泉州师院举行。吸引广东、浙江和省内40余名硬笔书法爱好者参加学习。本次培训研修班邀请到了泉州师院文传学院副院长、书法本科专业副教授杨秋生，泉州师院书法研究生导师教授、研究生导师黄鸿琼，中国书法家协会会员、国展获奖精英张聪明，泉州硬笔书法家协会主席陈志生，中国教育学会书法教育专业委员会委员、黎明大学书法教师陈希贤5位书法教育专家到场授课，为学员们讲授《书法艺术与中国文化》《硬笔书法如何短期时间提高和有效临摹方法》《硬笔书法临摹和毛笔书法临摹》《硬笔书法的书写技巧和创造》《毛笔书法创作和硬笔书法创作区别和方法》等内容。

10月2日

星期五
农历乙未年八月二十
温度：22℃—25℃
阴转多云

●泉州元素亮相央视英语新闻频道。

●晋江市投放3000辆城市公共自行车。

●50多名兼职司机从泉州各地汇聚晋江，自备电动折叠自行车、电动滑板车、独轮车等新型环保交通工具，骑行约20千米，倡导市民绿色出行。

●2—3日，由泉州市跆拳道协会主办的首届泉州市跆拳道大众赛在泉州侨乡体育馆举行。

●2—6日，由泉州师院文学与传播学院、泉州市硬笔书法家协会和泉州市统一战线教育专家服务团等主办的第二届泉州市硬笔书法师资培训研修班在泉州师院举行。

10月3日

星期六
农历乙未年八月廿一
温度：24℃—30℃
多云

●市人社局、市财政局下发通知，为帮助未就业高校毕业生提升工作技能、尽快实现就业，泉州市组织实施2015年高校毕业生就业见习计划，组织1500名离校未就业高校毕业生参加就业见习。

●泉州公交车上设置的亚艺节标志正式亮相。

●两岸海钓比赛在泉州围头湾海域举行。

●3—6日，第四届欧米勒国际钢琴公开赛总决赛在山东青岛举行，泉州选手获4个特等奖、5个一等奖、3个二等奖、2个三等奖和2个最佳演奏奖。

泉州市组织1500名高校毕业生参加就业见习

市人社局、市财政局近日下发通知，为帮助未就业高校毕业生提升工作技能、尽快实现就业，泉州市组织实施2015年高校毕业生就业见习计划，组织1500名离校未就业高校毕业生参加就业见习。见习对象为毕业三年内未就业的市内高校和市外高校泉州生源毕业生。经实名登记的2015年离校未就业高校毕业生和“双困毕业生”可优先参加就业见习计划。毕业生见习期限为3—6个月。见习期间，由见习单位和地方政府提供不低于当地最低工资标准的基本生活补贴，其中，财政部门每人每月按不低于当地最低工资标准的50%给予补贴。毕业生人事档案由见习单位所在地政府人事部门所属人才服务机构免费托管。其中，市级就业见习计划将组织200名离校未就业高校毕业生到市级见习基地、市属企事业单位和在泉省部属企事业单位见习。市级财政从就业专项资金中安排经费，对市级200名就业见习计划参与者予以补贴，补贴标准为每人每月1000元，补助期限为3个月。通知明确，就业见习计划的实施分为岗位发布、报名审核、供需对接三个步骤。各县（市、区）将按照年度见习计划分解任务，征集一批符合毕业生实际、具有一定技术含量的见习岗位，并通过政府人事部门网站、所属人才中心网站征集发布见习岗位。离校未就业高校毕业生可根据发布的见习岗位信息到当地就业见习主管部门或见习单位申请参加就业见习。各县（市、区）可采取统一组织推荐或召开见习专场供需对接会等方式帮助毕业生和就业见习单位实现双选对接。见习单位与毕业生达成见习意向后，双方需签订见习协议书，明确双方权利义务。通知要求，各地要加强对见习单位和见习毕业生的管理服务，督促见习单位及时为毕业生办理人身意外伤害保险，并指导见习单位为见习毕业生提供必要的工作条件，做好见习人员传帮带、日常管理和安全防护工作，确保见习毕业生生命财产安全，提高见习成效。

泉州公交车上设置的亚艺节标志正式亮相

泉州公交车上设置的第十四届亚洲艺术节标志正式亮相。“十一”黄金周期间，泉州市亚艺节筹办不停滞，亚艺办工作人员加班加点，推进各项工作。（图/张九强）

泉州选手在第四届欧米勒国际钢琴公开赛总决赛上获佳绩

3—6日，第四届欧米勒国际钢琴公开赛总决赛在山东青岛举行，泉州选手获4个特等奖、5个一等奖、3个二等奖、2个三等奖和2个最佳演奏奖。此届赛事针对不同背景的钢琴演奏者，分为专业组、公开组及业余组3个大组、51个小组的比赛，每个小组产生一名最优秀的特等奖选手，此外还设有一、二、三等奖及演奏奖若干名。据赛事组委会统计，来自中国、韩国、日本等亚洲国家及德国、美国、丹麦、瑞士等欧美国家的上万名专业及非专业选手参加全球各地的选拔赛，最终，近两千多名选手凭借优异的表现，从数万名参赛选手中脱颖而出进入总决赛。而总决赛也延续以往比赛高规格、高水准的评委准则，由中国钢琴艺术大师家刘诗昆领衔，全美音乐教师协会总会主席Scott McBride Smith、著名肖邦国际钢琴比赛评委Grzegorz Kurzynski、德国博兰斯勒殿堂级演奏家Alexander Palei、德国著名钢琴家欧米勒孖宝——StepfenWeh/Macel Dorn、美国内华达艺术学院院长卜劼以及来自中国大陆及港台地区琴坛的26名著名钢琴家、钢琴教育家组成的评委会，成为赛事一大引起业界瞩目的亮点。刘诗昆表示，欧米勒国际钢琴公开赛是在中国举办最出色、最成功、最具影响力的钢琴大赛之一，泉州选手取得优异成绩，是泉州经济文化发展的缩影，是泉州音乐教育发展成果的体现，同样也符合艺术教育发展的规律。希望有越来越多的孩子学钢琴、学音乐，坚持不懈地努力下去。

市政协组织督办重点提案

市政协近日组织督办十一届四次会议重点提案“关于进一步在我市青少年中开展优秀传统文化教育的提案”。市领导杨俊峰、周真平、李建辉、陈铭福参加督办活动。政协委员视察晋江市社区24小时自助图书馆、丰泽第二中心小学和泉州培元中学。市政协主席杨俊峰肯定泉州市开展青少年优秀传统文化教育所取得的成绩。杨俊峰指出，泉州作为历史文化名城和“海丝”起点城市，文化积淀深厚，传统文化的传承乃至普及尤为重要。要提高认识，增强青少年传统文化教育的责任感和紧迫感，加强青少年思想道德教育。要突出地方特色，增强传统文化教育的实效性，以原汁原味的教育，让闽南文化成为校园和社区文化的重要组成部分。要全社会动员，形成青少年传统文化教育的良好氛围，宣传家庭教育典范，强化资源统筹和教师培训，开展家国情怀、社会关爱和人格修养教育等。同时建设好24小时自助图书馆，以利民、便民、惠民的公共文化服务，推动市民文化水平不断提升。

泉州市加强离校未就业高校毕业生实名制就业服务

市人社局近日下发通知，针对泉州生源和意向在泉州就业的离校未就业高校毕业生加强实名制就业服务工作。2015年，省内院校非师范类离校未就业高校毕业生已全部完成实名登记。省外高校泉州生源未就业毕业生实名信息，9月人力资源社会保障部由部端下发福建省。市人社局按生源地和就业意愿地分发到各县（市、区）人力资源社会保障局（公务员局）。通知要求，对部端分解下发的实名信息，信息字段不全的，各县（市、区）要通过入户走访调查摸排和为毕业生办理求职登记、报到接收、档案托管等业务时收集记录实名信息，并准确记载，录入到福建省毕业生就业公共网离校未就业高校毕业生实名登记服务管理系统（以下简称“实名登记服务管理系统”）。各县（市、区）根据实名登记服务管理系统的未就业毕业生的就业意向和服务需求，提供有针对性的就业服务。对有求职意愿的，及时提供职业指导和就业信息；对有创业意愿的，纳入大学生创业引领计划，组织参加创业培训，提供创业服务，落实创业扶持政策；对有培训意愿的，推荐参加相应的职业培训和技能鉴定，提升职业技能；对有见习需求的，组织参加就业见习，积累经验、增强能力；对就业困难毕业生，实施“一对一”重点帮扶。跟踪服务未就业毕业生，落实扶持政策以及实现就业等情况，做到实名信息实时录入、更新和管理，形成动态管理工作机制。

石狮市兑现首批产业工人职业资格等级奖励

石狮市近日完成首批产业工人第一季度职业资格等级奖励发放工作，发放生活补贴145500元。其中，技师（国家职业资格二级）13人、高级技师（国家职业资格一级）21人。按照技师（国家职业资格二级）给予每人每月500元生活补贴，高级技师（国家职业资格一级）给予每人每月2000元生活补贴。2014年7月，石狮市出台《石狮人力资源和社会保障局石狮财政局关于产业工人职业资格等级奖励申报有关事项的通知》。根据文件规定，对在石狮市当前申报企业工作两年以上，在石狮市缴纳社保两年以上，并签订三年以上期限的劳动合同，在劳动年龄内的技师（国家职业资格二级）给予每人每月500元生活补贴；高级技师（国家职业资格一级）给予每人每月2000元生活补贴，补贴期限为三年。石狮市第二批产业工人职业资格等级奖励开始申报。具体条件为：一是技能拔尖。获得技能荣誉称号、技能竞赛成绩优秀；其职业技术等级晋升为技师（国家职业资格二级）、高级技师（国家职业资格一级），并经由本市人社部门鉴定、认证的相应证书。二是业绩突出。经有关职能部门或行业协会确认具有绝招绝技，在技术上有重大发明创造或重大技术革新，并取得重大经济效益和社会效益；在企业技术改造、引进高新技术设备的消化、使用中，掌握关键技术，解决关键技术难题，创造了同业公认的先进操作法，显著提高劳动生产率；排除关键技术障碍、重大安全隐患，做出突出贡献；传绝技，带高徒，所带徒弟多人成为企业技能骨干、在各类技能竞赛中取得优异成绩。三是申请人在当前申报企业工作两年以上，在石狮市缴纳社保两年以上，并签订三年以上期限的劳动合同，在劳动年龄内。四是服务企业类型是我市民营工业企业、商贸服务企业等产业技工分布的行业、产业。

10月4日

星期日
农历乙未年八月廿二
温度：25℃—30℃
多云

●市政协组织督办十一届四次会议重点提案“关于进一步在我市青少年中开展优秀传统文化教育的提案”。政协委员视察晋江市社区24小时自助图书馆、丰泽第二中心小学和泉州培元中学。

●市人社局近日下发通知，针对泉州生源和意向在泉州就业的离校未就业高校毕业生加强实名制就业服务工作。

●石狮市完成首批产业工人第一季度职业资格等级奖励发放工作，发放生活补贴145500元。其中，技师（国家职业资格二级）13人、高级技师（国家职业资格一级）21人。

10月5日

星期一
农历乙未年八月廿三
温度：25℃—29℃
多云

●泉州“海丝文明”亮相凤凰卫视。

●全市拟建100台图书自助借还机。

●2015年世界羽联黄金大奖赛之泰国公开赛闭幕，泉州南安选手黄东萍和队友李茵晖获得女双冠军。

●都市爱情电影《陪安东尼度过漫长岁月》在泉州万达影院点映，著名模特刘畅到现场与观众互动。

●晋江市启动安全生产宣教培训基地建设。

●由香港石井同乡会筹拍，反映石井民俗风情的纪录片《石井印象》发布会在南安市石井镇举行。

“海丝泉州”亮相凤凰卫视《丝路文明》

是日起，凤凰卫视中文台连续5天播出《丝路文明》泉州站系列节目。栏目组通过寻找“海上丝绸之路”的点滴印记，展现别样的“海丝”起点风情。《丝路文明》是凤凰卫视一档以历史、人文为主题的文化类日播节目，以专题或系列节目的方式阐释丝绸文明，节目于每周一至周五晚10时30分首播，并于次日0时25分、13时55分分别重播。《丝路文明》栏目编导梅洁介绍，摄制组于9月16日到泉州，随后到开元寺、清净寺、洛阳桥、天后宫、泉州海外交通史博物馆等地进行为期7天的拍摄工作。梅洁表示，泉州本身是一座“会讲故事”的城，在这里可以找到很多“海丝文化”的元素。同时，泉州也被很多人认为是古代海上丝绸之路的重要起点之一，拥有许多珍贵的“海丝”文物与古迹。文化、文明是很抽象的东西，希望通过“镜头里的海丝”让人们重新回味海丝文明。

全市拟建100台图书自助借还机

从有关方面获悉，到2017年底前，全市拟建设100台图书自助借还机。在部分发达地区的图书馆建设中，于人口密集、流动量较大的场所、工业园区等引入街区图书自助借还机，以扩大图书馆服务的覆盖面、水平和服务能力，是对图书馆服务的有益补充。2015年，农工党泉州市委提交《建议政府加快推进中心街区24小时自助图书馆建设》，建议构建泉州自助图书馆服务体系，并在建设中实现自助图书馆与基层图书馆合理分工、功能互补、共同发展，被列为市政协十一届四次会议重点提案。2015年以来，市文广新局把“加快推进中心街区24小时自助图书馆建设”列为公共文化服务体系建设的重点项目加紧推进。鲤城区拟分年度、分批次建设10台图书自助借还机；丰泽区拟争取在有条件的社区书屋试点建设24小时图书自助借还机；洛江区将加大区级图书馆建设力度，争取早日建成投入使用，并创造条件逐步推广建设24小时图书自助借还机。同时，泉州市已完成《泉州市24小时自助图书馆建设工作方案》，初步计划在2017年年底前，在全市范围内建设100台图书自助借还机。当前，泉州市中心市区公共图书馆服务体系的基本构架是图书馆—区级图书馆—乡镇街道图书馆—社区图书馆（含分馆、图书流通点）。据统计，市中心城区建有泉州市图书馆、鲤城区图书馆、泉港区图书馆，洛江区和丰泽区图书馆正在筹建中，另有社区图书馆（室）、农家书屋近350个。此外，近几年来各级公共图书馆大力发展数字图书馆，中心城区已建成5个文化共享工程支中心，129个公共电子阅览室（电脑660台），泉州市支中心数字资源48TB，并可通过网络共享使用国家中心120TB，省中心90TB的数字资源。通过传统和数字化两种服务方式满足市民获取信息知识的需求。

晋江市启动安全生产宣教培训基地建设

为推动晋江安全生产宣教培训工作的长远发展、持续发展，引导市民和企业员工树立“安全第一”理念，从“要我安全”向“我要安全”和“我会安全”的方向转变，在思想上筑牢安全生产红线意识，从根本上提高其安全生产能力和水平，从而有效遏制生产安全事故的发生，确保晋江全市安全生产形势持续保持安定稳定态势，根据晋江市政府统一部署安排，由晋江市安监局牵头的安全生产宣教培训基地建设工作近日全面启动。该基地位于青阳街道洪山文创园7号楼1层，面积约540平方米，总投资219.1万元。该基地是晋江市首个面向全体生产经营单位从业人员、中小学生和居民群众的综合性警示教育基地，设置接待导入区（安监成果展示区）、典型事故警示区（安全培训区）、家居安全学习区、交通安全学习区、消防安全学习区和生产安全学习区六大主题功能展区。基地建设在现代科技的基础上，利用声、光、电等高科技手段模拟真实场景，采取虚拟仿真、场景模拟体验、标志和实物展示、展览装饰与造型、互动多媒体学习机等形式，为受众提供一个融合实物展示、影像、音响、多媒体互动、图片和文字说明等多方式、多层次、全方位的安全生产警示教育平台。基地的建设，旨在通过安全生产知识普及与互动式体验，提升市民安全生产防范意识和应对突发事件的处置能力，减少和预防各类安全生产事故的发生，为晋江市开展“五城同创”、打造晋江经济升级版提供一个良好的安全生产环境。

石狮市出台关于进一步推动产业转型升级的实施意见

石狮市委、市政府近日出台关于进一步推动产业转型升级的实施意见，意见提出，要把握跨越发展、“海丝”先行区、中国制造2025等转型新机遇，主动适应新常态，以质量提升为引领，加快推进制造业智能化、服务业高端化和农业现代化，培育新增长点，加快构建现代产业体系，实现经济发展的新跨越，展示质量石狮的新格局。

意见确定产业转型升级的主要目标：到2020年，主导产业运行质量持续提高，传统特色产业全面提升，新兴产业和新兴业态先导作用日益突出，在产业转型升级上取得“五个新”成效：产业规模有新突破。至2020年，工业总产值达到1500亿元以上，其中纺织鞋服主导产业产值突破1000亿元；服务业增加值翻一番，超过500亿元。

产业结构有新优化。产业层次日趋清晰，产业链条不断完善，产业竞争力优势突出。到2020年，三次产业结构更加合理，第三产业增加值占GDP比重达到50%以上，高技术产业增加值占GDP比重达到20%。

创新能力有新提升。创新环境不断优化，创新质量显著提高，对产业转型升级的支撑作用进一步增强。到2020年，全社会研发支出占GDP比重达到2.8%，每万人发明专利拥有量达到4件，培育一批具有自主创新知识产业的科技型中小企业，科技小巨人企业达100家。

集约发展有新成效。土地集约利用，空间载体优化，产业空间布局更加合理，产业、能源结构趋于合理，生产方式基本实现向低碳型转变。到2020年，建设先进制造业工业园区4个，建成配套完备的新兴产业基地两个，现代服务业集聚区5个，形成多层次、全方位的产业转型升级空间载体。

体制机制有新优势。基本形成便捷高效的行政审批机制、市场化运作的要素配置机制、创新多样的投融资机制，为产业转型升级提供有力保障。

为实现上述目标，意见提出产业转型升级的八项主要任务。一是通过实施智能制造工程、自主研发工程、商业模式创新，加快推动纺织鞋服主导产业优化升级；二是集聚融合生产性服务业，整合提升生活性服务业，加快推动现代服务业向高端化发展；三是发展电子商务、互联网金融、智能物流等，加快发展互联网经济新型业态；四是借助文化创意、互联网、石台合作等，加快发展优质高效特色农业；五是通过优化海洋经济布局、构建现代海洋产业体系、实施龙头带动计划等，加快打造海洋经济新增长极；六是以培育科技小巨人企业、实施“众创狮城”计划，加快培育科技型中小企业集群；七是加快创新金融服务产业转型升级；八是加快推动“三维”项目对接。意见还制定相应的保障措施。

海峡两岸海上义务救生交流活动在晋江市举行

由金门县红十字会、晋江市红十字会、泉州市游泳协会和泉州市冬泳协会等主办的海峡两岸海上义务救生交流活动在晋江市金沙湾海域举行，180多人参加海上游泳、救生交流活动。晋江市红十字会秘书长表示，目前，晋江仍缺乏水上救生培训的专业师资力量，海上救护队多为民间自发组织，缺乏专业、系统的培训。此次交流活动中，晋江市红十字会和金门红十字会已达成初步共识，2016年将在金门红十字会的师资支援下，在围头举办两岸红十字会水上安全救生员培训，经过培训及考核通过的人员将予以发放海上救生员证书。

泉州市举行第28届钓鱼比赛

6—7日，2015年福建省全民健身运动会泉州市第28届钓鱼比赛在泉州台商投资区洛阳镇举行，来自泉州市钓鱼协会各团体会员单位的56支代表队近160位钓鱼爱好者参加比赛。本次比赛是对泉州市群众性钓鱼运动水平的一次检阅，参加者既有山区垂钓爱好者，也有沿海钓鱼高手，参加单位既有各县（市、区）、行业系统钓鱼协会，也有社会钓鱼俱乐部、分会。同往届一样，本届比赛仍分设老年组和公开组，前者进行3场手竿钓混养鱼重量赛，后者进行一场手竿钓对象鱼尾数赛和二场手竿钓混养鱼重量赛。

相关链接：泉州市钓鱼协会自1987年成立以来，致力于钓鱼运动在泉州市的发展和普及，已拥有团体会员单位近40个，会员数万人，越来越多的人选择钓鱼作为健身项目，日益壮大的垂钓大军成为泉州市全民健身运动中的一支生力军。

10月6日

星期二
农历乙未年八月廿四
温度：24℃—28℃
多云

●石狮市委、市政府出台关于进一步推动产业转型升级的实施意见，提出要把握跨越发展、“海丝”先行区、中国制造2025等转型新机遇，主动适应新常态，以质量提升为引领，加快推进制造业智能化、服务业高端化和农业现代化，培育新增长点，加快构建现代产业体系，实现经济发展新跨越，展示质量石狮的新格局。

●海峡两岸海上义务救生交流活动在晋江市金沙湾海域举行。

●6—7日，2015年福建省全民健身运动会泉州市第28届钓鱼比赛在泉州台商投资区洛阳镇举行。

10月7日

星期三
农历乙未年八月廿五
温度：23℃—27℃
阴转阵雨

●省体育局副局长、省高尔夫球协会主席陈忠和到泉州参加惠安县高尔夫球协会成立邀请赛。

●国庆黄金周结束。从市旅游局获悉，尽管节前的台风“杜鹃”为假日旅游经济带来一定负面影响，但黄金周期间，泉州市游客总量仍比2014年同期有所增长，7天共接待境内外游客255.67万人次，同比增长11.5%；实现旅游收入21亿元，同比增长13.4%。

●由市旅游局、泉州晚报社作为指导单位，国际选美组织联合会、世界旅游小姐协会、泉州商报主办的2015年第42届世界旅游小姐中国福建泉州赛区决赛举行。

●丰泽区第三实验小学访问团到台湾开展教育文化交流活动。

国庆黄金周全市实现旅游收入21亿元

国庆黄金周结束。从市旅游局获悉，尽管节前的台风“杜鹃”为假日旅游经济带来一定负面影响，但黄金周期间，泉州市游客总量仍比2014年同期有所增长，7天共接待境内外游客255.67万人次，同比增长11.5%；实现旅游收入21亿元，同比增长13.4%。该次黄金周纳入抽样调查的清源山、清水岩、崇武古城、开元寺、仙公山、南安香草世界、闽台缘博物馆、德化岱仙瀑布、永春牛姆林九个景区，共接待游客96.928万人次，实现门票收入847.8万元，充分说明A级景区仍是接待游客的主要场所和平台。市旅游局负责人介绍，取得如此佳绩的主要原因是泉州市旅游基础配套设施近年来持续提升完善，特别是A级景区不断增加，乡村旅游景点、旅游观光工厂渐成规模，旅游饭店、宾馆快速增长，使泉州的游客接待容量迅速扩大。同时，泉州晋江国际机场、动车和高速路网不断建设，立体交通缩短时空距离，极大方便游客出游选择，加上高速免收7座以下非运营车辆通行费，激发了人们外出游玩的需求。除游客量和旅游收入同比增长外，全市黄金周旅游还呈现美丽乡村游井喷、文化之旅方兴未艾、“海丝”之旅活力焕发等六大特点。

国庆假期尾声，泉州晋江国际机场口岸迎来出入境客流高峰　　（图/陈维强 朱伶俐）

第42届世界旅游小姐中国福建泉州赛区决赛举行

由市旅游局、泉州晚报社作为指导单位，国际选美组织联合会、世界旅游小姐协会、泉州商报主办的2015年第42届世界旅游小姐中国福建泉州赛区决赛举行。经过角逐，最终肖逸兰、李彩娜、卢郁涵从13名佳丽中脱颖而出，分别获得冠亚季军，代表泉州参加2015年世界旅游小姐福建省赛。《泉州商报》官方微信开辟的网络投票评选中，选手们积极争取选票，从海选到决赛，李彩娜在网络投票通道中一路领先，获最佳人气奖；肖逸兰获最佳女神奖；张燕君获最佳上镜奖。评委表示，本次决赛不乏综合素质较高的选手，具备形象的“丽质”、才艺的“特质”和对泉州旅游文化热爱的“品质”，展示旅游小姐应有的自信和风采。本次大赛是一场综合性的评选，要求选手在形体、容貌、气质、才艺等各方面都要达到一定水平。

陈忠和参加惠安县高尔夫球协会成立邀请赛

省体育局副局长、省高尔夫球协会主席陈忠和到泉州参加惠安县高尔夫球协会成立邀请赛。陈忠和表示，为促进青少年体育运动的开展，省体育局与省教育部门举办田径、游泳、篮球、足球、排球和乒乓球六项全省青少年联赛，通过联赛促进各个学校体育运动交流，让更多青少年走向赛场，加强青少年体育运动。抓好青少年体育是开展全民健身运动的关键。20世纪七八十年代，全国青少年朋友都在外面运动，老年人在家里做事。新世纪以来，老年人逐步走向运动场所，自发地开展健身运动，反而是青少年运动的时间越来越少，被手机、电脑和游戏等占据了运动时间，这种局面要慢慢地扭转过来，开展各级青少年体育联赛是促进全民健身运动的重要举措。

丰泽区第三实验小学访问团到台湾开展教育文化交流活动

在中国陶笛艺术委员会的牵线搭桥下，丰泽区第三实验小学访问团到台湾开展教育文化交流活动。该校自创办以来，一直重视对优秀传统文化的续承与创新，确立“诗笛”办学特色，成果日益彰显。1月30日，台湾嘉义市精忠小学慕名到访。此次，丰泽区第三实验小学到台湾嘉义市精忠小学回访。精忠小学以非洲鼓舞、陶笛迎宾曲、独轮车表演等迎接访问团，两校师生还进行了才艺交流，开展《望春风》陶笛大合奏。双方以陶笛文化为由头开展深入交流，并签订两校缔结友好姐妹学校备忘录，以推进两校在陶笛办学特色、办学理念、课程设置等方面的交流。

泉州市开展2015年全市工作检查

是日起，泉州市结合第四季度“促进项目落地、帮扶企业发展”活动周，开展2015年全市工作检查活动，集中检查2015年以来各县（市、区）、泉州开发区、泉州台商投资区工作情况。工作检查分两个阶段，第一阶段由市委、市人大、市政府、市政协主要领导分别带队，分片区实地检查、现场办公并召开工作点评会；第二阶段召开全市总结会，集中听取各地工作汇报，对工作检查活动进行总结，部署下阶段工作。工作检查的内容是：各地各部门贯彻落实习近平系列讲话和到福建考察讲话精神及省委九届十四次全会、市委十一届九次全会精神，按照省、市重大工作部署，2015年以来推动经济社会发展和党的建设等方面取得的新成效；开展“三比一看”，推进重点领域改革、重大产业发展、主要指标完成、重点项目进展，促进项目落地、帮扶企业发展的情况；落实全面从严治党主体责任、进一步改进作风，开展“三严三实”专题教育情况；分析2015年以来经济运行，2016年工作谋划和“十三五”规划的研究编制情况；交流经验做法，了解困难问题，现场解决问题。通过检查，营造“比、学、赶、超”的发展氛围，确保全年经济社会发展目标任务全面完成。检查活动要求借鉴运用开展“促进项目落地、帮扶企业发展”活动周的有效办法，坚持问题导向，采取实地调研、现场办公、专题协调、项目点评、座谈互动等方式，深入实地了解情况，面对面听取意见建议，现场分析解决基层实际困难和问题。活动各项组织保障工作要严格遵守中央“八项规定”，高效简朴，厉行节约，确保检查活动实现预期目的。市四套班子部分领导，市人大、市政府、市政协秘书长，各县（市、区）党政主要领导，泉州开发区、泉州台商投资区党工委、管委会主要领导，部分市直有关部门负责人等参加检查。

福建南王包装有限公司是国内最大的科技型环保印刷包装厂家，拥有国内最资深的印刷、制袋技术人员及多条全球最先进的全自动纸袋生产线和印刷设备（图/陈晓东）

泉州企业积极引进国际先进的智能化设备。位于晋江市深沪镇的福建龙峰纺织科技实业有限公司，引进国际先进的智能化设备后，整体用工减少63%，生产效率反而提升3%（图/陈起拓）

《关于推进养老机构与医疗机构融合发展的意见》下发

为加强养老机构医疗服务保障功能，让老年人在养老机构享受便捷高效的医疗服务，市民政局、市人社局和市卫计委近日联合下发《关于推进养老机构与医疗机构融合发展的意见》推动探索医疗机构与养老机构合作新模式。泉州市养老设施建设起步较晚，各类配套不尽完善，不同程度上存在内设医疗机构不规范、医疗设施少、医务水平不高等问题，养老机构医疗保障不到位。意见提出，支持养老机构设置医疗机构，具体包括：设立护理院。规模在300张床位以上的养老机构，达到护理院基本标准的，内部原则上应设置护理院，有条件的可以申请设置康复医院等医疗机构；设置医务室（卫生所）。规模在100—300张床位的养老机构，达到诊所基本标准，内部原则上应设医务室（卫生所），有条件的也可设护理院，或与社区卫生服务中心（站、所）联建；设置巡诊室。规模在100张床位以下的养老机构，内部原则上应设巡诊室，面积不低于20平方米，配备1名医护保健员，有条件者也可设置医务室。同时，城乡老年人居家养老服务中心（日间照料中心、托老所、老年灶）、农村养老互助幸福院，应通过与周边医院、基层医疗卫生机构、社区卫生服务中心（卫生所）合作开展医疗服务。

10月8日

星期四
农历乙未年八月廿六
温度：23℃—26℃
阵雨

●是日起，泉州市结合第四季度“促进项目落地、帮扶企业发展”活动周，开展2015年全市工作检查活动，集中检查2015年以来各县（市、区）、泉州开发区、泉州台商投资区工作情况。

●李建辉兼任晋江市委书记。

●为加强养老机构医疗服务保障功能，让老年人在养老机构享受便捷高效的医疗服务，市民政局、市人社局和市卫计委联合下发《关于推进养老机构与医疗机构融合发展的意见》推动探索医疗机构与养老机构合作新模式。

●全国第十八个高血压日，由鲤城区海滨街道社区卫生服务中心、涂门社区居委会、福建医科大学附属第二医院、中国电信鲤城分局主办的“健康生活方式与健康血压”主题义诊宣传活动举行。

10月9日

星期五
农历乙未年八月廿七
温度：21℃—25℃
阴

●第八届世界福建同乡恳亲大会在厦门举行，泉州市领导郑新聪、康涛、陈荣洲、许连捷等参加大会相关活动，500多名泉州籍侨亲参加大会。

●9—11日，郑新聪到丰泽、石狮、晋江开展2015年全市工作检查。

●9—11日，康涛到鲤城、南安、安溪和泉州开发区开展2015年全市工作检查。

●9—10日，陈万里到泉港、惠安、台商投资区开展2015年全市工作检查。

●全市工作检查继续展开。

●泉州市防范化解金融风险工作推进会暨泉州中级法院金融审判庭揭牌仪式举行。

●由市教育局、泉州市眼科医院主办的“亚太眼保健周”活动在泉州市实验小学、市第二实验小学、市第三实验小学、泉州师院附小、市晋光小学5所市直小学举行。

●大型交响乐集《我的海峡》在泉州影剧院上演。

●丰泽法院组织开展全省法院“跨域”立案服务集中宣传活动。

●晋江市“警媒联动”创新景区警务新模式。

●农业部公布2015年中国最美休闲乡村推介结果，永春县岵山镇茂霞村名列19个历史古村之一。

市领导到全市各地开展工作检查

9—11日，市委书记郑新聪带队到丰泽、石狮、晋江开展2015年全市工作检查。市领导翁祖根、温惠榕、李建辉、吕竞、卢炳椿、陈灿辉参加检查。郑新聪指出，丰泽、石狮、晋江在全市发展大局中举足轻重，较早面临创新转型的问题和挑战。2015年以来，三地干部、企业家以较好的精神状态主动应对，许多工作走在全市前面，但依然存在不少共性和个性问题。郑新聪要求，要把压力传导下去，挖掘发展潜力。要高度重视保企业运行、防控金融风险，营造良好金融环境。要树立“抓前期就是抓机遇”理念，抓项目投资接续。要提前谋划2016年发展，以更积极的态度安排指标预算。要把产业转型升级作为当前及今后一段时期的中心工作来抓，产业方面要从区位特点和现有优势出发，加强对“互联网+”等新兴事物的研究，促进新业态“由虚变实、由小变大、根植泉州”；城市方面要坚持环湾、向湾、同城发展；改革方面要继续大胆先行先试，促进各项试点工作取得实在成效。要发挥企业家智慧和行业协会作用，加强党委、政府智库建设，使各项规划决策更接地气。郑新聪强调，各级党委特别是“一把手”，要担当起从严治党、推进党风廉政建设的第一责任，坚持问题导向，抓早抓细抓常，让问责成为常态，抓好“三严三实”专题教育，抓好班子、带好队伍。

9—11日，市长康涛带队到鲤城、南安、安溪和泉州开发区开展2015年全市工作检查。市领导陈庆宗、林俊其、林万明，市政府秘书长吴友才参加检查。在工作点评会上，康涛指出，希望各地要发挥优势、突出重点、勇于创新，加快转型升级步伐，激发发展活力。鲤城要壮大城市经济，拓展发展空间，谋划古城复兴，优化城市管理，保护开发好古城核心区，增强发展后劲，完善提升中心市区功能。南安要挖掘增长潜力，优化发展布局，打造环境优势，建成若干个千亿产业集群，构建接受周边辐射的新增长极，营造“大众创业、万众创新”的氛围。安溪要推动产业园区跨越发展，擦亮安溪铁观音品牌，加强生态文明建设，下大力气开展扶贫攻坚，建成宜居宜业宜商宜游的现代山水茶都。开发区要推进产业转型升级，致力在金融改革上聚资源、创品牌，加快官桥园区开发建设，早日做大规模、做出特色。市直相关部门要主动靠前，高效服务，为各地建设发展提供有力保障。康涛强调，要全力抓进度、挖潜力，推动年初既定目标任务完成，同时抓紧梳理谋划2016年和“十三五”工作，为全市长远持续发展打下基础。

9—10日，市人大常委会主任陈万里带队到泉港、惠安、台商投资区，走访项目现场，了解各项工作进展，察看企业生产车间，协调解决企业发展困难。市领导陈沈阳、林伯前、周真平、吴共湖，市人大常委会秘书长吴春林参加相关活动。陈万里指出，各级各部门要攻坚克难，全力冲刺，务必以更加有效的工作举措积极应对、有效施策、主动作为，力争全面完成全年目标任务；要超前谋划，精心布局，提早谋划2016年工作和“十三五”规划，注重引导企业走现代化企业路子，推进企业整合、兼并、重组，走集团化股份制道路，注重加快发展现代化服务业和现代农业；要深度融合，协调发展，以大惠安发展思路做大做强区域品牌，整合两区一县各方面资源，调整产业分工协作，实现优势互补；要发挥优势，深度拓展，结合引进技术、引进智力、引进人才推进发展，拓展对台、对侨交流工作；要统筹兼顾，共同推进，更加重视民生、生态、稳定、安全和党建工作，加快社会事业发展，走绿色发展之路。

纳川管材科技股份有限公司是泉州产业转型升级的一个代表。3条新引进的钢骨架塑料复合管及配套生产线列入国家级科技成果重点推广计划项目和国家重点新产品（图/陈晓东）

永春茂霞村入选全国19个历史古村

农业部公布2015年中国最美休闲乡村推介结果，永春县岵山镇茂霞村名列19个历史古村之一。中国最美休闲乡村推介活动以推进生态文明、建设美丽乡村为目标，以传承农耕文明、展示民俗文化、保护传统心甘情愿、发展休闲农业为重点，通过向公众推介一批天蓝、地绿、水净、安居、乐业、增收的最美休闲乡村，推动中国休闲农业持续健康发展。此次全国共推介特色民居村33个、特色民俗村30个、历史古村19个。

庄聪生到泉州调研“政商关系”

全国工商联原副主席、中国民营经济研究会会长庄聪生到泉州调研“政商关系”并召开座谈会。市领导翁祖根、许连捷参加相关活动。与会的党政部门、专家学者和企业界代表人士围绕政商关系的现状、特点、问题及原因发表意见、看法，并纷纷建言：要加快构建平等、和谐、法治化的政商关系，更好地推动社会进步。

全市工作检查实地检查环节结束

2015年全市工作检查持续展开。检查组分三路到晋江、丰泽、南安、泉州开发区、洛江等地，走访国际鞋纺城项目、海峡国际五金机电交易中心、食品产业园、龙峰纺织生产项目、一鸣交通电器保温箱项目、丰泽区第五中心幼儿园、泉州网商（虚拟）产业园、海西石材物流园、东星石材精品馆、横九线（南安至官桥公路）扩建工程、成辉国际光机电贸展城、泉州园林花卉产业园、官桥园区、洛江“数控一代”示范产业园成果转化基地等项目现场，了解项目建设进展，现场协调解决问题。检查组还到尚云亿家居家工程有限公司、中骏电气发展有限公司、锐驰电子科技有限公司、黑金刚（福建）自动化科技股份公司、福建神州电子股份有限公司、泉州市约克颜料有限公司、铁拓机械有限公司、福建和诚鞋业有限公司、泉州秉尚石斛科技有限公司等企业的车间和展厅，并召开座谈会，了解企业生产经营、行业转型升级所面临的突出问题。此外，检查组还走访南安市体育中心和南安大酒店，检查第一届全国青年运动会筹办情况。随着是日行程的结束，此次全市工作检查实地检查环节结束。

第九届“书香泉州”全民读书月活动启动

由市委宣传部、市委文明办、市文广新局、市教育局、市总工会、团市委、市妇联、省新华发行集团泉州分公司等主办的第九届“书香泉州”全民读书月活动启动仪式举行。本届“全民读书月”活动主题为“倡导全民阅读，建设书香泉州”，以多种形式的活动营造“书香泉州”的文化氛围，打造“东亚文化之都——泉州”的良好形象。启动仪式上还举行首届“书城杯——汉字听写比赛”获奖学生的颁奖仪式以及赠书活动、优惠售书活动等。赠书活动所赠图书由市全民阅读活动组委会提供，赠书对象是农家书屋、社区书屋和中小学生代表。其中，泉州书城捐赠南安市诗山镇镇政府价值20万元的图书，此外还有丰泽区源淮社区、洛江区万盛社区、惠安县潮乐村等所属农家书屋和社区书屋接受赠书。

第六届中国茶都安溪国际茶业博览会举行

10—13日，以“中国茶·中国梦”为主题的第六届中国茶都安溪国际茶业博览会开幕。全国各地50个专业茶城、茶叶市场及相关茶产业机构的2000人参会。本届“茶博会”活动内容包括中国茶叶流通协会与中国林权交易所签订中国茶业交易中心战略合作协议、专题研讨中国茶海丝之路的历史和发展路径的“中国茶·海丝路”高峰论坛、第二届“安溪铁观音·京东秋茶节”启动仪式、海峡茶博园开工启动仪式、全国茶制品标准与科技创新论坛、第二届中华茶奥会茶奥秘使接力活动走进安溪——清水岩“取名泉献名茶”活动、“海丝茶·观音韵”安溪铁观音茶文化全国征文大赛颁奖典礼、茶产业发展研讨会、安溪茶学院2016届毕业生供需见面会等。本届“茶博会”设有1400个标准展位，15家中国百强茶企和世博名茶企业与会，驰名商标、著名商标、知名商标以及中华老字号占参展企业的65%以上。由百家茶企邀请的上千名加盟商参与展销活动及企业组织的洽谈、体验、订货活动。

“茶博会”现场

“茶博会”吸引了众多国内外茶商茶企（图/吴寿民）

10月10日

星期六
农历乙未年八月廿八
温度：21℃—25℃
阴转多云

●10—11日，姜大明到晋江市调研宅基地制度改革试点工作。

●庄聪生到泉州调研“政商关系”。

●全市工作检查实地检查环节结束。

●市人大常委会专题听取市政府“十三五”规划编制工作汇报。

●第九届“书香泉州”全民读书月活动启动仪式举行。

●作为全市近八千名警嫂的代表，毛娟文从北京领回首届中国“好警嫂”奖牌。

●晋江法院与晋江公安局启动试行道路交通事故简易程序与小额诉讼程序“跨域·直通”模式。

●惠安县首届中小学生啦啦操联赛在该县广海中学举行。

●10—13日，第六届中国茶都安溪国际茶业博览会举行。

10月11日

星期日
农历乙未年八月廿九
温度：19℃—24℃
多云

●11—13日，杨俊峰、周银芳带队到洛江、永春、德化项目现场和企业车间，了解各项工作开展情况，协调解决困难问题。

●第十四届亚洲艺术节节徽和吉祥物揭晓。由泉州师范学院美术与设计学院和广州派歌文化发展有限公司共同设计的“情系亚洲·逐梦海丝”，由泉州师范学院美术与设计学院动画与多媒体设计系主任、副教授陈超淼及其团队共同设计的“妙妙”脱颖而出，分别当选本届亚艺节节徽、吉祥物。

●泉州首部有剧情南音新作——《凤求凰》在泉州梨园剧场首演。

●2015—2016中国男子篮球职业联赛（晋江赛区）球迷见面会在晋江市举行。

杨俊峰周银芳到洛江永春德化开展工作检查

11—13日，市领导杨俊峰、周银芳带队到洛江、永春、德化项目现场和企业车间，了解各项工作开展情况，协调解决困难问题。市领导许昆贞、洪泽生，市政协秘书长洪川夫参加工作检查。市政协主席杨俊峰要求，各地要根据市委、市政府部署，按照年初制定的目标，勇于担当，层层传导压力，采取有效措施争取经济明显回升；加紧引进龙头项目，大招商、招大商、招好商；贴身服务企业生产经营，强化重点企业精准帮扶；提前谋划2016年发展，推动产业转型升级。洛江要做大做强智能制造和“数控一代”，为全市转型升级发挥示范作用；建设旅游生态区，打造市区后花园。永春要拓展特色产业，加快发展生物制药，提升现代农业，集约高效利用土地。德化要谋划陶瓷业转型升级，集聚资源打造电商品牌，发挥优势大力发展生态旅游。

第十四届亚洲艺术节节徽和吉祥物揭晓

第十四届亚洲艺术节节徽和吉祥物揭晓。第十四届亚洲艺术节泉州市执委会收到节徽应征作品517件、吉祥物应征作品231件。最终，由泉州师范学院美术与设计学院和广州派歌文化发展有限公司共同设计的“情系亚洲·逐梦海丝”，由泉州师范学院美术与设计学院动画与多媒体设计系主任、副教授陈超淼及其团队共同设计的“妙妙”脱颖而出，分别当选本届亚艺节节徽、吉祥物。节徽“情系亚洲·逐梦海丝”由亚洲艺术节节徽、中国传统福船船帆和泉州历史文化地标——开元寺东西塔有机组合，将亚洲艺术节国际性和地域性特征充分融合。从视觉上看，表达几层含义：一是象征帆船远洋归来，迎风展帆驶向双塔方向；或暗含满载货物的船队，从泉州驶向世界。二是亚洲艺术节节徽的英文首写字母“A”为创作元素的艺术变形，既可作为福船船帆的主杆，又与抽象化的双塔有帆船倒影、形成船队的隐约感觉。三是福船的帆杆，构成“1”的字样，帆杆与亚艺节节徽的彩色飘带，共同构成“4”的字样，象征第“14”届亚艺节。标识暖色调的运用予人较强感受，契合亚洲艺术节八方宾客云集的主题和泉州人民热情似火的人文情感。亚艺节节徽明确表明亚艺节主题；船帆、双塔和海浪三种元素的搭配运用，彰显泉州的历史文化积淀以及作为曾经的“海丝起点”“东方第一大港”的对外贸易和文化交流地位；两者融合，寓意在泉州举办的这一文化盛会，将促进中国首个“东亚文化之都”泉州“情系亚洲、逐梦海丝”，规划打造“21世纪海上丝绸之路先行区”的蓝图愿景。吉祥物“妙妙”以泉州独一无二的带翅膀的“飞天”——“妙音鸟”为原型进行设计。“妙妙”手捧泉州世界非物质文化遗产“南音”独特的乐器横琵琶，彰显泉州独特的艺术特色；“妙妙”头戴刺桐花冠、裙角以海浪图纹修饰，显示泉州历史和地理位置；造型参考借鉴泉州提线木偶和“妆糕人”等的造型趣味；色彩上以本届亚洲艺术节标志主体色、刺桐花红色和红砖墙红色为主调，展现泉州历史文化名城的活泼、充满生机的现代面貌；吉祥物名字“妙妙”，取自“妙音鸟”，寓意本届艺术节将是一次美妙而令人难忘的艺术之旅，也将是一次亚洲文化艺术与闽南文化艺术友好交流的曼妙展现。

第十四届亚洲艺术节节徽和吉祥物

泉州首部有剧情南音新作首演

泉州首部有剧情南音新作——《凤求凰》在泉州梨园剧场首演。《凤求凰》由国家一级导演安凤英执导，用当代的审美来演绎传统的南音艺术，力求在继承传统的基础上，彰显南音的美学特质、独特乐器以及演出样式。图为《凤求凰》剧照。（图/泉州晚报社）

福建泉州向金门地区供水工程开工现场会举行

由福建省、水利部主办的福建泉州向金门地区供水工程开工现场会在泉州举行。国台办副主任龚清概、水利部副部长刘宁、副省长黄琪玉，市领导郑新聪、康涛、周银芳、李建辉、陈荣洲、林万明出席现场会。台湾海基会、金门县嘉宾代表应邀参会。刘宁指出，“两岸一家亲”，大陆十分关心金门缺水问题，长期以来为实现向金门供水作出持续不懈的努力。习近平高度重视福建向金门地区供水工程建设，多次对工程建设作出指示，提出要求。多年来，两岸水利同仁加强沟通、密切协作，就水量调配、供水技术、水价机制等诸多问题进行深入研究，达成诸多共识，取得重要成果。福建向金门供水工程是造福金门同胞的民生工程，它的开工建设是台湾同胞特别是金门民众期盼已久的一大盛事，也是两岸关系和平发展结出的又一硕果。刘宁表示，福建向金门地区供水工程进入建设阶段，两岸同胞共饮一江水的美好愿景即将成为现实，将为金门百姓带来新的福祉，为金门繁荣发展注入新的动力，为两岸关系和平发展提供新的范例。希望参建各方加强组织领导，加强建设管理，完善质量监控体系，抓好工程安全生产，落实目标责任，建立完善协商通报机制，及时解决工程建设中出现的各种问题，精心组织、精心管理、精心施工，打造优质工程、精品工程、样板工程。黄琪玉指出，福建向金门地区供水事关金门民生福祉和经济社会长远发展，一直牵动两岸同胞的心。福建省、泉州市、晋江市政府和有关部门，项目业主、设计、施工等参建单位要加强协作、严格要求、科学施工，打造一流工程、精品工程；水利、环保等部门要加强水源地保护和水质检测，确保水质安全。同时，希望金门也同步推进跨海管道工程建设等相关工作，通过双方共同努力，推动工程如期建成，让两岸共饮一江水的愿望早日实现。晋江市、金门县代表分别在会上致辞。双方表示将密切沟通协作，集中力量，全力以赴，加快项目建设，共促早日通水。

开工现场会　　（图/陈起拓）

相关链接：福建泉州向金门地区供水水源来自泉州晋江流域，因此，金门供水工程需由晋江流域金鸡水闸引水至晋江龙湖水库，随后由龙湖抽水泵站抽水输水至围头入海点，再经海底管道输送至金门。工程输水线路总长约27.62千米，其中陆地管道11.88千米、海底管道15.74千米，设计流量为每天3.4万立方米，工程总投资3.88亿元。

晋江龙湖水库　　（图/张九强）

全省首家民营职业卫生技术服务机构落户泉州

12—14日，福建汇顺职业健康评价有限公司通过市安监局组织的职业卫生技术服务机构乙级资质评审会，成为省安监局职业健康职能划转后第一家接受资质考评的职业卫生技术服务机构。省职业病与化学中毒预防控制中心、市疾控中心7名专家和市安监局有关科室人员参与该评审会。

10月12日

星期一
农历乙未年八月三十
温度：19℃—27℃
晴转多云

●福建泉州向金门地区供水工程开工现场会在泉州举行。

●12—14日，福建汇顺职业健康评价有限公司通过市安监局组织的职业卫生技术服务机构乙级资质评审会，成为省安监局职业健康职能划转后第一家接受资质考评的职业卫生技术服务机构。

●12—16日，泉州市第十届运动会象、围棋比赛在市侨乡体育馆举行。

●2015年泉州师范学院美术与设计学院“茂泰杯”鞋类产品专题设计课程竞技（工作坊）启动。

●由晋江市安海慈善协会捐赠的价值295万元的全省首辆斯堪尼亚R620重型水罐消防车在晋江消防大队安海中队营区投入执勤。

10月13日

星期二
农历乙未年九月初一
温度：19℃—26℃
多云转晴

●泉州市召开亚洲艺术节暨海丝国际艺术节筹备工作动员大会。

●泉州市召开专题会议，听取“十三五”规划编制、2015年指标预计完成和2016年指标安排、2015年泉州（北京）央企专场招商洽谈会筹备、山线绿道示范段工程等情况汇报，部署下阶段相关工作。

●“华大讲堂”第53讲举行。

●省政府夏季消防检查考评组到泉州检查夏季消防工作。

●泉州市纪念中国少年先锋队建队66周年大会暨“我们是共产主义接班人”主题队日活动在泉州市实验小学举行。

●由丰泽区总工会主办的2015年区直机关干部职工环西湖跑比赛举行。

●13—22日，由泉港区委、区政府主办的第8届世界惠安泉港台商区同乡联谊会“海丝路·家乡情”文化系列活动之“水彩名家画泉港作品邀请展”在泉港文化中心举行。

●中国服装服饰博览会（CHIC）、上海国际面辅料展、中国国际纺织纱线（秋冬）博览会、PH Value中国国际针织（秋冬）博览会“四展”在上海国家会展中心开幕，石狮市委、市政府组织60家龙头企业并以“石狮馆”的整体阵容和全产业链参展。

泉州市召开亚洲艺术节暨海丝国际艺术节筹备工作动员大会

泉州市亚洲艺术节暨海丝国际艺术节筹备工作动员大会召开。市委书记郑新聪指出，要站位全局，以讲政治、讲大局、讲责任的高度，深化认识，履行好国家文化外交使命；紧扣“情系亚洲 逐梦海丝”的主题，把世界多元文化展示中心、首届“东亚文化之都”、“海丝先行区”建设等结合起来，加强与亚洲各国文化的交流、共享与合作，在区域开放中凸显更大作为；抓住政要名流、专家媒体云集的机会窗口，全面提升城市知名度、美誉度和影响力。郑新聪要求，要精心筹备、用心运作，抓紧抓好每一个环节和细节。要逐项过细每场活动，做足细致准备，不断磨合完善，争取把问题、困难解决在前期；注重突出关键，特别是开幕式等活动要花更大精力研究推动；全域联动，各地要把相应的活动承办好、保障好。要逐项过细安保工作，树立安全第一的思想，细化应急预案，加强综合演练，盯紧重点环节，确保万无一失。要逐项过细服务保障，抓好嘉宾服务、酒店接待、场馆设施、志愿者工作各环节。要逐项过细氛围营造，抓好市容市貌整治、文明素质提升和宣传活动加温，展现泉州全国文明城市形象。郑新聪强调，要动员全市力量，集聚各方智慧，全力以赴冲刺最后各项备战工作。要组织到位，树立大局意识和“一盘棋”思想，落实每一项责任和要求；要协作到位，服从执委会统一调度，主动跟进配合、加强跟踪反馈，确保各项工作不脱节、不断线；要发动到位，引导群众和社会各界增强主人翁、东道主意识，关心支持亚洲艺术节，参与到各项群体活动和服务保障工作中，营造团结、稳定、祥和、向上的社会环境。

泉州市召开专题会议研究“十三五”规划编制等相关工作

泉州市召开专题会议，听取“十三五”规划编制、2015年指标预计完成和2016年指标安排、2015年泉州（北京）央企专场招商洽谈会筹备、山线绿道示范段工程等情况汇报，部署下阶段相关工作。市委书记郑新聪强调，要紧扣转型升级，聚焦“跨越发展、全面小康”中心任务，科学定性定量目标任务，加强省、市、县三级指标衔接。要站位全局谋划，突出泉州的潜力优势、“国字号”品牌、产业特色、城市文化、“海丝”先行、改革试点等，使之成为集聚资金、项目、人才的“磁铁”“名片”。要坚持问题导向，深入研究新情况、新生事物，尤其要重视“互联网+”产业虚拟空间布局研究，促进虚拟经济由虚变实、新的经济业态由小变大、实体经济根植泉州。要深化细化布局，坚持以规划带项目，并把项目落到城镇规划、空间布局上，具体到建设主体、前期工作、资金筹措上；对新生事物的项目策划，要多引入专业团队，并做到“接地气”、出实效。要倒排时间节点，协调推进各项规划，加强督促指导和经常性衔接，集思广益征求各方面意见建议。市长康涛指出，要征求各有关方面意见，继续深化完善，做好总体规划思路与规划建议、规划纲要之间的衔接。要组建专门工作小组，理顺工作机制，推动规划与产业路线图、项目实施同步考虑、一体化运作；要紧抓重点环节，统筹研究好加快产业转型升级、推动城市若干重要区域（组团）规划建设、提升基本公共服务、优化营商环境等重大课题；要重视平台搭建，针对各产业、各领域的现实需求，出台针对性的政策措施，发挥好各类平台对人才的集聚效应、对发展的支撑作用。

石狮市纺织服装龙头企业到上海参展

中国服装服饰博览会（CHIC）、上海国际面辅料展、中国国际纺织纱线（秋冬）博览会、PH Value中国国际针织（秋冬）博览会在上海国家会展中心开幕，石狮市委、市政府组织60家龙头企业并以“石狮馆”的整体阵容和全产业链参展。图为一家石狮本土互联网企业亮相展会。

（图/石　宣）

全国流动人口社会融合研讨班在泉州开班

2015年流动人口社会融合示范试点工作研讨班在泉州开班，全国14个省20个设区市的近百位卫生计生工作分管领导和相关负责人参加本次研讨班。研讨班以泉州为现场，通过经验交流、现场教学、理论讲授、专家论坛、案例分析等方式，总结并推广泉州工作经验模式，推进流动人口社会融合示范试点工作。

相关链接：作为15个全国流动人口社会融合示范试点城市之一，泉州结合城乡一体化和新型城镇化发展，出台政策，初步建立惠及流动人口的公共服务体系。同时，整合资源，率先开展流动人口计生家庭“安居、成才、致富、保障、亲情”五项工程，实行网上流动人口一孩生育服务登记，建立计生药具智能发放模式，开展流动人口生育关怀行动，以此推动流动人口均等化服务和社会融合。其中，晋江还推行“同城同待遇”，开启新农合异地结算，引入社工服务，助推流动人口计生家庭发展。

“亲情中华·福建省第二届侨界文化艺术节”在泉州举办

由省侨联主办、市侨联承办的“亲情中华·福建省第二届侨界文化艺术节”启动仪式和“中国梦·华侨情”联欢文艺晚会在泉州举行。中国侨联副主席康晓萍，市长康涛，中国侨联副主席、省侨联主席王亚君，中国侨联文化交流部部长陈迈，省侨联副主席谢小建、陈式海，省侨联党组成员、秘书长吴武煌，美国、加拿大、墨西哥等20多个国家和地区的侨领、侨商、侨亲以及各设区市和平潭县侨界代表、泉州市归侨侨眷代表等参加活动。康涛表示，“亲情中华·福建省侨界文化艺术节”是全省侨界的一项群众性文体活动，凝心聚力的特色载体；亚洲艺术节是国务院批准的唯一的区域性国际艺术节，是中国对外文化交流的知名国际品牌。这两大活动相继落地泉州，再次彰显泉州在全省、全国乃至国际上的文化地位和影响力，必将释放刺桐古城浓厚醇美的人文气息，彰显侨乡人民团结进取、爱拼敢赢的精神风貌，激发全市大众创业、万众创新的时代豪情。市委、市政府将一如既往，支持各级侨联组织履行职责，发挥优势，更好地凝聚侨心，汇集侨智，发挥侨力，维护侨益。启动仪式上，康晓萍向中国闽台缘博物馆、泉州少林寺和安溪清水岩风景旅游区3个单位颁发“中国华侨文化交流基地”牌匾。联欢文艺晚会围绕“亲情中华进侨乡”主题，以歌舞、曲艺类为主，突出“侨”的特点和地方文化特色，展现侨乡人民团结进取、爱拼敢赢的精神风貌，激发全市大众创业、万众创新的时代豪情。艺术节期间，还举行侨界羽毛球友谊赛、健步行比赛、侨界趣味游园活动以及“梅兰传香——福建海外杰出女性联谊会艺术作品展”。

市直老干部祝寿会举行

市直老干部祝寿会在市老干部活动中心举行，市领导郑新聪、康涛、陈万里、杨俊峰、陈沈阳、陈荣洲等参加。市委书记郑新聪表示，2015年以来，泉州保持了“经济运行稳定、干部企业家队伍稳定、社会安定稳定”，这离不开老干部所做的大量有益工作，以及对市委、市政府的信任和帮助。郑新聪要求各级各部门要学习贯彻习近平关于老干部工作的指示批示精神，像关爱自家长辈那样关心照顾好老干部，落实各项涉老政策，真心诚意为“双高期”老干部办实事、解难题，让老同志安度晚年、颐养天年，让党放心、让老干部满意。郑新聪指出，泉州正面临前所未有的转型压力，全市上下主动适应经济新常态，积极作为、爱拼敢赢，集智聚力推动产业转型升级、谋划“十三五”发展。希望老领导、老同志发挥资历深、阅历广、威望高、经验丰富的优势，一如既往地关心支持市委、市政府工作，围绕大局出谋划策、建言献计，关心下一代健康成长，参与推动现代化泉州建设。

祝寿会现场　（图/市委老干局）

10月14日

星期三
农历乙未年九月初二
温度：19℃—27℃
多云转晴

●康涛会见香港经贸代表团。

●陈伦到泉州开展《中华人民共和国固体废物污染环境防治法》和《福建省固体废物污染环境防治若干规定》实施情况执法检查。

●2015年流动人口社会融合示范试点工作研讨班在泉州开班。

●国家质检总局组织重点实验室核查验收组到泉州核查验收。

●市直老干部祝寿会在市老干部活动中心举行。

●“亲情中华·福建省第二届侨界文化艺术节”启动仪式和“中国梦·华侨情”联欢文艺晚会在泉州举行。

●2015年全国男子举重冠军赛在河北保定开幕，泉州选手李发彬获56公斤级挺举和总成绩金牌。

●一批市民组成食品安全市民考察团，在市食品药品监管局带领下，走访市区新华都东海湾生活广场多家餐饮店后厨，了解其卫生情况和相关资质等。

●第二届泉州市工艺美术大师（陶瓷类）评审在德化县举行。

●14—15日，由民间文学杂志社、省民间文艺家协会、市文联主办，市民间文艺家协会、泉港区文联、泉州市文化书院承办的“中国梦·乡土情”闽南口传文学调研活动在泉港区举行。

10月15日

星期四
农历乙未年九月初三
温度：20℃—27℃
晴转多云

●郑新聪到市信访局接访群众。

●市政府党组“三严三实”专题教育第三次集中学习研讨举行。

●市人大常委会党组及机关“三严三实”专题教育第三次集中学习研讨举行。

●市政协党组“三严三实”专题教育第三次集中学习研讨举行。

●周银芳到市工商局调研。

●由市委宣传部、市经信委、市科技局、市商务局、市工商局、市工商联（总商会）、泉州晚报社等主办的2015泉州经济年会活动启动。

●由市文联主办，市电影家协会、泉州影剧院、泉州市威远楼文物保管所承办的纪念习近平文艺工作座谈会重要讲话发表一周年电影周在市区威远楼启动。

●胡润研究院发布《胡润百富榜》，泉商许荣茂家族、林秀成和林志强父子以及陈发树进入前百名。

●鲤城区“重阳送健康”服务活动在该区老干部活动中心举行。

●由石狮市委、市政府主办，石狮市委宣传部承办的石狮市第十三届广场文化艺术节在石狮市人民广场开幕。

●福建师范大学与晋江市“校地共建”签字仪式在晋江侨声中学举行。

●安溪县获国家首批有机产品认证示范区称号。

郑新聪到市信访局接访群众

市委书记郑新聪到市信访局接待群众，面对面听取群众诉求，逐一协调解决具体问题。市委常委、政法委书记许昆贞参加接访。在接访现场，市领导阅读信访材料，倾听、询问和记录群众反映的困难和问题，与相关部门负责人会商解决方案，并当场作出批示，责成有关部门限期解决。郑新聪强调，各级各部门要贯彻落实习近平关于信访工作“三个到位、一个处理”重要要求，守土有责、守土尽责，对诉求合理的解决问题到位，诉求无理的思想教育到位，生活困难的帮扶救助到位，行为违法的依法处理。要全面排查梳理本地、本单位信访积案，不回避矛盾、不推脱责任，分清是非，明确牵头协调单位及责任人员，分类处理各类矛盾纠纷，尽快做到案结事了。要依法依规、公平公正，按信访“路线图”处理群众诉求，引导群众走依法信访的路子，杜绝“大闹大解决、小闹小解决、不闹不解决”的现象。要夯实基层基础，坚持问题导向，加强基层信访工作力量，明确工作职责，建立矛盾纠纷排查、信息预警反馈和责任追究机制，及时组织调解处理信访问题，化解于萌芽状态，维护社会和谐稳定。

郑新聪在市信访局接访群众　（图/陈起拓）

市政府党组“三严三实”专题第三次集中学习研讨举行

市政府党组“三严三实”专题教育第三次集中学习研讨举行。市委副书记、市政府党组书记、市长康涛主持会议并作总结讲话。市政府党组成员参加会议、非中共党员副市长列席会议。副市长卢炳椿、林万明作重点发言。会上，大家围绕“严以律己，严守党的政治纪律和政治规矩，自觉做政治上的明白人”的主题，结合各自思想、学习和工作实际，畅谈认识体会，剖析存在的问题和不足，提出改进的方向和措施。大家一致认为，“严以律己”作为“三严三实”的重要组成部分，是立身之本、为政之基，也是新形势下加强党的思想政治建设和作风建设的重要原则。党员干部特别是领导干部要严格按照习近平在十八届中央纪委五次全会上提出的“五个必须”要求，强化纪律和规矩观念，净化、完善和提升自己，时刻保持政治上的清醒、立场上的坚定，自觉做政治上的明白人。在总结讲话中，康涛就做好“三严三实”专题教育工作提出三点要求。一要持续抓学习。越是到专题教育的后期，学习研讨越不能松，越不能停，越要与工作相结合，特别是要针对工作中的重点难点问题，群众关心关注的热点难点问题，在学习研讨中寻找差距、研究对策、拿出措施，推动工作。二要扎实抓整改。强化问题意识，树立问题导向，聚焦问题查摆，对照党规党纪、正反两方面典型，联系个人实际，把自己摆进去。对于“不严不实”问题，要细化整改措施，倒排整改时间，确保改彻底、改到位。三要统筹抓工作。坚持学以致用、知行合一，围绕中心、服务大局，把开展“三严三实”专题教育与全市中心工作有机结合起来，带动政府系统党员干部从严从实的劲头，推动全年目标任务顺利完成，在持续提升实干实效中，检验开展“三严三实”专题教育的成效。

安溪县获国家首批有机产品认证示范区称号

由国家认监委组织召开的2015年国际有机农业区域产业发展（西充）论坛暨有机产品认证示范创建工作会议在四川南充召开，安溪县获国家首批有机产品认证示范区称号。全国获此称号的仅9个县（市）。有机产品指的是遵循自然规律和生态学原理生产出来的产品。有机茶是中国第一个颁证出口的有机食品，在其生产过程中，完全不施用任何人工合成的化肥、农药、植物生长调节剂、化学食品添加剂等物质，并符合国际有机农业运动联合会（LFOAM）标准。安溪县获此称号，对发展有机茶业、提升茶叶质量安全水平、保护生态环境、实现茶产业转型和可持续发展，具有重要意义。

2015年全市工作检查总结暨经济运行分析会召开

2015年全市工作检查总结暨经济运行分析会召开。市四套班子领导参加会议。市委书记郑新聪指出，当前，经济形势依然复杂严峻，既要估计发展中面临的问题，又要看到泉州发展的基础还在、优势还在、机遇还在，坚定信心、稳住大盘、不可松懈，抓好当前经济工作。要把压力传导下去，把氛围营造起来，精准发力，以旬保月、以月保季，争取全市第四季度各项指标有所回升、有所见效。全力以赴扶企业、控风险、保运行，对资金链风险进行严密监测、有效管控、果断处置，守住不发生区域性金融风险底线。树立抓前期就是抓机遇的理念，更加重视抓项目接续、以增量调存量，保持政策敏感，加强策划生成，加快推进百大战略性项目，抓好北京（央企）专场招商活动。及早考虑和布局2016年工作大盘，各县（市、区）要积极进取、共同支撑、精打细算，全面掌握增长点、生财点，加快2016年重点项目征集。郑新聪要求，要围绕转型升级，加强新生事物研究，加快市委、市政府13个专题研讨，研究透、点好题，把成果转化到各项规划中。要推动新业态由虚变实，做强“泉州购”综合大平台，应对“虹吸”效应，促进企业回归；强化产业链创新链耦合，加快推进“一县一平台”建设，加快引进制约“数控一代”应用和智能制造推广的研发机构、人才团队；拓展跨界融合，推广纯制造向“制造+服务”转型、产业链上下游整合等模式，及早跟进服务、解决困难问题；推动商业地产转型，抓好城市新业态规划、变库存为资源、总部经济转型等工作；扶持双创空间建设，以产业链为基础，引导本土化发展、专业化运营，提供一站化服务；推进中心城市建设，注重功能提升、交通对接、人口集聚，加快环湾、向湾、同城化发展。在规划编制过程中，要强化政府主导与专家指导结合，目标计划与空间项目一体，规划研究和具体工作并进，以科学规划引领新一轮发展。郑新聪强调，全市各级党组织要落实“两个责任”，扎实抓好党建工作，把纪律和规矩挺在前面，树立正确用人导向，确保按时完成村级组织换届选举并开展成果巩固行动，抓好“三严三实”专题教育，严在平时、抓早抓小，把干部的心思和精力凝聚到抓工作、干实事上，为转型升级加快发展提供组织保障。市长康涛强调，各级政府各部门要按照市委部署，重点抓好九个方面：一是抓全面目标任务落实和“十二五”规划完成。全力以赴稳增长，有效防范金融风险，做好“十二五”规划终期评估验收。二是加快制定实施产业转型升级路线图。按照“链条+板块”的总体思路，组建专门团队，加快路线图编制，同步开展招商选资。三是全力抓好项目建设。加强项目前期工作，做好要素保障，提速建设进度，同时善用金融政策和工具，争取多渠道融资。四是全面推广“数控一代”和智能制造。重点抓好智能装备推广、智能产业发展和园区平台建设。五是加快建设环湾中心城市。加强规划和管控，突出重点区域和组团，确保重大项目建设进度，完善和落实“三旧改造”政策。六是加强古城保护传承。将古城作为一个整体、一个品牌，做好专业策划，探索保护新机制，培育适合古城的新业态，发动群众支持参与。七是打造一流营商环境。抓好“五张清单”，促进审批提速，培育众创空间，加强效能督查，推出一批因地制宜的工作亮点和品牌。八是抓好为民办实事、社会事业发展、“三农”工作、安全等民生各项工作。九是谋划“十三五”和2016年工作。“十三五”规划要明确海丝先行区、金改区、民营经济综合改革试点等重点领域改革工作，同步考虑规划编制和实施；2016年工作要及早谋划指标、项目、支撑、增长点和生财点。同时主动向上对接，在项目、资金等方面争取更大支持。

会议现场　（图/陈晓东）

10月16日

星期五
农历乙未年九月初四
温度：20℃—28℃
晴转多云

●2015年全市工作检查总结暨经济运行分析会召开。

●省住建厅公布福建省第一批77个建筑信息模型（BIM）试点示范项目，泉州市17个项目入选。

●16—23日，由市委宣传部和市社科联主办的2015年泉州市社会科学普及宣传周举办。

●由泉州市粮食局、泉州市粮食行业协会、南安市粮食局主办的泉州市纪念第35个“世界粮食日”宣传活动在南安市霞美镇温山村举行。

●泉州市青年联合会通过《关于开展“文明出行·利家宜业”新风行动的决议》。

●16—18日，第八届世界惠安泉港台商区同乡联谊会在泉港区举行。

●2015安溪家居工艺旅游商品设计创作大赛专家评审和获奖作品发布仪式举行。

10月17日

星期六
农历乙未年九月初五
温度：20℃—27℃
多云

●周银芳走访西安泉州籍商会。

●17—26日，由中国工艺美术协会、中国工艺美术学会和惠安县政府主办的“心造天成——中国惠安南派雕刻艺术展”在北京中国国家博物馆举行。

●第十四届亚洲艺术节志愿者通用培训会在泉州师范学院举行。

●首届泉州少儿写生大赛颁奖仪式在市区源和堂1916面粉厂大麦仓钢结构会场举行。

●17—18日，由市教育局、市体育局主办的2015年泉州市中小学生啦啦操联赛在泉州侨乡体育馆举行。

●由团市委和中国邮政泉州分公司主办的“悦动青运·最美文都”主题活动举行。

●10月17日—11月2日，“海丝梦·海峡情”两岸三地书画作品联展在晋江市图书馆举行。

●17—18日，中国宜昌汽车场地越野赛在湖北兴山县举行，泉州赛车队车手乔旭获冠军。

●“我是海丝小导游”活动启动。

●“市长杯”2015年南安市第四届中小学生足球联赛开幕式暨“南安足协成立十周年”国家女足元老邀请赛举行。

周银芳走访西安泉州籍商会

市委副书记周银芳带领市直有关部门走访西安泉籍商会和部分企业，召开商会座谈会，听取意见建议，帮助解决实际困难。周银芳表示，泉州和西安分别是古代丝绸之路海上和陆上的起点城市。在“丝绸之路经济带”和“21世纪海上丝绸之路”建设中承担着重要的历史使命。西安是联通东西、辐射南北重要枢纽，其高校众多，科研院所林立；泉州的民营经济发达，获批国家“金改区”“民综改革试点”，市场充满活力，是投资兴业的热土。两个城市在能源资源、生态产业、科研环保等方面有着较强互补性，两市要加强交流、实现优势互补，发挥政府、民间组织与海外团体、商协会等力量，推动双方政府、企业、民间的全方位、深层次、多领域合作，推进“一带一路”建设。周银芳鼓励在陕的泉籍商会加强自身建设，支持党的建设，发扬“爱拼敢赢”的泉商精神，团结带领会员企业，在推动两市合作和发展中展示新作为，特别是在科技合作、人才引进方面多做贡献。同时，希望泉州乡贤常回家看看，寻求发展的新商机，为家乡新一轮发展做出新贡献。

中国惠安南派雕刻艺术展在北京举行

17—26日，由中国工艺美术协会、中国工艺美术学会和惠安县政府主办的“心造天成——中国惠安南派雕刻艺术展”在北京中国国家博物馆举行。开幕式上见证了“世界石雕之都”花落惠安——世界手工艺理事会向惠安正式授牌。开幕式前，还举行中国惠安南派雕刻艺术研讨会。艺术展展出惠安县55位雕刻家的108件石雕、木雕、玉雕精品以及若干大型雕刻工程案例；参展作者囊括国家级、省市级工艺美术和石、木雕刻艺术大师，共39名，代表惠安南派石雕的最精尖水平。惠安雕艺历史绵延1600多年，是滨海而居、凿石筑屋的闽越先民文化与晋唐中原南迁文化相交融的结果，是中国南派石雕的标志，素有“中华一绝”美称。此次展览旨在对惠安雕刻进行全面的学术梳理和整体展示，推动惠安雕刻工艺和艺术的多元发展，保护、提高雕刻艺术作为世界文化重要组成部分的地位和价值，促进世界手工艺者间和手工艺企业间的深度交流合作。

专家考察惠安县石雕企业　（图/郑燕东）

第十四届亚洲艺术节志愿者通用培训会举行

第十四届亚洲艺术节志愿者通用培训会在泉州师范学院举行。9月，第十四届亚洲艺术节泉州市执委会办公室与团市委向三所高校发出志愿者招募函，三所高校随即开展志愿者选拔活动。华侨大学外国语学院组织亚艺节翻译志愿者的面试选拔活动。面试官以英文会话的形式，就志愿服务与同学们进行交流。全面考查同学们的英语口语水平、应急应变能力以及志愿服务礼仪等。泉州师院、黎明职业大学的师生也都踊跃报名会务、翻译等各个志愿者岗位。是日，市接待办、市公安局、市外事侨务办公室、黎明职业大学分别组织专家对564名志愿者就亚艺节的背景和意义、接待工作注意事项、外事工作礼仪等方面进行培训。同时，团市委也对志愿者的服装、发型、纪律执行等问题提出要求。

“我是海丝小导游”活动启动

泉州市“我是海丝小导游”活动启动。全市各地热爱泉州文化的青少年在市青少年宫参加开营仪式。本次学习实践地点包括中国闽台缘博物馆、泉州海外交通史博物馆、清源山风景名胜区等。旨在让泉州市青少年学习了解泉州海丝文化，在体验海丝文化过程中热爱家乡文化，促发青少年爱乡爱国的情感。同时也服务于泉州承办的第十四届亚洲艺术节，推动泉州“21世纪海上丝绸之路先行区”建设，扩大“东亚文化之都·泉州”的影响。

泉州市“共创文明城”活动启动

泉州市“迎接青运会、办好亚艺节、共创文明城”主题活动启动，抓好文明礼仪教育、公共秩序整治、提高服务质量、改善城乡环境等方面的文明城市深化创建工作，为首届全国青年运动会、第十四届亚洲艺术节举办创造优美环境、优良秩序、优质服务。在文明礼仪宣传教育方面，各地各单位要深化“做一个文明有礼的泉州人”“公共生活好习惯”等主题活动，引导群众爱护市政公共设施、文物古迹，共同维护公众利益，树立良好的公众形象，使群众在文明用语、礼貌待人、讲究公德、遵纪守法、维护秩序等方面有明显进步。在创造整洁有序的公共环境秩序上，重点实施环境卫生、交通秩序、市场环境、公共场所、社会治安五项专项整治行动。开展爱国卫生运动，抓好重点商业大街、重点地区、体育场馆周边沿线沿路的环境整治，集中整治背街小巷和城乡接合部的环境卫生，清除卫生死角；深化“文明交通行动计划”活动，规范繁华地段、超市门口、饭店门口等重点场所机动车、非机动车停放秩序，加强机场、港口、火车站、汽车站、公交始发站等重点场所车辆进出站和群众乘车秩序管理，加强公共交通经营秩序整治，创造安全畅通的交通秩序；整顿市场经济秩序，用好举报热线、投诉台和流动执法车，打击和遏制扰乱市场秩序的违法行为，纠正占道经营现象；建立健全各类公共场所的文明行为守则，解决比赛场馆、影剧院、公园广场、车站码头、景区景观等各种不文明行为，形成公共场所文明礼让、秩序井然的新面貌；加大社会综合治理力度，加强对文化娱乐场所的管理，扫除黄赌毒等社会丑恶现象，促进城乡社会秩序和社会风气的根本好转，维护社会安定稳定。

全市公安交警系统岗位技能比武竞赛举行

18—19日，由泉州市总工会和交警部门主办的全市公安交警系统岗位技能比武竞赛在南安大霞美及东海片区大兴街举行。此次竞赛设有交通指挥手势竞赛、公共项目基本知识笔试、交通秩序管理岗位竞赛、交通事故处理岗位竞赛、机动车辆查验员岗位竞赛、驾驶员管理岗位竞赛6个项目。参赛队伍表现优异的，将推荐参加全省公安交警岗位业务技能示范性竞赛。

第八届世界惠安泉港台商区同乡联谊会在泉港区举行

16—18日，第八届世界惠安泉港台商区同乡联谊会（以下简称“世联会”）在泉港区举行，来自马来西亚、新加坡、菲律宾、加拿大、印度尼西亚、澳大利亚，以及中国香港、澳门、台湾等地区的28个侨团近500名惠安、泉港、台商区籍乡亲和国内各界乡贤参会。“世联会”是一项世界性惠安、泉港、台商区籍乡亲的联谊活动，成立于1999年，以“联络乡情，加深乡谊，融合世界各地惠安乡亲，共同谋求进步和发展”为宗旨。本届“世联会”主要活动包括庆典大会、“港城新貌”参观考察、“海丝路·家乡情”座谈会暨项目签约仪式，以及泉港特色文艺表演暨会旗交接仪式，并组织参会人员到惠安、台商区参观考察。其中，项目签约仪式签约项目20个，总投资156.31亿元，涉及化工、商贸服务、基础设施、新型建材等领域。

联谊会活动现场　　（图/陈小阳）

市民经典诵读活动举行

由市文联、清源山风景名胜区管委会、市作协主办的市民经典诵读活动在市区清源山老君岩举行。图为活动现场。　　（图/陈起拓　陈智勇）

10月18日

星期日

农历乙未年九月初六

温度：21℃—27℃

多云

●泉州市“迎接青运会、办好亚艺节、共创文明城”主题活动启动。

●18—19日，全市公安交警系统岗位技能比武竞赛在南安大霞美及东海片区大兴街举行。

●18—25日，全国地方志工作机构新任负责人培训班在泉州举办。

●市民政局、老龄办、福建省海警第二支队等组成青年志愿者服务队到永春县东关镇慰问高龄老人和空巢老人。

●市民经典诵读活动在市区清源山老君岩举行。

●“刺桐会闽南传统文化进校园”活动在泉州师范学院举行。

●第四届国际大学生微电影盛典在北京举行，华侨大学文学院选送的纪录片《记录挑战》获纪实类三等奖，剧情片《我们就到这》获剧情类三等奖。

●“旅游视角下的海港文化传承与发展”主题研讨会在泉港区文化中心举行。

●由石狮市委宣传部主办，台湾海翁台语文教育协会、台湾剑狮文化观光协会厦门代表处协办的“闽南语歌·词”表演在石狮市音乐厅举行。

●“爱在狮城”文明新风行动之“嫁妆莫炫·婚姻无价”文艺专场在石狮市人民广场举行。

●2015石狮集体文明婚礼在石狮市星期YI服饰博览园举行。

10月19日

星期一
农历乙未年九月初七
温度：23℃—27℃
多云

●县（市、区）人武部党委第一书记党管武装工作述职报告会召开。

●全市行业协会座谈会召开，听取全市各主要行业发展情况汇报，探讨促进行业平稳健康发展的思路和举措。

●康涛会见香港特区政府民政事务局局长刘江华。

●德国诺伊施塔特市代表团访问泉州。

●2015年泉州旅游商品设计创作大赛获奖旅游商品出炉。

●泉州市职工技术协会第五次代表大会召开。

●19—27日，首届青运会女子篮球U16比赛在南安体育馆举行。

●市区承天寺与鲤城区鲤中街道东华社区举行“百家宴”。

县（市、区）人武部党委第一书记党管武装工作述职报告会召开

县（市、区）人武部党委第一书记党管武装工作述职报告会召开，学习贯彻省委、省政府、省军区《关于加强党管武装工作的若干规定》文件精神，部署泉州市相关工作。市委书记、泉州军分区党委第一书记郑新聪指出，各县（市、区）要领会习近平国防和军队建设重要战略思想，把党管武装工作纳入党委、政府工作总体布局，履行好“管领导指挥、建设方向、思想建设、组织队伍、服务保障、作用发挥”六方面职责，在实践中积累经验、改进工作，更好发挥党委在实现强军目标中的核心领导作用。郑新聪强调，要狠抓国防后备力量建设，聚焦“能打仗、打胜仗”，按照正规化建设、专业化训练、多样化使用要求，规范专业队伍和民兵队伍建设，从政策法规、工作机制和人财物等方面加大保障，营造后备力量建设的良好环境。要坚持军民融合深度发展，树立富国强军相统一的发展意识，支持部队现代化建设，落实《推进泉州军民融合深度发展实施办法》，畅通“民参军、军转民”渠道，强化项目带动，把军民融合发展的全要素纳入“十三五”规划中，逐年分解细化实施。要巩固发展军政军民团结，传承习近平在福建工作期间总结的双拥工作和国防教育“10个好传统”，用心用情为部队解难题办实事，深化爱国拥军教育，营造“军爱民、民拥军”的良好氛围，打造双拥工作“升级版”，争创全国双拥模范城“八连冠”。

德国诺伊施塔特市代表团访问泉州

19—22日，德国诺伊施塔特市（以下简称“诺市”）市长汉斯·盖奥格·瑞夫勒带领代表团访问泉州。泉州市长康涛会见代表团，泉州市领导洪泽生、吕竞、李冀平陪同参观考察，市政府秘书长吴友才参加会见。会见中，康涛表示，泉州不仅是中国首批国家历史文化名城，还是联合国教科文组织认定的海上丝绸之路起点城市，茶叶和丝绸从这里走向世界，全球多元文化也在这里和谐交融、繁衍生息。改革开放后，泉州经济社会快速发展，纺织、鞋服、石材、陶瓷等产业闻名遐迩，德化和惠安还被世界手工艺理事会评定为“世界陶瓷之都”和“世界石雕之都”。时下，呼应中央政府“一带一路”战略，泉州正加快打造“21世纪海上丝绸之路先行区”，以更加包容开放的胸襟与世界相拥。泉州与诺市结为友城以来，两市交流成果令人欣慰，希望两地深化交流合作，在更广领域实现互利共赢、共同发展。汉斯·盖奥格·瑞夫勒表示，泉州与诺市有很多共同的特点，同样具有深厚的历史文化、包容的城市精神和友好热情的人民。20年的友城牵手、常来常往，为泉州与诺市开展互信合作奠定坚实基础。希望未来能拓展各领域、各层次合作交流，促进两地人民友谊不断加深。在泉州期间，代表团到德化、安溪考察，并参观泉州海交馆、泉州商标馆、泉州信息工程学院等反映泉州文化教育和产业经济传承发展情况的场所。

诺市市长汉斯·盖奥格·瑞夫勒参观德化县陶瓷企业
（图/林劲峰）

2015年泉州旅游商品设计创作大赛获奖旅游商品出炉

由市旅游局主办的2015年泉州旅游商品设计创作大赛评奖环节在泉州锦绣庄民间艺术园举行，60件获奖旅游商品出炉。此次设计大赛自6月中旬启动以来，征集到全市各地各企业选送的163件参赛作品。在评选环节上，由国家、省、市工艺美术界大师和旅游界知名专家、学者组成评委组，围绕作品创新性、实用性、审美性、可行性、纪念性和示范性6个方面进行综合评分。最终，由泉州市大魏文化传播有限公司选送的《禅音》、惠安县旅游协会选送的《“风情惠安”金属书签及U盘》和安溪尚佳美装饰有限公司选送的《藤编茶具》3件作品获金奖，《五行碗》等5件作品获银奖，《印象石狮邮册》等10件作品获铜奖。

泉州市精神文明建设研究会第四次会员代表大会召开

泉州市精神文明建设研究会第四次会员代表大会召开。会议指出，在研究制定“十三五”全局工作计划的大背景下，泉州市精神文明建设也着手研究制定新的规划。下阶段，泉州市将围绕群众性精神文明建设、文明城市创建、公民思想道德教育、诚信建设等重大课题进行研究。同时，将围绕深化创建全国文明城市这一战略目标，在行为规范和指标体系建设上下功夫，以完善长效机制推进创新发展的研究，助力推动创城工作再上新台阶。当前正值泉州市推进文明城市创建常态化的关键时期，市精神文明建设研究会将发挥参谋助手作用，为研究制定全市精神文明建设“十三五”规划提供“金点子”；将扩大研究范围，注重成果转化和提高服务水平；将以改革的思路、发展的眼光、时代的要求，坚持实事求是，着力在创新方式、务求实效上求突破，增强精神文明研究的针对性和实效性。

泉州市居民生活用气阶梯价格听证会举行

泉州市居民生活用气阶梯价格听证会在市区东海行政中心举行。听证会对实施阶梯气价方案的三档标准进行听证，听证会结束后，市物价局将完善阶梯价格方案并上报市政府审批实施。为体现公开、透明原则，听证会除邀请9名消费者代表，5名人大代表、政协委员，以及市市政公用事业管理局、市国有资产监督管理委员会、市消费者权益保护委员会相关负责人外，同时邀请相关专家学者、与定价听证项目有关的其他利益相关方代表、经营者代表等到场参加听证。

相关链接：根据泉州市居民生活用气阶梯气量及价格方案，实施分档计价办法后，泉州市居民生活用气阶梯气量及价格标准拟分为三档：第一档用气：年用气量280立方米（含）以内，覆盖区域内80%居民家庭用户，用气价格维持现行价格不变（3.8元/立方米）；第二档用气：年用气量280—400（含）立方米部分，覆盖区域内15%居民家庭用户，用气价格按第一档气价1.2倍确定（4.56元/立方米）；第三档用气：年用气量超出400立方米部分，这部分居民家庭用户比例占5%，用气价格按第一档气价1.5倍确定（5.7元/立方米）。学校、养老福利机构等执行居民气价的非居民用户，气价水平按居民第一档、第二档气价平均水平执行，用气价格为4.18元/立方米。实施居民生活用气阶梯气量及价格方案后，具体的阶梯气量以年为周期计算，用气量在周期之间不累计、不结转。居民用户原则上以住宅为单位，对户籍人口5人及以上的居民家庭用户，按每增加1人年度用气量增加70立方米，最高增加气量不超过210立方米的标准调整年度分档气量。

“社区最美助老志愿者”评选活动启动

由市委文明办、市老龄办、泉州晚报社主办的首届公益文化节之“社区最美助老志愿者”评选活动启动。作为泉州首届公益文化节的重要活动之一，“社区最美助老志愿者”评选活动将持续到2016年1月，活动评选范围为各县（市、区）辖区内，无偿自愿为老年人提供人力服务和物质帮助的常住人口、来泉务工人员中的自然人或企业法人。

泉州南音雅艺文化馆交流团到瑞士日内瓦交流

20—26日，泉州南音雅艺文化馆交流团到瑞士日内瓦交流。交流团由蔡雅艺等五名泉州南音艺人组成，他们到瑞士日内瓦高等音乐学院举行南音讲座，在联合国万国宫举办南音音乐会，还在瑞士福建同乡会举行南音音乐会等。他们表演的南音作品《一纸相思》《出汉关》《梅花操》《八面》《霏霏飒飒》等，在当地受到广泛关注。

“书香福建”捐赠助读公益活动在南安市举行

省教育系统关工委、省读书援助协会“书香福建”捐赠助读公益活动暨西美小学“心天地多媒体互动阅读教室”揭牌仪式在南安市美林街道西美村举行。活动邀请著名儿童文学作家、儿童探险小说领军人物彭绪洛为西美小学师生作“心天地 校园行”公益讲座。西美小学“心天地多媒体互动阅读教室”由阿联酋福建总商会会长陈志祥援建，已安装完毕并投入使用。该教室配置图书3000册，彩色可移动桌椅9张、演讲台1个、互联网电脑3台、投影机1台等，总价值15万元。阅读室除具备藏书与借阅的功能，还可以举办小型讲座、开展读书会等阅读分享活动。

10月20日

星期二
农历乙未年九月初八
温度：24℃—27℃
多云

●泉州市精神文明建设研究会第四次会员代表大会召开。

●泉州市居民生活用气阶梯价格听证会在市区东海行政中心举行。听证会对实施阶梯气价方案的三档标准进行听证，听证会结束后，市物价局将完善阶梯价格方案并上报市政府审批实施。

●由市委文明办、市老龄办、泉州晚报社主办的首届公益文化节之“社区最美助老志愿者”评选活动启动。

●20—26日，泉州南音雅艺文化馆交流团到瑞士日内瓦交流。

●“书香福建”捐赠助读公益活动暨西美小学“心天地多媒体互动阅读教室”揭牌仪式在南安市美林街道西美村举行。

10月21日

星期三
农历乙未年九月初九
温度：23℃—27℃
多云

●郑新聪、康涛在《泉州晚报》发表《致全市老年朋友的慰问信》。

●21—23日，省“六五”普法检查组到泉州检查验收。

●市政府、市政协召开专题协商会议，围绕“促进我市电商产业健康发展”进行专题协商，征求市政协和市政协委员的意见。

●康涛调研政法工作。

●市十五届人大常委会第四十九次主任会议召开，讨论人事任免和辞职事项等。

●泉港区组织志愿者到涂岭镇清美村开展“我们的节日·重阳节”暨红十字健康关怀进社区（乡村）活动。

●由石狮市政法委、石狮团市委主办，石狮青商会、石狮市和谐社会促进会承办的石狮市“全家福·孝顺”颁奖仪式举行。

●关爱老人文明行车活动在德化县龙浔镇高阳村举行。

市政府市政协召开专题协商会议

市政府、市政协召开专题协商会议，围绕“促进我市电商产业健康发展”进行专题协商，征求市政协和市政协委员的意见。市领导康涛、杨俊峰、陈荣洲、周真平、卢炳椿、陈灿辉、林万明、吴共湖、骆沙鸣、陈铭福、李冀平、王瑞强、陈益，市政府党组成员张永宁，市政府秘书长吴友才，市政协秘书长洪川大等参加会议。市长康涛指出，要深化电子商务与泉州制造业优势的融合，把电子商务更好地运用到制造业，助推制造业发展；立足良好产业基础，整合资源，精心运作，通过发展纺织鞋服等领域的行业垂直电子商务平台、供应链服务平台等，打造“泉州购”综合大平台。要注重完善电子商务的各种支撑配套服务体系，加快规划建设和提升一批电商园、电商设施，着手配套仓储、物流、配送、支付、融资、培训等功能，为电商企业集聚发展创造良好条件。要从品牌打造、信用评级、质量追溯、知识产权保护、宣传教育等方面，引导电子商务行业健康快速发展。康涛表示，市政府将加强与政协的沟通联系，更加积极主动地支持政协履行政治协商、民主监督、参政议政职能。市政协主席杨俊峰指出，要认识电商产业的重要作用，强化政府对电商发展的宏观指导，推进全市电子商务协调发展。要促进电商与传统产业的融合发展，发挥泉州产业集群优势和优势产业的集聚效应，鼓励支持企业立足品牌和产品优势发展电子商务，采取多元模式为企业搭建电商发展平台，发展行业性供应链公共服务平台。要加强市场监管、建设诚信电商，健全信用监督和失信惩戒机制，引导企业开展商务诚信建设，同时开展专项整治行动，发挥行业协会的作用，促进电子商务规范有序发展。要加快电商人才培养引进，支持本地高校的电子商务专业建设，支持大学生开展网络创业定向培训计划，壮大网络营销人才队伍。

会议现场　（图/陈　翔）

康涛调研政法工作

市长康涛带队调研政法工作。副市长卢炳椿、陈灿辉，市中级人民法院院长欧岩峰，市政府秘书长吴友才等参加调研。康涛强调，泉州经济社会加快转型发展，利益多元、诉求多样，人民群众对社会平安和司法公正的需求日益迫切，政法工作面临新的形势和挑战。全市政法系统要按照市委关于政法工作的要求，勇于担当，从人民满意出发，不断升级便民举措；以问题为导向，强化科技手段，完善工作机制，提升队伍专业素养，依法履职，公平执法，更好服务民生、服务发展、服务稳定。要大胆创新探索，特别要总结实践中涌现的好经验、好做法，树立典型、大力推广，全面提升政法工作水平，为泉州稳定与发展保驾护航。

市十五届人大常委会第四十九次主任会议召开

市十五届人大常委会第四十九次主任会议召开。市人大常委会主任陈万里主持会议，副主任洪泽生、吕竟、王远东、张建生、朱团能、曾巍，秘书长吴春林参加会议。会议讨论人事任免和辞职事项、《泉州市人民代表大会及其常务委员会立法条例（草案二审稿）》、关于泉州市重点流域（含近海水域）环境污染综合整治情况的审议意见稿、关于泉州市2015年国民经济和社会发展计划主要经济发展预期目标调整方案的初步审查报告、关于2015年市本级预算调整方案的初步审查报告、关于市十五届人大五次会议代表建议批评和意见办理情况的视察方案、关于加强食品安全监督管理的决议执行情况专题询问的工作方案（修改稿）。

会议现场　（图/王虎文）

越南新闻代表团到泉州参观考察

22—24日，由越南记协执委会委员、《共产主义》杂志副总编辑范必胜任团长，越南法制报总编辑陶文会等7人组成的越南新闻代表团到泉州，围绕“‘一带一路’框架下的媒体合作”进行参观考察。市委常委、宣传部部长陈庆宗会见代表团。考察期间，代表团走访开元寺、泉州海外交通史博物馆、德化县南埕镇等地，感受泉州“海丝”文化的魅力。代表团表示，海上丝绸之路让中越两国民众有机会交流互鉴，为双方带来实实在在的好处，成为两国民间交往、互利共赢的历史见证，期待海上丝绸之路焕发新的生机。代表团团长范必胜认为，两国新闻界应继续加强交流，增进互信，发挥媒体的桥梁和纽带作用，为推动两国全面战略合作伙伴关系做出应有贡献。

2015年泉州市（北京）央企专场招商洽谈会举行

2015年泉州市（北京）央企专场招商洽谈会在北京举行。全国人大常委会委员李路，中国侨联党组成员、秘书长王宏，工信部、商务部、国务院侨办、全国工商联、中国民营经济研究会等中央、国家机构的领导，以及12家央企集团负责人出席会议。市委书记郑新聪在会上致辞，市委常委、秘书长、统战部部长翁祖根参加会议，会议由市委常委、常务副市长林伯前主持。国家发改委国际合作中心介绍《泉州建设海上丝绸之路先行示范区战略规划》编制情况。郑新聪表示，希望广大央企发挥资金雄厚、技术一流、人才荟萃、网络发达等优势，加强央地沟通对接，达成更多合作意向，争取更多项目落地泉州。泉州将举全市之力，以最大诚意提供全方位、“月嫂式”服务，将签约项目全部纳入市、县两级党政主官“一把手”工程，专人专班跟踪协调，全力支持早落地、早建设、早见效。期待广大央企一如既往关心青睐泉州、携手发展，共同推动央地合作向更宽领域、更深层次、更高水平拓展。洽谈会上，泉州与24家国务院国资委直属的中央企业签订46个在泉州投资合作项目，预计总投资1190亿元。其中战略合作协议2个；合同项目12个，总投资197亿元；框架性协议项目29个，总投资836亿元；意向合作项目3个，总投资157亿元。该批项目具备三个特点。首先是顺应投资导向，涵盖国家重点支持的“7+4”工程包，即水利、铁路等七大类和新兴产业、先进制造业、现代物流、城市轨道交通等新四大类，发展前景较好、投资回报稳定。其次是规模体量较大，46个项目预计投资超1100亿元，其中百亿元大项目有4个。三是产业基础扎实，签约推介涉及的石化、轨道列车、纺织面料、建筑建材，以及园区、专业市场、研发平台等，都是泉州优势产业的延伸、制造业高端化的方向。此外，该次签约在新业态上有新突破，近年来，泉州“互联网+”迅猛发展，电商交易额2015年可达1700亿元。该次推出的云计算、跨境电商、数字交易、物联网等，都是泉州虚拟经济发展亟须突破、应用前景广阔的项目。参与签约的有中国医药、中国中化、中国华电、神华集团、中国节能、中国中车、中国建交、华录集团等在人才、技术、资金、项目等方面具有较强实力的大型央企和高新技术企业。

市政协就泉州市新《安全生产法》施行情况开展重点视察

市政协就泉州市新《中华人民共和国安全生产法》（简称新《安全生产法》）施行情况开展重点视察，市领导杨俊峰、林万明、李冀平、陈益，市政协秘书长洪川大参加视察。委员们视察泉港石化园展示厅、福建炼化林德气体公司、中化泉州石化有限公司和泉州招商局石化燃气公司，并召开座谈会，听取泉州市贯彻落实新《安全生产法》情况汇报，提出意见建议。市政协主席杨俊峰肯定泉州市高度重视安全生产工作，贯彻执行新《安全生产法》所取得的成绩，要求提高对安全生产工作重要性的认识，绷紧安全生产这根弦；要强化落实安全生产责任制，加大安全隐患排查治理，做到监督部门勤查严管，生产部门自觉主动，百姓防范意识不断提高；要提高安全生产科学化水平，实现管理处置的标准化、科学化，加快建设石化园安全生产应急救援中心，做好一线作业人员的培训教育和人文关怀工作；要加大新《安全生产法》宣传力度，让安全知识入村、入厂、入社区，促进企业安全有序生产，使安全生产教育深入人心。杨俊峰希望，政协各参加单位和政协委员要围绕全市安全生产工作积极建言献策，为泉州市经济发展与社会稳定做出应有贡献。

10月22日

星期四
农历乙未年九月初十
温度：23℃—28℃
多云

●22—24日，由越南记协执委会委员、《共产主义》杂志副总编辑范必胜任团长，越南法制报总编辑陶文会等7人组成的越南新闻代表团到泉州，围绕“‘一带一路’框架下的媒体合作”进行参观考察。

●2015年泉州市（北京）央企专场招商洽谈会在北京举行。

●市政协就泉州市新《安全生产法》施行情况开展重点视察。委员们视察泉港石化园展示厅、福建炼化林德气体公司、中化泉州石化有限公司和泉州招商局石化燃气公司，并召开座谈会，听取泉州市贯彻落实新安全生产法情况汇报，提出意见建议。

10月23日

星期五
农历乙未年九月十一
温度：23℃—28℃
多云转阴

●市委常委会召开，专题学习《中国共产党廉洁自律准则》和《中国共产党纪律处分条例》，传达贯彻省委第三季度经济形势分析会精神。

●市委常委会“三严三实”专题教育第四次集中学习研讨举行。

●市政府、市政协对市政协第十一届四次会议第150号和198号重点提案进行督办。

●推进重大项目前期工作专题会召开，研究协调白濑水利枢纽工程等13个重大项目前期有关问题。

●泉州市与尤溪县智能制造需求对接活动在“泉州制造2025”展示中心举行。

●泉州市巾帼志愿服务工作现场推进会召开。

●由市总工会、市人力资源和社会保障局、市市政公用事业管理局主办的泉州市环卫行业职工技能竞赛举行。

●23—25日，由省书法家协会、省女子书法委员会、泉州师范学院主办的纪念弘一法师诞辰135周年福建省女书法家作品邀请展在泉州师范学院举行。

●2015年首届中国—东盟微电影大赛颁奖典礼在广西南宁举行，泉州一电影公司摄制选送的作品《希望树》获朱瑾花大奖（最高奖项）和优秀微电影编剧奖。

●俄罗斯高加索哥萨克民族歌舞团文艺晚会在市区梨园剧院举行。

市委常委会学习《廉洁自律准则》和《纪律处分条例》

市委常委会召开，专题学习中央印发的《中国共产党廉洁自律准则》和《中国共产党纪律处分条例》，并对组织全市党员学习两部党规提出要求。会议同时传达贯彻省委第三季度经济形势分析会精神，部署下阶段工作。市委书记郑新聪主持会议并讲话，市委常委参加会议，市政协党组主要领导列席会议。会议指出，全面从严治党是实现党的历史使命的必然要求，加强纪律建设是全面从严治党的治本之策。新修订的准则和条例，是以习近平为总书记的党中央抓从严治党新的实践成果的制度化，是党章对党员纪律要求和廉洁自律要求的具体化。两大党规的修订，从源头上扎紧管党治党的笼子，对推进党风廉政建设和反腐败斗争，永葆党的先进性和纯洁性，具有十分重大而深远的意义。要把握“全面”与“从严”两个关键词，学习领会准则和条例的具体内容。准则重在立德，既覆盖全体党员，又突出对党员领导干部这一“关键少数”的自律规范，实现约束全覆盖；条例重在立规，开出六方面负面清单，让纪律和规矩成为带电的高压线，凸显纪法分开、纪在法前、纪严于法的理念。两部党规的修订，坚持立德立规并举、一正一反配合、自律他律结合，体现坚持高线与坚守底线相结合、依规治党和以德治党相结合。会议强调，党员领导干部要作好表率，先学一步、学深一层，原原本本、逐章逐条认真研读，吃准吃透其丰富内涵、基本原则、精神实质、实践要求，以此影响和带动全市党员。要结合“三严三实”要求学，联系个人思想和工作实际，联系不严不实突出问题整改，真正学深、学细、学透。要对照反面典型学，查找在执行政治纪律、组织纪律、廉政纪律等方面存在的突出问题，真正知敬畏、明底线、受警醒。要把学习贯彻准则、条例作为唤醒党章意识、纪律意识、规矩意识的过程，迅速组织各级党员学习，加大宣传力度，确保各级党组织领导班子及其成员中心组学习率100%、党员知晓率100%，让党规党纪刻印在每位党员心上。要以学习活动为契机推动“两个责任”落实，各级党委要落实全面从严治党的主体责任，各级纪委要全面履行监督执纪问责的职责，为协调推进“四个全面”战略布局提供坚强纪律保证。

市委常委会“三严三实”专题教育第四次集中学习研讨举行

市委常委会“三严三实”专题教育第四次集中学习研讨举行。市委书记郑新聪主持学习研讨并讲话。市长康涛，市委副书记周银芳，市委常委陈沈阳、许昆贞、翁祖根、陈庆宗、林伯前、林俊其、李建辉参加会议。市政协主席杨俊峰列席会议。省委组织部派员到会指导。一段时间来，常委们围绕“学习《中国共产党廉洁自律准则》《中国共产党纪律处分条例》；重温谷文昌精神，严以用权，真抓实干，实实在在谋事创业做人，树立忠诚、干净、担当的新形象”这一主题，进行认真自学和充分准备。会上，陈庆宗、林伯前、林俊其、李建辉分别作重点发言，大家联系岗位实际，从不同角度谈学习体会和思考，其他人进行交流讨论。郑新聪指出，谷文昌精神是共产党人的精神灯塔、价值坐标，集中体现“三严三实”的要求。全市各级党员干部要以谷文昌为标杆，见贤思齐，经常审视自己的精神状态、检视自己的党性修养，对照检查“不严不实”突出问题，提出有针对性的整改措施，并落到实处。郑新聪强调，要把纪律和规矩挺在前面，坚持高线、守住底线。坚持纪在法前、纪严于法，从严要求自己和家人，清正廉洁、一身正气，做到敬畏权力、管好权力、慎用权力；挺起共产党员的精神脊梁，带头践行社会主义核心价值观，当好引领社会风气的旗帜，激发昂扬向上、崇德向善的社会风尚。要着眼解决思想和实际问题，联系个人思想、工作、生活和作风实际，做好谈心交心、党性分析等前期准备工作，为高质量开好专题民主生活会和组织生活会打好基础。要从严从实督促指导，推动各地抓好专题教育，既要带头参加学习教育，又要履行“一岗双责”，抓好分管领域和挂钩联系县（市、区）的专题教育。各级组织部门要主动作为，加强谋划调度、督促指导，把每个关键动作设计好、分解好、实施好；各级专题教育联席会议成员单位要加强统筹协调，及时了解掌握情况、发现解决问题，防止专题教育走过场。

泉州市完成土地变更调查工作

国土资源部近日审核并下发泉州市2014年度土地变更调查成果，标志泉州市2014年度土地变更调查工作圆满完成。根据2014年度土地变更数据显示，2014年度，泉州市土地变更总面积为60723亩，各类土地利用变化总体趋势为：耕地、园地、林地、草地、水域及水利设施用地的面积呈减少趋势，城镇村及工矿用地、交通运输用地的规模有所增加，土地利用率有所提高。

2015年海峡两岸工业工程与管理论坛在泉州举办

由中国机械工程学会工业工程分会、仰恩大学、台湾修平科技大学、台湾远东科技大学、泉州市台资企业协会主办的2015年海峡两岸工业工程与管理论坛在泉州仰恩大学举办，海峡两岸高校工业工程与管理领域的专家学者及泉州地区的120余家企业代表与会，探讨工业工程与管理在企业创新转型中的运用，为泉州传统企业创新转型建言献策。仰恩大学校长朱秀文表示，工业工程管理对提高企业生产效率和产品质量，降低生产成本，提高企业对市场的快速响应能力，优化企业组织机构和改善企业的运营管理，为企业提高经济效益、增强活力与竞争能力、具有重大的不可替代的作用。希望通过两岸专家学者企业家的交流互动，在企业中推广和应用工业工程，对泉州市经济的转型升级、产业结构调整及推动创新创业产生积极作用。论坛分为精益生产、物流工程与管理、校企合作与人才培养等6个主题。同时还举行天津大学、台湾远东科技大学项目产品展示。

泉州市新一轮职工医疗互助活动启动

泉州市新一轮职工医疗互助活动近日启动。与以往不同的是，新年度活动增加“大病补助”内容，对参加职工的医疗保障更添几分。职工医疗互助活动是指机关事业单位、国有企业类职工交60元/人·年、非公企业类职工交36元/人·年，参加期间患病后，在职工医保、城乡居民医保或商业医保报销之后，可享受相应医疗帮助的一种互助活动。该活动由市总工会牵头，一年一期。在本年度职工医疗互助活动中，全市有556162人参加，3695人获得补助，发放补助金5893942元。2016年度的职工医疗互助活动，机关事业单位、国有企业类和非公企业类参加人员享受的补助标准不变。最大亮点当属新增加的职工“大病补助”。根据规定，泉州市行政辖区内所有机关、企事业单位已参加医疗互助活动的职工，因患大病住院，经过医疗保障制度及补充医疗保险报销后医保目录内的个人自付费用，再扣除参加工会职工医疗互助活动的“普通病补助”（限机关事业单位、国有企业类，非公企业类职工医疗互助补助）后，在一个互助活动周期内净自付仍然达到6000元（含6000元）以上，可申请职工“大病补助”。职工“大病补助”标准分四个档：职工净自付在6000元—1万元（含1万元）的，给予1000元定额补助；1万元—3万元（含3万元）的，按其净自付额的20%给予补助；3万元—8万元（含8万元）的，按其净自付额的30%给予补助；8万元以上的，按其净自付额的40%给予补助。每期每人的大病补助金最高限额为10万元。“大病补助”总额在按规定配套补助后，职工净自付仍达到10万元以上，且职工家庭生活非常困难的，经申请有机会获省总工会单列补助。

马来西亚柔佛州代表团访问泉州

24—25日，马来西亚柔佛州行政议员，旅游、商贸及消费者事务委员会主席，拿督郑修强带领代表团访问泉州。在泉期间，代表团参观考察了海交馆、台商投资区、雕艺馆等地，了解我市产业布局、文化发展、项目建设等情况，探寻两地合作机遇。

第三届中国·晋江自行车公开赛举行

第三届中国·晋江自行车公开赛在晋江市体育中心举行。此系全省规模最大、奖金最高的自行车赛事之一。超过700名选手参赛，除国内顶尖自行车好手外，还包括美国、荷兰、德国、意大利、新西兰、比利时和澳大利亚等13个国家的近50名外籍车手。比赛设公路精英组、公路专业组、男子山地车组和男子公路组4个组别，采取城市绕圈赛的方式进行，单圈10千米，最长赛程为60千米。经过角逐，塞尔维亚玫塔拉克车队获公路精英组团体冠军，玫塔拉克车队的Rajovic Dusan获精英组个人冠军；云南自行车队获公路专业组团体冠军，辽宁自行车队的鲍文强获公路专业组个人冠军；谢伟伟获男子山地车组冠军；张利获男子公路车组冠军。

10月24日

星期六
农历乙未年九月十二
温度：22℃—28℃
多云

●国土资源部审核并下发泉州市2014年度土地变更调查成果，标志泉州市2014年度土地变更调查工作圆满完成。

●由中国机械工程学会工业工程分会、仰恩大学、台湾修平科技大学、台湾远东科技大学、泉州市台资企业协会主办的2015年海峡两岸工业工程与管理论坛在泉州仰恩大学举办。

●泉州市新一轮职工医疗互助活动启动。

●24—25日，马来西亚柔佛州行政议员，旅游、商贸及消费者事务委员会主席，拿督郑修强带领代表团访问泉州。

●第三届中国·晋江自行车公开赛在晋江市体育中心举行。

10月25日

星期日
农历乙未年九月十三
温度：21℃—27℃
多云

●全国地方志工作机构新任负责人培训班在泉州举办。

●央视新闻联播头条报道《丝海梦寻》。

●市政府召开会议，研究西街保护规划和闽南生态文化园规划建设工作。

●25—26日，固原市经贸考察团到泉州开展经贸合作和对接闽宁协作等工作。

●25—26日，首届青运会武术散打赛在泉州海峡体育中心举行。

●10月25日—11月4日，由中国艺术研究院联合国教科文组织亚太地区非物质文化遗产国际培训中心主办，悉尼中国文化中心、福建省文化厅协办的“中国福建木偶戏文化交流活动”在澳大利亚墨尔本和悉尼举行，泉州市木偶剧团、晋江市掌中木偶艺术保护传承中心派员参加。

●由团市委、市自行车运动协会主办的“悦动青运·美在泉州”自行车骑行活动举行。

●由惠安县净峰镇政府、惠安县文联、泉州市青年书法家协会主办，泉州市弘一大师学术研究会、惠安县书法家协会协办的纪念弘一法师挂锡净峰寺80周年诗书画展在惠安县净峰镇举行。

●由永春县慈孝文化促进会主办的永春县第二届慈孝文化节暨孝心少年评选表彰活动在永春县东关镇外碧村举行。

全国地方志工作机构新任负责人培训班在泉州举办

18—25日，全国地方志工作机构新任负责人培训班在泉州举办，来自全国省市县、全军、国务院有关部委局地方志工作机构的主要负责人共100多人参加了为期一周的培训，中指组、中指办邀请全国多名专家学者为培训班授课。中国地方志指导小组副秘书长兼办公室副主任冀祥德、中国地方志指导小组办公室副主任邱新立、福建省地方志编纂委员会主任冯志农、泉州市副市长林万明出席开班仪式。培训班包括培训课和分组讨论交流两大环节，培训课内容包括：冀祥德《全国地方志新形势与新举措》、邱新立《全国地方志事业发展规划纲要解读》、王晖《志书编纂基本理论与方法》、牟国义《年鉴事业发展的若干理论和实践问题》、陈泽泓《方志发展史及基础知识》、李江《从专业出版角度谈精品志书编修》、王铁鹏《以规划纲要为指导，构建地方志事业五大体系》、潘捷军《习近平总书记系列重要讲话与地方志工作》、陈强《如何当好地方志办公室主任》、刘玉宏《方志馆与信息化建设》。

培训班现场　（图/吴寿民）

固原市经贸考察团到泉州开展经贸合作和对接闽宁协作等工作

25—26日，宁夏回族自治区党委常委、固原市委书记纪峥带领固原市经贸考察团到泉州开展经贸合作和对接闽宁协作等工作。26日，固原·泉州闽宁协作暨经贸合作座谈会在泉州召开。泉州市委书记郑新聪、市长康涛、副市长陈灿辉，固原市领导马志宏、陈星、杨文、吴会军参加会议或参加相关活动。纪峥指出，2016年是闽宁两地合作20周年，近20年来，泉州在帮扶宁夏期间承担重要角色，对口帮扶原州区等宁夏三个县区，通过引导福建企业扎根宁夏，为当地带去发展的内生动力，为宁夏的经济发展做出巨大贡献。当前，中国正处于“十三五”规划建设的关键时期，随着中央对于扶贫攻坚的投入力度不断加大，固原也将紧抓机遇，加快现代农业、食品加工业、旅游业以及基础设施建设等方面的发展步伐，欢迎泉州企业家到固原投资兴业，共谋发展。康涛表示，长期以来，泉州市贯彻落实党中央、国务院和福建省的部署，按照“优势互补，互惠互利，长期合作，共同发展”的要求，结对帮扶固原市原州区。自1996年结对以来，共选派九批15名挂职干部，投入帮扶资金5500多万元，开展产业发展和社会帮扶等各项工作，两地合作的领域不断拓展，层次不断提高，取得丰硕成果。下阶段，泉州将进一步发挥双方比较优势，加强两地在区域经济、基础设施建设、文化、旅游以及生态环保等领域交流合作，拓展合作领域、扩大合作规模、提升合作水平，为两地共同发展注入新活力。相信未来，两地一定能在已有的良好基础上，携手共进，继续谱写发展繁荣的新篇章。

讲述泉州海丝故事的舞剧《丝海梦寻》登上央视新闻联播头条

讲述泉州海丝故事、由省歌剧舞剧院原创的舞剧《丝海梦寻》登上央视新闻联播头条，泉州海上丝路盛景再次亮相央视。《丝海梦寻》讲述的是，800年前被誉为“东方第一大港”的刺桐港活跃着一支“通远舟师”，年轻的水手阿海为开辟海上丝绸之路献出宝贵生命；其妻桐花在经历一段心路磨难后，又毅然捧出一颗母亲的爱心，让儿子小海继承父辈宏愿，使海上丝绸之路连接起中华民族与万国友邦的深情厚谊。泉州海丝起点城市的厚重历史底蕴，以及异彩纷呈的多元文化内涵，给省歌剧舞剧院主创人员带来取之不竭的创作灵感，为这部“思想精深、艺术精湛、制作精良”的原创舞剧打下好底子。正如新闻联播中介绍的，泉州的拍胸舞、木偶、陶瓷等元素在《丝海梦寻》中得到充分体现，而异域服饰、音乐、舞蹈也成为舞剧亮点。一年来，该舞剧已受邀在国内外演出50多场，包括北京、澳门、台湾以及联合国总部等地。

郑新聪到晋江市调研基层党建工作

市委书记郑新聪到晋江市磁灶镇东山村、青阳街道阳光社区、池店镇桥南小区调研基层党建工作。市委常委、晋江市委书记李建辉参加调研。郑新聪指出，要更加重视发挥农村基层党组织的领导核心作用。要突出政治引领功能，发挥好战斗堡垒作用；要坚持问题导向，解决新情况新问题，推动基层党建工作与时俱进；要研究如何在信息化时代，针对公共服务的新特点、居民群众的新需求，引入智慧型管理的理念和手段，提升为民服务水平。要开展村级组织换届选举成果巩固行动。加强对新当选村“两委”的教育培训，既要学习理论，更要注重实践操作，请优秀的村支书现身说法、言传身教；要整顿软弱涣散党组织，解决矛盾纠纷及遗留问题；要强化建章立制，定规则、定规矩，健全村务决策、公开和监督机制。要探索发展特色产业、壮大农村集体经济的有效途径。农村经济发展至关重要，市县两级每年将安排专项资金，支持各地因地制宜发展特色经济；基层党组织要加强对农村经济组织的引导，盘活农村资金、资产、资源，带动农民增收致富。要整合各种力量抓好基层党建，市、县、乡三级党委要落实主体责任，健全抓党建工作述职评议考核，推进党建项目化管理，发挥驻村干部作用，抓好园区非公党建，打造更多亮点。

郑新聪在晋江市调研　　（图/陈起拓）

市政府市政协党组学习《廉洁自律准则》和《纪律处分条例》

市政府党组（扩大）会议召开，学习《中国共产党廉洁自律准则》和《中国共产党纪律处分条例》。市政府党组书记、市长康涛指出，准则紧扣廉洁自律主题，重申党的理想信念宗旨、优良传统作风，重在立德，体现全面从严治党实践成果，为党员和党员领导干部树立一个看得见、够得着的“高线”。条例围绕党纪戒尺要求，开列负面清单，重在立规，是对党章规定的具体化，详细列出禁止行为和惩戒措施，划出党组织和党员不可触碰的“底线”。两份党内法规对于贯彻全面从严治党要求，把纪律和规矩挺在前面，维护党章和其他党内法规的权威性、严肃性，永葆党的先进性和纯洁性，推进党风廉政建设和反腐败斗争，具有重要意义。要坚持以党章为根本遵循，理解科学内涵，把握各项规定，增强学习执行的自觉性。党员领导干部要把准则和条例作为行动指南，以身作则，带头践行廉洁自律规范，带头增强党章党规党纪意识，特别要把遵守政治纪律和政治规矩摆在首要位置，与中央、省委和市委保持高度一致。要落实“一岗双责”，按照准则和条例要求，既抓好分管领域业务工作，又抓好自身和分管系统党风廉政建设和反腐败工作，实现两促进，两提高。

市政协党组扩大会议召开，传达学习《中国共产党廉洁自律准则》和《中国共产党纪律处分条例》。市政协党组书记、主席杨俊峰指出，加强纪律建设是全面从严治党的治本之策，新修订的准则和条例尊崇党章，重在立德立规，实现约束全覆盖，明确高线和底线，理清纪与法的关系，体现党内法规建设的与时俱进。要认识准则和条例重新修订和颁布实施的重大意义；要系统把握准则和条例的具体内容；要全面学习，学深学透。结合“三严三实”要求学，对照准则和条例要求，进行党性分析和自我剖析；对照反面典型学，查找在执行政治纪律、组织纪律、廉政纪律等方面存在的突出问题，知敬畏、明底线、受警醒；要认真执行，筑牢防线，践行准则规定的“四个必须”“八项规范”“四个坚持”“四个自觉”和条例中的“六大纪律”，党员领导干部要率先垂范，抓好自身建设与职责范围内的党风廉政建设和反腐败工作。

“点亮‘微心愿’关爱环卫工”圆梦活动举行

环卫工人节座谈会暨“点亮‘微心愿’关爱环卫工”圆梦活动在泉州市环卫处举行。由市委文明办、泉州晚报社、市市政公用事业局等主办的泉州市第20个环卫节系列纪念宣传活动于9月起开展。“点亮‘微心愿’，关爱环卫工”活动发布仅两天，得到众多企业和市民的点赞支持和参与，14位环卫工的微心愿均得以实现。

10月26日

星期一
农历乙未年九月十四
温度：21℃—27℃
多云

●郑新聪到晋江市磁灶镇东山村、青阳街道阳光社区、池店镇桥南小区调研基层党建工作。

●市政府党组（扩大）会议召开，学习《中国共产党廉洁自律准则》和《中国共产党纪律处分条例》。

●市政府第77次常务会议召开，传达学习省委第三季度经济形势分析会精神等。

●市政协党组扩大会议召开，传达学习《中国共产党廉洁自律准则》和《中国共产党纪律处分条例》。

●环卫工人节座谈会暨“点亮‘微心愿’关爱环卫工”圆梦活动在泉州市环卫处举行。

●2015年福布斯中国富豪榜在北京发布，泉商许荣茂、陈发树、林秀成家族、施文博、许连捷进入前百名。

●26—31日，由石狮青商会主办的青商学苑第27期之台湾游学活动举行。

●由永春县委文明办和县住建局主办的“垃圾不落地　永春更美丽”城乡清洁活动启动。

10月27日

星期二
农历乙未年九月十五
温度：21℃—27℃
多云转阴

●27—28日，丁伟到泉州检查第十四届亚洲艺术节筹备工作。

●市人大常委会党组扩大会议召开，传达学习《中国共产党廉洁自律准则》和《中国共产党纪律处分条例》。

●杨俊峰调研公立医疗机构。

●27—29日，2015年首届中国陶瓷电商峰会在德化县举行。

●第一届全国青年运动会在福建闭幕，泉州选手获4枚金牌。

●深圳航空在泉州晋江国际机场开通无锡至泉州、泉州至曼谷航班。

●27—29日，著名儿童文学作家郑春华到泉州，在马甲中心小学、万安中心小学、晋光小学等5所小学举行“围裙妈妈郑春华阅读分享见面会”。

●晋江市首次通过“群众海选”方式随机抽选人民陪审员。

丁伟到泉州检查亚艺节筹备工作

27—28日，文化部副部长丁伟带领文化部外联局相关负责人到泉州检查第十四届亚洲艺术节筹备工作。副省长李红，市领导郑新聪、陈庆宗、周真平陪同检查或参加相关活动。丁伟指出，亚洲艺术节是中国与亚洲各国进行文化交流、人民对话的重要平台。历届亚艺节都有力地推动了亚洲各国人民之间的互相了解和友谊。2015年，亚洲艺术节选择在泉州举办，源于这里悠久的历史文化，以及这座城市与亚洲其他国家丰富的关联度。通过在泉州举办亚艺节，不仅能推动中国与其他亚洲国家合作交流，也能弘扬泉州历史，助推当地文化发展。希望本届亚艺节能在过去的基础上再创高峰，让更多的亚洲人民感受中国开放的胸怀，了解中国经济、社会、文化的发展现状；让盛会真正成为人民的节日，留下丰厚永久的文化遗产，期待泉州为中国与亚洲各国间的合作交流做出新贡献。

丁伟在泉州检查　　（图/陈起拓）

市人大常委会党组学习《廉洁自律准则》和《纪律处分条例》

市人大常委会党组扩大会议召开，传达学习《中国共产党廉洁自律准则》和《中国共产党纪律处分条例》。市人大常委会党组书记、主任陈万里指出，准则坚持依规治党和以德治党相结合，紧扣廉洁自律主题，重申党的理想信念宗旨、优良传统作风，重在立德，是对党章规定的具体化和全体党员的最新行动准则；条例围绕党纪戒尺要求，开出负面清单，重视立规，划出党组织和党员不可触碰的底线，对于贯彻全面从严治党要求，推进党风廉政建设和反腐败斗争都具有重要意义。两份文件明确党员言行的底线和纪律的红线。市人大常委会机关全体党员要深入学习、深刻领会，把握文件的精神实质，结合“三严三实”专题教育，融会贯通；要准确把握、自觉践行，保持廉洁从政，自觉遵守，带头执行；要纠偏调差、严以律己，时时刻刻自省，从严要求自己，防微杜渐，坚守底线；要加强监督、落实责任，确保人大机关风气、纪律执行更加严格有序。

杨俊峰到洛江区调研公立医疗机构

市政协主席杨俊峰带队到洛江区河市镇卫生院、泉州医高专附属人民医院调研走访。杨俊峰指出，要找准定位，发挥优势，完善设施，培育特色，引进和培养人才，提高医疗服务水平，彰显公立医疗机构公益、惠民本质。各级各相关部门要开拓思路，加大公共服务平台建设，实现公共医疗资源共享和卫生医疗服务均等化，让百姓少花钱看好病。

杨俊峰在洛江区调研　　（图/陈　翔）

首届中国陶瓷电商峰会在德化县举行

27—29日，由中国陶瓷工业协会、中国国际电子商务中心、省商务厅和市政府主办的2015年首届中国陶瓷电商峰会在德化县举行。峰会开幕式上，中陶协理事长杜同和宣布：瓷都德化为“中国陶瓷电商峰会创会会址”。峰会以“互联网+陶瓷产业”为主题，旨在为中国陶瓷产区的电子商务聚集发展、抱团发展和特色发展营造良好的交流氛围，搭建交流合作平台，推动陶瓷产业由“传统制造”向“互联网智造”转型升级。活动以“四个第一”，构筑峰会“权威发布、平台推介、产区交流、分享对话”的核心内容：中陶协和阿里研究院联合第一次评选发布“中国日用陶瓷十佳网货品牌”“中国工艺陶瓷十佳网货品牌”；中国陶瓷在线交易平台和陶瓷全球购第一次公开对外推介；陶瓷主产区就陶瓷电商第一次深入交流；专家学者与电商实操手第一次分享对话。

市十五届人大常委会第二十九次会议召开

28—29日，市十五届人大常委会召开第二十九次会议。市人大常委会主任陈万里，副主任洪泽生、吕竞、张建生、朱团能、曾巍，秘书长吴春林参加会议。市领导林伯前、陈荣洲、周真平、卢炳椿，市中级人民法院、市检察院负责人分别列席会议。会议听取和审议市政府关于泉州市重点流域（含近海水域）环境污染综合整治情况的报告、关于提请审议泉州市与丹麦霍尔拜克市建立友好城市关系的议案以及人事任免和辞职事项；听取和审议市政府关于2015年国民经济和社会发展计划主要经济发展预期目标调整方案、市本级预算调整方案的议案，并审查和批准相关议案；审议《泉州市人民代表大会及其常务委员会立法条例（草案二审稿）》。会议还听取市政府研究处理《泉州市人大常委会关于专题询问义务教育均衡发展情况的审议意见》的情况，并开展审议意见办理情况满意度测评，测评结果为满意；审议市政府关于泉州市公立医院和基层医疗机构综合改革情况的报告，并开展专题询问。

会议现场　（图/王虎文）

泉州市首次举行交通战备实战化演练

由市交通委、市交战办主办的交通战备运输保障抢修演练活动在南安市进行。此类交通战备实战化演练在泉州市还是首次。演练主要模拟在战争环境下，车辆向前线运输人员及物资器材途中，遭遇敌方火力攻击并损毁后开展的紧急抢修。演练内容为车辆原地调头、更换轮胎、更换风扇皮带、更换发电机总成、更换蓄电池，整个演练持续1个小时。演练检验了泉州市交通战备应急抢修方案的执行效果，以及交通战备队伍在应对突发事件时服从指挥、快速反应、高效处置的能力。

泉州市第八届老年文化艺术节闭幕

以“展示阳光心态、体验美好生活、畅谈泉州变化”为主题的泉州市第八届老年文化艺术节闭幕式暨市木兰拳系列展演在泉州市老年活动中心举行。泉州老年文化艺术节是泉州老年人文化艺术的盛会。从2008年起，泉州市每年举办一届老年文化艺术节，旨在通过老年文化艺术的交流展示，展示当代老年人热爱生活、积极向上的精神风貌，丰富老年人精神文化生活，推动基层老年先进文化活动的蓬勃开展，营造欢乐祥和、健康文明的社会文化氛围，促进社会和谐和精神文明建设，弘扬中华民族尊老敬老、爱老助老的传统美德。

晋江市人力资源服务机构联盟成立

晋江市人力资源服务机构联盟签约仪式暨百强企业人力资源对话活动举行。晋江市人才工作部门与中国科学院大学经济与管理学院、第一资源集团有限公司、科锐国际人力资源有限公司等机构订约，开展人才合作。此举将推进高层次创业创新人才和优质项目在晋江落地，提升晋江人力资源服务业发展水平，助力民营企业转型升级、创新发展。晋江与中科院开展战略合作，将借力中科院强劲的项目、人才、创业资源与晋江战略发展相结合，搭建协同创新平台。双方将开展“创新创业项目的对接与落地”“科技人才、经济管理人才及金融人才的引进”“智库服务”和“组织科技带动经济发展相关培训”四方面合作。在与亚洲领先的整体人才解决方案服务商科锐的合作中，晋江将借助其网络、猎头等服务优势，共同实施人才引进计划，共同开展包括各类人才培训在内的人才服务，打造高端人力资源智库。作为全国领先的人力资源专业媒体，第一资源集团有限公司将与晋江开展深度合作。根据协议，第一资源将在晋江设立分公司；为晋江引进20家国内外优秀人力资源服务机构，建立晋江市人力资源服务机构联盟；定期在晋江举行人力资源调研、沙龙、宣传等活动。第一资源邀请的美世、fesco、RisQ、51Talk、万古、锐仕方达、天坤、时代光华8家人力资源服务机构，作为首批加入晋江市人力资源服务机构联盟单位，也一并签署协议。

10月28日

星期三
农历乙未年九月十六
温度：22℃—27℃
多云

●28—29日，市十五届人大常委会第二十九次会议召开，听取和审议市政府关于泉州市重点流域（含近海水域）环境污染综合整治情况的报告等。

●交通战备运输保障抢修演练活动在南安市进行。

●泉州市第八届老年文化艺术节闭幕式暨市木兰拳系列展演在泉州市老年活动中心举行。

●晋江市人力资源服务机构联盟签约仪式暨百强企业人力资源对话活动举行。

●全国各地晚报社长、总编、记者走进世界瓷都德化采访活动启动。

10月29日

星期四
农历乙未年九月十七
温度：21℃—27℃
多云

●郑新聪到泉州台商投资区调研。

●2015年第六次全市重大项目协调调度会召开，听取有关项目审批改革创新和加快前期工作的经验介绍以及重大项目进展情况汇报，协调解决相关问题。

●何泽中到晋江市调研基层检察院工作情况。

●“泉州老年远程教育云平台”上线启动仪式在泉州老年大学举行。

●由丰泽区纪委、文体局、教育局、卫计局主办的第四届闽南童谣表演大赛举行。

●晋江市“一带一路”泰国经贸对接签约仪式在泰国曼谷举行。

●2015晋江市银企对接会举行。

郑新聪到泉州台商投资区调研

市委书记郑新聪带队到泉州台商投资区调研，看项目、走企业，谈创新、议转型，谋划“十三五”发展。市委常委、秘书长、统战部部长翁祖根参加调研。郑新聪强调，面对经济发展新常态，企业要主动适应线上线下发展、产业组织变革、共享经济发展等趋势，加快跨界融合，上下延伸产业链，借助资本市场做大做强。各级党委、政府要紧跟企业追赶“互联网+”风口的创新需要，更新理念、观念，谋划2016年发展和“十三五”规划。要加快打造众创空间，扶持草根创业，同时，探索约束机制，打击侵犯知识产权和制售假冒商品等行为，保护企业创新热情。要发扬政企互动的优良传统，干净、坦荡地和企业家交朋友，倾听、解决企业的困难，全力落实、主动指导，为企业兑现优惠政策，帮助协调融资等问题。台商区要突出城市新区、新增长极的定位，提振士气，加快升级。要加快做强产业，提升存量、做大增量，引进一批产业、城市、民生方面的优质项目。要加快“数控一代”应用推广，注重鼓励自主创新与引进消化吸收再创新两手并行。同时，坚持高标准规划建设，加快产城融合发展。

郑新聪在泉州台商投资区调研　（图/陈起拓）

2015年第六次全市重大项目协调调度会召开

2015年第六次全市重大项目协调调度会召开。市长康涛指出，当前，是上重大项目的有利时机，要按照市委有关加快重点项目建设的部署，精心策划项目，研究与国家政策的对接，加快项目前期工作，争取更多项目纳入中央、省支持盘子。总结推广项目审批改革创新、加快项目前期工作的好做法，增强创新意识，做好指导和跟踪服务，促进项目建设提速提效。各地各部门要坚持项目建设“五个一”工作机制，抓紧落实重大项目协调调度会上的议定事项，遇到问题要主动担当、敢于协调，摸清情况，及时拿出具体的措施和办理时限，推动问题解决，决不能让老问题久拖不结；协调不了的重大问题要及时报告，不得拖延贻误。各项目建设配合单位要顾全大局，密切配合，共同推进项目建设任务按照时间节点完成。市重点办、效能办要加强督促检查，合力推动项目建设。要加强项目进度管理，及早梳理安排一批2016年一季度开竣工项目，倒排节点计划，创新工作方法，科学组织施工，交叉作业，压缩时限，全力推进。康涛强调，在经济下行压力较大时期，各级各部门更要有强烈责任感，提振精气神，树立等不起、慢不得、坐不住的紧迫感，把“马上就办”贯彻到项目建设的各个环节和领域，把力量压到基层，服务一线，提高服务质量和效率，为企业发展、项目建设助力，推动经济持续平稳健康发展。

2015晋江市银企对接会举行

2015晋江市银企对接会举行，组织20家商业银行与本土中小企业进行对接，促进金融资本更好地服务实体经济。政银企良性互动是晋江发展的重要法宝。当前，晋江正大力推进产业转型升级，构建多元化、多渠道、低成本的创新融资体系，建立“投、保、贷、中介服务”四位一体的科技金融服务体系，力促金融机构与实体经济互动共赢。在此次银企对接会上，20家银行与20家企业融资授信签约总额3.78亿元，其中有许多签约项目是信用贷款，解决中小企业缺少抵（质）押物的困难。现场推介的小微企业线上融资、万家小企业成长计划、年审制贷款等，都是为小微企业量身定做金融创新产品。除银行主力军，保险、融资租赁、产业基金等机构也进行现场推介和政策解读。晋江呼吁，各行业、企业要增强发展意识、机遇意识、创新意识，加快从“五个创新”到“全方位创新”，加快推广应用智能装备，探索“产业+互联网”有效模式，强化产业协作，提高产业整体竞争力，共同打造先进制造业的“晋江版块”。

市委常委会研究关工委工作

市委召开常委会召开，听取市关工委工作汇报，审议通过市委、市政府《关于深入贯彻落实习近平总书记指示精神 进一步加强关心下一代工作的意见》。市委书记郑新聪主持会议。会议强调，全市各级各有关部门要领会习近平指示精神，贯彻落实市委、市政府即将出台的意见，更加重视支持关工委工作，经常听取关工委老同志的意见建议，为各级关工委提供有力保障，做到“五纳入、五统一”。要注重力量接续，弘扬“五老”精神，尊重“五老”、爱护“五老”，支持、动员更多老同志参加关心下一代工作，对“百万大手牵小手”等活动中涌现出的“五老”精神、生动事迹，要加强宣传报道，营造人人关心下一代健康成长的氛围。要着力思想道德建设，帮助更好地引导青少年树立和践行社会主义核心价值观，扩大“百万大手牵小手”关爱活动的覆盖面和影响力，建好、管好、用好“青少年社会教育活动中心”等平台；因地制宜探索更多务实管用的项目抓手、平台载体，在争创全国未成年人思想道德建设工作先进城市中发挥特殊作用。要完善机制夯实基础，整合资源，完善联席会议制度，把组织延伸到各个基层单位，促进关心下一代工作重心下移、纵深发展。

市人大常委会市纪委党风廉政建设工作座谈会召开

市人大常委会、市纪委党风廉政建设工作座谈会召开。市人大常委会党组书记、主任陈万里，市委常委、市纪委书记温惠榕，市人大常委会副主任吕竞、朱团能、曾巍，秘书长吴春林及市人大常委会委员等参加座谈。与会人员对市纪检监察机关取得的工作成绩表示肯定，在接受一次党风廉政教育的同时，提出对下阶段工作的相关意见建议。陈万里指出，市人大常委会和市纪委联合召开党风廉政建设工作座谈会是一种有益的探索和创新，也是一种有效的形式和载体，具有共识、共性和共需。市人大常委会党组及其机关要抓住契机，推进立法工作；要与时俱进，增强监督实效；要规范管理，提升代表政治素质；要从严抓实，加强作风建设。作为地方国家权力机关、监督机关，市人大及其常委会要发挥自身职能作用，凝聚市人大代表的力量，加大党风廉政建设的宣传教育和工作力度，加强对领导干部的监督，为开创泉州市党风廉政建设新局面做出新贡献。

座谈会现场　（图/王虎文）

泉州市63家企业参展第八届“文博会”

10月30日—11月2日，由中共中央台办、文化部、国家新闻出版广电总局主办，省政府等承办的第八届海峡两岸文化产业博览交易会在厦门国际会展中心举行，泉州市63家企业参展，设参展摊位164个。图为泉港区黄氏元修古船模厂展区。

（图/陈智勇）

“泉州建材产品中国行”系列推介活动长沙专场举行

由泉州市政府主办，泉州市经信委、商务局、住建局、工商联、泉州晚报社、长沙晚报报业集团、泉州广播电视台等承办的“泉州建材产品中国行”系列推介活动长沙专场在湖南长沙举行。48家泉州建材品牌企业抱团集体亮相，与湖南的建材产业下游需求方现场对接，展示泉州建材区域品牌形象。参加布展的企业包括建陶、石材、水暖厨卫、石雕、消防和安防设备、新型墙材等建材生产龙头企业，以及涂料、木地板、家具、藤铁等家居装修产品生产标杆企业。市经信委负责人介绍，此次活动不仅让长沙乃至湖南的建材需求方了解泉州建材的“拳头产品”、过硬技术和品牌，更重要的是给泉州、长沙两地供需方提供一个对接洽谈和相互学习的平台。

10月30日

星期五
农历乙未年九月十八
温度：20℃—28℃
阴转小雨

●市委常委会召开，听取市关工委工作汇报，审议通过市委、市政府《关于深入贯彻落实习近平总书记指示精神 进一步加强关心下一代工作的意见》。

●全市农村基层党建暨非公有制企业（园区）党建工作会议召开。

●市人大常委会、市纪委党风廉政建设工作座谈会召开。

●在组织收听收看全国、全省冬春农田水利基本建设电视电话会议后，泉州市召开电视电话会议部署相关工作。

●10月30日—11月2日，第八届海峡两岸文化产业博览交易会在厦门国际会展中心举行，泉州市63家企业参展，设参展摊位164个。

●十四届亚洲艺术节泉州市执委会新闻通气会在福州召开。

●“泉州建材产品中国行”系列推介活动长沙专场在湖南长沙举行。

●“参与社区消防，建设平安家园”119消防日主题宣传教育活动在市区中骏世界城举行。

●10月30日—11月3日，两岸三地美术家美术采风作品展览在市区威远楼举行。

●石狮法院设立全省基层法院首个民三庭。

●金门县组织到泉州推介旅游。

10月31日

星期六
农历乙未年九月十九
温度：19℃—22℃
阴

●全国见义勇为工作经验交流现场会在晋江市召开。

●康涛会见由外交部组织访问泉州的非洲法语国家驻华使节团。

●“迎亚艺 乐活力”2015全民环城绿色环保骑行活动举行。

●第二届泉州青年书法新人作品展，在市区侨乡体育中心龙虎文化名家艺术馆举行。

●第四届德国欧米勒（青岛）国际钢琴公开赛总决赛“泉州晚报杯”选手获奖成果汇报演出在市区浦西万达广场举行。

●万圣节主题活动在市区领SHOW天地文创产业园举行。

●民生银行“一带一路上的小微美食，健康益起跑（泉州站）”活动举行。

全国见义勇为工作经验交流现场会在晋江市召开

全国见义勇为工作经验交流现场会在晋江市召开。中华见义勇为基金会理事长贾春旺、常务副理事长李顺桃，省政协副主席陈义兴，泉州市领导郑新聪、许昆贞、李建辉、卢炳椿、许连捷等参加会议。李顺桃指出，福建、泉州和晋江在见义勇为工作中，构建组织协调、基金保障、高效运转、权益保护四大机制，实现见义勇为人员有地位、有待遇、有保障，形成宝贵经验。这启示我们，推动见义勇为工作，必须争取各级党委、政府的关心和重视，必须坚持爱拼敢赢、积极探索、勇于创新，必须扎实工作、无私奉献，必须部门联动、合力共为。希望各地见义勇为基金会学习福建、泉州和晋江的经验，结合实际，大力推广；全面落实国务院七部委《关于加强见义勇为人员权益保护的意见》，健全组织领导、加强部门配合，怀着对见义勇为人员的深厚感情，扎实工作，力争在落实见义勇为伤亡人员评烈评残、抚恤补助政策等重、难点问题上有所突破，推动见义勇为事业不断发展。陈义兴指出，福建历来高度重视见义勇为工作，坚持走法制化、社会化、规范化的发展之路，营造社会氛围、完善工作机制、健全法规政策、加强权益保护、规范自身建设，推动这项工作为社会安定稳定、平安福建建设和社会主义精神文明建设等作出贡献。福建将结合贯彻党的十八届五中全会精神，落实此次现场会的主要精神，虚心学习兄弟省市先进经验，全面提升见义勇为工作水平。市委书记郑新聪表示，此次现场会在泉州召开，是对泉州见义勇为工作的鼓励和鞭策。泉州将以此次现场会为新起点，褒奖见义勇为行为，给英雄更多尊重、更多礼遇、更多保障，把工作延伸到基层、到网格、到群众，用典型感染人、教育人、激励人，让见义勇为精神在侨乡大地发扬光大，为建设现代化泉州凝聚强大正能量。会议总结交流福建、泉州、晋江推动见义勇为工作的好经验、好做法；会后，与会者还到晋江安海见义勇为工作站、恒安集团见义勇为工作室和青阳阳光社区见义勇为工作室等参观考察。

康涛会见非洲法语国家驻华使节团

市长康涛会见由外交部组织访问泉州的非洲法语国家驻华使节团。副市长陈荣洲、市政府秘书长吴友才参加会见。康涛表示，泉州作为“古代海上丝绸之路”起点城市，与非洲有着友好往来的悠久历史，直至今天，贸易往来都非常密切，期待今后双方在“一带一路”战略机遇下，紧密合作，推动经济发展，实现互惠共赢。使节团一行来自乍得、喀麦隆、毛里求斯、摩洛哥等非洲19个国家，其中有13位驻华大使和临时代办。在泉州期间，使节团参观了海外交通史博物馆、开元寺、清净寺、古船博物馆等“海丝”景点。

“迎亚艺 乐活力”2015全民环城绿色环保骑行活动举行

由第十四届亚洲艺术节泉州市执委会办公室主办，中国邮政集团公司泉州市分公司承办的“迎亚艺 乐活力”2015全民环城绿色环保骑行活动举行。300名骑行爱好者参加活动。与往常的竞速比赛不同，此次骑行活动本着“友谊第一，健康骑行”的活动主旨，吸引各个年龄层的骑行爱好者参与。骑行路线以市区侨乡体育馆为起点，穿越东湖街、九一街口、丰泽街、安吉路，最后到达星光耀广场。此次骑行活动是为倡导全民健身、全民乐活、积极向上、低碳环保的全民生活态度，向外展现泉州市民迎接亚洲艺术节的喜悦心情，旨在以全民健身为载体，融合城市宣传、企业展示、文化传播等多种活动形式，服务地方经济发展，实现全民健康互动，为第十四届亚洲艺术节献礼造势。

第二届泉州青年书法新人作品展举行

10月31日—11月15日，由市青年联合会、市青年书法家协会主办的第二届泉州青年书法新人作品展，在市区侨乡体育中心龙虎文化名家艺术馆举行。展览共展出100件作品，其中获奖作品10件、获奖提名作品10件。本届全市新人展来稿数量多、作品质量高，作品面目新颖并具备传统师承和法帖来源，在书写内容、风格、章法等方面有积极探索，代表当前泉州市青年书法艺术创作的整体发展水平。展览期间，主办方还举行“畅怀与晤言”泉州市青年书法创作研讨会。泉州青年书法新人展作为泉州市专业性的书法展览之一，旨在挖掘泉州市书坛新人新秀，同时也是展示全市书法新人艺术风貌的重要平台。

泉州推广运用政府和社会资本合作模式的实施意见颁布实施

《泉州市人民政府关于推广运用政府和社会资本合作（PPP）模式的实施意见》颁布实施。根据实施方案，PPP模式主要适用于政府负有提供责任且适宜市场化运作的基础设施、公共服务类项目。优先选择投资规模较大（基础产业、保障性安居工程项目要求总投资1亿元以上，其他领域项目原则上要求总投资3000万元以上）、市场化程度较高、技术发展比较成熟、收益比较稳定、价格调整机制相对灵活、合作期限较长（一般为10—30年）的领域推广运用PPP模式。泉州将重点推进市政基础设施、交通运输、社会事业设施、生态环保、水利、农业、林业、科技及新型城镇化试点等领域项目。

方案明确，各县（市、区）每年应从重点建设项目中，优先遴选一批PPP项目，向社会资本推介。各行业主管部门可从国民经济和社会发展规划及行业专项规划中的新建、改建项目或存量公共资产中遴选潜在项目。同时，鼓励各县（市、区）对存量项目（包括竣工项目和在建项目）进行PPP模式的探索。

融资方面，泉州将设立“泉州市PPP专项增信资金”3亿元，为泉州PPP项目融资提供增信支持。鼓励引导金融机构参与PPP项目，拓宽项目融资渠道。探索由市、县两级政府授权投资机构作为发起人，吸引金融机构、社会资本等共同设立城市建设基金，通过股权投资的方式支持城市基础设施、公共服务设施和城镇化建设。鼓励符合条件的项目运营主体在资本市场通过发行公司债券、企业债券、中期票据、短期融资券、项目收益债券、项目收益票据、资产支持票据、非公开定向债务融资工具（PPN）、私募债等直接债务融资工具融资。

第十四届亚洲艺术节节徽最终版出节徽图案

第十四届亚洲艺术节最终版节徽，较之前加上“第二届海上丝绸之路国际艺术节”的中英文字样。从视觉上看，表达几层含义：一是象征着帆船远洋归来，迎风展帆驶向双塔方向（泉州）；或暗含满载货物的船队，从泉州启航，驶向世界。二是亚洲艺术节节徽的英文首写字母“A”为创作元素的艺术变形，既可作为福船船帆的主杆，又与抽象化的双塔有帆船倒影、形成船队的隐约感觉。三是福船的帆杆，构成“1”的字样，帆杆与亚艺节节徽的彩色飘带，共同构成“4”的字样，象征着第“14”届亚艺节。标识暖色调的运用予人较强的感受，契合亚洲艺术节八方宾客云集的主题和泉州人民热情似火的人文情感。节徽明确表明本届亚艺节和海丝国际艺术节的主题；船帆、双塔和海浪三种元素的搭配运用，彰显泉州深厚的历史文化积淀以及作为曾经的“海丝起点”“东方第一大港”的对外贸易和文化交流地位。

《泉州美食之小吃篇》出版

从市旅游局获悉，《泉州美食之小吃篇》一书出版。该书围绕泉州美食中的小吃领域，收录全市各地90多种知名小吃，涵盖食饱类、汤水类、丸卷类、面点类、糕饼类和茶配类六大类。形式上文图并茂，尤其是文字介绍中，除了溯源美食的历史记载、趣味轶事、详细做法外，还在每一种小吃的文末链接具有人气的老字号小吃店的名字、地址、电话等信息，对于美食者的寻味之旅可谓提供极大便利。

晋江导演执导的纪录片《我的诗篇》在泉州首映

由来自晋江的新锐纪录片导演吴飞跃和著名财经作家吴晓波联合执导的纪录片《我的诗篇》在晋江金逸影院首映。这是一部深入表现底层人民的生存境遇与精神世界的纪录电影。影片中的六位人物既是普通的工人，又是优秀的诗人——以顽强的诗意对抗人世间的苦难。在一个娱乐为王的消费时代，影片将深刻的现实性与感人的诗意性进行到底；在一个追捧明星偶像的时代，它聚焦那些平凡而富于诗性与尊严的灵魂，这六个人物的命运与诗，交织成一个中国深处的故事，一个关乎未来的故事。影片在整个拍摄过程中始终处在公众的视野中，是经由互联网实验从而渗透民众力量的“众筹”电影。

11月1日

星期日
农历乙未年九月二十
温度：19℃—23℃
阴转多云

●李书磊到泉州检查亚艺节活动场所准备情况，并对泉州市部分历史文化街区和文化产业园项目开展考察调研。

●《泉州市人民政府关于推广运用政府和社会资本合作模式的实施意见》颁布实施。

●第十四届亚洲艺术节节徽最终版出节徽图案。

●《泉州美食之小吃篇》一书出版。

●由来自晋江的新锐纪录片导演吴飞跃和著名财经作家吴晓波联合执导的纪录片《我的诗篇》在晋江金逸影院首映。

●由晋江市委文明办、晋江市旅游协会主办的集体婚礼在晋江市区和平国际广场举行，30对新人顺应简朴、文明、低碳办婚礼的新风尚，新郎接新娘的方式是踩自行车。同时，新人们还集体向西园街道13岁白血病少年捐款1.5万元。

11月2日

星期一
农历乙未年九月廿一
温度：18℃—24℃
多云

●市人大常委会党组及机关举行“三严三实”专题教育第四次集中学习研讨。

●市政协听取市纪检监察工作情况通报会召开。

●省“两纲”中期评估督造组到泉州开展妇女儿童发展纲要中期评估督查工作。

●第八届海峡两岸文博会落幕，泉州参展荣获优秀组织奖（最高奖）。

●第十一届中国泉州国际南音大会唱在永春县举行。

●由第十四届亚洲艺术节泉州市执委会、国台办《两岸关系》杂志社、泉州泉台民间交流协会等部门举办“闽南韵·海峡情——2015海峡两岸闽南语歌曲创作演唱大赛”颁奖典礼在泉州广播电视台举行。

●由第十四届亚洲艺术节泉州执委会、国台办《两岸关系》杂志社、泉州泉台民间交流协会等部门举办的海峡两岸闽南语歌曲创作与传播研讨会在中国闽台缘博物馆举行。

市政协听取市纪检监察工作情况通报

市政协听取市纪检监察工作情况通报会召开。市政协主席杨俊峰，市委常委、市纪委书记温惠榕，市政协副主席陈铭福、王祖耀、李冀平、王瑞强、陈益，秘书长洪川夫参加会议。温惠榕通报2015年以来全市纪检监察工作情况。委员们就加强泉州市党风廉政建设和反腐败工作建言献策。杨俊峰肯定全市纪检监察工作后要求，委员要多做宣传引导和释疑解惑工作，营造反腐倡廉良好氛围。要认真履行职责，加强民主监督，重点围绕反对“四风”情况等开展民主监督。政协各参加单位和广大政协委员要继续积极建言，形成合力，助推泉州市党风廉政建设和反腐败工作上新台阶。

省“两纲”中期评估督查组到泉州开展妇女儿童发展纲要评估督查工作

2—4日，省“两纲”中期评估督查组到泉州开展妇女儿童发展纲要中期评估督查工作。从汇报会上获悉，自2011年泉州市颁布实施新一轮妇女儿童发展十年纲要以来，97项主要目标中89项改善明显，改善率92%。2011年以来，泉州实行积极的就业政策，加强妇女职业技能培训，全市城镇女性新增就业27.66万人，约占新增就业总数的44.5%，下岗失业女性人员实现再就业4383人，约占再就业总数的45.5%。为鼓励广大妇女自主创业创新，泉州市积极推进适度普惠性社会保障制度建设，运行“五险统征”机制，妇女儿童社会福利得到有效保障。截至2014年底，全市参加基本养老、医疗、失业、工伤和生育保险的女性分别约240.3万人、343.1万人、25.2万人、36万人和38.7万人，企业职工月人均基本养老金也由2011年的1324.63元增加到2015年的2140.47元。

泉州获第八届文博会最高奖

第八届海峡两岸文博会落幕，泉州参展荣获优秀组织奖（最高奖）。泉州一大批大师作品荣获本届文博会中华工艺精品奖和中华工艺优秀作品奖。泉州参展主打21世纪海上丝绸之路先行区、第十四届亚洲艺术节举办地和东亚文化之都等品牌，共有63家企业参展，参展摊位164个，创历届新高。泉州2015年的主题为“海丝”文化品牌，其中德化陶瓷烧制技艺现场展示、泉港黄氏福船模、香道文化现场体验等吸引众多参观者，泉州展区成为本届文博会最具人气的展区之一。在文博会期间共签约文化产业项目20个，总金额达110多亿元，同时，征集文化产业投融资项目31个，金额168.69亿元，吸引两岸客商共同关注泉州文化产业的发展。

同日，该届文博会中华工艺精品奖和中华工艺优秀作品奖揭晓，泉州选送的98件大师作品入围中华工艺精品奖，并到展会现场展示。其中，孙晓东《望》获木雕类金奖；兰全盛《梦呓乡语》、庄少卿《一轮明月》、李璋高《愿》、郑玉林《弘音》等四件作品获陶瓷类金奖，占该类别金奖数一半；黄雪玉漆线雕《琴棋书画》获综合类银奖。在中华工艺优秀作品奖角逐中，林彬《云游四海》、徐锦灿《天长地久》、郑君亮《举杯邀明月》、孙文宏《飘洋过海》、刘铭志《水月观音》、潘德春《一壶百福皆吉祥》、吴志好《鸟语花香》等7件作品获得金奖，同时还有22件作品获得银奖和铜奖。

两岸闽南语歌曲创作演唱大赛颁奖典礼举行

由第十四届亚洲艺术节泉州市执委会、国台办两岸关系杂志社、泉州泉台民间交流协会等部门共同举办“闽南韵·海峡情——2015海峡两岸闽南语歌曲创作演唱大赛”颁奖典礼在泉州广播电视台举行。该演唱大赛由海峡两岸闽南语歌曲征集大赛、海峡两岸闽南语歌曲创作和传播研讨会、大赛颁奖典礼、海峡两岸音乐名师走进泉州高校四项内容组成。其中，闽南语歌曲征集大赛是这系列活动的重头戏，从征集到评选历时3个月，共征集到原创歌曲169件。其中：大陆参选作品88件，台湾参选作品81件。经初评、复评、总评，产生金奖作品2首，即《在外咱厝人》和《老宝贝》，银奖作品3首，铜奖作品5首，优秀奖作品10首。

活动现场　（图/吴寿民）

中央批准：海上丝绸之路国际艺术节永久落户泉州

来自市委宣传部的消息，经中央批准同意，文化部与福建省政府联合主办的海上丝绸之路国际艺术节，每两年一届，永久落户泉州市。11月8日，第二届海上丝绸之路国际艺术节将和第十四届亚洲艺术节一起拉开帷幕。为支持泉州打造“海丝”品牌，2014年，文化部与福建省政府共同在泉州主办首届海上丝绸之路国际艺术节，吸引来自韩国、日本、马来西亚、印度等二十几个国家和地区的艺术家，其参与范围之广，出席嘉宾层次之高，文化元素之丰富，尽显国际风范与“海丝”沿线国家的异域风情。第十四届亚洲艺术节与第二届海上丝绸之路国际艺术节联合举办，极大提升泉州的文化影响力和城市形象，成为推进泉州海丝先行区建设的强劲动力。

市委常委会议传达学习十八届五中全会和省委常委会议精神

市委召开常委（扩大）会议，传达学习党的十八届五中全会和省委常委（扩大）会议精神。市委书记郑新聪主持会议。市领导康涛、周银芳、陈万里、杨俊峰、许昆贞、翁祖根、温惠榕、林伯前、林俊共，市人大常委会、市政府、市政协领导，市中级人民法院、市检察院主要领导等出席会议。在传达五中全会和省委常委（扩大）会议主要精神后，郑新聪指出，中共十八届五中全会所作的决策部署，是新一届中央领导集体十八大以来治国理政理论创新、实践成果、前瞻思考的系统化提升，学习贯彻全会精神，是当前和今后一个时期全市上下的一项重要政治任务。各级各部门要全面学习领会全会精神，把握好“十三五”发展的时代背景、基本原则、宏伟目标、发展理念和对从严治党“第一责任”的新要求，把思想和行动统一到中央的决策部署上来。要精心组织部署，通过党员干部原原本本研学、党委（党组）中心组领学、教育培训促学、媒体宣传导学，迅速掀起学习宣传贯彻热潮，引导全社会合力共为，推动科学发展跨越发展。

郑新聪要求，要深刻领会创新、协调、绿色、开放、共享五大发展理念，抓紧泉州市“十三五”规划编制。要认真检视和完善规划“建议”“纲要”，把五大发展理念全面融入规划的总体目标、指标设置、重大任务以及框架、形式、表述，更好地鼓舞人、凝聚人；做好衔接，同步推进规划“建议”研究、“纲要”编制，充分转化13个专题研讨成果，抓紧梳理17个重点产业转型升级路线图和项目清单，加强省、市、县三级指标衔接；把握时间节点，坚持开门搞规划，多形式、多渠道征求方方面面意见；抓紧百大战略性项目策划储备报批，争取更多列入国家、省里盘子。市委将召开十一届十次全会，学习贯彻五中全会精神，审议泉州市“十三五”规划“建议”，有关部门要抓紧做好文件起草、会务筹备等各项工作。

郑新聪强调，要统筹抓好当前发展，不折不扣落实年度指标，深入摸清“企业要什么，我们做什么”，帮助协调困难问题，对企业家进行有效培训，强化金融服务，防范金融风险；加快推动产业转型升级和结构调整，争取申报国家专项建设资金打个“翻身仗”，积极进取安排2016年指标，努力为全省多做贡献。

海峡两岸家庭老照片家书展举办

3—15日，由国台办两岸关系杂志社、中国人民大学博物馆、中国闽台缘博物馆、泉州泉台民间交流协会等部门主办的“共同的记忆——两岸家庭老照片家书展”举办。泉州泉台民间交流协会通过社会各界征集到反映泉台同胞间的家国情怀及泉台乡情、亲情、友情、爱情等老照片和家书1000多件。通过筛选、编辑，选择《鸿渡海峡 情系两岸》《把家安到泉州》《爷爷莫大的遗憾》《余光中：“乡愁是一条长长的桥梁”》等13组100多张(封)两岸家庭老照片及家书展出。

活动现场　　（图/吴寿民）

11月3日

星期二
农历乙未年九月廿三
温度：20℃—23℃
多云

●来自市委宣传部的消息，经中央批准同意，文化部与福建省政府联合主办的海上丝绸之路国际艺术节，每两年一届，永久落户泉州市。

●市委召开常委（扩大）会议，传达学习中共十八届五中全会和省委常委（扩大）会议精神。

●郑新聪、康涛带队实地检查亚艺节相关活动场所的筹备工作情况，并召开现场汇报会，听取各工作组筹备进展情况汇报，就做好亚艺节各项工作再作强调部署。

●3—4日，市人大常委会组织对市十五届人大五次会议代表建议、批评和意见办理工作情况进行视察。

●十一届市政协第五次县（市、区）主席工作座谈会在南安召开。

●周银芳到德化县调研农村基层党建工作。

●3—15日，由国台办两岸关系杂志社、中国人民大学博物馆、中国闽台缘博物馆、泉州泉台民间交流协会等部门主办的“共同的记忆——两岸家庭老照片家书展”举办。

●备战第14届亚洲艺术节安全保卫工作，市公安局组织开展中心市区“关城门”布控堵截实战演练。

●为期八天的南安市—清华大学第14期民营企业家高级研修班文化产业专题班结束，41名来自南安文化产业的企业家、职业经理人参加本次研修学习。

11月4日

星期三
农历乙未年九月廿三
温度：22℃—26℃
多云

●市政府第七十八次常务会议召开。

●市政府党组举行“三严三实”专题教育第四次集中学习研讨。

●第118届广交会闭幕。泉州507家企业参展，参展展位1535个。

市政府第七十八次常务会议召开

市政府第七十八次常务会议召开。市长康涛主持会议。 市委常委、常务副市长林伯前，副市长陈荣洲、周真平、卢炳椿、陈灿辉、林万明，市政府秘书长吴友才等参加会议。市人大常委会副主任朱团能、市政协副主席骆沙鸣等应邀参会。会议传达党的十八届五中全会、省委常委（扩大）会和市委常委（扩大）会精神，强调要切实把学习贯彻全会精神作为当前和今后一段时期的一项重大政治任务抓紧抓好。会议指出，2016年是“十三五”开局之年，要紧密跟踪国家和省“十三五”规划编制，争取更多项目进入国家、省的盘子。各级各部门要及早布局2016年项目大盘，逐一梳理前期项目、重点在建项目和一季度开竣工项目清单，倒排计划，强化保障，全力加以推进；要对接国家政策，抓好项目策划，加快前期工作，紧盯重要环节，全力争取国家第四批专项建设资金。要全力以赴扶企业、控风险、保运行，坚决守住不发生区域性金融风险底线。要强化企业家培训，组织成功企业家分享经营心得和应对困境的举措，提升企业家队伍整体素质。要抓紧制定产业转型升级路线图，前瞻把握传统产业转型升级的趋势和走向；充分发挥工商联、商会等的作用，积极引进一批助推产业转型升级的项目。要全力冲刺后两个月工作，特别要抓好GDP、财税各项工作，确保完成全年目标任务。

会议听取2015年市委、市政府为民办实事项目和市人大代表建议、市政协提案办理进展情况汇报。会议要求，为民办实事进度的滞后项目，各责任单位要厘清原因、找出根源，强化措施，全力加以推动；对因审核审批工作疏忽而导致项目施工进度滞后的，各相关部门要引起高度重视，加强督查问责，决不容忍办事人员“卡脖子”误时效等现象。要牢固树立服务意识、责任意识，认真办好人大代表建议和政协委员提案，对于确实解决不了的，要注意方式方法，耐心做好沟通解释工作。

会议研究《泉州市人民政府关于进一步促进集装箱从泉州港进出的若干意见》。会议指出，航运与地方经济发展密切相关，泉州作为制造业大市，出台航运扶持政策对带动产业发展、提升泉州港口综合竞争力意义重大。要通过加快完善港口基础设施、构建“海陆空”国际立体联运体系、培育船货代等中介服务机构、发展内外贸新航线、提升通关便利化水平和港口码头服务质量等措施，引导集装箱从泉州港进出，推动泉州港做大做强。

会议研究《福建（泉州）哈工大工程技术研究院建设合作协议》。

市政府党组举行“三严三实”专题教育第四次集中学习研讨

市政府党组举行“三严三实”专题教育第四次集中学习研讨。市政府党组书记、市长康涛在研讨中要求，市政府党组要持之以恒抓好学习教育，树立为人民服务的权力观，大力弘扬谷文昌精神，严以用权、真抓实干，实实在在谋事创业做人；要始终把纪律和规矩挺在前面，在严以修身的同时带好班子和队伍。

泉州507家企业参展第118届广交会

第118届广交会闭幕，泉州共有507家企业参展，展位1535个。泉州市企业累计现场成交1.8亿美元，同比下降5.3%。从广交会参展企业反映的情况来看，本届广交会采购商数量略有下降，现场成交较上届也有小幅下滑。为进一步做好泉州品牌在广交会的宣展工作，泉州市将推动协助晋江、德化、惠安、安溪等县市区在第119届广交会二、三期展馆设立泉州品牌展示区，加强晋江鞋都、德化陶瓷之都、惠安石雕之乡以及安溪藤铁工艺品牌宣传和推广，展示泉州市区域产业特色和品牌企业形象，扩大泉州制造业在国际市场的知名度和影响力。泉州企业主动走出去，构建全球资源配置格局的趋势加强。在互联网+的背景下，越来越多的外贸企业将跨境电商与传统贸易结合起来，用新型商业模式助力传统外贸升级，通过融入“互联网+”构建全球营销网络，积极开拓客源，抢占全球商机。

相关链接：中国进出口商品交易会即广州交易会，简称广交会。创办于1957年春季，每年春秋两季在广州举办，距2014年已有五十七年历史，是中国目前历史最长、层次最高、规模最大、商品种类最全、到会客商最多、成交效果最好的综合性国际贸易盛会。自2007年4月第101届起，广交会由中国出口商品交易会更名为中国进出口商品交易会，由单一出口平台变为进出口双向交易平台。2014年6月19日，琶洲国际会展中心四期扩建规划通过，四期建设后，展览面积50万平方米，超过德国汉诺威的47万平方米；整个琶洲地区会展面积66万平方米，规模世界第一。

市人大常委会分组到各县（市、区）对食品安全监督管理工作的议案决议执行情况进行视察

市人大常委会分4组奔赴各县（市、区），通过实地察看、汇报座谈、随机抽查等形式对《关于进一步加强泉州市食品安全监督管理工作的议案决议》执行情况进行视察。市人大常委会主任陈万里，副主任洪泽生、吕竞、张建生、朱团能、曾巍，秘书长吴春林及部分市人大常委会组成人员、市人大代表参加。副市长陈荣洲陪同视察。

市政协党组召开会议学习贯彻党的十八届五中全会精神

市政协党组召开（扩大）会议，学习贯彻党的十八届五中全会精神和省委、市委部署要求。市政协党组书记、主席杨俊峰，副主席吴共湖、骆沙鸣、李冀平、王瑞强，秘书长洪川夫参加会议。杨俊峰要求，全市政协组织和政协委员要统一思想，认识中共十八届五中全会的重要意义，更好地用全会精神统一思想、凝聚共识、指导实践、推动工作。要深入学习，深刻领会全会精神实质，准确理解和把握“十三五”发展形势、目标任务和“四个全面”战略布局、五大发展新理念，把全会精神贯彻落实到履职全过程。要结合实际，切实抓好贯彻落实，紧紧围绕市委要求，就推动经济转型升级、创新驱动发展、新型城镇化建设、提升社会文明程度、保障改善民生、生态文明建设等重大问题协商建言、献计出力；紧紧抓住制约泉州市科学发展跨越发展的矛盾问题，深入调查研究，提高建言质量，为谋划和推进泉州市“十三五”发展贡献力量；全面完成年度各项履职任务，精心筹备五次全会，及早谋划2016年工作；不断加强政协党的建设，坚守纪律规矩，切实改进作风，强化责任担当，为推进政协事业发展、更好服务全面建成小康社会提供坚强保障。

泉州两企业上榜首批“中国出口质量安全示范企业”名单

国家质检总局公布第一批“中国出口质量安全示范企业”名单，福建泉州匹克体育用品有限公司、泉州寰球鞋服有限公司两家企业上榜。第一批“中国出口质量安全示范企业名单”中，全国210家企业上榜，其中福建省16家，上榜企业数量仅次于浙江、广东、江苏三省，列全国第四位。获评企业将享受质检总局赋予的多项便利措施，包括：出口法检产品可实施免予检验；优先为示范企业提供国外技术法规、标准、合格评定程序等信息和培训，优先推荐参加国际质量管理交流活动；在认证认可、检验检测、行政许可等方面提供快捷便利服务；支持示范企业开展名牌创建活动，支持开展产品品牌、企业形象等维权活动；广泛利用新闻发布会、部门网站、外事活动等多种形式或载体，加强示范企业对外宣传；准予示范企业在国内外销售、电子商务及其他营销活动中，合理利用示范企业荣誉，树立品牌形象等。

晋江通过国家生态市验收

国家环保部考核验收组到晋江，通过听取汇报、现场考察、资料审核、观看专题片等形式，对晋江创建国家生态市工作进行考核验收。考核组认为，晋江市创建国家生态市组织有力、措施到位、工作扎实、成效明显，技术评估组提出的整改意见总体落实到位，各项基本条件和建设指标达到国家生态市考核要求。考核验收组同意晋江市通过国家生态市验收。

香港驻粤经济贸易办在泉州举办“艺·见香港”文化展览

5—15日，“艺·见香港”大型综合文化展览将在泉州市区领SHOW天地文创产业园举办。“艺·见香港”文化展览由香港特别行政区政府驻粤经济贸易办事处联合领秀文旅集团等单位举办。展览设“香港回归祖国18周年”“武·艺人生—李小龙”“香港漫画星光大道”“带回家·香港文化、艺术与设计故事”等多个不同的主题展览，香港艺术文化精髓带到泉州，让广大市民体验香港别具一格的人文风情。

开幕式　　（图/张九强）

11月5日

星期四
农历乙未年九月廿四
温度：23℃—28℃
多云

●市人大常委会分4组奔赴各县（市、区），通过实地察看、汇报座谈、随机抽查等形式对《关于进一步加强泉州市食品安全监督管理工作的议案决议》执行情况进行视察。

●市政协党组召开（扩大）会议，学习贯彻中共十八届五中全会精神和省委、市委部署要求。

●市政协党组举行“三严三实”专题教育第四次集中学习研讨。

●晋江市通过国家生态市考核验收。

●福建泉州匹克体育用品有限公司和泉州寰球鞋服有限公司上榜首批“中国出口质量安全示范企业”名单。

●5—15日，“艺·见香港”大型综合文化展览将在泉州市区领SHOW天地文创产业园举行。

11月6日

星期五
农历乙未年九月廿五
温度：24℃—29℃
多云

●“魅力文都”新区嘉年华活动举行。

●由第十四届亚洲艺术节组委会主办，第十四届亚洲艺术节泉州市执委会、福建省书法家协会、泉州市文学艺术界联合会、中国闽台缘博物馆承办的第四届中国海丝书法作品展在中国闽台缘博物馆举办。

●6—8日，环保部国家生态市考核验收组对丰泽创建国家生态区工作开展考核验收，丰泽区通过国家生态区考核验收。

●6—22日，“魅力文都”新区嘉年华活动举行。

●“文化寻根”中华姓氏雕塑展在西街“大麦仓”公开展出。

第四届中国海丝书法作品展在泉州举办

6—15日，由第十四届亚洲艺术节组委会主办，第十四届亚洲艺术节泉州市执委会、福建省书法家协会、泉州市文学艺术界联合会、中国闽台缘博物馆承办的第四届中国海丝书法作品展在中国闽台缘博物馆举办。该次展览展出第四届中国海丝书法大展赛的获奖作品24幅，入展作品100幅。这些作品五体兼备、风格多样、技法娴熟，无论是体现对传统的继承，还是彰显对创新的崇尚，都显示出不俗的学术品格。通过大赛和展览将有力推动和扩大不同城市、不同国度之间、艺术门类之间的交流与合作。

开展仪式　　（图/李芸生）

丰泽通过国家生态区验收

6—8日，环保部国家生态市考核验收组对丰泽创建国家生态区工作开展考核验收。考核验收组通过现场考察、资料核查、听取汇报、观看专题片等形式，重点检查国家生态市技术评估时提出问题的整改情况，全面考核验收丰泽生态区创建工作。最终丰泽区通过国家生态区考核验收。在创建生态区的过程中，丰泽区还积极探索具有丰泽特色的生态建设路子，多渠道筹措资金，打造四大“生态工程”。坚持工业可循环的发展思路，加快培育高新技术产业，加速传统工业改造升级，发展绿色工业，打造“生态工业”精品工程。有效利用中心城市核心区的区位优势，着力构建东海、北峰、城东总部经济、丰泽街金融商务服务、华大科技研发商务、环清源山生态休闲养生等服务业功能区，打造“生态服务业”精品工程。加强生态文明教育，夯实生态建设基础，培育人文生态文化，打造“生态文化”精品工程。

魅力文都新区嘉年华活动举行

6—22日，“魅力文都”新区嘉年华活动举行。活动主办方为广大市民呈献艺术、美食、婚庆、玩乐、购物、礼品六大板块的精彩“魅力文都”新区嘉年华。开幕式上，惠安女、公式埔女服饰表演，闽南童谣《搭嘴古》、水晶器乐演奏《爱拼才会赢》、南音演唱《直入花园》等十余个泉州味十足的节目精彩不断。欧亚“文都”城市参与“合奏”，是此次嘉年华的突出亮点。活动邀请比利时蒙斯市、法国马赛市，德国鲁尔区，中国青岛市、宁波市，韩国光州市、清州市，日本横滨市等欧亚“文都”城市共同参与。在为期半个多月的文化狂欢中，各“文都”城市将通过艺术、美食等表现形式，丰富“东亚文化之都”以文兴城、以文富民的文化内涵，彰显“文都”魅力。嘉年华活动六大版块，包括艺术、美食、婚庆、玩乐、购物、礼品等嘉年华活动。

活动现场　　（图/陈起拓）

陈立德漆画艺术展举办

“丝路漆彩——陈立德漆画艺术展”在源和1916天德艺术馆展出。此次展览的数十幅作品，既有红砖古韵的闽南古民居，也有人物、花朵、建筑等题材，具有强烈的艺术个性和感染力。陈立德于上世纪70年代中叶开始接触漆画，1989年，漆画《皓月红烛》获第七届全国美展金奖，这是当代美术史上第一枚全国美展漆画金牌，并为中国美术馆收藏。

画展现场　　（图/吴寿民）

泉州通过国家生态市考核验收

泉州市顺利通过国家生态市考核验收组验收，成为全省第二个通过国家生态市考核验收的设区市。国家生态市考核验收组到泉州8个县（市、区）、47个考察点，通过听取汇报、现场考察、资料审核等形式，对泉州市国家生态市和鲤城区、丰泽区、晋江市国家生态区（市）建设工作进行考核验收，并于7日下午召开汇报与反馈会。考核验收组对泉州国家生态市建设工作表示肯定，指出泉州在国家生态市建设中走出一条富有当地特色的路子，形成有泉州特点的体制、机制和办法，不少经验做法值得全省乃至全国复制。希望泉州能够继续巩固提升建设成果，关注热点难点，瞄准新目标开始新征程。

生态良好的清源山成为泉州市民休闲游乐的后花园
（图/吴寿民）

郑新聪会见参加联合国海陆丝绸之路城市联盟工商理事会成立大会代表

市委书记郑新聪会见参加联合国海陆丝绸之路城市联盟工商理事会成立大会代表成员及海内外机构、著名华商代表一行。市领导翁祖根、李建辉、陈荣洲、许连捷参加会见。郑新聪提到，是年2月，联合国海陆丝绸之路城市联盟筹备会议在泉州举办，会上通过《泉州共识》；9月，在海陆丝绸之路沿线城市的共同努力下，联合国海陆丝绸之路城市联盟在北京成立，泉州很荣幸能成为创始城市之一。如今，城市联盟工商理事会成立大会即将召开。泉州将以此为契机，以最大的热情、尽最大的努力支持理事会各项建设，并为项目对接、分会设立、基金运作等后续工作提供服务和保障。期待借助这一平台，汇聚工商业界的力量，在消除贸易壁垒、商事调解、跨国投资、产能合作等方面，加强对话、增进了解、解决分歧、强化合作，推动丝路城市之间的交流与互动再上新台阶。联合国开发计划署驻华代表处国别主任文蔼洁在会见中表示，作为古代海上丝绸之路的起点城市和重要港口，泉州为联合国海陆丝绸之路城市联盟的成立作出巨大贡献。联合国工业发展组织高级顾问梁丹在会见时介绍工商理事会筹建的背景、意义和发展前景。

海丝艺术公园植花纪念仪式举行

“花团锦簇——相聚第十四届亚洲艺术节”植花纪念仪式、“海丝情怀——名家画泉州 泉州名家画”美术作品展和“力的共生”当代艺术装置个展开展仪式相继在海丝艺术公园举行。省委常委、宣传部部长李书磊，副省长李红，文化部外联局局长助理王晨，市领导郑新聪、康涛、陈庆宗、张建生、周真平、李冀平等来到现场，与来自韩国、印尼、蒙古、德国、比利时等亚洲和海丝沿线国家、地区的11个艺术团代表一道植花，播种下“情系亚洲 逐梦海丝”的友谊，让友谊之花香飘万里。

市委书记郑新聪主持植花纪念仪式并指出，回顾历史，泉州是古代海上丝绸之路的重要起点。千百年来，海上丝绸之路在这里溢彩流光，展现蓬勃生机。面向未来，泉州主动对接“一带一路”建设，在福建海上丝绸之路核心区建设中，着力打造先行区。相信本届艺术节将为各国间的文化交流提供良好的舞台，为亚洲各城市的友好往来提供开放的窗口，深入、广泛地弘扬丝路精神。随后，他们还分别为美术作品展和当代艺术装置个展揭彩，并参观展览。

市长康涛分别主持美术作品展和当代艺术装置个展开展仪式并表示，相信通过展览，更多的朋友将对独具海丝风情的泉州有更深认识，希望以此为契机，进一步加强与国内外文化艺术界的交流，进一步促进泉州文化繁荣发展。

来自各国的嘉宾与志愿者一同种植花卉（图/戴涵琦）

11月7日

星期六
农历乙未年九月廿六
温度：23℃—31℃
多云

●泉州市通过国家生态市考核验收组验收。

●第十四届亚洲艺术节暨第二届海上丝绸之路国际艺术节“魅力文都”系列活动启动仪式暨文艺演出在西街“大麦仓”举行

●郑新聪会见参加联合国海陆丝绸之路城市联盟工商理事会成立大会代表成员及海内外机构、著名华商代表一行。

●7—15日，“海丝情怀——名家画泉州·泉州名家画”美术作品展将在海丝艺术公园举办。

●以“价值发现——海丝艺术漫步泉州”为主题，两场囊括花鸟、人物、山水等创作题材的艺术讲座在西街“大麦仓”内闽南文化交流中心举行。

11月8日

星期日
农历乙未年九月廿七
温度：23℃—31℃
多云转阴

●第十四届亚洲艺术节暨第二届海上丝绸之路国际艺术节在泉州开幕。

●尤权在泉州会见雒树刚一行。

●郑晓松在泉州会见参加第十四届亚洲艺术节的外国驻华使领馆官员一行。

●位于泉州台商投资区百崎湖畔的海上丝绸之路艺术公园·亚洲园开园仪式举行。

●联合国海陆丝绸之路城市联盟工商理事会成立大会在泉州召开。

●“蔚蓝丝路”——海上丝绸之路文化特展暨“丝路帆远”中国海上丝绸之路文物精品图片展在泉州海外交通史博物馆开幕。

●第十六届中国（南安）水头国际石材博览会在南安市海西石材城展览中心开馆。

●世界（永春）白鹤拳大会开幕式在永春县桃城镇白鹤广场举行。

●以“绿色时尚·品位生活”为主题的首届中国（安溪）家居工艺文化博览会举行。

●国际设计影像节——“全球文化之都”影像展示在中骏世界城三个户外公共大屏幕循环播放。

●余光中文学馆在永春开馆。

●第五届福建省菊花展览（泉州展区）在市区滨海公园开展。

第十四届亚洲艺术节暨第二届海上丝绸之路国际艺术节在泉州举办

由文化部和省政府联合主办、省文化厅和泉州市政府承办的第十四届亚洲艺术节暨第二届海上丝绸之路国际艺术节开幕式在泉州举行。文化部部长雒树刚致开幕辞并宣布开幕，省委书记尤权致欢迎辞。该届亚洲艺术节以“情系亚洲 逐梦海丝”为主题，并与第二届海上丝绸之路国际艺术节合并举办，包括表演艺术、视觉艺术、文化交流对话、文化之都魅力、网络亚艺节、主题公园活动等6个板块数十项活动，来自“一带一路”沿线的40余个国家和地区的数百名代表共襄文化与艺术交流的盛会。

开幕式由省委常委、常务副省长张志南主持。文化部副部长丁伟，省领导叶双瑜、李书磊、刘群英、李红、郑晓松、刘可清，海陆丝绸之路城市联盟名誉主席龙永图，海峡两岸关系协会顾问陈云林，省级老同志何少川，中国艺术研究院院长王文章，海峡两岸关系协会原常务副会长李炳才，中国—东盟中心秘书长杨秀萍，泰中文化促进委员会主席、泰国前副总理披尼·扎顿颂巴，日本茶道里千家千玄室大宗匠、亚洲合作对话（ACD）机制临时秘书处秘书长班迪·林沙军、科威特经济学家拉马丹教授等“一带一路”相关沿线国家文化界代表，中国知名文化专家莫言、刘梦溪、余秋雨、范迪安，泉州市领导郑新聪、康涛、陈万里、杨俊峰等出席艺术节有关活动。

开幕式后，举行专题文艺演出《海之梦》。演出围绕“海丝”主题，包括《人·天》《家·海》《国·梦》等三大篇章十余个节目，集中展示亚洲各国的文化精华，并融入福建文化、闽南文化元素，为观众奉上一台精彩的视听盛宴。

第十四届亚洲艺术节开幕式文艺晚会　（图/陈起拓）

尤权在泉州会见雒树刚一行

省委书记尤权在泉州会见文化部部长雒树刚一行。尤权代表省委、省政府感谢文化部部长期以来对福建发展的关心支持，感谢文化部把第十四届亚洲艺术节放在泉州举办。尤权希望文化部继续在完善公共文化服务体系、繁荣文艺创作、加快文化产业发展等方面加大支持力度，助推福建文化大发展大繁荣。

第十六届中国（南安）水头石博会举办

为期4天的第十六届中国（南安）水头国际石材博览会在南安市海西石材城展览中心开馆。司法部原部长高昌礼，原国家建材局局长、中国建材联合会名誉会长张人为，市长康涛，中国石材协会会长陈国庆，希腊驻华使馆馆长、经济公使善德思，中国石材协会名誉会长邹传胜，市领导朱团能、陈荣洲、吴共湖等，与国家级行业协会、省市有关部门负责人、国内外建材行业客商一起参加开馆式。

作为第十四届亚洲艺术节暨第二届海上丝绸之路国际艺术节系列活动组成部分，本届石博会以“海丝、石都、文化”为主题，参展产品突出石材创意与文化，辅以石材机械、石材辅助材料、建筑陶瓷、水暖器材及其他装饰材料，集石材产品展览、标准发布、技术交流、专题研讨、经贸洽谈活动于一体，做到展与会结合、展与销结合。本届石博会共设9个展区，展位21141个，展示面积79.4万平方米（其中主展馆面积较上届核心展区扩大2倍），是国内石材展会中展位数量最多、办展规模最大的国际性石材盛会，来自中国、巴西、意大利、土耳其、巴基斯坦、伊朗、埃及、印度等十几个国家和地区的552家企业参展。

石博会上客商云集　（图/张九强）

尤权与泉州部分民营企业家座谈

在泉州出席第十四届亚洲艺术节的省委书记尤权与泉州部分民营企业家座谈，交流对当前经济形势的看法，了解企业生产经营情况，共商应对当前经济下行压力的对策和办法。省委常委、秘书长叶双瑜，泉州市领导郑新聪、康涛等参加座谈。恒安、安踏、匹克、三安光电、舒华、九牧、盼盼、功夫动漫、东升等企业负责人，代表泉州鞋服、体育、水暖、建材、动漫和食品等行业的领军品牌。大家围绕新形势下推进企业转型升级、技术改造、市场开拓、品牌建设等作了发言。

听了大家的发言后，尤权指出，经济发展进入新常态，下行压力加大，这是中国经济发展的必然阶段。当前，一些产业企业出现分化，产业集中度越来越高，市场竞争日益激烈，这是迟早都要出现的局面，不少企业因此出现生产经营困难。面对严峻挑战和困难，希望大家一定要坚定发展信心，强化创新驱动，加快转型升级，推进兼并重组，提高核心竞争力，进一步把企业做大做强；在国内市场饱和的情况下，一些企业可以发挥优势，加快“走出去”步伐，积极开拓国外市场；要完善现代企业制度，加强企业精细化管理，节能降耗、降低成本，向管理要效益。政府要加大对实体经济的支持力度，研究出台有利于企业优胜劣汰的政策措施，协调好金融机构与企业的关系，有效缓解企业融资难、融资贵问题，为企业发展创造良好的环境。

国际文化之都TED论坛举行

国际文化之都TED论坛在源和1916创意产业园举行。来自亚洲和欧洲的文都城市及主办机构代表，围绕“新时期国际人文交流中的文都作用”，为在场近百名观众献上一场关乎城市创意文化开发、交流、合作方面的精彩交锋。论坛上，欧洲委员会欧洲文化之都评判组成员乌尔里希·福斯、蒙斯2015欧洲文化之都关系媒体经理查林·科希作为欧洲文化之都主办机构代表和城市代表，就欧洲文化之都评选、建设及文化输出等多方面，分享欧洲文化之都项目的成功经验。韩国光州东亚文化之都推广委员会委员长申京求、日本横滨市文化观光局文化项目推进部长阿部昭一、华侨大学副校长曾路作为首届东亚文化之都城市代表，则分别从文都活动开展、文化城市建设、三座文都城市交流等层面，分享东亚文化之都项目的丰硕成果。北京大学文化产业研究院副院长陈少峰、泉州源和1916创意产业园总经理郭劲松、“连接城市”中国站组织者代表马克·皮博尔根在论坛上做专题发言，为观众分享文化产业中的“互联网+”思维、文化园区孵化以及创意城市建设上的先进理念。韩国清州市议会行政文化委员长李浣馥代表第二届东亚文化之都当选城市清州参加论坛，并分享清州当选文都之后开展的系列文化建设活动。

相关链接： 该次论坛是泉州举行的首次TED论坛。代表着科技（technology）、娱乐（entertainment）和设计领域（design）的TED论坛是目前流行于全球的演讲系列形式，旨在分享并推广有价值的创意灵感。

论坛现场　（图/陈小阳）

“陈三五娘”传说学术研讨会在泉州师院召开

9—10日，由洛江区政府、中国社科院文化研究中心闽南文化研究基地、台盟中央闽南文化研究基地联合主办的“陈三五娘”传说学术研讨会在泉州师院召开。来自“一带一路”沿线国家和地区的50多位专家学者参加会议。此次研讨会收到50多篇学术论文。会上，与会专家学者围绕“陈三五娘”传说的历史渊源、艺术演化、传承保护、流播方式、价值意义，及其与闽南文化的关系等重要议题开展深入而又广泛的研讨。

相关链接： “陈三五娘”是一个广泛流传于闽南文化圈的美丽传说。“陈三五娘”传说于2014年12月被列入“国家级非物质文化遗产项目”，成为泉州唯一被列入国家级的民间文学项目。以“陈三五娘”为代表的闽南戏曲作为闽南族群重要的精神家园，承载着个体化、处身性的民间素朴记忆，凝聚着海内外闽南人共有的文化记忆，已成为闽南族群建构身份认同的路径之一。

11月9日

星期一
农历乙未年九月廿八
温度：19℃—25℃
阵雨转阴

●在泉州出席第十四届亚洲艺术节的省委书记尤权与泉州部分民营企业家座谈。

●郑新聪会见国家集成电路产业基金华芯投资管理公司总裁、华芯租赁公司董事长路军一行。

●9—10日，由文化部、福建省政府主办的第三届亚洲文化论坛在泉州举行。

●由文化部和福建省政府主办的以“海上丝绸之路与泉州文化”为主题的第三届“文化的力量”论坛在泉州举行。

●由第十四届亚艺节组委会主办，福建省文化厅、泉州市政府、联合国教科文组织国际木偶联会中国中心和晋江市政府承办的第四届中国泉州国际木偶节在泉州木偶剧院开幕。

●国际文化之都TED论坛在源和1916创意产业园举行。

●希腊、土耳其、埃及、巴基斯坦、美国、西班牙、葡萄牙、伊朗等8个国家的驻华使节团一行13人走访泉州培元中学。

●以“天然、艺术、共赢”为主题首届石材新品应用设计大赛在南安海西石材城启动。

●9—15日，泉州台商区管委会开通泉州汽车站至海上丝绸之路艺术公园·亚洲园的临时免费公交专线。

●9—10日，“陈三五娘”传说学术研讨会在泉州师院召开。

11月10日

星期二
农历乙未年九月廿九
温度：18℃—22℃
阴

●雒树刚会见到泉州出席第十四届亚洲艺术节暨第三届亚洲文化论坛的重要嘉宾，包括泰国前副总理、泰中文化促进委员会主席披尼，日本茶道里千家千玄室大宗匠，亚洲合作对话机制临时秘书处秘书长班迪等外方嘉宾，以及莫言、刘梦溪等国内知名作家、文化学者。

●周银芳先后到丰泽领SHOW天地、安溪中国茶都、晋江经济开发区五里园调研党建工作。

●鲤城区接受环保部对该区创建国家生态区工作考核验收。

●南安市启动2015年度“海纳百川”高端人才聚集计划项目评选工作。

雒树刚在泉州会见出席第十四届亚洲艺术节重要嘉宾

文化部部长雒树刚在泉州会见出席第十四届亚洲艺术节暨第三届亚洲文化论坛的重要嘉宾，包括泰国前副总理、泰中文化促进委员会主席披尼，日本茶道里千家千玄室大宗匠，亚洲合作对话机制临时秘书处秘书长班迪等外方嘉宾，以及莫言、刘梦溪等国内知名作家、文化学者。雒树刚对各位嘉宾专程来到“海上丝绸之路”的重要起点福建泉州出席第三届亚洲文化论坛表示欢迎。会见期间，他向来宾简要介绍十八届五中全会有关情况，着重介绍全会上首次提出的“创新、协调、绿色、开放、共享”五大发展理念。与会嘉宾对雒树刚关于在“一带一路”建设背景下加强亚洲地区文化合作的建议表示赞同。泰国前副总理披尼表示，泰国在内的东方国家乐见中国发展壮大，中华文化在亚洲的影响力将进一步扩大。千玄室大宗匠和班迪也就加强亚洲文化对话与合作，以及增进“一带一路”文化交流做了回应。

文化部副部长丁伟，省委常委、宣传部长李书磊，副省长李红，中国艺术研究院院长王文章，市领导康涛、陈庆宗等参加会见。

周银芳到丰泽晋江安溪调研党建工作

市委副书记周银芳先后到丰泽领SHOW天地、安溪中国茶都、晋江经济开发区五里园调研党建工作。周银芳肯定丰泽区、晋江市、安溪县党建工作所取得的成效。他指出，丰泽区牢固树立强基固本理念，统筹抓好园区非公企业、社区等类型党建，构建区域化党建工作格局，推动经济、城市、生态、民生等领域发展再上新台阶；晋江市创新“二带十”区域化党建模式，将中小企业凝聚成非公党建共同体，实现企业同舟共济、联动提升、抱团发展，有力发挥党建在发展中的助推剂作用，促进产业转型升级；安溪县坚持党建工作与推动发展有机融合，抓党建促发展，持续深化和拓展村企共建、非公党建、茶产业链党建等特色党建工作，实现了发展动能、产业转型、城镇建设、民生改善、行政效率等五方面加速。周银芳强调，党的建设是各项事业发展的基石，党建强则发展强。各级党组织要把加强党建工作作为推进经济社会发展的坚强保障，切实落实全面从严治党主体责任，不断提升党建科学化水平，充分发挥党在基层的政治优势，促进党的建设与经济社会发展互动双赢。市委常委、晋江市委书记李建辉参加晋江经济开发区五里园的调研。

鲤城区通过国家生态区创建验收

鲤城区接受国家环保部对该区创建国家生态区工作考核验收。考核组经过现场察看、资料审核、听取汇报后，当场宣布该区顺利通过创建考核验收。鲤城立足区域功能定位和发展目标，坚持把环保优先、生态文明作为经济社会发展的鲜明导向，围绕创建国家生态区“这一目标”，坚持生态建设与城市升级、产业转型、美丽城区建设“三个融合”，精心实施城市更新升级、绿色产业发展、节能减排、宜居环境、生态安全“五大行动”，着力建设生态名城区、生态工业区、生态旅游区、生态休闲区“四大生态片区”，打造生态美丽鲤城。鲤城区把6.71平方千米的古城核心区作为整个生态名城区来规划、打造，找准历史遗存和现代气息的结合点，启动古城文化街区业态转型提升工作，策划生成“古韵鲤城·文化之旅”、闽南文化生态园等系列文化旅游项目。

芳草园　　（图/吴寿民）

杨邦杰率致公党中央调研组到泉州考察

全国人大常委会委员、华侨委副主任、致公党中央副主席杨邦杰率队到泉州，开展“泉州国家级高新区进一步开放与创新”专题调研并召开座谈会，市长康涛、副市长陈灿辉参加会议或相关活动。调研组一行实地考察泉州“数控一代”科技创新中心、泉州制造2025展示中心及创客领SHOW众创空间，了解泉州产业创新及高新区建设总体情况。

在听取相关工作汇报后，杨邦杰充分肯定泉州在产业转型升级中所取得的成就。杨邦杰指出，中国经济进入新常态，传统产业转型升级是必由之路。泉州通过“数控一代”和智能制造推进传统产业转型升级，是基于传统制造业转型升级的发展需求，是泉州创建国家自主创新示范区的一大特色。此外，泉州具有对台交往的独特优势，创建国家自主创新示范区对推动两岸经贸、科技、文化等方面的交流合作具有重大战略意义。下一步，泉州要巩固现有成果，进一步发挥优势，积极向上级部门争取资金政策支持，为产业的全面转型升级提供有力支撑。

座谈会上，康涛介绍泉州经济发展及争创国家自主创新示范区工作情况。康涛指出，泉州人具有“爱拼敢赢”的拼搏精神，干事创业有干劲，社会涌动着创新创业的活力。泉州企业根植故土、扎根实业，民营经济和县域经济发达，具有良好的产业基础。市委、市政府制定实施一系列鼓励自主创新的政策，鼓励企业创新转型，推动经济发展方式向创新驱动转变，创建国家自主创新示范区基础扎实，恳请调研组帮助泉州争取中央赋予国家自主创新示范区的相关扶持政策。

市政府第七十九次常务会议召开

市政府召开第七十九次常务会议。市长康涛主持会议，市委常委、常务副市长林伯前，副市长陈荣洲、周真平、陈灿辉、林万明参加会议，市人大常委会副主任曾巍、市政协副主席李冀平列席会议。会议研究《泉州市人民政府关于进一步做好新形势下就业创业工作的实施意见》《泉州市创建全国基层中医药工作先进单位的实施方案》《泉州市级财政性投资信息化项目管理规定（试行）》，并听取市级海洋功能区划修编工作汇报。

泉州中医药事业在全省居于前列，广泛覆盖基层医疗机构。康涛认为，泉州发展中医药事业还有进一步施展的空间，可成为深化医疗改革的亮点和突破口。要加大资金投入，落实扶持措施，完善基层服务网络；要发挥中医药治疗在预防保健、康复性治疗等方面的优势，让中医药服务被更多群众认可和接受。

康涛强调，海洋功能区划修编要积极稳妥、科学合理，既要综合考量各种问题、各方利益，与其他重大规划相衔接，又为未来调整留有余地。该守住不能变的，要确保不突破底线；该与时俱进的，要体现前瞻意识，科学设置功能分区，在产业用海区、港口航运区等之外，也要规划一定的旅游休闲娱乐区、海洋保护区。

泉州市信息化项目建设将建立规划、项目、资金、评价一体化管理等行之有效的工作机制。康涛要求，要从大处着眼，从实用性出发，抓紧制订“智慧城市”建设总体方案；在此框架下，进一步统筹安排、有序推进项目建设，提高全市信息化建设水平。

市计生协会选举产生新一届班子

市计生协会第六次会员代表大会召开。市委书记郑新聪参加会议并讲话。省计生协会会长黄贤模到会指导。市领导周银芳、陈庆宗、张建生、曾巍，市计生协会原会长尤垂镇等参加会议。会议审议通过市计生协会第五届理事会工作报告，选举产生市计生协会第六届理事会及领导班子。市委常委、常务副市长林伯前当选市计生协会第六届理事会会长。会议表彰全市计划生育协会工作48个先进集体和52名先进个人。

郑新聪向以尤垂镇为代表的老领导、老同志和各级计生协会会员、志愿者对全市人口计生事业做出的贡献表示感谢。郑新聪指出，全市各级计生协会认真按照市委、市政府的部署要求，发挥优势、主动作为，在引导婚育新风、优生优育优教服务等方面做了大量卓有成效的工作。

郑新聪强调，计生协会是推进计划生育服务管理改革不可或缺的重要力量，各级党委、政府要加强领导、主动关心、全力支持，做到“三纳入四同时”，及时研究重要问题、解决实际困难；更加重视发挥“五老”作用，认真听取老同志的意见建议；加大保障，在政策安排、阵地建设、项目筹划、力量调配等方面给予强有力支持，为协会开展工作创造良好环境和条件。

11月11日

星期三
农历乙未年九月三十
温度：20℃—23℃
阵雨转多云

●杨邦杰率队到泉州，开展“泉州国家级高新区进一步开放与创新”专题调研并召开座谈会。

●市政府第七十九次常务会议召开。会议研究《泉州市人民政府关于进一步做好新形势下就业创业工作的实施意见》《泉州市创建全国基层中医药工作先进单位的实施方案》《泉州市级财政性投资信息化项目管理规定（试行）》，并听取市级海洋功能区划修编工作汇报。

●市计生协会第六次会员代表大会召开，选举产生市计生协会第六届理事会及领导班子，林伯前当选市计生协会第六届理事会会长。

11月12日

星期四
农历乙未年十月初一
温度：19℃—24℃
阴

●市委举行中心组（扩大）学习会，邀请省统计局局长孙希有作题为《引领新常态需要新行动》的专题辅导报告。

●12—15日，第25届国际南少林五祖拳联谊总会年会在泉州举行。

●泉州市地方志编纂委员会暨《泉州年鉴》编纂委员会领导机构组成人员调整。

●晋江市出台《陈埭、池店镇区域内组团片区教育配套建设项目实施方案（2015—2018年）》。

●由惠安县相关部门举办的中华经典诵读比赛在惠安广海中学举行。

●《刺桐城标·东西石塔》获第三届亚洲微电影艺术节最佳摄影奖。

市委中心组（扩大）学习会举行

市委举行中心组（扩大）学习会，邀请省统计局局长孙希有作题为《引领新常态需要新行动》的专题辅导报告。市四套班子领导郑新聪、康涛、杨俊峰、周银芳、许昆贞、翁祖根、林伯前等，市委中心组（扩大）成员，市中级法院、市检察院主要领导，各县（市、区）政府主要领导和统计局长，泉州开发区、泉州台商投资区管委会主要领导参加会议。孙希有在讲座中以新常态为开启点，提出为适应新常态发展，在人文文化、社会管理等诸多方面应该要有新思维、新行动。讲座认为，新思维就是要解构不科学的经济发展模式和不利于人类健康的生活方式，提出独具知识产权的人类存在“三项行为”理论等经济、社会、文化等发展与存在理论。市长康涛主持学习会并指出，要全面学习领会和贯彻落实中央、省委的决策部署，主动对接国家“一带一路”战略，按照创新、协调、绿色、开放、共享“五个发展”的要求，推动泉州经济社会发展，为建设“机制活、产业优、百姓富、生态美”的新福建多做贡献。

第25届国际南少林五祖拳联谊总会年会举行

12—15日，第25届国际南少林五祖拳联谊总会年会在泉州举行，来自菲律宾、新加坡、日本、澳大利亚、英国、德国、美国和中国香港、澳门、台湾等二十个国家和地区的近千名海内外武术界人士共话五祖拳发展。大会颁授国际南少林五祖拳联谊总会第三批高段位铭牌。国际南少林五祖拳联谊总会向大会赠献对五祖拳的挖掘、整理新成果《国际南少林五祖拳联谊总会二十五年纪事》和《中华柔术大全》。此次年会活动包括国际南少林五祖拳联谊总会25周年庆典、国际五祖拳暨民间传统南少林武术邀请赛以及各国代表团交流经验和学术研讨。

五祖拳表演　（图/吴寿民）

泉州市地方志编纂委员会暨《泉州年鉴》编纂委员会领导机构组成人员调整

经报市政府同意，决定对泉州市地方志编纂委员会暨《泉州年鉴》编纂委员会领导机构组成人员进行调整，并由泉州市地方志编纂委员会发文（泉志〔2015〕11号）公布。调整后的组成人员名单如下：

顾问：郑新聪（市委书记）；主任：康涛（市委副书记、市政府市长）；副主任：陈庆宗（市委常委、宣传部部长、教育工委书记）、林万明（市政府副市长）、吴友才（市政府秘书长）、陈文聪（市委副秘书长、办公室主任）、廖国文（市政府副秘书长、办公室主任）、张惠评（市方志委常务副主任）、林龙海（市方志委副主任）、许晓松（市方志委副主任）。

《刺桐城标·东西石塔》获第三届亚洲微电影艺术节最佳摄影奖

第三届亚洲微电影艺术节在云南临沧举办。在本届微电影艺术节上，“文化泉州”系列电影短片《刺桐城标·东西石塔》，经过层层评选，最终凭借着唯美大气的画面和扣人心弦的故事情节，获第三届亚洲微电影艺术节最佳摄影奖和优秀作品奖。影片《刺桐城标·东西石塔》讲述千年前自证法师和法权法师在没有任何机械设备辅助的情况下，克服工程种种难题，分别修建开元寺东塔和西塔，体现泉州劳动人民的勇气和智慧。

王宏到泉州调研海洋工作

国家海洋局局长王宏率队到泉州调研海洋工作。国家、省、市有关部门负责人，市领导林万明陪同调研。王宏一行实地考察泉州台商投资区月亮湾海岸带滨海旅游开发与保护项目、泉州海洋环境监测预报中心和崇武海洋科普馆，并为由国家海洋局东海分局、省海洋与渔业厅、泉州市政府、惠安县政府四级共建的泉州海洋环境监测预报中心揭牌。调研期间，王宏要求，泉州市在加快海洋经济发展过程中，要高度重视海洋生态环境保护，积极策划、申报、实施一批海洋生态环境整治修改项目，提高海洋生态文明建设水平。泉州海洋环境监测预报中心（国家海洋局崇武海洋环境监测站）要朝着创建全国海洋环境监测示范站的目标，探索示范站建设标准，强化监测预报能力建设，为全国海洋环境监测预报机构建设积累经验，更好服务泉州海洋经济发展和海洋生态文明建设。

泉州第32届戏剧会演举行

13—30日，泉州第32届戏剧会演举行，参加该届会演的是上届以来泉州市各文艺院团创作、抢救和复排的二十多个剧目中优选的九台新创剧目，包括高甲戏《郑成功》、掌中木偶戏《惠安女抗倭》、南音《邂逅 丝韵》等。这是泉州市三年来舞台艺术创作成果的集中展示，也是对泉州市舞台艺术创作水平和文艺表演队伍的综合检阅。会演为参加福建省艺术节和全国性重要艺术赛事储备一批新的剧目。开幕式上，由福建省梨园戏传承中心（福建省梨园戏实验剧团）带来的梨园戏《御碑亭》受到观众好评。

中国首部人才微电影《追梦者》在泉州展播

一部由15位泉州杰出人才代表参与拍摄的微电影《追梦者》在中骏世界城广场前的大屏幕展播。作为第十四届亚洲艺术节暨第二届海上丝绸之路国际艺术节系列活动之一，影片展现泉州“创新才有戏、爱拼才会赢”的人文精神。作为中国首部人才主题微电影，《追梦者》由中共泉州市委组织部出品，新锐导演陈洁执导，于2014年11月28日进行首映。影片由台湾著名演员黄文豪与第50届金马奖最佳新人女演员郭书瑶联袂出演，主题曲由中国好声音2013年度冠军李琦演唱，享誉全国的泉州明星企业家、艺术家、科学家参与拍摄。影片以开元寺、清源山等历史名胜古迹作为背景内容，彰显泉州作为“海上丝绸之路”起点、“东亚文化之都”的深厚历史文化底蕴。《追梦者》以一位来自台湾的华侨大学学生、海西出版社实习记者温琳的视角切入，巧妙地通过中国工艺美术大师、惠安九龙公司董事长黄泉福，二度中国戏剧梅花奖获得者、福建省梨园实验剧团团长曾静萍，福建省优秀企业家、八马茶叶董事长王文礼等泉州15位“创业、创新、创意”方面行业领军人才的拼搏故事呈现出各行业人才追梦泉州的生动画面。影片通过代表创新的实习生与坚守传统的杂志社主编的观点碰撞，凸显两代人对泉州创业精神从分歧到融合的过程，最终展现出泉州“创新才有戏、爱拼才会赢”的人文精神主题。

《泉州文化人访谈》首发式举行

由上海文化出版社出版的《泉州文化人访谈》首发式举行。《泉州文化人访谈》全书80余篇文章，约15万字。该书记载泉州文化人对泉州文化建设的努力与畅想，内容兼具权威性、资料性和多样性，其结集出版既是对“泉州文化人访谈”专栏的阶段性总结，也是对海内外泉州文化人进行一次较全面的梳理和较集中的宣传。《泉州文化人访谈》从策划至出版历时近三年。该书由中共泉州市委宣传部、市文化广电新闻出版局、市文联、泉州晚报社、泉州农商银行共同策划，在《泉州晚报》文体版开设大型专栏“泉州文化人访谈”，推出80余名海内外泉州文化人的访谈报道，本书内容注重权威性、资料性，兼具多样性，访谈对象中有余光中、蔡国强、王仁杰等饮誉海内外的文化名家，也有坚守在各条文化战线上的领军人物，还有80后的文化界新锐。首发式后举行泉州文化人座谈会，10多位文化界人士发言。

11月13日

星期五
农历乙未年十月初二
温度：21℃—26℃
多云转阴

●王宏率队到泉州调研海洋工作。王宏一行实地考察泉州台商投资区月亮湾海岸带滨海旅游开发与保护项目、泉州海洋环境监测预报中心和崇武海洋科普馆，并为泉州海洋环境监测预报中心揭牌。

●13—30日，泉州第32届戏剧会演举行。

●一部由15位泉州杰出人才代表参与拍摄的微电影《追梦者》在中骏世界城广场前的大屏幕展播。

●由上海文化出版社出版的《泉州文化人访谈》首发式举行。此书80余篇文章，约15万字。该书记载泉州文化人对泉州文化建设的努力与畅想，内容兼具权威性、资料性和多样性。

11月14日

星期六
农历乙未年十月初三
温度：20℃—24℃
小雨转阴

●从市编办获悉，市、县两级责任清单编制工作完成，并分别通过市、县政府门户网站向社会公布。

●群众文化艺术展演市区“大麦仓”举行。

●“1916艺术空间主题展演”在源和1916艺术空间开展。展演包括“一整个夏天美术馆5周年作品展”“传承的使命——2015年何志榕建筑设计作品回顾展”“无人设计no one design”三大板块。

●由福建省工艺美术协会主办、安溪县人民政府承办的首届中国（安溪）家居工艺文化博览会“匠心杯”优秀作品评奖活动揭晓。

●由安溪县相关部门筹划拍摄的公益微电影《爱不穷》完成拍摄。

市县两级政府责任清单向社会公布

从市编办获悉，市、县两级责任清单编制工作完成，并分别通过市、县政府门户网站向社会公布。市级列入本次责任清单梳理编制对象55个单位，报送责任事项5989项、多部门监管事项109项。经过梳理，55个单位共编制责任事项6069项、多部门监管责任事项125项。列入本次责任清单梳理编制对象的55个单位包括：政府工作部门40个、承担行政职能的党委机构4个（台办、档案局、保密局、事业单位登记管理局）、依法承担行政职能的事业单位和群团组织11个（地震局、方志委、城镇集体工业联合社、公积金管理中心、库区移民开发局、知识产权局、公路局、道路运输管理处、水路运输管理处、交通综合执法支队、残联）。此次责任清单编制工作遵循责任健全、责任法定、责任明晰3个原则，以社会关注和人民群众反映的突出问题为导向，全面明确政府各部门履职范围，重点解决职责交叉、权责不匹配、争权诿责、行政不作为等履职“越位”“缺位”“错位”问题，将部门职责编制成完整、规范、清晰、准确的“清单”接受社会监督，确保政府“法定职责必须为”。对多部门监管事项，特别是社会关注度高、群众反映强烈的市场监管、食品安全、安全生产、环境保护等方面的职责，责任清单依法明确牵头部门和配合部门的责任，厘清部门之间的责任边界，有利于分清主次责任和主办、协办关系，建立健全协调配合机制，形成工作合力。结合此次责任清单编制工作，对市级19个部门行政权力和公共服务事项进行动态调整。调整后，市级保留行政权力事项4026项，比首次公布减少34项，其中行政许可事项284项，比首次公布减少59项，精简率17.2%。保留公共服务事项397项，比首次公布减少136项、精简率25.5%。

“1916艺术空间主题展”三大展览举办

“1916艺术空间主题展演”在源和1916艺术空间开展。展演包括“一整个夏天美术馆5周年作品展”“传承的使命——2015年何志榕建筑设计作品回顾展”“无人设计no one design”三大精彩展览。“一整个夏天美术馆5周年作品展”展出的是具有泉州元素和闽南味道的插画，在色彩明丽的插画里，既有泉州传统民俗南音演奏、拍胸舞等，也不乏闽南传统建筑骑楼、地标东西塔等。“传承的使命——2015何志榕建筑设计作品回顾展”展出的是原泉州市市政园林古建筑设计院院长、园林古建筑设计专家何志榕设计的建筑作品，包括泉州古城门（临漳门、朝天门、泉山门）复建设计、厦门园博园泉州园——笋江桐雨等手稿和图片。“无人设计no one design”展出的是无人设计工作室设计的作品，包括智能家居、交通工具、建筑地产等有趣的创意设计。

“匠心杯”优秀作品评奖结果揭晓

由福建省工艺美术协会主办、安溪县人民政府承办的首届中国（安溪）家居工艺文化博览会“匠心杯”优秀作品评奖活动揭晓，并举行颁奖仪式。350多件作品参评“匠心杯”优秀作品评比，作品全部来自参展的100多家企业，汇集省内外包括藤铁工艺、木雕工艺、陶瓷工艺、茶文化工艺、石雕工艺、刺绣等十几个艺种。参评作品由福建省工艺美术协会邀请业内专家、院校教授及工艺美术大师组成评审委员会进行评审。经过评选，《新新象荣》《较量》《海阔凭鱼跃》等93件作品分获金、银、铜和优秀奖。

安溪首部公益微电影拍摄完成

由安溪县相关部门筹划拍摄的公益微电影《爱不穷》完成拍摄。电影《爱不穷》讲述的是一位盲人父亲与九岁儿子的真情故事。通过一碗普通的牛肉面，父慈子孝的情感流露其中，父子亲情感染了店家，店家送他们一份牛肉面，孩子偷偷把钱压在盘子下。短短几分钟时间里，感恩、诚信、爱心等诸多传统美德得到充分体现。这部微电影的原稿、剧本、演员均来自网上的爱心人士，拍摄当天得到安溪交警和志愿者的大力支持。“故事版”的公益微电影，因其具有时长的“微小”性、内容题材的真实性、诉求表现方式的艺术独特性，越来越受到社会大众欢迎，表现出愈来愈强大的正能量。

郑新聪会见国际南少林五祖拳联谊总会海外代表

市委书记郑新聪会见到泉州参加活动国际南少林五祖拳联谊总会25周年庆典系列活动的相关国家和地区代表。郑新聪指出，泉州是中国首批历史文化名城之一，南少林拳术是泉州传统文化的重要组成部分。唐代发源于泉州的五祖拳，千百年来薪火相传，是十分宝贵的国家级非物质文化遗产。时至今日，五祖拳不仅在泉州、福建十分兴盛，还远播海外，在泉州与海内外乡亲和国际友人中，架起以武会友、深化交流的桥梁，促进双方在其他领域的互信合作。郑新聪表示，国际南少林五祖拳联谊总会成立25年来，以传承弘扬中华武术为己任，广泛联络世界同门武术家及研究者、爱好者，主动发起和参与一系列重要活动，致力扩大五祖拳的民间基础，有效提升五祖拳的海内外影响力。当前，泉州正对接国家“一带一路”建设，大力传承弘扬海丝文化，努力以文化促交流、促开放，着力打造“21世纪海上丝绸之路先行区”。希望广大五祖拳武术家、研究者和爱好者，常到泉州走走看看、交流提升。希望联谊总会再接再厉，持续推动五祖拳这一优秀中华文化走向世界，为促进海丝沿线国家、地区、城市的民间往来、文明互鉴、民心相通做出更大贡献。

国际南少林五祖拳联谊总会本届主席卢思明、名誉主席约翰·格雷罕代表联谊总会，向泉州市委、市政府长期以来的关心支持表示感谢。他们表示，今后，联谊总会将立足良好基础，进一步推动五祖拳文化在世界范围发扬光大，让更多的人喜欢上这一中华武术，将更多的五祖拳爱好者带到泉州来。

八十六家境内外媒体浓墨重彩报道第十四届亚洲艺术节

第十四届亚洲艺术节暨第二届海上丝绸之路国际艺术节在泉州闭幕。活动期间，高潮迭起、亮点频现，受到人民日报、新华社、光明日报、经济日报、中国日报、中央人民广播电台、中央电视台、香港凤凰卫视、香港大公报、香港文汇报、香港经济导报、东盟卫视等86家境内外媒体460多名记者的广泛关注。

从2015年10月起，中央和省级媒体在重要版面和主要新闻节目推出亚艺节相关专栏，大力宣传亚艺节举办的重要意义，充分报道亚艺节的重要内容和亮点特色，及时反映筹备进展，以图、文、声、像等各种方式做细、做足、做活亚艺节这篇大文章。

盛会开幕前，台湾导报以及四大洲报刊美国侨报、欧洲时报、大洋日报、非洲时报刊发《海上丝绸之路起点·泉州》专版，中央电视台英语新闻频道国庆期间在泉州设立分演播室推出直播节目《丝路新机遇》，凤凰卫视推出《丝路文明》泉州特别节目，向世界介绍本届亚艺节的举办地、“海丝”起点城市——泉州。

盛会启幕当晚，央视新闻联播节目播出“第十四届亚洲艺术节开幕”。报道提到，第十四届亚洲艺术节暨第二届海上丝绸之路国际艺术节在泉开幕，吸引来自五大洲40多个国家和地区的艺术团体参加盛会。当晚8时，福建东南卫视现场直播开幕式盛况，泉州网、泉州通手机客户端亦联手对开幕式进行全程网络直播。中央电视台摄制团队现场进行开幕式及文艺演出的录播。

开幕式结束后，新华社推出报道《逐梦海丝艺为媒 海纳百川呈盛景——写在第十四届亚洲艺术节开幕之际》，盛赞这台以《海之梦》为主题的开幕式文艺演出。11月9日，人民日报·海外版、光明日报、香港卫视等媒体纷纷报道亚艺节开幕的消息，向海内外朋友传递盛会实况。新华网福建频道开设亚艺节报道专题，分为“亚艺动态”“亚艺风采”“亚艺回眸”“网络亚艺”“历史文化”“魅力泉州”等栏目，在更新亚艺节动态的同时，向世界推介魅力泉州。人民日报发表时评《架起心灵沟通的“文化桥梁”》。

第三届亚洲文化论坛于11月10日闭幕。11日，国务院新闻办公室网站即转发光明日报报道《亚洲文化论坛闭幕，13国代表达成泉州共识》，报道中强调：“《泉州共识》指出：中国倡导的‘一带一路’建设是时代‘和平、发展、合作、共赢’的必然选择，将成为亚洲各国打造‘利益共同体’‘命运共同体’的重要推动力量。”

作为东南亚第一家且是唯一一家服务于东盟十国的华语电视台，泰国东盟卫视台长何江亲自带队参加亚艺节的报道。该台分别于11月8日、9日、10日在《正点快报》《看东盟》两档新闻节目里播出亚艺节相关新闻，受到东盟各主要城市华人群体的关注。

11月15日

星期日
农历乙未年十月初四
温度：20℃—26℃
阴

●郑新聪会见到泉州参加国际南少林五祖拳联谊总会相关国家和地区代表。

●第十四届亚洲艺术节暨第二届海上丝绸之路国际艺术节在泉州闭幕。活动期间，受到人民日报、新华社、光明日报、经济日报、中国日报、中央人民广播电台、中央电视台、香港凤凰卫视、香港大公报、香港文汇报、香港经济导报、东盟卫视等86家境内外媒体460多名记者的广泛关注。

11月16日

星期一
农历乙未年十月初五
温度：21℃—28℃
多云转阴

●福建省出台《福建省21世纪海上丝绸之路核心区建设方案》支持泉州建设21世纪海丝先行区建设。

●郑新聪到晋江开展环保专题调研。

●全国绿化模范城市核查组到泉州就创建全国绿化模范城市工作开展检查。

●在收听收看全省重点党报党刊发行工作视频会议后，市委随即召开贯彻落实会议，对2016年度泉州市重点党报党刊发行工作进行再动员、再部署。

●53家境外旅行商到泉州考察踩线。

福建省出台方案支持泉州建设21世纪海丝先行区

经省政府授权，省发改委、省外办、省商务厅发布《福建省21世纪海上丝绸之路核心区建设方案》，明确福建省21世纪海上丝绸之路核心区建设的四大功能定位、重点合作方向、主要任务等。方案明确，支持泉州市建设21世纪海上丝绸之路先行区。发挥海外华侨华人、民营经济和伊斯兰文化积淀等优势，在推动华侨华人参与核心区建设、民营企业“走出去”、海上丝绸之路文化国际交流、国际金融合作创新、制造业绿色转型等方面发挥先行先试作用，全面提升与东南亚、南亚、西亚、北非等国家和地区的开放合作水平。方案明确，打造福州、厦门、泉州、湄洲岛等海上丝绸之路重要旅游目的地，整合提升武夷山、福建土楼、泰宁丹霞和宁德世界地质公园等一批重点旅游景区，开发特色明显、主题鲜明的海上丝绸之路文化旅游产品。支持企业参与沿线国家和地区的旅游基础设施建设，争取与沿线国家和地区互设旅游办事处，探索打造海上丝绸之路旅游经济走廊和环南海旅游经济圈。方案明确，支持华侨大学等高等院校在海外联合办学或设立分校，支持厦门大学依托马来西亚分校建设中国——东盟海洋学院，合作开展海洋事务、科技培训。方案明确，支持中国贸易促进委员会牵头成立海上丝绸之路多边商务理事会并在泉州设立联络办公室，打造与海上丝绸之路沿线国家和地区的多边商务合作机制。支持泉州整合海外交通史博物馆、华侨历史博物馆等资源，建设海上丝绸之路国际文化交流展示中心。

全国绿化模范城市核查组到泉州检查

全国绿化模范城市核查组到泉州就创建全国绿化模范城市工作开展检查，并召开反馈会，对泉州创建全国绿化模范城市的工作给予肯定。核查组指出，自2012年底提出创建“全国绿化模范城市”以来，泉州市委、市政府高度重视，始终把加强生态文明建设、创建全国绿化模范城市作为一项民心工程、德政工程，在推进创建工作中高位推动、部门联动、全民参与，做到规划先行、实施有力，通过三年创建，造林绿化成效显著，城市绿量持续增加，绿化水平不断提高。经过三年来的深入推进，泉州创建全国绿化模范城市各项指标均达标。全市投入造林绿化资金29.27亿元，累计完成造林绿化8.3万公顷，年均造林绿化面积比“十一五”期间增加45%；中心市区累计新增公园绿地722公顷，人均公园绿地面积14平方米；森林覆盖率稳定在58.7%以上，建成区绿化覆盖率和绿地率分别达43%和40.2%。此外，全市完成义务植树4400.22万株，义务植树尽责率92.6%；花卉产业总产值46亿元，年总产值比“十一五”期末净增30多亿元。

泉州市重点党报党刊发行工作推进会召开

在收听收看全省重点党报党刊发行工作视频会议后，市委随即召开贯彻落实会议，对2016年度泉州市重点党报党刊发行工作进行再动员、再部署。会议传达市委书记郑新聪对做好2016年度全市重点党报党刊发行工作的批示：“党报党刊是党和人民的喉舌。做好重点党报党刊发行工作，对于巩固重点党报党刊在意识形态领域的主导地位，引导广大干部群众为实现‘两个一百年’奋斗目标和中华民族伟大复兴中国梦而奋斗，具有重要意义。各级党组织要站在巩固党的思想舆论阵地的高度，充分认识党报党刊的特殊地位和重要作用，进一步增强做好发行工作的自觉性和主动性。党委有关负责同志要亲自部署、抓好落实，各县（市、区）、市直部门要把这项工作作为重要政治任务抓紧抓好，宣传部门要具体组织实施，党委办公室要认真督促落实，组织部门要大力支持，邮政部门要密切配合，确保圆满完成2016年度重点党报党刊发行任务。”

53家境外旅行商到泉州考察

由省旅游局组织的“2015年境外旅行商（福建）采购大会”启动。根据安排，此次采购活动，200多名境外旅行商兵分三路对全省旅游资源进行考察，其中，泉州海丝文化旅游资源就是线路之一，53家境外旅行商到泉州考察踩线。在市旅游局的安排下，境外旅行商们参观泉州海交馆，并在锦绣庄欣赏惠女服饰、南少林武术、提线木偶、南音等泉州优秀传统文化表演，品鉴富有地域特色的泉州美食。

郑新聪看望慰问亚艺节一线人员

市委书记郑新聪到亚艺办，看望慰问执委会和亚艺办工作人员。市委常委、秘书长、统战部部长翁祖根，市委常委、宣传部部长、教育工委书记陈庆宗参加。郑新聪指出，此次系列活动，在党中央、国务院的正确领导下，在文化部，省委、省政府以及省委宣传部、文化厅、公安厅等省直部门的关心指导下成功举办。活动期间，全市上下把“泉州”二字当成最高荣誉来塑造和维护，不计个人得失，兢兢业业、勤勤恳恳，认真负责做好每一件事，推动各项活动安全、有序、精彩进行，为全市人民举办一系列文化活动，把一个极具文明、极具自信、极具活力的泉州形象展示给海内外，大大提升历史泉州和当代泉州的知名度与影响力。郑新聪代表市四套班子和全市人民，对执委会各成员单位、各县（市、区）、泉州开发区、泉州台商投资区，参与的演职人员、公安干警、接待工作人员、媒体记者、广大志愿者，亚艺办全体工作人员以及所有参与人员的辛勤努力和密切协作，表示衷心感谢。

郑新聪说，此次亚艺节活动规模大、持续时间长、参与国家地区多、影响范围广，整个系列活动按照预定方案，有序、安全、精彩、节俭地演绎，得到海内外知名学者、国际友人和乡贤侨领的高度评价，得到国内外主流媒体的一致认可。活动的成功举办，是泉州为亚洲和海丝沿线国家、地区的历史延续，为国家“一带一路”建设所做出的贡献。郑新聪说，海上丝绸之路国际艺术节永久落户泉州，表明泉州是不可撼动的“海丝”起点。海丝艺术公园·亚洲园在百日之内拔地而起，泉州因此有了国家级的艺术公园。特别是新闻宣传发动规模空前、深度与广度兼具，释放泉州魅力，收获非常好的宣传效应。

郑新聪希望，亚艺办以此为新起点，坚持问题导向，认真总结经验，发现差距和不足，为今后办好各类涉外重大活动提供“模板”。各县（市、区）、市直部门要对接好活动期间达成的合作共识、合作项目，推动尽早落地出成效，让活动成果转化为生产力。要放大活动的长久效应，加强联系互动，密切沟通往来，努力把海丝国际艺术节办成与海丝沿线国家、地区、城市文化交流、经贸合作的大平台。

市委召开常委会专题部署环保工作

市委书记郑新聪主持召开市委常委会，听取全市环保工作情况汇报，就进一步做好环保工作作出部署。市委常委参加会议，市人大常委会、市政协党组主要领导列席会议。会议指出，市委、市政府历来高度重视环保工作和生态建设，市人大、市政协积极参与，环保部门主动作为，相关单位有效配合，各项工作扎实推进，取得的成绩有目共睹。党的十八届五中全会将绿色发展作为五大发展理念之一，把生态文明建设提到新的战略高度。省委九届十五次全会专门作了部署，省委常委会还专题研究环保工作，强调要正确处理发展与环境保护的关系。全市各级各部门要认真贯彻中央要求和省委部署，转变发展理念，把绿色发展作为新常态，把保护好环境作为“十三五”建设“美丽泉州”的重大课题，树立全局意识，从责任入手，从规划着手，认真细化配套措施，抓紧解决突出问题，巩固提升国家生态市成果。

会议要求，要铁腕治理污染，坚决淘汰高污高耗的落后产能，落实差别电价、以奖代补、区域限批等措施，鼓励企业兼并重组整合，抓好清洁生产，确保取得实实在在的成效。要坚持服务监管并举，鼓励企业工艺技术装备更新改造，以升级淘汰落后，以改造代替关停；对于行业中污染严重的环节，要全力推动集控区建设，通过引进专业团队运营、强化环保在线监测等，提升监管水平。要把流域及水、大气、涉危涉化等重点领域治理作为长期监管的重点，全面推进水污染防治、水生态保护和水资源管理，抓好建筑及道路扬尘、餐饮油烟等整治，加快推进泉港惠安石化隔离带、工业废物处置中心建设，推进园区循环化改造，全力打好污染防治“攻坚战”。

会议强调，要严格落实“党政同责、一岗双责”、领导干部自然资源资产离任审计和生态环境损害责任终身追究等要求。要重拳执法，对违法排污企业严厉打击、严肃查处，涉及环境污染犯罪的，坚决移送司法机关。要正确引导舆论，加大曝光力度，为环保工作营造良好社会环境。

11月17日

星期二

农历乙未年十月初六

温度：23℃—28℃

多云转阴

●市委召开常委会，传达贯彻省委九届十五次全会精神。

●郑新聪主持召开市委常委会，听取全市环保工作情况汇报，就进一步做好环保工作作出部署。

●郑新聪到亚艺办看望慰问执委会和亚艺办工作人员。

●全市律师工作会议召开。

●央视新闻联播播发消息：“第十四届亚洲艺术节暨第二届海上丝绸之路国际艺术节在福建泉州落幕，其间与会亚洲各国发布《泉州共识》，呼吁为构建亚洲文化共同体而努力。”

●第十四届亚洲艺术节国际海报招贴大赛获奖作品揭晓，来自江苏的周成宝、花先慧、周泽宇三人联合创作的《戏曲·泉州》获得大赛金奖。

●鲤城区举办2015年度社区居委会主任培训班。

11月18日

星期三
农历乙未年十月初七
温度：23℃—30℃
多云

●市政府召开会议传达贯彻省委九届十五次全会和市委常委会精神，并听取泉州市经济运行情况和2016年工作初步安排的汇报。

●市调研组调研白濑水利枢纽工程规划建设进展情况。

●泉州召开冬春火灾防控工作电视电话会议，对今冬明春火灾防控工作进行具体部署。

●由市总工会、市人力资源和社会保障局、泉州台商投资区管委会主办的泉台职工雕艺技能竞赛暨雕艺研讨会在泉州台商投资区举行，两百多名泉台雕艺大师及参赛选手参加活动。

市政府召开会议传达贯彻省委九届十五次全会精神

市政府召开会议传达贯彻省委九届十五次全会和市委常委会精神，并听取泉州市经济运行情况和2016年工作初步安排的汇报。市长康涛主持会议，副市长周真平、卢炳椿、林万明，市政府秘书长吴友才参加会议。会议指出，各级政府各部门要深入贯彻省委全会和市委常委会精神，把思想和行动统一到省委、市委的决策部署上来，提振精神，迎难而上，主动作为，狠抓落实，全力冲刺年度目标任务，谋划好2016年和“十三五”工作安排。会议要求，政府各部门要对照2015年目标任务，找差距，补短板，逐一落实推动，全力完成年度任务。要加强对经济运行分析和研判，把握趋势，及时调度，确保经济稳定增长。要推进产业转型升级，全力抓好四大主导产业、三大特色产业和一批新型产业，增强可持续发展能力。要狠抓项目落实，特别要倒排工作计划，加快推动项目前期，争取一批重大项目2016年能够开工，并获得国家专项基金支持；要强化落实机制，重大项目要有专门团队跟踪协调和督促推进，项目牵头部门要主动担责，敢于协调，树立权威，推动各项工作落实到位。要加大力度做好金融风险防控和化解工作，守住不发生系统性风险和区域性风险的底线。同时，坚持创新、协调、绿色、开放、共享发展理念，精心谋划好“十三五”规划。

市调研组调研白濑水利枢纽工程规划建设进展情况

市调研组到安溪调研泉州白濑水利枢纽工程规划建设进展情况，市政府在安溪县召开白濑水利枢纽工程项目建设指挥部成员会议，细化部署项目推进工作。泉州白濑水利枢纽工程于2013年8月被列入《全国大型水库建设总体安排意见（2013—2015）年》C类项目。2014年5月，被列入国务院加快推进建设的全国172项全局性、战略性节水供水重大水利工程之一。2015年6月，项目建议书由水利部水规总院完成审查；9月，水利部批复同意项目直接进入可研阶段设计；10月18日，省政府下发库区停建令，明确项目建设征地范围内禁止新增建设项目和迁入人口，于2016年年底开工建设。目前正着手开展库区实物调查、项目可研报告编制、项目筹融资计划方案编制等相关工作。白濑水利枢纽工程总库容约6.55亿立方米，工程建成后，年均可为沿海地区新增可供水量2.57亿立方米。移民安置方面，库区影响范围涉及安溪县和永春县2个县5个乡（镇）15个行政村以及2个集镇所在地，需迁移人口36664人，其中，安溪县35484人、永春县1180人。

泉州市部署今冬明春火灾防控

泉州召开冬春火灾防控工作电视电话会议，对今冬明春火灾防控工作进行具体部署。从会议获悉，全市火灾形势持续好转。至11月10日，全市发生火灾3023起，死亡3人，受伤3人，直接财产损失1886万元，与上年同期相比，火灾起数下降35.2%，死亡人数下降62.5%，受伤人数下降25%，直接财产损失下降16.5%。会议要求，各部门将针对冬春季特点，落实防火排查整治工作。着手开展人员密集场所、劳动密集型企业、易燃易爆危险品场所、高层地下建筑、城市大型综合体及重点行业火灾隐患集中排查整治。各级民政、教育、卫计部门将紧盯夏季消防安全检查期间尚未整改到位的场所隐患，继续抓好社会福利机构、幼儿园托儿所、寄宿制学校、医院等特殊人员场所的消防安全隐患整治，石狮、安溪、台商投资区等地对尚未整改到位的重大火灾隐患，将制定详细整改工作方案，抓好隐患整改跟踪督办、火灾预防措施落实等工作，确保不发生有影响的火灾事故。

泉台职工雕艺技能赛举行

由市总工会、市人力资源和社会保障局、泉州台商投资区管委会主办的泉台职工雕艺技能竞赛暨雕艺研讨会在泉州台商投资区举行，两百多名泉台雕艺大师及参赛选手参加此次活动。活动以“雕扬刺桐港·艺结泉台缘”为主题，分为“泉台职工雕艺技能竞赛”和“雕艺研讨会”两部分。其中，“泉台职工雕艺技能竞赛”为雕艺类技能竞赛，采取现场操作比赛方式进行，参赛选手将在规定时间内把自带毛坯作品或自备原材料独立制作为成品；“雕艺研讨会”则围绕“新的经济形势下雕艺产业发展如何寻求突破口”这一主题进行，泉台雕艺大师汇聚一堂，共话雕艺产业发展。

市人大常委会第五十次主任会议召开

市十五届人大常委会第五十次主任会议召开。市人大常委会主任陈万里主持会议，副主任洪泽生、吕竟、张建生、朱团能、曾巍，秘书长吴春林参加会议。会议讨论市人大常委会2016年立法计划和首部实体法；市人大常委会关于泉州市“十二五”规划实施情况与“十三五”规划编制情况的调研报告和关于泉州市国民经济和社会发展第十三个五年规划基本思路的审议意见稿；市人大常委会关于召开泉州市第十五届人民代表大会第七次会议的决定（草案）；人事任命事项。2016年是“十三五”开局之年，陈万里要求，市人大及其常委会要准确把握十八届五中全会精神提出的新特征、新理念、新回应、新任务、新要求和泉州市推进“十三五”实施“五个泉州”的新思路；要正确把握泉州市“十三五”规划的目标、任务，务必保持清醒，增强忧患意识，提升议政、资政、督政水平；要精确把握“十三五”规划的重点、特点，有针对性、前瞻性地提出事关泉州未来发展的建议；要明确把握人大的职能职责，及早谋划2016年工作。

相关链接：泉州市人大常委会关于泉州市2016年立法计划的公告：（一）审议项目，1.泉州海上丝绸之路史迹保护条例；（二）预备项目，2.泉州市崇武至秀涂海岸带资源环境保护条例，3.泉州市公共停车场建设和管理条例，4.泉州市中山路骑楼建筑保护条例，5.泉州市城市管理综合执法条例；（三）调研项目，6.泉州市市区内沟河管理条例，7.泉州市历史文化街区、传统村落和历史建筑保护条例，8.泉州市晋江、洛阳江流域水资源保护条例，9.泉州市公共场所控制吸烟条例，10.泉州市老字号保护和促进条例。

“机关大讲堂”第十五场报告会举办

“机关大讲堂”第十五场报告会举行。报告会上，福建省委党校哲学教育部教授林建华应邀作《全面建成小康社会的决胜纲领》的专题报告。林建华围绕中共十八届五中全会审议通过的《中共中央关于制定国民经济和社会发展第十三个五年规划的建议》，详细解读全会确立的全面建成小康社会新的目标要求，全面阐明推动经济社会持续健康发展必须遵循的“六个坚持原则”（坚持人民主体地位、坚持科学发展、坚持深化改革、坚持依法治国、坚持统筹国内国际两个大局、坚持党的领导），深刻剖析实现“十三五”目标、破解发展难题必须贯彻创新、协调、绿色、开放、共享五大发展新理念。

泉州市扶贫开发协会全体会员大会召开

泉州市扶贫开发协会召开全体会员大会，交流各地扶贫挂钩经验，总结和部署扶贫开发工作。市扶贫开发协会坚持抓重点特色产业，助推产业向产业规模化发展，使之成为许多地方农业增效、农民增收的支柱产业。此外，协会还重视科技教育扶贫和沼气建设，自2010年起与市科技局联办“科技扶贫大讲堂”，通过视频向农民传授科技信息和科技知识。五年来举办科技扶贫大讲堂22期、培训农民11万人。协会在南安市东田镇筹集300多万元资金建成8个沼气工程，让农民用上便捷的沼气。在接下来的扶贫攻坚中，将进一步改进扶贫方式，坚持以农民群众为主体，以贫困村贫困户为帮扶对象，以特困村特困户为帮扶重点，以农民专业合作社、家庭农场、专业大户为纽带，以农民增收致富为目的，加快脱贫致富的步伐，尽早脱掉贫困帽子。坚持由依靠传统养殖业扶贫方向向发展绿色龙头产业方向转变，坚持由粗放式扶贫向精准式扶贫转变，同时注意科学扶贫与精准扶贫相结合，不断提升扶贫开发水平。

《石狮市河长制实施方案》印发

《石狮市河长制实施方案》印发。根据方案，石狮将推行河长制，开展水环境综合治理，使乱占乱建、乱排乱倒、乱采砂、乱截流等“四乱”问题得到有效遏制，突发水环境事件得以及时发现和妥善处置，实现河流水生态、水环境面貌明显改善。方案确定的工作目标是：到2015年12月底前，通过落实“河长制”，全面实施水环境综合治理，全面消除垃圾河；到2016年6月底前，河道水环境得到有效改善，实现河岸无垃圾、河面无废弃漂浮物、河中无障碍淤塞。根据方案，石狮将采取六项具体工作措施。包括：引导养殖业有序发展、从严控制工业污染排放、开展生活垃圾污水治理、强化生态环境建设与保护、深入开展河道整治、加大流域整治宣传力度等。

11月19日

星期四
农历乙未年十月初八
温度：20℃—25℃
多云

●市十五届人大常委会第五十次主任会议召开。会议讨论市人大常委会2016年立法计划和首部实体法；市人大常委会关于泉州市“十二五”规划实施情况与“十三五”规划编制情况的调研报告和关于泉州市国民经济和社会发展第十三个五年规划基本思路的审议意见稿；市人大常委会关于召开泉州市第十五届人民代表大会第七次会议的决定（草案）。

●“机关大讲堂”第15场报告会举行。报告会上，福建省委党校哲学教育部教授林建华应邀作《全面建成小康社会的决胜纲领》的专题报告。

●泉州市扶贫开发协会全体会员大会召开。

●《石狮市河长制实施方案》印发。

11月20日

星期五
农历乙未年十月初九
温度：20℃—27℃
多云

●郑新聪到市人大常委会机关征求对市委关于“十三五”规划编制建议的意见。

●市城乡规划局主持召开鲤城区笋浯金山片区控制性详细规划技术评审会。

●20—21日，市住建局组织举办2015年全市村镇管理干部培训班。

●“中国战斗——抗日战争时期木刻版画展”在中国闽台缘博物馆开幕。

●由石狮市永宁镇政府、泉州边防支队出品创作的微电影《永宁往事》在石狮市德辉广场左岸电影院首映。

郑新聪到市人大常委机关征求对“十三五”规划编制建议的意见

市委书记郑新聪到市人大常委会机关征求对市委关于“十三五”规划编制建议的意见。市人大常委会主任陈万里，副主任洪泽生、张建生、朱团能、曾巍，秘书长吴春林参加征求意见会。与会人员围绕打响“大泉州”品牌、加快推进行政区划调整、引导产业转型升级、加强“海丝先行区”建设、发挥县域经济优势、强化规划衔接、拓展产业发展空间、发展现代物流业、科学发展电子商务、深化体制机制改革、调动干部积极性、发挥文化优势等方面，提出意见建议。

郑新聪肯定与会同志的发言，认为大家很用心，提出的意见既有广度又有深度，切切实实坚持问题导向，思考与建议都很有建设性、启发性。希望市人大常委会要在督促“一府两院”落实工作、转变作风、促进干部队伍建设、促进党委政府科学决策等方面多提意见和建议。同时要求市人大常委会要充分利用设区市获得立法权的机会，多在城市规划与建设、环境保护、历史文化保护等方面多做贡献。

会议现场　　（图/王虎文）

鲤城笋浯金山片区控规技术评审会举行

市城乡规划局主持召开鲤城区笋浯金山片区控制性详细规划技术评审会。鲤城笋浯金山片区位于泉州古城西南部，北至笋江新桥，南至顺济新桥，东至笋浯溪、剖腹沟，西至晋江，总面积约1.75平方千米。规划将这一片区定位为：人文体验、滨水宜居的古城西部门户。规划响应“21世纪海上丝绸之路先行区”国家战略要求，发挥片区紧邻古城的区位优势，重视文化传承，助推“古城文化复兴计划”。规划结合对片区初步意见征求以及现状调研结果，针对片区不同的分区提出不同的更新改造策略。

沿笋浯溪地带，根据古城保护整治规划，古城“鲤鱼”形态保护带控制要求，建设控制区为笋浯溪保护区外扩15米，预留本建设地或工厂区外扩20—30米的区域，保护古城“鲤鱼”形态。

笋浯社区，对笋浯旧社区进行城市再开发分析，选择拆除重建为主的改造（更新）模式，改善居民居住环境问题，提供货币补偿及参与商业开发；结合古城文化复兴，配套商业及旅游服务业发展。

金山社区，保留部分行政办公单位，对旧城镇用地进行逐步改造（更新）；提升居住环境品质，并做好教育、养老、社区等公共服务设施的配置；控制开发强度，结合古城保护要求，提升笋浯溪生活性水岸线利用，建设宜居社区。

江滨生态区，结合市级绿道水线建设，提升滨江生态绿地品质，打造各种主题公园；优化过境交通，减少对片区交通的影响；做好防洪堤景观提升和与城市的联系。

金洲社区，以现状保护为主，对金洲街（堤后路）道路交通进行优化设计，优化商业业态布局，全面提升商业品质。

泉州举办抗战版画展

“中国战斗——抗日战争时期木刻版画展”在中国闽台缘博物馆举办，此次展览由中国闽台缘博物馆与北京鲁迅博物馆（北京新文化运动纪念馆）举办，展期一个月。此次展览分为“血肉长城”“铁蹄之下”“民族抗争”“不屈的人”“走向胜利”五部分，展出马达、李桦、江丰等40余位艺术大家在抗战时期创作的版画作品200余幅及相关资料。这些作品主要描绘抗战时期重大历史事件以及军民抗战生活的图景，部分作品曾参加1938年在武汉举行的“全国抗敌木刻画展览会”。展览现场还特别设置“版画拓印体验区”，让观众亲身体验木刻版画拓印的乐趣。

抗战木刻展海报　　（图/吴寿民）

亚洲开发银行拨款支持泉州互联网金融发展研究

从市金融工作局获悉，亚洲开发银行支援10万美元用于泉州互联网金融发展研究，这是亚行首次支持泉州的课题项目。该项目通过了解国内外发展互联网金融的经验，以泉州地区的互联网金融发展为样本，提出推动互联网金融行业规范经营、创新发展的思路，为中国互联网金融的发展监管提供研究支撑。作为国家级金融改革试验区，泉州互联网金融也在探索中实现发展，在金融领域的探索与尝试不断显现。包括海峡金融资产交易中心、品尚电商、兴业消费金融公司等在内的泉州多个互联网金融项目发展良好，创新多种互联网金融产品。

泉州5家单位获批设立博士后科研工作站

从市人力资源和社会保障局获悉，经人力资源和社会保障部全国博士后管委会批准，泉州5家单位获批设立博士后科研工作站，占全省（20家）的四分之一。这五家单位分别是：信和新材料股份有限公司、中宇建材集团有限公司、福建泉州顺美集团有限责任公司、南威软件股份有限公司、福建医科大学附属第二医院。从1999年泉州设立第一家博士后科研工作开始，全市共有博士后科研工作站19家，累计招收博士后研究人员256人，直接创造经济效益10亿元。获批的博士后科研工作站可享受泉州相应的优惠政策。市政府对经人力资源和社会保障部批准设立并在泉州正常开展博士后培养工作的博士后科研工作站给予一次性30万元建站资助。资助资金主要用于补贴申报单位为开展博士后科研工作而购置的仪器设备、图书软件资料及用于改善博士后工作条件等支出。设站单位每招收一名博士后人员，给予2万元培养资助。资助资金主要用于工作站与高校联合招收培养博士后人员的管理经费支出。进站博士后人员，在站期间经中期考核和期满考核合格的博士后人员每人每年发放2.5万元的科研和生活补助，分两年发放，发放总额5万元。

泉州4981艘渔船获逾7亿元油补资金

来自市海洋与渔业局的消息，2014年度机动渔船油价补助资金下达，泉州获得2014年度油补资金7.083亿元。经测算，2014年度渔船每吨用油量补助标准为3445元。根据规定，2014年度机动渔船油价补助资金的补助对象为2014年度各地上报农业部并经审核通过的渔船。2014年度全市4981艘渔船纳入油价补助对象。

首批25.8吨永春芦柑印尼通关

从泉州检验检疫局获悉，首批重25.8吨、货值3.93万美元的永春芦柑在印尼顺利通关，拉开永春芦柑出口新产季的序幕。“中国芦柑之乡”福建省永春县是中国最大的宽皮柑橘出口基地，也是全国唯一的出口芦柑国家级出口食品农产品质量安全示范区。现有芦柑果园面积6666.67公顷，年产量约18.5万吨，产值14亿元以上，其中约1/3供出口。永春芦柑是福建省大宗出口农产品，泉州检验检疫局继续推进永春出口柑橘质量安全示范区建设，提前组织对果园进行病虫害和有毒有害物质进行监控普查，引导和帮扶29家、2146.67公顷出口注册果园和27家注册包装厂建立健全生产、加工管理体系，着力提高质量安全水平，并为企业开辟绿色通道，全面落实便捷通关措施，促进企业扩大出口。

《白釉人家》获2015年海峡两岸大学生微电影大赛最佳摄影奖

2015年海峡两岸大学生微电影大赛在漳州落下帷幕，华大学生摄制的微电影《白釉人家》获得此届大赛最佳摄影奖。微电影《白釉人家》记录永春民间美食传人以大米为原材料制作“白釉”的过程。影片通过这种传统手工艺制作的古早味，来展现闽南古老的饮食文化，以及这种承载着几代人记忆的泉州味道，具有浓郁的闽南元素和乡土情结。该片摄影视角独特，构图考究，剪辑流畅，经过各专业评委的层层选拔，从21部入围影片中脱颖而出，获得最佳摄影奖。2015年海峡两岸大学生微电影大赛收到来自海峡两岸的217部作品，其中大陆作品191部，来自中国台湾地区作品26部。

11月21日

星期六
农历乙未年十月初十
温度：21℃—27℃
阴

●亚洲开发银行支援10万美元用于泉州互联网金融发展研究，这是亚行首次支持泉州的课题项目。

●信和新材料股份有限公司、中宇建材集团有限公司、福建泉州顺美集团有限责任公司、南威软件股份有限公司、福建医科大学附属第二医院等5家单位获批设立博士后科研工作站。

●来自市海洋与渔业局的消息，2014年度机动渔船油价补助资金下达，全市获得2014年度油补资金7.083亿元。经测算，2014年度渔船每吨用油量补助标准为3445元。

●从泉州检验检疫局获悉，首批重25.8吨、货值3.93万美元的永春芦柑在印尼顺利通关，拉开永春芦柑出口新产季的序幕。

●《白釉人家》获2015年海峡两岸大学生微电影大赛最佳摄影奖。

●孝亲敬老公益电影《小棉袄》展映暨“共庆2015·亚洲艺术节文艺晚会”在晋江举行。

11月22日

星期日
农历乙未年十月十一
温度：20℃—27℃
多云

●从市住建局获悉，泉州市中医联合医院、福建南安成功国际会展中心入选2014—2015年度中国建设工程鲁班奖（国家优质工程）。

●首届出租汽车驾驶员服务技能竞赛在泉州长城出租公司举行。

●从泉港区相关部门获悉，该区东张村农民蔬菜专业合作社被农业部、国家发展改革委、财政部等九部委联合发文评为“国家农民合作社示范社”。

●2015年苏坑镇佛手茶王赛评审结果揭晓。

●第十二届铭模坊海西少儿模特才艺大赛在市区西街“大麦仓”启动。

泉州两项目入选鲁班奖

从市住建局获悉，泉州市中医联合医院、福建南安成功国际会展中心入选2014—2015年度中国建设工程鲁班奖（国家优质工程）。市中医联合医院由泉州市中医院、泉州市正骨医院、泉州市中医外科医院（也称鲤城区临江街道社区卫生服务中心）3家医院合并而成，位于金龙街道高山社区，用地面积15.67公顷，床位1500张，于2011年开始建设，2015年8月正式开诊。福建南安成功国际会展中心位于南安市柳城街道帽山社区，是南安市地标性建筑之一。项目规划建设用地面积11.34公顷，总建筑面积58654平方米。中心外形态以大鹏展翅作为设计概念，飞翼屋顶优雅大方，同时把会展相关的功能覆盖其下，三个雕塑般的巨型屋顶结构组合成整个建筑。主馆由两侧展馆和中间的会议中心组成，分为三个功能馆。该中心2014年11月投入运行。

首届出租汽车驾驶员服务技能竞赛举行

由市交通委、市总工会、市人力资源和社会保障局主办的首届出租汽车驾驶员服务技能竞赛在泉州长城出租公司举行。来自全市16个出租汽车公司的95名优秀“的哥”代表现场“比武”，角逐一、二、三等奖和优秀奖四个奖次20个名额。泉州市16家出租车公司共有出租汽车3300多部，从业驾驶员超过7000人。举办服务技能竞赛，旨在通过对出租汽车驾驶员规范经营、文明服务理论知识和服务技能现场演示三个方面的考核，激发广大出租车驾驶员爱岗敬业的热情，提升行业整体服务水平。根据奖项设置，此次竞赛一等奖1名被市总工会授予“泉州市五一劳动奖章”荣誉称号；一、二等奖的选手由市人力资源和社会保障局授予“泉州市技术能手”荣誉称号并颁发高级工职业资格证书。所有获奖选手，市交通委将授予“市交通行业服务标兵”。最终，来自市出租车公司的李军夺得桂冠。

泉港一合作社获评国家级示范社

从泉港区相关部门获悉，该区东张村农民蔬菜专业合作社被农业部、国家发展改革委、财政部等9部委联合发文评为“国家农民合作社示范社”。泉港区东张农民蔬菜专业合作社于2009年7月注册成立，现有入社成员156户。该合作社主要种植金线莲、铁皮石斛、苦瓜、茄子、辣椒、甜椒、西红柿、西兰花等蔬菜新品种十二大类20多个品种，并通过福建省农业厅无公害产地认证和农业部无公害农产品质量认证，是福建省直控无公害蔬菜生产基地。合作社通过示范种植金线莲、铁皮石斛面积13.33公顷，蔬菜种植33.33公顷，带动周边农户600多户，种植蔬菜面积达144公顷。2014年度，该合作社产品销售量4000多吨，销售额980多万元，成员农产品统一销售率60%以上。泉港区加大对农民专业合作社的扶持力度，通过建立“龙头企业+合作社+农户”的经营模式，引导该区农民“抱团发展”。该区共有各类专业合作社25个，注册资金4134万元，入社农户1650户，带动农户2150户，拥有种养基地698.67公顷。

2015年苏坑镇佛手茶王赛评审揭晓

2015年苏坑镇佛手茶王赛评审结果揭晓。此次评出金、银、铜、优质奖等奖项66个，总奖金27.5万元。来自嵩山村茶农陈明强选送的佛手茶荣获金奖并获得2万元的奖励。2015年，该镇特地提供资金作为茶王赛的奖金，吸引众多茶农参加，比赛收到清香型佛手茶茶样236个，国家一级评茶师陈郁榕等评委根据佛手茶特有的品种特征及品质风格，对各佛手茶茶样的外形条索、色泽、内质的香气、滋味、汤色等多项因素逐一进行审评，评出金奖1名、银奖2名、铜奖3名、优质奖若干名。评选中，该镇众多茶农还与专家、同行探讨制茶技术，互相切磋技艺，提高制茶水平。

铭模坊海西少儿模特才艺大赛启动

第十二届铭模坊海西少儿模特才艺大赛在市区西街“大麦仓”启动，首场海选吸引300多名少儿选手参赛。比赛现场，来自全市各地的少儿选手纷纷拿出各自擅长的才艺表演。既有展示地域文化的服饰，又有曼妙夺目的舞姿。作为第十四届亚洲艺术节暨第二届海上丝绸之路国际艺术节的系列活动之一，铭模坊海西少儿模特才艺大赛是海西最具影响力的“少儿模特”专业赛事之一。本届大赛分为模特组和才艺组，设有福州、泉州、厦门、漳州、莆田、宁德、龙岩、平潭等八个大赛区，预计有约2000名选手参赛。

11月23日

星期一
农历乙未年十月十二
温度：20℃—27℃
多云转阴

●郑新聪主持召开市委常委会，决定于26日召开中共泉州市委十一届十次全体会议。

●晋江石狮南安惠安安溪入围全国百强县（市）。

●厦门泉州共建安溪经济合作区的请示得到省政府批复。

●即日起，泉州市承办公积金业务的5家银行间全面开通跨行委托逐月提取还贷业务。

●旅菲校友会联合会2015故乡经贸文化考察团一行78人到泉州，开展为期6天的考察活动。

●第五届海峡两岸曲艺欢乐会“姜昆‘说’相声”专场演出在晋江市戏剧中心举行。

郑新聪主持召开市委常委会

市委书记郑新聪主持召开市委常委会，决定于26日召开中共泉州市委十一届十次全体会议。全会的主要任务是深入学习贯彻中共十八届五中全会、省委九届十五次全会精神，听取市委常委会工作报告，审议通过《中共泉州市委关于制定泉州市国民经济和社会发展第十三个五年规划的建议》，审议通过《中共泉州市委十一届十次全体会议决议》。

晋江石狮南安惠安安溪入围全国百强县（市）

中国中小城市科学发展评价指标体系研究课题组、中国城市经济学会中小城市经济发展委员会等联合发布“2015年中国中小城市科学发展评价指标体系研究成果”，在《人民日报》公布。研究成果公布2015年度全国综合实力（科学发展）百强县市、区、镇的名单，还同时发布“2015年度中国新型城镇化质量百强县市”“2015年度中国新型城镇化质量百强区”“全国投资潜力百强县市”“全国投资潜力百强区”及“2015年度中国十佳"两型"中小城市”名单。在百强县市、百强镇、投资潜力百强区等榜单上，泉州均有县市入围。在百强县市榜单中，晋江市排名第八，这也是全国综合实力百强县市排行十强中唯一的福建“选手”。其他上榜的县市分别是：石狮（17位）、南安（32位）、惠安（38位）、安溪（68位）。百强镇榜单中，泉州8个镇上榜，分别是：安海镇、陈埭镇、英林镇、水头镇、东石镇、金井镇、灵秀镇、宝盖镇。名单中福建上榜县市还有福清市（26位）。

厦门泉州共建安溪经济合作区的请示得到省政府批复

省政府批复厦门、泉州《关于两市加强区域协作共建经济合作区的请示》，要求两地尽快制订实施方案并组织实施，开创区域合作新模式。根据福建省政府的批复，合作区由合作双方共同设立管委会，负责合作区规划建设、开发运营和招商引资工作。

经济合作区位于安溪官桥镇，规划控制面积总计约13平方千米，其中思明园4.5平方千米、湖里园8.5平方千米，合作期限30年。该合作区重点培育信息电子设备、商贸物流、休闲旅游等产业，建成后，将成为厦门产业转移承接的载体和龙头企业拓展的基地。湖里园首期规划建设180公顷，计划总投资20亿元以上，园区规划建设标准工业厂房、企业自建厂房、中试研发楼、物流中心、蓝白领公寓、商业办公等100万平方米以上，将建成一个集生活、娱乐、教育为一体的现代化小型工业城镇，完成180公顷用地修规设计。思明园首期规划建设153.33公顷，计划总投资20亿元以上，园区规划产业突出“低碳、智慧、宜居、宜业、宜游”五大主题，重点培育信息技术、电子设备、商贸物流、休闲旅游等产业，规划建设标准工业厂房、企业自建厂房、仓储物流、商业办公等100万平方米以上，完成153.33公顷用地控规设计。

园区合作共建30年，土地按照公开招拍挂方式取得土地使用权，产业用地及工业配套用地出让价格为每亩16万元。源自园区的税收收入地方留成部分及非税收入，从第一家入驻企业纳税之日起计算，前5年双方互不分成，用于园区及配套建设；此后25年由双方按5∶5比例分成。合作期内，园区内所产生生产总值（GDP）、工业总产值、规模以上工业增加值、固定资产投资、招商引资等数据由双方按5∶5比例分享；30年后，财税收入均归安溪所有。整个经济区签约8家企业入驻，包括厦门欣省控实业有限公司、革新集团、鹭工集团、厦门宝丽金实业有限公司、厦门佳瑞工贸有限公司、尚贸家饰有限公司、厦门中兰通电梯工业有限责任公司、安溪翔业厨卫科技有限公司。涉及户外休闲用品、窗帘吊具组件、高低压设备、箱包产品、医疗设备等行业。

泉州全面开通公积金跨行逐月还贷

即日起，泉州市承办公积金业务的5家银行间全面开通跨行委托逐月提取还贷业务。承办公积金业务的5家银行分别是建设银行、中国银行、工商银行、农业银行和兴业银行。从2010年3月起，泉州市开始试点建设银行同行还贷，过后陆续开通工商银行、农业银行等不同银行间的跨行逐月提取还贷业务。在完成试点运行的基础上，经过多轮开发研究和调试，2015年11月16日起在试运行的同时陆续受理业务。经过一段时间的试运行发现，跨行逐月提取还贷业务的工作情况稳定，各方面条件比较成熟，中心决定将全面推广的时间由原计划的2016年1月1日提前至11月23日。

11月24日

星期二
农历乙未年十月十三
温度：19℃—26℃
多云

●康涛率市直相关部门负责人先后到丰泽和台商投资区调研部分重点在建项目。康涛走进黎明职业大学，听取学校扩建工程建设情况汇报，现场协调安征迁问题，要求相关部门加大工作力度，为学校有序推进工程建设和实现长远可持续发展营造良好环境。

●泉州市印发《关于控制公立医院医药费用过快增长的实施方案》。

●“牡丹绽放——中国曲协送欢笑晋江专场”在晋江祖昌体育馆举行。福建省三位中国曲艺最高奖牡丹奖获得者首次同台演出。福建省获中国曲艺牡丹奖的三人分别是：泉州市南音传承中心负责人李白燕，获第七届中国曲艺牡丹奖个人表演奖；泉州市南音传承中心庄丽芬，获第八届中国曲艺牡丹奖新人奖；厦门南乐团副团长杨雪莉，获第八届中国曲艺牡丹奖个人表演奖。

康涛调研部分在建重点项目

市长康涛率市直相关部门负责人先后到丰泽和台商投资区调研部分重点在建项目。康涛走进黎明职业大学，听取学校扩建工程建设情况汇报，现场协调安征迁问题，要求相关部门加大工作力度，为学校有序推进工程建设和实现长远可持续发展营造良好环境。在城东学园，当了解到五中校区率先投用，幼儿园和小学也完成设计，正稳步推进规划审批和安征迁事项，康涛十分欣慰，要求城东片区开发建设指挥部切实加快这一民生工程进度，让优质教育资源早日造福新区人民。在秀涂作业区，康涛详细了解16#码头的建设进展，协调解决项目面临的生产要素保障等问题，寄望项目早日建成，助力泉州港口和城市发展。在玖龙纸业，康涛实地查看企业生产经营情况，与企业和相关部门共同研究探讨电力保障、扩建项目等事项。康涛在调研中指出，特别是在宏观形势趋紧，经济下行压力较大的当下，抓紧抓好重点项目建设，将有效拉动投资增长，增强发展后劲，为全市经济社会平稳较快发展提供强劲支撑。各级各相关部门要按照市委部署，高度重视重点项目建设，努力以项目拓展发展空间，挖掘内生动力，同时主动靠前服务，强化各项保障，确保重点项目按序时推进，为全市发展早做贡献、多做贡献。就如何推动重点项目顺利实施，康涛强调，各级各部门要通盘考虑、统筹谋划、协调推进。特别是在前期阶段，要强化规划引领意识，优化规划空间布局，注重集约节约用地，从源头上减少项目推进的干扰因素。在项目推进过程中，宣传部门要牢牢把握正确舆论导向，强化正面宣传和舆论引导；发改部门要健全完善协调机制，及时协调解决困难问题；效能督查部门要强化督查考核职能，真正激励先进、鞭策后进；各级政府和其他相关部门要各司其职、协同协作，为重点项目建设凝聚强大合力。

泉州市印发《关于控制公立医院医药费用过快增长的实施方案》

市医改办、卫计委、财政局、人社局、食品药品监管局、物价局联合制定《关于控制公立医院医药费用过快增长的实施方案》。方案明确，到2017年，全市药占比（不含中药饮片）总体降到30%左右；百元医疗收入（不含药品收入）中消耗的卫生材料降到20元以下；个人卫生支出占卫生总费用的比例控制在25%左右。方案还制定涵盖“准入”管理、“源头”管理、医院内部管理、监管机制、考核评价等方面的五项具体措施。

方案提出，要发挥医疗保险对医疗服务行为和费用控制的调控引导与监督制约作用，全面实行总额控制基础上的复合式付费方式改革；要着力构建分级诊疗体系，合理配置医疗资源，促进优质医疗资源下沉，提高基层服务能力，以患者为中心制定分级诊疗规范，综合运用行政、医保、价格等多种措施，推动基层首诊、双向转诊、急慢分治、上下联动的分级诊疗模式的建立，引导患者合理就医，提高资源利用效率和整体效益；要严格控制公立医院特需医疗服务，市级公立医院提供特需医疗服务项目的业务量不得超过本院全部医疗服务业务量的10%。

方案提出改革药品、耗材集中招标采购机制。同时推进药品流通体制改革，改革配送模式，降低成本。并建立黑名单制度，对被发现有回扣品种的药品生产（配送）企业，列入商业贿赂不良记录黑名单，取消该药品品种在福建省的供货资格。在加强医院内部管理方面，方案明确，落实公开公示制度，二级以上医院每年要定期向社会公布相关信息，重点公开医院绩效考核、质量安全、医疗服务项目和药品价格、次均费用等信息，主动接受社会监督。

中国曲协送欢笑晋江专场演出举行

“牡丹绽放——中国曲协送欢笑晋江专场”在晋江祖昌体育馆举行，福建省三位中国曲艺最高奖牡丹奖获得者首次同台演出，成为曲艺界的佳话。福建省获中国曲艺牡丹奖的有三人，分别为：泉州市南音传承中心负责人李白燕，获第七届中国曲艺牡丹奖个人表演奖；泉州市南音传承中心庄丽芬，获第八届中国曲艺牡丹奖新人奖；厦门南乐团副团长杨雪莉，获第八届中国曲艺牡丹奖个人表演奖。当晚，她们同台表演南音《出画堂》，展示千年雅乐的魅力。北京曲艺团国家一级演员杨菲，以及杨菲的学生——新北市汉音文化剧团团长陶秀华，两人搭档，为观众表演京韵大鼓《重整河山待后生》。表演中，杨菲还呈现“含灯大鼓”绝活：口含灯架进行说唱，灯架上还有三根点燃的蜡烛，其间她吐字清晰，声音响亮，蜡烛却不灭，令人叫绝。除了“含灯大鼓”的绝活，魔术师赵育莹为现场观众带来精彩的魔术表演。

省委宣讲团中共十八届五中全会精神报告会在泉州举行

省委宣讲团中共十八届五中全会精神报告会在泉州举行。省委宣讲团成员、省委宣传部部务会议成员、讲师团团长肖贵新在会上作题为《全面建设小康社会的决胜纲领——学习党的十八届五中全会精神的体会》的专题辅导报告。市委书记郑新聪主持报告会并在会前会见宣讲团一行。康涛、陈万里、杨俊峰、许昆贞、翁祖根、温惠榕、陈庆宗、林伯前、李建辉等市四套班子领导，市法院、检察院负责人，离退休老同志代表，市直机关、企事业单位主要负责人，高校师生和理论工作者代表等参加报告会。

报告会上，肖贵新紧扣总书记习近平在五中全会上的重要讲话精神和中央"十三五"规划建议，结合福建和泉州的实际，从"十三五"时期发展环境的新变化、新要求，"十三五"时期的发展理念、战略重点和重大举措，实现"十三五"时期发展目标的根本保证，推动福建"十三五"发展再上新台阶等四个方面，进行深刻分析和阐述。报告内容全面透彻、深入浅出，将权威解读与解疑释惑、宣讲中央政策与回应群众关切很好地结合起来，对广大干部学习理解、准确把握、贯彻落实好十八届五中全会精神具有重要的指导作用。

郑新聪指出，深入学习宣传贯彻中共十八届五中全会精神，是当前和今后一个时期的重要政治任务。市委对此高度重视，两度召开常委扩大会及时传达学习，还将召开市委十一届十次全会作全面部署。全市各级各部门要认真贯彻中央、省委部署要求，以省委宣讲团来泉宣讲为契机，统筹抓好学习宣传贯彻各项工作。要在深入宣讲上下功夫，广泛开展对象化、分众化、互动化宣讲，各级党委（党组）中心组要发挥示范带动作用，宣传部门要抓紧组织宣讲团赴各地宣讲，各级党校、行政院校要把全会精神纳入教学重要内容，推动全会精神深入人心。要在推动工作上下功夫，以五中全会精神为指引，全面落实省委、市委提出的目标任务，结合实际，加紧谋划研究"十三五"规划，真正把学习贯彻过程转化为坚定信心、振奋精神、破解难题、推动工作的过程。

全国港澳研究会访问团到泉州考察访问

25—26日，由全国港澳研究会会长陈佐洱率领的全国港澳研究会访问团到泉州考察访问。市长康涛会见访问团一行。会见中，康涛代表市委、市政府对访问团到泉州考察访问表示欢迎，并介绍泉州市情。康涛表示，泉州与香港、澳门渊源深厚、关系密切。泉籍乡亲是港澳经济社会重要的建设力量；泉港澳经贸、文化、旅游等领域合作交流日益密切，在三地间架起发展共赢的桥梁。真诚希望港澳专家学者在泉州多走走看看，多提宝贵建议，夯实合作基础，浓厚血脉亲情。陈佐洱表示，泉州作为海丝起点城市的历史、现实和未来，让人怀想和期待。包容开放的泉州精神、和谐交融的多元文化以及爱拼敢赢、爱国爱乡的泉籍乡亲，令人印象深刻。希望通过此次考察访问，深入了解泉州海丝文化，积极探讨港澳如何在国家"一带一路"建设中发挥作用以及泉港澳之间如何在新形势下进一步深化交流合作。在泉州期间，访问团参观考察泉州海交馆、清净寺、开元寺、九日山等海丝史迹。

黎明大学举办第四届巴金文化节纪念大会

泉州黎明职业大学纪念巴金先生诞辰111周年暨泉州市第四届巴金文化节纪念大会举行，"古榕下的巴金"纪念碑同时揭彩。此次大会的主题是"读巴金的文，研究巴金的人"，来自泉州市委宣传部、泉州市文学艺术联合会、泉州市作家协会、泉州晚报社、泉州市高校文学社团联盟等单位的文艺界人士与黎明职业大学的专家学者齐聚一堂，探讨巴金三访泉州的经历以及对泉州文化的深远影响。现场举行文化节系列活动成果展、巴金图片展、表彰学生优秀作品等丰富多彩的活动。

相关链接：20世纪30年代，巴金先生三次到泉州访友写作，他在多部作品中以朴实而真挚的文字记录在泉州经历的人、物、景。上世纪80年代初，黎明职业大学创办，巴金担任名誉董事长，晚年仍关怀着黎大的发展，他先后分12批次向黎大图书馆赠送7084册书籍和大量亲笔书稿。

活动现场　（图/吴寿民）

11月25日

星期三

农历乙未年十月十四

温度：15℃—24℃

多云

●省委宣讲团中共十八届五中全会精神报告会在泉州召开。省委宣讲团成员、省委宣传部部务会议成员、讲师团团长肖贵新在会上作题为《全面建设小康社会的决胜纲领——学习党的十八届五中全会精神的体会》的专题辅导报告。

●25—26日，由全国港澳研究会会长陈佐洱率领的全国港澳研究会访问团到泉州考察访问。康涛会见访问团一行。

●泉州黎明职业大学纪念巴金先生诞辰111周年暨泉州市第四届巴金文化节纪念大会举行。

11月26日

星期四
农历乙未年十月十五
温度：12℃—19℃
多云

●中共泉州市委十一届十次全会召开。会议的主要任务是：深入学习贯彻党的十八届五中全会、省委九届十五次全会精神，审议《中共泉州市委关于制定泉州市国民经济和社会发展第十三个五年规划的建议》，确定泉州市“十三五”时期经济社会发展的指导思想、目标和任务。

●“书香福建”捐赠助读公益活动在泉州市新村小学、昇文小学，晋江市内坑风光小学，南安市九都第一小学等四所小学举行“心天地·多媒体互动阅读教室”授牌仪式。

●晋江英林服装园联合党支部正式成立，这是泉州首个园区联合党支部。

中共泉州市委十一届十次全会召开

中共泉州市委十一届十次全会召开。会议的主要任务是：深入学习贯彻党的十八届五中全会、省委九届十五次全会精神，审议《中共泉州市委关于制定泉州市国民经济和社会发展第十三个五年规划的建议》，确定泉州市“十三五”时期经济社会发展的指导思想、目标和任务。市委书记郑新聪主持会议。市领导康涛、周银芳、陈万里、杨俊峰、许昆贞、翁祖根、温惠榕、陈庆宗、林伯前、林俊其、李建辉等出席会议。

全会讨论郑新聪代表市委常委会向全会作的工作报告。一致认为，市委常委会紧紧围绕“四个全面”战略布局，深入贯彻总书记习近平系列重要讲话和对福建工作的重要指示精神，认真落实省委决策部署，有为应对各种困难和挑战，主要经济指标持续保持稳定增长，“泉州制造2025”深入实施，第十四届亚洲艺术节暨第二届海上丝绸之路国际艺术节成功举办，国家生态市建设顺利通过验收，“三严三实”专题教育、作风建设取得成效，全市较好实现经济运行稳定、干部和企业家队伍稳定、社会安定稳定。

郑新聪在讲话中指出，全市上下要进一步把思想和行动统一到中央、省委的决策部署上来，深刻把握机遇潜力和风险挑战两个现实、全面小康和跨越发展两个目标、稳定增长和创新转型两个关键、管党治党和法治引领两个保障，强化机遇意识和忧患意识，精心谋划、高质量地推动“十三五”发展。

郑新聪强调，坚持五大发展理念，推动经济社会发展再上一个新台阶，一要建设创新泉州，抓好体制环境再造、城市载体规划、人才强市战略、综合创新平台建设；二要建设智造泉州，推动制造业高端延伸，加快现代服务业集聚扩量，促进网络经济“由虚变实”，开启智慧城市新生活；三要建设海丝泉州，实施泉州港复兴计划，推进“大泉州”开发建设，壮大文化支柱产业，鼓励合适产能“走出去”；四要建设美丽泉州，合力构建生态共同体，铁腕重拳治理污染，推进生态环保工程，发展绿色生产力，健全生态文明制度体系；五要建设幸福泉州，打赢脱贫攻坚战，补齐社会民生短板，加强城市文明建设，打造更多宜居宜业城市品牌，真正实现发展成果人民共享。

全会审议通过《中共泉州市委关于制定泉州市国民经济和社会发展第十三个五年规划的建议》和《中共泉州市委十一届十次全体会议决议》。

“书香福建”捐赠助读公益活动在泉州举行

“书香福建”捐赠助读公益活动在泉州市新村小学、昇文小学，晋江市内坑风光小学，南安市九都第一小学等四所小学举行“心天地·多媒体互动阅读教室”授牌仪式，中联办台务部副部长王升，澳门闽台总商会会长吴金铨，常务副会长陈明白、蔡海哨、吕子安、曾新炫及秘书长李少群等二十余位副会长出席。此次“心天地·多媒体互动阅读教室”由澳门闽台总商会援建，平台融自主学习、阅读指导、师生共读、共写、共提高等互动多维一体的模式，让孩子们在快乐阅读中成长、扩大师生间真诚对话的时空，共同拥有一种学习、交流的教育环境。捐赠物品包括国学经典、中外名著、科普常识、儿童文学、历史地理等图书资源，以及环保标准化装修教室材料、彩色可移动桌椅、多功能电脑柜、书架、木地板、电脑等硬件设备，为学生创造良好的阅读环境。

泉州首个园区联合党支部成立

晋江英林服装园联合党支部正式成立，这是泉州成立的首个非公党建工业园区联合党支部。针对工业园区正在建设阶段和小微企业开展党建工作零散无力的先天不足，晋江先行先试，在英林镇深入探索“协会+支部”党建孵化模式和“条块双创”非公党建工作法。在2012年初，率先成立全市首个私营企业协会镇级分会和分会党总支，在年初确定为私营企业党建孵化基地，形成“搭建两个平台，开展三级孵化，建立四项机制，发挥五大作用”的“2345工作机制”。针对工业园区内党员人数少、不具备组建党组织条件和无党员的若干企业，晋江创新采取联合组建，成立全市首个园区联合党支部——英林服装园联合党支部。这也是私营企业党建孵化基地孵化出来的一个园区小型孵化器，对于开展园区党建和推动园区建设、发展具有重要意义，将有力促进非公企业党建组织覆盖和工作覆盖，推动非公党建工作规范化、常态化、长效化。

郑新聪到泉港调研经济社会发展情况

市委书记郑新聪带队到泉港区调研，对贯彻落实市委全会精神、谋划新一轮发展提出要求。市委常委、秘书长、统战部部长翁祖根参加调研。在纳川管材听企业的发展介绍后，郑新聪指出，随着国家加大基础投资、推动海绵城市建设，管材市场前景广阔，政府要支持企业产品推广、跨界融合、商业模式创新。在福建师范大学泉港石化研究院，郑新聪肯定该院在发挥学科优势、引进人才、校企攻关、成果产业化等方面所作的努力。城市规划展馆集中展示泉港的规划布局和发展面貌，郑新聪对泉港发挥好区位优势、推进产城融合、完善功能配套等提出要求。郑新聪肯定泉港经济社会发展所取得的成就后指出，在泉港四套班子和广大干部群众的努力下，泉港发展基础扎实、质量不断提升，产业和城市、发展速度和质量走在全市前列，“十三五”将成长为泉州重要的增长极。郑新聪指出，泉港区要深入贯彻全会部署，认真谋划“十三五”发展，利用现有基础、做足现有优势、克服现有风险，推动全会精神、市委建议的细化、具体化、项目化，努力在泉州新一轮发展中走前列、作示范。

市十五届人大常委会第三十次会议召开

市十五届人大常委会第三十次会议召开。市人大常委会主任陈万里，副主任洪泽生、吕竞、张建生、朱团能、曾巍，秘书长吴春林参加会议。市领导林伯前、卢炳椿，市中级人民法院院长欧岩峰、市检察院负责人分别列席会议。会议传达学习市委十一届十次全会精神。陈万里指出，市人大及其常委会要把学习贯彻全会精神作为当前一项重要政治任务；要以全会精神统领人大各项工作，在坚持正确的政治方向上有新提高、推进地方立法上有新建树、增强监督实效上有新举措、依法行权履职上有新作为、发挥人大代表作用上有新进展、加强自身建设上有新形象；要以全会精神为动力，全面完成2015年各项工作任务。会议听取和审议市政府关于市“十三五”规划基本思路的报告和市人大常委会关于泉州市“十二五”规划实施情况与“十三五”规划编制情况的调研报告，并形成审议意见（草案）；审议市人大常委会关于召开泉州市第十五届人民代表大会第七次会议的决定（草案）；审议人事任命事项；审议市政府执行市十五届人大四次会议关于加强食品安全监督管理的决议情况的报告，并开展专题询问。

相关链接：泉州市人大常委会任命人员名单：任命黄卿堆为泉州市中级人民法院刑事审判第一庭副庭长。任命柯志同为泉州市中级人民法院刑事审判第二庭副庭长。任命黄生计为泉州市中级人民法院刑事审判第二庭副庭长。任命曾晓军为泉州市中级人民法院民事审判第三庭副庭长。任命许侃侃为泉州市人民检察院检察员。

食品安全监督管理情况决议落实情况询问现场
（图/王虎文）

市政府第八十次常务会议召开

市政府第八十次常务会议召开。市长康涛主持会议。副市长周真平、陈灿辉、林万明、张永宁，市政府秘书长吴友才参加会议。会议传达市委十一届十次全会精神，强调要认真贯彻市委全会精神，把全会精神贯穿到正在编制起草的“十三五”规划纲要和2016年市两会《政府工作报告》中，围绕市委提出的“创新、智造、海丝、美丽、幸福”等“五个泉州”部署要求，制定未来五年发展的相关专项规划和具体工作措施。要继续抓好“十三五”项目的征集筛选工作，对于明确列入“十三五”规划的项目，争取2016年有一批重大项目开工；加强项目工作督查，真正把“保姆式”“月嫂式”服务做实做到位。要抓紧安排2016年工作，坚定信心，落实好稳增长的政策措施，积极应对困难，确保经济增长在全省平均水平之上。会议研究《安溪县城市总体规划（2013—2030）》。会议指出，规划部门要认真指导县（市、区）城市总体规划的编制，做好与泉州市城市总体规划的衔接，明确区域功能定位，优化发展空间布局。会议研究《泉州市人民政府关于做好控制温室气体排放工作的意见》《关于建立泉州市经济和社会发展重大专项推进机制的工作方案》。

11月27日

星期五
农历乙未年十月十六
温度：12℃—18℃
晴转多云

●郑新聪带队到泉港区调研，对贯彻落实市委全会精神、谋划新一轮发展提出要求。

●市十五届人大常委会第三十次会议召开。

●市政府第八十次常务会议召开。

●市政协组织部分委员赴安溪县视察市级重点项目建设情况。

●中国工程院“生态文明建设若干战略问题研究”项目组一行11位院士专家到泉州，开展《固体废物分类资源化利用战略研究》课题调研。

●“华大讲堂”第54讲举行。

●市直宣传系统召开专题学习会，传达学习贯彻市委十一届十次全会精神，要求系统各单位学习在前、宣传在前、贯彻在前，服务好中心大局、做好本职工作。

●广发银行泉州分行开业仪式举行。

11月28日

星期六
农历乙未年十月十七
温度：14℃—20℃
多云

●市委就"十三五"规划建议广泛征求意见。

●28—29日，中国纺织工程学会联合省科协在泉州举办第46次中国科技论坛——纺织产业升级新技术融合论坛。

●泉州市加快实施最严格水资源管理制度试点验收会议召开，水利部专家评估组一致同意泉州高分通过加快实施最严格水资源管理制度试点验收。

●从泉州检验检疫局获悉，国家质检总局批复同意泉州为"全国质量强市示范城市"创建城市。

●鲤城区开展"毒品预防教育"进社区宣传活动。

●由丰泽区政府、泉州晚报社主办的"第三届丰泽购物节暨大学生文化艺术节"活动总决赛在新华都东海湾生活广场举行。此次艺术节吸引来自华侨大学、泉州师院、泉州黎明职业大学和泉州幼高专等高校学生的踊跃参与。

●2000多名海内外的黄氏宗亲在晋江安海镇的金墩黄氏家庙里共同拜祖。

市委就泉州市"十三五"规划建议广泛征求意见

市委领导郑新聪、康涛、周银芳、翁祖根、林伯前、林俊其分别主持召开座谈会，就市委关于制定泉州市国民经济和社会发展第十三个五年规划的建议，广泛听取市人大、市政府、市政协党员负责人，部分原任地厅级老干部，市直部门主要负责人，泉州军分区党委常委，市各民主党派、工商联主要负责人和无党派人士代表，各人民团体负责人以及各界专家学者的意见和建议。

座谈中，与会者踊跃发言，建议稿提出的"五个泉州"建设，既衔接国家、省委发展战略，又拓展"三大战略"的内涵和外延。大家还就保持稳定增长、加快创新转型、全面深化改革、扩大对外开放、保护生态环境、补齐民生短板、促进文化繁荣、统筹城乡建设、提升政务服务等方面提出许多意见和建议。

听取大家发言后，郑新聪、康涛强调，科学制定泉州"十三五"规划，要进一步理顺指标体系，主动担当起全省跨越发展领头羊的重任，保持较快的发展速度，推动一批支撑项目和新增量尽早落地；同时，在衔接好"十三五"奋斗目标的基础上，统筹安排好一揽子具体指标。要坚持问题导向，用新的发展理念指导实际，认真分析存在的不足和差距，精准谋划对策，着力解决制约泉州发展的短板问题。要坚持群策群力，多渠道听取各界意见建议，认真梳理吸纳，确保规划建议更科学、更前瞻、更有可操作性，为"十三五"时期全市经济社会发展领航指路。

第46次中国科技论坛在泉州召开

28—29日，由中国科协主办，中国纺织工程学会、福建省科协承办，福建省纺织工程学会和泉州市科协承办的第46次中国科技论坛——纺织产业升级新技术融合论坛在泉州举办。中国纺织工程学会邀请的30位专家、教授，以及全国纺织行业相关的70多家企业200多人出席会议。论坛主会场举行5场主题报告，分别为：国家信息中心发展研究部战略规划研究室主任高辉清的《中国经济转型面临的问题及应对策略》、北京京微雅格科技有限公司董事长刘明的《智能可编程芯片助力纺织产业升级》、山东大学材料加工重点实验室常务副主任范润华的《超材料技术的发展与应用前景》，中国纺织工程学会首席专家王智的《三维编织复合材料的技术发展与应用前景》，大连工业大学纺织与材料学院院长的《超临界二氧化碳午睡染色技术应用于发展前景》。论坛还设"智能化技术应用与新技术开发""环保技术培训分会场""废水处理及资源利用"3个分会场，共进行22场专题报告会。论坛还举行会企项目签约仪式。签约1个会企协作创新联盟，5个学会服务站，5个项目意向书。许多企业和与会的专家、同行积极探讨交流技术问题。泉州市许多纺织服装企业主动邀请专家到企业现场考察，解决技术需求，洽谈合作，并达成多项合作意。

泉州"最严格"水资源管理制度通过水利部验收

泉州市加快实施最严格水资源管理制度试点验收会议召开，水利部专家评估组一致同意泉州高分通过加快实施最严格水资源管理制度试点验收。评估组实地考察泉州市水资源动态管理系统、黄塘溪水环境综合整治示范工程、泉州市全面实施河长制情况、台商投资区洛阳江流域连片综合整治示范项目、惠东南高干渠续建配套与节水改造工程、百崎湖整治工程、石狮市中心市区污水处理厂、石狮市引水二期工程赤湖水厂、石狮市绿源环境工程有限公司、晋江市龙湖水源地保护建设等情况。

评估组认为，泉州按照要求，完成所有试点目标。9项指标全部达标，58项任务有57项全部完成，1项基本完成，并在试点期间成立高规格的水资源管理议事协调机构，建设水资源动态管理系统，建立红黄蓝分区管理制度、水资源保护补偿机制，组织公众参与形成以考促管的长效机制，这些经验方法值得借鉴和推广，起到试点工作探索和示范的作用。经过综合考评，决定同意通过验收。

泉州获批为"全国质量强市示范城市"创建城市

国家质检总局批复同意泉州为"全国质量强市示范城市"创建城市。泉州继厦门、福州之后，成为全省第三个获批创建城市。2014年1月，市委、市政府提出争创全国质量强市示范城市，以带动产业转型升级。并于2014年9月出台申报"全国质量强市示范城市"工作方案，成立领导小组，推动建立"质量强市"立体式工作格局，实施产品质量提升工程、安全保障提升工程、服务水平提升工程、队伍素质提升工程，加快争创全国质量强市示范城市进程。

《泉州市洛阳江两岸天际轮廓线城市设计》初步方案讨论会召开

市城乡规划局召开《泉州市洛阳江两岸天际轮廓线城市设计》初步方案讨论会。该项目是泉州市2015年环湾建设年项目。洛阳江两岸天际轮廓线城市设计通过对洛阳江两岸现状进行全面梳理，借鉴相关城市天际线的理论研究，提出将洛阳江天际轮廓线城市设计总体形象定位为：远山含黛，近水映城，古今辉映，海丝侨乡。该方案以“尊重山水文化底蕴和规划建设现状”“依循土地经济规律和视觉美学法则”“突出前中后景层次和重要地标节点”“兼顾人行车行体验和日景夜景效果”等为规划设计原则，初步将洛阳江沿岸分为田园生态区、古桥历史文化区、滨江现代生活区和泉州现代都市区。

泉港土坑国家级历史文化名村保护与发展规划技术初审会召开

市城乡规划局在泉港区组织召开泉港区后龙镇土坑国家级历史文化名村保护与发展规划技术初审会。泉港区后龙镇土坑村，2014年2月被住建部、国家文物局公布为第六批中国历史文化名村。根据《历史文化名城名镇名村保护条例》，泉港区委托上海同增规划建筑设计事务所编制《泉港区后龙镇土坑国家历史文化名村保护与发展规划》。规划通过对土坑村历史渊源、发展沿革等充分调研，提出“闽南与莆仙文化交融的、海西明清刘氏单姓聚居的文化生态示范村”的定位，结合古建筑群布局，划定保护核心区、建设控制地带及风貌协调区范围，并提出保护措施及分期建设建议，以有效指导土坑村的保护工作。在经过现场踏勘、听取汇报及审阅文本后，与会专家及部门代表针对土坑村保护、发展等工作，分别对规划方案提出修改建议及意见，供设计单位完善。

蔡国强作品《昼夜》在苏州首展

大陆首家诚品书店在苏州开业，这个有26年历史的台湾知名商业品牌正式在大陆落地。艺术家蔡国强的苏州首展《昼夜》也在诚品生活（苏州）三楼的艺术空间举行。本次诚品生活（苏州）开幕期间举办的蔡国强作品展《昼夜》，是蔡国强在苏州的首次个展，展览展示蔡国强大型火药草图作品《昼夜》，以及被美国休士顿美术馆永久收藏的为《远行》所做草图一号、四号、六号。展厅内还播放《昼夜》现场创作的实录影像，和蔡国强创作历程回顾的影像《倒带》，首次为苏州市民带来一场火药艺术的视觉新体验。《昼夜》是蔡国强首次公开其火药草图创作过程的作品，不仅对一般民众和媒体开放，同时进行实况转播，把当代艺术的制作过程真实地呈现。蔡国强介绍《昼夜》创作过程。他说，他首先邀请一位女舞者，共同讨论12小时内她生理和心里的感受。创作的第一天，由艺术家与一名女舞者相隔纸屏合作开始，从早上九点至夜间九点，舞者将当下的感受以不同的肢体动作呈现，并挑选与其心境呼应的花草植物，投影到纸屏上，再依照投影用木炭将其轮廓勾勒描摹在纸上。昼夜轮转之间，不被察觉的生命痕迹逐渐显露在纸面上。第二天，蔡国强依据木炭画的轮廓制作各种纸型，并铺设硫黄和黑火药，点燃引信，实施爆破，让当时在现场的观察者目睹爆破时艺术所呈现力量的瞬间，最后由艺术家进行签名，标志着作品完成。

泉州首场TEDx演讲举行

泉州首场TEDx演讲在市区锦绣庄拉开帷幕。来自闽台两地的教育、艺术、社会等领域的6位知名人士，通过TED这个信息传播平台，各自进行一番精彩的演讲。泉州及台湾各领域的6位杰出人士参加此次TEDx演讲，耶鲁大学毕业生、在世界顶级投行工作多年、如今投身幼儿教育的黄任，泉州知名女性木雕工艺师张红苹，聋哑学校老师付心知，优秀志愿者吴栩颖，职业摄影师赵欣，台湾天使骑行俱乐部杨明忠。他们与在场的100多名听众分享对各自领域的深刻视角和理解，交流在感官、心灵、文化方面对世界的触动，带给听众不一样的感受。

相关链接：TED创办于1984年，为人所熟知，在于它发布高质量的演讲，邀请各领域的佼佼者分享他们的理念和心得，现在的TED演讲已成为社会各界精英交流的盛会。TED演讲在中国有广泛的受众，近年来，陆续有中国人受邀在TED演讲，如杨澜等媒体人、艺术家。TEDx是TED的本土化项目，演讲者一般用本土语言演讲，诠释本土文化和本土精神。泉州TED活动为纯公益性质，筹备一年有余。TEDx项目主要由泉州市留学归国人员发起，此次活动是TEDx演讲在泉州的首度亮相。

11月29日

星期日
农历乙未年十月十八
温度：17℃—23℃
阴

●《泉州市洛阳江两岸天际轮廓线城市设计》初步方案讨论会召开。

●泉港土坑国家级历史文化名村保护与发展规划技术初审会召开。

●蔡国强作品《昼夜》在苏州首展。

●泉州首场TEDx演讲在市区锦绣庄拉开帷幕。

●2015年全国气排球联赛总决赛在福建省奥体中心体育馆落幕，晋江气排球协会代表队获女子中年组冠军。

11月30日

星期一
农历乙未年十月十九
温度：17℃—22℃
阴

●“中国快递示范城市——泉州”授牌仪式在泉州举行。

●市政府第八十一次常务会议召开。

●市政协党组召开扩大会议，学习贯彻市委十一届十次全会精神。

●省委县（市、区）巡视五组巡视鲤城区工作动员会召开。

●泉州市产权交易中心与市旅游协会举行海丝泉州旅游资源交易平台战略合作协议签约暨海丝泉州旅游资源交易平台网站上线仪式。

●2015年蹦床世锦赛结束，最后一个比赛日，来自泉州的选手杨松获得男子单跳个人金牌。

泉州获“中国快递示范城市”称号

“中国快递示范城市——泉州”授牌仪式在泉州举行。市委书记郑新聪从国家邮政局局长马军胜手中接过牌匾，泉州成为继杭州市后全国第二个示范城市。郑新聪代表泉州市委、市政府，对国家、省邮政管理部门在泉州快递业务拓展、邮票设计发行等方面的支持表示感谢。郑新聪指出，泉州具备快递业健康发展的良好土壤，泉州市委、市政府把加快快递业发展作为构建“大物流”体系、助推商业模式创新的重要环节，出台相关政策，给予全方位、强有力的支持。泉州将以获评“中国快递示范城市”为契机，研究进一步推进全市快递业发展的政策措施，从升级基础设施、加快园区建设、开展跨境业务、提升服务深度广度等方面继续加大服务扶持力度，促进快递与相关产业协同发展，为全市各行业发展和民生所需提供更好服务。授牌仪式前，马军胜与郑新聪进行座谈，对推动泉州快递服务业发展提出指导意见。马军胜还实地走访泉州邮政速递分拨中心、中通快递分拨中心、顺丰CDC仓，详细了解各中心处理能力、生产运转、安全管理等情况，并召开座谈会，听取市邮政管理局工作情况汇报。市委常委、常务副市长林伯前参加考察、座谈、授牌等相关活动。

相关链接：“中国快递示范城市”是在全国范围开展的关于快递服务与发展的城市名片专题活动，由国家邮政局授牌，具有标准高、影响力大、示范作用明显等特点。“中国快递示范城市”需满足快递业发展战略明确清晰，快递业发展达到一定水平，快递服务网络健全，产业协同发展取得一定成效等条件。2014年，全市规模以上快递服务企业业务量2.6亿件，位居全省第一、全国第十一。业务量占全省三分之一，日均业务量突破70万件。而从百姓民生的角度来看，2014年全市人均使用快递量31件，年人均快递支出约488.5元人民币，为全国平均水平的4.5倍。泉州快递服务公众满意度测评为78.2分，高于全国平均水平，快件延误率、损毁率和丢失率等服务质量指标均明显下降。全市现有快递企业及网点近900家，12个全国性主要品牌快递企业在泉州设立省级快件分拨中心。菜鸟智能骨干网在省内唯一布局泉州。2015年前十月，全市快递业务量累计完成2.83亿件，快递业务量、业务收入增幅均远高于全省、全国平均水平。“双十一”快递业务旺季期间，短短7天时间，全市快件收件量2095万件，占全省52%，同比增长32.4%，环比增长250%；派件量760万件，分拨处理量突破3395万件，快递日均总处理量近900万件。

授牌仪式（图/李芸生）

市政府第八十一次常务会议召开

市政府第八十一次常务会议召开。市长康涛主持会议。市委常委、常务副市长林伯前，副市长周真平、卢炳椿、陈灿辉、林万明、张永宁，市政府秘书长吴友才参加会议。市人大常委会副主任洪泽生，市政协副主席骆沙鸣列席会议。会议听取2015年市委、市政府为民办实事项目1—11月进展情况及市人大代表建议、政协提案办理情况汇报。会议研究2015年度规范性文件清理工作。会议研究《福建海西国家广告产业园区（泉州园）概念性产业规划方案》。会议还研究其他事项。

泉州旅游资源交易平台成立

泉州市产权交易中心与市旅游协会举行海丝泉州旅游资源交易平台战略合作协议签约暨海丝泉州旅游资源交易平台网站上线仪式。泉州旅游资源交易平台正式成立。该平台将致力于为地方政府、旅游企业以及关注旅游产业发展的投资机构提供旅游项目招商、企业融资、企业股权交易、旅游实物资产交易、旅游产品发布等各类服务，促进泉州市旅游资源与各类资本的结合，助力全市旅游产业转型升级。通过利用海丝泉州旅游资源交易平台作用，挖掘泉州市旅游资源价值，积极对外招商引资、吸纳和引进各类社会资本，参与旅游项目的投资开发和管理，促进旅游产业要素资源与相关行业结合，使得旅游产业链延伸至金融、信息技术、旅游地产开发、教育、健康与社会、环境及相关产业等现代服务业领域，以此做大、做强旅游产业，更好地推动泉州市融入“一带一路”战略，在“海上丝绸之路”发挥更广泛深刻的参与度和影响力，切实把泉州打造成为国际知名的古城文化旅游区。

全省关工委工作会在泉州召开

1—2日，全省贯彻落实习近平总书记重要指示、深入推动关工委工作会议在泉州召开。省委常委、宣传部部长李书磊，省关工委主任王建双，省人大常委会副主任、省关工委执行主任刘群英，市领导郑新聪、康涛、翁祖根、陈庆宗及市关工委负责人参加会议。

李书磊在讲话中指出，全省各级关工委、广大“五老”为关爱、教育、服务青少年做了大量卓有成效的工作。李书磊强调，各级党委、政府和各有关部门要与各级关工委一起，认真学习贯彻习近平总书记重要指示精神，牢牢把握服务青少年的正确方向，教育引导青少年从小养成良好品德；要大力支持关工委建设，充分发挥“五老”的积极性和创造性。

王建双强调，各级关工委要认真贯彻中央和省委的决策部署，主动融入大局，在发挥领导体制优势上下功夫，为主要领导当好参谋助手；在推动保障机制落实上下功夫，改善基层关工委工作条件；在加强办事机构建设上下功夫，配齐配强基层关工委队伍。

刘群英作工作部署。刘群英要求，各级关工委要围绕关心下一代成长成才，深入开展“三爱”主题教育，引导青少年树立和践行社会主义核心价值观；以创“五好”活动为载体，深入开展“基层工作深化年”活动，不断巩固基层建设成果。

市委书记郑新聪表示，泉州全面贯彻习近平总书记重要指示精神，落实省里部署要求，学习借鉴兄弟市县先进经验，突出思想道德建设，加强力量接续，夯实基层基础，完善“双层”联席会议制度，推动工作再上新台阶。

泉州、龙岩、厦门、漳州、福州市关工委在会上做典型发言。与会人员还前往石狮市实地考察基层关工委建设情况。

全市农业科技园区工作推进会召开

泉州市农业科技园区工作推进会召开。经考察、评估，石狮市华宝海洋生物化工有限公司等60家企业成为第一批泉州国家农业科技园区示范企业，“物联网有机果蔬生态观光示范基地”等20个基地入选2014年度泉州市科技特派员示范基地，洛江大湖中草药种植农民专业合作社等13个单位入选2014年泉州市科技型农民专业合作社。

泉州国家农业科技园区是2013年9月经科技部批复同意建设的第五批国家农业科技园区，园区按照“一区三园”的建设模式，规划建设果蔬园、茶叶园、海洋生物园3个分园区。园区拥有国家级农业产业化龙头企业8家、省级32家，有9个特色农产品获国家地理标志产品保护。

果蔬园继续深化对台对外农业科技合作交流工作，开展台湾果树、蔬菜和药用植物等主要品种和关键性技术的引进、吸收和再创新工作，建立台湾良种引进种质库和数据库，有目的地组织科技人员到台湾开展农作物优良品种考察。茶叶园将整合园区各级科研创新平台技术力量，引导平台对外服务，为其他茶企提供茶叶农残快速检测、茶叶自动化流水线生产加工等方面服务，提升茶产业全链条技术水平。海洋生物园拟投资3.5亿元建设海洋生物科技园创新中心，涵盖技术中心、信息中心、人才中心和孵化中心等四大功能。

《泉州市中心城区卫生保洁规则》出台

泉州出台《泉州市中心城区卫生保洁规则》，规则进一步明确中心市区卫生保洁工作各方面责任单位、保洁标准、处罚措施，巩固泉州市创建全国文明城市工作成果。规则要求配备保洁员，确保做到无垃圾、无杂物、无积泥、无积水、无污迹，路面干净、绿地和树圈干净、边角侧石干净、雨水井沟眼畅通干净、果皮箱等环卫设施干净。主干道每天冲洗不少于1次，次干道每周冲洗不少于3次，路面基本见本色。严格环保作业时间，主次干道应巡回保洁，每天保洁时间达19小时以上，其他道路实行定时保洁。

对市政公用设施将进一步实施精细化管理。破损路面须在1个月内修复，主次干道装灯率100%，亮灯率99%以上；道路无明显坑洼积水，排水设施完善，无露天排水沟渠；清掏的下水道淤泥置于路面的，应于当天清理完毕，河道淤泥置于路面的，应于3天内清理完毕。栽培、整修城市绿化植物时遗留的枝叶和渣土应当在当日清理完毕。

中心城区建成区社区、城乡接合部社区要分别按常住人口4‰以上和3‰以上的比例配备保洁员。各社区要在明显位置设置城市卫生管理宣传栏。公共厕所要加强管理，免费使用，不得上锁。建立“清除城市牛皮癣”专业队伍，确保清洁率100%。

12月1日

星期二
农历乙未年十月二十
温度：18℃—23℃
多云

●全省关工委工作会在泉州召开。

●泉州市农业科技园区工作推进会召开。

●国内知名“智慧园区”运营服务商O’Park（欧帕克）在线与石狮市星期YI众创空间结成战略合作伙伴关系，并入驻石狮星期YI服饰博览园。

●泉州出台《泉州市中心城区卫生保洁规则》，规则进一步明确中心市区卫生保洁工作各方面责任单位、保洁标准、处罚措施，巩固泉州市创建全国文明城市工作成果。

●泉州晋江国际机场举行三年一次的机场大型综合演练，模拟航空器遭劫持时机场的应急处置措施。此次演练旨在针对民航防暴恐活动的保障要求，提升机场应对非法干扰事件的处置能力。

●石狮市政府购买居家养老服务项目启动仪式举行。

●泉州海洋学院举行创新创业基地揭牌暨启动仪式。

12月2日

星期三
农历乙未年十月廿一
温度：17℃—25℃
多云转阵雨

●福建检验检疫局和中国检验检疫科学研究院在泉州签署“服务海西发展，推进科技创新战略合作协议”，双方合作建设的“中国检科院福建消费品食品研发中心”落户泉州。

●市政府召开环保工作视频会议。

●泉州出台《中心市区占道经营管理规则》，要求各区加强日常巡查监管，有效解决占道经营问题，巩固创建全国文明城市成果。

●羽毛球励志电影《我是英雄》在晋江开机。

中国检科院福建消费品食品研发中心落户泉州

福建检验检疫局和中国检验检疫科学研究院在泉州签署“服务海西发展，推进科技创新战略合作协议”，双方合作建设的“中国检科院福建消费品食品研发中心”落户泉州。中国检验检疫科学研究院院长李新实、市长康涛现场致辞。市委常委、晋江市委书记李建辉等参加。中国检科院福建消费品食品研发中心重点关注消费品、食品两个大宗传统产业，探索产品开发设计、检测、质量控制等技术研发创新和应用合作。

李新实希望中国检科院与福建紧密开展多层次合作，在检验检疫关键技术、专业平台及高新设备实验室等方面实现优势互补，促进双方科技共享、协同发展。中国检科院将发挥专业人才队伍等优势，为促进福建产业结构优化提升，推动“福建制造”走出国门做出贡献。

康涛代表市委、市政府，感谢中国检科院、省科技厅、福建检验检疫局对泉州发展的大力支持，希望该中心发挥国家级检测机构、院士专家、重大科研资源等独特优势，促进先进技术成果在泉州率先转化应用，助推泉州传统优势产业转型升级。泉州市委、市政府将全力支持中心的运营发展，促进其尽快发挥最大效益，实现平台发展和产业升级的双赢。

全市环保工作视频会议召开

市政府召开环保工作视频会议，传达贯彻省委常委会、省政府视频会议及市委常委会等专题研究环保工作会议精神，部署全市环保工作。市长康涛，市委常委、常务副市长林伯前，市政府秘书长吴友才参加会议。

康涛市长要求，各级各相关部门要认真贯彻落实中央、省会议精神，按照市委部署，坚持绿色发展理念，盯紧目标、一抓到底，保护好泉州的青山绿水。一要抓指标，紧紧围绕省环保目标责任书要求，全力以赴补缺补漏，确保补足每个百分点。各县（市、区）主要领导要亲自抓、亲自部署，确保各项指标任务全面完成。二要抓整治，从群众普遍关注的热点难点入手，着力解决一批环保重点问题。三要抓保障，严格落实“党政同责、一岗双责”等要求，严格问责、严肃追究；着力督促企业履行社会责任。

泉州中心市区占道经营管理规则出炉

泉州出台《中心市区占道经营管理规则》，要求各区加强日常巡查监管，有效解决占道经营问题，巩固创建全国文明城市成果。规则要求，各区、街道要梳理管理节点，按照定人员、定片区、定时间、定措施、定责任的要求，建立节点守点责任制，确保在上下班、上下学等高峰期和夜间（23时前）均有人员在岗值守。此外，每天安排专门队伍对辖区进行不间断动态巡查，做到城市管理16小时（7时至23时）。为实现对占道经营的长效管理，泉州市还将采用疏堵结合的办法。各区可根据实际，按“主干道严禁、次干道严控、背街小巷规范”的原则，在部分次干道、背街小巷、居住小区周边等区域视情况设置临时市场，引导零散无序的流动摊点入场入市经营。前期可试点推行。各便民摊点设置要按照“从严控制、数量适度、循序渐进、逐步推开”的办法实施。临时设摊经营者以靠摆摊谋生的本市居民为主，照顾部分城乡低收入人员、下岗职工和其他贫困人员。饮食大排档和其他食品类摊点要严格控制，烧烤类、非法出版物摊点要坚决取缔，不得列入登记经营范围。便民摊点按照“统一规划定位、统一经营设施、统一摊点设置、统一经营时间、统一垃圾存放”进行设置，由街道办事处负责日常管理，按有关规定收取卫生费和管理费，实行专款专用，严禁乱收费、乱摊派、乱罚款。

羽毛球励志电影《我是英雄》在晋江开机

羽毛球励志电影《我是英雄》在晋江开机。中国羽毛球队主教练李永波率领林丹、谌龙、李宗伟等羽毛球世界冠军到现场助阵。电影监制王小帅、导演闫旭升、编剧季炜铭，以及演员王景春、范世锜、乔欣、居来提·库提来出席开机仪式。电影围绕羽毛球运动员展开，王景春在片中饰演一位羽毛球天才选手，同时也是一位努力挽救“信任危机”的父亲，从最初对俱乐部满怀期待，到面临各种考验，再到最后队员之间解开心结，一起努力重塑俱乐部昔日辉煌。此片预计定档2016年奥运会期间上映。

《泉州市水污染防治行动计划工作方案》出台

泉州市政府印发《泉州市水污染防治行动计划工作方案》。该方案可谓泉州版“水十条”，明确今后的工作目标：到2020年，全市饮用水安全保障水平持续提升，污染严重水体大幅度减少，城市黑臭水体总体消除，近岸海域环境质量及主要湖泊生态环境稳中趋好，生态系统实现良性循环。方案提出，泉州将全面控制工业、生活污水、农业农村、船舶港口等污染物排放。在防治关键“工业排污”上，将取缔“十小”企业。2016年年底前，全部取缔不符合产业政策的小型造纸、制革、印染、染料、炼焦、炼硫、炼砷、炼油、电镀、农药等严重污染水环境的生产项目。同时专项整治九大重点行业，推进造纸、有色金属、印染、农副食品加工、原料药制造、制革、电镀、建陶、石材等九大重点行业专项治理，实施清洁化改造。

泉州印发实施方案争创“全国基层中医药工作先进市”

市政府办公室印发《泉州市创建全国基层中医药工作先进单位实施方案（2015—2018）》，全面启动全国基层中医药工作先进市创建工作。根据方案拟定的时间表，泉州将从2016年开始，用两年的时间推动丰泽区等8个县（市、区）通过省、国家级评审，成为全国基层中医药工作先进单位，鲤城、晋江、安溪三个获得该称号的县（市、区）按时通过复核，争取在2018年10月前，泉州市通过全国基层中医药工作先进单位评审。根据方案制定的目标，启动创建工作后，泉州将在原有的基础上，加强基层中医药服务队伍建设，完善基层中医药服务网络，推进中医药进农村、进社区，强化基层中医药服务功能，提升基层中医药服务能力和水平，促进基层医疗卫生服务机构有效开展中医药服务，满足市民的健康需求。

泉州119项目入选教育部大学生创新创业计划

教育部公布29339项的2015年国家级大学生创新创业训练计划项目名单，其中，创新训练项目24864项，创业训练项目3068项，创业实践项目1407项。泉州地面6所高校119项项目入选该名单，其中，创新训练项目99项（华侨大学50项，泉州师院22项，仰恩大学1项，闽南理工学院17项，福师大闽南科技学院2项，泉州信息工程学院7项），创业训练项目15项（华侨大学5项，仰恩大学4项，闽南理工学院3项，福师大闽南科技学院2项,泉州信息工程学院1项），创业实践项目5项（仰恩大学1项，福师大闽南科技学院2项，泉州信息工程学院2项）。

泉州新增6家福建省众创空间

省科技厅揭晓第二批福建省众创空间名单，泉州新增6家，加上首批3家，总数达到9家。新增的6家分别是V-WORKS创客空间、知识产权创客家园、春风众创空间、灵感文化公社、番薯创客和骑士创客空间。根据省级政策，所在地政府应为创业创新提供便利条件。符合条件的众创空间，属政府投资建设的，可给予入驻创业企业2—5年的房租减免，非政府投资建设的，可给予每平方米每月不超过30元的房租补贴；对创投机构投资的初创期、成长期科技企业，可给予3年全额房租补贴。鼓励利用老厂房、旧仓库、存量商务楼宇以及传统文化街区等资源改造成为新型众创空间。符合条件的众创空间，省科技厅给予新建每平方米100元、上限100万元，改扩建每平方米50元、上限50万元孵化用房补助。

泉州新增24家文化产业示范基地

泉州市文化产业示范基地经验交流会暨第五批市级文化产业示范基地授牌活动举行。此次市级文化产业示范基地的评选，发挥泉州先进文化企业的示范、窗口和辐射作用，引导促进泉州市文化产业持续健康快速发展，不断提高文化产业的总体实力和竞争力。活动旨在围绕市委、市政府以文兴业、以文塑城的发展战略，促进泉州市各级文化产业示范基地相互之间的学习和交流，从而促进泉州文化创意产业更好的发展，加快推进“文化强市”建设。在会上，泉州新门旅游文化发展有限公司、福建省皇品传播股份有限公司、福建省德化县中国白陶瓷有限责任公司、泉州台商投资区弘昇漆线精雕工艺厂、泉州台商投资区洛阳镇白沙君亮木雕厂等24家被授予第五批市级文化产业示范基地牌匾。至此，泉州市共有文化产业示范基地125家，其中国家级1家、省级16家。会议同时还总结第八届海峡两岸文博会泉州团参展工作情况、表彰泉州参展组织工作先进集体和先进个人。

12月3日

星期四
农历乙未年十月廿二
温度：15℃—18℃
阴转多云

●3—4日，省人大常委会副主任邓力平和南平市人大常委会主任周秀光带领南平市的部分省十二届人大代表到泉州视察，实地察看项目、听取汇报、共议发展。

●泉州市政府印发《泉州市水污染防治行动计划工作方案》。

●市政府办公室印发《泉州市创建全国基层中医药工作先进单位实施方案（2015—2018）》，全面启动全国基层中医药工作先进市创建工作。

●泉州119项目入选教育部大学生创新创业计划。

●泉州新增6家福建省众创空间。

●泉州市文化产业示范基地经验交流会暨第五批市级文化产业示范基地授牌活动举行。

12月4日

星期五
农历乙未年十月廿三
温度：14℃—18℃
阴转多云

●由科技部火炬中心主办的全国“装备制造+互联网”创新型产业集群工作现场会在泉州召开。

●郑新聪带队到驻泉师旅部队，召开科技文化拥军现场办公会。

●第二个国家宪法日暨全国法制宣传日，泉州市检察院举办“走近美丽乡村、体验生态检察”为主题的检察开放日活动，省、市人大代表和市检察院人民监督员受邀到永春和德化实地考察生态检察检务。

●安溪县与秦皇岛市签订茶酒战略交流合作框架协议，开启两地产业战略合作模式。

●参加“9·3”大阅兵军乐演奏的中国陆军第31集团军军乐队“进学校、进社区、进广场”专场演出在泉州府文庙举行。

●国家宪法日暨全国教育系统宪法学习日，鲤城区教育局组织全区各中小学校开展宪法晨读活动。

全国“装备制造+互联网”创新型产业集群工作现场会在泉州召开

由科技部火炬中心主办的全国“装备制造+互联网”创新型产业集群工作现场会在泉州召开。全国29个创新型产业集群及骨干企业的代表分享泉州通过“装备制造+互联网”转型升级的成功经验，探讨通过集群创新模式助推区域产业升级。市委书记郑新聪会见参加会议的科技部火炬中心主任张志宏，副市长陈灿辉参加会议。

会上，举行集群项目跨区域合作签约仪式。泉州本地企业、产业创新战略联盟与中国电子科技集团公司第三十八研究所、浙江柏同机器人科技股份有限公司、杭州和华电气工程有限公司等企业和科研机构达成9个合作项目，并签订合作协议。这标志着泉州“数控一代”示范工程和创新型产业集群面向全国开展跨区域跨行业创新协同及产能协作进入实质推进阶段。

会议邀请权威机构专家做关于装备制造+互联网发展趋势、中国制造2025、德国工业4.0的报告。与会各创新型产业集群代表结合自身发展情况进行深入探讨，总结出“依托产业基地，建设产业集群”“形成产业链，布局创新链”“设立基金”“整合线上线下资源”“抓支柱产业”等五种集群合作模式。泉州微波通信（数字对讲机）产业集群以“带动相关企业364家，集群年总产值898亿元，近三年年均增长15%”的成绩，成为“形成产业链，布局创新链”模式的典型代表。

会议期间，与会代表还实地参观泉州“数控一代”科技创新中心和福建省嘉泰数控机械有限公司。

与会代表参观泉州“数控一代”科技创新中心
（图/泉州晚报社）

泉州市科技文化拥军现场办公会召开

市委书记郑新聪带队到驻泉师旅部队，召开科技文化拥军现场办公会，帮助部队解决科技强军、军转干部安置、随军家属就业、军人子女入学等实际问题。市领导周银芳、陈荣洲，石狮、晋江、南安市主要领导，市直有关单位负责人，驻泉部队首长等参加办公会。

郑新聪代表市委、市政府向广大驻泉部队官兵致以亲切问候，对部队一年来取得的可喜成绩表示祝贺，对驻泉部队为泉州地方建设发展做出的贡献表示感谢，并向部队通报2015年全市经济社会发展情况。郑新聪指出，在推动经济社会持续健康发展的同时，泉州始终把支持部队建设当作分内之事，持续加大投入，满腔热情为官兵排忧解难，双拥工作取得了新成效。郑新聪表示，泉州深入贯彻中央军委改革工作会议精神，弘扬拥军优属的优良传统，在促进融合、整合资源、强化保障等方面加大力度，服从服务于国防和军队改革大局。希望驻泉部队广大官兵继续支持和参与泉州各项建设，与驻地人民齐心协力、携手并肩，共同巩固和发展同呼吸、共命运、心连心的军政军民关系，为争创全国双拥模范城“八连冠”，实现“中国梦、强军梦”做出新的更大贡献。

驻泉部队首长介绍部队一年来的建设情况。他们表示，部队所取得的成绩和进步得益于泉州各级党委、政府的关爱帮助，承载着驻地人民群众的深情厚谊。广大官兵将进一步发扬拥政爱民的光荣传统，以高昂的士气、饱满的信心，与驻地人民携手为泉州新一轮发展作出更大贡献。

第31集团军军乐队“三进”演出专场在泉州举行

参加“9·3”大阅兵军乐演奏的中国陆军第31集团军军乐队“进学校、进社区、进广场”专场演出在泉州府文庙举行。军乐队现场演奏《中国人民解放军军歌》《检阅进行曲》《强军战歌》等军歌名曲，其中部分曲目就是参加“9·3”大阅兵时献演的。由于鲤城区专门组织中华人民共和国成立后参战老兵前来观看，军乐队还专门为老兵们编排一曲《光荣的凯旋》。此前，陆军第31集团军军乐队先后到晋江第一中学、泉州市实验小学等单位进行演出。这支具有光荣传统的英雄部队，于1947年在山东成立，先后参加胶东、济南、淮海等大小战役200多次，新中国成立后，该队伍一直驻守在福建省东南沿海。

市科技局出台众创空间认定和管理办法

市科技局出台《泉州市众创空间认定和管理办法（暂行）》，首次明确市级众创空间、创客企业（项目）、市级众创示范空间的认定条件和管理办法。泉州市众创空间是指在泉州市范围内由独立法人机构运营，顺应新一轮科技革命和产业变革新趋势、有效满足网络时代大众创新创业需求的新型创业服务平台，是早期创业的重要服务载体，为创业者提供低成本的工作、网络、社交和资源共享空间。经认定的泉州市众创空间（众创示范空间），可享受省市专项扶持政策。同时，入孵创业企业、创客团队在科技项目、资金申报扶持等方面将获得优先支持，其中申报科技项目数量不受名额限制。科技部门每年开展众创空间年度考核，重点考核创客企业（项目）孵化情况、毕业企业和退出企业情况、公共服务平台建设等。对当年考核不合格的众创空间予以通报并限期整改，暂停享受次年扶持政策；对连续两年考核不合格的予以淘汰，取消或降低市级众创（示范）空间的资格，3年内不得重新申报。

相关链接：申报市级政策空间应具备以下八项条件，运营单位必须是在泉州市辖区内工商部门注册且合法经营的独立法人；管理人员中大专以上学历人员占60%以上，专职人员不少于3人；新型孵化载体可自主支配的场地不少于50平方米，如果是租赁的场地，租期需在一年以上；创客不少于10个，其中创客企业（项目）不少于2个；拥有5人以上的创业导师团队，形成了创业导师工作机制和创业服务体系，能够为在孵企业提供创业咨询、辅导、政策、法律、投融资、人力资源和市场推广等服务；配套不少于50万元的种子基金，或拥有不少于1家的投融资机构、天使投资人，可为创业者提供资金支持和融资服务；拥有向入驻创客提供房租、宽带资费用减免或免费等低成本、便利化、全要素、开放式场所；运营状况良好，经常举办创新创业活动。

领SHOW天地　　（图/吴寿民）

泉州两项专利获第十七届中国专利奖

国家知识产权局发出《关于第十七届中国专利奖授奖的决定》，泉州市2项专利获中国专利优秀奖，分别是泉州市雨中鸟（福建）户外用品有限公司的“一种具安全防护功能的自动开合伞”发明专利和福建省迅达石化工程有限公司的“用于清理分离储罐内沉渣的系统”实用新型专利。

《安溪县志（1991—2007）》出版发行

《安溪县志（1991—2007）》出版。《安溪县志（1991—2007）》编纂工作自2007年10月启动以来，在县委、县政府的重视、支持和省、市方志部门以及各地方志专家学者的关心指导下，安溪县志办全体编纂人员和各承编单位历经多次审改，数易其稿，于2015年初完成定稿，并交付中华书局正式出版。安溪成为福建省二轮修志工作启动以来泉州市第一个完成续志编纂出版的县份。《安溪县志（1991—2007）》为精装大16开本，分上下两册，全书分29卷，计200多万字。与第一轮《安溪县志》相比，续志从篇目设置和内容选取等方面着手，着重突出时代特点和地方特色，力求增强志书的可读性和对一方建设、发展事业的资鉴功效。

《安溪县志》　　（图/吴寿民）

12月5日

星期六
农历乙未年十月廿四
温度：14℃—17℃
小雨转大雨

●市科技局出台《泉州市众创空间认定和管理办法（暂行）》。

●泉州两项专利获第十七届中国专利奖。

●《安溪县志（1991—2007）》出版发行。

●由鲤城区委文明办和鲤城区志愿者协会主办、中国邮政速递泉州分公司等协办的“衣旧美丽中国行——海丝名城暖冬行动”冬衣捐赠公益活动举行。

●石狮团市委、石狮青年志愿者分会举办“我是共青团员，我是青年志愿者，文明创城我参与”文明出行志愿服务大比拼活动。

●晋江市举行“共青团员义务星期六”誓师大会暨国际志愿者日统一行动。

12月6日

星期日
农历乙未年十月廿五
温度：13℃—18℃
小雨转阴

●6—11日，泉州市第十届运动会在市区侨乡体育馆举办。

●农工党福建省委在泉州开展“坚持和发展中国特色社会主义学习实践活动”交流研讨会。

●第二届泉州市工艺美术大师暨第二届工艺美术创新设计“天工奖”大赛评审工作在中国闽台缘博物馆举行。

●世界林氏宗亲总会第十届第二次会员代表大会暨纪念比干殉国3044周年祭祖典礼在南安官桥镇内厝社区举行。

●由晋江籍作家、福建师范大学传播学院原院长颜纯钧，福建电影制片厂文学部原主任洪群合著的影视剧本集《摇篮血迹》出版座谈会在晋江举行。

泉州市第十届运动会举办

6—11日，泉州市第十届运动会在市区侨乡体育馆举办。6日的开幕式上，国旗队、会旗队和鲜花队首先进场，紧随其后，600多名运动员、教练员、裁判员代表入场。当雄壮的中华人民共和国国歌响彻全场，全体起立、奏唱国歌。市委书记郑新聪宣布：“泉州市第十届运动会开幕！”

市长康涛致开幕辞。省体育局副局长王维川在开幕式上致辞；市领导陈庆宗、张建生、王祖耀出席开幕式；副市长周真平主持开幕式。

开幕式上举行主题为“新海丝、新泉州”的全民健身成果文体活动展示。南少林武术、独轮车、啦啦操、太极拳等一个个结合全民健身的精彩节目，展示泉州包括海丝文化在内的浓郁地方文化特色，展现泉州人民良好的精神风貌。文体活动展示结束后，曾获国际、全国体育大赛金奖的部分泉州籍运动员上台向观众致意。

泉州市运动会四年一届。本届市运会设县（市、区）组和行业组两个组别，共有41个代表团，参赛运动员6340人。其中，县（市、区）组设23个竞赛项目，参加对象为各县（市、区）适龄少年儿童；行业组设11个竞赛项目，参加对象为市直各行业系统。自6月开始，部分项目陆续开始比赛。12月6日开幕起至11日闭幕期间，两个组别均将举行田径、羽毛球、网球等3个项目比赛，县（市、区）组还将举行举重项目比赛。

11日，泉州市第十届运动会在侨乡体育馆闭幕。该届市运会是参赛人数最多的一届。比赛期间，体育健儿们顽强拼搏、力争上游，创造一批好成绩，涌现一批新人才。此次市运会为泉州竞技体育再上新台阶储备力量，对泉州全民健身运动和体育事业全面发展产生积极的推进作用。闭幕式上，鲤城区、丰泽区、洛江区等41个代表团获颁泉州市第十届运动会体育道德风尚奖；泉州体育中心赛区、泉州体育运动学校赛区、泉州海峡体育中心赛区等9个单位被授予“泉州市第十届运动会优秀赛区”称号；晋江市、南安市、德化县被授予“2011—2014年度体育后备人才输送奖”；南安市、晋江市被授予“2011—2014年度重大体育赛事突出贡献奖”。闭幕式上举行《让梦想飞翔》文体表演。

运动会开幕式 （图/吴寿民）

农工党福建省委在泉州召开学习实践研讨会

农工党福建省委在泉州开展“坚持和发展中国特色社会主义学习实践活动”交流研讨会。会上，农工党福建省委及各设区市市委分别总结近段时间开展坚持和发展中国特色社会主义学习实践活动的情况，进行经验交流。农工党泉州市委在开展学习实践活动中，把宣传思想和意识形态工作作为基础环节，通过建立学习教育基地、组织开展主题演讲活动、举办各类培训、开展党史和多党合作教育、开展理论研究与社会服务等形式，利用学习实践活动凝铸新时期、新常态下农工党员的“精神坐标”，提高党员对自身责任和参政党的使命意识。

第二届泉州市工艺美术大师暨“天工奖”大赛评审举行

第二届泉州市工艺美术大师暨第二届工艺美术创新设计“天工奖”大赛评审工作在中国闽台缘博物馆举行，泉州市工艺美术大师评审领导小组办公室组织专家对500余件作品进行现场评选。第二届工艺美术创新设计“天工奖”大赛，按照50%比例设置奖项，其中一等奖占5%、二等奖占15%、三等奖占30%。全市各地选送504件代表作品参赛，其中参评第二届泉州市工艺美术大师作品486件，未参评大师的作品18件。参评作品艺种20余个，既有陶瓷、木雕、石雕、树脂、藤铁工艺等传统工艺强项，也有金苍刺绣、通草画、脱胎漆器，木偶头雕刻、刻纸花灯等濒危传统民间工艺。泉州市工艺美术大师评审领导小组办公室聘请7位国家级权威专家教授和工艺美术大师等组成“天工奖”大赛活动以及第二届泉州市工艺美术大师评审委员会。

郑新聪到石狮调研

市委书记郑新聪带队到石狮调研，走企业、看项目，了解产业转型升级情况，并到凤里派出所看望慰问干警。市领导翁祖根、卢炳椿参加调研。在通达公司新建的智能硬件生产车间，由嘉泰生产的一批数控设备陆续到位，未来再配上机械手，有望成为“无人车间”。郑新聪对先人一步主动转型表示赞许，要求有关部门尽快兑现相关扶持政策，在企业创新的关键前期“推一把”。富达生产的无屏电视，是一款集合电视机顶盒、投影仪和计算机等功能的“颠覆性”产品。该企业还在日本等地设立研发基地，与芒果TV合作，从产品、设计、平台到应用，各类创新齐头并进。郑新聪在肯定企业创新探索的同时，希望企业通过上市等做大做强。宏兴染整引进国外设备，将节能减排贯穿于每道工序，节约50%的人工、30%的蒸汽能耗和25%的用水。郑新聪表示，有好染整才有好面料，石狮要抓住这一纺织业关键环节，努力做到全省最优，吸引上下游高端企业集聚。要大力支持环保企业，同时提高行业门槛，倒逼高污染、高能耗企业转型升级。

郑新聪指出，各地产业发展要“以新调旧”，大力发展智能制造等新产业，用优化增量来调整存量。同时，传统产业要抓住关键环节，通过市场杠杆、科技服务等加快转型升级。要大力推进兼并重组，引导企业转理念、下决心，找准路径、果断出手。政府要大力培训企业家，建好公共服务平台，支持科技创新，鼓励兼并重组、跨界融合和市场开拓，加强金融风险防控，坚决打击恶意逃废债等行为。金融等社会各界也要积极作为，增强信心、同舟共济，努力为企业转型升级争取更多时间和空间，营造诚实守信、失信惩戒的良好氛围。石狮要进一步理清产业和城市的发展思路，突出重点，聚合内外力量，努力突破港口发展、服务业壮大、产业转型、新业态引进等瓶颈，调动干部群众积极性，一起为发展奋力打拼。

在凤里派出所，郑新聪指出，派出所被国务院授予“人民满意的派出所”称号后，围绕“创人民满意警队、做群众喜爱警察”，不断创新警务工作和惠民举措，赢得许多新荣誉，希望派出所再接再厉，让这面旗帜永远飘扬。全市公安干警要学习凤里典型，把群众利益高高举过头顶，加强队伍建设，紧跟时代步伐，不断创新工作，提升维护治安和为民服务的能力，为平安泉州护航。

调研现场　　（图/陈起拓）

泉州区域首条跨铁路局特需货物班列开行

泉州区域首条跨铁路局特需货物班列正式开行。所谓铁路特需货物列车，是指根据客户特殊运输需求，临时组织开行的点对点货物列车，实现“定点、定时、定线、定车次”的运行方式，使物流运输更便捷，是铁路总公司实施货运组织改革的新举措。泉州区域首次开行的跨铁路局特需货物班列从南安火车站首发，前往武汉滠口火车站，全程运行时间约30个小时。列车总运力900吨，货物来自南安市及周边县市的上百家企业，有食品饮料、服装鞋帽、水暖卫浴、消防阀门、瓷砖石材、卫生纸品、塑料制品等。据统计，泉州每天经由公路运往武汉的货物不下2000吨，这趟班列的开通，为泉州运往武汉的货物提供一条便捷、安全、经济、稳定的运输通道。

“佛缘之路”到开元寺举行心愿收集活动

7—8日，“佛缘之路　朝圣祈福万里行”（“佛缘之路”）到泉州开元寺传递祝福传递爱，进行为期两天的心愿收集活动。“佛缘之路”活动经国家宗教事务局批准，旨在促进“一带一路”佛教国家及地区友好交往。活动自筹资金，全程自驾，2015年10月1日在海南三亚南山寺正式启动，结合“一带一路”与玄奘之路，30名活动成员组成“义团队”，计划巡礼国内20多个省市和港澳台地区的上百座古刹及著名佛教圣地，最后到达尼泊尔蓝毗尼，预计2016年4月底抵达。沿途收集的心愿卡将带往尼泊尔，并在蓝毗尼中华寺举行盛大圆满祈福供灯法会。作为海上丝绸之路起点，泉州是第43站。

12月7日

星期一
农历乙未年十月廿六
温度：13℃—18℃
多云

●郑新聪带队到石狮调研，走企业、看项目，了解产业转型升级情况，并到凤里派出所看望慰问干警。

●美国蒙特利公园市市长陈赞新率团到泉州访问。

●泉州区域首条跨铁路局特需货物班列正式开行。

●金门县文艺家到威远楼和“正金门文化馆”考察，期待泉金两地加强交流，把“正金门文化馆”建设成为展示金门县文化旅游风情的窗口。

●石狮国际轻纺城招商组团工作正式启动。

●厦（门）漳（州）泉（州）三市中等职业学校学生技能联赛在泉州结束，来自三市的72个代表队452位选手参与现代制造技术、酒店服务、信息技术、建筑工程技术等4个大类15个项目的角逐。泉州选手18人获得一等奖、33人获得二等奖、41人获得三等奖。

●7—8日，“佛缘之路朝圣祈福万里行”（“佛缘之路”）到泉州开元寺传递祝福传递爱，进行为期两天的心愿收集活动。

12月8日

星期二
农历乙未年十月廿七
温度：15℃—18℃
阵雨转中雨

●8—11日，省综治考评督导组到泉州对2015年度党政领导综治责任书落实情况进行实地考评督导。

●市人大常委会举办学习贯彻中共十八届五中全会精神读书班。

●泉州市召开全国文明城市测评督查专题会议，周银芳部署迎检工作。

●孔繁军到惠安县调研经济社会发展和党的建设情况。

●中国国际信息技术（福建）产业园（EC产业园）和厦门航空举行入驻签约仪式。位于安溪的EC产业园是由商务部中国国际电子商务中心、泉州市政府和福建省外经贸厅共同打造的全省唯一建成的大数据产业园区。

●福建海警第二支队与泉州晋江海洋与渔业局举行“警渔”海上综合执法合署办事处签约揭牌仪式，标志着国内首家县级“海警、海监、渔政”合署办公正式迈进实体化运作进程。

●全市村镇规划知识培训班正式开班。

省综治考评督导组到泉州考评督导

8—11日，省综治考评督导组到泉州对2015年度党政领导综治责任书落实情况进行实地考评督导。在泉州期间，督导组一行深入石狮、泉港、安溪、南安、台商投资区5个县（市、区）以及相关乡镇（街道）、社区（村）、企业、部门单位，以实地走访、听取汇报、交流座谈、明察暗访、随机抽查等方式，分组检查泉州开展综治平安建设情况。

11日，泉州市召开综治工作汇报会，市长康涛主持会议，市委常委、政法委书记许昆贞作工作汇报，副市长、市公安局局长卢炳椿，市中级人民法院院长欧岩峰，市人民检察院检察长高扬捷参加会议。受市委书记郑新聪委托，市长康涛代表市委、市政府向督导组的精心指导和辛勤工作表示感谢。康涛表示，泉州将按照省综治考评督导组的要求，针对存在问题不足，逐一制定整改措施，确保责任到位、措施到位、整改到位。

康涛表示，泉州要履行好综治平安建设领导责任制，把平安建设放到“四个全面”战略布局中谋划，提高泉州平安建设水平；预防和化解社会矛盾纠纷，健全完善矛盾纠纷多元调解机制、诉求表达渠道、群体性事件预防和处置机制。结合“十三五”规划和“智慧城市”建设，整合资源力量，完善标准体系，加强基层基础建设，推进城乡社区网格化服务管理，确保社会治安防控取得实效；维护好公共安全和社会稳定，严守“五个防止”的底线要求，发挥职能作用，承担促一方发展、保一方平安的政治责任。

经过实地检查，省综治考评督导组认为，泉州各级党委政府高度重视综治平安建设工作，以“三化一龙头”为总揽，围绕经济社会发展大局，紧抓领导责任、平台载体、创新引领、基层基础四个重点，在建设社会治安防控体系建设、提高城乡社区管理服务、应对金融风险、防控社会稳定风险等方面都有新发展、新成效。督导组希望泉州在新常态下，继续在形势研判、专项整治、基层基础上下功夫。坚持问题导向，加强人防、物防、技防建设，着力解决区域性治安与稳定突出问题，维护经济社会大局稳定，提高群众安全感满意度，促进全市综治平安建设工作再上新台阶。

泉州市召开全国文明城市测评督查专题会议

泉州市召开全国文明城市测评督查专题会议，市委副书记、市创文明城工作指挥部常务副总指挥周银芳部署迎检工作。市领导陈庆宗、卢炳椿参加。陈庆宗主持会议。根据工作安排，12月上中旬，省文明委受中央文明办委托，将对福建省全国文明城市、提名资格城市（县级）进行2015年度测评督查。下一步，省文明委还将组织省级文明城区（城市、县城）测评。周银芳肯定各级各有关部门持续创建全国文明城市所取得的成效，同时指出创建工作存在的一些薄弱环节。周银芳强调，要高度重视，深刻认识持续开展创城工作，是建设“五个泉州”的必然要求，是提升城市软环境的重要抓手，是改善民生造福百姓的内在需求，进一步增强责任感和紧迫感；要下大力气，打好创城攻坚战，不断优化城市环境、提高市民素质、发动社会参与，着重抓好环境卫生、市容市貌、公共秩序、窗口服务等方面工作；要加强领导，努力形成创城工作整体合力，健全统筹有力的组织领导机制、分工明确的协同协作机制、公正严明的督查奖惩机制，确保工作到位、责任到人，切实提升泉州创城工作水平。

市领导到惠安调研经济社会发展和党的建设情况

市委常委、组织部部长孔繁军到惠安县调研经济社会发展和党的建设情况。市人大常委会副主任、市委组织部常务副部长曾巍参加调研。孔繁军一行实地考察惠安县紫山镇尾山村、达利集团、闽南建筑公司、中化泉州公司、鼎立艺术馆，并与基层党员干部座谈交流。孔繁军肯定近年来惠安县经济社会发展和党的建设工作取得的成效，并强调惠安县要认真学习贯彻市委十一届十次全会精神，紧紧围绕建设“五个泉州”来谋划发展，进一步统一思想和行动，高标准、高质量地推动“十三五”发展，为全市发展大局多做贡献。要严格按照中央和省委、市委的部署要求，开好“三严三实”专题民主生活会，抓好突出问题整改，确保专题教育取得扎实具体的成效。要全面落实管党治党责任，深化基层服务型党组织建设，切实选好用好管好干部，深入实施人才强县战略，服务、保障和支撑惠安县科学发展跨越发展。县处级领导班子成员要按照习近平总书记“四有”、“四个人”要求，严守党的政治纪律和政治规矩，自觉遵守《中国共产党廉洁自律准则》，秉公用权，用心干事、敢于担当，推动各项工作再上新水平。

市人大常委会召开2016年工作思路务虚会

市人大常委会召开2016年工作思路务虚会。市人大常委会主任陈万里，副主任洪泽生、朱团能、曾巍，秘书长吴春林参加。会上，市人大常委会各委室及各县（市、区）人大常委会主任结合实际，就2016年的工作思路和监督计划深入探讨。陈万里指出，市、县两级人大常委会要与市委同心同德，与政府同心协力，准确发声，精准发力。要以新理念为统领，推进人大工作新提升，把泉州发展大局、民生大计作为工作的重点和取向，把事关生态、法治的大事作为工作的所求和所趋；要以新定位为导向，推进人大工作新进展，服务大局更加紧密、围绕发展更加有力、工作重点更加突出、依法监督更加有效；要以新思路为重点，推进人大工作新作为，推动人大工作与时俱进，加大工作研究和协调力度；要以新任务为抓手，推进人大工作新成效，抓住机遇争创优势，精心谋划科学安排，立足当前协调运作，加强建设树好形象，在建设“五个泉州”新目标新任务中充分发挥人大职能新作用。

会议现场　（图/王虎文）

十一届市政协第二十九次主席会议召开

十一届市政协第二十九次主席会议召开。会议审议通过《关于召开泉州市政协十一届五次会议的决定（草案）》，建议政协第十一届泉州市委员会第五次会议于2016年1月18日至21日在泉州市区召开，并决定将文件草案提交十一届市政协常委会第二十五次会议审议。市政协主席杨俊峰主持会议，副主席吴共湖、苏小青、骆沙鸣、陈铭福、王祖耀、王瑞强、陈益，秘书长洪川夫出席会议。杨俊峰指出，市政协机关要全力以赴做好大会筹备工作，按照市委、市政协党组的部署要求和大会时间节点、目标任务，各司其职、周密安排、精心组织，认真做好提案工作和大会发言等各项准备，确保大会如期顺利召开。要统筹抓好年终各项工作，认真梳理、抓紧落实，确保完成全年各项任务。要认真谋划2016年工作，深入学习贯彻市委十一届十次全会精神，把落实全会精神贯穿到政协工作的全过程，精心思考谋划2016年专题协商、调研视察等题目，为2016年市政协更好地履职尽责打好基础。

中华文化发展方略文化沙龙活动在泉州举行

9—10日，由中华全国台湾同胞联谊会、中国文化院主办的以“‘一带一路’战略与两岸文化发展”为主题的第三届“中华文化发展方略——两岸文化沙龙”在泉州举行，来自海峡两岸、港澳地区以及海外的80多位专家学者会聚一堂，深入挖掘“一带一路”的文化内涵，探讨基于“一带一路”战略的两岸文化发展模式。“中华文化发展方略——两岸文化沙龙”于2013年应运而生，此后发展成为一年一度的华人文化盛事。本届盛会在“探讨中华文化，凝聚发展共识”及“促进融合增进认同”的基础之上，着重探讨“两岸文化发展如何借力‘一带一路’战略”和“两岸文化发展如何助力‘一带一路’战略”两个重要议题。全国台联副会长杨毅周在致辞中表示，“一带一路”与两岸发展关系密切相关，随着“一带一路”战略的展开，台湾可以借此寻找到更加广阔的空间和市场，促进台湾同胞了解、认识、参与“一带一路”，在经济和文化上都具有深远意义。海峡两岸关系协会副会长孙亚夫认为，两岸参与“一带一路”建设，应共同探索新的两岸文化交流合作方式，打造新的两岸文化交流合作品牌，寻找新的两岸文化产业交流合作增长点，以促进两岸文化交流合作的扩大和深化，继续推动两岸关系和平发展。此次活动还吸引多个“一带一路”沿线国家的代表参加。

活动现场　（图/陈智勇　曾　率）

12月9日

星期三
农历乙未年十月廿八
温度：14℃—17℃
暴雨转大雨

- 市人大常委会召开2016年工作思路务虚会。
- 十一届市政协第二十九次主席会议召开。
- 市纪委召开党风廉政监督员座谈会。
- 省安办对泉州安全生产大检查开展情况进行督查。
- 9—10日，以“‘一带一路’战略与两岸文化发展”为主题的第三届“中华文化发展方略——两岸文化沙龙”在泉州举行。
- “满意在风里访谈组”受邀接受人民网的在线视频直播采访。
- 永春县玉斗镇新珩村3岁半女孩萌萌因意外离世，器官捐献手术随即进行。萌萌成为泉州年龄最小的器官捐献者。

12月10日

星期四
农历乙未年十月廿九
温度：14℃—22℃
阴转多云

●郑新聪主持召开常委会，传达学习省委省政府经济工作务虚会议精神，研究泉州市贯彻意见。

●郑新聪主持召开常委会，传达省委统战工作会议精神，研究泉州市贯彻意见。

●石狮市获中国纺服行业社会责任推动奖。

●市环保局、市商务局、市交警支队联合对泉州部分报废汽车回收拆解企业和机动车检测公司工作情况进行检查。

●石狮市举行“书香狮城　全民读书月”启动仪式，活动表彰2015年石狮市“书香单位”、“书香家庭”、优秀读者，并举行送书进农家书屋仪式。

市委常委会传达贯彻省委省政府经济工作务虚会精神

市委书记郑新聪主持召开常委会，传达学习省委省政府经济工作务虚会议精神，研究泉州市贯彻意见。会议指出，省委省政府召开经济工作务虚会，分析研判当前和2016年经济形势，谋划安排2016年经济工作的基本思路和工作重点；省委书记尤权、省政府代省长于伟国的重要讲话，具有很强的针对性和指导性，为我们做好2016年经济工作指明了方向。

会议要求，全市上下要按照省委省政府的部署要求，早谋划、早启动、早推进。一要抓年度目标的最后冲刺，强化滞后指标跟进措施，集中力量，落实责任。二要抓好2016年工作的衔接推进，总结深化“三比一看”，筹划好2016年1月份的“活动周”；要对2016年指标任务作预安排、预分解，细化落实到具体项目、行业、增长点上；要主动对接省里即将出台的政策措施，特别是在推进企业兼并重组等方面先行探索，及时调整、落实财政性扶持措施。三要抓项目建设的攻坚突破，进一步梳理充实市级项目盘子，加强前期工作，把抓项目能手充实到工作一线，力争有若干大项目入围第五批国家专项。四要抓金融风险的防范管控，坚持政、银、企、保、司协同推进、综合施策，高度关注民间借贷风险，坚决打击恶意逃废债行为，营造积极向上舆论信心氛围。五要抓好节前节后的统筹协调，筹备开好2016年年初市“两会”，认真做好节日慰问和弱势群体帮扶救助工作，积极化解欠薪等矛盾纠纷，加强食品、校园、道路交通、消防、危化品等各方面安全。六要严格落实党风廉政建设“两个责任”，领导干部要带头注意细节小节，认真执行“准则”和“条例”，自觉遵守中央八项规定精神；纪检监察部门要加强明察暗访，严肃查处违纪违规问题。

市委常委会传达贯彻省委统战工作会议精神

市委书记郑新聪主持召开常委会，传达省委统战工作会议精神，研究泉州市贯彻意见。会议指出，各级党委特别是统战系统要结合泉州实际，深刻领会中央、省委精神，把握政治大局，充分认识做好统战工作的紧迫要求和责任使命，始终坚持问题导向，求真务实、深入具体地抓好统一战线各个领域的工作。会议要求，做好下阶段统战工作，要发挥独特优势，扎实抓牢工作重点。要全面完成中央、省委交办的任务，从国家大局出发，以亲情为纽带，加强港澳台侨海外统战工作。要落实好协商民主建设的各项要求，建立健全知情和反馈机制，增加讨论交流的平台和机会，广泛听取党外人士的意见和建议。要大胆与企业家交朋友，发挥好各地泉商网络、人脉、信息等优势，吸引更多泉商总部、资金、技术、人才等回归。要促进“海丝”经贸文化交流，建好南洋华裔族群寻根谒祖综合服务平台，做好华侨新生代的工作，更好地涵养侨务资源，同时，积极拓展友城网络，配合泉州合适产能“走出去”，借势推动民营企业国际化。要做好党外人士培养使用，一方面推荐出一批真正优秀的非公有制经济代表人士，纳入选人用人视野，另一方面注意将相当一部分人才留在党外，创造阶梯式培养锻炼的机会，促进党外代表人士的健康成长。要统筹做好新形势下党外知识分子、民族宗教工作等，努力扩大团结面。要加强党的领导，落实“四个纳入”要求，构建党委统一领导、统战部门牵头协调、各有关部门和人民团体各负其责的大统战格局，合力共为推动统战事业发展。

石狮市获中国纺服行业社会责任推动奖

以“先锋十年 创新未来”为主题的2015年中国纺织服装行业社会责任暨中国纺织服装行业社会责任建设十周年纪念活动在北京举行。会议发布“纺织 2025 责任创新”主题报告，并表彰一批在推进中国纺织服装行业社会责任建设中做出突出贡献的先进单位和个人。石狮市等15家产业集群及地方协会被授予“中国纺织服装行业社会责任建设推动奖”。石狮市是中国纺织工业联合会2002年首批命名的“中国休闲服装名城”，先后获“全国纺织产业模范集群”和“中国服装示范产业集群”称号，成为中国首批纺织产业先进集群。经过多年培育，形成一条以服装加工生产为核心的纺织服装产业链，涵盖纺织、漂染、成衣加工、辅料、市场营销等各个领域，全市拥有3600多家服装及配套行业企业，以服装为主的注册商标1万多个。2014年纺织服装行业工业总产值将近500亿元，占全市工业产值的比重超过45%，行业对城市GDP的贡献率超过60%。

国家海洋局调研组到泉州考察

国家海洋局调研组到泉州，实地考察泉州海洋环境监测预报中心、崇武海洋科普馆、崇武石雕博览园、崇武古城和半月湾，并参加全国海洋生态环境监测与评价工作座谈会。在泉州海洋环境监测预报中心和崇武海洋科普馆，调研组详细了解中心和科普馆建设工作进展情况，对国家海洋局东海分局、省海洋与渔业厅、泉州市政府、惠安县政府整合各方在泉州的海洋环境监测预报资源，在全国率先开展四级共建海洋环境监测预报机构的做法，以及泉州海洋环境监测预报中心和崇武海洋科普馆建设取得的成效表示肯定。

调研组指出，泉州要在总结青山湾、西沙湾沙滩修复成功经验的基础上，对半月湾沙滩整治修复工作进行科学研究论证，制定科学的整治修复方案，精心组织实施，确保达到预期整治修复目标。崇武古城、石雕博览园是泉州特色的海洋旅游资源，优美的沙滩景观、岸线、岛礁和优良的水质更是泉州弥足珍贵的海洋自然资源，泉州既要在充分发挥丰富的自然资源优势的基础上大力发展滨海旅游产业，也要高度重视海洋生态环境保护，不断提高海洋生态文明建设水平。泉州海洋环境监测预报中心（国家海洋局崇武海洋环境监测站）等监测单位，要让监测与评估工作成为行政工作的业务支撑，让监测数据成为促进海洋经济发展的决策依据，更好地服务海洋经济发展。

市领导参加丝绸之路经济带市长论坛

由中国民营文化产业商会主办的“2015中国文化产业峰会”在西安举行，同期举行“丝绸之路经济带城市市长论坛”，泉州市领导应邀参加，推介泉州文化产业发展情况。论坛上，泉州和西安、敦煌的市领导分别代表海上丝绸之路起点城市、陆地丝绸之路起点城市、陆地丝绸之路重要节点城市，纵论文化和文化产业对城市发展的推动作用，共同分享“丝路”城市的文化底蕴和人文积淀，交流“丝路”城市发展文化产业的做法和亮点，探讨文化产业在新丝路经济带建设中的机遇和发展前景。此次峰会还举办“新丝路经济带文化产业发展论坛”和“新丝路经济带文化产业投资论坛”等。

相关链接：泉州市委、市政府紧紧抓住文化大发展这一契机，相继出台一系列政策文件，在税收、土地、金融、准入条件等方面给予优惠，鼓励、支持社会资本参与开发，为产业环境的进一步优化提供了有力保障，打造一批具有鲜明风格的文化产业品牌，培养一批国家级省级工艺美术大师，培育一批具有较强竞争力和影响力的文化创意企业，推动文化产业成为泉州市国民经济的支柱产业。

泉州26个村落上榜福建首批省级传统村落名录

省住房和城乡建设厅公布福建省首批省级传统村落名录，泉州26个村落上榜。入选的26个村落分别是：泉港区的涂岭镇樟脚村、山腰街道埭港村石桥自然村、界山镇东张村、前黄镇前黄涂楼自然村、峰尾镇诚峰村；晋江市的东石镇檗谷村、龙湖镇福林村、灵源街道灵水村；石狮市的灵秀镇华山村；安溪县的蓬莱镇上智村、湖头镇湖二村、湖头镇湖三村、西坪镇松岩村；永春县的岵山镇和林村、岵山镇磻溪村、五里街镇埔头村、五里街镇西安村、五里街镇大羽村、东关镇南美回族村、仙夹镇东里村；德化县的三班镇三班村、三班镇蔡径村、龙门滩镇碧坑村、水口镇淳湖村；惠安县的螺阳镇金山村金山边自然村；南安市的眉山乡观山村。

260人获得第三批泉州市高级人才证

经过审核批准，泉州市260名人才获得第三批泉州市高级人才证。第三批高级人才证的人才包括正高职称的在职专业技术人员77人，年纳税5000万元（山区县2000万元）及以上企业的高级经营管理人才84人，泉州市引进的高层次创业创新人才19人，在站博士后或出站留泉工作的博士后研究人员22人，福建省技术能手11人，其他类别47人。泉州市高级人才证的发放对象，是在泉州市行政区域内工作或为泉州市经济社会发展做出贡献，并符合规定条件的八类高层次人才，包括中国科学院院士、中国工程院院士等。在泉州年纳税5000万元（山区县2000万元）及以上，且被认定为市级及以上高新技术企业、创新型企业，或拥有市级及以上企业技术中心、行业技术开发中心、企业工程技术研究中心、重点实验室的企业高级经营管理人才等，也在发放之列。

12月11日

星期五
农历乙未年十一月初一
温度：14℃—19℃
阴转多云

●国家海洋局调研组到泉州，实地考察泉州海洋环境监测预报中心、崇武海洋科普馆、崇武石雕博览园、崇武古城和半月湾，并参加全国海洋生态环境监测与评价工作座谈会。

●由中国民营文化产业商会主办的“2015中国文化产业峰会”在西安举行，同期举行“丝绸之路经济带城市市长论坛”，泉州市领导应邀参加，推介泉州文化产业发展情况。

●泉州市第十届运动会在侨乡体育馆闭幕。

●泉州26个村落上榜福建首批省级传统村落名录。

●泉州市260名人才获得第三批泉州市高级人才证。

●由泉州晚报社、泉州市城镇集体工业联合社联合主办的“大师面对面”文化沙龙系列活动首站走进宝珊花园，活动围绕“南派雕艺之融古汇今·创新发展”为主题进行深入探讨。

●南安市见义勇为工作协会成立大会召开。

12月12日

星期六
农历乙未年十一月初二
温度：14℃—18℃
多云

●12—13日，由光明日报社和中共泉州市委主办的中国国际新闻论坛2015年年会在泉州召开。

●由国家质检总局和中央电视台联合发布的2015年中国品牌价值评价结果在北京揭晓，“安溪铁观音”品牌价值1401.38亿元，入列全国茶类品牌首位，综合品牌排名第五，也是福建省价值最高的品牌。

●第十四届亚洲艺术节·泉州特别节目《艺术之光》（亚洲版）在央视四套中文国际频道《中国文艺》栏目中播出。

●海峡两岸第三届红十字社区共建交流活动在泉州举行。

●“中国闽南传统建筑营造技艺研习基地”揭牌仪式在中国闽台缘博物馆举行，研习基地花落泉州市古建筑有限公司，为东亚文化之都泉州增添一枚文化名片。

●在全市各县（市、区）外来工较为集中的工业区或人流密集处，13场“欠薪投诉举报、劳动法律咨询”现场接访活动同步进行。

●泉州市高尔夫球协会换届暨第二届第一次会员赛在泉州高尔夫球场举行。

中国国际新闻论坛2015年年会在泉州召开

12—13日，由光明日报社和中共泉州市委主办的中国国际新闻论坛2015年年会在泉州召开。国务院新闻办公室副主任郭卫民、外交部新闻司司长陆慷分别就国际新闻报道导向和国际形势等议题作主旨发言。福建省政府副省长李红，光明日报总编辑何东平，中华全国新闻工作者协会书记处书记王冬梅，泉州市政府市长康涛，福建省委宣传部副部长蔡小伟，泉州市委常委、宣传部部长、教育工委书记陈庆宗等出席会议。

李红在致辞中指出，此次国际新闻论坛年会在福建泉州召开，为我们加强国际传播能力建设，提供学习先进、增进了解、开阔思路、改进工作的良好契机和平台，也对于泉州和福建增强开放性、提高知名度很有帮助。希望中央媒体和各省区市媒体继续关心支持福建发展，通过建立联动机制等途径，加大对福建的宣传报道力度，扩大中央媒体对福建报道的影响力，希望福建媒体认真转化年会成果，多多学习取经，整合力量、形成合力，推动全省国际新闻报道工作迈上新台阶。

何东平在发言中指出，本届年会在泉州召开，是因为泉州历史文化底蕴深厚，经济社会建设成就斐然，不仅是古代海上丝绸之路的重要港口城市，也是当前中国对外开放的重要沿海城市，在21世纪海上丝绸之路建设上地位独特。当前，改革开放中的中国，为世界经济增长提供“中国动力”，为各国人民福祉提供“中国创造”，为国际合作共赢提供“中国选择”，为全球治理变革提供“中国智慧”，为人类文明进步提供“中国价值”。希望大家多交流探讨，通过在国际新闻报道中打造和增强中国的国际话语权，让中国的声音、中国的故事传播得更直接、更广、更远、更响亮。

受市委书记郑新聪委托，康涛在年会上致辞。在简要介绍泉州市基本情况后，康涛指出，泉州的发展离不开全国各大媒体的鼓与呼、帮与促。特别是近年来，各大媒体对泉州“金改区”“民综改革试点”“中国制造2025”和“数控一代”试点、东亚文化之都、“海丝”先行区建设等特色、亮点给予浓墨重彩的报道，把千年古城和现代化泉州同时展示在世界面前，极大提升泉州的美誉度和影响力。时下，泉州正按照中央五大发展理念和福建省建设“新福建”的战略部署，建设“创新、智造、海丝、美丽、幸福”的现代化泉州。热忱欢迎大家在泉州多走走看看，对泉州经济发展和新闻事业多提宝贵意见，真诚希望广大媒体一如既往关心支持泉州，多为泉州发展宣传推介，汇聚正能量。

2015年中国品牌价值评价结果揭晓 “安溪铁观音”品牌价值1401.38亿元

由国家质检总局和中央电视台联合发布的2015年中国品牌价值评价结果在北京揭晓，“安溪铁观音”品牌价值1401.38亿元，入列全国茶类品牌首位，综合品牌排名第五，也是福建省价值最高的品牌。在所有上榜的全国地理标志保护类区域品牌中，仅次于茅台酒。

相关链接：安溪120万人口有80%从事与茶相关的产业，茶农56%的收入来自茶叶。茶叶是安溪的支柱产业、民生产业。此次品牌价值的成绩，主要源于平常工作的积累与实践。首先要抓好质量安全管控。其次是强化地理标志管理。通过地理标志的使用、管理、保护，确保地标贴在茶园上，认标就可购买到正宗安溪铁观音。最后是要推动品牌国际化步伐。抢抓安溪铁观音正式纳入中欧地理标志互认互保目录清单机遇，加快商标的国际化注册步伐，重点拓展欧美、日本和东南亚市场，构筑“一带一路茶香通道”，不断提升安溪铁观音在国际市场的知名度。

海峡两岸第三届红十字社区共建交流活动在泉州举行

由中国红十字总会、台湾红十字组织主办，福建省红十字会承办的海峡两岸第三届红十字社区共建交流活动在泉州举行。来自海峡两岸的数十位红十字组织志愿者代表到丰泽区北峰街道北峰社区，就社区红十字组织工作展开经验交流。此次活动是首次以两岸“社区民生关怀与红十字志愿服务”为主题开展的两岸交流活动，旨在推进红十字组织在社区民生关怀、高龄老人居家照护等活动中发挥更大作用。参加活动的台湾志愿者来自台湾各地，他们都带来自己在从事志愿服务工作中积累的宝贵经验。通过多种形式深入的交流，对两岸红十字组织的志愿在开展社区服务工作有所启示。

相关链接：泉州拥有社区红十字会近300个，这些组织主要依托志愿者队伍为社区居民提供应急救护、居家养老、健康教育、电器维修、用电安全等各具特色的社区民生志愿服务，成为打通联系服务群众“最后一公里”的重要载体。

泉州“多规合一”完成阶段性成果

从市城乡规划局获悉，泉州市“多规合一”项目完成阶段性成果，初步形成全市统一的空间规划“一张图”和规划编制技术标准。泉州市是全省“多规合一”4个试点地级市之一。长期以来，由于《国民经济与社会发展规划》《城乡总体规划》《土地利用总体规划》以及《环境保护与生态建设规划》等重大规划分属发改、规划、国土、环保等部门，存在着编制管理主体和技术标准不同以及规划期限不一等问题，使项目在空间落实上经常出现矛盾，导致出现项目落地难、资源环境浪费与破坏、项目审批效率低下等现象。泉州的“多规合一”工作特色主要体现为五个方面注重。一是注重引领环湾统筹发展。通过对城市空间和资源要素的合理配置，协调环湾中心城市围绕着统一目标聚集发展、提升发展。二是注重三个层次的控制和指导。针对市域、2980规划区、980中心城区范围提出不同深度与类型的“多规合一”的内容和控制指导方案，是“地级市试点”地区不同于“县级市试点”的一大特点。三是注重融合体现泉州城市特色的非空间规划中的重要内容。将发展规划、文化规划、景观规划等纳入“多规合一”体系，将文化概念空间化、可实施化，着重体现“东亚文化之都”“海上丝绸之路起点”的文化特色。四是注重对土地资源增存量的分配与供给。明确土地资源中的增量规模，并对存量规模予以明确，将存量规模纳入可利用土地资源总量之中。五是注重提供为产业服务的配套设施空间。以泉州产业发展诉求为导向，在“多规合一”用地方案中对产业空间给予倾斜。

6月，市政府成立泉州市推进“多规合一”工作协调小组，市城乡规划局在《环泉州湾地区城乡一体化规划》基础上延伸和深化，委托深圳市城市规划设计院和泉州市规划设计院联合编制《泉州市“多规合一”规划》，针对市域、2980规划区、980中心城区范围提出不同深度与类型的“多规合一”工作内容和控制指导方案，为下阶段“一张图”平台建设创造技术条件。

泉州市人民检察院金融检察处获准设立

泉州市人民检察院金融检察处获准设立，成为福建省检察机关首个专门的金融检察办案机构。泉州市是国家级金融综合改革试验区，为更好地发挥检察机关法律监督在金融改革中的重要作用，助力泉州金改建设，促进泉州金融的持续、健康发展，市检察院设立金融检察处。该检察处主要职责为：负责全市金融检察工作的综合业务指导和管理；依法负责金融犯罪案件的审查批捕、审查起诉、出庭公诉、法律监督等工作；开展金融检察理论研究，建立与金融部门和科研院校的协作、研究机制；开展全市金融领域犯罪预防工作，建立专业化和社会化的金融犯罪预防工作机制；办理其他与金融检察工作相关的事项。

泉州产权交易前11月成交额突破12亿元

从市国资委获悉，泉州市产权交易中心1—11月项目成交794宗，挂牌总价113541万元，成交额突破12亿元，总价122371万元，增值总额8830万元，增值率7.78%，较好地发挥企业国有资产交易和公共资源市场化配置平台的作用。其中，国资委系统房产租赁475宗，挂牌总价16790万元，成交总价17999万元，增值额1209万元；行政事业房产租赁205宗，挂牌总价7683万元，成交总价8587万元，增值额904万元；公车处置项目43宗52部，挂牌总价为219万元，成交总价为228万元，增值额9万元；国有建设用地出让6宗，挂牌总价60990万元，成交总价62390万元，增值额1400万元。

“投石问路·智领中国”晋江产业转型CEO对话会举行

由晋江市主办的“投石问路·智领中国”晋江产业转型CEO对话暨晋江市引进全球智库资源签约仪式举行。活动邀请在全球智能制造装备、数据管理、人才创新、消费电商等领域的重量级行业专家，为转型中的晋江企业带来跨界创新的思维方式。论坛中，中国国际贸易促进委员会秘书长徐沪滨，美国盛禾资本创始合伙人及硅谷中国天使会合伙人James Hong，前海尔集团高级副总裁陈广乾以及前阿里巴巴集团副总裁王培，分别就《中国企业“走出去”的机遇与挑战》《构建产销服务一体的智能制造系统》《今后企业的路怎么走？》以及《实体与互联网企业的异与同》为主题进行分享。在分享中，大数据、智能制造、工业4.0以及互联网转型等关键词被反复提及。活动现场，晋江与深圳投石公司签订战略合作协议。

12月13日

星期日
农历乙未年十一月初三
温度：15℃—19℃
多云转阴

●从市城乡规划局获悉，泉州市“多规合一”项目完成阶段性成果，初步形成全市统一的空间规划“一张图”和规划编制技术标准。

●泉州市人民检察院金融检察处获准设立。

●泉州产权交易前11月成交额突破12亿元。

●泉州市档案局、泉州市行政审批制度改革领导小组办公室联合印发《泉州市行政权力实施档案管理暂行规定》，这是全省首份有关行政权力实施档案管理的地市级规范性文件。

●由晋江市委、市政府主办的“投石问路·智领中国”晋江产业转型CEO对话暨晋江市引进全球智库资源签约仪式在晋江举行。

12月14日

星期一
农历乙未年十一月初四
温度：15℃—20℃
阴

●任启亮率队到泉州与泉州市领导商谈签约第五轮共建华侨大学协议事宜。

●郑新聪主持召开常委会，听取落实2014年度党风廉政建设责任制“回头看”检查综合情况报告，部署下阶段党风廉政建设工作。

●14—20日，由福建省美术家协会、福建省水彩画会、泉州画院主办的福建省第三届水彩画家提名展暨学术活动在侨乡体育馆举办。

●泉州乡亲黄如当选中科院院士。

任启亮到泉州商谈签约共建华侨大学协议事宜

国务院侨务办公室副主任任启亮率队到泉州商谈签约第五轮共建华侨大学协议事宜。市领导康涛、陈庆宗、周真平、张永宁参加座谈会。会上，任启亮对泉州在前四轮共建过程中所做出的努力表示感谢，并对华侨大学近年来建设发展成果及服务泉州经济社会发展所做出的贡献给予肯定。任启亮指出，泉州为华侨大学提供资金、项目、人才等多方面支持，为学校的发展提供有力保障。希望在新一轮共建期间，华侨大学继续发扬为侨服务的传统，发挥自身优势，主动对接地方产业发展和文化建设方向，为泉州经济社会发展提供更多更好更优质的服务。

市长康涛表示，希望未来华侨大学立足泉州，做出特色。专业设置上要注重本地化，开设更多与泉州经济社会发展相适应的专业和课程；文化传播上要结合城市内涵，根植泉州发展；师资队伍上要发挥智库效用，深度研究古城保护、产业发展等具有当地特色课题。下一步，泉州将继续在国侨办的关心支持下，继续深化校地共建合作，加大财政投入，推动华侨大学各项工作再上新台阶。

市委召开常委会研究部署党风廉政建设工作

市委书记郑新聪主持召开常委会，听取落实2014年度党风廉政建设责任制“回头看”检查综合情况报告，部署下阶段党风廉政建设工作。会议指出，一段时间来，全市认真抓好省委“回头看”反馈问题整改，精心组织对县（市、区）进行“回头看”，具体问题基本整改到位，监督执纪问责更加严格，制度建设不断完善，有力推动“两个责任”落到实处。

会议强调，下阶段，一要始终聚焦问题，真正一抓到底。对“回头看”检查问题和意见建议清单，要列入2016年党风廉政建设责任制检查内容，对尚未完成整改的项目，要督促明确路线图、时间表，切实实行“销号”管理。二要贯彻“准则”“条例”，真正抓早抓小。各级党委（党组）要支持各级纪委（纪检组）把贯彻这两项党内法规作为履行职责的重要遵循，运用好执纪监督的“四种形态”，加大执纪问责力度。三要严肃责任追究，真正传导压力。坚持“一案双查”，对违反各项党纪、“四风”问题突出、发生顶风违纪问题和出现区域性、系统性腐败案件的单位部门，既追究主体责任，又追究监督责任。四要狠抓作风效能，真正服务发展。对损害党委政府形象、破坏发展软环境的“四风”问题，纪检监察和效能部门要齐抓共管，分门别类督促整改，真正让干部既勤又廉，既干净又干事。

福建省第三届水彩画家提名展在泉州举办

14—20日，由福建省美术家协会、福建省水彩画会、泉州画院主办的福建省第三届水彩画家提名展暨学术活动在侨乡体育馆举办。参加提名展的有吴卫东、朱贵良、李歆等19位来自全省各地的中青年水彩画家，并邀请福建省美协水彩画艺委会郭宁、孙志纯、谢艾非、黄永生、蔡永辉、戴毅强等知名艺术家共同参与此次活动。画展展出76件水彩佳作，集中展现近几年在新的艺术生态中，福建省中青年水彩画家的新实践和新成果。活动期间，主委会组织画家们到泉港渔岛写生，并以“如何提高福建省水彩画创作水平”为主题召开研讨会。此次画展编辑出版《第三届福建省中青年水彩画家提名展》画集，画集由中国艺术家出版社出版。水彩画家提名展还备受海内外水彩界瞩目，美国国家水彩画协会主席肯·戈德曼、台湾国画大师欧豪年、国际水彩策展人张鸿宾和《收藏》杂志主编季英伦等名家参与活动。

泉州乡亲黄如当选中科院院士

备受瞩目的“两院院士”2015年新增名单出炉，61人当选中国科学院院士，70人当选中国工程院院士。其中，祖籍泉州的黄如登榜，这是泉州的第三位女院士。至此，有记录的泉州籍“两院院士”26人（包括已故），其中中国科学院院士19人，中国工程院院士7人；9位已故，17位在世。资料显示，黄如生于1969年，祖籍泉州南安市丰州镇，少年时期在无锡、南京求学。1997年从北京大学计算机系博士毕业。现为北京大学信息科学技术学院院长、微纳电子研究院院长、教授、博士生导师。她在微电子学和固体电子学研究领域有着杰出成绩，在国际上产生重要影响。曾获国家技术发明二等奖、国家科技进步二等奖、国家杰出青年科学基金、中国青年科技奖、中国青年女科学家奖等多项荣誉。她还是教育部“长江学者”特聘教授，“百千万人才工程”国家级人选，国家自然科学基金委“创新研究群体”学术带头人。

洪捷序到泉州征求省《政府工作报告》意见

副省长洪捷序带领省直有关部门负责人到泉州举行座谈会，广泛征求泉州社会各界对省《政府工作报告（征求意见稿）》和《“十三五”规划纲要（征求意见稿）》的意见和建议。市领导康涛、朱团能、陈荣洲、陈铭福，市政府秘书长吴友才，市直有关部门负责人，部分县（市、区）领导以及在泉的部分省人大代表、省政协委员参加座谈。

与会人员认为，省《政府工作报告》和《“十三五”规划纲要》全面贯彻中共十八大和十八届三中、四中、五中全会，以及总书记习近平系列重要讲话精神和对福建工作的重要指示精神，落实中央支持福建发展的重大战略部署，总结今年和“十二五”成绩客观全面、实事求是，谋划2016年和“十三五”发展的目标催人奋进、措施切实可行，具有很强的前瞻性、指导性和操作性。与会人员结合实际，就加快产业转型升级、建设“海丝”先行区、推进智能制造试点、发展互联网经济、提升宜居环境、加强社会保障、推动世界文化遗产申报工作等方面提出了意见和建议。

洪捷序认真倾听和记录大家的发言，并就有关问题与大家展开交流。洪捷序指出，与会同志对这次征求意见工作高度重视，提出许多富有建设性和针对性的意见和建议，省政府将认真研究，充分吸纳并充实到报告和纲要中去，持续推动福建科学发展、跨越发展。

康涛带队调研“数控一代”和智能制造企业

市长康涛带队调研“数控一代”和智能制造企业。副市长陈灿辉等参加调研。康涛走访黑金刚设备展示厅，智能标记印线机、智能机器人鞋底喷胶生产线、智能鞋底照射生产线等设备。康涛指出，智能制鞋设备前景广阔，希望企业继续加强研发，打造国内鞋业自动化的第一品牌。梅洋公司2015年与华中科技大学智能制造研究院合作，开发数控智能化机械手，与京微雅格合作，将设备接入物联网，可随时随地从云端了解设备运行、故障和物流等情况。尝到设备开发的甜头，下一步，企业计划从“卖产品”转向“卖设备”“卖服务”。康涛充分肯定企业的转型升级探索。在海天材料科技公司，一个纺织服装“时尚梦工厂”平台正在酝酿。未来，消费者只要输入体型数据、选择服装各种细节，就能通过海量数据库的自动匹配，或邀请设计师在线设计，实现个性化购衣。同时，平台还为品牌商、设计师、销售商等提供在线设计、快速打样、定制化生产、协调制造、快速补货、检验检测等多种服务。海天也将从生产型制造向服务型制造转变。康涛指出，这一平台体现“互联网+”的开放性，能让消费与供给更好对接，推动产业链各生产要素实现最大程度的整合和优化配置，对纺织服装大市泉州来说，尤其有意义。做好这一平台，关键在于统筹各种资源，打通跨界环节。政府将大力支持，帮助企业把梦想变成现实。微柏是一家专门研发和生产工业机器人的企业，成立仅四年，仅研发就投入6000多万元，还成立研究院，下一步计划扩大生产规模。康涛鼓励企业主动对接、转化在泉科研院所的科技成果，提升核心竞争力，要求相关部门优先保障高新技术企业的用地需求。

泉州三剧目获第六届福建艺术节会演一等奖

由福建省人民政府主办的第六届福建艺术节闭幕式在福州举行，泉州南音和提线木偶戏等优秀节目献演闭幕式文艺演出。泉州市文广新局获优秀组织奖；梨园戏《御碑亭》和大型傀儡戏《卢俊义》获第26届福建省戏剧会演一等奖；泉州南音《凤求凰》获福建省第三届音乐舞蹈杂技曲艺类优秀剧（节）目展演一等奖。本届福建艺术节是福建省规模最大、规格最高的综合性文化艺术创作演出展示活动，每三年一届。本届艺术节汇集全省戏剧、音乐、舞蹈、杂技、曲艺、美术、书法、摄影等多个门类艺术精品力作。

相关链接：由泉州师院创排、泉州师院音乐与舞蹈学院和泉州南音乐团共同演出的泉州南音《凤求凰》，在福建省第三届音乐舞蹈杂技曲艺类优秀剧（节）目展演中成为专家和观众关注的焦点，不仅从全省18台节目中脱颖而出获一等奖，还勇夺5个一等奖第一名，被评委们誉为“开创了中国传统音乐的歌剧”。《凤求凰》借用司马相如和卓文君的故事，在内容的取舍上留下耐人寻味的空间，并提出新的命题，这是泉州南音首个有完整剧情的创新力作，由第八届中国曲艺牡丹奖获得者、泉州南音青年演员庄丽芬领衔出演，为千年雅乐探索新路。

12月15日

星期二

农历乙未年十一月初五

温度：13℃—19℃

阴转多云

●洪捷序带领省直有关部门负责人到泉州举行座谈会，广泛征求泉州社会各界对省《政府工作报告（征求意见稿）》和《“十三五”规划纲要（征求意见稿）》的意见和建议。

●康涛带队调研“数控一代”和智能制造企业。

●由泉州市医学会主办，台湾海峡两岸医事交流协会、海峡两岸医疗产业基金协办的2015年海峡两岸医院院长论坛在泉州举行。

●晋江市与苏宁云商集团签订战略合作框架协议。

●梨园戏《御碑亭》、大型傀儡戏《卢俊义》、泉州南音《凤求凰》获第六届福建艺术节会演一等奖。

●泉州市派德化县驻村蹲点工作队携手泉州市艺术馆、泉州歌舞剧团、德化县综治办等单位举办慰问演出。

12月16日

星期三

农历乙未年十一月初六

温度：9℃—16℃

多云

●《光明日报》头版头条刊发通讯《福建泉州：海上丝路再扬帆》。

●市台资企业协会成立二十周年座谈会举行。

●大陆规模最大的两岸医疗合作项目——台资独资医院泉州颐和医院在泉州台商投资区奠基。

●市委召开党外代表人士征求意见座谈会，通报2014年市委常委班子专题民主生活会整改措施落实情况，听取代表人士的意见建议。

●深圳市泉州商会举行第二届理、监事会就职典礼，福建省、深圳市、泉州市政府领导、异地泉商代表和海内外泉州乡贤等1000多人参加大会。

●泉州新增8家省重点实验室。

●泉州侨批档案收藏数量居全省首位。

●首届《福布斯》中国最具影响力设计师获得者吕永中到泉州与泉州南音非物质文化遗产代表性传承人蔡雅艺进行跨界“对话”，携手弘扬千年雅乐。

●海拔1658米的德化九仙山迎来2015年入冬以来首场雾凇。

泉州颐和医院奠基

大陆规模最大的两岸医疗合作项目——台资独资医院泉州颐和医院在泉州台商投资区奠基。中央人民政府驻香港特别行政区联络办公室台湾事务部部长唐怡源、国家卫计委国际合作司（港澳台办）巡视员王立基、海协会副秘书长邓子超；台湾海基会董事长林中森，台湾海峡两岸医事交流协会理事长、泉州颐和医院创办人黄松雄；泉州市领导康涛、周银芳、洪泽生、陈荣洲、苏小青以及海峡两岸政、医、学、商界400多名代表参加奠基仪式。

王立基在致辞中指出，颐和医院在泉州落户，是大陆惠台政策的具体展现和泉州坚持改革开放的政策举措，更是海峡两岸关系和平发展的又一重要成果。大陆正大力推进医药卫生体制改革，并出台政策鼓励社会办医，更好保障人民群众优质便利医疗服务。欢迎更多台湾医界同仁加入大陆医药卫生体制改革大潮，投资医疗卫生项目，为中华健康事业做出贡献。

林中森表示，2008年两岸恢复制度化协商以来，签署23项协议，两岸医药卫生合作协议正是其中之一。在此背景下，台资独资医院颐和医院入驻泉州，必将促进两岸医疗服务互相学习提升，进一步增进两岸人民的健康福祉。

受市委书记郑新聪委托，市长康涛在仪式上致辞。他说，作为目前台湾在大陆投资规模最大医疗卫生项目的泉州颐和医院，必将成为两岸交流合作、互利共赢的重要示范和载体。希望项目尽早启动、顺利完工、发挥效益，泉州将全力为项目建设提供优质服务。

黄松雄表示，泉州颐和医院将加快建设步伐，确保按时完工投用，同时引入顶尖的设备及管理和医疗人才团队，致力为泉州乃至福建的乡亲提供精品化的高端医疗服务，进而积极将泉州打造为瞩目的智慧医疗城市。

泉州新增8家省重点实验室

省科技厅公布2015年度认定建设的50个福建省重点实验室，泉州有八家榜上有名。其中，来自院校的重点实验室有：华侨大学的生物化工技术重点实验室、特种能场制造重点实验室和分子医学重点实验室，泉州师范学院的海洋藻类活性物质制备与功能开发重点实验室。来自企业的重点实验室有：铂阳精工的新型薄膜光伏材料重点实验室，火炬电子的高可靠电容器及陶瓷材料重点实验室，宏远集团的再生纤维素纤维重点实验室，以及南威软件的自主可控软件重点实验室。根据要求，实验室应建立“开放、流动、联合、竞争”的运行机制，面向行业开放服务，设立开放课题，加强学术交流与合作，推进产学研结合，增强技术辐射能力，带动行业科技进步。

泉州侨批档案收藏数量居全省首位

从市档案局获悉，泉州市档案部门积极开展国家重点档案抢救和保护工作，结合泉州地方实际，确立以侨批档案、地方特色档案为重点的国家重点档案抢救保护方向，收藏的侨批档案数量居全省首位。“十二五”期间，市档案局争取到国家、省各级重点档案抢救和保护补助费227万元。合理引导重点档案抢救和保护补助费资金流向，开展抢救、保护、征集、数字化等工作。几年来征集抢救“侨批档案”实物封3214件、扫描件30991件，并不断充实专题数据库，目前成为福建省收藏侨批档案最多的官方机构，为侨批档案成功申报世界记忆遗产做出贡献。泉州在国内率先开展侨批口述历史工作，开展信局遗址及侨批口述档案的踏访、收集、抢救，为侨批这一重要档案保留更多的史料。深入挖掘国家重点档案价值，打造出一批具有地方特色的编研精品，编纂出版《泉州侨批档案——世界记忆遗产》《泉州市国家级非物质文化遗产简介》等多部档案史料书籍等。

深圳市泉州商会换届

深圳市泉州商会举行第二届理、监事会就职典礼，郑文红任会长，吴英才任理事长，苏云明任执行会长，杨连成任监事长。福建省、深圳市、泉州市政府领导、异地泉商代表和海内外泉州乡贤等1000多人参加大会。

相关链接：从上世纪80年代起，在深圳生活、创业、经商的泉州籍乡贤逾40万人，投资兴办各类企业4000多家，年均产值超过千亿元。在此背景下，深圳市泉州商会于2011年11月成立，会员企业涵盖建筑建材、制衣服饰、化工涂料、电子信息、物联网、电子商务等行业领域，涌现出一大批优秀企业。商会大力促进深圳、泉州两地经贸文化交流，并积极促进会员企业回乡创业，同时成立深圳市泉州商会慈善基金会，大力发展慈善事业。

市政府推进重大项目第二次专题会议召开

市政府召开推进重大项目前期工作第二次专题会议，研究协调白濑水库等市重点项目前期和开竣工有关问题。市领导康涛、林伯前，市政府秘书长吴友才等参加会议。市长康涛主持会议并指出，投资是拉动经济增长的“三驾马车”之一，尤其是在经济发展的新常态下，扩大有效投资对全市发展大局至关重要。各级各部门要认真落实市委的部署，进一步把强化项目带动，特别是加强项目前期工作，提上经济工作的重要位置，以强烈的责任担当和忧患意识，多方谋划和推动一批好项目、大项目落地，努力为全市科学发展、跨越发展提供强有力支撑。

就下阶段工作，康涛要求，市、县两级要成立专业的招商团队，围绕泉州上下游产业，持续开展有针对性的招商选商，切实做到策划一批、开工一批、储备一批，为泉州转型升级和长远发展积蓄后劲；要强化服务保障，特别是要以“月嫂式”服务，推动项目审批提速，落实要素资源，及时排忧解难，为重点项目建设创造良好条件。对于已经列入2016年计划的重点项目，市发改委要以专业水准和高效服务，指导项目前期工作，主动协调解决存在的问题，最大限度缩短前期工作时间，推动项目早日开建；要强化落实工期倒排工作机制，按照“行业谁主管、项目谁负责”的原则，明确重点项目前期工作各环节完成时限、责任单位和责任人员，确保既定重点项目按节点计划扎实有序推进；要建立完善督查和考核制度，对重大前期项目进行定期跟踪指导和检查，推动任务落实。针对县级管理重点项目，各地也要倒排前期计划，全面促进前期工作提速。重点项目涉及的责任部门要严格对照倒排工作计划表，探索创新推进举措，确保项目按时按质完成。其他相关职能部门要密切配合、全力支持，齐心协力推动项目早落地、早建成，早日发挥效益。

市委召开在泉原任地厅级老干部及部分代表座谈会

市委召开在泉原任地厅级老干部及部分市党代表、人大代表座谈会，通报2014年市委常委班子专题民主生活会整改措施落实情况，征求对市委常委班子和成员践行“三严三实”的意见建议。与会人员肯定市委一年来有力有为，各项工作成效显著，就加强党建工作、推动产业转型升级、提升公共服务、提高医疗水平等方面提出45条建议。市领导孔繁军参加。

泉州院士专家工作站增至26家

从市科协获悉，市政府认定第四批泉州市院士专家工作站，纳川管材等4家单位的院士专家工作站入选。至此，泉州累计推动组建院士专家工作站26家，超额完成“十二五”规划目标；“柔性”引进院士27人、院士创新团队170人；对接项目合作55项，总投资约8.25亿元。

晋江首批食品药品荣誉监督员选定

16名泉州、晋江两级党代表，人大代表和政协委员，成为晋江首批食品药品荣誉监督员。由“两代表一委员”组成的食品药品荣誉监督员经晋江市场监督管理局选定，并征求晋江市人大、政协和晋江市委组织部的意见，聘期为4年。食品药品荣誉监督员将收集党员和群众对食品药品监管的意见建议；受邀参与食品药品监督检查、案件线索排查，监管工作调研活动；收集食品药品生产、经营、使用情况和质量动态信息；举报有关食品药品违法违规行为等。

石狮“十佳狮城好婆媳”评出

经过两个月的基层推荐、审查遴选，石狮“狮城好婆媳”评选表彰活动结束，蔡秀宣、颜清治等十对婆媳被评为“十佳狮城好婆媳”。此次评选活动通过深入寻访，挖掘和树立一批好婆婆、好媳妇先进典型，既积极引导广大妇女争做传统美德的传承者和良好社会风气的倡导者，促进家庭道德建设，也在全市家庭中营造婆媳融洽和睦、户户争创文明的良好风气。石狮市“十佳狮城好婆媳”名单：凤里街道的好婆婆蔡秀宣、好媳妇颜清治，湖滨街道的好婆婆邱秀、好媳妇邱丽选，灵秀镇的好婆婆施淑霞、好媳妇蔡秀宣，灵秀镇的好婆婆高淑吟、好媳妇黄丽妮，宝盖镇的好婆婆林瑜贤、好媳妇李秀清，永宁镇的好婆婆高清芬、好媳妇施美咪，蚶江镇的好婆婆周针、好媳妇黄丽婉，祥芝镇的好婆婆邱串、好媳妇邱金亮，鸿山镇的好婆婆蔡银针、好媳妇曾秀宝，锦尚镇的好婆婆蔡秀玉、好媳妇邱婉清。

12月17日

星期四
农历乙未年十一月初七
温度：7℃—13℃
多云

●市政府召开推进重大项目前期工作第二次专题会议，研究协调白濑水库等市重点项目前期和开竣工有关问题。

●市委召开在泉原任地厅级老干部及部分市党代表、人大代表座谈会，通报2014年市委常委班子专题民主生活会整改措施落实情况，征求对市委常委班子和成员践行“三严三实”的意见建议。

●泉州院士专家工作站增至26家。

●16名泉州、晋江两级党代表，人大代表和政协委员，成为晋江首批食品药品荣誉监督员。

●石狮“十佳狮城好婆媳”评出。

●丰泽区举办“爱在工会·普惠职工”工会会员服务卡发卡仪式暨商家联盟集市活动。首批2500张职工服务卡将陆续发放到辖区职工会员的手中。

12月18日

星期五
农历乙未年十一月初八
温度：10℃—14℃
多云

●市委召开专题会议，分析当前经济形势，研究年终岁首经济工作，听取对2016年经济工作的意见和建议。

●泉州10个休闲农业示范点出炉。

●第一艘以“海丝”战略命名的内贸集装箱船——“海丝1”轮首航仪式，在泉州太平洋集装箱码头石湖港区举行。

●作为福建省委、省政府重大民生工程，泉州和南平作为全省第一批城市，率先首发公交刷一路通“福路通”。

●2015—2016年中国大学生足球联赛福建赛区的比赛在福州排出座次，来自省内高校的15支代表队分别参加校园组和超级组的比赛，华侨大学男足再获冠军。

市委召开专题会议研究年终岁首经济工作

市委召开专题会议，分析当前经济形势，研究年终岁首经济工作，听取对2016年经济工作的意见和建议。市委书记郑新聪主持会议。市领导翁祖根、陈灿辉参加会议。发改、统计、经信、商务、财政、税务等部门在会上作汇报。

郑新聪指出，面对依然严峻的经济形势，全市上下要增强信心，认真抓好年底各项工作。要密切跟踪研判当前经济形势，灵敏反应、共同发力、快速出手，密切关注企业运行，有效防范金融风险；要抓好2016年一季度工作的准备，逐行逐业摸清情况，采取针对性措施，避免大的波动，力争实现“开门红”。

就做好新一年经济工作，郑新聪要求，要牢牢把握“稳中求进”总基调，把十八届五中全会确定的五大发展理念和省委九届十五次全会的部署要求贯穿于各个方面，把市委十一届十次全会提出的“五个泉州”建设转化为一项项具体举措，落实到一个个发展项目，组成一个个团队，拿出实际行动，确保取得实实在在的成效。要抓紧预下达2016年目标任务，督促各县（市、区）“同频共振”、共同支撑。要下更大功夫抓好项目的策划、引进和落地，加大力量做好项目前期工作，积极向上沟通衔接，争取更多项目列入国家和省里的盘子。要加强协调调度和预警监测，上下携手、横向协作，未雨绸缪，及时调整帮扶企业政策措施，集中资源、精准施策，并加大宣贯落实。要扎实推进产业转型升级，逐个行业制定实施转型升级路线图，有所为有所不为，突出关键、长短结合，推动一些行业通过转型实现重生。要强化企业主体意识，加强对企业家针对性的培训引导，让转型升级理念深入人心。

郑新聪强调，要以严与实的作风抓落实。各级各部门“一把手”要亲自抓、作示范，督促广大干部一门心思落实工作。要周密部署和安排各项工作，加强推演、挂图作战、责任到人，迅速把市委、市政府的决策部署细化为具体方案和措施。要加大问责，对不落实、不作为的部门和责任人，坚决予以严肃追责。

泉州10个休闲农业示范点出炉

市政府授予南安市皇旗尖休闲茶庄园、永春县金斗洋生态茶园、南安市御仙庄、洛江区虹山生态景区、丰泽区宏源生态园、泉港区惠屿休闲渔村、泉州台商投资区隆达生态休闲农场、南安市桃园玫瑰小镇、永春县大自然山庄、安溪县山都幸福小镇休闲村庄等10个休闲农业点“泉州市休闲农业示范点”称号。泉州市休闲农业点可提供风味餐饮、果蔬采摘、生态体验、农事体验、亲子活动、体育休闲、民俗技艺体验、观光休闲、农庄民宿、农产品销售、教育解说、教学体验等多种活动，休闲农业逐步成为本地农民就地就业和增加收入的新途径和新亮点。

“海丝1”轮泉州石湖港首航仪式举行

第一艘以“海丝”战略命名的内贸集装箱船——“海丝1”轮首航仪式，在泉州太平洋集装箱码头石湖港区举行。泉州市政府、石狮市委、丰泽区政府相关领导及各级相关部门负责人出席首航仪式，与泉州安通物流有限公司、泉州安盛船务有限公司总经理郭东圣一同推杆启幕首航仪式。“海丝1”轮满载着1900个标箱的货物顺利离泊，首航天津。“海丝1”轮是泉州安通物流有限公司和泉州安盛船务有限公司投入运营的4万吨级内贸集装箱船，她以“海丝”战略进行命名，力图打造成为泉州一张移动的“海上名片”。“海丝1”轮延续泉州安盛船务有限公司提出的培育“绿色竞争力”的战略规划，经过反复的实验、优化，顺利通过中国船级社绿色船型评估，获得EEDI设计能效附加标志入级证书，成为国内屈指可数的内贸集装箱绿色船舶。

泉州首发交通“一卡通”

泉州市首发交通一卡通“福路通”，并邀市民和媒体代表共同体验公交刷卡服务。交通一卡通是交通运输部2015年贴近民生10件实事之一，落地到福建，一卡通有了接地气的名字叫作“福路通”，是福建省委、省政府重大民生工程。泉州和南平作为全省第一批城市，率先首发“福路通”。“福路通”与原先的公交IC卡相比，储存容量相当于近10倍的一卡通，还具备第三方支付功能，诸如用于停车、车辆维修、旅游食宿等方面的费用支付。

张广敏到泉州调研工会工作

省人大常委会副主任、省总工会主席张广敏率队到泉州调研考察工会工作，并召开座谈会。市领导孔繁军陪同调研。张广敏一行实地走访晋江经济开发区职工活动中心、石狮市宝盖镇总工会法律维权一体化基地、星期YI创意园工会联合会众创空间劳模服务平台、湖滨街道总工会玉湖社区“农民工之家”等，详细了解工会服务职工的工作情况，并慰问困难职工及一线劳模。座谈会上，张广敏认为，泉州工会工作基础扎实，成效显著。作为一个制造业大市、用工大市，重视农民工需求，在维护农民工权益方面作出创新而有益的探索。对于泉州今后的工会工作，他指出，服务职工要更加精准，在时间、对象、载体、内容等方面提升服务水平；维权职能要更加强化，工会维权职能越往下沉就越落实；组织覆盖要更加全面，消除死角和盲区，进一步健全工会组织；工作本领要更加过硬，走到基层了解职工需求，把下基层办实事作为工会员工的看家本领；融入服务中心要更加主动，适应社会发展的新常态，注重职工日益变化的需求，始终结合本地实际开创性地开展工作，努力帮助职工实现社会价值和自我价值。

泉金航线客运量突破12万人次

至19日，泉州至金门航线客运量突破12万人次，客运量与2014年同比增加21.05%，成为开通以来客运量最高的一年。2006年6月8日，“泉金”航线通航，成为当时海峡两岸间的第三条常态化客运直航线路。9年多来，随着两岸交流不断升温以及大陆居民赴台旅游人数不断增加，“泉金”航线已然成为连接泉州与金门间的一座重要桥梁。泉金航线开航之初，由于知名度不高，台胞往来两岸习惯性走“厦金”航线，加上往来两岸办证手续相对繁琐，泉台两地旅客量不多，航运合资公司处于亏损状态。2011年，大陆居民赴台个人游、福建居民赴金马澎地区个人游启动；2013年泉州成为第三批大陆居民赴台“个人游”试点城市；2015年，大陆游客到金门、马祖及澎湖“小三通”观光可申请“落地签”，从2015年8月5日起，福建省外居民可以在泉州办理赴金门旅游事宜等各种利好政策的颁布，逐渐给“泉金”航线带来活力。“泉金”航线的班次由开航之初的每天一个往返两个航班，发展到如今的双向对开，每天4个往返8个航班。随着往来两岸办证手续逐渐简化，两岸民众往来更为方便，赴台旅游成为常态。

德化县城市景观风貌专项规划通过技术审查

《德化县城市景观风貌专项规划》通过市城乡规划局主持的技术审查。此次规划旨在维护德化县城良好的生态绿色基底，凸显德化县城城市肌理，营造城区文化氛围，发扬“千年古邑，中国瓷都”之美名，唤起人们的认同感和归属感，树立德化城市品牌形象，突出德化城市特色，提升城市整体形象。从自然形态、历史文化、城市发展的角度出发，本次规划德化县城市风貌总体定位为“瓷艺古县、戴云仙都”，整体结构是“一轴、一带，一核、一环、五线、多点”。其中，“一轴”是凸显德化县南北向“山—城—山”的城市自然格局轴线。“一带”是强化县城内由东至西贯穿全城的滨水城市空间蓝带。“一核”是要求塑造老城区魅力核心。“一环”即保护县城外环山体生态景观风貌资源，营造县城环状山体屏障。“五线”是计划打造县城五条对外交通线路盘活县城对外交通体系。“多点”为优化城内多处景观节点及开敞空间，塑造宜人的环境。

第七届海峡两岸闽南语歌星选拔赛总决赛举行

第七届海峡两岸闽南语歌星选拔赛总决赛暨颁奖仪式举行，来自大陆赛区和台湾赛区的前五强选手在泉州角逐前三甲。最终，庄培源（大陆）、陈栋梁（台湾）、谢妙宜（台湾）获得前三名。比赛于2015年10月启动，吸引两岸热爱闽南语歌曲的近千名选手报名。大陆赛区选手除来自厦门、漳州、泉州外，还吸引浙江、江苏等地的选手参加。历经海选、初赛、复赛的多轮激烈竞争，大陆赛区决赛于12月5日举行，台湾赛区决赛于12月11日举行，两地各有5名选手脱颖而出，晋级总决赛。“海峡两岸闽南语歌星选拔赛”是两岸文化交流的大型活动，至今成功举办六届，以其独有的闽南文化特色吸引了两岸上万名选手参与，成为两岸同胞传承、弘扬闽南文化的精神盛宴。比赛分台湾、大陆两大赛区，在两岸同时举行。

12月19日

星期六
农历乙未年十一月初九
温度：13℃—18℃
多云

●19—20日，黄志贤一行到泉州就海丝文化和“一带一路”建设主题开展调研。

●张广敏率队到泉州调研考察工会工作，并召开座谈会。

●至是日，泉州至金门航线客运量突破12万人次，客运量与2014年同比增加21.05%。

●《德化县城市景观风貌专项规划》通过市城乡规划局主持的技术审查。

●第七届海峡两岸闽南语歌星选拔赛总决赛暨颁奖仪式在泉州举行。

12月20日

星期日
农历乙未年十一月初十
温度：15℃—19℃
阴转阵雨

●《泉州市中心城区城建项目2016年度发展规划研究》通过由市城乡规划局主持的技术审查。

●投资近2.2亿元的晋江八仙山全民健身中心开始动工建设。

●安溪县政府印发《关于加强县级土地开发项目管理的通知》，决定整合省返还的耕地开垦费、补充耕地指标有偿调剂收入、土地开发专项资金等，建立县级土地开发项目资金补助机制。

●永春县大鹏山—魁星岩风景区通过省政府审定，成为永春首个省级风景名胜区。

《泉州市中心城区城建项目2016年度发展规划研究》通过技术审查

《泉州市中心城区城建项目2016年度发展规划研究》通过由市城乡规划局主持的技术审查。泉州近期重点包括，进一步集中向湾力量，支持环湾发展，构筑海湾都市，增强泉州城市综合承载能力的影响力；着力打造泉州东海组团临江城市展示面，树立侨乡泉州现代化城市形象；发掘泉州文化优势，打造“海丝泉州”，创新城市文化品牌；加快泉州湾区域“一湾四水八廊”生态环境的综合治理，逐步形成沿海环湾滨江临溪依山网络化城市生态廊道，集中建设城市中心公园和社区公园，提高泉州城市生活品质；完善城市功能，投资重点向民生领域倾斜，加大学校、医院、养老健身等民生项目投资力度，提高市民幸福指数。

泉州近期发展战略包括“新型城镇化”和“建设海丝先行区”，项目的筛选主要围绕这两大战略展开。深入推进泉州新型城镇化，是全力打造泉州经济升级版、改革创新示范区、生态宜居幸福城的有力支撑。建设海丝先行区，在于实现港口复兴，完成相关配套设施建设，挖掘文化优势。

具体举措包括，公共设施：近期需重点推进环湾核心区建设，包括东海行政文化中心、秀涂金融中心、仙石企业决策中心、西滨生产服务中心和蚶江商贸会展中心等。基础设施：近期规划构筑“三环、三射”的快速路网系统，加快推进轨道交通线路建设，作为“环湾、向湾”发展的基本支撑，近期主要包括快速路、主干道、轨道交通和铁路等的建设。绿地公园：泉州丰富的山水景观资源并未得到有效保护，同时中心城区范围内人均绿地面积还较少，不利于生态城市发展。规划建议中心市区内每年新增一个以上的城市公园，争取用三年时间让每个城市功能组团有一个以上城市公园。

丰泽街景观绿化项目 （图/吴东民）

安溪县出台规定对新增的水田每亩补助12500元

安溪县印发《关于加强县级土地开发项目管理的通知》，决定整合省返还的耕地开垦费、补充耕地指标有偿调剂收入、土地开发专项资金等，建立县级土地开发项目资金补助机制。补助标准为新增水田每亩补助12500元、新增旱地每亩补助10500元，以经费包干的方式分期核拨。通知明确，县级土地开发项目补助资金分为项目工程补助资金、后期管护费和奖励资金。工程补助资金：开发为水田的每亩补助金额不高于8000元，开发为旱地的每亩补助金额不高于6000元，资金主要用于项目区的测量、设计、土地平整、土壤改良、道路、水利、生态防护工程等支出。项目经县级立项后，每亩3000元（不分预新增耕地类型）拨付到乡镇作为项目启动资金，并及时组织实施、按规定拨付给施工单位；通过省级验收后，按实际新增耕地地类、面积进行结算。后期管护费：对经验收的耕地开发项目，按每亩1500元的标准补助给项目所在村集体，作为后期管护费，分三年拨付，每年每亩500元，第一期在通过验收后进行拨付，后两期的资金由所在村集体申请，经所在地国土资源所核实确认后拨付。奖励资金：对完成补充耕地的乡镇进行每亩奖励3000元；每年年底，根据乡镇年度实际完成的补充耕地数量拨付奖励资金。

永春拥有首个省级风景名胜区

永春县大鹏山—魁星岩风景区通过省政府审定，成为永春首个省级风景名胜区。该风景名胜区位于永春县城、桃溪两岸，包括大鹏山和魁星岩两个景区，用地总面积15.5平方千米。据调查统计，列入评价的景源共101处，其中，自然景源55处，人文景源46处。人文景源中，永春白鹤拳文化和魁星文化具有极高的文化价值、观赏价值和科学价值。

泉州重要遗存文化遗产保护管理办法公布

省政府法制办将《福建省“海丝古城泉州（刺桐城）的重要遗存”文化遗产保护管理办法（草案征求意见稿）》全文公布，征求社会各界意见。“泉州海丝遗产”是指具有历史、艺术、科学价值的与“海上丝绸之路”有关的文物、建筑群和遗址。范围包括万寿塔、六胜塔、石湖码头、江口码头（文兴码头、美山码头）、真武庙、九日山摩崖题刻、泉州天后宫、磁灶窑系金交椅山窑址等航海与通商史迹，泉州府文庙、老君岩造像、泉州开元寺、伊斯兰教圣墓、清净寺、草庵摩尼光佛造像等多元文化史迹，以及德济门遗址、洛阳桥等城市建设史迹。分布在泉州市所辖的鲤城区、丰泽区、洛江区、泉州台商投资区、晋江市、石狮市和南安市。

新的管理办法拟规定，“泉州海丝遗产”根据保护要求划定为遗产区和缓冲区，分级进行保护。遗产区和缓冲区分界线由泉州市政府划定，并设立界碑（桩）。“泉州海丝遗产”所在地县级人民政府应当对遗产区和缓冲区内的文物景点、人文景观和古树名木作出明确的标志，并设立保护设施。

新规明确，“泉州海丝遗产”的遗产区内禁止6类行为：在遗产及其保护设施、保护标志上张贴、涂污、刻画，或者移动、拆除遗产保护设施、标志；采石、采砂、采矿、造坟、毁林、排污、堆放垃圾和其他损害遗产安全的行为；存储易燃、易爆、腐蚀性等危险物品；设置户外广告设施、修建人造景点等；引进与当地生态环境不相协调的外来生物物种；法律、法规、规章禁止的其他行为。

市检察院设立知识产权刑事司法保护研究中心

泉州市人民检察院召开知识产权刑事司法保护研究中心成立大会并举行揭牌仪式。这是福建省检察机关首个知识产权刑事司法保护研究机构。13位来自厦门大学等单位的专家、学者受聘为泉州市人民检察院知识产权刑事司法保护专家咨询委员会委员，世界贸易组织参赞和澳门特别行政区的检察官作为特邀专家参会。“知识产权刑事司法保护研究中心”设立在泉州市检察院侦查监督处，其主要职责是贯彻执行知识产权刑事保护有关法律、法规、规章和政策；负责知识产权刑事司法保护研究工作；拟订知识产权刑事保护规范性文件，指导全市知识产权案件刑事检察工作；开展知识产权刑事保护有关调研、培训和法律咨询服务工作；建立和完善知识产权刑事司法保护工作机制等相应的职责。省人民检察院检察长何泽中对泉州市人民检察院成立知识产权刑事司法保护研究中心给予肯定。他指出，此举有利于服务地方经济发展，特别是对于推进泉州民营企业转型升级以及“泉州制造2025”起到重要作用，有利于进一步提高检察机关保护知识产权的执法能力和水平。

泉州三家机构入选省级互联网孵化器名单

省科技厅公布14家“2015年福建省互联网孵化器”名单，泉州3家入选，分别是晋江陆地港众创空间、弘桥智谷互联网孵化器、中国瓷都德化互联网科技产业孵化园。根据省科技厅2015年出台的政策，对新认定的国家级、省级科技企业孵化器分别给予一次性奖励100万元和50万元。此外，互联网孵化器参加省科技企业孵化器备案，并被认定为科技企业孵化器的，从省新增互联网经济引导资金中一次性补助30万元。现有各类科技企业孵化器吸纳互联网创业企业5家以上的，经备案审核，从省新增互联网经济引导资金中一次性补助15万元。新建互联网孵化器按每平方米100元标准给予一次性补助，补助额不超过100万元；改扩建的互联网孵化器按每平方米50元标准给予一次性补助，补助额不超过50万元。

“泉州市知名商标”再添128件

市工商局认定泉州市128件商标为“2015年度泉州市知名商标”，至此，泉州共有1420件泉州市知名商标。此次新认定知名商标的种类继续增多，覆盖的产业范围也有所扩大。除了传统的鞋服、纺织品等类别外，新认定的著名商标类别还涉及养殖、石材、珠宝、电脑软件、家具、建筑材料、软木工艺品等多个行业。

12月21日

星期一
农历乙未年十一月十一
温度：16℃—19℃
阵雨转阴

●省政府法制办将《福建省“海丝古城泉州（刺桐城）的重要遗存”文化遗产保护管理办法（草案征求意见稿）》全文公布，征求社会各界意见。

●泉州市检察院召开知识产权刑事司法保护研究中心成立大会并举行揭牌仪式。

●晋江陆地港众创空间、弘桥智谷互联网孵化器、中国瓷都德化互联网科技产业孵化园入选省级互联网孵化器名单。

●市住房和城乡建设局公布中心市区2015年度保障性住房选房队列及房源分配的具体情况。

●泉州市侨联、安溪县侨联、安溪县金谷镇侨联三级侨联联合在安溪县金谷镇河美村文化广场举行“爱心惠侨”义诊送药侨法宣传活动。

●市工商局认定泉州市128件商标为“2015年度泉州市知名商标”，至此，泉州共有1420件泉州市知名商标。

12月22日

星期二
农历乙未年十一月十二
温度：16℃—21℃
阴

●泉州市召开海上丝绸之路先行区建设推进协调领导小组会议，研究《泉州市建设21世纪海上丝绸之路先行区发展规划》《泉州市建设21世纪海上丝绸之路先行区行动方案》及配套文件。

●泉州市政府与厦门海关签订《合作备忘录》。

●由福建省社科规划办主办、泉州师院承办的福建省2016年度国家社科基金项目申报工作会议在泉州师院召开，省内各本科高校科研管理部门负责人及管理人员等60余人参加。

●继全省保障农民工工资支付工作视频会议后，泉州紧接着召开视频会议部署相关工作。

●由湖北长江人民艺术剧院创作演出多媒体话剧《台北新娘》在泉州梨园古典剧院上演，拉开该剧全国巡演的序幕。

泉州市海上丝绸之路先行区建设推进协调领导小组会议召开

泉州市召开海上丝绸之路先行区建设推进协调领导小组会议，研究《泉州市建设21世纪海上丝绸之路先行区发展规划》《泉州市建设21世纪海上丝绸之路先行区行动方案》及配套文件。国家发改委国际合作中心主任曹文炼，市领导郑新聪、翁祖根、陈庆宗、陈荣洲、李冀平等参加会议。会上，曹文炼和李冀平分别介绍"规划"编制和"行动方案"起草的有关情况，与会人员进行讨论发言。

郑新聪指出，在国家有关部委和省委、省政府的大力支持下，泉州主动融入国家"一带一路"建设和福建"海丝"核心区建设，扎实推进各项工作，在战略对接、文化引领、互联互通、经贸交流等方面取得成效，先行态势和先发效应初步显现。"规划""行动方案"及配套措施的出台，标志着泉州"海丝"先行区建设进入全面实施阶段，"五个泉州"中的"海丝泉州"正式启航。

郑新聪强调，要进一步融入国家"一带一路"大局和福建"海丝"核心区建设，加快推动争取政策和建立机制。要主动向上衔接，建立常态化沟通对接渠道，争取更大支持；进一步与全市"十三五"规划纲要及相关专项规划相衔接，注重与产业转型升级相结合，促进文化宗教旅游融合，推动"海丝"主题文化产业大发展，加快转化为现实生产力。要注重与提升开放合作水平相结合，继续组织泉州品牌"境外行""海丝行"系列活动，建好用好联合国海陆丝绸之路城市联盟工商理事会秘书处等平台，支持民企抱团到泉籍华侨华人集中地建立产业专区、营销中心等，借势推动合适产能走出去。

郑新聪要求，各项目责任单位要切实发挥主观能动性，抓紧策划、争取更多项目列入国家盘子，全力抓好一批标志性工程，利用优势引龙头、引项目，深化与"海丝"沿线国家、地区在汽车、能源、健康、金融等领域合作。要加强"规划"实施过程的阶段性评估，进一步明确分阶段、分年度计划，出台相应政策措施，建立相应评估反馈机制，确保各项工作落到实处。

泉州与厦门海关签订合作备忘录

泉州市政府与厦门海关签订《合作备忘录》。市长康涛、厦门海关关长柏华冰、副市长陈荣洲参加仪式。根据《合作备忘录》，厦门海关将从支持海关特殊监管区转型升级、复制推广自贸试验区监管创新制度、"互联网+"等新兴业态发展、拓展与"海丝"沿线国家（地区）经贸合作、拓展对台经贸合作、深化口岸大通关体制改革、提升通关便利化水平、提升泉州口岸对外经贸合作水平等八个方面支持泉州开放型经济发展。泉州市政府将进一步提升港口设施和物流配套功能，建立健全激励机制，为海关监管执法营造良好环境，支持海关建设和发展。

康涛代表市委、市政府对厦门海关长期以来对泉州发展的支持表示感谢，他说，此次厦门海关提出支持泉州发展的八方面工作重点措施实在、针对性强、支持力度大，必将进一步为泉州对外开放营造更加便利、高效的通关环境。泉州市委、市政府将一如既往支持厦门海关开展各项工作，协调各相关部门和口岸联检单位积极配合，为海关监管执法营造良好条件，尽力支持泉州海关建设发展。

柏华冰表示，以此次签订《合作备忘录》为契机，主动创新海关监管制度和服务措施，加大自贸试验区政策复制推广力度，全力支持泉州稳增长、调结构。泉州海关作为厦门海关服务泉州发展的重要依托，要强化"驻在泉州为泉州，驻在泉州兴泉州"的意识，按照"活力强关"部署要求，强化担当意识、责任意识和服务意识，充分发挥地区中心海关的优势，切实抓好《合作备忘录》的贯彻落实。

全市保障农民工工资支付工作视频会议召开

继全省保障农民工工资支付工作视频会议后，泉州市紧接着召开视频会议部署相关工作。记者从会上获悉，各地人社部门将指定专人，24小时值守欠薪投诉举报电话，及时受理查处举报投诉案件，将问题化解在萌芽状态。同时，实行日报告制度，对于因欠薪引起的较大纠纷和群体性事件，每日17时前上报市人社部门，并实行每天"零报告"制度（没有出现上述事件、"零"的情况也要报告）。此外，各相关部门也将及时调处劳动争议，建立劳动争议处理快立、快调、快审、快结机制，对拖欠工资案件优先受理、优先立案、优先开庭，做到速审速结、高效办案。

全市学习贯彻《中国共产党廉洁自律准则》和《中国共产党纪律处分条例》报告会举行

市委举办全市学习贯彻《中国共产党廉洁自律准则》（简称《准则》）《中国共产党纪律处分条例》（简称条例）报告会。省纪委常委、省委巡视办主任游美萍作专题辅导报告。报告会由市委书记郑新聪主持，市领导康涛、陈万里、杨俊峰、周银芳、许昆贞、翁祖根、温惠榕、陈庆宗、林伯前、孔繁军等市四套班子党员领导和市中级人民法院院长、市检察院检察长等参加报告会。

游美萍系统阐述《准则》《条例》的起草背景和主要特点，对其中的重要内容进行了深入解读，就如何贯彻执行提出明确要求。她指出，修订《准则》和《条例》是全面从严治党的必然要求，顺应形势、遵循党章、呼应民意。全体党员干部一要狠抓学习，二要落实责任，三要刻印在心，四要落实到位。各级党组织、纪检监察机关贯彻执行两部法规要在“敢”字上挺脊梁，“严”字上下功夫，做到执纪严、实、准，敢于担当，善于运用批评教育、组织处理、纪律处分等不同手段，确保把党规党纪落实到位。党员领导干部要发挥表率作用，带头践行廉洁自律规范，自觉遵守维护纪律的严肃性和权威性，在廉洁自律上追求高标准，在严守党纪上远离违纪红线。广大党员干部要牢固树立党章党规党纪意识，做到守纪律、讲规矩，知敬畏、存戒惧，在全党逐渐形成尊崇、遵守、捍卫制度的良好风尚。

郑新聪强调，全市各级各部门要把深入学习贯彻《准则》、《条例》作为当前和今后一个时期的重要政治任务，进一步学习好、理解好、宣传好、贯彻好。要推进学习全面覆盖，全市各级党组织要积极举办“一把手”领学、集中学习、专题研讨等，各级党校、行政院校要把两项党内法规纳入各类班次教学的重要内容，市纪委监察局要适时组织学习贯彻情况专项检查，确保党员干部知晓率达到100%。要推进守规形成自觉，广大党员特别是党员领导干部要自觉树立维护党章权威，把遵守《准则》《条例》《巡视工作条例》《党内监督条例》等党内法规作为立身之本，结合“三严三实”专题民主生活会开展对照检查，既要坚持道德上的高标准，又要坚决守住纪律和规矩的底线，真正落细落小、防微杜渐。要推进责任落到实处，各级党委（党组）要认真落实全面从严治党主体责任，按照省委“五抓五看”的要求，层层传导压力；党委（党组）书记要发挥表率作用，带头维护党规党纪的严肃性和权威性；各级纪检监察机关要把贯彻两项党内法规作为履行职责的重要遵循，把握和运用好执纪监督的“四种形态”，加大执纪问责力度，真正让纪律立起来、严起来。

泉州4幅稀缺商住地遭热抢

2015年泉州最后一场土地拍卖举行，泉州4幅稀缺商住地——2015-15号至18号的“黄金地块”争夺战，吸引保利、万科、南益、中骏、碧桂园、力高、泉州城建等近20家高端房地产企业参与角逐。2015-16号地块被福建省第五建筑房地产开发有限公司竞得，2015-17号地块被泉州市城建国有资产有限公司竞得，而业内备受关注的2015-15号、2015-18号地块被保利（福建）房地产投资有限公司以28.22亿元的总价收入囊中。18号地块6789.45元/平方米的价格也成为泉州第一楼面价。此次出让的四幅地块中，不论是位于城东片区的2015-15号、2015-16号、2015-18号地块，还是东海片区的2015-17号地块，其地理位置、商业配套、教育资源、交通环境均存在一定优势。

泉州提线木偶戏亮相天津卫视《群英会》

泉州市提线木偶剧团团长王景贤与该团三位知名演员走进天津卫视演播厅，进行《群英会》栏目专题节目录制。天津卫视《群英会》节目以讲述中国传统文化，普及中国传统文化知识为主要方向，让观众在娱乐之余感受中华传统文化的博大精深。王景贤作为本期节目主讲嘉宾，天津卫视同时还邀请俄罗斯、美国和韩国的体验嘉宾参与互动，通过他们的视角了解泉州提线木偶戏。泉州市木偶剧团知名演员张弓现场表演《四将开台》和《钟馗醉酒》；沈苏革表演《驯猴》和《小沙弥下山》；傅端凤表演《青春梦》，精彩的表演较全面地展示泉州提线木偶表演艺术。

12月23日

星期三
农历乙未年十一月十三
温度：17℃—22℃
阴转阵雨

●市委举办全市学习贯彻《中国共产党廉洁自律准则》《中国共产党纪律处分条例》报告会。

●泉州4幅稀缺商住地2015-15号至18号拍卖举行，2015-16号地块被福建省第五建筑房地产开发有限公司竞得，2015-17号地块被泉州市城建国有资产有限公司竞得，而业内备受关注的2015-15号、2015-18号地块被保利（福建）房地产投资有限公司以28.22亿元的总价拍得。18号地块6789.45元/平方米的价格也成为泉州第一楼面价。

●中心市区2015年度保障性住房选房启动。

●泉州市提线木偶剧团团长王景贤与该团三位知名演员走进天津卫视演播厅，进行《群英会》栏目专题节目录制。

12月24日

星期四
农历乙未年十一月十四
温度：15℃—19℃
阴转小雨

●郑新聪主持召开市委常委会，研究2016年为民办实事项目。

●郑新聪主持召开市委常委会，学习省委《关于贯彻〈中国共产党巡视工作条例〉的实施办法》《关于深化落实党风廉政建设主体责任的暂行规定》。

●经市委、市政府研究审定，泉州刺桐大桥特许经营权提前回收，将于2016年1月1日零时起停止收费。

●市人大常委会组织省人大代表调研经济社会发展情况。

●泉州市创建全国文明城市指挥部座谈会召开。

●泉州农特产品网馆开馆仪式举行。

●在“第三届中国淘宝村高峰论坛”上，阿里巴巴集团发布最新的全国淘宝村、淘宝镇名单。其中，泉州有47个淘宝村、5个淘宝镇上榜，分别占全省71个淘宝村、7个淘宝镇的66%和71%。

市委召开常委会学习省委文件

市委书记郑新聪主持召开市委常委会，学习省委《关于贯彻〈中国共产党巡视工作条例〉的实施办法》《关于深化落实党风廉政建设主体责任的暂行规定》。会议指出，省委这两份文件，是推进巡视工作规范化、制度化，落实主体责任“五抓五看”要求的重要规章，对我们全面从严治党、依规治党，深入推进党风廉政建设和反腐败斗争，具有十分重要的意义。全市各级各部门要认真组织学习，抓好贯彻落实。

会议强调，各级党委（党组）要强化宣传教育，结合学习“准则”“条例”，把省委两份文件列入党委中心组学习、专题研讨和教育培训的内容，在各级党校和行政学院开设专题教育班，运用各种媒体准确、生动、有效宣传，引导党员干部认真研读。县处级以上单位和党员领导干部要结合参加“三严三实”专题民主生活会，对照两份文件有关规定和岗位履职要求，进行对照检查，制定整改措施。要完善制度配套，主动向上衔接，结合泉州实际，研究出台具体实施细则，相应制定党委（党组）主体责任清单，修订廉政风险防控工作方案，完善巡视成果运用机制，进一步形成长效机制和刚性约束。

会议要求，要狠抓责任落实，各级党委（党组）书记要切实发挥好表率作用，班子成员要严格履行好“一岗双责”，以“五抓五看”为重要遵循，从讲政治、讲大局的高度，抓好党风廉政建设，共同推动管党治党主体责任落地生根。要积极做好省委巡视工作的联系、协调和服务，抓好反馈问题和意见建议的整改落实，切实强化党内监督。要严格监督检查，将贯彻落实两份文件内容列入每年度党风廉政建设责任制检查的重要内容，层层传导压力，确保落实到位。对违反规定，支持配合巡视工作不力、落实主体责任不到位，造成不良影响的，要严肃追究相关人员责任。

泉州市创建全国文明城市指挥部召开座谈会

泉州市创建全国文明城市指挥部召开座谈会，回顾总结各单位好的经验做法，对相关管理工作进行具体协调和再部署，力争推动创建工作上新水平。

会议认为，当前泉州城市整体面貌得到很大的改观，但市政设施建设仍相对薄弱，城市管理粗放性问题依然存在，城市“牛皮癣”、消防设施缺损、杂物堆放、占道为市等顽疾仍时有反复；群众生活不断得到改善，但素养提高还需一个过程；党委政府大力推动，各项工作初见成效，但市民的知晓率、参与率有待提高，深化文明城市创建还未能成为全社会的自觉行动。

会议要求，新形势下，各级各部门要把“创建为民、创建利民、创建靠民”作为深化文明城市创建的根本出发点和落脚点，在创建过程中坚持突出为民利民。应探索创新活动载体，通过文明社区、文明家庭创建，倡导居民自治、自我管理等形式，发动市民参与、监督文明创建工作，培养市民的自觉文明行为。要从履行好自身职责的高度出发，落实长效管理措施，不断提高管理水平和服务质量，重点是瞄准存在的薄弱环节，突出在市容环境上治“脏”、在公共秩序上治“乱”。要以培育市民文明行为为重点，切实加强社会公德、职业道德、家庭美德、个人品德建设，加强社会教化，培育文明素质。要健全完善协作机制，按照《关于推动创建全国文明城市机制化常态化的实施意见》和交通秩序管理、卫生保洁、集贸市场管理和占道经营管理等4个配套规则，坚持条块结合、以块为主的工作格局，整合资源、协作互补，切实把主要工作抓住，把关键环节抓准，同时建立健全实地巡查、群众监督、奖惩问责等机制，进一步形成“党委政府高度重视，文明委、指挥部统筹协调，职能部门各司其职，社会各界广泛参与”的常态化格局。

泉州农特产品网馆开馆

泉州农特产品网馆开馆仪式举行。市农业局通过网商平台开设“寻味泉州”专题，搭建“互联网+农特类产品”平台，为泉州本地的优质农特类产品提供权威的线上销售渠道。永春芦柑入驻“寻味泉州”专题两三星期以来，已销售2500多千克。洪濑鸡爪、德化大米也已入驻“寻味泉州”，未来将有更多泉州优质农特产品入驻，进一步促进泉州优质农特产品发展，深化“一县一业”“一镇一产”“一村一品”的产业格局。

中央调研组专家到泉州调研海上丝绸之路历史遗迹保护现状

25—28日，由国务院参事室组织，中央文史研究馆馆员安家瑶等中央调研组专家一行10人到泉州，专题调研泉州海上丝绸之路历史遗迹保护现状。市长康涛、副市长周真平参加调研和相关活动。调研中，专家们考察洛阳桥、九日山、开元寺、泉州湾古船陈列馆、清源山、石狮六胜塔、晋江草庵、天后宫、清净寺、圣墓、泉州海交馆等十余处海丝文化重要史迹、馆藏，并就南音、提线木偶、梨园戏、高甲戏、闽南歌舞等非物质文化遗产开展专项调研。

在28日举行的总结座谈会上，专家们一致认为，泉州的海洋文明，是中国古老农业文明背景下的一朵奇葩。历史上，泉州海外交通发达，海交贸易繁盛，造就“市井十洲人”的盛景，积淀深厚的海丝文化，是独具特色的历史文化名城。更难能可贵的是，长期以来，泉州市委、市政府高度重视海丝文化挖掘保护，推动海丝文化在对外交流上发挥重要作用，成绩有目共睹。就下阶段工作，专家们寄望，泉州要立足现有良好保护基础，进一步提升海丝文化整体保护和系统保护意识，加大对现有海丝文化遗产点周边环境的整治；进一步加强对海丝文化遗产的调查研究，全面摸清和掌握全市海丝文化遗产的分布情况和特点，强化专题学术研究，尽快形成准确、全面、权威的研究成果。

市委反腐办印发通知就元旦春节期间加强廉洁自律和厉行节约工作提出要求

泉州市委反腐败协调小组办公室印发《关于切实做好2016年元旦春节期间廉洁自律和厉行节约工作的通知》，就元旦、春节期间加强廉洁自律和厉行节约工作提出要求。通知指出，“两节”期间，各级各部门要紧扣新修订的《中国共产党廉洁自律准则》和《中国共产党纪律处分条例》，紧紧围绕“公私分明、崇廉拒腐、尚俭戒奢、吃苦在前”，深入贯彻落实中央八项规定精神，持之以恒纠正“四风”，努力营造风清气正、欢乐祥和的节日氛围。

通知重申、强调省委反腐办提出的“九严禁、两坚持”，并要求要不断创新监督检查方式，有效破解五种“隐身衣”问题：一是机关事业单位，以创建经费补助、企业发展扶持或奖励资金、项目建设经费等各种名义转移公款接待费用支出的行为；二是机关部门之间、机关与基层之间、乡镇（街道）与村（社区）之间、挂钩帮扶部门与挂钩帮扶对象之间，以年终走访、联络工作等名义，变相公款大吃大喝的行为；三是国有企业单位以商务活动名义，变相搞抽奖、聚餐或滥发奖金补贴的行为；四是项目建设指挥部以工程验收、人员调整、年度庆功会等名义借机公款大吃大喝的行为；五是借战友会、同学会、老乡会等名义聚会吃喝，搞“小圈子”，造成不良社会影响的行为。

通知明确，各级党委（党组）要切实履行全面从严治党主体责任，加强“两节”期间党员干部的教育监督管理。各级党员领导干部尤其是“一把手”，越在关键节点越要保持警醒，带头把党的宗旨和纪律刻印在心，自觉践行新修订的“准则”和“条例”，廉洁从政、用权、修身、齐家，当好表率。各级纪检监察机关要结合新颁布的“准则”和“条例”，针对公款吃喝、公款送礼、公款旅游、公车私用等突出问题，持续开展监督检查，严肃查处顶风违纪问题，特别是顶风违反“六大纪律”行为，并予以公开曝光。

泉州获“一带一路”旅游推广城市TOP10大奖

第五届中国旅游产业发展年会举行，泉州获2015年“一带一路”旅游推广城市TOP10大奖，泉州也成为本次大会上福建省唯一获得奖项的设区市。本次大会发布的“2015年中国旅游风云榜”中，泉州与西安、洛阳、苏州、成都、哈尔滨、西宁、伊宁、舟山、梅州等城市一起，从全国30个候选城市中脱颖而出，获评2015年“一带一路”旅游推广城市TOP10。

相关链接：2014年，泉州海丝史迹游入围全国十佳主题旅游线路。2015年，面向国内客源市场，泉州市创新探索与陆上丝绸之路沿线城市的互动交流和互相推介。5—6月，联合西安市旅游局，组织两地旅游达人互访，开启海陆丝起点城市之间的民间交流；7月底至8月初，联合厦门、漳州、金门、澎湖等两岸多城，前往陕西、甘肃、宁夏和青海四省，开展旅游推介，奏响新时代下的旅游界“丝路交响”。面向国际市场，泉州市组织人员参与在东南亚国家举办的“中国福建周”活动，专题推介泉州海丝旅游资源；11月中旬，泉州作为海丝文化旅游资源线路主要考察城市，接待53家境外旅行商实地踩线。

12月25日

星期五
农历乙未年十一月十五
温度：12℃—16℃
阵雨转阴

●25—28日，中央调研组专家到泉州，专题调研泉州海上丝绸之路历史遗迹保护现状。

●泉州市委反腐败协调小组办公室印发《关于切实做好2016年元旦春节期间廉洁自律和厉行节约工作的通知》，就元旦、春节期间加强廉洁自律和厉行节约工作提出要求。

●“华大讲堂”第55讲举行，龚维斌教授作《健全公共安全体系 加强应急管理工作》专题报告。

●第五届中国旅游产业发展年会举行，泉州获2015年“一带一路”旅游推广城市TOP10大奖，泉州也成为本次大会上福建省唯一获得奖项的设区市。

●九三学社泉州市委五届六次全委（扩大）会议召开。

●泉州市纪委监察局官方微信“刺桐清风”。

●由市委宣传部、市文联、泉州广播电视台主办的“到人民中去——泉州市文艺志愿服务主题演出”在南安市眉山乡大眉村举行。

●新疆名优特农副产品巡回展在市区泉州商城广场拉开帷幕。

12月26日

星期六
农历乙未年十一月十六
温度：12℃—16℃
阴转小雨

●市政府广泛征求《政府工作报告》和“十三五”规划纲要意见建议。

●由福建省教育厅主办、华侨大学承办的福建省高校国际及港澳台侨学生才艺展演活动在华侨大学泉州校区举行。

●鲤城区海滨街道获评全省唯一的2015年度“全国法治社区建设示范街道”。

●赣瑞龙铁路开通，泉州动车直达赣州，全程3小时43分。

●闽南本土首部玄幻爆笑喜剧电影《美人鱼前传》在泉州开拍。

●大型搏击赛事“勇士”ACC格斗冠军赛在泉州市海峡体育中心开赛，中国、日本、俄罗斯、乌克兰、韩国、塔吉克斯坦、英国7个国家的搏击高手同台竞技。

市政府广泛征求《政府工作报告》和“十三五”规划《纲要》意见建议

市政府与市人大常委会、市政协举行联席会议，和原地厅级老干部，各民主党派、工商联负责人及无党派人士代表座谈，征求他们对即将提请市第十五届人民代表大会第七次会议审议的《政府工作报告（征求意见稿）》、《泉州市国民经济和社会发展第十三个五年规划纲要（征求意见稿）》的意见和建议。市领导康涛、陈万里、杨俊峰、翁祖根、林伯前、洪泽生、吕竞、张建生、曾巍、陈荣洲、周真平、卢炳椿、陈灿辉、林万明、吴共湖、苏小青、陈铭福、王祖耀、李冀平、王瑞强，市人大常委会秘书长吴春林、市政府秘书长吴友才、市政协秘书长洪川夫等分别参加会议。

联席会和座谈会上，与会人员对“报告”和“纲要”（征求意见稿）给予肯定，认为报告和纲要深入贯彻落实中共十八大、十八届三中、四中、五中全会和总书记习近平系列重要讲话精神，贯彻落实中央经济工作会、城市工作会精神，按照市委部署，全面客观总结回顾“十二五”时期全市经济社会发展成效和上一年政府工作，科学谋划“十三五”时期目标任务和2016年政府工作，既着眼长远，又立足当前、务实可行。讨论中，大家畅所欲言，围绕产业转型升级、城市建设管理、文化挖掘与保护、民生保障、医疗卫生事业发展、农业农村工作、生态建设和环境保护、转变政府职能等方面，提出具体意见和建议。

市长康涛认真倾听大家的发言，不时互动交流，并感谢市人大、市政协、老干部和各民主党派、工商联、社会各界对政府工作的关心支持。康涛强调，市政府将进一步增强人大意识，认真执行市人大及其常委会的决议决定，主动接受人大监督，主动向人大报告工作，支持人大代表依法履职，认真办理人大代表建议意见；自觉接受政协民主监督，听取政协委员的意见和建议，健全沟通联系机制，支持政协履行职能；认真学习和弘扬广大老干部爱泉州、关心参与泉州发展的精神，发挥老干部的优势，在政治上关心、生活上照顾好老干部；更加广泛深入听取各民主党派、工商联和社会各界的意见和建议，不断改进政府工作，努力以实干实绩回报各界支持，让人民群众满意。

13所高校境外生才艺展演在泉州举行

由福建省教育厅主办、华侨大学承办的福建省高校国际及港澳台侨学生才艺展演活动在华侨大学泉州校区举行，这是省教育厅首次举办此类活动，13所高校近200名学生参赛。此次展演的主题为“中国情，八闽梦”，竞赛分为音乐类、舞蹈类、民族传统项目、曲艺类等4个类别，来自俄罗斯、越南、菲律宾、美国、泰国等30个国家及港澳台地区的学生参赛，展现别具特色的民俗风情。才艺展演期间，华侨大学安排圣诞晚会、校园文化沙龙、校园参观等活动，以文艺促进交流、提升层次、锻炼人才、凝聚梦想。

鲤城海滨街道获评“全国法治社区建设示范街道”

鲤城区海滨街道获评全省唯一的2015年度“全国法治社区建设示范街道”。海滨街道依托金山社区党员联系点，成立党员普法班，每月组织1次法律培训，设立“一表四堂”（普法课程表，理论课堂、流动课堂、辩论课堂、实践课堂）。同时，该街道利用辖区12个法治阵地，联合32个共建单位，开展“公益海滨”大型宣传服务活动、“法律明白人”知识竞赛、“精彩维权”主题沙龙、“同是一家”快乐调解、“助你前行”社区法律服务、“温暖你我”进家入户、“美好生活”社区慈善、“服务群众·与法同行”等主题活动100多场次，广泛动员全社会力量，形成普法工作的“大合唱”。

本土电影《美人鱼前传》开拍

闽南本土首部玄幻爆笑喜剧电影《美人鱼前传》在泉州开拍。该片由知名青年导演杨木生执导，是集玄幻、悬疑、爆笑、喜剧等元素于一体的网络大电影，也是一部专为网络院线打造的电影剧情长片，总时长90分钟。该片是一部以人鱼相恋为故事核心、以反映人与自然和谐相处为精神背景，意在为泉州的海丝文化宣传助力的剧情大片。影片将大量融入海洋元素和富有特色的闽南乡村风土人情，向全国观众展现海上丝绸之路起点泉州的海丝文化、旅游文化和乡村文化。影片将通过海洋元素和人文气息，去窥探泉州独具魅力的海丝文化。

2015年全市高速公路建设完成投资33亿元

2015年全市高速公路建设完成投资33亿元，占市年度计划的180%，超过年度计划任务。全年全市建成通车泉州湾大桥、双安高速2条高速公路，在建厦沙高速安溪段、德化段2个项目，新开工泉厦漳城市联盟高速公路。在建项目方面，厦沙高速安溪段完成年度投资5.078亿元，占年度计划的169%，累计完成路基工程60%，隧道工程51%，桥梁基础基本完成。厦沙高速德化段完成年度投资14.97亿元，占年度计划的150%，累计完成路基82.49%，桥梁基础96.32%，隧道52.89%。至年底，全市高速公路通车总里程574千米，基本形成“一环两纵三横六联”的高速公路骨架，途经辖区所有县（市、区），实现城镇通过二级以上公路与高速公路连接，绝大多数乡镇在半小时内、个别偏远乡镇在1小时内可上高速公路。同时，5.28千米/百平方千米的高速公路密度，超过沿海省份平均水平，远远超过居世界第二的德国（3.19千米/百平方千米），与世界第一的荷兰（5.45千米/百平方千米）进一步缩小差距。

源和1916创意产业园获评国家AAAA级旅游景区

从省旅游局获悉，经省旅游景区质量等级评定委员会组织评定，源和1916创意产业园获评国家AAAA级旅游景区，成为泉州市乃至全省第一个获AAAA景区的文创园区。园区抓住泉州“古城文化复兴计划”全面启动的机遇，梳理文化脉络、划分业态，将城市记忆、文化片段、生活场景、商业空间有机结合，杜绝“滥用创意”，加快推进文化创意产业集聚区建设，启动实施新海丝文化空间、东亚之窗等20多个文化产业项目，中国海丝艺术精品馆、清美艺术衍生品福建研究基地等相继投入使用，为创意“栖息”提供平台，推进创意产业化和产业创意化。在2014年全年增加10个A级景区的基础上，2015年，泉州又有3个景区被批准为国家A级景区。除了此次评定的源和1916创意产业园景区，还有晋江五店市传统文化旅游区被批准为国家AAAA级旅游景区；南安郑成功文化旅游区，被批准为国家AAA级旅游景区。

相关链接：全市有34家A级景区。AAAAA级景区1家：清源山风景名胜区（含老君岩、九日山风景旅游区、伊斯兰教圣墓、泉州少林寺、锦绣庄民间艺术园）；AAAA级景区11家：开元寺、安溪清水岩旅游区、牛姆林生态旅游区、崇武古城风景区、德化石牛山景区、仙公山景区、中国闽台缘博物馆、泉州市博物馆、德化九仙山、晋江五店市传统文化旅游区、源和1916创意产业园景区；AAA级景区22家：安溪凤山风景旅游区、南安灵应寺风景旅游区、永春百丈岩旅游区、永春普济寺仙洞山旅游区、永春魁星岩旅游区、永春乌髻岩旅游区、晋江围头战地文化渔村、晋江衙口滨海休闲度假旅游区、晋江灵源山区、安溪洪恩岩、南安凤山寺、惠安净峰寺旅游区、泉州天柱山休闲旅游区、泉州山美湖旅游区、永春雪山生态旅游区、永春北溪文苑生态旅游区、德化国宝云龙谷景区、泉港红星生态园、泉州领SHOW天地、南安叶飞故里红色旅游区、泉州森林公园、南安郑成功文化旅游区。

泉州两乡村入围央视纪录片《记住乡愁》

安溪西坪南岩村和晋江金井塘东村入围央视纪录片《记住乡愁》第二季。《记住乡愁》是由中宣部、住房和城乡建设部、国家新闻出版广电总局、国家文物局组织实施，中央电视台中文国际频道拍摄的纪录片节目。经市委宣传部举荐，南岩村和塘东村从全国2000多个参选的文化名村中脱颖而出。南岩村地处国家级闽南文化生态保护核心区，世居于南岩村的王氏家族代代事茶，伫立起福星居、梅嘉居、泰山楼、日昇居、盘乐楼、聚斯楼、映宝楼等一座座与茶息息相关的闽南大厝。这10余处古大厝，对应着近现代中国20余个老茶号，如泰山楼的梅记、日昇居的尧阳、盘乐楼的瑞珍等。塘东村更像是泉州华侨乡愁情感的一个缩影，塘东村对面是金门岛，有许多侨乡故事，以及有像跳火群、攻炮城等闽南春节年俗，极具代表性。

2015年泉州市作文联赛总决赛举行

由泉州市教育局和东南早报联合主办的2015年泉州市作文联赛总决赛在泉州晚报大厦举行，300名中小学生参赛。因参赛人数较多，比赛分上、下午进行。两个赛场的选手分别围绕“家庭之爱”与“劳动之美”进行写作。此次总决赛参与者其中一部分是从季赛中脱颖而出的优秀选手，而另一部分则是由泉州市学生记者团各成员校精挑细选的、具有较高写作能力的学生记者。选手来自泉州一中、泉州五中、泉州实小、泉州师院附小、晋江季延初级中学、惠安广海中学、石狮实验小学、安溪城厢中学等泉州市区及各县市的数十所中小学。

12月27日

星期日
农历乙未年十一月十七
温度：12℃—15℃
小雨转阴

●康涛会见林树哲率领的异地商会回乡考察团一行。

●2015年全市高速公路建设完成投资33亿元。

●从省旅游局获悉，经省旅游景区质量等级评定委员会组织评定，源和1916创意产业园获评国家AAAA级旅游景区，成为泉州市乃至全省第一个获4A景区的文创园区。

●安溪西坪南岩村和晋江金井塘东村入围央视纪录片《记住乡愁》第二季。

●由泉州市教育局和东南早报联合主办的2015泉州市作文联赛总决赛在泉州晚报大厦举行。

●晋江市首届“中华情两岸缘”晋台大学生篮球邀请赛开球。

●“创意伞具·时尚生活”，2015年“雨中鸟”杯国际伞具创意设计大赛总决赛在晋江举行。

●由石狮青商会女商部捐建的第三所“爱心图书馆”在石狮市祥芝镇大堡小学落成。

12月28日

星期一
农历乙未年十一月十八
温度：11℃—17℃
多云

●从中央电视台春节联欢晚会节目组获悉，2016年央视春晚泉州分会场的场地初定在泉州府文庙。

●中央电视台四套播出的《国宝档案》，为观众讲述《海丝传奇》首期——《古船探秘》。

●泉州学研究与古城复兴学术研讨会召开，专家学者围绕泉州古城多元传统文化内涵的传承与发展进行探讨。

●2015年泉州市“文明交通好司机”竞赛颁奖活动在中心市区西街旧面粉厂举行。

●2015年福建省全民健身运动会围棋锦标赛落幕，经过5天9轮的激烈角逐，来自泉州队的12岁选手骆炜凡以8胜1负总得分21.00分的成绩夺得冠军。

央视猴年春晚东会场选址泉州

从中央电视台春节联欢晚会节目组获悉，2016年央视春晚泉州分会场的场地初定在泉州府文庙。1996年，央视春晚首次设置分会场，当时实现西安、上海、北京三地同时直播。令泉州民众兴奋的是，时隔20年，春晚再次设立分会场时，泉州被选为东会场。2016年央视春晚进一步凸显“开放办春晚”的原则，实现“东西南北中、全民大联欢”的创作基调，除了在央视老台址的一号演播厅进行直播外，还选择泉州、西安、深圳和呼伦贝尔四个城市设置分会场。届时泉州将有三个特色节目通过央视春晚向全球十几亿观众直播。

此前，央视春晚节目组工作人员走访泉州府文庙、泉州开元寺、泉州海外交通史博物馆、蔡氏古民居等泉州著名景点，为确定现场直播点进行实地考察。他们特地欣赏独具闽南特色的传统文化和民俗表演。央视春晚节目组相关人士表示，春晚选择泉州作为东会场，一个重要原因是泉州是海上丝绸之路的起点，“一带一路”的构想实现，可以为春晚呈现更多的选材角度；泉州是著名侨乡，许多台湾同胞的祖籍地在泉州，两岸人民可以互叙乡情和亲情；泉州作为闽南文化的发源地，凸显地域性特点。

央视猴年春晚东会场场地——泉州府文庙（图/吴寿民）

泉州《海丝传奇》登上央视《国宝档案》

中央电视台四套播出的《国宝档案》，为观众讲述《海丝传奇》首期——《古船探秘》。《国宝档案》是央视国际频道的一线品牌栏目，为国宝级文物进行揭秘。在市委宣传部的推动下，11月底，中央电视台拍摄团队到泉州制作六期《海丝传奇》，挖掘记录泉州的“海丝”国宝级文物，并讲述背后的故事和文化。他们在石狮石湖村拍摄《扬帆起航的梦想》，在开元寺泉州湾古船陈列馆拍摄《古船探秘》，在南安九日山拍摄《一帆风顺的祈求》，在德化月记窑拍摄《远销海外中国白》，在安平桥拍摄《明代泉州第一港》，而在泉州海交馆拍摄的内容则命名为《光明之城》。6期节目通过6个角度来反映不同时期泉州海上丝绸之路的繁盛。

《海丝传奇》视频截图

相关链接：《国宝档案》栏目是央视第一次以电视栏目的形式，为国宝级文物重器进行揭秘建档，自2004年10月4日开播以来，平均收视率一直稳列4套节目的前茅，成为中央电视台国际频道一线品牌栏目。《国宝档案》栏目通过对国宝级文物的去向和传承轨迹进行实地跟踪拍摄，以强烈的纪实感和现场感给观众第一手的资料，带领观众走近国宝，探寻国宝的秘密。为了保证高质量和高水平，栏目专门聘请国内文博界10多位专家成立顾问组，使节目既具有观赏性，又保持权威性和严肃性。2010年12月1日，央视4套中文国际频道全新改版，《国宝档案》节目播出时长也由原来每期10分钟增加至每期15分钟。《国宝档案》优化后的新版面目淡雅清新，讲述形式新颖，文化底蕴深湛，人文精神厚重，向世界出示一张精美而夺目的中华文化的名片。

泉州学研究与古城复兴研讨会举行

由市委宣传部、市社科联主办，泉州学研究所承办的“泉州学研究与古城复兴学术研讨会”举行，来自市直部门、高校、党校、社科文化单位近百名专家学者为推动古城复兴建言献策。此次学术研讨会以“泉州学研究与古城复兴”为命题，得到众多专家学者的响应和支持，收到数十篇颇具分量的学术论文和中肯建议，经结集出版成为泉州学丛书的重要成果，在研讨会开幕式上，举行《泉州学研究与古城复兴》新书赠书仪式。

十一届市政协常委会第二十五次会议召开

十一届市政协常委会第二十五次会议召开，审议讨论《十一届市政协常委会工作报告（讨论稿）》和《提案工作报告（讨论稿）》，协商通过有关人事事项和市政协十一届五次会议相关事项，决定会议于2016年1月18日至21日举行。市政协主席杨俊峰，副主席许连捷、吴共湖、苏小青、骆沙鸣、陈铭福、王祖耀、李冀平、王瑞强、陈益，秘书长洪川夫参加。副市长林万明到会通报市政协十一届四次会议以来提案办理情况。杨俊峰强调，政协全会是全市人民政治生活中的大事，要扎实做好提案征集工作，引导政协各参加单位和政协委员紧紧围绕泉州市"十三五"规划实施和群众普遍关心、反映强烈的民生问题等，组织一批高质量提案，推动解决实际问题；要切实提高大会发言水平，做到调研深入细致，选题务实科学，见解独到透彻，措施建议有针对性、可操作性；要强化组织协调，加强宣传报道，坚持节俭办会，切实做好服务保障，确保会务工作周密、有序，共同把市政协十一届五次全会开成凝聚人心、凝聚智慧、凝聚力量的大会。

相关链接：十一届市政协常委会第二十五次会议通过，因工作变动或另有安排，王统志、吕安娜（女）、林志建、曾向明、戴仲川等5位同志，不再担任中国人民政治协商会议第十一届泉州市委员会常务委员、委员职务。因工作变动，王玉宝、叶华生、叶恒、齐忠平、李方、苏虎、陈秋燕（女）、陈盛妹（女）、林天虎、林光龙、林志强、首建国、涂朝阳等13位同志，不再担任中国人民政治协商会议第十一届泉州市委员会委员。因工作需要，同意增补上官蓝波、王永春、白碧英（女）、刘文敏、庄冰心（女）、朱国彬、许锦聪、吴扬帆、吴雪萍（女）、张秀清、张培坤、张强、李志强、陈伟群、陈志勇、黄桂元等16位同志，为中国人民政治协商会议第十一届泉州市委员会委员。

会议现场　（图/陈　翔）

泉州市"多规合一"规划技术论证会召开

市城乡规划局主持召开"多规合一"规划技术论证会，规划认为，泉州应围绕着统一的城市建设目标和发展方向，建立统一的空间管制体系和规划协调机制，解决规划之间的空间矛盾，推动重要产业集群的规划空间得到落实，保障生态空间的有效管控，提高资源要素利用效率和项目审批效率。规划认为，泉州应达成空间结构共识，即一个核心主城与两个核心副城的环湾核心，一个核心主城即泉州主城+晋江主城；两个核心副城为石狮城区和台商投资区。其基本城市职能为城市生活服务中心和城市经济文化中心。人口规模为300万人。此次"多规合一"的核心任务是五个"一"。即一个目标，建立空间战略共识，统筹环湾多规目标；一套标准，制定市域统一标准，保障多规成果统一；一张蓝图，划定中心城区管控边界，形成协调方案；一套机制，进行机制创新研究，保障多规有效运行；一个平台，建立信息共享平台，实现多部门对接。

泉州提线木偶到北京卫视录制节目

泉州市木偶剧团团长王景贤率队到北京，完成北京卫视《传承者》的现场录制工作，泉州提线木偶戏高超的表演艺术赢得全票通过，陈道明、侯佩岑、范明、王纪言等大咖纷纷为泉州文化点赞。《传承者》是由北京卫视推出的国内首档传统文化展示真人秀，由陈道明、侯佩岑、范明、王纪言四位担任导师。《传承者》采用闯关模式层层选拔技艺传承人，通过导师、青年团、传承人，三位一体演绎传承背后的故事、情感。为了更好展示泉州提线木偶戏独特的魅力，此次录制精心安排《闹元宵》的"叠罗汉""狮子舞"和"彩婆变美女"等，美女提线木偶最后热舞《小苹果》，高超的表演艺术和精彩的舞台呈现，现场赢得全票通过。

相关链接：《传承者》是由北京卫视推出的国内首档传统文化展示真人秀，由陈道明、侯佩岑、范明、王纪言四位担任导师，节目于2015年11月14日在北京卫视首播。《传承者》采用闯关模式层层选拔技艺传承人，通过导师、青年团、传承人，三位一体演绎传承背后的故事、情感。

12月29日
星期二
农历乙未年十一月十九
温度：12℃—15℃
多云转阴

●十一届市政协常委会第二十五次会议召开。

●市城乡规划局主持召开"多规合一"规划技术论证会。

●第三届泉州市"边防拥军固边模范和爱边敬业先锋"评选表彰颁奖晚会在泉州师院举行。

●泉州市木偶剧团团长王景贤率队到北京，完成北京卫视《传承者》的现场录制工作。

●民盟泉州市委第十四届六次全委会召开。

●29—31日，全国健美健身冠军总决赛在晋江举办。

●泉州市九江商会成立大会在晋江举行。

12月30日

星期三
农历乙未年十一月二十
温度：12℃—17℃
阵雨转多云

●郑新聪主持召开市委常委会，传达贯彻全省经济工作会、生态环境保护工作会、城市工作会、扶贫开发工作会、党的群团工作会精神。

●市委召开县（市、区）党委书记抓基层党建工作述职评议会。

●海峡股权泉州交易中心累计挂牌企业410家。

●香港新闻教育基金主席带领香港媒体负责人访问团到泉州考察。

●泉州市首个PPP模式高速公路项目——泉厦漳城市联盟高速公路泉州段动工开建。

●由福建省文化交流协会、中国闽台缘博物馆、台湾中国书法学会、台湾中国画学会联合主办的“闽台缘两岸书画交流展”在中国闽台缘博物馆开幕。

●泉州市2016年新年音乐会在市区梨园古典剧院举行。

●福建省环保厅发布全省11月份城市空气质量排名情况显示，福建省9个设区市空气质量排名依次为南平、泉州、莆田、厦门、宁德、福州、三明、龙岩和漳州。

市委召开常委会传达全省会议精神

市委书记郑新聪主持召开市委常委会，传达贯彻全省经济工作会、生态环境保护工作会、城市工作会、扶贫开发工作会、党的群团工作会精神。会议指出，省里连续召开几场重要会议，提出一系列新部署、新要求和富有针对性的政策举措，是对2016年经济社会重点工作的部署，也是对抓好“十三五”发展的再动员。全市各级各部门要迅速传达学习，全面领会精神实质，切实把思想和行动统一到省委各项部署上来，把握主要任务、重点工作，真正内化于心。要结合泉州实际，结合“十三五”规划和2016年发展，抓紧研究布置落实。

会议强调，省委对泉州发展寄予厚望，全市上下要深刻把握省委重点工作部署和对泉州的要求，着力推进供给侧结构性改革，落实好“稳增长、调结构、强动力、惠民生、防风险”五大重点任务。要抓紧召开全市经济工作会，明确2016年的目标、任务、抓手，认真研究提出长短结合、有力有效的措施抓手。

会议要求，要抓紧研究落实省里新精神、新要求，做好政策的衔接、延伸和储备，筹备全市各专题会议。其中，生态环境保护工作要落实省里《关于进一步加强环境保护工作的若干意见》，深入摸排环保工作的薄弱环节和突出问题，逐项细化全国生态文明先行示范区建设各项工作。城市工作要抓好环湾城市规划管理、小城市改革发展、产城融合、培育城市创新能力、传承“海丝”文脉、补齐教育医疗卫生短板等具体问题研究，实实在在推动一批项目、解决一些体制问题。扶贫开发工作要按照“第一民生工程”要求，聚焦“精准”二字，抓紧制定落实省里《推进精准扶贫打赢扶贫攻坚战的实施意见》具体方案，调整完善全市的脱贫目标、计划、责任、政策和措施。党的群团工作要贯彻中央、省委关于加强和改进党的群团工作的意见，坚持问题导向，深入研究推进改革创新，努力创造工作品牌和新鲜经验。

会议强调，形势越是复杂，工作越是繁重，越需要上上下下集智聚力。各级各部门要坚持超常规运作，切实提高执行力和落实力，广泛动员干部鼓足干劲、连续作战，把年终岁首各项工作落实好，确保2016年开好局、起好步。

海峡股权泉州交易中心挂牌企业超400家

至12月30日，海峡股权泉州交易中心累计挂牌企业410家，其中挂牌交易企业22家；已帮助挂牌企业实现直接融资21.5亿元；已有5家挂牌企业转板到新三板，5家企业启动新三板挂牌准备工作；开展排污权交易18场，累计成交额1079万元。此次有福建双环能源科技股份有限公司、福建洋屿环保科技股份有限公司、漳州市安莉高分子科技股份有限公司3家企业正式挂牌交易，黑金刚（福建）自动化科技股份公司、泉州市佳视数码科技有限公司、福建省大宏实业开发有限公司、泉州绿江南环保科技有限公司、泉州市东泰汽车贸易有限公司等5家企业挂牌展示。同时，海峡股权泉州交易中心与泉州市装备制造业协会、泉州市食品行业协会、泉州市科技培训中心等3家机构签订战略合作协议，聚集社会各种优质资源，为企业挂牌提供服务。

泉州首个PPP高速项目动工动工建设

泉州市首个PPP模式高速公路项目——泉厦漳城市联盟高速公路泉州段动工开建。泉厦漳城市联盟高速公路泉州段是泉州首个引进社会资本投资的高速公路建设项目，采取的是“PPP+施工总承包”的建设模式。按照规划设计，项目起于晋江市永和镇福田村附近，设福田枢纽互通接已建成通车的晋石高速围头疏港支线，经晋江永和镇、安海镇、东石镇，跨安海湾后进入南安石井镇，设促进枢纽互通接已建成通车的南石高速公路，终于石井镇坂头村泉厦交界处接厦门海翔大道。项目全程采用高速公路标准建设，设计速度100千米/小时，双向六车道，路基宽度33.5米，设福田（枢纽）、永和、东石、促进（枢纽）、院前5处互通式立交。路线全长约27.36千米，计划于2018年完工。泉州段建成后，城市联盟路还将经厦门新店、杏林、漳州龙海角美、厦漳跨海大桥，终于沈海线漳州东园互通。

对于泉州而言，泉厦漳城市联盟高速公路泉州段的建成投用，将使环城高速“大环”闭合，南安石井、晋江东石、安海、永和等乡镇因而融入环湾都市圈。放眼闽南金三角的更大范围，作为这一区域内继泉厦高速后的又一条快速通道，泉厦漳城市联盟高速公路泉州段与厦门海翔大道连接，进而延伸到漳州，建成后将强化泉州、厦门、漳州之间的快速联系，进一步缩短泉州台商投资区、石狮、晋江南部、南安南部等地区通往厦门、漳州等城市的距离。

创建国家安全发展示范城市隐患排查治理体系建设工作推进会召开

泉州市召开2016年第一季度防范重特大生产安全事故暨创建国家安全发展示范城市隐患排查治理体系建设工作推进会，总结2015年安全生产工作，分析当前形势，部署年终岁首和2016年安全生产工作。市长康涛、副市长林万明，市安委会全体成员等参加会议。康涛强调，要深入开展安全生产大检查“回头看”，采取暗查暗访等多种方式深查问题，落实整改责任，督促重大隐患和相关企业整改到位；要做好群体性活动场所安全管理，对群众性聚集活动严格实行报批制度，对群众可能自发组织的聚集活动要提前做好安保措施；要抓好春运工作，提前对各类运输车辆及道路交通安全隐患进行排查整治，高速交警支队要针对节假日期间高速公路免费通行等特点制定工作方案，加强疏导管控；要切实加强应急值守，严格执行领导干部带班值班制和关键岗位24小时值班制，细化应急处置预案，加强应急物资储备和人员配备，完善应急指挥联动机制，做好极端恶劣天气、突发事件预警工作。

针对2016年安全生产工作，康涛要求，要抓安全生产责任体系建设，落实“党政同责、一岗双责”和“五落实五到位”规定，切实理顺安全生产监管机制，明确企业主体责任；要抓好安全示范城市建设，制定考评验收标准并组织对各级各有关部门和单位的全面考评验收，限期落实整改问题，确保通过国务院安委办的考评验收；要抓隐患排查治理体系建设，发挥隐患排查治理信息系统的信息化优势，落实约束激励机制，提高对企业隐患排查治理的监管效能；要抓重点领域安全专项整治，要根据第一季度安全生产事故易发多发特点和行业安全生产薄弱环节，开展小型餐饮场所燃气等重点领域整治；要抓安全生产基层基础，加大宣传培训力度，深化标准化建设提升工程，加强消防装备配置、管理工作。

市人大常委会第五十一次主任会议召开

市十五届人大常委会第五十一次主任会议召开。市人大常委会主任陈万里，副主任洪泽生、吕竞、张建生、朱团能、曾巍，秘书长吴春林参加会议。会议讨论泉州市人大常委会工作报告稿；市人大常委会视察组关于市十五届人大五次会议代表建议、批评和意见办理工作的综合报告；市十五届人大七次会议的日程安排（草案）及各项建议名单；市人大常委会关于提请审议《泉州市人民代表大会及其常务委员会立法条例（草案）》的议案；《泉州市人大常委会立法顾问和立法咨询专家聘任暂行办法（草案）》；补选省十二届人大代表事项。会议听取了市人大常委会代表资格审查委员会关于个别代表的代表资格的审查报告；市人大常委会农经委关于泉州市白濑水利枢纽工程建设进展情况的报告；以及人事免职、批准辞职事项。

会议现场　　（图/陈意鸣）

市政府第八十四次常务会议召开

市政府第八十四次常务会议召开。市长康涛主持会议。市领导陈荣洲、周真平、卢炳椿、林万明、张永宁，市政府秘书长吴友才参加会议，市领导苏小青列席会议。会议研究年终岁首有关工作。会议听取泉州市前置审批和中介服务项目清理工作汇报，研究《关于加快推进社会办医的实施意见》，研究《泉州市企业简易注销登记实施意见》，研究《关于泉州市供销合作社综合改革试点方案》。会议听取泉州市区中心粮库建设情况及2015年度泉州市科学技术奖、泉州市政府企业创新奖、泉州市专利奖评选工作汇报，并研究其他事项。

泉州80后画家画作入选马耳他国际艺术展

由马耳他文化部、圣塔露琪亚市政府、中国文化传媒集团海洋公司、亚洲艺术基金会举办的首届《静园》国际艺术展在欧洲马耳他圣塔露琪亚市静园举办，泉州80后女画家陈晓晓油画作品《梦想起航》《花语花事》《聚散两依依》《土楼·圆》入选此次国际艺术展，其中《土楼·圆》被圣塔露琪亚市政府收藏。

12月31日

星期四
农历乙未年十一月廿一
温度：11℃—17℃
多云

●全市经济工作会议召开，学习贯彻中央、全省经济工作会议精神，总结部署全市经济工作。

●泉州市召开2016年第一季度防范重特大生产安全事故暨创建国家安全发展示范城市隐患排查治理体系建设工作推进会。

●市十五届人大常委会第五十一次主任会议召开。

●市政府第八十四次常务会议召开。

●市人大常委会举行泉州人大网站改版升级开通仪式。

●“新海丝·新泉州”2016新年音乐会暨泉州爱乐室内乐团首演音乐会在泉州音乐厅举行。

●泉州晋江国际机场新开通“泉州—釜山”包机航线，156名出境旅客搭乘该航班前往釜山。

●石狮市公安局邀请人大代表、政协委员及社区群众等20余人走进凤里派出所，开展“向人民报告”警营开放日活动。

●泉州画家参加马耳他首届“静园”国际艺术展。

●众多市民在领SHOW天地狂欢跨年。

编　后　记

地方志是地情文献，是客观记录现实情况的载体，具有长久留鉴后世之功能。泉州市方志委多年来着力探索地情文献编纂新路，创新了以年鉴为主、日记为辅的地方综合性年鉴编纂办法，两者的资料组织体系不同，功能各有所长，既分工合作又有机联系，联袂反映丰富多彩的地方经济社会发展全貌。

《泉州年鉴》2016卷《泉州日记》分册以图文编年纪事的形式，按时序客观真实地记载2015年泉州地面上每一天发生的大事、要事、新事、特事，反映地方经济社会发展实况和城乡人民生活时态。该书实录2015年泉州市全面贯彻中共十八大和十八届三中、四中、五中全会精神，深入贯彻习近平总书记系列重要讲话和到闽考察重要讲话精神，紧紧围绕“全面建成小康社会、全面深化改革、全面依法治国、全面从严治党”的战略布局，认真落实省委决策部署，主动适应经济新常态，打造“创新、智造、海丝、美丽、幸福”的现代化泉州的实践进程。

《泉州日记》作为《泉州年鉴》的分册，较好地提升了年鉴反映现实的质量，其编纂水平随同年鉴不断提升，功能及实用性也不断拓展。《泉州日记》注重地情信息实录工作的项目带动作用，开发信息渠道，整合传媒资源，及时对有效资讯进行筛选、核实，将其转化为地方志的史实资料，使海量信息源源不断地充实到地方志资料库中，在建设文化强市，推动泉州文化大发展大繁荣的工作大局中，发挥了存史、资政和文化传承的积极作用。

值此书出版之际，特作此记。并借此向提供文字、图片等资料信息，以及所有关心、支持、帮助《泉州日记》编纂工作的各有关单位和各界人士表示衷心的感谢！

编　者